Aug. Arnauné

Directeur de l'Administration des Monnaies et Médailles
Professeur à l'École des Sciences politiques

La Monnaie

le Crédit et le Change

Ouvrage couronné par l'Académie des Sciences morales et politiques.

DEUXIÈME ÉDITION, REVUE ET AUGMENTÉE

Paris, FÉLIX ALCAN, éditeur, 1902.

LA MONNAIE

LE CRÉDIT ET LE CHANGE

LA MONNAIE

LE CRÉDIT ET LE CHANGE

PAR

Aug. ARNAUNÉ

Directeur de l'Administration des Monnaies et Médailles
Professeur à l'École des Sciences Politiques

Ouvrage couronné par l'Académie des Sciences Morales et Politiques

DEUXIÈME ÉDITION REVUE ET AUGMENTÉE

PARIS
FÉLIX ALCAN, ÉDITEUR
108, BOULEVARD SAINT-GERMAIN, 108

1902

AVERTISSEMENT.

Les événements monétaires des dix dernières années sont féconds en enseignements. Ils ont, une fois de plus, démontré que la valeur des métaux précieux et la circulation des monnaies sont réglées par des lois économiques contre lesquelles ne peut prévaloir la législation positive, et qu'à tenter d'enfreindre ces lois naturelles, les gouvernements risquent de compromettre leurs finances et le crédit même de la nation. Les États-Unis en ont fait la dure expérience. Les conséquences de la clause d'achat du *Sherman Act* se sont prolongées plusieurs années après son abrogation et, pour maintenir au pair de l'or ses dollars d'argent et de papier, le gouvernement fédéral a dû emprunter, de 1893 à 1897, plus de 250 millions de dollars.

Après la cessation des achats d'argent aux États-Unis et la fermeture des Monnaies de l'Inde à la frappe libre des roupies, survenues l'une et l'autre en 1893, l'agitation bimétalliste a paru persister. Mais elle était toute de surface. Lorsqu'en 1897, M. Wollcott vint en Europe pour négocier la réunion d'une nouvelle conférence monétaire, les démarches communes du cabinet de Washington et du cabinet de Paris aboutirent simplement à rendre manifeste, même pour les esprits prévenus, la résolution très ferme prise depuis longtemps par le gouvernement britannique, non seulement de ne modifier en rien le régime monétaire du Royaume-Uni, mais encore de ne rien faire qui pût entraver la réforme en cours de réalisation dans l'Inde anglaise. En 1899, le gouvernement de l'Inde adoptait officiellement l'étalon d'or; en 1900, le Congrès des États-Unis votait à son tour une loi pour attester solennellement que tous les engagements publics et privés de la République américaine seraient acquittés en or. Le projet de constituer une grande union bimétallique en vue de donner à l'argent un débouché monétaire assez large pour en relever la valeur, ne pouvait même plus être discuté. En 1901, la Bourse de Paris a enregistré pour ainsi dire officiellement, la déchéance de l'argent de son rang monétaire, en cessant de coter la déprime de ce métal par rapport à l'ancien pair à 15 1/2, pour coter directement les cours en francs et en centimes, suivant l'usage adopté pour les métaux communs et pour toutes les autres marchandises.

Pendant la même période, la Russie et l'Autriche-Hongrie ont mené à bien la difficile entreprise de remplacer le papier à cours forcé, plus que séculaire chez l'une et chez l'autre, par une circulation métallique basée sur l'étalon d'or. Des tentatives du même genre ont été faites par d'autres États. Tout récemment, l'Espagne a renoncé à la frappe des pièces de 5 pesetas en argent; elle se préoccupe en ce moment même du dommage que cause à son crédit sa circulation de papier inconvertible.

La possession d'une bonne monnaie apparaît de plus en plus à tous les États comme une nécessité de premier ordre. Si l'on ne se garde pas toujours avec assez de vigilance contre les entraînements qui peuvent conduire à l'avilissement de la monnaie, on ne se fait plus guère d'illusion sur les inconvénients d'un étalon déprécié, qu'il soit métallique ou fiduciaire, tout en reculant trop souvent devant les charges financières qu'un gouvernement doit s'imposer pour rétablir une circulation monétaire à pleine valeur. La France, on peut le dire, n'a pas cessé d'avoir au plus fort de l'agitation bimétalliste comme aux temps déjà lointains du cours forcé du billet de banque, la claire vision des périls que fait courir aux finances publiques et privées la détérioration de la monnaie. C'est parce qu'elle est demeurée fidèle aux principes économiques dans la matière, que sa monnaie d'argent et son billet de banque équivalent véritablement à sa monnaie d'or.

Avril 1902.

EXTRAIT

DU DISCOURS PRONONCÉ PAR M. LÉON SAY

PRÉSIDENT DE L'ACADÉMIE DES SCIENCES MORALES ET POLITIQUES

le 30 *novembre* 1895.

Le livre de M. Arnauné sur la monnaie est très complet, très scientifique et très pratique. La commission mixte qui l'a étudié l'a qualifié d'excellent. M. Arnauné est le défenseur de la bonne monnaie et du respect des contrats par les gouvernements comme par les particuliers. Au milieu des controverses si vives qu'ont soulevées la baisse des prix et les tentatives faites pour les relever, bien des erreurs de principe et de faits se sont répandues. Aussi l'ouvrage de M. Arnauné est-il particulièrement opportun. Il rectifiera beaucoup d'idées et d'appréciations fausses, car il a le grand mérite de faire connaître de la façon la plus impartiale et la plus intéressante, sous une forme nette et concise, les principaux résultats de la pratique et de l'expérience scientifique.

EXTRAIT

DU RAPPORT DE M. Ch. LYON-CAEN

POUR LE PRIX LE DISSEZ DE PENANRUN

(1895)

Le livre de M. Arnauné est consacré à l'étude des questions les plus graves qui préoccupent et qui divisent les économistes et les financiers de notre temps; il traite de la circulation monétaire et de la circulation fiduciaire. L'auteur ne s'est pas proposé, à l'imitation de beaucoup d'autres, de donner des solutions nouvelles destinées à concilier tous les intérêts et à faire disparaître tous les maux. Laissant de côté toute prétention à la découverte de théories inconnues, renonçant à toute intention de polémique, il recherche et expose les principes généraux permettant d'apprécier les mérites d'un système monétaire et d'une bonne circulation fiduciaire. Pour dégager ces principes, pour en établir l'exactitude, il suit la meilleure des méthodes; il s'appuie principalement sur les faits, il constate quelles conséquences ont produit, dans un certain nombre d'États, les divers systèmes jusqu'ici adoptés.

L'ouvrage est divisé en trois parties principales. La première, intitulée : La circulation, ses instruments, son mécanisme, est une étude d'ensemble formant une sorte d'introduction générale. La nature, les fonctions, les rôles respectifs des divers instruments de la circulation, monnaie d'or et d'argent, lettres de change, chèques, billets de banque, valeurs mobilières, y sont déterminés avec une rare précision. Cette première partie contient un examen des causes diverses qui, durant le XIXe siècle, ont amené des variations considérables dans la valeur des métaux précieux, spécialement dans celle de l'argent. Il faut signaler aussi un lumineux exposé de la théorie des changes étrangers qui domine le problème monétaire. De nombreuses explications techniques facilitent l'intelligence des questions d'échange et nulle part on ne trouve plus d'indications exactes sur les opérations auxquelles donnent lieu les variations dans le cours du change.

La seconde partie est relative aux systèmes des monnaies métalliques. C'est une sorte d'enquête pleine de renseignements et de documents. Les systèmes monétaires de la France, de l'Angleterre, de l'Allemagne, des États-Unis d'Amérique sont successivement décrits et caractérisés; les résultats principaux, produits par chacun, sont indiqués. Une part est faite également aux systèmes monétaires spéciaux de l'Indo-Chine et des Indes anglaises.

La troisième partie de l'ouvrage concerne les systèmes de la circulation fiduciaire. Celle-ci comprend deux éléments principaux : le papier de commerce, c'est-à-dire les lettres de change et les billets payables par les commerçants ordinaires, puis le papier de banque, c'est-à-dire les billets et les chèques payables par les banquiers et les établissements de crédit. Par suite du développement de la fortune mobilière et des opérations de bourse, il faut y joindre les valeurs mobilières, fonds publics, actions et obligations des sociétés. La nature du billet de banque, les conditions de son émission dans les principaux États, sont successivement passés en revue et les conséquences du cours forcé sont exposées et appréciées. Un chapitre est également consacré aux chèques et aux chambres de compensation; l'auteur y fait ressortir par des chiffres comment les chèques peuvent suppléer aux espèces métalliques et permettre d'exécuter avec une quantité relativement limitée de numéraire, des opérations s'élevant à des chiffres considérables.

Toutes les questions de quelque importance, se rattachant à la circulation monétaire et à la circulation fiduciaire, sont ainsi examinées dans cet excellent ouvrage. Au milieu des controverses si vives soulevées par la baisse des prix et des tentatives faites pour les relever, bien des erreurs de principe ou de fait sont chaque jour commises.

L'ouvrage de M. Arnauné est particulièrement opportun; il servira à rectifier beaucoup d'idées et d'appréciations fausses. Il a le grand mérite de faire connaître de la façon la plus impartiale et la plus intéressante, sous une forme nette et concise, les principaux résultats de la pratique et de l'expérience scientifique.

AVERTISSEMENT

DE LA PREMIÈRE ÉDITION.

Le titre de ce livre, *La Monnaie, le Crédit et le Change*, est emprunté au cours que l'auteur professe, à l'École des Sciences Politiques, depuis 1885-86.

Comme le cours, le livre est affranchi de toute intention polémique. Les questions monétaires de ce temps y occupent une place proportionnée à leur importance, qui est considérable. Mais le livre vise au delà : il a pour objet la recherche des principes généraux qui permettent d'apprécier la qualité d'une circulation et le mérite d'un système monétaire.

C'est par l'étude des faits que l'auteur s'est efforcé de dégager ces principes.

Il a choisi, pour en tracer les caractères essentiels et en constater le fonctionnement, les systèmes de monnaies métalliques d'un certain nombre de pays : celui de la France, qui offre un exemple remarquable de l'alternance des étalons dans l'organisation bimétallique ; celui de l'Angleterre, type du monométallisme fondé sur l'or ; ceux de l'Allemagne et des États-Unis, dont l'histoire fait apparaître les difficultés que suscite un changement de législation monétaire ou l'impuissance des pouvoirs publics à régler l'usage des métaux précieux ; celui de l'Indo-Chine française, spécimen curieux du monométallisme à base d'argent. Pour les systèmes de circulation fiduciaire, l'auteur s'est attaché, de même, à se placer le plus possible en présence des faits. C'est avec cette préoccupation qu'il a expliqué les conditions de l'émission du billet de banque en France, en Angleterre, aux États-Unis, exposé les conséquences du cours forcé en France, en Angleterre, aux États-Unis, en Italie, décrit le système du chèque et des compensations en Angleterre, aux États-Unis et en France, qu'il a recherché, enfin, quel est le gage de l'énorme quantité de titres de créance, lettres de change, billets de banque, chèques, qui constituent la circulation fiduciaire des grandes nations commerçantes.

Une étude d'ensemble sur les instruments et le mécanisme de la circulation précède cette série d'enquêtes. Il a paru qu'elle en était le préliminaire indispensable. La nature et la fonction de chacun des instruments de la circulation, monnaie, lettre de change, billet de banque, chèque, valeurs mobilières, y sont définies ; leur importance relative, le mode suivant lequel ils concourent aux mouvements des capitaux y sont déterminés. On trouvera notamment dans cette partie du livre, une discussion des causes qui ont provoqué les variations de la valeur des métaux précieux depuis le milieu de ce siècle, et l'exposé de la théorie des changes étrangers. Sur ce dernier point, l'auteur a cru devoir donner de nombreuses explications techniques, établir une sorte d'abécédaire destiné à faciliter l'intelligence de cette question très spéciale, mais dont l'importance est extrême, car elle domine, à vrai dire, tous les problèmes monétaires.

Telle est précisément la conclusion générale de ce livre. C'est la condition du change sur l'étranger qui dénonce avec certitude l'état de la circulation et la valeur de l'organisation métallique ou fiduciaire d'un pays. Faut-il ajouter cette autre conclusion, qu'une circulation dépréciée est un grand mal ? La proposition peut sembler évidente par elle-même. Peut-être, cependant, vaut-elle la peine d'être formulée une fois de plus, car beaucoup semblent l'avoir oubliée. Peut-être aussi est-il utile, comme on a cherché à le faire, de signaler à nouveau les voies qui conduisent directement à la dépréciation de la monnaie et à l'abaissement du crédit.

Avril 1894.

LA MONNAIE
LE CRÉDIT ET LE CHANGE.

PREMIÈRE PARTIE.

LA CIRCULATION, SES INSTRUMENTS, SON MÉCANISME.

Les produits du travail humain sont l'objet d'échanges incessants, conséquence et condition nécessaires de la division des occupations entre les individus et entre les peuples.

La matière première, à peine créée par les industries extractives ou agricoles, est dirigée sur l'usine ou sur la manufacture; le produit fabriqué, aussitôt terminé, s'achemine vers le magasin de gros, puis vers le magasin de détail, pour parvenir enfin au consommateur. Un courant régulier porte ainsi les marchandises, du producteur au consommateur, en suivant le canal d'intermédiaires plus ou moins nombreux.

A ce mouvement correspond un mouvement en sens inverse, une sorte de contre-courant, qui remonte du consommateur au producteur. Il ramène successivement au détaillant, au commerçant en gros, au fabricant, au producteur de la matière première, sous la forme de prix de vente, le capital que chacun d'eux a employé pour créer les produits vendus et les mettre à la portée du consommateur. Le capital que le producteur de la matière première, métal, pierre, bois, blé, laine, coton, fils, tissus, etc., a incorporé dans ces produits divers, est dégagé et remplacé par le capital du fabricant; à son tour, le capital incorporé par le fabricant dans les matières qu'il a mises en œuvre, est dégagé et remplacé par celui du marchand; enfin le capital que le marchand a employé à constituer ses approvisionnements et assortiments est dégagé par la vente au consommateur, qui liquide toute l'opération.

L'industriel, le commerçant n'attendent pas, pour entamer de nouvelles affaires, que la vente des marchandises qu'ils ont fabriquées ou achetées leur ait rendu la disposition des capitaux employés dans les fabrications ou dans l'approvisionnement des magasins. Pour commencer de nouvelles opérations sans avoir à liquider celles qui sont en cours, ils font appel à des capitaux d'emprunt, qui tiendront la place de leurs propres capitaux jusqu'au jour où ceux-ci seront redevenus libres par la vente des produits dans lesquels ils étaient incorporés.

Il y a toujours sur le marché, des capitaux flottants, en quête d'emploi, les uns de formation nouvelle, les autres, de création plus ancienne, récemment dégagés d'une première affectation. Les producteurs trouvent là les capitaux de remplacement qui leur sont nécessaires. Des opérations d'emprunt et de prêt interviennent, en conséquence, entre les producteurs et les capitalistes, et des échanges réguliers de valeurs s'établissent entre eux, comme entre les producteurs et les consommateurs.

Les divers courants qui naissent des échanges de marchandises et des emprunts de capitaux, constituent la circulation des richesses.

Les richesses circulent de deux façons.

Elles sont déplacées matériellement à l'aide des moyens variés de transport que l'homme a inventés, depuis la bête de somme, chargée de quelques kilogrammes de marchandises, qui chemine lentement par des sentiers mal frayés, jusqu'aux trains de chemins de fer qui charrient des milliers de tonnes en quelques heures à plusieurs centaines de kilomètres, depuis le radeau qui dérive et le chaland halé à la cordelle jusqu'aux puissants steamboats qui traversent les océans.

Les richesses sont aussi l'objet de transports que l'on peut appeler juridiques, de translations de propriété. C'est ce mode de circulation des richesses qui fait uniquement l'objet du présent traité.

Comme la circulation matérielle, la circulation juridique utilise des instruments, des véhicules, dont l'emploi rend plus faciles et plus rapides les transports de propriété par lesquels producteurs ou consommateurs acquièrent la disposition des matières premières, des objets fabriqués, des capitaux. Ces véhicules sont d'abord la monnaie, puis les titres de créance transmissibles par voie d'endossement ou par tradition manuelle, lettres de change, billets de banque et chèques.

On les appelle, pour ce motif, intruments de la circulation. Dans le langage courant, on prend aussi l'instrument de la circulation pour la circulation elle-même. On dit la circulation métallique pour désigner le stock d'espèces monnayées, la circulation fiduciaire pour désigner l'ensemble des titres de crédit, qui existent dans un pays. Dans ce sens un peu détourné mais très usuel, le mot circulation correspond au mot anglais *currency*, usité surtout pour la circulation fiduciaire.

Il est nécessaire, avant tout, de déterminer exactement la nature des divers instruments de la circulation, monnaie, billet de banque, chèque, lettre de change, de définir leur rôle, de préciser les qualités particulières qui les font aptes à le remplir.

On doit ensuite considérer la circulation en elle-même, en exposer le mécanisme, montrer comment chacun des instruments d'échange concourt, selon sa nature et sa fonction propres, aux transports de capitaux par lesquels se règlent, en définitive, toutes les opérations du commerce.

CHAPITRE PREMIER.

LA MONNAIE.

La monnaie consiste, dans les pays civilisés, en des lingots ou pièces de métal — or, argent, cuivre, bronze, nickel, zinc, étain — dont le poids et le titre, s'il s'agit de métaux précieux, la valeur nominale, s'il s'agit des autres métaux, sont déterminés et garantis par l'autorité publique.

Beaucoup d'autres matières ont joué et jouent encore, dans des sociétés moins civilisées que la nôtre, le rôle de monnaie : peaux de bêtes, chez les peuples chasseurs [1]; poissons, chez les pêcheurs [2]; bétail, chez les pasteurs [3] ; produits de la terre, chez les agriculteurs [4] ; chez tous les peuples indistinctement, articles de parure [5], vêtements [6], armes [7] et outils [8].

Dans bien des pays et non des moins étendus, par exemple dans plusieurs régions de l'Inde anglaise [9] et dans la majeure partie du continent africain, il n'existe aucune monnaie.

1. Peaux de castor sur le territoire de la baie d'Hudson.

2. V. pour Terre-Neuve, le règlement du 18 août 1825, Dalloz, J. G. V° Obligations, n° 1751.

3. Le mot *pecunia* vient, dit-on, de *pecus*.

4. Blé dans l'Attique ; cacao dans l'Amérique centrale, tabac en Virginie, sucre au Maryland, aux XVII° et XVIII° siècles.

5. Cauris en Afrique, wampum dans l'Amérique du Nord.

6. Pièces de guinée au Sénégal, toile de coton de Kachgar dans l'Indou-Kouch.

7. Balles de plomb dans le Massachussets au XVII° siècle, fusils de traite en Afrique. V. II° partie, chap. VII, l'origine de la sapèque.

8. V. Ch. Letourneau. La monnaie chez les races de couleur, *Bulletins de la Société d'Anthropologie de Paris*, 1899, fascicule 6, p. 679, Paris, Masson et Cie, 1899.

9. V. *infra*, p. 42.

§ 1. — Fonctions primordiales de la monnaie.

Le mécanisme des échanges n'est pas le même dans les pays dotés d'une monnaie, pour imparfaite qu'elle soit, et dans les pays qui n'en possèdent aucune. Dans ceux-ci, les marchandises ou les services sont échangés directement les uns contre les autres. Dans ceux-là, les échanges se font en deux fois : on achète d'abord de la monnaie en cédant des marchandises ou en rendant un service ; puis, avec cette monnaie, on achète les marchandises ou les services dont on a besoin. C'est pourquoi J.-B. Say a dit avec beaucoup de justesse que la vente — et il aurait pu en dire autant de la location ou du prêt d'argent — est la moitié d'un échange.

L'interposition de la monnaie peut sembler, au premier abord, une superfétation et une complication, mais la moindre réflexion fait comprendre que les échanges sont singulièrement facilités et simplifiés par l'emploi de cet intermédiaire.

En premier lieu, sans monnaie, point de commune mesure des valeurs.

Un tailleur a fait un habit : il a besoin de pain ou veut acheter un cheval. Quelle quantité de pain obtiendra-t-il pour son habit? Combien d'habits devra-t-il donner pour un cheval? Voilà deux échanges qui donneront vraisemblablement lieu a des marchandages interminables. Qu'on ne perde pas de vue que, pour chaque marchandise, la question se pose relativement à toutes les autres. Dans un pays où la monnaie est inconnue, une liste de prix courants serait un document singulièrement compliqué : Stanley Jevons a noté qu'entre 100 articles, le nombre des échanges possibles n'est pas moindre de 4,950. En réalité, dans de telles conditions, il ne peut y avoir de prix courant, de cote régulière.

La difficulté disparaît, dès qu'*une seule* marchandise est choisie pour servir de commune mesure des valeurs ; telle, par exemple, un poids fixe d'or ou d'argent, comme le franc. On cotera l'habit 100 francs, la livre de pain 0 fr. 25 c., le cheval 1,000 francs. Le problème posé tout à l'heure se résout facilement. Pour comparer les valeurs les unes aux autres on les exprime en francs, de même que l'on exprime en mètres et centimètres les longueurs que l'on veut comparer; en kilogrammes, grammes et centigrammes, les poids; en hectares, ares et centiares, les surfaces.

Cette utilité, cette nécessité même, d'une commune mesure, d'un dénominateur commun des valeurs, a été comprise de bonne heure. On voit dans les poèmes homériques, que les anciens Grecs comptaient par bœufs. « Le trépied, donné comme premier prix aux lutteurs dans le XXIIIe chant de l'*Iliade*, était évalué à douze bœufs, et une captive habile aux travaux de son sexe, à quatre[1]. »

Est-il besoin de dire que les bœufs ne jouaient pas, dans les échanges de l'Hellade, le rôle d'intermédiaire de tous les instants qui appartient chez nous aux pièces de monnaie ? L'évaluation en têtes de bétail fournissait le moyen de calculer avec plus de précision l'équivalence des objets échangés. Mais ceux-ci continuaient d'être troqués directement. Le troc était facilité ; c'était toujours le troc.

Le système du troc présente deux autres défectuosités, plus graves encore que l'absence d'une commune mesure des valeurs. Le défaut de coïncidence dans les besoins, l'impossibilité de diviser certaines marchandises sans en détruire l'utilité peuvent opposer à la conclusion de l'échange direct des obstacles insurmontables. Comment le possesseur d'un habit pourra-t-il se procurer une livre de pain ? Le possesseur de la livre de pain peut très bien, à ce moment, n'avoir pas besoin d'un habit. Puis, l'habit a une valeur supérieure à celle de la livre de pain et il ne peut être divisé. L'échange paraît impossible.

Supposez, cependant, qu'il existe une marchandise qui soit à la convenance de tout le monde et qui puisse être divisée sans rien perdre de son utilité, l'impossibilité disparaît. Nul n'hésite à acquérir une marchandise dont le pouvoir d'achat est général et qu'il est toujours facile de fractionner en parties exactement proportionnelles à la valeur des objets que l'on veut acquérir. Le jour où cette marchandise essentiellement divisible et désirée par tous a été trouvée, la monnaie a été

1. Stanley Jevons. *La monnaie et le mécanisme de l'échange.* Paris, Alcan, p. 18.

inventée et les achats et ventes se sont substitués au troc. Le possesseur de l'habit l'échange contre de la monnaie ; il offre ensuite au boulanger une quantité de monnaie proportionnée à la quantité de pain dont il a besoin. Il n'aurait pu offrir une portion de son habit, que la division aurait détruit ; l'habit tout entier, s'il s'était résigné à l'offrir pour avoir du pain, aurait pu n'être pas accepté, le possesseur de pain n'en ayant peut-être pas besoin. Une somme d'argent ne peut manquer d'être agréée en paiement, parce que avec de la monnaie le possesseur de pain pourra, à son tour, au moment qu'il jugera convenable, acheter les objets quelconques qui lui seront nécessaires.

§ 2. — Les métaux précieux ; nouvelles fonctions de la monnaie.

On peut dire que la monnaie fut inventée une seconde fois lorsque les métaux précieux commencèrent d'être employés dans les échanges. Ils sont, en effet, la matière monétaire par excellence.

La plupart des métaux usuels possèdent les deux qualités primordiales qui font l'aptitude d'une marchandise à servir de monnaie : une utilité appréciée de tous, cause d'une demande générale et soutenue ; une divisibilité matérielle parfaite. Ces deux qualités existent au plus haut degré dans l'or et l'argent. La beauté de leur aspect, leur rareté, leur résistance à l'usure et à l'oxydation, leur malléabilité les font généralement rechercher ; fusibles et homogènes, ils se divisent aisément, comme les autres métaux, en parties identiques les unes aux autres. D'autre part, leur couleur et leur poids spécifiques, leur dureté caractéristique à l'état d'alliage les rendent facilement reconnaissables et, par surcroît, la possibilité de les empreindre des dessins les plus délicats permet de multiplier les signes de leur identité. Les métaux précieux [1] sont ainsi désignés, mieux que toutes les autres marchandises, pour être les intermédiaires des échanges.

1. La dénomination de métaux précieux pourrait s'appliquer à tous ceux dont le prix est très élevé. Dans la langue usuelle et aussi dans la langue économique, elle désigne seulement l'or et l'argent, qui sont les deux métaux précieux le plus anciennement connus.

Les métaux précieux ont, surtout, le privilège de posséder deux propriétés dont l'utilisation a permis d'attribuer aux monnaies dont ils forment la matière de nouvelles et importantes fonctions. La première est de l'ordre économique, c'est la rareté ; la seconde est physique et chimique, c'est l'inaltérabilité.

Conséquences de la rareté des métaux précieux. — Les métaux précieux sont doués, grâce à leur rareté, d'une grande puissance acquisitive sous un faible volume et pour un poids minime.

Ils sont par là d'incomparables instruments de transport des richesses. D'après les traditions de l'ancienne Grèce, Lycurgue aurait institué à Sparte une monnaie de fer pour empêcher ses compatriotes de s'adonner au commerce. A supposer que la légende ait fidèlement interprété les intentions du législateur lacédémonien, le moyen était parfaitement approprié au but. Avec une monnaie volumineuse et lourde, point de développement possible des affaires au delà d'une limite extrêmement étroite. La difficulté, la cherté du transport des espèces le rendraient trop souvent impraticable ou onéreux, même à de courtes distances. Un kilogramme de fer marchand ne vaut pas plus de 15 centimes. Pour payer en fer 150 francs, il faudrait déplacer 1,000 kilogrammes de ce métal. Le paiement en or de la même somme n'oblige à mouvoir qu'un poids infiniment moindre, 43.6 grammes de métal fin.

Remarquez que ces deux quantités de métal d'un volume et d'un poids si dissemblables, ayant une égale valeur, le petit poids d'or suffit à transférer la propriété de la lourde et volumineuse masse de fer. Il lui fait équilibre, comme s'il agissait à l'extrémité du grand bras d'un levier.

Les métaux précieux, grâce à leur rareté, sont des instruments de transport d'une singulière puissance, puisque le déplacement d'une faible parcelle de ces métaux suffit à mettre en mouvement des quantités bien plus considérables des autres marchandises. Mais ils ne servent pas seulement à mouvoir la richesse incorporée dans d'autres matières. Ils sont eux-mêmes déplacés facilement et à peu de frais. La richesse qui s'y trouve accumulée est une force éminemment mobile. En ce sens encore, ils sont de merveilleux instruments du transport des richesses.

C'est toujours à leur grande valeur sous un faible volume et pour un poids réduit qu'ils doivent cette remarquable propriété. Une monnaie lourde et encombrante, telle que seraient le fer, le blé, d'autres encore, ne pourrait normalement circuler en dehors d'un territoire très restreint. Il a fallu l'outillage très perfectionné de nos chemins de fer et de nos bateaux à vapeur pour que, de nos jours, ces matières puissent être expédiées régulièrement, comme marchandises, à de grandes distances[1]. Et malgré les progrès immenses de l'industrie des transports, l'envoi de ces produits à un destinataire quelque peu éloigné entraîne encore des frais considérables relativement à leur valeur. Ils demeurent, pour ce motif, impropres à l'office monétaire. Pour répondre aux besoins sans cesse renouvelés des échanges, pour fournir le prix des achats et des ventes multipliés à l'infini, une monnaie doit toujours être en mouvement; il est indispensable que ses voyages répétés soient faciles et peu coûteux.

L'or et l'argent, l'or surtout, semblent naturellement destinés à cette fonction. Le prix de leur transport ne dépasse pas, en effet, quelques millièmes de leur valeur. Aussi leur circulation n'est-elle pas resserrée dans le territoire d'une cité, d'une province ou même d'un État; elle s'étend au delà des frontières les plus lointaines, n'est pas interrompue par les mers.

Il en résulte, entre autres conséquences, que les monnaies d'or et d'argent sont, de leur nature, des monnaies internationales[2]. C'est là un fait considérable, qui ne doit jamais être perdu de vue, car il domine toutes les théories monétaires. Les questions monétaires ne sont pas purement nationales. Les métaux précieux sont une richesse mobile, fuyante, qui s'écoule facilement au dehors et qui a un marché international. Elle échappe par cela même à la souveraineté purement terri-

1. V. de Foville, *De la transformation des moyens de transport et de ses conséquences économiques*. Paris, Guillaumin, 1880.

2. On verra plus loin (p. 16) que la fonction de monnaie internationale est aujourd'hui de plus en plus accaparée par l'or.

toriale du législateur. On ne doit jamais oublier, quand on règle une question monétaire, que les détenteurs de métaux précieux peuvent très facilement chercher à l'étranger le bénéfice d'une législation plus équitable ou mieux faite.

CONSÉQUENCES DE L'INALTÉRABILITÉ DES MÉTAUX PRÉCIEUX. — Les métaux précieux résistent admirablement à l'usure et à l'oxydation. Tandis que beaucoup de marchandises se consomment par le premier usage, que la plupart, une fois ouvrées, ne peuvent utilement recevoir une autre forme, les métaux précieux, du moins à l'état d'alliage, ne sont que très lentement usés par le frottement et ils sont susceptibles, grâce à leur ductilité et à leur faible oxydabilité, d'être presque indéfiniment l'objet de façons nouvelles, sans grande déperdition de matière et moyennant le sacrifice de frais de fabrication relativement minimes.

Ils doivent à ces propriétés physique et chimique une propriété économique non moins remarquable : la stabilité relative de leur valeur. L'or et l'argent s'usant avec une lenteur extrême, les existences anciennes sont, en général, de beaucoup supérieures aux productions annuelles ; elles doivent, en outre, à raison de la possibilité de transformer à peu de frais les objets précédemment ouvrés, être considérées comme disponibles pour leur presque totalité. La production d'une année ou même d'une période plus longue ne représente donc qu'une partie ordinairement faible du stock auquel on peut puiser pour les besoins de l'échange ou de l'industrie. Il en résulte que le ralentissement ou l'accélération des extractions annuelles n'exercent le plus souvent sur la valeur des métaux précieux qu'une influence très atténuée[1]. Le pouvoir d'achat de ces métaux est, en conséquence, assez stable. Il est, dans tous les cas, infiniment moins variable que celui de la plupart des marchandises.

La stabilité relative de la valeur des métaux précieux permet de leur supposer, sans trop d'inexactitude pour une durée de

1. Il n'est pas question ici des énormes accroissements de production qui, au XVIe siècle et au XIXe siècle, ont produit de véritables révolutions dans la valeur des métaux précieux. V. *infra*, p. 22 et suiv.

temps limitée, un pouvoir d'achat fixe à l'égard des autres marchandises. C'est ce que l'on exprime, en termes assez ambitieux, quand on dit qu'ils jouent le rôle d'étalon des valeurs.

Cette même stabilité de valeur, jointe à l'inaltérabilité qui en est la source, à la grande puissance acquisitive des métaux précieux, à l'attrait général qu'ils exercent, en fait des instruments commodes d'épargne et de capitalisation. Nul n'hésite à accumuler une marchandise dont le pouvoir d'achat est général et presque invariable, dont l'inaltérabilité est à l'épreuve des plus longues thésaurisations, dont le volume ne nécessite pas d'installations vastes et coûteuses. Théoriquement, l'épargne et le capital se conçoivent sans la monnaie. En fait, l'une et l'autre ne peuvent guère, sinon exister, du moins se développer sans le secours des métaux précieux. Comment épargner les fruits de la terre? la plupart se corrompent en quelques jours; l'écoulement de tous est incertain. De même, les produits fabriqués se détériorent dans un laps de temps assez court, et ne trouvent pas sûrement des acheteurs. Au contraire, transformée en métal précieux par la vente, la richesse que le producteur crée au delà de ses besoins est pour ainsi dire impérissable; le pouvoir d'achat en est invariable pour un temps qui dépasse d'ordinaire la durée de l'existence humaine; elle peut être échangée, à tout instant, contre des objets de consommation, des instruments de travail, des matières destinées à être ouvrées à leur tour. Si le capital ne pouvait prendre, à sa naissance, la forme métallique, l'épargne serait presque impuissante à le créer; la conservation et l'utilisation en seraient le plus souvent impossibles.

En résumé, les fonctions de la monnaie, parvenue à son dernier degré de développement sous la forme d'espèces d'or ou d'argent, sont les suivantes : 1° elle fournit l'unité d'évaluation qui permet de mesurer l'équivalence des marchandises ou des services échangés; 2° elle sert d'intermédiaire dans les échanges; 3° elle est l'étalon auquel sont rapportées les valeurs de toutes les marchandises; 4° elle est un instrument de capitalisation; 5° enfin, elle est un instrument de transport des richesses, particulièrement utile dans les relations internationales.

§ 3. — Le monnayage.

Le monnayage consiste dans la division d'un métal monétaire en pièces de dimensions et de poids uniformes, et dans l'apposition sur ces pièces d'une empreinte, qui vaut attestation de la quantité de métal fin contenu dans chacune d'elles, ou garantie de leur valeur nominale quand celle-ci est supérieure à leur valeur intrinsèque.

Le monnayage facilite la circulation des métaux précieux et les opérations d'échange. Il dispense le débiteur et le créancier de peser et d'essayer la parcelle de métal donnée en paiement.

Les métaux monétaires n'ont pas toujours été monnayés ; même à notre époque, ils ne le sont pas dans tous les pays [1].

L'invention et les premiers perfectionnements du monnayage sont curieux à suivre à Rome. On trouve à l'origine le bronze métal à l'état de lingots sans forme régulière (*œs rude*) mais coupés d'après des tailles exactes qui vont de 2 livres à 2 onces. L'*œs signatum* apparaît ensuite. Il est constitué par des tuiles de bronze pesant environ 5 livres, puis vers 430 avant J.-C., par des pièces lenticulaires empreintes de figures (*as libralis* de 10 onces). Mais même sous cette forme, du moins pendant un certain temps, les espèces se pesaient et ne se nombraient pas. C'est ce qu'apprend un passage célèbre des *Institutes* de Gaius (I, 122).

La substitution de la monnaie comptée à la monnaie pesée est loin d'avoir marqué le terme des transformations du monnayage. La méthode du nombrement des espèces a été complétée par le système de la tarification des monnaies.

Au début, l'idée de valeur et l'idée de poids sont confondues. La monnaie appelée livre en France, en Angleterre, pesait réellement au temps de Charlemagne une livre d'argent ; le taël chinois, le nen annamite sont à la fois des monnaies et des poids. Le jour où plusieurs métaux entrent dans la circulation, la notion d'unité monétaire devient forcément distincte de celle

1. A titre d'exemple, on citera l'ancien système monétaire de Madagascar. V. *Bulletin de statistique du Ministère des finances*, octobre 1893, p. 491.

d'unité de poids : une livre d'or ne peut évidemment être comptée pour la même valeur qu'une livre d'argent ; on reconnaît alors une monnaie de compte.

Les pouvoirs publics se trouvent, à partir de ce moment, en présence de divers systèmes.

Ils peuvent, avec chaque métal, frapper des pièces d'un poids et d'un titre déterminés, les particuliers devant spécifier eux-mêmes dans leurs contrats la nature du métal qui devra être livré ; dans ce cas, deux ou plusieurs monnaies de compte sont juxtaposées. Stanley Jevons a proposé d'appeler ce système, système de *monnaie comptée à circulation libre.*

Ils peuvent aussi, et c'est le parti auquel ils se sont généralement arrêtés, tarifer chaque pièce de monnaie eu égard au métal qui la compose, à son poids et à son titre, déclarer qu'elle vaut un certain nombre d'unités monétaires et que les créanciers sont légalement tenus de la recevoir pour cette valeur. L'idée de monnaie légale vient alors s'ajouter à l'idée de monnaie de compte, et l'on arrive au système de *monnaie comptée à cours légal.*

Les systèmes monétaires modernes appartiennent à ce dernier type, qui comporte trois variétés principales : le système à *cours légal unique*, dans lequel les pièces de l'un des métaux monétaires sont seules tarifées, les autres étant reçues librement par les particuliers pour leur valeur commerciale ; le système à *cours légal multiple,* dans lequel les espèces frappées, de quelque métal qu'elles soient formées, ont un pouvoir illimité suivant la tarification qui en est faite par la loi ; enfin un système que Stanley Jevons appelait *composite* parce qu'il tient des deux premiers : les pièces de tous les métaux étant tarifées, mais un seul métal jouissant du pouvoir libératoire illimité, tandis que les monnaies formées des autres métaux ne peuvent être imposées en paiement que jusqu'à concurrence d'une certaine somme.

§ 4. — L'évolution monétaire : le cuivre, l'argent, l'or.

Toutes les fonctions monétaires sont, aujourd'hui et dans les pays civilisés, remplies par l'or et par l'argent, assistés du cuivre, du bronze et parfois du nickel. Mais à d'autres époques, ou dans d'autres régions, le rôle des métaux précieux a été ou est encore moins étendu.

La fonction la plus ancienne de l'or et de l'argent paraît avoir été celle d'instrument d'épargne et de thésaurisation. Ces métaux étaient connus et recherchés dans l'ancienne Grèce à l'époque où l'on y comptait par bœufs. Ils y étaient, néanmoins, extrêmement rares et ne pouvaient guère servir qu'à accumuler la richesse sous forme de trésor. On voit dès le temps d'Homère l'or consacré aux dieux et l'on sait que les trésors des temples constituaient une réserve sacrée, ressource suprême des grandes nécessités ; des bijoux et de la vaisselle d'or et d'argent, généralement de provenance étrangère, se trouvaient aussi dans les demeures des chefs opulents; ils y formaient de véritables trésors[1]. La même fonction était remplie sans doute par les lourds bracelets et colliers d'or massif trouvés, en France même, dans des sépultures de l'âge du fer[2]. Des habitudes identiques peuvent être constatées, de notre temps, dans beaucoup de régions de l'Inde et en Indo-Chine. L'or et l'argent n'y sont guère employés pour les échanges; les indigènes les transforment en bijoux : c'est leur manière de thésauriser[3]. En Annam, les souverains ont fait frapper l'or et l'argent en monnaies que leur poids — les plus grosses, dans l'un comme dans l'autre métal, pèsent 100 onces ou 3 kg. 850 — ne permettait d'employer qu'à la thésaurisation.

La monnaie métallique la plus anciennement employée comme intermédiaire dans les échanges et comme unité d'évaluation, ne fut pas d'or, ni même d'argent, mais de cuivre ou de bronze (*æs*). A Rome, la première monnaie d'argent date de la fin du ve siècle de Rome (268 ou 269 avant J.-C.); la monnaie d'or, frappée dès 207 avant J.-C., ne devint abondante qu'au

1. Voir le *Dictionnaire des Antiquités grecques et romaines* de Daremberg et Saglio, aux mots Argentum, Aurum, Aurifex. Paris, Hachette.

2. On en a trouvé qui pesaient jusqu'à 482 et 618 grammes. Les objets d'or de l'âge du bronze sont plus légers et devaient constituer surtout des bijoux ou des ornements. V. *Revue de l'École d'Anthropologie de Paris*, A. de Mortillet, L'or en France. Paris, Alcan, 1902.

3. V. *infra*, IIe partie, chap. VII. La Monnaie de Paris possède une belle collection de ces pièces, qui sont devenues très rares.

temps de Jules César[1]. L'idée de monnaie demeura liée au nom du métal qui en avait fourni la première matière; *æs* signifia toujours bronze et monnaie.

La monnaie de bronze convenait à une époque où les échanges étaient peu nombreux, portaient sur des objets de faible valeur et ne s'étendaient guère au delà des limites d'une cité. Quand les transactions se multiplièrent, qu'elles mirent en mouvement des quantités plus considérables de produits ou des produits plus coûteux, que les relations extérieures se créèrent et s'étendirent, l'argent d'abord, l'or ensuite, vinrent prendre place à côté du cuivre. La monnaie de cuivre servit au règlement des menus échanges locaux, qui autrefois étaient tout le commerce et qui en formèrent désormais la moindre partie. L'argent et l'or furent les instruments d'échange pour les affaires importantes ou lointaines. C'est ainsi que s'est constituée la circulation composite que l'on trouve encore dans les temps modernes ; or, argent, cuivre ou bronze.

Le rôle du cuivre a été s'amoindrissant de plus en plus. La déchéance de ce métal était fatale. Depuis longtemps déjà sa valeur n'a plus la stabilité relative qu'exige l'office monétaire ; elle est en outre devenue beaucoup trop faible, eu égard à la masse de plus en plus grande des richesses que la monnaie doit faire circuler. La place du cuivre a été, alors, prise par l'argent. C'est ce métal plus précieux qui a été le principal intermédiaire des échanges, qui a fourni l'unité d'évaluation et l'étalon des valeurs. L'or est resté, dans cette période nouvelle, une monnaie subsidiaire, réservée pour les opérations de très grande importance, principalement pour celles traitées avec l'étranger.

Cet état de choses, dont les origines remontent aux temps anciens, s'est prolongé jusqu'au milieu du XIXe siècle. Mais l'évolution monétaire n'était pas achevée. De même que l'argent avait supplanté le cuivre, l'or menaçait l'argent. Comme jadis le cuivre, l'argent baissait peu à peu de valeur. Au commencement du XVIe siècle, l'or ne valait pas encore 11 fois l'argent. A la fin du XVIIIe siècle, le rapport est à peu près de 1 à

1. V. Paul Leroy-Beaulieu, *Traité théorique et pratique d'économie politique*, 2e édit. Paris, Guillaumin, 1896, t. III, p. 190.

15 $^{1}/_{2}$. Néanmoins, l'argent conservait encore la prééminence. Les opérations commerciales de l'époque, pour importantes qu'elles fussent, trouvaient dans le métal blanc un instrument d'une puissance suffisante. D'un autre côté, les existences d'or n'étaient pas assez nombreuses pour que le métal jaune pût devenir la monnaie principale du plus grand nombre des États européens et, par suite, enlever à l'argent sa double qualité d'unité monétaire et d'étalon. Seule l'Angleterre, au commencement du XIXe siècle, pouvait se croire en mesure de se constituer une circulation d'or assez abondante pour baser sur ce métal son système monétaire.

Lorsque, au milieu du XIXe siècle, l'application de la vapeur aux transports et l'introduction définitive des moteurs mécaniques dans l'industrie eurent soudainement développé la puissance productrice des peuples et multiplié les échanges internationaux, le commerce eut naturellement recours à l'or pour mettre en mouvement la masse accrue des richesses nouvellement créées. A la même époque, les riches gisements aurifères de l'Oural, de la Californie et de l'Australie furent découverts ; la production de l'or augmenta donc au moment précis où des quantités beaucoup plus fortes de ce métal devenaient nécessaires à la circulation.

Dès ce moment, l'or tendit à devenir l'unité monétaire et l'étalon des valeurs, dans les échanges intérieurs, comme dans les relations de peuple à peuple. La déchéance de l'argent allait d'ailleurs être hâtée par son énorme dépréciation. Depuis 1873, la baisse du métal blanc s'est précipitée. C'est une véritable chute, interrompue de temps à autre par des bonds de hausse, bientôt suivis de baisses plus profondes encore.

L'argent est ainsi de moins en moins apte, dans nos pays, à remplir l'office de monnaie principale, d'unité monétaire, d'étalon des valeurs. Il descend aux côtés du cuivre et, comme ce dernier, devient de plus en plus une monnaie secondaire, réservée aux échanges locaux.

CHAPITRE II.

LA MONNAIE.

(Suite.)

§ 1. — Théorie de la valeur des métaux précieux.

L'or et l'argent sont des marchandises, susceptibles comme toutes les autres marchandises, d'être achetées ou d'être vendues. Juridiquement, ils forment toujours le prix de vente ou d'achat. Mais on peut également les considérer comme la chose achetée et vendue. On achète de l'or quand on s'engage à payer du blé contre de l'or ; on vend de l'or quand on s'engage à payer de l'or contre du blé. Dans les deux cas, la quantité de blé promise est le prix de l'or en blé, comme la quantité d'or promise est le prix du blé en or.

Les métaux précieux étant des marchandises, leur valeur, leur puissance d'achat dépend du rapport qui existe entre les quantités de ces métaux qui sont offertes et celles qui sont demandées. Cette formule générale, très exacte assurément, ne jette pas grande lumière sur la question des causes de la valeur de l'or et de l'argent. Ici, comme en toute autre matière, il faut rechercher quelles sont les causes plus lointaines qui déterminent l'importance comparative de l'offre et de la demande elles-mêmes.

Les métaux précieux sont demandés pour la fabrication des monnaies, des bijoux, de l'orfèvrerie, de certains objets d'art ; ils entrent aussi dans la confection de certaines étoffes.

Leur principal débouché résulte de l'usage monétaire : ce sont les services qu'ils rendent comme instruments de la circulation qui sont la cause la plus active de la demande qui en est faite par les pays civilisés et, par suite, l'un des éléments principaux de leur valeur.

La demande des métaux précieux pour la fabrication des monnaies est naturellement réglée par les besoins de la circulation. Lorsque les transactions se multiplient et s'accélèrent, une plus grande quantité de cet instrument du transport des richesses qui s'appelle la monnaie peut être requise, de même qu'un plus grand nombre de véhicules devient nécessaire pour assurer les transports matériels. Néanmoins, une augmentation considérable peut se produire dans les affaires d'un pays sans que la demande des métaux précieux pour la frappe augmente dans la même proportion, ou même dans une proportion notable; il est même possible que la demande diminue. C'est qu'il peut être pourvu aux besoins de la circulation au moyen d'autres instruments d'échange, tels que les billets de banque, les chèques et, en général, tous les effets négociables ou au porteur. L'usage qui est fait de ces titres de créance, aux lieu et place de la monnaie, atténue la demande de cette dernière. L'organisation plus ou moins complète de la circulation fiduciaire de chaque pays a par conséquent, dans la matière, une influence des plus marquées.

L'emploi industriel des métaux précieux est de moindre importance que leur usage monétaire. La demande qu'il provoque ne saurait cependant être négligée. Les chiffres sur lesquels elle porte sont bien difficiles à préciser; nul doute qu'ils ne soient considérables.

Le Dr Sœtbeer estimait, en 1886, que les quantités de métaux précieux annuellement employées par l'industrie dans les principaux pays civilisés, s'élevaient à 110,000 kilogrammes d'or et 652,000 kilogrammes d'argent[1]. Pendant les dix années 1876 à 1885, les quantités transformées en monnaies dans les mêmes pays ont été de 2,057,400 kilogrammes d'or et de 12,789,000 kilogrammes d'argent[2]. La frappe annuelle a donc été, en moyenne,

1. On n'a pas tenu compte de la déduction proposée par le Dr Sœtbeer pour les vieilles matières refondues. De même les chiffres donnés ci-après pour les fabrications monétaires ne sont pas diminués des retraits ou refontes de monnaies. V. *Matériaux pour faciliter l'intelligence et l'examen des rapports économiques des métaux précieux et de la question monétaire*. Trad. Ruau et Ringeisen. Paris, Berger-Levrault, 1889, p. 37.

2. *Report of the Director of the Mint*. 1900, p. 106, et p. 271 et suiv. Nous avons éliminé les frappes de l'Inde anglaise, du Japon, de l'Égypte, du Mexique et des Républiques Sud-Américaines; les renseignements statis-

dans cette période, de 205,740 kilogrammes pour l'or et de 1,279,000 kilogrammes pour l'argent. A ce compte, près de 35 p. °/₀ des quantités d'or, et 33 p. °/₀ des quantités d'argent annuellement employées auraient été absorbés par les usages industriels : 65 p. °/₀ de l'or et 67 °/₀ de l'argent seraient passés par les ateliers monétaires [1].

D'après les données recueillies par la Direction des monnaies des États-Unis, qui tente à son tour d'éclaircir le problème aux multiples inconnues étudié par le Dr Sœtbeer, on peut supposer que, dans ces derniers temps, les arts et l'industrie ont annuellement consommé 140,000 kilogrammes d'or fin et 1,500,000 kilogrammes d'argent fin [2]. De 1890 à 1899, les frappes monétaires ont employé 3,809,000 kilogrammes d'or fin et 20,327,000 kilogrammes d'argent fin [3]; la moyenne annuelle ressort à 389,000 kilogrammes pour l'or et à 2,033,000 kilogrammes pour l'argent. 27 p. °/₀ des quantités d'or et 42 p. °/₀ des quantités d'argent annuellement ouvrées seraient donc employées dans l'art et l'industrie, 73 p. °/₀ pour l'or, et 58 p. °/₀ pour l'argent, dans les travaux monétaires.

Examinons maintenant les conditions de l'offre des métaux précieux. Elles diffèrent profondément de celles qui sont constatées pour la plupart des autres marchandises.

Celles-ci sont consommées dans des délais d'ordinaire assez courts; beaucoup se détruisent par le premier usage. Les quantités offertes sont, en général, de production récente. Les excédents de la production antérieure sur la consommation, ce qu'on appelle les stocks ou approvisionnements, ne doivent

tiques manquant sur la consommation industrielle de ces pays, nous ne pouvons les faire entrer dans nos comparaisons.

1. Il est ici question des quantités employées et non des quantités produites.

2. Le *Report of the Director of the Mint upon the production of the precious metals in the United States* pour 1900 donne 109,327 kilogrammes pour l'or et 1,275,037 kilogrammes pour l'argent; mais c'est après déduction des vieilles matières refondues, que nous avons ajoutées, au contraire, afin de rendre les chiffres comparables à ceux des frappes monétaires, lesquels ne comportent aucune déduction pour refontes.

3. *Ibid.* Les frappes de l'Inde, du Japon, de l'Égypte, du Mexique et des Républiques Sud-Américaines ne sont pas comprises dans ces chiffres; elles porteraient le total des fabrications monétaires à 3,941,000 kilogrammes d'or fin et 35,170,000 kilogrammes d'argent fin.

pas être oubliés quand on veut se rendre un compte exact des ressources du marché. Mais le plus souvent, les stocks sont inférieurs à la production annuelle. En outre, ils ne s'accroissent pas indéfiniment; après un laps de temps, dont la durée varie d'ailleurs beaucoup suivant la nature des marchandises, les approvisionnements anciens sont consommés en totalité et remplacés par des prélèvements sur les productions nouvelles. Les stocks se maintiennent donc à un certain niveau, qui n'est pas dépassé.

C'est précisément le contraire qui arrive pour les métaux précieux. On a vu qu'en raison de leur résistance particulière aux agents de destruction physiques et chimiques, le stock d'or ou d'argent susceptible d'être porté à tout instant sur le marché se compose de la totalité des existences de ces métaux, qu'il comprend des quantités dont l'extraction remonte peut-être aux premiers âges du monde, façonnées sous les formes les plus diverses, lingots, monnaies, médailles, bijoux, objets d'orfèvrerie, etc. ; que, par suite, il est de beaucoup supérieur aux quantités annuellement produites ; que, d'autre part, il ne cesse de s'accroître en dépit des déperditions résultant du frai, des thésaurisations oubliées, des naufrages, de certains emplois industriels, etc.

On en a déjà conclu que, le plus souvent, les variations de la production annuelle ne peuvent pas modifier les conditions de l'offre au point d'affecter sérieusement la valeur des métaux précieux, et que le pouvoir d'achat de l'or et de l'argent est, par conséquent, relativement stable. Les grands afflux métalliques qui ont suivi la découverte du Nouveau Monde à la fin du xve siècle, ceux qui sont résultés de la mise en exploitation des gisements aurifères de Californie et d'Australie au milieu du xixe siècle, et, plus récemment encore, du développement des extractions d'argent aux États-Unis et dans l'Amérique centrale et méridionale, ont seuls pu, par leur masse, balancer cette influence générale des existences antérieures, et accroître l'offre dans une mesure assez considérable pour déprimer la valeur de l'or ou de l'argent. Ce sont là des accidents. Bientôt, par l'accumulation des productions annuelles, les stocks grossissent; les extractions ultérieures ne représentent plus, de nouveau, qu'une fraction de moins en moins forte du métal offert sur le marché ; l'équilibre se rétablit ; les prix se fixent à un niveau moins élevé que l'ancien, sans doute, mais dont ils ne s'écartent plus beaucoup ; la valeur des métaux précieux retrouve sa stabilité relative.

Il faut ajouter que par suite de l'augmentation constante des approvisionnements d'or et d'argent, leur pouvoir d'achat a tendu de tous temps à décroître. Les grandes révolutions monétaires, telles que celles du XVIe et du XIXe siècles, précipitent parfois ce mouvement ; mais, même dans les périodes moins troublées, la baisse, parfois interrompue par des accroissements soudains de la demande, a suivi son cours, lentement mais sûrement, par l'effet de la lente mais continue progression de l'offre.

Cette théorie du fondement de la valeur des métaux précieux n'est pas unanimement admise. On a soutenu que la valeur de l'or et de l'argent ne dépend pas du rapport de l'offre et de la demande. On a dit que « la loi humaine est le facteur prépondérant dans le mouvement et dans la valeur des métaux précieux[1] », et plus explicitement encore, « que les lois monétaires, créant presque tout l'emploi qui est fait des métaux précieux, en déterminent presque entièrement la valeur[2] ».

Comme il arrive souvent, cette thèse contient une part d'erreur et une part de vérité. Il est vrai de dire que l'usage monétaire des métaux précieux est la principale cause de leur valeur. C'est une erreur de penser que le législateur peut régler cet usage à son gré. Nous nous servons des choses en raison de leur utilité ou, plus exactement, d'après l'opinion que nous avons de cette utilité. Il en est, à cet égard, des métaux précieux comme des autres marchandises. Si l'or et l'argent ont un pouvoir d'achat général, ce n'est point parce que le législateur l'a prescrit, mais parce que tout le monde désire les posséder. Le jour où l'un des métaux précieux est l'objet d'une préférence ou d'une sorte de désaffection, les quantités demandées augmentent ou se réduisent. Si tandis que la demande

1. Dana Horton, *La monnaie et la loi*, Paris, Guillaumin, 1881.

2. *Conférence monétaire internationale de* 1881. Livre jaune, p. 51. Cf. Allard, *Dépréciation des richesses*, Bruxelles, Berqueman. 1889.

diminue ou reste stationnaire, l'offre augmente, ce métal est fatalement déprécié. Le législateur essaierait vainement de relever la demande. Ses ordres ne peuvent rien contre un mouvement de l'opinion.

Ces principes trouvent leur confirmation dans l'examen des faits auxquels sont imputables les variations survenues depuis un demi-siècle dans la valeur des métaux précieux.

§ 2. — Variations de la valeur des métaux précieux depuis le milieu du dix-neuvième siècle[1].

I. — La baisse de l'or après 1850. — L'étude des variations de la valeur de l'or au xixe siècle présente une difficulté particulière, inhérente au rôle que joue ce métal. L'or fournit aujourd'hui la matière dont est formée la monnaie principale, celle qui sert de mesure générale, d'étalon des valeurs. Tous les prix sont exprimés en or ; les francs qui composent les prix sont eux-mêmes des francs d'or et représentent un poids déterminé d'or fin. On ne peut donc, comme on le ferait pour une marchandise quelconque, chiffrer en francs les prix de l'or à diverses époques pour faire ressortir de leur comparaison les variations du pouvoir d'achat du métal jaune. Le franc, monnaie d'or, a subi naturellement les mêmes variations de valeur que le métal dans lequel il est frappé. C'est une fraction du kilogramme d'or, comme le décilitre est une fraction du litre. Si l'on augmentait la capacité du litre, celle du décilitre serait accrue proportionnellement ; de même, l'augmentation ou la diminution du pouvoir d'achat du kilogramme d'or a pour conséquence une augmentation ou une diminution proportionnelle du pouvoir d'achat du franc. Il faut donc chercher un terme de comparaison en dehors de la monnaie.

Théoriquement, on le trouve dans le niveau général des prix de toutes les autres marchandises[2]. En effet, les variations sur-

1. Pour les périodes antérieures. V. Ad. Smith. *De la richesse des nations;* J.-B. Say. *Traité d'économie politique;* Michel Chevalier. *Cours d'économie politique*, t. III (La monnaie); Paul Leroy-Beaulieu, *Traité théorique et pratique d'économie politique*, t. III.

2. Au xviiie siècle, on prenait comme terme de comparaison le prix du blé. C'est ce que firent notamment Adam Smith et J.-B. Say. D'autres

venues dans la valeur du métal étalon, retentissent nécessairement sur le prix de toutes les autres marchandises. Une diminution du pouvoir d'achat de la monnaie principale a pour conséquence logique, la hausse générale des prix ; réciproquement, une hausse dans la valeur de cette monnaie tend à amener une baisse générale des prix. C'est donc par les variations en hausse ou en baisse du niveau général des prix que l'on peut constater les variations inverses de la valeur du métal qui sert de monnaie principale.

Mais une difficulté pratique se présente aussitôt. Par quel procédé peut-on déterminer les variations du niveau général des prix ? Ce niveau général est une abstraction de l'esprit. En fait, la succession des cours présente des mouvements très diversifiés. Il y a constamment des prix qui s'élèvent, des prix qui s'abaissent. La résultante de ces mouvements de hausse et de baisse est extrêmement difficile à dégager.

La plupart des statisticiens anglais qui se sont occupés des prix ont employé, pour saisir les fluctuations de leur niveau général, le procédé très simple, beaucoup trop simple, des nombres indicateurs (*index numbers*). Voici, en substance, comment on établit les *index numbers*. On relève pour une série d'années les prix d'un certain nombre de marchandises réputées les plus importantes. On établit, année par année, la moyenne arithmétique de ces prix. La moyenne de la période prise comme base est ramenée à 100 ; les variations en hausse et en baisse des autres moyennes sont ensuite exprimées en tantièmes pour cent. L'*Economist* de Londres publie, depuis de longues années, un tableau d'*index numbers* établis d'après ce principe[1]. Stanley Jevons a eu recours à la même méthode dans son mémoire de 1863 : *A serious fall in the value of gold ascertained*. Plus récemment, le Dr Sœtbeer, d'autres encore[2], ont dressé des tableaux de nombres indicateurs.

auteurs ont cru pouvoir prendre le prix du travail. Ces procédés sont forcément imparfaits. Voir, sur la question, dans le *Nouveau dictionnaire d'économie politique*, v° Prix, un article de M. de Foville.

1. Le tableau de l'*Economist* fut imaginé par Newmarch. V. *Third report of the royal commission on depression of trade and industry*, p. 328, col. 2.

2. V. *Nouveau dictionnaire d'économie politique*, v° Prix.

On a fort justement reproché à la plupart de ces séries de chiffres de ne représenter que les prix d'un nombre restreint de marchandises. On a fait également remarquer qu'elles sont constituées par des moyennes purement arithmétiques, à la composition desquelles chaque prix concourt pour sa valeur numérique, abstraction faite de l'importance relative des marchandises qu'il représente.

Tenant compte de cette dernière critique, un statisticien des plus distingués, M. R. H. Inglis Palgrave, s'est attaché à réformer le système des *index numbers* en substituant aux moyennes purement arithmétiques des moyennes proportionnelles. Chaque marchandise reçoit un coefficient. L'influence des divers prix dans la formation de la moyenne annuelle est ainsi proportionnée au mouvement d'affaires plus ou moins considérable dont chaque marchandise paraît être l'objet dans le Royaume-Uni [1]. L'exemple a été suivi, notamment par M. Fred. James Atkinson dans une très remarquable étude sur les *Silver prices in India* [2].

Même ainsi amendés, les *index numbers* ont le défaut de ne mettre en œuvre qu'un nombre de prix limité. Une méthode plus scientifique a été suivie en France par M. de Foville [3]. « Elle consiste à prendre pour cadre le budget d'une famille, avec les parts inégales qu'y prélèvent nécessairement les diverses catégories de dépenses : nourriture (pain, viande, boisson...), vêtement, logement, chauffage, etc. [4]. » On recherche ce qu'aurait coûté, à chacune des époques comparées, un régime de vie identique. Le rapprochement des *moyennes budgétaires* ainsi obtenues permet d'apprécier les modifications survenues dans le niveau général des prix.

Une autre méthode, plus rapide dans ses procédés, a été employée par M. Levasseur dans son livre : *La question de l'or*. A l'époque où parut ce livre, les statistiques douanières don-

1. V. *Third report of the royal commission on depression of trade and industry*, appendix B, notamment p. 329 et 344 à 353.

2. *Journal of the Royal Statistical Society*, Londres. Mars 1897. V. *infra*, p. 43.

3. Articles publiés par *L'Économiste français* en 1874 et détachés d'un mémoire couronné par l'Institut.

4. *Nouveau dictionnaire d'économie politique*, v° Prix.

naient deux évaluations des importations et des exportations, basées, la première sur les valeurs officielles déterminées en 1827, la seconde sur les valeurs actuelles fixées annuellement, depuis 1848, par la Commission permanente des valeurs de douane. La comparaison de ces deux évaluations faisait ressortir la hausse ou la baisse des prix de chaque année par rapport aux prix de 1827.

Les valeurs officielles ne figurent plus depuis 1861 dans les tableaux de l'administration des douanes. Il est cependant possible d'utiliser encore ses statistiques dans les recherches sur les fluctuations des prix. Cette administration publie, en effet, deux évaluations successives du mouvement commercial de la France avec l'extérieur : la première, en janvier, dans les *Documents mensuels*, basée sur les taux d'évaluation de l'année précédente, les seuls qu'elle possède à cette époque ; la seconde, dans le *Tableau général du commerce*, établie au moyen des taux d'évaluation propres à l'année, que la Commission des valeurs a fixés de janvier à mars ou avril. En rapprochant ces deux évaluations successives, on peut calculer le pourcentage de hausse ou de baisse des prix de chaque année par rapport à ceux de l'année précédente.

En Angleterre, M. Robert Giffen s'est également servi des statistiques commerciales, mais d'une façon différente. Il a calculé la quotité des importations et des exportations par tête d'habitant. Les variations en hausse ou en baisse de cette quotité correspondent aux oscillations des prix [1].

Tels sont, sommairement décrits, les principaux moyens employés par la statistique pour découvrir les fluctuations du niveau général des prix. C'est ainsi qu'on peut arriver, avec une exactitude plus ou moins approchée, selon le mérite de la méthode et la dextérité de l'opérateur, à éliminer l'influence des causes de variation particulières à chaque marchandise, de façon à dégager et à faire apparaître les mouvements d'ensemble dus à des causes générales.

Mais une difficulté nouvelle se présente, dont la statistique

1. V. *First report of the commission on depression of trade and industry*, p. 127 et suiv. Cf. R. Giffen, *Recent changes in prices and income compared*, lecture à la Société royale de statistique. Londres, 1888.

seule ne saurait avoir raison. Les variations du pouvoir d'achat des métaux précieux ne sont pas la seule cause des fluctuations du niveau général des prix. Il en est d'autres, dont l'action s'exerce également sur l'ensemble des cours. Certaines sont durables, telles les modifications dans les débouchés ou dans les frais de production. D'autres sont accidentelles et temporaires : on citera l'accélération des affaires, leur expansion plus grande à l'apogée des périodes prospères, leur stagnation, leur rétrécissement pendant la période de liquidation des crises commerciales. Une hausse ou une baisse des prix, même générale, n'est donc pas le signe infaillible d'une réduction ou d'un accroissement de la valeur du métal étalon. Des causes diverses se mêlent et s'enchevêtrent ; les variations des prix sont la résultante extrêmement complexe de leurs actions combinées.

Ces observations générales vont trouver une application immédiate dans l'étude de la baisse de l'or de 1850 à 1870. On aura de même à en tenir compte en discutant la question de l'*appréciation* de l'or après 1873[1].

Il s'est produit, au milieu du XIXe siècle, un rehaussement très marqué du niveau général des prix, que l'on a généralement attribué à la baisse de l'or. Le phénomène est signalé en France par plusieurs publicistes[2] dès 1851 et 1852, en 1853 et en 1857 par Michel Chevalier[3]. En 1858, M. Levasseur publie son livre sur *La question de l'or*, dans lequel il mesure l'intensité du phénomène et en dégage les conséquences favorables ou fâcheuses pour les particuliers et pour les États. L'année suivante, Michel Chevalier[4] reprend le sujet et cherche à prévoir les conséquences commerciales et sociales que la baisse du métal jaune peut avoir dans l'avenir. En Angleterre, dès la

1. V. *infra*, p. 51.

2. V. Coquelin, *De la dépréciation de l'or, et du système monétaire français. Journal des Économistes*, 1851 ; Léon Faucher, *De la production et de la démonétisation de l'or. Revue des Deux Mondes*, 15 août 1852, etc.

3. *Remarques sur la production des métaux précieux et sur la dépréciation de l'or. De la production actuelle de l'or. Du rôle fait à l'or en France par la législation monétaire. Dangers d'une dépréciation de l'or. — Revue des Deux Mondes*, 1er et 15 octobre, 1er novembre 1857.

4. *De la baisse probable de l'or, des conséquences commerciales et sociales qu'elle peut avoir et des mesures qu'elle provoque.*

même époque, la dépréciation de l'or est annoncée par divers statisticiens [1]. A la vérité, Newmarch [2] et Mac Culloch [3] la révoquent en doute. Mais, en 1863, Stanley Jevons [4] la démontre dans son mémoire *A serious fall in the value of gold ascertained, and its social effects set forth.* Dix ans plus tard, M. de Foville [5], après de longues et laborieuses recherches, conclut également à une diminution du pouvoir d'achat de la monnaie.

Pendant que l'or baisse de valeur, une augmentation soudaine et extraordinaire se produit dans l'offre de ce métal [6]. De 1831 à 1840, la production annuelle n'avait pas dépassé, en moyenne, 20,289 kilogrammes. De 1841 à 1850, après la mise en exploitation de riches dépôts aurifères dans l'Oural et surtout dans la Sibérie, elle s'était élevée à 54,759 kilogrammes. La moyenne annuelle fut brusquement portée, par la découverte des gisements de Californie et d'Australie, à 199,388 kilogrammes de 1851 à 1855, à 201,750 kilogrammes de 1856 à 1860. Elle fut ensuite de 185,057 kilogrammes de 1861 à 1865, et de 195,026 kilogrammes de 1866 à 1870. De 1493, c'est-à-dire depuis la découverte de l'Amérique, jusqu'en 1850, en trois cent cinquante-huit ans, les quantités produites avaient été de 4,752,070 kilogrammes. De 1851 à 1870, en vingt ans, elles furent de 3,905,205 kilogrammes. Les extractions nouvelles représentaient donc plus de 82 p. °/₀ des productions antérieures à 1850 et plus de 45 p. °/₀ des productions totales depuis 1493.

1. Browne (E. H.). *A few words on the gold question*, 1852; Austin (W.), *On the imminent depreciation of gold and how to avoid loss*, 1853, etc.

2. Tooke. *History of prices*, dernier volume, 1857.

3. *Encyclopædia britannica*, 3e édit., vo Precious metals.

4. Stanley Jevons a réimprimé ce mémoire dans ses *Investigations in currency and finance*, 1884.

5. Mémoire déjà cité. V. également *De la transformation des moyens de transport et de ses conséquences économiques.*

6. Chiffres du Dr Sœtbeer. *Matériaux, etc.* Les statistiques du Dr Sœtbeer détaillent jusqu'au kilogramme la production annuelle des métaux précieux. Nous prenons ses chiffres, comme ceux de la Monnaie des États-Unis, tels qu'ils ont été publiés; mais on ne doit pas se dissimuler qu'il s'agit de simples évaluations. Le soin que le Dr Sœtbeer mettait à les établir, les moyens d'information dont dispose la Monnaie des États-Unis et la sagacité qu'elle montre dans ses enquêtes permettent d'ailleurs de considérer ces estimations comme très approximatives.

On conçoit facilement qu'une telle révolution dans les conditions de la production ait amené la baisse de l'or, dont la hausse des prix était la manifestation.

La hausse des prix fut d'abord générale. En 1858, d'après M. Levasseur[1], le prix du blé (comparé au prix de 1848) avait doublé, le prix des produits naturels (comparé au prix de 1847) avait augmenté de 67.19 p. %; le prix des produits manufacturés (comparé au prix de 1847) avait augmenté de 14.94 p. %; le prix moyen de toutes les marchandises réunies avait augmenté de 41.61 p. %. Le savant économiste prenait soin de faire remarquer que la hausse des prix n'était pas uniquement due à la baisse de l'or. Il admettait d'abord, d'une part, que la guerre et la disette avaient provoqué un enchérissement d'environ 20 p. % pour les produits naturels et de 2 p. % pour les produits manufacturés, et, d'autre part, que la spéculation qui, en 1856, à la veille d'une crise commerciale, était à son apogée, avait enflé tous les prix de 5 p. %; abstraction faite de ces causes passagères, les produits naturels avaient augmenté, en 1858, de 42.19 p. %, les produits manufacturés de 7.94 p. %, toutes les marchandises réunies de 25 p. % en moyenne. Sur cette hausse de 25 p. %, il fallait encore défalquer 5 p. % pour tenir compte des effets du développement de l'industrie et de l'accroissement du nombre des consommateurs. En définitive l'abondance plus grande de l'or avait provoqué une hausse de 20 p. % dans les prix. La baisse de la monnaie ressortait ainsi à 16.67 p. %.

Stanley Jevons arrivait en 1863, à une conclusion à peu près semblable. Il considérait que la baisse de l'or ne pouvait être moindre de 9 p. % et qu'elle devait être très voisine de 15 p. % si même elle n'était pas supérieure à ce pourcentage.

A ce moment, les conséquences de la baisse de l'or commencent néanmoins à être moins apparentes qu'en 1858. A la hausse générale des prix succèdent des mouvements fort divers. Plusieurs causes, dont M. Levasseur avait déjà signalé l'influence, viennent contrebalancer ou, au contraire, renforcer

1. *Op. cit.*, p. 194, 195, 252, 253.

les effets de l'abondance du métal étalon, au point de remplacer, pour certains articles, la hausse par la baisse des prix et de produire, pour d'autres, une hausse plus forte encore.

En 1873, lorsque M. de Foville publie à son tour les résultats de son enquête sur les prix, les mouvements qui, en 1850, se dessinaient seulement, sont très nettement accusés. D'après les constatations de M. de Foville, les prix de 1873 présentent, par rapport à ceux pratiqués une cinquantaine d'années auparavant : d'un côté des hausses de 90 p. °/₀ pour les aliments d'origine animale, de 30 p. °/₀ pour les aliments végétaux, de 45 p. °/₀ pour les boissons indigènes; de l'autre, des baisses de 35 p. °/₀ sur les produits minéraux, de 50 p. °/₀ sur les tissus, de 45 p. °/₀ sur les produits chimiques, les vitrifications et les papiers. Ainsi, les produits manufacturés, à l'égard desquels M. Levasseur relevait une hausse moindre qu'en ce qui concerne les produits naturels, ont décidément baissé de prix par la suite. Au contraire la hausse constatée en 1858 s'est maintenue pour les produits naturels : elle s'est même considérablement accrue pour certains d'entre eux. L'effet de la baisse de l'or a été, dans le premier cas, atténué ; dans le second cas, renforcé par d'autres causes, dont M. de Foville met en pleine lumière l'action singulièrement énergique. La hausse des produits naturels est le résultat de la diminution survenue dans le prix des transports depuis la construction des chemins de fer : les débouchés se sont ouverts beaucoup plus vite que la production n'augmentait (la production des denrées alimentaires ne peut d'ailleurs s'accroître indéfiniment) ; la demande a dépassé l'offre ; la réduction des distances a profité au producteur. La baisse des produits manufacturés tient en partie à la cause même qui a provoqué la hausse des produits naturels, c'est-à-dire à la diminution des frais de transport ; elle résulte aussi de la réduction des prix de revient par l'introduction des moteurs mécaniques et par les applications de la science à l'industrie. La production industrielle s'est accrue plus rapidement encore que les débouchés ne s'ouvraient, parce que la puissance de l'industrie peut être presque indéfiniment augmentée ; l'offre a dépassé la demande ; le bénéfice de la révolution économique du XIXᵉ siècle a été ici pour le consommateur.

La combinaison de ces hausses et ces baisses de prix d'après la méthode des *moyennes budgétaires*, a permis à M. de Foville de constater une augmentation de 33 p. % dans le prix des marchandises, correspondant à une diminution de 25 p. % dans le pouvoir d'achat de la monnaie, de 1820-1825 à 1870-1875.

On remarquera que, dans cette période de cinquante ans, les quantités d'or produites ont presque triplé, par rapport aux trois cent trente-deux années qui séparent 1493 et 1825. Elles se montaient, en 1825, à 3,926,510 kilogrammes et, en 1875, à 9,523,695 kilogrammes. La baisse de l'or n'aurait été cependant que du quart.

Mais il faut prendre garde que cette baisse de 25 p. % est la résultante de causes extrêmement diverses et n'est pas la conséquence de la seule abondance de l'or.

En même temps que les conditions de l'offre se transformaient, les conditions de la demande étaient modifiées. Les cinquante années comprises entre 1825 et 1875 ont vu s'accomplir une révolution économique plus profonde que bien des révolutions politiques. La face du monde a été transformée. La création et le développement des chemins de fer et de la navigation à vapeur[1], en réduisant des trois quarts les frais de transport, ont élargi et reculé les débouchés, détruit les monopoles nationaux, provoqué la localisation des spécialités industrielles et agricoles, étendu la division féconde du travail des individus aux peuples. L'application des moteurs mécaniques à la production agricole et industrielle, en procurant une énorme économie de travail humain[2], a réduit les prix de revient et développé les consommations publiques et privées. Le perfectionnement de l'organisation postale, l'invention du télégraphe électrique ont mis à la disposition du commerce des moyens de correspondance de plus en plus étendus et rapides. Sous

1. Porter écrivait en 1851 : « Pour fournir le Royaume-Uni de blé seulement, il faudrait plus du double des navires qui entrent annuellement dans nos ports... L'importation des quantités de produits agricoles qui sont actuellement à notre disposition suffirait probablement à occuper sans relâche la marine marchande du monde entier. *Progress of the nation*, p. 138. Actuellement, l'Angleterre se nourrit surtout de blé importé.

2. V. de Foville. *De la transformation des moyens de transport*, etc.

l'influence de ces causes multiples, les échanges ont pris une extension jusqu'alors sans exemple. Le mouvement de l'appareil circulatoire s'est précipité. Une plus grande quantité d'or a été nécessaire pour faire circuler la masse plus considérable des richesses produites et offertes sur le marché du monde. La demande de métal jaune a donc grandi en même temps que sa production. Cet accroissement a agi en sens contraire de l'augmentation de l'offre et a tendu à modérer la baisse.

Une cause secondaire de la limitation de la baisse peut encore être signalée. C'est l'espèce d'arbitrage qui résultait, dans les pays à double étalon, du fonctionnement de leur système monétaire. Comme on le verra par la suite, la France et les autres puissances latines ont offert à l'or, durant cette période, un vaste marché. Leurs fabrications de monnaies d'or ont été extrêmement considérables. Et, non seulement elles importaient de l'or, mais elles exportaient de l'argent. Elles achetaient l'or qui était en baisse et vendaient l'argent qui était en hausse. Cette double opération a dû soutenir le cours du métal jaune. Suivant les expressions de Michel Chevalier, l'argent a servi de parachute à l'or.

En résumé, de 1850 à 1870, l'or a été déprécié ; durant la même période, la production de ce métal s'est accrue au point que l'offre en a certainement dépassé la demande. Il est permis d'en conclure que la valeur des métaux précieux dépend, comme celle de toutes les autres marchandises, du rapport variable de l'offre et de la demande.

II. — De la dépréciation de l'argent après 1873. — Cette théorie trouve une confirmation plus nette encore dans l'étude de la dépréciation de l'argent après 1873.

Examinons d'abord, comme nous l'avons fait pour l'or, par quels procédés se mesurent les variations de la valeur de l'argent.

L'argent ne joue plus, on le sait, dans la circulation des pays occidentaux, le rôle de métal étalon. Les fluctuations de sa valeur n'ont, par suite, aucune influence sur les mouvements des prix.

Il semble qu'elles n'en soient que plus faciles à saisir et qu'il suffise de constater la série des prix de ce métal en monnaie d'or, comme s'il s'agissait de toute autre marchandise. Mais, pour peu qu'on y réfléchisse, on comprendra que la baisse du prix de l'argent, prix exprimé en or, n'est pas la preuve certaine d'une dépréciation réelle du métal blanc ; elle peut révéler au contraire une hausse du métal jaune. La question de savoir si l'or n'a pas enchéri, n'a pas profité d'une *appréciation* qui lui aurait rendu, dans le dernier quart du XIXe siècle, tout ou partie de la puissance acquisitive qu'il avait perdue au cours des vingt années précédentes, a été posée par des économistes dont le nom fait autorité. Elle sera étudiée avec soin. Mais il paraît préférable de faire connaître d'abord la série des prix de l'argent depuis 1870 et d'exposer les modifications survenues pendant cette période dans l'offre et dans la demande de ce métal.

Les cours de l'argent sont exprimés sous des formes très diverses, suivant les pays. Pour qui n'en a pas la clef, les cotes de ce métal sont indéchiffrables. Quelques explications techniques paraissent donc nécessaires, d'abord sur la cote de Paris, puis sur celles de Londres et de New-York, qui sont, à des titres divers, des marchés importants pour le métal blanc.

Cote de Paris. — A Paris, depuis le 2 janvier 1901, on cote le kilogramme d'argent fin en francs et en centimes. Mais jusqu'au 31 décembre 1900, les cours de l'argent étaient, à la différence de ce qui a lieu pour les autres marchandises, exprimés, indirectement, par la quotité de l'écart existant entre la valeur légale du métal, prise pour base, et sa valeur commerciale.

La valeur légale de l'argent est celle qui résulte de la loi monétaire. On l'appelle aussi le pair de l'argent.

La loi monétaire du 17 germinal an XI définit le franc : un poids de 5 grammes d'argent au titre de 900/1000. 1 kilogramme d'argent au titre monétaire vaut donc légalement 200 francs.

Cette valeur de 200 francs est le pair du métal à 900/1000, à l'état de monnaie. A l'état de lingot, le kilogramme d'argent à 900/1000 vaut en moins les frais de fabrication, ou retenue au change, fixés depuis 1849 à 1 fr. 50 c. Le pair avec retenue au change du kilogramme d'argent à 900/1000 non monnayé ressort ainsi à 198 fr. 50 c.

Mais ce n'est pas le kilogramme au titre monétaire qui est coté sur le marché. L'alliage ayant une valeur infinitésimale relativement au métal fin, c'est seulement à la valeur de ce dernier que l'on a égard. Il a paru, par suite, plus simple de coter le kilogramme de fin ou à 1000/1000.

Le pair du kilogramme d'argent fin se déduit aisément du pair du kilogramme à 900/1000. Il est de :

$$\frac{198.50 \times 1000}{900} = 220 \text{ fr. } 56 \text{ c.}$$

C'est le prix que l'hôtel des monnaies donnait du kilogramme d'argent fin, quand la frappe du métal blanc était autorisée. On l'appelle, pour ce motif, le pair de la Monnaie.

Le pair indiqué sur la cote, pendant la période qui nous occupe, n'était cependant pas 220 fr. 56 c., mais 218 fr. 89 c.

Le pair de 218 fr. 89 c. datait de l'époque où, les frais de fabrication étant de 3 francs par kilogramme au titre, la valeur de ce dernier était de 197 francs. En effet :

$$\frac{197 \times 1000}{900} = 218 \text{ fr. } 89.$$

Lorsque les frais de fabrication eurent été abaissés à 1 fr. 50 c. le commerce conserva l'ancien mode de calculer le pair. Il est probable que cette persistance du pair de 218 fr. 89 c. est résultée de la rareté relative des opérations du marché français, sur lequel on trouve peu d'argent en barres.

Quoi qu'il en soit, c'est ce pair qui servait de base au calcul du prix commercial de l'argent.

Les variations du cours étaient cotées en millièmes de prime ou de perte, par rapport au pair de 218 fr. 89 c. La valeur actuelle de l'argent se déduisait de la cote par un calcul de proportion.

Le pair de 218 fr. 89 c., appelé pair du commerce, était trop faible. L'écart avec le pair de la Monnaie n'était pas moindre de 1 fr. 67 c. et représentait 7.63 p. ‰ de 218 fr. 89 c. Lorsque l'argent était coté au pair, c'est qu'il faisait en réalité 7.63 p. ‰

de perte. Il fallait donc ajouter à la perte cotée, ou retrancher de la prime cotée 7.63 p. °/₀₀ pour avoir la valeur exacte du métal. Lorsque l'argent était réellement au pair, il était coté à 7.63 p. °/₀₀ de prime.

Cote anglaise. — La cote anglaise est plus intéressante que la cote française. En effet, les transactions sur l'argent sont assez rares à Paris ; la cote y est le plus souvent nominale ; elle n'est que le reflet ou la traduction de la cote anglaise. Londres, au contraire, est le grand marché de l'argent. Il doit sa prépondérance aux relations commerciales de l'Angleterre avec l'Amérique du Sud et avec l'Inde : l'Amérique du Sud, qui fournit à peu près la moitié des extractions annuelles de métal blanc, paie les achats très considérables qu'elle fait en Angleterre, par des envois de barres ou de piastres ; c'est par l'intermédiaire de l'Angleterre que l'Inde, grand consommateur d'argent, reçoit le règlement de ses créances sur les pays occidentaux.

L'unité cotée est l'once *troy* (poids de Troyes en Champagne) d'argent *standard* (au titre monétaire). L'once troy pèse 31.1035 grammes ; le titre *standard* est de 11 onces 2 pennyweights de fin et 18 pennyweights d'alliage par livre de 12 onces, soit 37/40 ou 925/1000. L'once troy d'argent standard contient ainsi 28.77 grammes de fin (28.7707395).

Les cours sont exprimés en pence : le penny est la 240e partie de la livre sterling, laquelle vaut, au pair, 25 fr. 2214.

Cote américaine. — L'unité cotée est l'once *troy* d'argent fin. Le prix est exprimé en *cents,* centièmes du dollar d'or, lequel vaut, au pair, 5 fr. 18 $^1/_4$.

Traduction en francs des cotes anglaise et américaine. — Pour déduire de la cote anglaise le prix du kilogramme d'argent fin en francs et centimes, il suffit de multiplier le cours par le change variable de la livre sterling et de diviser le produit par 6.9049 [1].

1. Soit C le prix du kilogramme de fin en francs, n le cours de l'argent, N le change de la livre : l'once cotée pesant 28.77 grammes de fin et la livre sterling contenant 240 pence,

$$C = \frac{1\,000 \times n \times N}{28.77 \times 240} = \frac{n \times N}{6.9049}$$

Le prix du kilogramme d'argent fin en francs et centimes se déduit de la cote américaine en multipliant le cours par le change du dollar et en divisant le produit par 3.11035[1].

Plus rapidement, on peut, en supposant la livre sterling ou le dollar au pair, multiplier le cours de Londres par 3.65 ou $\frac{11}{3}$, le cours de New-York par 1.666 ou $\frac{5}{3}$. Ces deux dernières formules[2] ont l'avantage de fournir une relation commode entre la cote anglaise et la cote américaine ; en effet, $\frac{5}{3} \times n$ cents $= \frac{11}{3} \times n$ pence. Mais, dans la pratique commerciale, les premières seules peuvent être employées : les valeurs de la livre sterling et du dollar étant elles-mêmes variables, il est nécessaire de tenir compte de leurs fluctuations.

Rapport de la valeur de l'argent à celle de l'or. — On exprime souvent les variations de la valeur de l'argent en énonçant les modifications qui se sont produites dans le rapport de cette valeur à celle de l'or.

Pour déduire ce rapport de la cote française, il faut diviser par ce cours le prix du kilogramme d'or fin monnayé, qui est de 3,444 fr. 44 c. Le quotient exprime le rapport.

Le rapport se déduit également des cotes anglaise et américaine en divisant le prix de l'once d'or par le cours de l'once d'argent. Mais, en ce qui concerne la cote anglaise, les calculs sont compliqués par la différence des titres de l'or et de l'argent monnayés. En voici simplement le résultat :

C étant le cours de l'argent, R le rapport, la formule applicable à la cote anglaise est : $R = \frac{943.2}{C}$, celle applicable à la cote américaine : $R = \frac{206.718}{C}$.

Le pair à 15 $^1/_2$ français correspond aux cours de 60 $\frac{13.4}{16}$ pence sur la cote de Londres et de 133.33 cents sur celle de New-York.

1. Soit C le prix du kilogramme de fin en francs, n le cours de l'argent, N le change du dollar : l'once cotée pesant 31.1035 grammes de fin et le dollar contenant 100 cents.

$$C = \frac{1\,000 \times n \times N}{31.1035 \times 100} = \frac{n \times N}{3.11035}$$

2. Nous les empruntons à un article de M. de Foville. *Économiste français* du 15 juillet 1893.

Voyons maintenant quelles ont été les variations de la valeur de l'argent depuis 1870.

Le tableau ci-contre a été formé au moyen des circulaires de la maison Pixley and Abell, de Londres[1].

Ainsi qu'on le verra par le diagramme ci-après, cinq phases peuvent être distinguées dans l'histoire de la dépréciation de l'argent depuis 1872. La courbe des prix, dont la direction générale contraste avec celle de la courbe des années 1842-1872, subit en 1876, en 1879, en 1886, en 1889-1890 et en 1893-1894, 1897 et 1901, des inflexions caractéristiques.

En 1872, le prix de l'once standard est aux environs du cours qui correspond au pair légal français $\left(60\ \frac{13.4}{16}\right)$. En décembre, l'argent est au-dessous de 60 pence. En décembre 1873, le cours de 59 pence ; en décembre 1874, le cours de 58 pence ; en décembre 1875, le cours de 57 pence sont successivement perdus. Le mouvement se précipite ; en juillet 1876, le prix tombe à 46 $^3/_4$.

L'argent remonte presque aussitôt et très vite à 58 pence (janvier 1877). C'est un maximum qu'on ne retrouvera plus. La baisse recommence ; elle s'arrête en mars 1879, au cours de 48 $^7/_8$.

Nouvelle hausse et, en octobre 1879, nouveau maximum, inférieur à celui de 1877. L'argent atteint 53 $^3/_4$. Puis la baisse reprend et le mouvement descendant ne s'arrête qu'à 42 pence, en août 1886.

En 1889, les cours se relèvent ; en septembre 1890, ils montent à 54 $^5/_8$. Encore un prix qu'on ne reverra plus. En décembre 1893, l'argent, de chute en chute, est retombé au-dessous de 32. En mars 1894, on note le cours de 27 pence, correspondant au rapport 1 à 34.93. Dans les mois suivants on note au plus haut 30 $^1/_2$; en 1895, les cours oscillent entre 31 $^3/_8$ et 27 $^3/_{16}$. En 1897, nouvelle chute, à 23 $^3/_4$; puis derechef, un relèvement des cours : la moyenne annuelle tend à se fixer aux environs de 27. C'est un peu au-dessus de 24 pence

1. On trouvera dans le premier *Rapport au Ministre des Finances* du Directeur de l'Administration des Monnaies (1896) la série des variations mensuelles du prix de l'once standard depuis 1833 jusqu'en 1895 ; ces tableaux ont été continués dans les rapports ultérieurs.

COTE DE L'ARGENT EN BARRES A LONDRES.

ANNÉES.	PLUS HAUT cours.	PLUS BAS cours.	COURS moyen annuel.	RAPPORT de l'argent à l'or.
	pence	pence.	pence.	
1851	61 5/8	60	61	15.46
1852	61 7/8	59 7/8	60 1/2	15.59
1853	62 3/8	60 5/8	61 1/2	15.34
1854	61 7/8	60 7/8	61 1/2	15.34
1855	61 3/4	60	61 5/16	15.38
1856	62 1/4	60 1/2	61 5/16	15.38
1857	62 3/8	61	61 3/4	15.27
1858	61 7/8	60 3/4	61 5/16	15.38
1859	62 3/4	61 3/4	62 1/16	15.20
1860	62 3/8	61 1/4	61 11/16	15.29
1861	61 3/4	60 1/8	60 13/16	15.51
1862	62 1/8	61	61 7/16	15.35
1863	61 3/4	61	61 3[8	15.37
1864	62 1/2	60 5/8	61 3/8	15.37
1865	61 7/8	60 1/2	61 1/16	15.45
1866	62 1/4	60 3/8	61 1/8	15.43
1867	61 1/4	60 5/16	60 9/16	15.57
1868	61 1/8	60 1/8	60 1/2	15.59
1869	61	60	60 7/16	15.61
1870	62	60 1/4	60 9/16	15.57
1871	61	60 3/16	60 1/2	15.59
1872	61 1/8	59 1/4	60 5/16	15.64
1873	59 15/16	57 7/8	59 1/4	15.92
1874	59 1/2	57 1/4	58 5/16	16.17
1875	57 5/8	55 1/2	56 7/8	16.58
1876	58 1/2	46 3/4	52 3/4	17.88
1877	58 1/4	53 1/4	54 13/16	17.21
1878	55 1/4	49 1/2	52 9/16	17.94
1879	53 3/4	48 7/8	51 1/4	18.40
1880	52 7/8	51 5/8	52 1/4	18.05
1881	52 7/8	51	51 11/16	18.25
1882	52 7/16	50	51 5/8	18.27
1883	51 3/16	50	50 9/16	18.65
1884	51 3/8	49 1/2	50 5/8	18.63
1885	50	46 7/8	48 5/8	19.40
1886	47	42	45 3/8	20.79
1887	47 1/8	43 1/4	44 5/8	21.14
1888	44 9/16	41 15/16	42 7/8	22.00
1889	44 3/8	41 15/16	42 11/16	22.09
1890	54 5/8	43 11/16	47 11/16	19.78
1891	48 3/4	43 1/2	45 1/16	20.93
1892	43 3/4	37 7/8	39 13/16	23.70
1893	38 3/4	30 1/2	35 5/8	26.47
1894	31 3/4	27	28 15/16	32.59
1895	31 3/8	27 3/16	29 7/8	31.57
1896	31 5/8	29 3/4	30 3/4	30.67
1897	29 13/16	23 3/4	27 9/16	34.22
1898	28 5/16	25	26 15/16	35.01
1899	28 7/8	26 5/8	27 7/16	34.37
1900	30 3/16	27	28 1/4	33.39
1901	29 9/16	24 13/16	27 3/16	34.69

que nous trouvons l'once standard au début de 1902, après un dernier maximum de 30 $^{3}/_{16}$ en 1900.

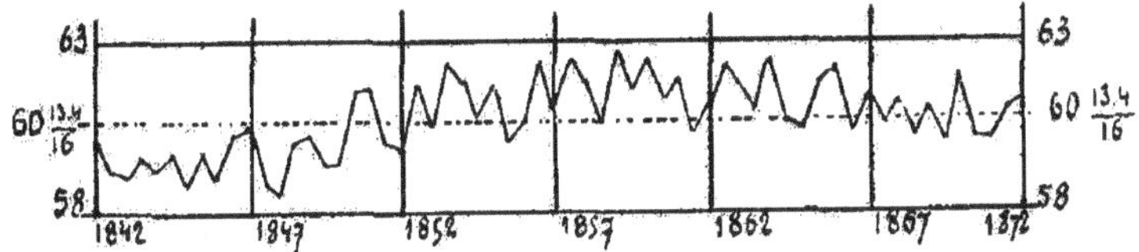

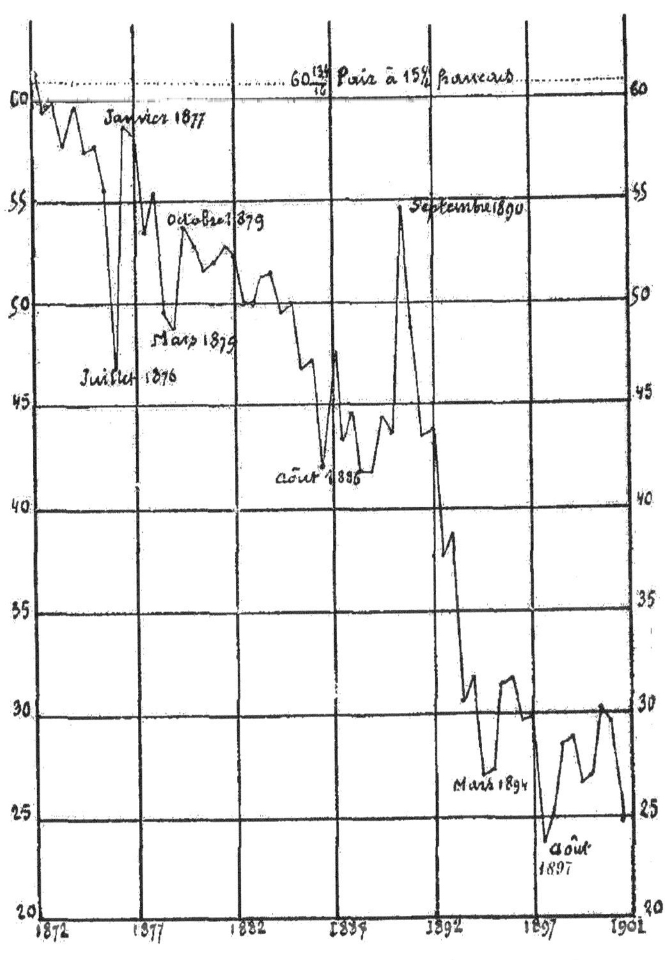

Précisons, pour chacune de ces périodes, les faits auxquels peut être imputée la baisse de l'argent.

De 1871 à 1875, on constate tout d'abord une augmentation considérable de la production des mines. La moyenne annuelle est de 1,960,425 kilogrammes contre 1,339,085 kilogrammes de 1866 à 1870 et 1,101,150 kilogrammes de 1861 à 1865. En 1876, la moyenne de 1871-1875 est largement dépassée ; les mines envoient sur le marché 2,323,779 kilogrammes. L'offre de métal blanc a donc augmenté beaucoup. C'est, à la vérité, la continuation d'une progression dont le point de départ se trouve dans la période 1831-1840. L'argent a dû baisser dès cette époque. Si la moyenne annuelle des cours de 1831 à 1850, n'est pas descendue au-dessous de 59 pence, si même elle s'est relevée, de 1851 à 1859, jusqu'à 62 pence pour se maintenir au-dessus de 60 jusqu'en 1872, c'est que ces cours sont exprimés en monnaie d'or et que, par suite de l'augmentation simultanée de sa production, la puissance acquisitive de ce dernier métal tendait à s'affaiblir. Lorsque la baisse de l'or fut consommée, l'effet de l'offre accrue du métal blanc apparut à son tour : sa dépréciation réelle put se manifester.

Aux quantités nouvellement extraites des mines, venaient d'ailleurs s'ajouter à partir de 1872 celles que mettaient en vente les Pays scandinaves et l'Empire allemand, à la suite de l'adoption de l'étalon unique d'or. Les ventes des Pays scandinaves sont insignifiantes : on les a évaluées à 45,000,000 francs environ [1], soit 225,000 kilogrammes. Les démonétisations de l'Allemagne ont une tout autre importance. Au 30 septembre 1876, la valeur totale des pièces retirées et soumises à l'affinage ou à la refonte était de 204,856,160 mark ayant donné à la refonte 1,088,470 kilogrammes de fin. Tous ces lingots avaient été vendus, sauf un petit reliquat et une partie relativement très faible remise aux hôtels des monnaies pour la fabrication des nouvelles espèces [2].

En même temps que l'offre augmentait, la demande d'argent diminuait, soit dans les pays de civilisation occidentale, soit en Orient.

L'argent est l'objet, dans les pays occidentaux, d'une sorte de désaffection. On le délaisse pour l'or, beaucoup mieux ap-

1. *Report from the select committee on depreciation of silver*, 1876, p. xxx.

2. Cinquième mémoire sur l'exécution de la législation monétaire allemande. Malou. *Documents relatifs à la question monétaire*. Bruxelles, 1880, 2e fascicule, p. 40.

proprié aux besoins d'une circulation extrêmement active, car le poids en est trente fois moindre, sous le même volume, et a toujours été depuis le début du XIXe siècle, pour la même valeur, le quinzième au moins du poids de l'argent. Le mouvement d'opinion dont le métal blanc est aujourd'hui la victime, n'est pas d'ailleurs d'origine récente. Le rapport de 1 à 15 $^1/_2$, qui résulte des cours moyens comparés de l'or et de l'argent à la fin du XVIIIe siècle et au début du XIXe, constituait déjà une déchéance. Au commencement du XVIe siècle, la relation [1] est de 1 à 10.75. Elle est de 12.25 dans les vingt premières années du XVIIe siècle, de 14.50 entre 1641 et 1660, de 15.27 au début du XVIIIe siècle. Un retour favorable à l'argent se produit alors : de degré en degré, le rapport s'abaisse jusqu'à 14.56, de 1751 à 1760. Il se relève ensuite et, quatre-vingt-dix ans plus tard, de 1841 à 1850, il atteint 15.83. Après une réduction passagère à 15.36 et 15.48 dans les deux périodes décennales suivantes, le rapport remonte et s'élève jusqu'au niveau où nous le voyons aujourd'hui (33 à 35).

On suit, de siècle en siècle, dans cette série de chiffres, la décadence progressive de l'argent. On comprend que sa disgrâce se préparait de longue date. Elle s'est consommée lorsque, les moyens de production et de transport étant transformés, le nombre, l'étendue et la célérité des transactions commerciales se sont accrus. Les pays demeurés jusque-là fidèles au métal blanc l'ont abandonné à leur tour et ont adopté le métal jaune comme instrument de leur circulation. Les Pays scandinaves, l'Allemagne ont successivement adopté l'étalon d'or, la France et l'Union latine ont limité puis suspendu la frappe des écus de 5 francs. L'argent a perdu de la sorte un débouché des plus importants. Sa dépréciation en a été certainement accrue.

Chose curieuse, dans les pays à double étalon, la substitution définitive de l'or à l'argent et la déchéance de ce dernier ont été précipitées par la baisse passagère de l'or après 1850. C'est une conséquence du système bimétallique [2] de provoquer l'exportation du métal qui fait une prime et l'importation du métal

1. Chiffres du D[r] Sœtbeer. V. *Économiste français*, 3 mai 1879, p. 538.
2. V. *infra*, p. 169.

qui est en perte. Après 1850, par suite de ce jeu naturel du double étalon, l'or pénétra en France, dans les pays de l'Union latine, et s'y substitua à l'argent. Le métal jaune, presque inconnu des populations, fut d'abord accueilli par elles avec défiance [1]. Bientôt, il fut apprécié. De nouvelles habitudes monétaires s'établirent. Lorsque, après 1872, l'argent déprécié à son tour, se présenta pour chasser l'or à l'étranger, des mesures furent prises pour empêcher cette substitution et maintenir une circulation d'or. La frappe libre de l'argent fut, d'un commun accord, limitée puis suspendue.

De 1867 à 1873, il avait été monnayé en France et en Belgique 732,127,000 francs de pièces de 5 francs, soit 104,590,000 francs par année en moyenne ; pour 1873, la frappe atteignit 266,354,000 francs, dont 154,649,000 francs pour la France. Les fabrications se réduisent en 1874 à 71,996,000 francs, en 1875 à 89,905,000 francs, en 1876 à 63,461,000 francs. La fabrication des pièces de 5 francs cesse en 1876 à la Monnaie de Bruxelles, en vertu de la loi du 21 décembre. La loi française du 5 août 1876 ayant autorisé la limitation ou la suspension de la frappe libre par décret, il ne sera plus frappé en France que 16,464,000 francs en 1877 et 1,821,000 francs en 1878 [2].

Un débouché plus important encore, celui de l'Inde anglaise, se restreignait à la même époque.

Le sentiment de désaffection pour l'argent qui s'est manifesté chez les nations occidentales, est-il partagé par les populations de l'Inde? On a beaucoup dit qu'il n'en est rien, et c'est encore aujourd'hui une proposition courante dans les publications bimétallistes, que, sur le marché intérieur de l'Inde tout au

1. V. *infra*, p. 188.

2. D'après les statistiques de la Direction des Monnaies des États-Unis, les fabrications d'argent du monde, de 1874 à 1877, sans atteindre le chiffre de 1873 (101,741,421 onces de fin), représenteraient 358,707,314 onces de fin, soit en moyenne 89,677,000 onces de fin. La limitation des frappes en Belgique et en France aurait donc été partiellement compensée par des fabrications en d'autres pays. C'est ce que l'on peut admettre pour l'Autriche Hongrie notamment et pour l'Espagne, qui ont frappé respectivement de 1874 à 1877, 5,584,500 et 7,459,300 onces de fin par an. Mais il y a eu des refontes, particulièrement en Allemagne pour 13,349,000 onces de fin, en Italie pour 6,120,000 onces de fin, en moyenne ; le débouché monétaire de l'argent s'est donc réduit dans cette période.

moins, la valeur du métal blanc n'a pas varié depuis trente ans.

Pendant longtemps, sur la foi de sérieuses autorités[1], il faut le reconnaître, on a pu croire que le niveau général des prix ne s'était pas élevé depuis 1870 ; d'après certains témoignages il avait plutôt baissé[2]. L'argent jouant dans l'Inde le rôle de métal étalon et toute variation de son pouvoir d'achat devant par suite se répercuter sur l'ensemble des prix, on concluait de cette extraordinaire stagnation des prix à la stabilité de l'étalon d'argent. On expliquait cette anomalie par l'organisation très rudimentaire de la circulation métallique de ce vaste pays[3]. D'après M. R. Giffen, dans beaucoup de régions de l'Inde, le troc est la forme ordinaire des échanges ; ailleurs on se sert principalement de monnaie de cuivre ; l'argent ne circule avec abondance que dans les grandes villes[4]. Le Dr Sœtbeer a reproduit, dans son ouvrage déjà plusieurs fois cité[5], des extraits de lettres privées qui donnent une impression très nette de l'état de la circulation. « L'échange en nature prédomine dans les usages de la population rurale. Dans les villages on paie généralement avec du riz. Dans les villes et villages importants les paiements se font généralement en espèces... On ne trouve guère que des monnaies de cuivre dans la circulation commune. Les roupies et ses subdivisions en argent s'y rencontrent, mais en fort petite quantité. » Il était admissible, en effet, qu'un peuple qui, dans son ensemble, n'a pas dépassé l'âge du cuivre au point de vue monétaire et qui même, en beaucoup de localités, n'a pas atteint cet âge, ait pu ne pas modifier ses appréciations au sujet de la valeur d'une monnaie dont quelques grands centres seulement font usage.

1. *Correspondence between the British and Indian governments respecting the silver question*, 1886, p. 22, n° 42.

2. Cf. *Third report of the royal Commission appointed to inquire into the depression of trade and industry*, 1886. App. B., p. 331 et *First report of the royal commission appointed to inquire into the recent changes in the relative values of the precious metals*, 1887, q. 1179.

3. Nous avons proposé nous-mêmes cette explication. *Nouveau dictionnaire d'économie politique*, v° Métaux précieux.

4. *First report of the royal commission appointed to inquire into the recent changes in the relative values of the precious metals*, quest. n° 601, p. 29.

5. *Matériaux*, etc. V. p. 19, note.

De divers côtés, cependant, des chiffres étaient produits, qui se conciliaient mal avec les constatations des enquêtes officielles. M. Cl. Juglar, notamment[1], mettait au jour des séries de prix, extraits des rapports des chambres de commerce de l'Inde, qui montrent que les cours du blé, du jute, de l'indigo étaient supérieurs à ceux de 1873. Commentant ces données, nous faisions observer[2] que la hausse était assurément trop forte pour qu'on pût l'imputer tout entière à une diminution du pouvoir d'achat de l'argent. Mais, en fait, ajoutions-nous, ces marchandises ont enchéri ; il est donc très possible que l'argent ait baissé dans l'Inde comme ailleurs.

Depuis lors, la baisse de l'argent dans l'Inde a été lumineusement démontrée par la remarquable étude de M. Fred. J. Atkinson, *Silver prices in India,* publiée en mars 1897 par le *Journal of the Royal statistical Society.* Ce ne sont pas seulement les prix de quelques denrées, importantes sans doute mais dont les cours peuvent avoir été influencés par des causes particulières, qu'a notés M. F. J. Atkinson. Ses *index numbers* sont formés au moyen des cours de cent marchandises différentes, relevés dans toutes les provinces et auxquels des coefficients ont été attribués d'après le chiffre d'affaires que représentent la production et le commerce de chacune d'elles. La succession des nombres moyens annuels ainsi composés doit représenter assez fidèlement les fluctuations du niveau général des prix. L'année 1871 est prise comme terme de comparaison ; le nombre 100 lui étant attribué, voici, pour les années subséquentes, les nombres les plus caractéristiques, ceux qui marquent le commencement des séries ascendantes ou descendantes :

PRIX EXPRIMÉS EN ROUPIES.

Années.		Années.	
1871	100	1882	105
1874	116	1883	106
1875	103	1892	141
1878	148	1893	138
1879	135	1895	128

Pour les objets d'alimentation le maximum (181) est atteint

1. *Économiste français*, 14 avril 1894.
2. 1re édition, 1894.

en 1878 ; l'année 1879 est marquée par un nombre encore élevé (160) ; dans les dix années suivantes les nombres varient entre 109 et 136 ; on trouve 161 en 1892, puis dans les trois années suivantes, 153, 141, 132. La hausse est moindre sur les matières premières, le maximum (126) est atteint en 1895 ; on relève des nombres inférieurs à 100, en 1875 et 1876 et en 1885. Les produits manufacturés accusent des baisses importantes ; on descend jusqu'à 83 en 1876 ; 1889, 1893, 1894 et 1895 présentent seules des nombres au-dessus de 100 (102, 106, 109, 111).

La divergence qui se manifeste dans les courbes afférentes aux objets d'alimentation et aux produits fabriqués est significative. Comme en Europe[1], le développement des chemins de fer a eu pour conséquence la hausse des produits agricoles et la baisse des articles manufacturés ; l'introduction de l'industrie mécanique[2] a dû contribuer d'ailleurs à ce dernier résultat. Mais ces causes de variations des prix n'ont pas suffi à masquer l'influence de la dépréciation du métal blanc. Dans l'ensemble, les prix sont notablement plus élevés aujourd'hui qu'il y a trente ans.

La hausse des prix exprimés en argent a été, de même, constatée pour le Japon[3], avant l'adoption de l'étalon d'or, et pour la Chine[4].

Quoi qu'il en soit, de 1870 à 1876, les importations nettes d'argent dans l'Inde anglaise ont fortement diminué. On en jugera par le tableau ci-après[5] :

1. Voir ci-dessus, p. 28.

2. V. Brenier. L'évolution industrielle de l'Inde. *Annales de l'École libre des sciences politiques*, juillet et septembre 1894 et janvier 1895.

3. M. Paul Leroy-Beaulieu, dans le *Journal des Débats* du 14 avril 1897, cité par H. Gournay (*Économiste français* du 1er mai 1897), constate une hausse de 62 p. % sur l'ensemble des principales marchandises de 1873 à 1894.

4. Scultort. *La circulation monétaire en Chine et les conséquences de la baisse de l'argent*. Lyon, 1898. M. Scultort, membre de la mission lyonnaise d'exploration en Chine, parle de faits qu'il a constatés lui-même. Cf. Pierre Leroy-Beaulieu, Lettre de Shanghaï, du 23 octobre 1897, dans l'*Économiste français* du 8 janvier 1898.

5. Chiffres empruntés au mémoire de M. Fred. J. Atkinson.

ANNÉES.	IMPORTATIONS NETTES.	APPORTS DANS LES MONNAIES[1].
	roupies.	roupies.
1862-63	125,502,000	112,531,000
1863-64	127.957,000	96.162,000
1864-65	100.788.000	88,952,000
1865-66	186.684,000	146.679,000
1866-67	69.631,000	57.502,000
1867-68	55,940,000	42,492,000
1868-69	86.010.000	57.806,000
1869-70	73.181,000	66,407,000
1870-71	9.419,000	9,815,000
1871-72	65,203,000	41,735,000
1872-73	7,151,000	18,998,000
1873-74	24,958,000	26,691,000
1874-75	46.422.000	46.942.000
1875-76	13,554,000	20,089,000

Les importations d'argent très considérables de la période 1862-1866 étaient la conséquence des achats de coton que l'industrie européenne, écartée du marché des États-Unis par la guerre de Sécession, avait dû faire dans l'Inde anglaise. Lorsque la guerre civile eut pris fin, le coton américain reprit la place qu'avait momentanément occupée le coton indien : l'Europe eut à envoyer moins d'argent dans l'Inde.

D'un autre côté, à partir de 1871-72, un changement notable est survenu dans la nature et le mode des relations financières de la colonie avec sa métropole. Le gouvernement métropolitain se couvre des dépenses qu'il fait dans l'Inde en tirant sur le gouvernement colonial des traites, appelées *India Council bills*, qui sont vendues à Londres par la voie de l'adjudication. Pendant la période de construction des chemins de fer indiens, les tirages de l'office de l'Inde furent singulièrement réduits. En voici la raison. Ces chemins de fer ont été faits par des compagnies anglaises, sous le régime de la garantie d'intérêt. Le capital, souscrit pour la presque totalité en Angleterre, fut versé entre les mains du secrétaire d'État pour l'Inde. Les achats de rails, de locomotives, de wagons, etc., faits en Angleterre, absorbèrent 40 p. °/₀ de ce capital. Le surplus, soit 60 p. °/₀, fut dépensé dans l'Inde, pour l'établissement des voies. Le secrétaire d'État avait ainsi simultanément des remises de fonds et des recouvrements à effectuer dans l'Inde.

1. Matières autres que les espèces monnayées.

Il compensait les uns par les autres jusqu'à due concurrence. Ses tirages étaient atténués d'autant. Le commerce, ayant à sa disposition moins de traites, était bien obligé d'envoyer du métal. Lorsque les travaux furent terminés, l'*India Office* tira des traites pour le montant total de la créance du Royaume-Uni. Les moyens de remise en papier étant accrus, les quantités de métal envoyées dans l'Inde diminuèrent[1].

Voici les chiffres comparés des remises en numéraire et en traites du gouvernement, de 1868-69 à 1871-72 d'une part et, d'autre part, de 1872-73 à 1875-76[2] :

	NUMÉRAIRE (Or et argent).	TRAITES du Conseil de l'Inde.
	Millions sterling.	
De 1868-69 à 1871-72	40.0	29.5
Moyenne annuelle	10.0	7.4
De 1872-73 à 1875-76	16.5	50.5
Moyenne annuelle	4.1	12.6

En 1875-76, les remises ne comprirent que 3.1 millions sterling de numéraire contre 12.4 millions de traites.

Les faits qui viennent d'être exposés suffisent à expliquer pourquoi le prix de l'argent était descendu en janvier 1876 à 54 ou 56 pence. En juillet, il descendit même à 46 $^{3}/_{4}$. La publication du rapport peu optimiste de la commission anglaise d'enquête sur la dépréciation de l'argent (5 avril), les résolutions prises par la conférence de l'Union latine (février), le dépôt par le gouvernement français d'un projet de loi tendant à autoriser la limitation ou la suspension par décret de la fabrication des pièces de 5 francs (21 mars), le dépôt en Belgique d'un projet de loi tendant à proroger l'autorisation identique déjà donnée en 1873 au gouvernement (21 avril) ne furent sans doute pas étrangers à cet effondrement des cours. La panique fut d'ailleurs de courte durée. Les cours remontèrent : en décembre, ils oscillaient entre 55 $^{1}/_{4}$ et 58 $^{1}/_{2}$ pence.

Depuis 1876, les influences défavorables que l'on vient de voir à l'œuvre, n'ont pas cessé de peser sur le marché de l'ar-

1. *Report from the select Committee on depreciation of silver*, p. XXXIV et XXXV, p. 28, quest. 611 et suiv.

2. *Ibid.*

gent. C'est à leur aggravation que l'on doit attribuer la lourdeur de plus en plus grande des cours.

La production des mines augmente encore. De 1876 à 1880, la moyenne s'élève à 2,196,000 kilogrammes ; elle atteint de 1881 à 1885, 2,661,000 kilogrammes, 3,387,000 kilogrammes, de 1886 à 1890 et, de 1891 à 1895, 4,894,000 kilogrammes. L'année 1893 a jeté, à elle seule, 5,147,000 kilogrammes sur le marché. En 1896, les extractions s'élèvent à 5,232,000 kilogrammes ; elles atteignent 5,389,000 kilogrammes en 1898 ; en 1899 et 1900, elles sont évaluées à plus de 5 millions de kilogrammes[1].

L'Allemagne continue à refondre et à vendre. Au 31 décembre 1878, les ventes réalisées depuis 1873 portent sur 3,363,576 kilogrammes d'argent fin. Ces ventes lui imposant des pertes toujours croissantes, le gouvernement impérial renonce, en juin 1879, à poursuivre immédiatement l'exécution de la réforme. Mais il reste, soit à vendre, soit à régler environ 192,000 kilogrammes d'argent en barres ; il reste surtout à retirer une quantité de thalers que l'on évalue à 350 millions de mark au moins, et qui est susceptible de fournir à la refonte 1,942,750 kilogrammes de fin[2]. Cette quantité[3], presque égale aux deux tiers de la production moyenne des mines de 1876 à 1890, demeure à l'état d'offre possible et contribue certainement à alourdir les cours[4]. D'autre part, l'Union latine, après avoir limité ses fabrications d'écus, les suspend d'une façon complète (convention du 5 novembre 1878).

Le débouché de l'Inde ne se resserre pas autant qu'on aurait

1. Évaluations du directeur de la Monnaie des États-Unis.

2. V. dans Malou, *Documents relatifs à la question monétaire*, 1880, 3e fasc., la Notice historique sur la réforme monétaire en Allemagne et les mémoires annexés, notamment p. 18 et 19 et le 7e mémoire. Cf. *infra*, p. 263.

3. Le stock d'argent en barres n'existe plus. Il avait été réduit, au 15 décembre 1885, par les fabrications à 43,083 kilogrammes. Ce solde fut cédé à l'Égypte, de mai 1885 à mars 1886, lorsque la Monnaie de Berlin eut été chargée de fabriquer les nouvelles monnaies égyptiennes. Le gouvernement vendit en même temps à l'Égypte 1 1/4 million de mark en thalers. V. *Bulletin de statistique du Ministère des finances*, décembre 1886, p. 650. D'après le rendement constaté pour les thalers précédemment retirés, cette dernière quantité représentait environ 5,620 kilogrammes de fin.

4. On les transforme à présent en monnaies divisionnaires. V. *infra*, p. 267.

pu le croire. Les importations nettes de métal sont plutôt supérieures à celles de la précédente période. Mais les émissions de traites augmentent. Voici les chiffres[1] de 1876-77 à 1899-1900 :

ANNÉES.	IMPORTATIONS nettes. — roupies.	APPORTS[2] dans les Monnaies. — roupies.	TRAITES TIRÉES par le secrétaire d'État. — liv. st.
1876-77	71,989,000	78,660,000	12,696,000
1877-78	146,863,000	172,391,000	10,134,000
1878-79	41,707,000	65,574,000	13,949,000
1879-80	78,697,000	94,718,000	15,262,000
1880-81	38,926,000	31,852,000	15,240,000
1881-82	53,790,000	22,136,000	18,412,000
1882-83	74,802,000	51,375,000	15,121,000
1883-84	64,051,000	32,386,000	17,600,000
1884-85	72,456,000	64,444,000	13,759,000
1885-86	116,066,000	89,696,000	10,524,000
1886-87	71,557,000	47,603,000	11,157,000
1887-88	92,287,000	105,254,000	15,047,000
1888-89	92,467,000	68,067,000	14,223,000
1889-90	109,379,000	80,475,000	15,474,000
1890-91	141,751,000	126,243,000	15,969,000
1891-92	90,222,000	62,387,000	16,094,000
1892-93	128,636,000	121,400,000	16,532,000
1893-94	137,198,000	42,052,000	9,530,000
1894-95	63,292,000	180,000	16,905,000
1895-96	65,822,000	7,322,000	17,664,000
1896-97	58,560,000	14,530,000	15,527,000
1897-98	84,735,000	48,729,000	9,506,000
1898-99	39,808,000	48,939,000	18,692,000
1899-00	36,767,000	84,149,000	19,067,000
1900-01	95,072,000	148,486,000	13,500,000

Les quantités de métal absorbées par l'Inde restent donc généralement égales à celles de la période comprise entre les années financières 1862-63 et 1869-70. Mais les traites sur l'Inde représentant des sommes de plus en plus considérables, leur mise en vente sur le marché de Londres a dû affecter le cours de l'argent comme l'auraient fait des ventes de ce métal lui-même.

1. Chiffres empruntés au mémoire de M. Fr. J. Atkinson, aux budgets de l'Inde (*East India, Financial statements*) et aux Rapports de notre Administration des Monnaies. Nous avons seulement transformé en nombres de roupies les chiffres donnés dans ces documents en dizaines de roupies (Rx) ou en livres sterling (sur la base de 10 roupies pour 1 livre et, à partir de 1898, de 15 roupies pour 1 livre) ; les chiffres sont ainsi rigoureusement comparables. Les traites du Conseil de l'Inde étant libellées en livres sterling, c'est en livres sterling qu'elles figurent au tableau.

2. Matières autres que les espèces monnayées.

L'argent ne conserve pas longtemps les cours de 55 $^{1}/_{4}$ à 58 $^{1}/_{2}$ pence, qu'il avait atteints en décembre 1876. En janvier 1878, on le retrouve à 53 $^{1}/_{2}$ au plus bas et 54 au plus haut.

A ce moment, intervient dans la question de l'argent un facteur nouveau. Les États-Unis, grands producteurs de métal blanc, entreprennent d'ouvrir à ce produit national un débouché sur leur propre territoire. La loi du 28 février 1878, appelée du nom de son promoteur le *Bland act*, rétablit le dollar d'argent étalon (*standard*) aboli par la loi du 12 février 1873 et ordonne au secrétaire de la Trésorerie d'acheter mensuellement, pour la frappe de cette monnaie, de 2 à 4 millions de dollars de métal blanc. En 1878, les fabrications monétaires du monde absorbent 3,937,000 kilogrammes[1] d'argent fin, dont plus de 684,000 aux États-Unis[2]. Néanmoins, les cours baissent encore, probablement par suite de l'encouragement donné à la production par ces achats obligatoires. (Les extractions se montent à 2,500,000 kilogrammes contre 2,389,000 en 1877.) D'autre part, les importations nettes de l'Inde ne représentent qu'un peu plus de 4 millions sterling[3] en 1878-79, alors que le montant des traites s'élève à 13,949,000 livres sterling. Un nouveau minimum est atteint en mars 1879 ; l'argent est à 48 $^{7}/_{8}$.

Les cours remontent jusqu'à 53 $^{3}/_{4}$, en octobre 1879. Puis, soutenus sans doute par une demande monétaire qui atteint en moyenne 2,457,000 kilogrammes de fin, dont plus de 650,000 kilogrammes pour les États-Unis, pendant près de trois ans, de 1880 à 1882, ils oscillent autour de 52 pence. Mais à partir de 1883, sous l'influence d'une production de plus en plus considérable, la baisse recommence. Elle s'arrête momentanément en juillet 1886, au cours de 42 pence. La fin de 1886 et le commencement de 1887 sont marqués par une légère

1. *Report of the Director of the Mint*, 1900, p. 106.

2. *Report of the Director of the Mint upon the production of the precious metals*, 1900, p. 23. Ces chiffres, comme ceux qui suivent, comprennent les refontes de monnaies et autres matières ; ils sont donc un peu trop forts, dans une proportion d'ailleurs difficile à préciser.

3. 4,171,000 livres sterling (sur la base de 10 roupies par livre).

reprise, imputable peut-être à un accroissement momentané des importations de l'Inde. En mai 1888, l'argent tombe à 41 $^5/_8$.

Cependant, au cours de ces cinq années, les frappes monétaires s'étaient progressivement élevées jusqu'à 3,919,000 kilogrammes de fin en 1887 et plus de 3,234,000 en 1888. Aux États-Unis, le monnayage avait employé jusqu'à 846,000 kilogrammes en 1887 et 794,000 kilogrammes en 1888. Loin de se décourager, les chambres américaines font une nouvelle et plus énergique tentative pour réhabiliter l'argent. De nombreuses propositions sont déposées tant au Sénat qu'à la Chambre des représentants. En décembre 1889, le secrétaire du Trésor, M. Windom, se départant de la politique réservée, pour ne pas dire hostile, de ses prédécesseurs vis-à-vis de l'argent, prend lui-même l'initiative d'une réglementation nouvelle. Ses propositions restent sans suite; mais, le 14 juillet 1890, le *Sherman act* impose au Trésor l'achat mensuel de 4,500,000 onces d'argent[1] au prix maximum de 1 dollar pour 371.25 grains d'argent fin. Les cours, qui n'avaient cessé de monter pendant les délibérations du Congrès, s'élèvent alors, en septembre, à 54 $^5/_8$.

Ils retombent presque aussitôt, la production, surexcitée, ayant atteint 4,466,000 kilogrammes en 1891. En décembre 1891, l'argent est à 43 $^1/_2$, en mars 1892 à 39 pence, en dépit de frappes qui varient de près de 107 (1891 et 1893) à plus de 120 millions d'onces de fin (1892).

Les États-Unis provoquent alors la réunion d'une conférence internationale, en vue d'étudier le moyen d'augmenter l'usage de l'argent. La conférence se réunit à Bruxelles le 22 novembre 1892. Le 17 décembre, les délégués s'ajournent sans avoir pris de résolutions[2].

En 1893, la production de l'argent atteint pour la première fois, et dépasse 5 millions de kilogrammes. La baisse des cours s'aggrave alors à un tel point, elle inflige de telles pertes aux pays qui continuaient la frappe que l'Inde, par une loi du 26 juin 1893, ferme ses hôtels des monnaies aux apports des

1. 54,000,000 d'onces, soit 1,670.400 kilogrammes par an.
2. V. *infra*, p. 219 et 220.

particuliers et que le Congrès américain lui-même, réuni en session extraordinaire par le président Cleveland, se résigne à abroger la clause d'achat du *Sherman act* (L. du 1er novembre 1893). En décembre 1893, les cours oscillent entre 30 et 31 pence. En février 1894, ils tombent à 29 $^{15}/_{16}$, en mars, à 27 pence.

Depuis lors, sauf en 1897, la production a toujours été au moins égale à 5 millions de kilogrammes. Les frappes ont absorbé de 3 à 4 millions de kilogrammes, refontes comprises. Le surplus du métal d'extraction récente a dû être absorbé par les arts et par l'industrie, dont la demande a été développée par la baisse des cours. Le prix de 27 pence tend à devenir le centre des oscillations de la cote. Le point le plus bas a été 23 $^{3}/_{4}$ pendant l'été 1897, à la suite de l'adoption de l'étalon d'or par le Japon ; les frappes très actives de la Monnaie de Madrid pendant la guerre de Cuba ont ensuite fait remonter les cours aux environs de 29; il a fallu, pour que le prix de 30 pence fût atteint de nouveau, les événements de Chine et les demandes de l'Inde ainsi que des gouvernements européens qui ont pris part à l'expédition ; dès le mois d'avril 1901, le cours de 28 pence n'a plus été dépassé et la cote a tendu à descendre au-dessous de 26 et même de 24 pence.

La conclusion nécessaire de cet exposé est que la dépréciation de l'argent résulte des modifications survenues dans l'offre et dans la demande de ce métal.

On a cherché, il y a quelques années, à l'expliquer par une autre cause. La baisse de l'argent a commencé en 1873. Or, l'année 1873 a été précisément le point de départ d'une baisse générale des prix. Des économistes et des statisticiens de grand mérite en ont conclu que la dépréciation de l'argent devait être rattachée à une cause plus générale, origine commune de l'abaissement des prix de la plupart des marchandises. Cette cause serait l'enchérissement, ou, suivant l'expression anglaise, l'*appreciation* de l'or. Cette opinion est discutée dans le paragraphe suivant.

III. — Question de l'*appreciation* de l'or après 1873. — Il est incontestable que les quatorze ou quinze années qui ont suivi l'année 1873 ont été presque uniformément marquées par une baisse du niveau général des prix. Une légère reprise s'est produite de la fin de 1879 au commencement de 1882. Puis, de nouveau jusqu'en 1888, l'ensemble des prix a baissé. De 1888 à 1890, on constate encore un mouvement de hausse auquel succède bientôt, en 1891, une nouvelle dépression.

En 1884, la réduction survenue dans la valeur des exportations françaises depuis 1874 atteignait 9.6 p. °/₀. Cette proportion, indiquée par le *Bulletin de statistique du Ministère des Finances* [1], résultait de la comparaison des valeurs relevées par le *Tableau général du commerce de la France en* 1884 avec les valeurs obtenues par l'application aux quantités de 1884 des taux d'évaluation de 1874.

Le travail n'a pas été refait pour la période 1874-1887 [2]. Mais on peut en rapprochant les valeurs provisoires calculées, dans les *Documents statistiques sur le commerce de la France*, au moyen des taux d'évaluation de l'année précédente et les valeurs définitives calculées, dans le *Tableau général du commerce de la France*, au moyen des taux propres à l'année, déterminer le pourcentage de hausse ou de baisse entre deux années consécutives.

Voici le résultat de ces comparaisons pour chacune des années de la période 1880 à 1900 :

ANNÉES.	IMPORTATIONS. p. °/₀	EXPORTATIONS. p. °/₀
1880	+ 2.6	+ 2.0
1881	— 3.7	— 3.7
1882	— 3.1	— 0.6
1883	— 3.8	— 2.1
1884	— 4.3	— 3.5
1885	— 3.0	— 3.0
1886	— 0.6	— 1.5
1887	— 5.7	— 2.2
1888	+ 1.3	+ 1.1
1889	+ 3.4	+ 2.6
1890	+ 0.6	+ 0.9
1891	— 3.1	— 1.6
1892	— 5.1	— 2.9

1. Mars 1885, p. 294.

2. Pour la période 1887-1896, la Direction générale des Douanes a fait des calculs du même genre, en appliquant à chacune de ces années les taux d'évaluation de 1896. Il en est ressorti que ces taux sont inférieurs à ceux des années 1889 et 1890, pour les importations, de 16 p. °/₀ et, pour les

ANNÉES.	IMPORTATIONS.	EXPORTATIONS.
	p. %	p. %
1893	— 2.1	+ 0.8
1894	— 6.5	— 6.3
1895	+ 0.6	— 0.4
1896	— 1.0	— 0.1
1897	— 1.1	— 2.1
1898	+ 2.2	+ 0.2
1899	+ 5.1	+ 6.5
1900	+ 6.5	+ 0.7

De 1873 à 1887, tous les pays ont souffert de la baisse progressive des prix. Dans toutes les parties du monde, le commerce fit entendre de vives plaintes. L'avilissement des stocks faisait disparaître le bénéfice espéré ; le capital engagé dans les approvisionnements était atteint lui-même et fondait en quelque sorte ; pour éviter ce désastre, chacun restreignait ses achats, stipulait pour des termes de plus en plus rapprochés ; la défiance universelle, en paralysant les spéculations, contribuait à son tour à la chute des cours.

En 1885, des commissions d'enquête furent instituées, en France et en Angleterre [1], avec mission de rechercher les causes des souffrances du commerce et de l'industrie.

Dès 1879, M. Robert Giffen, dans un rapport officiel sur le mouvement des prix dans le commerce d'exportation de l'Angleterre, émettait l'idée qu'il pouvait y avoir connexité entre l'extrême abaissement du niveau moyen des prix et une raréfaction temporaire ou permanente de l'or [2]. En 1883, M. Goschen adoptait expressément cette opinion, dans un discours à l'*Institute of bankers* [3]. M. Robert Giffen reprit la thèse et la développa dans un article publié par la *Contemporary Review* [4], en 1885, puis l'année suivante dans un *essay* intitulé *Gold supply, the rate of discount and prices* [5]. L'éminent statisticien du

exportations, de 11 p. %. *Mouvement commercial de la France avec ses colonies et les pays étrangers pendant la période décennale 1887-1896.*

1. Les rapports de la commission anglaise ont été plusieurs fois cités au bas des pages qui précèdent.

2. V. *Bulletin de statistique du Ministère des finances*, juin 1879, p. 383.

3. *On the probable results of an increase in the purchasing power of gold.*

4. *Trade depression and low prices.*

5. *Essays on finance*, deuxième série. Londres, 1886.

Board of trade constatait que la production de l'or avait diminué. La moyenne annuelle, qui de 1866 à 1870 avait été de 195,026 kilogrammes, était descendue à 173,904 kilogrammes, de 1871 à 1875; à 166,095 kilogrammes, de 1876 à 1880: à 153,643 kilogrammes, de 1881 à 1885. En même temps, la demande avait augmenté. L'or était plus recherché, plus estimé; l'argent dédaigné, considéré comme moins propre que son rival aux usages monétaires. D'autre part, les réformes monétaires allemande et scandinave, la reprise des paiements en espèces aux États-Unis d'abord, puis en Italie, avaient nécessité l'emploi de grandes quantités d'or; cinq milliards avaient été absorbés de ce chef, en treize ans; c'était presque toute la production de la période. L'or avait dû renchérir et telle était la cause de la dépression des prix.

Il est probable qu'en effet l'or a reconquis dans le dernier quart du XIXe siècle une partie de la puissance d'achat qu'il avait perdue, de 1850 à 1870, en raison de sa moins grande rareté. Le relèvement de la valeur qui sert à mesurer et exprimer toutes les autres, n'a pu être étranger à la baisse des prix. Mais il semble que l'importance de la hausse de l'or a été surestimée.

Si la production de ce métal a été moindre de 1871 à 1885 que pendant la période 1850-1869, elle n'en est pas moins restée de beaucoup supérieure à ce qu'elle était de 1830 à 1840 (20,289 kilogrammes) et même de 1840 à 1850 (54,759 kilogrammes). Les quantités produites qui, de 475,070 kilogrammes, chiffre auquel elles étaient montées de 1493 à 1850, avaient été portées en vingt ans, de 1850 à 1870, à 8,658,175 kilogrammes, ont été accrues encore dans les quinze années suivantes et ont, en 1885, atteint 11,126,389 kilogrammes. Il est vrai que d'autre part la demande a augmenté. Mais ce n'est pas dans la mesure indiquée par M. Robert Giffen. Il y a beaucoup de doubles et de triples emplois dans les additions dont le total lui paraît représenter la consommation de l'or de 1870 à 1885. Ce n'est pas seulement avec de l'or nouveau qu'ont été frappées les nouvelles monnaies de l'Allemagne, des États-Unis, de l'Italie. L'Allemagne a utilisé pour la fabrication de ses reichsmark, beaucoup d'or provenant de la refonte de monnaies nationales et étrangères, notamment de souverains anglais ou de pièces de 20 francs : 273 millions de pièces françaises y ont été certainement employés[1]. Pour la reconstitution de leurs encaisses, les États-Unis, à leur tour, ont fondu de l'or allemand ; l'Italie, de l'or américain et allemand. Enfin, on ne tient aucun compte du développement de la circulation fiduciaire et du système des compensations dont l'effet assuré est de réduire l'usage et, par suite, la demande de l'or.

Depuis 1885, au surplus, la production des mines d'or est entrée de nouveau dans une période ascendante.

C'est à ce moment que les gisements aurifères de l'Afrique du Sud ont commencé d'être mis en valeur : dix ans plus tard, leur production totale était déjà évaluée à près de 80,000 kilogrammes. Vers 1895, les extractions de la Colombie britannique et de l'Alaska deviennent importantes. Aux contingents nouveaux que fournissent le Transvaal, le Klondyke, le Yukon, s'ajoute un surcroît dans le rendement des anciens centres miniers. La moyenne annuelle de la période 1886-1890 s'élève à 169,862 kilogrammes ; dès 1889, le chiffre de 185,000 kilogrammes était dépassé ; pour 1891-1895, la moyenne annuelle dépasse 245,000 kilogrammes ; en 1895, le chiffre de 300,000 kilogrammes est presque atteint ; il est dépassé, en 1896, de plus de 5,000 kilogrammes ; voici enfin les évaluations des plus récentes années : 1897, 355,212 kilogrammes ; 1898, 431,215 ; 1899, 461,385 ; 1900, 386,000 kilogrammes.

On n'oserait plus aujourd'hui accuser la rareté de l'or de l'abaissement du niveau général des prix. Le phénomène n'est cependant pas niable[2]. Comment l'expliquer ?

Dans une lecture faite, en 1889, à l'Académie des sciences morales et politiques[3], M. Alph. Allard n'admettait, comme causes possibles de ce phénomène, que la surproduction des marchandises ou le manque de monnaie. Il repoussait, comme

1. V. Léon Say. *Rapport sur la liquidation et le paiement de l'indemnité de guerre, etc.* Appendice à la traduction par le même auteur du *Traité des changes étrangers*, de M. Goschen.

2. La baisse, interrompue de 1888 à 1890, a repris de 1891 à 1897. Les prix ont tendu à se relever depuis 1898 ; mais le dénivellement reste considérable par rapport aux prix de 1873.

3. Alph. Allard. *Dépréciation des richesses*, 1889.

paradoxale, l'hypothèse d'une crise de surproduction. Peut-on admettre, disait-il, non sans raison, que « pendant quinze années les hommes aient continué à produire trop de richesses ne leur procurant que pertes et mécomptes ? » Il attribuait dès lors à la crise une origine monétaire. Mais son argumentation différait un peu de celle de M. Robert Giffen et portait la trace de ses convictions bimétallistes[1]. « On a enlevé du plateau métallique de l'Europe tout l'argent et on n'y a laissé que l'or. Quoi d'étonnant que l'équilibre se soit rompu et que le plateau des marchandises, emporté par son propre poids, ait été précipité dans une baisse fatale ? » La conclusion de l'auteur était qu'il fallait réhabiliter l'argent et le replacer sur le plateau métallique à côté de l'or, dont le poids ne suffisait pas à balancer celui des marchandises.

Il est aisé de sortir du dilemme où M. Alph. Allard prétendait enfermer ses contradicteurs. La baisse des prix peut résulter d'autres causes que de la surproduction ou de la rareté du numéraire. Toute réduction du prix de revient tend inévitablement à produire une diminution du prix de vente. C'est précisément à cette réduction du prix de revient que doit être surtout attribuée, selon nous, la baisse que l'on a constatée dans les prix de vente après 1873.

L'influence qu'ont exercée dans ce sens la transformation des moyens de transport et, en termes plus généraux, la transformation des moyens de production par la substitution des moteurs mécaniques aux moteurs animés, a été signalée déjà. Cette grande révolution économique n'était pas consommée en 1870. Elle ne l'est pas encore. Chaque année, de nouveaux perfectionnements sont apportés à l'outillage des peuples civilisés[2].

Beaucoup sont de l'ordre mécanique. Tel, pour les machines

1. Les bimétallistes ont accepté la thèse de M Robert Giffen avec empressement. V. notamment le discours de M. Cernuschi au Congrès monétaire international de 1889 et le livre d'E. de Laveleye, *La monnaie et le bimétallisme international*, Paris, Alcan, 1891. M. Robert Giffen est monométalliste. V. son article de la *Nineteenth Century*, novembre 1889.

2. Je tiens à remercier M. Albert Colson, professeur à l'École polytechnique, des renseignements nombreux qu'il m'a donnés sur ce point, tant pour la précédente édition que pour celle-ci.

à vapeur, le système Corliss, apparu à l'exposition de Vienne, qui procure une économie considérable dans la consommation du charbon par cheval-vapeur et par heure. L'invention plus récente des surchauffeurs de vapeur, l'emploi de l'acier pour la construction des chaudières, qui peuvent fonctionner à des pressions de 12 à 15 atmosphères, ont encore procuré des réductions considérables du prix de la force motrice, c'est-à-dire du principal élément du coût de production dans un grand nombre d'industries; transports, constructions mécaniques, filatures, tissages, etc. Prenons la construction même des machines à vapeur. Avant 1870, une bonne machine de 35 à 50 chevaux-vapeur se vendait environ 1,000 francs par cheval; vingt ou vingt-cinq ans plus tard, une machine, de même force, consommant moins de vapeur pour le même travail, ne coûtait que la moitié. On voit, par là, combien sont réduits les frais d'établissement d'une filature de 500 chevaux de force, par exemple. Au point de vue des frais d'exploitation, l'économie est plus considérable encore, la consommation journalière du charbon ayant beaucoup diminué avec l'amélioration des moteurs. Mêmes progrès dans l'exploitation des chemins de fer. Ici un élément particulier, la substitution aux rails de fer des rails d'acier, plus résistants à poids égal. Dans les constructions maritimes[1] signalons les navires à coque d'acier, moins lourds que les navires en fer, les bateaux capables de naviguer à la fois sur la mer et dans les grands fleuves.

En même temps s'ouvrait une autre voie de progrès industriel. Les procédés de fabrication étaient renouvelés par les recherches des savants. C'est encore une cause de baisse des prix[2]. Veut-on des exemples? Aux anciens procédés de fabrication de l'acier, qui nécessitaient la mutation préalable de la fonte en fer, se substituent les méthodes Bessemer et Siemens-Martin de transformation directe de la fonte en acier. A partir

1. Fret de la tonne de blé de New-York au Havre, en 1879, 56 francs; en 1893, 10 francs; de Bombay au Havre, en 1879, 56 francs; en 1893, 17 fr. 50 c. M. René Brice, discours à la Chambre des députés, séance du 12 février 1894. *Journal officiel*, 1894, p. 205.

2. M. de Foville a signalé cette cause à propos des fontes, fers et aciers et de l'aluminium. V. *Économiste français*, 13 mai 1893. Ce dernier métal est tombé de 100 à 3 fr. 50 c.

de 1871, date de la construction du marteau-pilon de 100 tonnes au Creusot[1], le système Bessemer prend une extension considérable : le système Siemens-Martin se développe de même et la concurrence entre les usines qui emploient ces deux sortes de fours fait profiter le consommateur de la baisse des prix de revient. Les rails d'acier valaient, en 1879, 216 francs la tonne, en 1891, 145 francs, en 1900, 180 francs; les aciers marchands et spéciaux, en 1879, 585 francs, en 1891, 348 francs, en 1900, 283 francs. Ces réductions sont le fruit des applications de la science à l'industrie : en 1879, sur une fabrication totale de 419,000 tonnes, les aciers Bessemer et Siemens-Martin représentaient 307,000 tonnes; dix ans plus tard, la presque totalité des aciers étaient obtenus dans des fours de ces systèmes. Vers la même époque, la matière première de l'acier, la fonte, a subi une baisse notable à la suite de l'invention du procédé de la déphosphoration, qui permet d'utiliser des minerais de fer très abondants, extraits à proximité des hauts fourneaux de la haute Moselle. Enfin l'emploi des récupérateurs de chaleur, qui n'est pas d'ailleurs particulier à l'industrie de l'acier, s'est développé de plus en plus, et a réduit encore les frais de fabrication.

L'industrie des produits chimiques peut être citée parmi celles où les plus merveilleux progrès ont été réalisés.

Un fait des plus importants, en ce qui la concerne, est la baisse du nitrate de soude, due à la réduction des frais de transport et à l'exploitation scientifique des gisements du Chili. Ce sel est devenu un engrais chimique des plus employés depuis que l'enseignement agricole vulgarise les belles découvertes de Gilbert, de Lawes et de Boussingault. La consommation en était de 110,000 tonnes en 1865, de 200,000 en 1872, de 325,000 en 1875, de 430,000 en 1885, de 932,000 en 1889. L'importation française était, en 1880, de 178,000 tonnes ; elle s'est élevée à 205,000 tonnes en 1892, à 286,000 tonnes en 1900. Malgré l'énorme accroissement de la demande, malgré le droit de sortie élevé perçu par le Chili, le prix qui, en 1880, était à Dunkerque de 38 francs les cent kilogrammes, est tombé à

1. L'acier Bessemer s'améliore par de fortes compressions.

30 fr. 50 c. en 1882, 29 fr. 50 c. en 1883, 23 francs en 1884, 19 fr. 60 c. en 1889. La Commission des valeurs de douane le fixait pour 1892 à 22 francs, à 21 francs pour 1900.

La baisse du nitrate de soude amène celle de l'azotate de potasse et de l'acide azotique. La baisse de l'acide azotique s'est répercutée sur le prix des matières colorantes artificielles extraites, à la suite des travaux de Verguin, Perkin, Lauth, etc., de l'aniline dont cet acide forme, avec le benzol, la matière première. D'autre part, le perfectionnement des appareils a fait baisser le prix des benzols ou benzines commerciales, qui oscillait de 1872 à 1886 entre 108 et 300 francs, varie de 1886 à 1893 entre 100 et 45 francs et, après être monté en 1896 à 100 francs, se tient entre 27 et 33 francs. Enfin, l'usage d'appareils continus pour la fabrication de l'aniline a amené une singulière économie de main-d'œuvre.

C'est encore au perfectionnement des appareils qu'est due la baisse d'un produit concurrent du nitrate de soude, le sulfate d'ammoniaque. En 1883, l'Angleterre produisait 75,000 tonnes de ce sel ; elle en a produit 157,000 en 1892. Malgré l'accroissement de la consommation, les prix sont tombés de 50 à 30 francs. C'est que, dans cette période, les appareils de distillation, dits à colonnes, se répandaient, en même temps que des industriels imaginaient de retirer l'ammoniaque des fours à coke et des vidanges[1].

Même cause de baisse des prix pour l'alcool. Pendant longtemps, l'appareil d'Édouard Adam est resté le dernier mot de la science ; mais avec la colonne Champonnois, avec les procédés de Le Play, de Dubrunfaut, avec les modes de fermentation étudiés par Pasteur, on voit se développer la production des alcools de grains, de betteraves, de pommes de terre et les prix s'abaisser à un bon marché inouï. Les industries qui utilisent l'alcool sont nombreuses et importantes. En 1893, les quantités soumises au droit de dénaturation approchaient de 107,000 hectolitres d'alcool pur. Elles ont dépassé 221,000 hec-

1. L'importation française des *sels* ammoniacaux ne dépassait pas 13.000 tonnes en 1892. Elle est de 14.000 tonnes environ en 1900. La France a organisé, à son tour, la récupération des sous-produits de la fabrication du coke et commence à produire des quantités notables de sulfate d'ammoniaque.

tolitres en 1900. Le remplacement de cet impôt réduit par une taxe de statistique de 3 francs, puis de 0 fr. 25 c., l'application, que l'on peut espérer prochaine, de procédés de dénaturation peu coûteux, abaisseront encore les prix de revient des produits dans la fabrication desquels est employé l'alcool.

La fabrication de la soude occupe l'une des plus importantes industries chimiques. En 1894, la production totale était de 1,250,000 tonnes de carbonate de soude, qui se sont vendues, en moyenne, 110 francs la tonne[1]. En 1875, la même matière valait 280 francs. C'est qu'à cette époque, on obtenait la soude par le procédé Leblanc. Cette méthode, plus coûteuse malgré l'emploi des fours tournants et la régénération du soufre imaginée par des ingénieurs et des chimistes distingués (Mac Tear et Chance), est supplantée par le procédé dit à l'ammoniaque, inventé par M. Schlœsing et développé par les frères Solvay. Sur 1,500,000 tonnes de carbonate de soude fabriquées en 1900, 900,000 l'ont été par ce dernier procédé. Les prix sont d'à peu près 100 francs la tonne.

La baisse du prix de la soude a influé sur le prix des savons (soude caustique), des verres (sulfate de soude). La verrerie a été encore améliorée par l'introduction des fours à gaz. La baisse de l'acide chlorhydrique, autre produit complémentaire du procédé Leblanc, a contribué avec l'emploi des pâtes de bois à la baisse du prix des papiers. A la soude se rattache encore la fabrication de couleurs telles que l'alizarine.

En 1880, M. Sorel a triplé le rendement des chambres de plomb où s'élabore l'acide sulfurique. Le prix des couperoses (sulfates de cuivre, de fer, etc.) en a été atténué. L'acide sulfurique entre également dans les superphosphates : il sert à rendre l'acide phosphorique assimilable et propre à être utilisé par l'agriculture. Le prix de l'acide phosphorique assimilable est, en conséquence, tombé de 0 fr. 95 c. le kilogramme en 1878 à 0 fr. 60 c. environ en 1892. Ajoutons que la déphosphoration des fontes a mis à la disposition de l'industrie une nouvelle source d'acide phosphorique.

1. V. *Annales du Conservatoire des Arts et Métiers*. E. Fleurent. Les grandes industries chimiques à l'Exposition de 1900. 3e série, t. III. Paris. Gauthier-Villars, 1901.

Les anciens procédés de fabrication du chlore ont été remplacés en France, vers 1878, par le procédé Weldon qui a fait baisser de 50 p. % le prix de revient de cette matière indispensable aux papeteries et aux blanchisseries. Un procédé plus économique encore, le procédé Deacon, tend à s'y substituer. Sans la révolution qui s'est opérée dans la fabrication de la soude et qui a rendu rare l'acide chlorhydrique, autrefois simple produit résiduaire, le prix du chlore serait complètement avili. La méthode électrolytique, qui donnerait le chlore sans passer par l'acide chlorhydrique, se substituera peut-être dans un avenir prochain aux procédés Weldon et Deacon et achèvera la ruine du procédé Leblanc pour la fabrication de la soude, en donnant à meilleur marché le chlore et aussi la soude caustique.

Citons encore l'abaissement du coût de l'éclairage par l'invention des manchons à incandescence garnis de terres rares (oxyde de thorium, etc.); du prix des parfums par la découverte des parfums chimiques; la liquéfaction industrielle de l'ammoniaque, de l'acide carbonique, de l'acide sulfureux, du chlore.

L'industrie est définitivement sortie de l'empirisme pour entrer dans des voies scientifiques. Ses opérations sont à chaque instant contrôlées par la chimie. Un progrès industriel suit un progrès scientifique, qui souvent paraissait d'ordre purement spéculatif. Les ammoniaques composées de Wurtz et de Zinin ont donné les couleurs d'aniline; les études de Pasteur sur la fermentation ont révolutionné les distilleries, les vinaigreries, les brasseries. Les théories mécaniques de la chaleur dues à Carnot, à Joule, à Meyer ont transformé les machines à vapeur. A son tour l'électricité fait son apparition dans l'éclairage, dans le transport de la force motrice, dans les décompositions chimiques. Ces deux dernières applications sont les plus récentes et peut-être les plus fécondes. Le transport de la force, inauguré il y a moins de dix ans par les expériences de M. Marcel Deprez, aujourd'hui entré dans la pratique courante, a permis, entre autres résultats, l'utilisation des énergies naturelles contenues dans maints cours d'eau et créé, à côté de la houille extraite des entrailles du sol, ce que l'on a pittoresquement appelé la houille blanche. L'électrolyse rencontre des emplois multipliés. Il y a huit ans, nous en signalions l'intervention dans la fabrication des chlorates et le raffinage du cuivre. Elle a, depuis lors, déplacé au profit de la France et de la Suisse l'industrie du chlorate de potasse, dont le centre était en Angleterre ; la moitié environ des cuivres sont affinés électrolytiquement ; c'est par l'électrolyse au four électrique que l'aluminium est maintenant préparé. Et ce ne sont pas les seules applications du procédé[1].

En résumé, la baisse des prix depuis 1873 nous paraît due pour la plus forte part aux applications nouvelles de la science à l'industrie. Nous admettons que les effets de cette révolution économique ont été rendus plus sensibles par la circonstance qu'ils n'ont plus été atténués, comme après 1850, par une réduction de la valeur de l'or, ce métal ayant reconquis, au moins partiellement, son ancienne puissance acquisitive. Enfin, le relèvement temporaire des prix de 1878 à 1882, puis de 1888 à 1890 et de 1898 à 1900 nous semble indiquer que leur abaissement de 1873 à 1878, de 1883 à 1887 et de 1891 à 1897 résulte dans une certaine mesure de la liquidation de crises de surproduction ou de spéculation.

Il reste à tirer les conclusions de cette étude sur les fluctuations de la valeur des métaux précieux depuis 1850.

On a vu que, soit pour l'or, soit pour l'argent, les mouvements de hausse ou de baisse ont toujours coïncidé avec des variations dans l'intensité relative de l'offre et de la demande. L'exemple de la législation des États-Unis sur l'argent a permis également de constater l'impuissance des gouvernements à régler l'usage des métaux monétaires. La théorie classique de la valeur des métaux précieux trouve donc dans l'examen des faits une confirmation entière.

1. V. A. Riche. *Les principales nouveautés en chimie*, Paris, Doin. 1900.

CHAPITRE III.

LA CIRCULATION FIDUCIAIRE.

L'invention de la monnaie, complétée par l'affectation des métaux précieux à la fonction d'intermédiaire des échanges, a constitué un progrès immense. Elle a doté la circulation au comptant d'un instrument parfait.

Mais le comptant ne peut être le mode unique, ni même le mode principal des échanges, dans une société dont la richesse et l'activité économique se développent. Le comptant exige des disponibilités de capitaux toujours présentes : il se prête mal à des transactions quelque peu étendues. Le commerçant qui serait tenu de régler en espèces et sans délai tous ses achats, serait singulièrement entravé dans ses opérations. Une fois ses fonds engagés dans une affaire, il lui serait impossible d'en entamer de nouvelles : force lui serait d'attendre que le règlement de l'entreprise en cours lui eût rendu la disposition de ses capitaux. Si dans l'intervalle, une occasion favorable se présentait, baisse dans le cours des matières premières, commande à des prix avantageux, etc., il ne pourrait pas la saisir. Pour se tenir en mesure de profiter de semblables éventualités, ce commerçant devrait toujours ménager une réserve de capitaux libres. Il serait ainsi amené à augmenter beaucoup son capital de roulement, dans le seul but d'accroître ses encaisses métalliques, c'est-à-dire la partie du capital de l'entreprise qui, restant oisive, étant détournée du travail de la production, demeure stérile, ne rapporte aucun loyer.

Une telle organisation des affaires n'est supportable que dans les sociétés primitives. Le premier acte d'une société qui progresse est de briser les entraves du comptant. Elle cherche à proportionner exactement le fonds de roulement à l'importance des entreprises, de façon à ne jamais laisser libre et oisive une fraction notable de ses capitaux et à ne pas grever le compte des frais généraux d'intérêts frustratoires : sa tendance est de réduire au minimum les capitaux sur lesquels elle opère et d'accélérer autant que possible les transformations alternatives de ces capitaux en marchandises et en numéraire, qui sont la source du bénéfice.

Ces fins ne peuvent être réalisées qu'à l'aide du crédit. Grâce au crédit, le commerçant est dispensé d'accumuler des encaisses improductives. Ses facultés d'achat sont égales, en effet, non seulement au numéraire dont il dispose actuellement, mais à l'ensemble de son patrimoine, y compris ces biens immatériels mais plus précieux que tous, qui s'appellent l'habileté professionnelle, l'honorabilité. Aussi toutes les grandes affaires, à l'exception bien entendu de celles où les espèces métalliques sont la matière même du marché, comme les opérations de change, se font-elles à crédit. L'usage du comptant se limite de plus en plus aux relations entre le commerçant et les consommateurs ; la vente à crédit ou à terme est la règle des relations entre les commerçants.

L'intervention du crédit dans les transactions est d'origine fort ancienne : elle est liée aux premiers progrès économiques de la société.

Mais voici un fait plus récent et plus fécond encore. Les créances de sommes d'argent sont devenues l'objet d'un trafic régulier. Elles circulent à l'instar de la monnaie, dont elles représentent une quantité déterminée, et se substituent à elle comme instrument de transport des richesses.

Le point de départ de cette transformation économique est l'invention des effets à ordre ou au porteur : lettres de change, billets et chèques à ordre ou au porteur, valeurs mobilières. Les créances sont incorporées dans ces effets de telle sorte que le transfert du titre par une formalité très simple, endossement, simple tradition manuelle, transfère la créance elle-même. La cession de créance, ainsi dégagée des formes compliquées du droit civil, s'opère par des moyens analogues à ceux qui réalisent la translation de propriété des espèces métalliques. Les titres qui constatent ces créances peuvent donc être considérés comme l'équivalent de la monnaie ; ils sont propres à remplir certaines de ses fonctions : celles d'intermédiaire des échanges et d'instrument de transport des capitaux. On verra même que ces titres transportent les capitaux à moins de frais encore que la monnaie.

D'autre part, leur emploi permet de réduire les encaisses inoccupées et par suite de réaliser des économies d'intérêts. Ce dernier avantage de la circulation fiduciaire avait surtout frappé Adam Smith qui, pour le mettre en pleine lumière, employait une comparaison ingénieuse : « L'or et l'argent qui circulent dans un pays peuvent se comparer précisément à un grand chemin qui, tout en servant à faire circuler et conduire au marché tous les grains et fourrages du pays, ne produit pourtant par lui-même ni un seul grain de blé, ni un seul brin d'herbe. Les opérations d'une banque sage, en ouvrant en quelque manière, si j'ose me permettre une métaphore aussi hardie, une espèce de grand chemin par les airs, donnent au pays la facilité de convertir une bonne partie de ces grandes routes en bons pâturages et en bonnes terres à blé, et d'augmenter par là, d'une manière très considérable, le produit annuel de ses terres et de son travail[1] ».

Mais, pour continuer la métaphore, il faut se garder de vouloir convertir en terrains de rapport une trop grande partie des routes stériles dont parle Adam Smith. La circulation fiduciaire ne peut être développée sans danger au delà d'une certaine limite. C'est le crédit qui fait la valeur des effets de commerce ; et le crédit, c'est la croyance dans le payement au terme convenu. Le créancier peut accepter des moyens de paiement autres que le numéraire. Mais, s'il les accepte, c'est qu'il n'a aucun doute sur la possibilité d'une conversion immédiate en numéraire. Il est donc indispensable que le papier en circulation soit gagé par des disponibilités métalliques suffisantes, que le capital monnayé du pays ne soit pas immobilisé en totalité ou dans une proportion trop forte.

Les conséquences de ces propositions apparaîtront lors de l'étude des systèmes de circulation fiduciaire. Dans le présent

1. *Richesse des nations*. Ed. Guillaumin, t. Ier, p. 394.

chapitre on se bornera, comme on l'a déjà fait pour la monnaie, à déterminer la nature et les principaux emplois de chacun des instruments de la circulation fiduciaire.

§ 1. — La lettre de change et le billet à ordre.

La lettre de change est le plus ancien des titres négociables. Elle remonte certainement au moyen âge. Plusieurs auteurs pensent qu'elle était connue de l'antiquité[1]. M. H. Dunning Macleod, notamment, ne doute pas qu'elle ait été inventée par les banquiers romains, dès avant l'époque de Cicéron[2]. L'intérêt économique de ces discussions ne nous paraît pas très grand. C'est la négociabilité de la lettre de change qui a fait de ce titre un merveilleux instrument de crédit et de circulation. Or, la clause à ordre n'apparaît dans la lettre de change qu'à une époque relativement récente, au commencement du XVIIe siècle[3].

La lettre de change est un écrit en forme de lettre missive ouverte, dont le signataire, appelé *tireur*, donne mandat au destinataire, appelé *tiré*, de payer une somme déterminée à son ordre ou à l'ordre d'une troisième personne, dite *bénéficiaire* ou *preneur*[4].

Comme instrument de circulation, la lettre de change a trois emplois principaux.

Elle est d'abord un moyen d'opérer des paiements à distance, sans transport effectif de numéraire. Supposez que le tireur réside à Paris et le bénéficiaire à Marseille : le premier envoie au second une lettre de change tirée sur une troisième

1. V. sur cette question Lyon-Caen et Renault. *Traité de droit commercial*, t. IV, 2e édit., p. 11 et les notes.

2. *Theory of credit*, t. I, 1re édit., p. 319. L'auteur pense au surplus, que l'usage de la lettre de change était limité aux personnes mêmes qui avaient fait le contrat de change. V. p. 76. Sur le contrat de change à Rome, V. *Dictionnaire des Antiquités grecques et romaines*, v° Argentarii (G. Humbert) ; Deloume, *Les Manieurs d'argent à Rome*, 1re édit., p. 203, 204.

3. Antérieurement « le preneur restait toujours propriétaire de la lettre de change et c'était comme son mandataire qu'une autre personne se présentait ». Lyon-Caen et Renault, *op. cit.*, t. IV, p. 11 et note 4. — Cf. H. Dunning Macleod, *op. cit.*, p. 246.

4. Les éléments essentiels de cette définition sont empruntés à l'ouvrage déjà cité de MM. Lyon-Caen et Renault.

personne, résidant aussi à Marseille. La remise de place à place fut l'objet originaire de la lettre de change ; et le Code de commerce français exigeait encore il y a peu d'années[1] qu'elle fût tirée d'une place sur une autre.

La lettre de change a été parfois employée comme intermédiaire circulant, à l'instar de la monnaie. C'est ce qui se passait au commencement du XIXe siècle, dans le Lancashire, au témoignage de M. H. Dunning Macleod[2]. La circulation entière y consistait en lettres de change. Au jour de l'échéance, ces titres portaient parfois jusqu'à 150 endossements. Ils faisaient absolument fonction de numéraire.

Aujourd'hui la lettre de change joue surtout dans la circulation un rôle non moins considérable, mais d'une nature très différente. Elle ne passe plus de mains en mains, comme les pièces de monnaie, au fur et à mesure que les achats et ventes se concluent. Elle sert à compenser, jusqu'à due concurrence, les engagements réciproques de deux places ou de deux nations. Le commerçant débiteur achète du change, c'est-à-dire une créance sur le pays où réside son créancier ou sur un autre pays ; puis il envoie l'effet de commerce endossé, il transporte la créance qu'il vient d'acquérir, à son propre créancier. Juridiquement, il n'y a pas compensation, mais plutôt dation en paiement ou novation. Seulement, comme tous les commerçants ont recours au même procédé, on aboutit en fait à l'extinction de toutes les créances d'une place jusqu'à due concurrence du montant des créances de l'autre place, le solde seul devant donner lieu à un paiement en numéraire. On peut dire, sans trop d'inexactitude, qu'il y a eu compensation.

De véritables compensations étaient faites au moyen des lettres de change, dans les anciennes foires. Les commerçants qui fréquentaient les grandes réunions de Lyon, de Beaucaire, etc., avaient pris l'habitude de tirer leurs lettres de change payables en foire. Cette modalité de paiement est encore prévue et réglementée par les articles 129 et 133 du Code de commerce. C'est aujourd'hui un pur anachronisme : les paiements en foire

1. C'est la loi du 7 juin 1894 qui a modifié cette disposition du Code de commerce

2. *Economics for beginners*, p. 93.

ont disparu avec les foires elles-mêmes. Ils avaient autrefois une grande importance. Pothier en parle dans son *Traité du contrat de change*. « Par exemple, écrivait-il, il y a à Lyon quatre temps solennels de foire, qu'on appelle vulgairement les paiements de Lyon, qui sont chacun d'un mois, savoir, celui des Rois, celui de Pâques, celui d'Août et celui de la Toussaint. Les lettres de change payables à ces temps de foire ne font mention que du jour de la foire, sans faire mention précise du jour. Suivant un règlement du 2 juin 1667, rendu pour Lyon, art. 1er, les paiements doivent se faire depuis le premier jour jusqu'au sixième inclusivement, et l'on peut commencer dès le septième jour les poursuites faute de paiement. » Les paiements se faisaient par voie de compensation. « C'est une chose admirable, dit Savary[1], de voir la manière avec laquelle les banquiers et négociants de Lyon font les acceptations et les paiements les uns aux autres des lettres de change qui se tirent et se remettent de toutes les places de l'Europe payables dans les paiements (de Lyon) ; car il se paiera quelquefois, en deux ou trois heures de temps, 1 million de livres sans débourser un sol ; cela est assez surprenant à ceux qui ne savent pas comment se font ces paiements... »

Le billet à ordre se distingue surtout de la lettre de change en ce que la personne qui doit en payer le montant n'est autre que le souscripteur lui-même de l'effet. La clause à ordre le rend transmissible par l'endossement, comme la lettre de change. Il peut être payable dans le lieu où il a été souscrit, ou dans un autre lieu. Sa négociabilité le rend propre aux mêmes usages que la lettre de change. En fait, il est beaucoup moins employé que celle-ci dans les relations de place à place.

§ 2. — Le billet au porteur et le billet de banque.

Le billet au porteur se transmet plus facilement encore que le billet à ordre : la pure tradition manuelle en transporte la propriété. Il peut servir aux mêmes usages que les effets de commerce à ordre. Mais l'extrême simplicité de son mode de

1. *Parfait négociant*, liv. III, chap. XII.

transmission le destine plus spécialement à être le substitut de la monnaie, comme intermédiaire circulant. Il remplit exactement la fonction que les habitants du Lancashire avaient autrefois, comme on l'a vu plus haut, attribué à la lettre de change.

Le billet au porteur, comme les effets à ordre, peut être à échéance ou à vue. Le billet au porteur et à vue, plus spécialement émis par les banquiers, porte le nom de billet de banque.

Le billet de banque est donc un effet de commerce[1], un titre de créance transmissible par tradition et donnant à tout porteur le droit d'exiger le paiement à vue d'une certaine quantité de monnaie. La promesse de payer au porteur et à vue est même constatée expressément par les billets de certaines banques, notamment de la Banque d'Angleterre[2]. Les billets de la Banque de France étaient autrefois libellés en termes analogues.

Le billet de banque est particulièrement propre à remplacer la monnaie dans les échanges courants. La propriété s'en acquiert par le même mode que la monnaie, par tradition. De plus, la signature d'un banquier, surtout celle d'un grand établissement comme la Banque de France, est plus connue, mieux appréciée que celle d'un simple commerçant : elle jouit d'un crédit plus général et plus grand.

En fait, le billet de banque circule comme la monnaie, dont il est réputé la fidèle représentation, l'exact équivalent. Le fait est même devenu le droit, en France, pour les billets de la Banque de France, en Algérie, pour ceux de la Banque de l'Algérie, dans les Antilles et à la Réunion, pour les billets des banques de chacune de ces colonies, et pour les billets de la Banque de l'Indo-Chine, dans les circonscriptions des succursales de cette Banque où ils sont remboursables[3]. Ces billets

1. L'acte qui a établi la Banque d'Angleterre qualifiait ses billets de « bills of credit » et « bills obligatory ». En Amérique, les billets de banque sont appelés usuellement « bank bills ». Les mots « note » et « bill » sont pris comme synonymes. H. D. Macleod, *op. cit.*, p. 326. La lettre de change s'appelle « bill of exchange ».

2. Ils sont libellés ainsi : *Promise to pay the bearer on demand the sum of...*

3. V. *infra*, p. 176.

ont cours légal, c'est-à-dire, qu'ils peuvent être imposés en paiement au créancier, faire valablement l'objet d'offres réelles suivies de consignation, tout comme la monnaie métallique. Mais en leur donnant force libératoire, la loi n'a pas changé leur nature : ce sont toujours des effets de commerce.

Il ne faut pas confondre le cours légal avec le cours forcé ; un billet de banque a cours forcé lorsque la banque qui l'a émis est dispensée par la loi de le rembourser à vue en espèces métalliques. Le cours forcé fait perdre au billet de banque son caractère d'effet de commerce ; il le transforme en une véritable monnaie de papier.

Le billet de banque ne remplace pas seulement la monnaie comme intermédiaire dans les échanges. Il est un commode instrument de transport des richesses. N'ayant pas d'échéance et ne se périmant pas, il est utilisé comme instrument d'épargne et de capitalisation. Enfin, lorsqu'il a reçu cours forcé, il peut même jouer le rôle d'étalon des valeurs; mais il n'est pas propre à cette dernière fonction, et, quand il l'usurpe, ce n'est pas sans dommage pour le pays, car, le plus souvent, le billet de banque à cours forcé est déprécié, et le taux même de cette dépréciation est très variable [1].

Comme les lettres de change et billets créés par les négociants ordinaires, le billet de banque est, en même temps qu'un instrument de circulation, un instrument de crédit. La souscription d'un billet est un mode d'emprunt pour les banques comme pour les autres commerçants. Seulement, il faut noter cette particularité que l'emprunt correspondant à l'émission du billet de banque n'est pas fait à un ou plusieurs capitalistes, mais à la généralité du public ; que les fonds empruntés ne sont pas des capitaux appropriés, mais ne sont autre chose qu'une partie de la circulation métallique du pays ; que, par suite, la dette dont le billet de banque est le titre n'entraîne, pour l'établissement d'émission, aucune charge d'intérêts.

La faculté de faire des emprunts à la circulation métallique résulte des circonstances suivantes. La somme des espèces en

1. V. *infra*, p. 358

circulation est essentiellement variable : les existences métalliques augmentent ou diminuent sans cesse par l'effet d'importations et d'exportations successives, qui sont provoquées elles-mêmes par la multiplication et l'accélération ou par la réduction et le ralentissement des échanges, ainsi que par les mouvements de hausse et de baisse des prix. Mais il y a dans le stock métallique une portion qui, en fait, est irréductible, une sorte de fonds de creuset, une réserve qui ne sort jamais du pays. C'est cette partie de la circulation métallique que l'on peut emprunter, dont il est possible de disposer pour un temps en la remplaçant par des billets de banque. Une partie du numéraire immobilisé et stérile est alors remplacé dans les caisses par des promesses de payer, et est employé dans les affaires, transformé en capital productif.

La fonction du billet de banque ne se borne pas, d'ailleurs, au remplacement, sommes pour sommes, du numéraire par des promesses de payer. Au fur et à mesure que de nouvelles lettres de change représentatives de nouvelles opérations commerciales sont présentées à l'escompte, l'émission de nouveaux billets fournit à la banque les moyens de satisfaire aux demandes du commerce. Cette extension de la circulation de papier ne peut être indéfinie. Mais, dans les limites que commande la prudence, l'émission des billets de banque produit des effets analogues à la mise en exploitation d'une nouvelle mine d'or ; elle permet d'accroître le fonds de roulement de la nation, partant, d'étendre et de multiplier les opérations de son commerce et de son industrie.

Cette mine d'or a été rarement laissée à la discrétion des particuliers. Le plus souvent, l'État s'en est emparé au nom du public, soit pour l'exploiter lui-même, soit pour la concéder à de grandes compagnies. Ainsi, la Banque de France a le privilège exclusif de la souscription des billets au porteur et à vue dans la France européenne. C'est ce grand établissement qui bénéficie des économies d'intérêts que peut procurer la circulation du billet de banque.

Les particuliers ne retirent de l'usage du billet de banque aucun bénéfice de cet ordre. A ce point de vue, il leur est indifférent de payer en papier ou en espèces : le premier comme les secondes sont pour eux de la monnaie et leur coûtent des pertes d'intérêts; s'ils emploient le billet plutôt que les espèces, c'est que le billet est plus facile à manier et moins coûteux à transporter.

C'est néanmoins en vue des intérêts généraux du commerce et de l'industrie que les pouvoirs publics ont prétendu constituer le privilège des banques d'émission. Même au regard des simples commerçants, le billet de banque est, dans un certain sens, un moyen de crédit. « En substituant, par l'escompte d'effets portant plusieurs signatures, bonnes d'ailleurs, mais peu ou point connues du public, à un engagement dont les facilités de circulation sont fort limitées, un engagement sous forme de billet à vue, d'une transmission facile et générale, la Banque... rapproche le paiement pour celui qui était le bénéficiaire de l'obligation originaire et elle le met incontestablement à même de se représenter sur le marché de toutes choses avec facilité de payer comptant[1]. » L'organisation de banques d'autant plus puissantes qu'elles jouissaient d'un monopole, a certainement facilité la négociation du papier de commerce et procuré à la communauté l'abaissement du taux de l'escompte. Tel est, en dernière analyse, le bénéfice que le public retire de la circulation du billet de banque dans un pays où l'émission est monopolisée.

Il faut noter, d'ailleurs, qu'à notre époque l'abondance des capitaux disponibles a singulièrement atténué, soit pour les banques, soit pour le commerce, les avantages de la circulation des billets au porteur et à vue, et que la pratique des comptes courants a modifié beaucoup les circonstances de leur émission[2].

§ 3. — Le chèque.

Le chèque est un écrit ayant la forme d'un mandat de paiement, qui sert au tireur à effectuer le retrait à son profit ou au profit d'un tiers, de tout ou partie des fonds portés au crédit

1. Ehrman, déposition dans l'*Enquête sur la circulation monétaire et fiduciaire*, 1865, t. V, p. 65.

2. V. *infra*, IIIe partie, chap. I, § 1er.

de son compte et disponibles. D'après cette définition, qui est celle de la loi française du 14 juin 1865, le chèque peut être tiré sur toute personne, commerçante ou non : en fait, le chèque n'a d'importance économique que s'il est tiré sur un banquier par le *titulaire d'un compte de dépôts*. D'autre part, la définition de la loi de 1865 exclut les récépissés délivrés à leurs clients par les banquiers : ces récépissés peuvent cependant jouer dans la circulation le même rôle qu'un mandat de paiement. Comme on le verra par la suite, le chèque n'a d'importance véritable que dans les pays où l'usage des dépôts et comptes de banque est très développé. Nous supposerons toujours, dans les explications qui vont être données, qu'il a été tiré sur un banquier par un de ses clients.

Le chèque était encore inconnu en France lors de la rédaction du Code de commerce de 1807. C'est à l'Angleterre que nos banquiers l'ont emprunté. Mais l'honneur de l'invention est disputé à ce pays par la Belgique. Le chèque ne serait autre chose que l'assignation en usage à Anvers de temps immémorial sous le nom flamand de *bewijs*. Le fameux Sir Thomas Gresham, venu dans cette ville en 1557 pour y étudier ce mode de paiement, l'aurait introduit dans son pays[1]. M. H. Dunning Macleod donne le texte d'un certain nombre de chèques ou *cash notes* trouvés à Temple Bar dans les archives de la maison Child et Cie lors de la construction des Chambres royales de Justice, et dont le plus ancien remonte à 1682. Il en conclut qu'à l'époque de la constitution du monopole de la Banque d'Angleterre, les banquiers émettaient simultanément des billets de banque et des chèques[2].

Le chèque sert à opérer des paiements, des virements et des compensations.

Comme moyen de paiement, le chèque est comparable au billet de banque. Il est employé et circule dans des conditions analogues. Mais il y a cette différence essentielle que, soit en vertu de l'usage, soit en vertu des lois, le paiement en billets de banque libère le débiteur, tandis que l'extinction de la dette,

1. Exposé des motifs de la loi belge du 10 juin 1873, cité par Lyon-Caen et Renault, *op. cit.*, p. 365.

2. *Op. cit.*, p. 334-336.

si le paiement est fait en un chèque, reste suspendue jusqu'à l'encaissement.

Les chèques servent encore à opérer des virements. Supposez que le créancier et le débiteur aient le même banquier. Le débiteur peut se libérer en faisant transporter, de son compte au compte de son créancier, un crédit égal au montant de la dette. C'est ce que l'on appelle un virement. L'écrit par lequel le débiteur prescrit à son banquier de passer l'écriture qui doit éteindre sa dette, le mandat de virement, est une espèce de chèque. Il se distingue par cette modalité que le banquier est chargé de payer en compte et non en numéraire.

Avant tout, le chèque est un instrument de compensation. Tous les effets de commerce, les lettres de change et les billets à ordre ou au porteur comme les chèques, peuvent fournir la matière d'une compensation. On a vu plus haut comment, dans les anciens « payements de Lyon », les commerçants ou les banquiers, porteurs d'effets tirés sur leurs confrères et débiteurs d'effets passés à l'ordre de ces derniers, annulaient les uns et les autres jusqu'à due concurrence et ne se faisaient de versements en espèces que pour le solde. Le système des compensations est donc fort antérieur à l'invention du chèque. Mais les applications en sont devenues plus nombreuses et plus importantes depuis que le développement des dépôts en banque a multiplié tout à la fois les tirages sur les banquiers et les recouvrements effectués par leur intermédiaire. Les personnes qui ont coutume de déposer tous leurs fonds libres chez un banquier, chargent volontiers celui-ci de leurs recouvrements et passent à son ordre les chèques et autres effets qu'ils reçoivent, de même qu'ils lui remettent le service de leurs paiements en fournissant des chèques imputables à leur compte. Les causes de créances et de dettes réciproques de ces intermédiaires et, par suite, les possibilités de compensations se sont accrues dans la même mesure que les comptes de banque.

C'est surtout depuis l'introduction du chèque barré ou croisé (*crossed cheque*) que le service des recouvrements, de plus en plus concentré aux mains des banquiers, leur a fourni toute la monnaie de compensation dont ils avaient besoin pour balancer les chèques tirés sur eux. Matériellement le *crossing* consiste en deux barres parallèles tracées verticalement sur le chèque. Un chèque ainsi barré ne peut être encaissé que par un banquier. Si le nom d'un banquier est inscrit entre les deux barres, c'est ce banquier seul qui peut réclamer le paiement du chèque. Cette modalité a été introduite pour obvier aux risques de perte et de vol particuliers aux chèques payables au porteur. La personne qui a trouvé ou volé un chèque croisé, hésitera sans doute à en tenter l'encaissement, car elle serait tenue de recourir à l'intermédiaire d'un banquier, qui exigerait de son client de rencontre des justifications d'identité que le banquier tiré, tenu de payer à présentation, ne peut réclamer utilement. Les conséquences économiques du *crossing* vont très au delà du but essentiellement pratique qui l'a fait imaginer. C'est la généralisation de cette modalité qui a donné au chèque toute sa puissance de compensation.

§ 4. — Les valeurs mobilières.

Le développement extraordinaire des valeurs de bourse depuis une soixantaine d'années a mis à la disposition du commerce de nouveaux et puissants moyens de transport des capitaux. Ce ne sont plus seulement les créances de sommes d'argent exigibles, qui, par leur incorporation dans des titres négociables, lettres de change, billets à ordre ou au porteur, chèques, servent à faire circuler les richesses. Les valeurs de bourse, titres de rente, actions, obligations, sont affectées au même office.

Dans une introduction à la première édition française de la *Théorie des changes étrangers* de M. Goschen, aussi connue que ce traité lui-même, M. Léon Say a merveilleusement mis en lumière ce rôle tout moderne du titre de bourse :

« Le grand progrès de notre siècle, dit M. Léon Say..., est d'avoir si bien combiné la propriété et le titre de propriété, que le titre soit, en effet, devenu identique à la propriété elle-même... Cette représentation absolue de la propriété par le titre a fait disparaître toutes les difficultés qui entravaient l'échange et la transmission des droits de chacun sur toutes choses. On envoie aujourd'hui dans une lettre, de France en

Angleterre, d'Angleterre au Canada, de Hollande aux Indes, et réciproquement, les usines, les fabriques, les chemins de fer, tout ce qui se possède en un mot. La chose reste immobile, mais son image est sans cesse transportée d'un lieu dans un autre ; c'est comme un jeu de miroir qui enverrait un reflet au bout du monde. Le miroir s'incline et le reflet va frapper plus haut, plus bas, à droite, à gauche. La chose est dans un lieu, mais on en jouit partout. Qui a le reflet la possède...

« Le titre, au point de vue des relations internationales, n'est plus qu'un article d'exportation, comme le coton, comme le blé. Un pays où il se crée plus de titres est un pays qui voit augmenter ses facultés d'exportation, absolument comme un pays où il pousse plus de blé. Il va sans dire que, si le titre repose sur une valeur absolument nulle, le pays qui l'aura vu naître n'en sera pas plus riche pour cela ; de même que, si le grain était vide, ce serait exactement comme si le blé n'avait pas poussé. Mais c'est un point de vue qui, tout important qu'il soit, ne rentre qu'indirectement dans notre sujet. Ce que nous voulons établir, c'est qu'à supposer le titre bon, de même qu'à supposer le blé bon, le pays qui produit des titres en abondance augmente ses facultés d'exportation. »

Ce n'est pas seulement le pays qui produit le titre, pour se servir des expressions de M. Léon Say, qui peut employer ce genre de valeur à solder sa balance extérieure. Il existe un certain nombre de fonds d'État et de valeurs qui ont un marché international, non qu'ils soient toujours meilleurs que les autres, mais pour un motif presque contraire, parce que les pays qui les ont créés, manquant de capitaux, ont dû faire appel aux capitalistes étrangers et faire leurs émissions au dehors. Ainsi la rente italienne a été placée en grande partie à l'étranger, en France notamment où l'appelaient de chaudes sympathies politiques. Nous détenons maintenant de grandes quantités de titres russes, qui sont également cotés sur d'autres places étrangères.

Lorsque la place débitrice veut, faute de moyens de compensation, employer des titres à se libérer, elle les fait vendre à la Bourse de la place créancière. C'est une marchandise, en effet, mais une marchandise dont la valeur est plus facilement réalisable que celle de toute autre. « Quand il s'agit de valeurs réelles, observe à ce sujet M. Léon Say, c'est-à-dire de titres de chemins de fer productifs, ou de rente d'État d'un crédit reconnu, il y a toujours une possibilité de vendre. Il pourra être quelquefois nécessaire d'abaisser considérablement les prix ; mais quand on aura atteint un certain minimum, on trouvera toujours des preneurs. »

« C'est encore une qualité du titre, cet article spécial d'exportation ou d'importation, qu'il est plus facilement réexportable que tout autre[1]. » On ne trouve pas toujours à réexporter du coton ou du blé. On est toujours sûr de trouver le placement de son or quelque part. Il en est de même des titres. « On importe des titres italiens en France ; si on ne les place pas en France, on pourra les placer en Allemagne, ou en Angleterre, ou en Italie même[2]. »

Les valeurs de Bourse sont ainsi aptes à jouer le même rôle que le numéraire. Comme lui, elles se déplacent facilement, passent et repassent la frontière, sont importées et réexportées au gré du commerce, sans être arrêtées comme les marchandises ordinaires par les difficultés ou le prix des transports.

Un exemple souvent cité d'exportation de titres est la vente que la Banque de France fit, en 1846 et 1847, à l'Empereur de Russie, d'une portion de ses rentes sur l'État pour un capital de 50 millions, payable en argent ou en lettres de change sur Paris. Cette opération eut pour effet d'apaiser la crise monétaire et commerciale qu'avaient provoquée les mauvaises récoltes. « Il avait fallu importer une quantité considérable de céréales et les payer en numéraire. Une très forte partie des importations provenant de la Russie méridionale, c'est à ce pays que la France devait une proportion notable de la somme à exporter. Par conséquent, en vendant des rentes françaises à l'Empereur, la Banque acquittait de cette manière la dette de la France envers la Russie, et au lieu d'avoir à expédier une portion de son numéraire, ce fut la France qui eut à recevoir un solde métallique de ce pays. Le gouvernement russe acheta

1. *Op. cit. Ibid.*
2. *Id., Ibid.*

et adressa à la Banque toutes les traites sur la France existant à cette époque et provenant surtout des envois de céréales, puis, au printemps de 1847, il expédia en argent le solde de son achat de rentes[1]. »

Pendant la guerre de Sécession, les valeurs de Bourse des États-Unis remplirent également la fonction, qui est ordinairement celle des métaux précieux, de solder ce que la lettre de change ne peut compenser. Mais l'opération avait un caractère quelque peu différent. Les Américains envoyèrent à Londres, chez leurs correspondants, des titres de leurs fonds publics, des obligations de leurs chemins de fer, empruntant sur le dépôt de ces titres, pour solder les marchandises dont ils avaient besoin et qu'ils ne pouvaient compenser avec du coton ou de l'or. En 1866, il y avait sur les places européennes 350 millions de dollars d'obligations fédérales, auxquelles s'ajoutaient nombre de fonds des États et d'obligations de chemins de fer[2].

M. Léon Say a également constaté, dans son *Rapport sur le payement de l'indemnité de guerre*, que de grandes quantités de titres étrangers avaient été exportés par la France de 1871 à 1873. Il estimait qu'ils avaient même fourni, avec les coupons des valeurs étrangères restées en France, la majeure partie du portefeuille de change réuni par le Trésor public, « presque la totalité, à l'exclusion du mouvement des marchandises, qui s'est balancé pour les trois années, et du mouvement des métaux précieux, qui n'a pas été aussi considérable qu'on pouvait le supposer et qui n'a fourni que peu de chose en dehors des envois directs faits par le Trésor français à l'Allemagne. Les choses se sont passées comme si les 5 milliards avaient été remis à Berlin en titres de rente et comme si les Français avaient envoyé leurs épargnes à Berlin pour racheter ces titres de rente, de même qu'ils les envoyaient auparavant en Italie, aux États-Unis, en Autriche et en Turquie, pour acheter de la rente italienne, américaine, turque, ou des actions et obligations de chemins de fer autrichiens ».

1. Coullet, *Études sur la circulation monétaire, la banque et le crédit*, Paris, Guillaumin, 1865, p. 339 et 340.

2. Ém. Pereire, déposition dans l'*Enquête sur la circulation monétaire et fiduciaire*, 1865, t. I, p. 624.

Ces exemples peuvent donner une idée de l'importance du rôle joué par les titres de Bourse dans le règlement des engagements internationaux. Qu'on ne pense pas, au surplus, que l'exportation de ces valeurs soit un fait accidentel, un moyen extraordinaire de faire face à des difficultés pressantes. Ces opérations sont courantes.

Elles ne se produisent pas seulement sur les titres eux-mêmes, mais sur les coupons. Les coupons des obligations des États-Unis, par exemple, qui ne peuvent s'encaisser qu'à New-York, ont un marché régulier à Paris et à Londres et s'y traitent avec une légère différence sur le change à vue. C'est un moyen de remise sur l'Amérique. Les coupons de la dette égyptienne donnent lieu à des transactions analogues entre Paris et Londres : presque tout le change égyptien étant sur Londres, c'est cette place qui achète à Paris les coupons égyptiens, qu'elle remet ensuite à Alexandrie, lorsque le cours du change égyptien descend au-dessous du tarif fixe établi, pour le paiement de la dette, entre la livre sterling et la livre égyptienne.

§ 5. — Autres titres.

A côté des titres négociables ou au porteur qui représentent des sommes d'argent, il faut mentionner ceux qui représentent des droits réels sur les marchandises : lettres de voiture et connaissements, récépissés de dépôts dans un magasin général et warrants, ordres de livraison servant aux ventes par filière. Ces titres sont très différents des billets de banque, des chèques, des lettres de change, des titres de Bourse. Ceux-ci représentent des créances de sommes d'argent, ayant une existence juridique et une valeur économique propres, et qui sont parfaitement distinctes des encaisses métalliques. Au contraire, un connaissement, un récépissé de dépôt sont des titres de propriété, dont la valeur se confond avec celle des marchandises transportées ou entreposées. Par eux-mêmes, ces titres ne sont pas une richesse, même temporairement. Ils ne peuvent donc servir d'intermédiaire dans les échanges comme la monnaie et les titres négociables des créances de sommes d'argent. Ce ne sont pas des instruments de la circulation.

CHAPITRE IV.

LE MÉCANISME DE LA CIRCULATION.

Dans les chapitres précédents, les divers instruments de la circulation, monnaie, papier de commerce ou de banque, valeurs de Bourse, ont été étudiés isolément : leurs caractères essentiels, les fonctions spéciales auxquelles leur nature les rend propres, ont été déterminés. Il reste à montrer dans quelle mesure chacun d'eux, selon sa nature distinctive et sa fonction particulière, concourt aux mouvements des capitaux, contribue à la circulation des richesses.

Il convient tout d'abord de mettre à part les opérations qui n'ont pas un caractère commercial : paiements des achats faits au détail par les consommateurs, des loyers d'habitation, des fermages, des salaires des ouvriers, employés et gens de service, réalisations de prêts d'argent, etc. Dans les transactions de cet ordre, la monnaie métallique est employée presque seule. Les sommes les plus importantes sont ordinairement payées en or. Pour les petites, on se sert de monnaie d'argent, particulièrement de monnaie divisionnaire, ou même d'espèces formées d'un métal moins précieux, cuivre, bronze, nickel. Dans certains cas, par exemple dans les relations nées du cheptel ou du métayage, il se peut même qu'aucune monnaie n'intervienne et que les paiements soient faits en nature. Cependant, pour le règlement des affaires de quelque importance, le billet de banque et le chèque suppléent très souvent la monnaie.

Dans les opérations entre commerçants, les quantités de numéraire mises en mouvement sont proportionnellement bien moindres. Les effets négociables et au porteur jouent ici le principal rôle.

Envisageons d'abord les opérations entre commerçants d'une même place.

Nous en trouverons une image dans les « mouvements généraux des espèces, billets et virements » de la Banque de France à Paris.

Voici les chiffres des trois dernières années :

	1899		1900		1901	
	Sommes.	Proportion.	Sommes.	Proportion.	Sommes.	Proportion.
	francs.	p. %	francs.	p. %	francs.	p. %
Espèces . . .	903,616,100	0.78	1,289,863,600	1.10	1,283,485,900	1.01
Billets. . . .	15,911,523,500	13.58	16,708,976,300	14.14	16,229,846,100	12.76
Virements. .	100,300,858,600	85.64	100,126,982,500	84.76	109,679,658,400	86.23
Totaux . .	117,115,998,200	100.00	118,125,822,400	100.00	127,192,990,400	100.00

Ces chiffres expriment les mouvements nécessités par la liquidation des affaires de Paris à la Banque de France. Les entrées et sorties de numéraire ou de billets, les virements, dont les rapports annuels de la Banque constatent l'importance comparative, ne correspondent pas exclusivement aux affaires conclues, à Paris même, entre négociants de la place. Ils sont motivés, pour partie, par le règlement de transactions intervenues entre les maisons de la capitale et des maisons de la province ou de l'étranger. L'image que nous donnent ces chiffres est donc amplifiée. Elle n'est pas inexacte, néanmoins ; car les opérations de place à place qui ont donné lieu, soit à des encaissements, soit à des mouvements dans les comptes courants, étaient représentées par du papier dont la circulation a très probablement liquidé un certain nombre de rapports d'obligation entre négociants de la place.

En un autre sens l'image est partielle. Les chiffres reproduits ci-dessus sont loin de représenter la totalité des mouvements de la place. Une foule d'opérations intermédiaires ou parallèles entre commerçants et banquiers n'y sont pas comprises : création et escompte de billets à ordre, escompte à

Paris de lettres de change créées dans les départements ou à l'étranger, création, escompte et paiement en espèces ou en compte de chèques tirés sur d'autres banquiers que la Banque de France, compensations entre banquiers, entre agents de change, compensations par les comptes courants entre négociants, etc. Tels qu'ils sont cependant, les « mouvements généraux de la banque centrale » donnent une idée des proportions pour lesquelles la monnaie métallique d'une part, les effets négociables de l'autre, sont employés dans le règlement des opérations d'une grande place de commerce.

On voit que la proportion des virements a varié de 84.76 p. % en 1900 à 86.23 p. % en 1901 ; celle du numéraire, de 0.78 p. % en 1899 à 1.10 p. % en 1900 ; celle des billets, de 12.76 p. % en 1901 à 14.14 p. % en 1900. Si l'on réunit aux espèces les billets, qui, pour les négociants, sont du numéraire, on trouve une proportion de 13.77 p. % en 1901 contre 15.24 p. % en 1900. On peut dire que jusqu'à concurrence de plus des 8/10 les règlements se font par de simples mouvements de titres, et que moins des 2/10 nécessitent un déplacement de numéraire ou de billets, entraînant des pertes d'intérêts sur les capitaux transformés en encaisses[1].

Passons aux relations de place à place.

Ici, ce n'est pas seulement pour éviter une perte d'intérêts que le commerce s'efforce de payer sans recourir aux espèces. Un autre élément entre en ligne de compte. Toute remise de place à place coûte des frais de transport. Et, en règle très générale, ces frais sont plus élevés pour les capitaux métalliques que pour les capitaux incorporés dans du papier de commerce. Ceux-ci sont, en conséquence, plus généralement employés.

Au même point de vue, il peut y avoir à faire un choix entre plusieurs moyens de remise en papier ; l'option sera déterminée, de même, par le prix plus ou moins élevé du transport des capitaux sous chacune de ces diverses formes.

Ces considérations s'appliquent aussi bien aux remises entre

1. En 1891, le total des mouvements était de 114 1/2 millions dont les 8/10 en virements. En 1892 et 1893, le total des mouvements s'était réduit à 90 1/2 millions.

places d'un même pays qu'aux remises entre places de nationalités différentes. Il n'y a aucune différence de nature entre les unes et les autres. Dans les deux cas, les moyens de transport sont les mêmes ; identiques aussi, les mobiles qui déterminent les préférences du débiteur. Toutefois, à notre époque, les frais de transport des capitaux dans l'intérieur d'un même État étant extrêmement réduits, l'écart entre les prix des divers modes de remise est, le plus souvent, de minime importance. C'est pourquoi, s'il y a un avantage marqué à remplacer les expéditions de numéraire, pour lesquelles les pertes d'intérêts s'ajoutent aux frais de port, par des envois de titres, le choix entre les diverses sortes de papier et entre les diverses façons de les employer, ne présente plus d'intérêt très appréciable[1].

Au contraire, le taux généralement plus élevé des frais de transport entre les places de nationalités différentes rend possibles et profitables des combinaisons extrêmement variées.

A ce premier point de vue, une étude spéciale et détaillée des relations de ces places, est nécessaire. Elle l'est encore à d'autres égards.

Dans chaque pays, le trafic des moyens de remise à l'étranger est concentré sur quelques places commerciales, le plus souvent sur une seule. Ainsi, c'est à Paris que le commerce français peut, à tout instant, acheter le numéraire et le papier dont il a besoin pour régler ses engagements extérieurs, à Paris

1. « Il y a entre Paris et Lyon », disait déjà M. André dans sa déposition devant le Conseil supérieur du commerce, en 1870, « un change qui est à peine appréciable : les relations sont tellement courantes que l'on peut tous les jours faire effectuer des payements de Paris à Lyon, et *vice versa*, pour ainsi dire sans aucuns frais. Le change entre ces deux villes, à le prendre dans sa réalité, se trouve limité par la prime que prend la Banque de France pour faire un virement de fonds ; cette prime est extrêmement minime : elle varie, suivant les directions, de 1/2 à 1 p. °/₀₀. — De même entre Paris et Marseille. Contre versement fait à Paris, la Banque de France délivre du numéraire à Marseille : ce versement coûte 1 franc pour 1,000 francs ; quand Marseille veut, au contraire, faire payer à Paris, le mandat de virement ne coûte plus que 50 centimes pour 1,000 francs... *ces frais ne peuvent excéder le coût du transport des espèces par le chemin de fer ;* car, à parité de prix, entre la Banque et le chemin de fer, ce dernier aura la préférence du transport, puisqu'en s'adressant à cette voie, on simplifie l'opération intermédiaire à faire au port d'embarquement. — En résumé, entre Paris et les grands centres commerciaux, il est certain que le change a presque complètement disparu. » *Enquête sur la question monétaire*, t. I, p. 294.

également qu'il trouve des acheteurs pour ses tirages sur l'étranger. En raison même de leur abondance sur certaines places, de la fréquence des transactions auxquelles ils donnent lieu, les effets tirés sur l'étranger, les changes étrangers, ont un marché régulier, qui n'existe pas pour les moyens de remise à l'intérieur. Il en est de même pour les monnaies et les métaux précieux non monnayés. Les prix des achats et ventes dont ces instruments du transport des capitaux font l'objet, sont constatés par des cotes publiques, comme ceux de toutes les marchandises de grande spéculation : blé, farines, esprits, huiles, cafés, etc. Il est indispensable de savoir lire et interpréter ces cotes, pour comprendre le mécanisme des opérations de change par lesquelles s'opèrent les transports de capitaux de place à place.

Enfin, la théorie des changes étrangers a une importance capitale dans les questions monétaires.

Les questions monétaires ne sont pas d'ordre purement intérieur. Au contraire, de leur essence, elles sont internationales. Les échanges, en effet, ne sont pas seulement conclus entre individus résidant sur le même territoire ; ils interviennent encore de nation à nation. On ne peut régler le système monétaire d'un État en faisant abstraction de ses opérations commerciales avec l'étranger et de la nécessité où il peut se trouver de les liquider par une exportation de capitaux métalliques. Il faut que la monnaie puisse passer et repasser la frontière. Il faut qu'elle soit exportable et qu'elle puisse être rapatriée.

Il faut qu'une monnaie soit exportable. Une monnaie n'a cette qualité que si sa valeur intrinsèque est égale à sa valeur nominale. Une monnaie dépréciée n'est pas exportable, du moins ne peut-elle être exportée qu'en subissant une perte sur la valeur nominale pour laquelle elle a cours à l'intérieur.

Il faut que la monnaie puisse être rapatriée. Une monnaie dont la valeur intrinsèque est entière ne peut être rapatriée lorsque, dans son pays d'origine, circule une monnaie dépréciée à laquelle la loi confère un pouvoir libératoire égal.

Lorsqu'une monnaie n'est pas exportable, ou lorsque par sa dépréciation elle fait obstacle au rapatriement de la bonne monnaie, le cours des changes le révèle. La perte sur le change dénonce l'état défectueux de la circulation métallique ou fiduciaire ; elle donne, en même temps, la mesure du dommage causé au pays par un mauvais système monétaire : elle est en quelque sorte la rançon de l'usage d'une monnaie dépréciée. On ne peut donc porter un jugement sur l'organisation de la circulation métallique ou fiduciaire d'un pays sans consulter le cours du change et sans connaître la théorie des changes étrangers.

La connaissance de la théorie des changes n'est pas moins importante, à un autre point de vue. La monnaie est une sorte de véhicule, toujours en mouvement, qui, dans ses voyages ininterrompus passe et repasse les frontières, pénètre à l'étranger lorsque des achats y sont faits, est ramené dans son pays d'origine en conséquence des achats faits par l'étranger, et dont la circulation n'a pas plus de cesse que celle des produits auxquels il sert de moyen de transport. Les oscillations du cours des changes étrangers sont, on le verra, le plus sûr indice de la direction imprimée à ce précieux véhicule par les opérations du commerce international. Elles révèlent les entrées et les sorties de numéraire aussitôt qu'elles se produisent, permettent de présager l'abondance ou la rareté des capitaux disponibles sur le marché national et, par là, commandent le taux de l'escompte. On ne peut avoir de vue exacte sur l'état de la circulation à un moment donné, si l'on n'a pas égard à la condition du change sur l'étranger.

Cette étude sera divisée en cinq paragraphes : 1° cote des matières d'or et d'argent ; 2° cotes des monnaies étrangères et des changes étrangers ; 3° principales opérations de change ; 4° théorie de la valeur des changes étrangers ; 5° relations entre les cours du change, les mouvements d'entrée et de sortie des métaux précieux, le prix de ces métaux et le taux de l'escompte.

§ 1. — Cote des matières d'or et d'argent.

I. Cote des matières d'or et d'argent a Paris. — On a déjà expliqué que, depuis le 2 janvier 1901, le kilogramme d'argent fin est coté à Paris en francs et centimes[1].

[1]. V. *supra*, p. 32.

Pour l'or, on a conservé l'ancienne méthode. Les cours ne sont pas énoncés directement en francs et centimes. Ils sont exprimés, indirectement, par la quotité de l'écart qui existe entre la valeur légale du kilogramme de fin, prise pour base, et sa valeur commerciale.

La valeur légale ou pair de l'or résulte de la loi du 17 germinal an XI, qui prescrit de tailler dans un kilogramme d'or à 0.900, 155 pièces de 20 francs. Un kilogramme d'or, au titre monétaire, vaut donc légalement 3,100 francs.

Cette valeur, 3,100 francs, est le pair du métal à 0.900 à l'état de monnaie. A l'état de lingot, le kilogramme d'or à 0.900 vaut en moins les frais de fabrication ou retenue au change, fixés actuellement[1] à 6 fr. 70 cent. Le pair avec retenue au change du kilogramme d'or à 0.900 non monnayé ressort ainsi à 3,093 fr. 30 cent.

On en déduit, par un calcul de proportion, le pair avec retenue au change du kilogramme d'or fin, qui sert de base aux transactions. Il est de 3,437 francs.

Les cours sont cotés en millièmes de prime ou de perte par rapport au pair de 3,437 francs.

On n'accepte sur le marché que les lingots affinés à 0.900 au moins et ne contenant, comme alliage, que du cuivre. Le titre est attesté par le poinçon d'un essayeur.

La valeur d'un lingot s'estime par le poids de fin, abstraction faite de l'alliage, réputé sans valeur. Ainsi un lingot de 1 kilogramme à 0.985 est compté pour 985 grammes.

II. Cote des matières d'or et d'argent a Londres. — Pour l'argent, voir les explications précédemment données[2].

Pour l'or, on cote l'once *troy* au titre *standard*. Ce titre diffère du titre de l'argent : il est de 0.91666. D'après la loi monétaire, on frappe avec 20 livres *troy* au titre *standard* 934 $^1/_2$ souverains (livres sterling). Le prix légal de l'once standard est ainsi de 3 livres 17 shillings 10 $^1/_2$ pence ou 77 shillings 10 $^1/_2$ pence. Il n'y a pas de frais de fabrication. La Banque

1. V. *infra*, p. 160.

2. V. *supra*, p. 34.

d'Angleterre est tenue d'acheter l'or à 77 shillings 9 pence. La différence de 1 ½ penny équivaut à une commission de 1.60 p. ‰.

Les variations du cours commercial sont exprimées directement en monnaie.

Les lingots sont appréciés d'après leur titre supérieur, égal ou inférieur au titre *standard*. La différence par rapport au titre *standard* est marquée en millièmes et dix-millièmes. Le sens de l'écart est indiqué par les lettres *b* (*better*, supérieur) et *w* (*worse*, inférieur).

Au point de vue de la conversion de la cote anglaise en kilogramme de fin et en francs et centimes, on rappelle que l'once *troy* pèse grammes 31.1035. Au titre de 0.91666, le poids de fin de l'once *troy* est de grammes 28.51. La conversion en francs de la cote de Londres doit être faite d'après le cours pratiqué le même jour pour le change de la livre sterling.

III. Observation sur la cote de l'or. — On peut se demander comment le cours commercial de l'or peut différer de sa valeur légale. Quoi qu'il arrive, on taille toujours dans un kilogramme d'or la même quantité de pièces de 20 francs. Comment peut-il se faire que les 155 pièces de 20 francs contenues dans un kilogramme d'or, qui sont la marchandise cotée, vaillent plus ou moins que les pièces de 20 francs déjà monnayées qui forment le prix [1] ?

Cela n'est pas possible, en effet. Mais ce n'est pas en ces termes que la question se pose. La cote de l'or n'indique pas le nombre de fractions du kilogramme d'or que coûte le kilogramme d'or. Le prix de l'or est exprimé en monnaie de banque. On conçoit très bien que l'or fasse une prime ou une perte par rapport au billet de banque.

§ 2. — Cote des monnaies étrangères et des changes étrangers.

Les deux cotes donnent lieu à des observations communes. Les changes et les monnaies sont, en effet, deux formes diffé-

1. Cette difficulté n'existe pas pour l'argent dans les pays à étalon d'or, puisque le prix de l'argent n'est pas exprimé en monnaie d'argent mais en monnaie d'or.

rentes d'une chose identique, le capital monnayé. Les monnaies composent des sommes d'argent ; les changes sont des titres de créances de sommes d'argent.

Le capital monnayé que l'on cote sous ces deux formes, est un capital destiné à être transporté d'une place sur une autre place. L'expression monétaire en est, le plus souvent, différente sur chacune des places mises en présence[1] : ici, ce sont des francs ; ailleurs, des florins, des mark, des livres sterling, des dollars, des roubles, etc. La diversité de ces dénominations empêche d'apercevoir, à première vue, sur quelle place on peut acquérir au moindre prix le capital que l'on doit déplacer. Il importe donc, avant tout, de déterminer les relations qui peuvent exister entre les différentes monnaies.

La base de ces relations est le poids de chacune d'elles en métal fin. Dans l'intérieur de chaque État, la monnaie nationale a cours pour sa valeur nominale : elle se compte. Mais le cours légal ne la suit pas au dehors du territoire que couvre la souveraineté de la loi nationale ; à l'étranger, elle ne vaut et ne peut valoir que d'après son poids de fin : elle se pèse. Les relations entre monnaies de nationalités différentes sont ainsi des rapports de poids.

Les rapports monétaires sont au nombre de deux : le pair et la parité.

I. Le pair. — Le pair d'une monnaie est sa valeur exprimée en une autre monnaie, eu égard à la quantité de métal fin que chacune d'elles contient *légalement*.

Dans la plupart des pays, le poids légal des monnaies est déterminé par le nombre d'unités monétaires que l'on tire du kilogramme de métal. C'est ce que l'on appelle le *pied* quand on raisonne sur des fractions de kilogramme de métal fin, la *taille* quand on parle de fractions du kilogramme d'alliage monétaire. L'Angleterre et les États-Unis sont les seuls États occidentaux qui n'aient pas choisi le kilogramme pour unité.

Nous rapporterons au kilogramme d'or fin, pour les rendre

1. On fait abstraction pour le moment des pays étrangers dont le système monétaire est identique au nôtre : Belgique, Italie, Grèce, Suisse, Espagne, etc.

comparables entre elles, les monnaies d'or de tous les pays avec lesquels la France entretient ses principales relations.

Voici quelles sont les quantités de monnaies que l'on fabrique en France et dans les pays dont il vient d'être parlé, avec 1 kilogramme d'or fin :

Paris	Francs	3,444.44
Amsterdam	Florins.	1,653.44
Berlin	Mark	2,790.00
Vienne	Couronnes	3,280.00
Londres	Souverains	136.568
Stockholm	Couronnes	2,480.00
Saint-Pétersbourg. .	Roubles	1,291.60
New-York	Dollars	664.62

Toutes ces expressions monétaires sont égales entre elles puisqu'elles équivalent les unes et les autres à 1 kilogramme d'or fin. Ainsi 3,444.44 francs = 1,653.44 florins des Pays-Bas = 2,790 mark allemands, etc.

Cette égalité permet de calculer facilement la valeur d'une monnaie en fonction d'une autre monnaie. Par exemple, si 136.568 souverains = 3,444.44 francs, 1 souverain $= \frac{3.444.44}{136.568}$ = 25.221 francs. Ce quotient est le pair du souverain ou de la livre sterling à Paris, c'est-à-dire la valeur du souverain en francs, eu égard à la quantité d'or fin que contiennent *légalement* le franc et le souverain.

Il n'existe de pair qu'entre monnaies formées du même métal, or ou argent ; le pair est un rapport de poids et l'on ne peut concevoir de rapport entre des poids d'or d'une part et d'autre part des poids d'argent, mais seulement entre des poids d'or ou entre des poids d'argent.

On ne s'occupe d'ailleurs ici que du pair des monnaies d'or, parce que ce sont les seules qui aient véritablement, à notre époque et pour les peuples occidentaux, un caractère international.

Les monnaies ne contiennent pas toujours la quantité d'or fin déterminée par la loi. Il y a des tolérances de fabrication quant au titre et quant au poids. On doit aussi tenir compte de la perte résultant de l'usure, qu'on appelle techniquement le frai. Aussi, dans la pratique, les monnaies s'échangent d'après leur poids réel, non d'après leur poids légal.

Le pair est donc une relation théorique, idéale. Il était néanmoins nécessaire d'en préciser, dès l'abord, la notion. D'une part, le poids légal des monnaies est le point de départ naturel de tous les calculs relatifs à leur valeur ; d'autre part, les capitaux monnayés, lorsqu'ils sont incorporés dans les effets de commerce, sont évalués d'après le poids légal des sommes qu'ils représentent : l'obligation de payer, que l'on négocie, a pour objet le poids légal de fin.

Voici le pair d'un certain nombre de monnaies étrangères par rapport au franc :

	fr. c.
1 couronne d'or d'Autriche	1.05
1 livre sterling	22.221
1 dollar d'or	5.1825
1 rouble d'or	2.66
1 florin des Pays-Bas	2.083
1 mark allemand	1.2346

On obtient de même, par le procédé indiqué plus haut, le pair des monnaies étrangères et notamment du franc, à Vienne, Berlin, Amsterdam, Pétersbourg... Ainsi :

A Berlin, le pair du franc est	mark	0.81
A Amsterdam, le pair du franc est . . .	florin	0.48

Le certain et l'incertain. — Sur ces diverses places, comme à Paris, la monnaie étrangère est évaluée, ainsi qu'une marchandise quelconque, en monnaie nationale.

Sur d'autres places, prévaut un usage tout différent. Au lieu d'exprimer en monnaie nationale la valeur de chaque monnaie étrangère, c'est la monnaie nationale que l'on évalue en monnaie étrangère.

Ainsi à Madrid, la livre sterling, par exemple, n'est pas évaluée en pesetas. C'est la pièce de 5 pesetas, à laquelle on a conservé le vieux nom de piastre, qui est évaluée en monnaie anglaise, en pence (240e de la livre sterling). De même, on évalue la piastre en mark, en florins, selon que l'on considère les relations avec l'Allemagne, avec les Pays-Bas. Les francs, au contraire, y sont évalués en pesetas.

A Londres, on pratique plus largement ce système mixte. La livre sterling y est évaluée en francs, en mark, en florins ; au contraire, le rouble, le dollar, la piastre espagnole, le milreis portugais y sont évalués en pence.

Ces deux procédés différents sont dénommés d'une façon bizarre.

On dit des places où la monnaie nationale est évaluée en monnaies étrangères, qu'elles donnent le *certain* et reçoivent l'*incertain ;* des places où chaque monnaie étrangère est évaluée en monnaie nationale, qu'elles donnent l'*incertain* et reçoivent le *certain.* Paris, Amsterdam, l'Allemagne, Vienne, Pétersbourg donnent l'incertain ; Londres donne le certain à Paris, Amsterdam, Bruxelles, l'Allemagne, Vienne, et l'incertain à Madrid, Lisbonne, Pétersbourg, New-York ; Madrid donne le certain à Londres et Berlin, l'incertain à Paris ; New-York donne le certain à Paris, l'incertain à Londres, Amsterdam, l'Allemagne. Certain est pris ici pour fixe ; incertain pour variable. Le certain est la marchandise vendue, l'unité monétaire payable à l'étranger, quantité fixe ; l'incertain est le prix d'achat, quantité variable. C'est toujours l'incertain, le prix variable, qui figure sur la cote ; le certain, c'est-à-dire l'unité monétaire vendue et achetée, n'y est pas exprimé. La cote donne toujours l'incertain ; c'est la place, qui tantôt donne le certain, tantôt l'incertain et qui, par contre, reçoit au premier cas l'incertain, au second cas le certain. Une place donne le certain quand elle cote sa propre monnaie en monnaie étrangère, parce que c'est alors sa monnaie qui sert de terme fixe, invariable, dans la comparaison des deux monnaies. Au contraire, la place qui donne l'incertain ou qui reçoit le certain est une place qui emprunte à chacune des autres places leur monnaie pour en faire le terme fixe, invariable de la comparaison. La terminologie serait plus claire si l'on disait : *donner* le certain, *recevoir* le certain, au lieu de dire *donner* le certain ou l'incertain ; mais cette dernière formule a prévalu.

L'usage d'évaluer la monnaie nationale en monnaie étrangère est irrationnel. La monnaie étrangère est une marchandise comme une autre ; elle ne doit donc pas fournir l'unité d'évaluation, mais l'unité évaluée. On ne comprendrait pas qu'au lieu d'estimer le quintal de froment à 25 francs par exemple, on estimât le franc à 4 kilogrammes de froment. Il est aussi peu naturel de dire à Londres : 1 livre sterling vaut francs 25.221 ; la formule rationnelle serait : 1 franc vaut 9 1/2 pence. Ce que l'on vend et achète à Londres, en effet, ce ne sont pas des livres sterling, mais des francs, puisque l'objet du marché est une somme d'argent destinée à payer une dette en France.

On se trouve en présence de coutumes qui ont survécu aux raisons qui les avaient fait introduire. Autrefois, c'étaient les places dont la monnaie était le plus anciennement connue et qui jouissaient d'une prédominance commerciale, qui donnaient l'incertain aux autres[1]. Les places dont le développement était de date plus récente donnaient le certain, évaluaient dans leur propre monnaie l'unité monétaire des places plus anciennes.

Ainsi, pendant longtemps, Paris a donné le certain à Amsterdam, évalué la monnaie française en monnaie hollandaise, et, chose singulière, c'était l'ancien écu français de 3 livres qui continuait sur les deux places d'être l'unité monétaire évaluée[2]. C'est qu'Amsterdam, comme place commerciale, est notablement plus ancien que Paris. Le papier sur Paris était à Amsterdam l'objet de transactions régulières et suivies, alors qu'à Paris le papier sur Amsterdam donnait sans doute lieu à moins d'affaires.

De même, Paris a eu quelque temps la prédominance sur Londres, comme place de change. Il n'y avait à Londres, autrefois, d'affaires de change que deux fois par semaine, les jours du départ des bateaux pour le continent. Aujourd'hui encore il n'y a que deux séances officielles par semaine[3], bien que, chaque jour et à toute heure, il se fasse de nombreuses transactions sur les monnaies et les effets étrangers, soit directement entre les intéressés, soit par l'intermédiaire des cour-

1. Courcelle-Seneuil, *Traité théorique et pratique des opérations de banque*, Paris, Guillaumin, 1876, p. 541. Le Touzé. *Traité théorique et pratique du change, des arbitrages et des matières d'or et d'argent*. Paris. Guillaumin, 1868, p. 19. Lefèvre, *Le change et la banque*, Paris, Delagrave, 1880, p. 52.

2. V. Kelly, *Le Cambiste universel*, Paris, 1823.

3. Geo. Clare, *Le Marché monétaire anglais et la Clef des changes*, trad. Giraud ; Paris, Lecesne, Oudin et Cie, 1894, p. 140.

tiers[1]. C'est pourquoi Londres donna le certain à Paris, et Paris, l'incertain à Londres[2].

Londres continue de donner le certain à Paris, en dépit de son importance énorme comme place de changes. Cette persistance de l'ancien usage s'explique par la considération suivante. On prend généralement aujourd'hui pour *certain* celle des deux monnaies dont la valeur est la plus forte, parce qu'il est ainsi plus facile de suivre les plus petites variations du change[3].

Le pair du franc à l'étranger. — Ces explications données, voici le pair du franc sur plusieurs places étrangères :

A Vienne	1 franc vaut	Couronnes . . .	0.95
A Berlin.	—	Mark.	0.81
A Saint-Pétersbourg.	—	Roubles	0.375
A Amsterdam	—	Florins.	0.48
A Londres.	1 livre sterling vaut	Francs	25.221
A New-York	1 dollar or vaut	Francs	5.1825

Le pair réciproque. — Les deux dernières places donnent, comme Paris, le pair du franc.

Considérons l'une des autres, Berlin, par exemple.

A Berlin, le pair du franc est mark 0.81 ; à Paris, le pair du mark est francs 1.2346. Lorsque le cours du franc est à Berlin de mark 0.81, et le cours du mark, à Paris, de fr. 1.2346, on dit que les cours sont réciproquement au pair.

Étant donné le pair d'une monnaie par rapport à une autre monnaie, on obtient le pair de celle-ci en divisant l'unité par le pair de la première. En effet, si 1 fr. 2346 = 1 mark,

$$1 \text{ fr.} = \frac{1 \text{ mark}}{1.2346} = 0^{m}81$$

De même, si 0 m. 81 = 1 franc,

$$1 \text{ m.} = \frac{1 \text{ franc}}{0.81} = 1^{f}2346.$$

1. Ottomar Haupt, *Arbitrages et parités*, Paris, Leroy, 1894, 8e édit., p. 428.

2. Lefèvre, *loc. cit.*, dit que l'écu français de 3 livres se cotait autrefois à Paris et à Londres en pence sterling. Paris aurait ainsi donné le certain à Londres et Londres l'incertain à Paris. C'est, croyons-nous, une erreur matérielle.

3. Courcelle-Seneuil, *op. cit.*

D'autre part, le produit du diviseur par le quotient étant égal au dividende, 1.2346 × 0.81 = 1. Le pair est donc une relation telle que le produit des deux pairs égale l'unité.

Lorsque les cours sont réciproquement au pair, le prix du capital est identique sur l'une et l'autre place ; seule, l'expression monétaire de ce prix est différente. Il n'y a donc pas de raison, du moins en général, pour que l'on prenne le capital à déplacer sur une place plutôt que sur l'autre.

La parité. — La parité est une relation analogue à celle du pair réciproque. Comme le pair, la parité est l'équivalence des prix d'un même capital mesuré avec des unités monétaires différentes. Mais elle se distingue du pair en ce que, pour la calculer, ce n'est pas du poids légal théorique des monnaies ou de leur valeur légale que l'on tient compte, mais du poids réel des monnaies sur lesquelles on opère, ou des cours variables des créances exprimées dans ces monnaies.

Par exemple, supposez que par suite du frai, 2,790 mark en pièces d'or de 20 et de 10 mark ne pèsent plus 1,000 grammes, poids légal, mais seulement 996 grammes. On ne peut plus poser l'égalité 2,790 mark = 3,444 fr. 44 c., puisque ce dernier terme n'est autre chose que la valeur en francs de 1,000 grammes. Pour équivaloir à 3,444 fr. 44 c., il faut 2,801 m. 20 pf. en pièces d'or frayées de 4 p. °/₀₀. De cette nouvelle égalité 2,801 m. 20 pf. = 3,444 fr. 44 c., on déduira les valeurs ci-après du mark en francs et du franc en mark :

$$1 \text{ m.} = \frac{3,444.44}{2,801.20} = \text{fr. } 1.2296$$

$$1 \text{ fr.} = \frac{2,801.20}{3,444.44} = \text{m. } 0.8132$$

Ces deux valeurs sont à la parité. On dit encore : 0 m. 8132 est la parité de 1 fr. 2296, prix du mark représenté par des pièces d'or dont le frai a réduit le poids de 4 p. °/₀₀.

La parité est donc la valeur du franc en mark (1 fr. = m. 0.8132) eu égard à la valeur du mark en francs (1 m. = fr. 1.2296) dans ce cas particulier. Les pièces d'or frayées, expédiées d'Allemagne à Paris, y seront prises à raison de 0 m. 8132 pour 1 franc, ce qui fait ressortir le prix du mark en francs à 1 fr. 2296. Si, au même moment, le mark est coté à Paris 1 fr. 2296, il est au moins aussi simple d'y acheter du mark que d'y envoyer du mark au taux de 0 m. 8132 par franc. Le coût est le même dans les deux cas.

On voit comment la parité ressemble au pair réciproque. Elle en diffère en ce que les cours qui sont à la parité ne coïncident pas avec les expressions numériques des quote-parts légales du kilogramme d'or qui s'appellent le mark et le franc.

Voici un autre cas d'application des calculs de parité, résultant non plus d'une perte réelle sur le poids des monnaies, mais d'une façon d'en prendre le titre et aussi de la perception de frais de fabrication. C'est ce que l'on appelle la *parité au tarif des monnaies.*

Les hôtels des monnaies reçoivent les monnaies étrangères pour les transformer en monnaies nationales. Mais ils ne les prennent qu'avec une légère réduction sur le titre légal : de plus, ils retiennent, en général, les frais de fabrication.

A Paris, par exemple, pour le mark allemand, la déduction sur le titre est de 1/2 p. °/₀₀ ; les frais de fabrication de l'or étant de 2.165 p. °/₀₀, la retenue totale est de 2.66 p. °/₀₀, soit, sur le pair intrinsèque de 1 fr. 2346, 0 fr. 0033. Pour la Monnaie de Paris, le mark ne vaut en conséquence, au poids droit, que 1 fr. 2313. C'est ce qu'on appelle la valeur au tarif.

A ce compte, le kilogramme d'or fin contiendrait 2,797 m. 39 pf. La valeur correspondante du franc en mark est :

$$1 \text{ fr.} = \frac{2,797.39}{3,444.44} = \text{m. } 0.8121$$

C'est la parité du tarif du mark à la Monnaie de Paris.

Supposez encore que par suite de la combinaison des offres et des demandes de monnaies ou de changes, le prix du mark en espèces métalliques ou en lettres de change s'élève au-dessus du pair, et que la cote en soit 1 fr. 25 c. A ce taux, il faut 2,755 m. 52 pf. pour équivaloir à 3,444 fr. 44 c. On en déduira la valeur du franc en mark :

$$1 \text{ fr.} = \frac{2,755.52}{3,444.44} = \text{m. } 0.80$$

1 fr. 25 c., 0 m. 80 pf. sont à la parité.

On remarquera que le produit des deux termes est égal à l'unité, comme le produit des pairs du franc en mark et du mark en francs. Entre places qui se donnent l'incertain, la parité se calcule donc comme le pair réciproque, en divisant l'unité par le cours :

$$1 \text{ fr.} = \frac{1}{1.25} = 0.80$$

$$1 \text{ m.} = \frac{1}{0.80} = 1.25$$

Entre places dont l'une donne le certain à l'autre, les cours sont à la parité quand ils sont identiques, tout en différant du pair. Ainsi Londres et Paris sont à la parité quand, sur les deux places, la livre sterling est simultanément cotée le même nombre de francs, sans que, toutefois, le cours en soit 25 fr. 221.

Lorsque l'une des monnaies que l'on compare entre elles est d'or, et que l'autre est d'argent ou de papier, les rapports que l'on trouve entre l'évaluation de la monnaie d'or en argent ou en papier et l'évaluation en or de la monnaie d'argent ou de la monnaie de papier, sont également des rapports de parité.

On a déjà vu que, dans ce cas, il n'y a jamais de pair réciproque, parce que le pair suppose l'identité de matière ; si 1 fr. = 0 m. 81 pf., c'est que 1 kilog. d'or fin = 3,444 fr. 44 c. = 2,790 mark. On ne peut poser ces égalités si l'une des monnaies est d'or et l'autre d'argent ou de papier. Mais on peut très bien calculer la parité du cours d'une monnaie dépréciée : il suffit de diviser l'unité par ce cours. Si la *peseta* espagnole, par exemple, vaut à Paris 0 fr. 70 c., on en déduit que 1 fr. $= \frac{1}{0.70} = 1.428$ peseta.

Parité indirecte. — Dans les hypothèses qui viennent d'être examinées, on n'a envisagé que les rapports de deux places. Le mark valant à Paris 1 fr. 25 c., quelle est la valeur correspondante du franc en mark à Berlin ? Cette valeur correspondante est la *parité directe* du cours du mark à Paris.

Mais on peut faire intervenir dans le calcul les cours d'une place tierce. La relation que l'on détermine de la sorte est ce que l'on appelle la *parité indirecte.*

Ainsi, le mark étant coté à Amsterdam fl. 0.5875, et le florin.

à Paris, fr. 2.093, le nombre de mark que l'on pourra acheter à Amsterdam au cours de fl. 0.5875 avec des florins achetés à Paris au cours de fr. 2.093, sera la parité indirecte du franc en mark.

Ainsi, encore, le mark étant coté, à Amsterdam, fl. 0.5875, et le franc, à Amsterdam, fl. 0.4784, le nombre de mark que l'on pourra acheter à Amsterdam au cours de fl. 0.5875 avec des florins provenant de la vente de francs sur Paris au cours de fl. 0.4784, sera une autre parité indirecte du franc en mark.

La question peut être posée différemment. Quelle sera la valeur en francs du mark acheté à Amsterdam, étant donné que le mark est coté, à Amsterdam, fl. 0.5875, le florin, à Paris, fr. 2.093 ou le franc, à Amsterdam, fl. 0.4784. C'est alors la parité du mark que l'on cherche.

Les calculs se font au moyen de la formule que les praticiens appellent « règle conjointe[1] ».

1. La « règle conjointe » est une règle de trois composée, qui résulte de la combinaison de deux ou plusieurs proportions.

Soit : fl. 0.5875, le cours du mark à Amsterdam ; fr. 2.093, le cours du florin à Paris ; x, le nombre de mark à acheter avec des florins ; y, le nombre de florins à acheter avec des francs :

2.093 francs : 1 florin : : 1 franc : y florin.
0.5875 florin : 1 mark : : y florins : x mark.

Si l'on multiplie les deux proportions terme par terme, les produits forment encore une proportion :

$$2.093 \times 0.5875 : 1 \times 1 :: 1 \times y : y \times x.$$

Le facteur commun y, se trouvant dans les deux derniers termes de la proportion, peut être éliminé sans que le rapport soit changé. On a ainsi :

$$2.093 \times 0.5875 : 1 \times 1 :: 1 : x.$$

On en déduit que $x = \frac{1 \times 1 \times 1}{2.093 \times 0.5875} = 0.8132$

Pour aller plus vite, on suppose l'élimination des facteurs communs effectuée ; on égalise toutes les données du problème, en commençant par x et en ayant soin que l'antécédent de chaque rapport soit de même nature que le conséquent du rapport précédent. On a ainsi :

x mark = 1 franc
2.093 francs = 1 florin
0.5875 florin = 1 mark.

On dit alors : Le produit des antécédents moins x est le premier terme d'une proportion, dont le produit des conséquents moins 1 est le second

Voici d'abord la formule du premier cas de parité indirecte du franc :

x mark = 1 franc
2.093 francs = 1 florin
0.5875 florin = 1 mark

$$\text{d'où l'on déduit } x = \frac{1 \times 1 \times 1}{2.093 \times 0.5875} = 0^{m}.8132$$

Voici la formule du second cas de parité indirecte du franc :

x mark = 1 franc
1 franc = 0.4784 florin
0.5875 florin = 1 mark

$$\text{d'où l'on déduit } x = \frac{1 \times 0.4784 \times 1}{1 \times 0.5875} = 0^{m}.8142$$

Voici maintenant les parités indirectes du mark en francs :

Premier cas : Quelle est la valeur en francs du mark acheté à Amsterdam, étant donné que le mark est coté à Amsterdam, fl. 0.5875 et le florin, à Paris, fr. 2.093 ?

x francs = 1 mark
1 mark = 0.5875 florin
1 florin = 2.093 francs

$$\text{d'où l'on déduit : } x = \frac{1 \times 0.5875 \times 2.093}{1 \times 1} = 1.2296$$

Second cas : Quelle est la valeur en francs du mark acheté à Amsterdam, étant donné que le mark est coté, à Amsterdam, fl. 0.5875, et le franc, également à Amsterdam, fl. 0.4784 ?

x francs = 1 mark
1 mark = 0.5875 florin
0.4784 florin = 1 franc

$$\text{d'où l'on déduit : } x = \frac{1 \times 0.5875 \times 1}{1 \times 0.4784} = 1.228$$

1 fr. 2296, 1 fr. 228 sont les parités indirectes du mark en

terme, le troisième terme est 1, le quatrième est x. On revient par cette voie à la proportion :

$$2.093 \times 0.5875 : 1 \times 1 :: 1 : x.$$

$$\text{et à la règle de trois } x = \frac{1 \times 1 \times 1}{2.093 \times 0.5875} = 0.8132$$

« En chiffrant de cette façon », dit M. Courcelle-Seneuil, à qui nous empruntons cette explication, « on écarte le travail que causent l'établissement et le raisonnement des proportions et des règles de trois. On se rappelle seulement que, pour obtenir le résultat cherché, il suffit de diviser le produit des conséquents par le produit des antécédents, moins x. » *Traité des opérations de banque*, 6e édit., p. 548-550.

francs par Amsterdam, comme 0 m. 8132, 0 m. 8142 étaient les parités indirectes du franc en mark par Amsterdam.

III. COTE DES MONNAIES ÉTRANGÈRES. — Les monnaies étrangères sont cotées directement en francs et centimes, comme une marchandise quelconque, eu égard à la quantité de métal fin qu'elles contiennent.

Le 16 octobre 1901, par exemple, on relève les cotes ci-après :

Souverains (1 liv. st.).	25.05 à 25.10
Aigles États-Unis (demi-aigles = 5 dollars). . .	25.70 à 25.90
Guillaume (20 mark).	24.50 à 24.60
Impériales russes (demi-impér., titre 900 mill.).	20.00 à ....
Couronnes de Suède.	27.40 à 27.60
Quadruples espagnols (27 gr. 060, titres divers).	80.25 à 80.75
Quadruples colombiens et mexicains (d°) . . .	80.25 à 80.75

A côté de ces monnaies d'or, figure une monnaie d'argent :

Piastre mexicaine (27 gr. 7, titres divers). . . .	2.38 à 2.41

Ces cours sont ceux des achats et ventes au détail. Les grandes opérations se traitent au poids ; les cours sont exprimés par une prime en millièmes sur les prix inscrits au tarif de la Banque de France[1].

IV. COTE DES CHANGES A PARIS. — La lecture en est un peu plus compliquée.

Voici, à titre d'exemple, la cote du 16 octobre 1901 :

VALEURS SE NÉGOCIANT A TROIS MOIS.

Escompte à l'étranger.	Changes.	Papier court.	Papier long.	
3 p. %	Hollande . .	205 5/8 à 206 1/8	206 à 206 1/2	et 4 p. %
4 p. %	Allemagne .	121 13/16 à 122 1/16	121 15/16 à 122 3/16	et 4 p. %
5 p. %	Espagne. . .	....	....	et 4 p. %
—	d° versement	347 1/2 à 352 1/2		
6 p. %	Portugal. . .	391 à 401	391 à 401	et 4 p. %
4 p. %	Vienne . . .	103 3/4 à 104	103 3/4 à 104	et 4 p. %
5 1/2 p. %	Pétersbourg .	261 1/2 à 263 1/2	261 à 263	et 4 p. %
—	d° versement.	266 à 268		

1. Ott. Haupt, *op. cit.*, p. 641.

VALEURS SE NÉGOCIANT A VUE.

Escompte à l'étranger.	Changes.	Papier court.	Papier long.	moins
3 p. %	Londres. . .	25.07 à 25.10	25.10 à 25.13	3 p. %
—	d° chèque. .	25.09 à 25.12		
3 p. %	Belgique . .	1/4 pte à 1/8 pte	1/8 pte à pair	3 p. %
3 1/2 p. %	Suisse . . .	5/16 pte à 3/16 pte	3/16 pte à 1/16 pte	3 1/2 p. %
5 p. %	Italie. . . .	2 3/4 pte à 2 1/4 pte	2 5/8 pte à 2 1/8 pte	5 p. %
4 p. %	New-York (en or).	513 1/2 à 516 1/2	512 à 515	4 p. %

C'est, on le voit, un tableau comprenant deux divisions horizontales et quatre colonnes verticales.

La première colonne de gauche donne l'indication du taux officiel de l'escompte sur les places étrangères. La seconde contient les noms des places ou des pays sur lesquels sont tirés les effets de commerce; c'est ce qu'on appelle les devises.

Les deux autres colonnes reçoivent les cours cotés. Comment ces cours sont-ils établis?

Les lettres de change qui sont négociées sur le marché, sont tirées pour des sommes d'une importance variable et à des échéances diverses. « Je me rappelle, dit M. Léon Say, avoir, il y a onze ou douze ans, passé des heures à regarder des lettres de change et des billets de toute forme et de toutes grandeurs, dont les uns représentaient des millions et les autres des centaines de francs seulement. C'étaient les effets que j'étais chargé d'endosser à l'empire d'Allemagne en paiement de notre indemnité de guerre. Toute l'histoire du commerce de l'Europe me passait pour ainsi dire sous les yeux. Les gros effets représentaient de colossales opérations de crédit et de change.... J'ai trouvé dans ces liasses de bien petits effets, jusqu'à des traites tirées par des marchandes de modes de Paris sur de petites boutiques de Londres pour quelques centaines de francs[1]. » Si les sommes sont diverses, les échéances sont variées : certains effets ont trois mois et plus à courir; d'autres, quelques jours à peine.

Comment établir des cotes applicables à des marchandises aussi diversifiées? On a pris des types. C'est ainsi que l'on procède pour toutes les marchandises : pour le froment, par exemple, on cote le blé d'essence tendre pesant 77 kilogrammes

1. *Dix jours dans la Haute-Italie*, Paris, Guillaumin, 1883, p. 22-23.

nets à l'hectolitre, pour les spiritueux, l'alcool absolu, etc.

Effets-types pour les valeurs. — Il fallait d'abord des types de valeur. C'est l'unité monétaire qui les a fournis. Mais quelle unité monétaire a-t-on choisie ? car la négociation d'une lettre de change met en présence deux unités monétaires, l'unité nationale et l'unité étrangère : le change est une créance sur l'étranger, payable au dernier porteur en monnaie étrangère, mais cédée à Paris pour un prix en monnaie française.

Nous retrouvons ici la distinction du certain et de l'incertain. A Paris, où prévaut le mode de l'incertain, il y a pour chaque place un effet-type, idéal, supposé tiré pour une somme égale à l'unité monétaire étrangère ou à cent unités monétaires étrangères. Par l'exemple, l'effet-type sur Londres est un effet de 1 livre sterling, l'effet-type sur la Hollande est de 100 florins, etc. Les uns et les autres sont cotés en francs [1].

Pour les places qui ont le même système monétaire que la France : Belgique, Italie, Suisse, on traite également par 100 unités. Mais les cours sont cotés en centièmes de perte (pte) ou de prime (pr.).

Il n'était pas rare, autrefois, que la cote s'appliquât à une monnaie distincte de la monnaie réelle et de la monnaie de compte, que l'on appelait *monnaie de change.* Ainsi on employait l'ancien écu de 3 livres entre Paris et Amsterdam, Paris et Lisbonne, l'écu de 6 francs entre Paris et Milan ; on traitait par 100 livres entre Paris et Bâle, par 100 écus entre Paris et Francfort [2]. Ces unités ont disparu de notre cote avec le mode du certain. Les monnaies de change tendent également à disparaître partout. Pour l'Espagne, cependant, bien que l'unité soit la *peseta,* la monnaie de change est demeurée la piastre. Mais cette persistance de la piastre est plutôt nominale. Ce n'est plus l'ancienne piastre que l'on cote, c'est la pièce de 5 pesetas.

Effets-types pour les échéances. — A Paris, deux types

1. Les fractions de franc ne sont pas exprimées en centimes, mais en 1/2, 1/4 et 1/8. Le système duodécimal est préféré à raison de la divisibilité de ses fractions.

2. V., dans Kelly, *Le Cambiste universel* (1823), t. II, p. 52, la cote des changes pour la France.

d'échéance sont usités : le type à trois mois et le type à vue. Mais chaque devise n'est cotée que sous un seul type.

C'est pourquoi la cote est divisée en deux compartiments : valeurs se négociant à trois mois; valeurs se négociant à vue.

Ceci ne signifie pas, est-il besoin de le dire, qu'on ne vend à Paris que des effets à 3 mois sur les places comprises sous la première rubrique : Hollande, Allemagne, Vienne, etc., et du papier à vue sur les autres : Londres, Stockholm, New-York, etc.

La Hollande est cotée à 3 mois, Londres à vue. Mais il se peut que, dans une séance, il n'ait pas été acheté un seul effet sur la Hollande ayant précisément trois mois à courir, ou un seul effet sur Londres qui fût payable à vue. En réalité, on a négocié des effets aux échéances les plus diverses, sur chacune de ces deux places. Seulement, l'effet-type, idéal, au cours duquel les effets réellement négociés sont ramenés, est, par suite d'usages commerciaux, l'effet à 3 mois pour la Hollande, l'effet à vue pour l'Angleterre.

Le calcul du prix des effets négociés, sur la base de l'effet-type, se fait : pour les valeurs à 3 mois, en ajoutant l'intérêt des jours courus au taux fixe de 4 p. °/₀ ; pour les valeurs à vue, en déduisant l'escompte des jours à courir, au taux pratiqué sur la place tirée.

Prenons des exemples : la Hollande est cotée 206 francs pour 100 florins. Supposons un effet à 2 mois. Il vaut plus que l'effet-type, lequel est à 3 mois. La différence de valeur est égale à l'intérêt pendant 1 mois. On doit donc ajouter à 206 francs l'intérêt de cette somme pendant 1 mois, pour avoir le prix d'un effet à 2 mois. L'usage de Paris est de calculer cet intérêt au taux fixe de 4 p. °/₀ par an[1]. (C'est pourquoi on lit sur la cote, après les cours, les mots : et 4 p. °/₀.) Le prix de l'effet à 2 mois est ainsi de $206 + \frac{206 \times 0.33}{100} = 206.68$.

Londres est coté fr. 25.10, pour 1 livre sterling. Supposons un effet à 2 mois. Celui-ci vaut moins que l'effet-type, lequel est à

1. Si le taux réel de l'escompte à l'étranger est plus élevé, l'insuffisance du taux de 4 p. °/₀ sera compensée pratiquement par une élévation des cours : en sens inverse, l'exagération du taux de 4 p. °/₀, si le taux réel est moindre à l'étranger, sera compensée par une réduction des cours.

vue. Cette différence de valeur est égale à l'escompte pour les deux mois restant à courir. On doit, par suite, déduire de 25.10 l'intérêt de cette somme pendant deux mois. L'usage de Paris, pour les valeurs à vue, est de calculer l'escompte au taux de la place tirée ; au jour que l'on a pris, le taux à Londres, était de 3 p. °/₀ l'an. Le calcul donne 25.163.

Papier long, papier court. — Dans chacune des divisions horizontales de la cote, on remarque une subdivision, qui a fait ouvrir deux colonnes verticales ; c'est la distinction du papier long et du papier court. L'effet long est celui qui a, en général, de 75 à 90 jours à courir ; l'effet court, celui qui a 15 jours au plus à courir[1].

Ces mots *papier long, papier court* ne sont nullement synonymes des expressions *valeurs à trois mois, valeurs à vue.* Il y a du *papier court* pour les *valeurs à trois mois,* comme du *papier long* pour les *valeurs à vue.*

Voici simplement la portée de la distinction. Lorsqu'un effet tiré sur une place dont la devise se cote à 3 mois, est à courte échéance, c'est dans la colonne du papier court que doit être prise la cote qui servira de base à la fixation du prix de cet effet ; lorsque l'échéance en est longue, on prend la cote dans la colonne du papier long. Mais, dans un cas comme dans l'autre, le prix est calculé de la même manière : en ajoutant au cours de l'effet-type l'intérêt à 4 p. °/₀ l'an pour les jours courus[2]. De même pour un effet tiré sur une place dont la

1. Les effets de 40 à 50 jours sont dits « à échéance moyenne ». Ott. Haupt, *op. cit.*, p. 568. — Sur Londres, on cote le chèque, en plus du papier court : le chèque se paie 1 $^1/_2$ à 2 cent. plus cher que le papier court, parce qu'il n'est soumis qu'au timbre fixe de 1 penny et qu'il est payable à présentation, « on demand », tandis que la lettre de change doit le timbre proportionnel et peut n'être payée que dans les trois jours. — Le versement, coté pour l'Espagne et la Russie en plus du papier court, est une somme à payer immédiatement, sans jours de grâce.

2. On a vu plus haut que les différences entre ce taux conventionnel et le taux réel de l'escompte à l'étranger, sont compensées, en quelque sorte mécaniquement, par une majoration ou une réduction des cours du change. L'exagération du taux conventionnel ou son insuffisance suivant les cas, sont sensibles surtout pour le papier court, le nombre de jours pour lequel l'intérêt doit être ajouté au cours étant plus grand que pour le papier long. La réfaction sur les cours ou leur majoration sont en conséquence plus fortes sur le papier court que sur le papier long. C'est pourquoi en règle générale, lorsque le taux réel de l'escompte est au-dessous de

devise est cotée à vue, on prendra pour base, tantôt le cours indiqué dans la colonne *papier long*, tantôt celui indiqué dans la colonne *papier court*. Mais, dans un cas comme dans l'autre, l'effet-type est supposé à vue et on doit déduire du cours coté l'escompte de ce cours, au taux de la place tirée, pour les jours restant à courir.

Qualité du papier. — On aura remarqué que, pour chaque devise et sous chacune des rubriques *papier long, papier court*, deux cours sont indiqués. Le plus élevé correspond généralement au prix des signatures de premier ordre, l'autre au prix du papier moins apprécié. Il n'y a donc pas de moyenne à établir entre ces deux prix, comme cela se pratique pour les cours des valeurs de Bourse. En réalité, chacun d'eux se réfère à une marchandise différente.

V. — COTE DES CHANGES A L'ÉTRANGER. — Quelques notions sur la cote des changes à l'étranger sont nécessaires. Le sens dans lequel se font les opérations de change est, en effet, déterminé par la comparaison des cotes étrangères avec la cote française.

Effets-types quant à la valeur. — Il suffit, sur ce point, de se référer aux explications précédemment données sur les modes du certain et de l'incertain.

Effets-types quant aux échéances. — Ici deux différences sont à signaler entre l'usage de Paris et ceux des places étrangères.

A Paris, on ne cote, par devise, qu'un seul type : à trois mois ou à vue. Ailleurs, chaque devise est cotée sous deux types : papier long, papier court. Le sens des mots, papier long, papier court, c'est-à-dire le nombre de jours d'échéance de l'un et de l'autre, varie selon les places.

D'autre part, le prix des effets négociés est invariablement déduit du cours de l'effet-type par l'escompte au taux de la place tirée. Il n'y a pas de taux fixe, comme, à Paris, celui de 4 p. °/₀ pour les valeurs à trois mois.

4 p. °/₀, le papier court est coté plus cher que le papier long. De même, lorsque le taux réel de l'escompte est supérieur à 4 p. °/₀, le papier court est coté moins cher que le papier long.

§ 3. — Principales opérations de change.

On ne se propose pas d'exposer ici la théorie complète de ces opérations, mais simplement de donner un certain nombre de notions élémentaires, sans lesquelles il est bien difficile de se rendre un compte exact du mécanisme de la circulation : sens des mots traite et remise ; mode d'achat et prix d'une remise ; opérations entre deux places (dans quel cas la remise est-elle plus avantageuse que la traite, et réciproquement ? nivellement des cours ; calculs de parité) ; opérations entre un plus grand nombre de places (tirages pour compte ; prix de revient ; ordres de banque ; comparaison avec le cours direct).

I. — Sens des mots traite et remise. — La lettre de change est employée de deux manières au transport des capitaux : on procède soit par voie de traite, soit par voie de remise.

L'opération se fait par voie de traite lorsque le créancier ou, d'une façon très générale, la personne qui possède des disponibilités à l'étranger et qui veut s'en servir sur sa propre place, tire une lettre de change sur son débiteur ou correspondant étranger, et la négocie. L'opération se fait par voie de remise lorsque le débiteur ou correspondant étranger achète sur sa place du papier tiré sur la place de son créancier ou correspondant, et le lui envoie. Au premier cas, on tire et l'on vend ; au second cas, on achète et l'on remet. Tirer et vendre, remettre et acheter, sont pris comme synonymes.

Les deux opérations tendent au même résultat, transporter sur une place donnée les disponibilités que l'on possède sur une autre place. C'est le prix comparatif de la remise et de la traite qui, dans chaque cas particulier, fera choisir l'une ou l'autre voie.

II. — Mode d'achat et prix d'une remise. — Généralement le commerçant qui a besoin d'une lettre de change pour faire une remise à l'étranger, n'est pas en mesure d'acheter le papier créé par les commerçants de sa place qui, de leur côté, ont créé des traites et désirent les faire escompter. Tout d'abord, il ne les connaît pas. A la vérité, le Code de commerce lui offre, dans son article 76, les services d'un intermédiaire, en possession du monopole de la négociation *pour le compte d'autrui* des lettres de change et autres papiers commerçables, l'agent de change, grâce auquel il pourrait être mis en rapport avec un tireur ou un endosseur. Mais le commerçant a un autre motif, décisif celui-là, de ne pas rechercher le papier créé par ses confrères. Il trouverait rarement, sur la place, du papier qui fût précisément de la somme exacte qu'il doit.

Dans la pratique, il s'adresse donc à son banquier. Celui-ci, grâce au crédit dont il jouit et aux disponibilités qu'il entretient chez ses correspondants étrangers, a toute facilité de tirer sur ceux-ci une lettre de change, qu'il créera spécialement pour satisfaire à la demande de son client et qu'il établira, par suite, pour la somme exacte qui lui sera indiquée. Quant au papier tiré sur l'étranger par les commerçants, c'est le banquier qui l'achète ; il s'en sert comme couverture pour ses propres tirages. La fonction de laquelle les agents de change tirent leur nom, leur échappe ainsi complètement[1]. Ces officiers ministériels n'interviennent plus aujourd'hui en matière de change que pour l'inscription des cours à la cote officielle.

On peut faire une remise à l'étranger en papier à toutes échéances. C'est le prix de chaque espèce de papier qui déterminera le choix de l'intéressé.

Soit une somme de 100 roubles à payer immédiatement à Pétersbourg et comme moyens de remise du papier à 3 mois, du papier à 15 jours et du papier à vue. Lequel est préférable ?

Prenons d'abord l'effet à 3 mois. La cote du papier long lui est applicable sans modification, car elle se réfère précisément au type à 3 mois. Elle est de 261 à 263. Prenons le cours rond de 262 francs. Les 100 roubles auront donc coûté à Paris 262 francs. Mais à Pétersbourg, ils ne seront acceptés en paiement que sous déduction d'un escompte, puisqu'ils sont payables dans 3 mois. Le taux de l'escompte de Pétersbourg étant de 5 1/2 p. % l'an, soit pour 3 mois 1.375 p. %, 100 roubles à 3 mois

1. Il n'y a pas atteinte au privilège des agents de change, les banquiers négociant les effets pour leur propre compte.

n'y valent que 100 — 1.375 = 98.625. Pour payer à Pétersbourg avec du papier à 3 mois 100 roubles échus, il faut donc acheter un effet de plus de 100 roubles. Un calcul de proportion en donne le montant; c'est roubles 101.39, qui, au change de 262 francs, coûteront fr. 265.64.

Calculons maintenant le prix d'un effet à 2 mois. Il coûtera, à Paris, le cours, 262, plus l'intérêt de ce cours à 4 p. °/₀ l'an pour 1 mois, soit 1/3 p. °/₀, en tout 262.87. Mais à Pétersbourg, il devra subir l'escompte à 5 ½ p. °/₀ l'an pour 2 mois, soit 0.916 p. °/₀; la valeur en est ainsi ramenée à roubles 99.08. L'effet à acheter devra donc être de roubles 100.92, qui, au change de 262.87, coûteront fr. 265.29.

Passons à l'effet à 15 jours. Pour celui-ci, on doit prendre la cote du papier court, 261 ½ à 263 ½. Admettons le prix 262. L'addition des intérêts à 4 p. °/₀ l'an pour 2 mois ½ le porte à 264.17. Mais, déduction faite de l'escompte à 5 ½ p. °/₀, 100 roubles à 15 jours ne produiraient que roubles 99.77. Il faut donc acheter roubles 100.23, qui, à 264.17, coûteront fr. 264.78.

Supposons enfin qu'on se serve de l'effet à vue. Il coûtera à Paris 262 plus 4 p. °/₀ l'an, pour 3 mois 1 p. °/₀ ou 2.62, au total fr. 264.62. A Pétersbourg, il n'y aura pas de déduction pour l'escompte. Ce prix de fr. 264.62 est donc définitif.

En résumé, le papier à	3 mois	coûterait	. . . . fr.	265.64
—	— 2 mois	—	. . . .	265.29
—	— 15 jours	—	. . . .	264.78
—	— à vue	—	. . . .	264.62

Il y aura donc avantage à employer le papier à vue.

III. — Opérations entre deux places. — Pour dégager l'intérêt qu'il peut y avoir à employer de préférence la voie de traite ou la voie de remise, il faut comparer entre elles la cote française et la cote étrangère. Ici deux difficultés se présentent : l'une générale, l'autre spéciale aux relations des places qui se donnent réciproquement l'incertain.

Nivellement des cours. — La première difficulté résulte de cette circonstance que les types d'échéance ne sont pas les mêmes sur toutes les places. Pour rendre les cours comparables, il faut donc, avant toute chose, les ramener à une échéance commune, c'est ce que l'on appelle niveler les cours. Le plus simple est de ramener les deux échéances au type à vue. Les cours de Paris sont à vue pour un certain nombre de places ; quant aux valeurs à 3 mois, elles sont ramenées au type à vue par l'addition des intérêts à 4 p. °/₀ l'an, soit 1 p. °/₀ pour 3 mois. Les cours étrangers se nivellent en ajoutant aux cours du papier à terme l'intérêt de ce cours, au taux variable de la place tirée, pour le nombre de jours restant à courir.

Rapports avec les places qui donnent le certain. — Les cours des places qui donnent le certain à Paris peuvent, après nivellement, et sans autre préparation, être comparés aux cours de Paris.

Admettons que les cours nivelés de Londres et de Paris soient les suivants.

A Londres, papier sur Paris	fr.	25.15
A Paris, papier sur Londres		25.20

On voit du premier coup d'œil sur laquelle des deux places la livre sterling est le meilleur marché.

Dans ce cas, c'est à Londres. Il y a donc intérêt à ce que cette place fasse traite sur Paris au lieu de lui demander une remise. Si Paris remettait à Londres, il en coûterait 25.20 par livre sterling, tandis que la traite de Londres sur Paris sera calculée au change de 25.15. De même, Paris ne fera pas traite sur Londres, car il en coûterait 25.20 par livre sterling, mais demandera une remise, qui reviendra à 25.15.

La marche exactement contraire serait suivie, si la livre sterling était plus chère à Londres qu'à Paris.

Rapports entre places qui se donnent l'incertain. — Ici, les expressions monétaires étant différentes, le sens de l'écart n'apparaît pas aussi facilement.

Supposez que les cours nivelés à Amsterdam et à Paris, soient :

A Amsterdam, pour le papier sur Paris.	florins	47.84
A Paris, pour le papier sur Amsterdam.	francs	209.30

Lequel des deux est le meilleur marché ? C'est le calcul de la parité qui l'apprendra.

On a vu que la parité est la valeur de la monnaie nationale sur une place étrangère, en fonction du cours de la monnaie étrangère sur la place nationale. Pour prendre un exemple, le problème se ramène aux termes suivants : étant donné que le florin des Pays-Bas se vend à Paris fr. 2.093, combien de florins le franc représente-t-il à Amsterdam? La solution s'obtient, on le sait, en divisant l'unité par le cours du florin à Paris. Le quotient, fl. 4.777, est la parité.

Le problème qui se pose à propos des changes est identique, à cette différence près que l'on traite sur 100 unités monétaires. Si 100 florins valent à Paris fr. 209.30, combien de florins 100 francs représentent-ils à Amsterdam?

$$100 \text{ fr.} = \frac{100 \times 100}{209.30} = 47.78 \text{ fl.}$$

L'opération revient à diviser par le cours de l'une des places un nombre fixe 10,000 qui est le produit de 100 unités monétaires françaises par 100 unités monétaires étrangères.

La parité à Amsterdam du cours de 209.30 pratiqué à Paris est donc 47.78. D'autre part, le cours du Paris à Amsterdam est 47.84. On voit qu'ici la voie de remise serait plus onéreuse que la voie de traite. Il en coûterait 47.84 florins par 100 francs de remettre sur Paris. La traite tirée par Paris sera établie, au contraire, au change de 47.78 florins. Le cours est plus cher que la parité. Il vaut mieux payer la parité que le cours.

On peut prendre l'hypothèse opposée.

A Amsterdam, le Paris est à	47
A Paris, l'Amsterdam est à.	208

La parité du cours de 208 est 48.07. Le cours étant 47, la parité est plus chère. Il vaut mieux payer le cours que la parité, remettre que tirer.

On a indiqué[1] une méthode assez simple pour reconnaître rapidement si le cours est plus cher ou meilleur marché que la parité.

Dans le premier exemple ci-dessus, le produit des deux cours 209.30 × 47.84 donne 10,012.91. Il est donc supérieur au

1. Lefèvre, *op. cit.*

nombre 10,000, produit des 100 unités françaises par les 100 unités étrangères prises comme bases. Dans le second exemple, le produit des cours 208 $\times$ 47 donne 9,776. Il est donc inférieur au produit des bases. Il est naturel qu'au premier cas la parité soit inférieure au cours, puisque la parité est le quotient de $\frac{10.000}{209.30}$, et que, dans le second cas, la parité soit supérieure au cours, puisqu'elle est le quotient de $\frac{10,000}{208}$.

On en déduit cette règle. Lorsque le produit des cours est supérieur au produit des bases, la parité est moins chère que le cours et il vaut mieux faire traite. Lorsque le produit des cours est inférieur au produit des bases, la parité est plus chère que le cours et il vaut mieux remettre.

IV. — Opérations entre trois places ou un plus grand nombre de places. — Les compensations de dettes sont d'autant plus importantes et l'usage du numéraire d'autant plus restreint que les places entre lesquelles se traitent les règlements sont plus nombreuses.

Un exemple va le montrer[1].

Soit deux places, A et B, ayant l'une vis-à-vis de l'autre des dettes, que, pour la simplicité de l'exposition, nous exprimerons en poids d'or :

A doit à B	15,000 kg.
B doit à A	10,000 —

De part et d'autre des lettres de change sont tirées. Après compensation, il reste, à la charge de A, un solde de 5,000 kilogrammes que cette place devra payer en nature.

Faisons intervenir une troisième place, C, et admettons que

A doive à C.	6,000 kg.
C doive à A.	8,000 —
Soit, au profit de A un solde de . . .	2,000 —

Que, d'autre part,

B doive à C	9,000 kg.
C doive à B	3,000 —
Soit au profit de C un solde de.	6,000 —

1. Lefèvre, *op. cit.*

Après compensation,

A doit à B.	5,000 kg.
B doit à C.	6,000 —
C doit à A.	2,000 —

Supposez que B transporte à C sa créance de 5,000 kilogrammes sur A.

Il se libère jusqu'à concurrence de 1,000 kilogrammes. D'un autre côté, des relations nouvelles de créancier à débiteur s'établissent entre A et C et vont donner lieu à compensation. En définitive A restera débiteur de C pour 3,000 kilogrammes.

On voit que les quantités à transporter matériellement se sont réduites, par suite de l'intervention de la place C dans les relations de A et B. L'intervention d'une quatrième, d'une cinquième, d'une sixième place augmenterait encore l'importance des compensations.

Cette observation générale faite, voyons quelles sont les principales opérations qui peuvent être faites entre trois places. Nous nous contenterons d'expliquer brièvement ce qu'il faut entendre par tirage pour compte ou indirect, prix de revient et ordre de banque.

Tirage pour compte ou indirect. — C'est une modalité du règlement par voie de traite. Au lieu de tirer sur la place débitrice, on tire sur une place tierce[1]. « Par exemple », dit M. Goschen dans sa *Théorie des changes étrangers*[2], « les thés expédiés de Chine à New-York sont généralement réglés par une traite que l'exportateur tire sur un marchand de Londres pour le compte de l'importateur américain. L'exportateur de Chine est payé par le prix de la négociation de sa traite sur

1. L'expression « effet tiré pour compte » est employée dans ce sens par M. Goschen, *The theory of foreign exchanges*, 15e édit. angl., p. 31 et 34 notamment. Elle a une autre signification, plus usitée, en droit commercial. Elle désigne l'effet tiré, pour le compte d'un *donneur d'ordre* qui ne signe pas la traite, par une personne qui joue vis-à-vis de lui le rôle de commissionnaire, c'est-à-dire qui tire non par procuration, mais en son propre nom. V. Lyon-Caen et Renault, *op. cit.*, p. 67 et suiv. Les mots « tirage indirect », également employés par M. Goschen, sont préférables, parce qu'ils ne prêtent à aucune équivoque.

2. Goschen, *op. cit.*, p. 31.

Londres ; et l'accepteur s'adresse pour le paiement à l'importateur américain ».

M. Goschen constate que les effets tirés pour compte forment une part très considérable du total des traites acceptées par l'Angleterre. « Les personnes pour qui ces questions sont nouvelles ne peuvent découvrir du premier coup d'œil quelle est la cause qui force encore aujourd'hui un très grand nombre de pays étrangers à faire de Londres le centre de leurs opérations de banque ; pourquoi, dans l'Inde anglaise, ceux qui expédient leurs produits aux États-Unis tirent sur Londres et non sur New-York, pourquoi l'exportateur de la Nouvelle-Orléans tire sur Londres et non sur Pétersbourg pour le coton qu'il envoie en Russie. On peut en trouver l'explication partielle dans les crédits accordés par les banquiers de Londres et aussi dans la réputation plus grande des maisons londoniennes qui, s'étendant à tous les coins du globe, donne aux traites tirées sur elles, une valeur assez différente de celles qui pourraient être tirées sur des banquiers américains ou russes aussi riches mais moins généralement connus. Mais c'est ce qu'on peut appeler une cause secondaire ; un examen plus serré permet de voir qu'elle résulte elle-même de la cause primordiale qui fait de l'Angleterre le grand centre banquier de l'univers. Cette cause primordiale réside dans les extraordinaires et incessantes exportations de l'Angleterre, à raison desquelles chaque pays du monde, recevant constamment des objets manufacturés de l'Angleterre, est dans l'obligation pour les payer de faire des remises, soit en numéraire, soit en produits, soit en papier de commerce. Chacun d'eux peut diriger ses produits sur un autre pays, mais les traites tirées en raison de ces envois prendront sûrement le chemin de l'Angleterre. En d'autres termes, il y aura une demande pour les traites tirées sur les banquiers de Londres et ces traites se vendront mieux qu'aucune autre. Il ne peut y avoir de change pour une place sur laquelle on n'a pas à faire des remises constantes et régulières[1]. » Il y a toujours un change pour l'Angleterre, qui a constamment des remises à recevoir de presque tous les pays. Elle est appelée

1. *Op. cit.*, p. 33.

de la sorte à être le centre commun de leurs opérations. « Le pays A reçoit des importations de B et exporte dans le pays C; si B et C ne sont pas en relations suivies, A ne pourra pas payer B en lui fournissant une assignation sur C. Mais A, B et C sont en rapports commerciaux avec l'Angleterre ; dès lors A peut payer B en lui transportant la créance sur l'Angleterre que lui-même a reçue de C en paiement ; ou, plus simplement, C tire sur Londres une traite qu'il passe à A, et que A passe à B, lequel ayant des relations constantes avec l'Angleterre peut, à son tour, employer utilement ce moyen de remise[1]. »

Cette prépondérance de l'Angleterre s'affaiblit à mesure que des rapports directs s'établissent entre les divers pays. En effet, lorsqu'il y a un courant régulier de remises, un change s'établit et l'on n'a plus besoin qu'un pays tiers joue le rôle de banquier commun. M. Goschen constatait notamment que les règlements entre Java et la Hollande, New-York et Brême, Rio-de-Janeiro et Hambourg ne se faisaient plus par l'intermédiaire des banquiers anglais[2].

Les chiffres suivants montrent l'importance des tirages indirects sur l'Angleterre. M. R.-H. Inglis Palgrave a calculé, d'après le produit des droits de timbre sur les effets étrangers, que la valeur totale des effets tirés sur l'Angleterre par les autres pays était de 507.4 millions sterling. Sur cette somme, 147 millions sterling correspondaient aux effets pour compte[3].

Paris est, comme Londres, une grande place de change. Les autres places tirent volontiers sur Paris, les remises sur la France étant demandées par un grand nombre de pays en relations commerciales avec elle. Il est malheureusement impossible de supputer le montant des effets tirés de l'étranger sur la France, les statistiques de l'Enregistrement confondant avec d'autres perceptions le produit du timbre auquel ces effets sont assujettis.

Remises indirectes (*Prix de revient et ordre de banque*). — On peut se procurer une remise en achetant sur sa propre place du papier tiré sur la place à laquelle on veut transporter une

1. *Op. cit.*, p. 35.
2. *Ibid.*, p. 35, 36, 37.
3. *Journal of the Statistical Society of London*, mars 1873.

somme d'argent. Mais on peut aussi acheter sur une place tierce, la remise dont on a besoin.

A cet effet, deux voies peuvent être suivies : l'une s'appelle remise ou prix de revient ; l'autre, traite ou ordre de banque.

La première consiste à remettre sur la place tierce, en la chargeant de remettre à son tour sur la place où doivent être définitivement transportés les capitaux. Par exemple, désirant faire une remise à Berlin, on achète des florins des Pays-Bas, c'est-à-dire une traite sur Amsterdam, que l'on envoie à son correspondant sur cette place, en le chargeant de remettre des mark à Berlin, c'est-à-dire d'acheter à Amsterdam une traite sur Berlin. Dans cette méthode de remise indirecte, on commence par envoyer une couverture au correspondant d'Amsterdam.

On peut procéder différemment. Paris peut prier Amsterdam de remettre à Berlin, c'est-à-dire d'acheter une traite sur Berlin et de se couvrir de ses débours par une traite sur Paris. Dans ce cas, Amsterdam fait l'opération à découvert et s'indemnise par une traite sur Paris, pour le compte duquel il a agi. C'est la voie de la traite ou ordre de banque.

Le choix ou arbitrage entre chacun de ces deux modes de remise indirecte, d'une part, et le cours direct, de l'autre, dépend du prix comparatif de ces trois façons d'opérer. Il est déterminé par le sens des écarts qui se produisent entre le cours direct de la place qui doit remettre, et le prix de la remise indirecte soit par voie de prix de revient, soit par voie d'ordre de banque.

Voici les formules du prix de revient et de l'ordre de banque, le cours du florin étant à Paris 209.30 et Amsterdam cotant Berlin 58.75 et Paris 47.84.

Prix de revient :

x francs = 100 mark
100 mark = 58.75 florins (remise d'Amsterdam à Berlin)
100 florins = 209.30 (remise de Paris à Amsterdam)
= 122.96

Ordre de banque :

x francs = 100 mark
100 mark = 58.75 florins (remise d'Amsterdam à Berlin)
47.84 florins = 100 francs (traite d'Amsterdam sur Paris)
= 122.80.

On reconnaît, appliquées à 100 mark, les formules de parité indirecte dont la formation a été expliquée plus haut. Prix de revient et ordre de banque ne sont autre chose, en effet, que des parités indirectes.

Dans l'exemple ci-dessus, l'ordre de banque est meilleur marché que le prix de revient. On le choisira donc, de même que l'on choisirait le cours direct ou la parité directe, si l'une de ces voies était plus économique.

Il faut toutefois noter que l'opération peut n'être pas réalisable par la voie que le calcul arithmétique désigne comme la plus avantageuse.

Par exemple, la voie de l'ordre de banque, théoriquement préférable, sera parfois abandonnée parce que l'on ne jouit pas d'un crédit suffisant pour que le correspondant fasse l'opération à découvert, ou encore parce que le correspondant lui-même n'est pas en situation de négocier sa signature au cours coté. A un autre point de vue, il faut tenir compte de ce qu'on appelle la résistance de la place. Une place ne peut supporter qu'une certaine quantité de transactions ; si on dépasse la limite, les cours en sont affectés et les calculs de parité sur lesquels l'opération a été échafaudée sont déjoués par l'événement.

§ 4. — Théorie de la valeur des changes étrangers.

On exposera d'abord les principes généraux applicables aux rapports entre pays dont la circulation est normale, dont les monnaies ont une valeur intrinsèque égale à leur valeur nominale, tels que la France, l'Angleterre, les États-Unis, l'Allemagne. On indiquera ensuite dans quelle mesure ces principes sont modifiés, lorsque l'un des pays entre lesquels se nouent les relations de change a une circulation dépréciée.

I. Relations entre pays a circulation normale. — Deux causes générales agissent sur le cours des changes : la balance du commerce ; le taux de l'escompte.

Le mot *balance du commerce* n'est pas pris, bien entendu, dans le sens spécial que lui donnent les partisans du système mercantile. Dans cette balance entrent non seulement les créances et les dettes résultant des importations et des exportations de marchandises, mais encore celles qui naissent des opérations d'armement maritime, de commission, de banque, des emprunts ou des placements à l'étranger, en un mot de ce que l'on a appelé les importations et les exportations invisibles.

En fin de compte, les importations visibles ou invisibles sont égales aux exportations visibles ou invisibles, les créances aux dettes. Mais cela n'est vrai qu'en fin de compte, et non à tout instant. Il y a donc des variations dans la balance des dettes et des créances, partant dans l'importance comparative des effets de commerce tirés et offerts par les créanciers de l'étranger, et des effets demandés par les débiteurs de l'étranger.

Cependant, on peut trouver sur le marché des effets qui ne correspondent pas à des créances. On les appelle effets en blanc, effets à découvert, papier de circulation. Supposez qu'à Paris on ait un grand besoin de change sur Londres et que les créances sur l'Angleterre ne puissent encore donner lieu à des tirages réguliers. On pourra tirer sur Londres des effets à découvert, qui seront plus tard soldés au moyen d'effets correspondant à des créances réelles. Ce papier de circulation fait concurrence aux autres effets et en abaisse le prix. Il en a été fait, dans certaines circonstances, un grand abus, et il en est résulté de graves dommages pour ceux qui l'ont commis.

La seconde cause qui agit sur le prix du papier de commerce est le taux de l'escompte, c'est-à-dire le taux de l'intérêt des capitaux immédiatement disponibles. Le change, qui représente les diverses monnaies de tous les pays, est en effet une des formes que prennent les capitaux disponibles. Il sert à les transporter. Il constitue, en même temps, un mode de placement temporaire.

Les causes qui viennent d'être indiquées sont générales et agissent quelle que soit l'échéance, lointaine ou rapprochée, du papier de commerce. Le change, qu'il soit court ou qu'il soit long, est à la fois un moyen de remise et un placement. La seconde fonction est plus spéciale au papier long, eu égard au trait de temps plus prolongé pendant lequel il produit des intérêts ; cependant, le papier court peut également concourir au placement du capital en le transportant sur une place où le taux de l'escompte est plus rémunérateur. D'un autre côté, on fait des remises en papier long, comme en papier court : c'est une question de prix[1]. De 1871 à 1873, lors des grands achats de change que le Trésor français faisait pour payer l'indemnité de guerre, les ministres des finances prenaient tous les changes et le portefeuille du Trésor s'emplissait indistinctement d'effets longs ou courts.

Les prix du papier long et du papier court sont donc sous la dépendance des mêmes causes générales. Mais le mode d'action de ces causes varie suivant qu'il s'agit du change à court terme ou du change à longue échéance. Aussi sur la place, pour les affaires courantes, cette division a-t-elle une importance capitale.

Papier court. — Le papier court est, avant tout, un moyen de remise et de règlement. L'importance comparative des tirages et des demandes d'effets, des créances à recouvrer et des dettes à régler, en un mot, la balance du commerce international, commande les oscillations de son prix, car c'est elle qui détermine l'offre et la demande.

Si l'offre et la demande s'équilibraient exactement, si les banquiers acheteurs d'effets courts trouvaient, soit dans leur portefeuille, soit sur le marché, précisément la quantité de papier dont ils ont besoin pour leurs remises, le change serait au pair. L'influence de la demande et celle de l'offre s'annulant l'une par l'autre, il n'y aurait plus à tenir compte que de la valeur intrinsèque des monnaies.

C'est une hypothèse qui ne se réalise presque jamais. Le cas ordinaire est l'inégalité des offres et des demandes.

Si la demande est supérieure à l'offre, les acheteurs, qui préfèrent la remise en papier de commerce à toute autre, notamment aux remises en espèces, offriront une prime : le prix du papier s'élèvera. Si l'offre est supérieure à la demande, les vendeurs, pour avoir la disposition immédiate de leur capi-

1. V. *supra*. p. 105.

tal, feront un sacrifice : le prix du papier s'abaissera.

A Paris et sur toutes les places qui donnent l'incertain, la cherté du papier se manifeste par la hausse au-dessus du pair; le bon marché, par la baisse au-dessous du pair. Ainsi, le pair du Londres étant 25 fr. 221, le papier hausse de prix quand il monte à 25.25; il baisse de prix quand il descend à 25.12.

C'est précisément le contraire qui a lieu sur les places qui donnent le certain. A Londres, par exemple, la baisse des cours est le signe de la cherté du papier sur Paris, la hausse des cours, l'indice du bon marché. Lorsque le change monte, c'est qu'avec une livre sterling on peut acheter un plus grand nombre de francs payables à Paris; lorsque le change baisse, c'est que le nombre de francs, payables à Paris, que l'on peut acheter pour une livre sterling, devient moindre. A Paris, au contraire, lorsque le change hausse, le papier est plus cher, car pour acheter une livre sterling payable à Londres, il faut donner plus de 25 fr. 221; quand le change baisse, le papier est moins cher, car on achète 1 livre sterling, payable à Londres, avec moins de 25 fr. 221.

L'amplitude des oscillations du prix des effets courts est étroitement limitée.

Si les commerçants envoient du papier à l'étranger pour régler leurs dettes, c'est qu'il leur en coûte moins que d'envoyer des espèces métalliques. Les acheteurs de change vont même jusqu'à payer aux vendeurs une prime égale au montant des frais de transport. Ils ne consentiraient pas à aller au delà; cette limite qu'ils ne dépassent pas est appelée point de l'or (*gold point*). C'est le point de sortie du numéraire. Lorsque le change est assez rare ou que la demande en est assez forte pour que les cours dépassent ce point, les débiteurs aiment mieux envoyer en paiement du numéraire, le transport du capital étant, par exception, moins coûteux sous cette forme que sous la forme de papier.

La situation inverse peut se produire. L'abondance du change peut en faire baisser le prix au-dessous du pair. Mais les vendeurs ne consentent jamais à subir une perte supérieure au montant des frais de transport du numéraire. Ils préféreraient encaisser leurs traites à l'étranger et faire venir l'or à leurs frais. Le cours auquel la perte sur le pair égale les frais de transport du numéraire est encore un *gold point* : le point d'entrée de l'or.

Sur les places qui donnent le certain, le point de sortie de l'or est, au contraire, au-dessous du pair, et le point d'entrée, au-dessus du pair.

Si l'importance variable des créances et des dettes extérieures est la cause prépondérante des oscillations du prix des effets courts, le taux de l'escompte n'en a pas moins une certaine action. C'est sous l'influence de la balance du commerce que le prix s'achemine vers le point de sortie ou vers le point d'entrée de l'or. La marche sera plus ou moins rapide, selon que le taux de l'escompte sera plus ou moins élevé.

S'il y a un grand besoin d'argent sur la place, que le taux de l'escompte y soit plus élevé qu'au dehors, les vendeurs de change seront pressés de réaliser leurs créances sur l'étranger, les débiteurs de l'étranger, au contraire, feront en sorte de retarder leurs remises le plus possible, les uns et les autres ayant intérêt à employer sur place leurs capitaux. Les offres seront, en conséquence, précipitées et les demandes ralenties. Dans ces conditions, si la balance du commerce est défavorable, la hausse des cours sera moins rapide, si la balance du commerce est favorable, la baisse des cours sera accélérée.

Si le marché de l'argent est facile, si le taux de l'escompte est moins élevé qu'au dehors, les vendeurs de change seront moins pressés de se procurer du capital métallique, les débiteurs de l'étranger moins tentés de retarder leurs remises. Les offres et les demandes viendront sur le marché, à leur heure, sous la seule influence de la balance des créances et des dettes.

Les variations du taux de l'escompte agissent donc comme cause adjuvante ou troublante : la cause principale des variations du prix des effets courts réside dans les modifications quotidiennes de la balance du commerce.

Papier long. — Les acheteurs d'effets longs ne sont pas mus par les mêmes considérations que les acheteurs d'effets courts. Un banquier achète des effets longs, soit afin de s'en servir comme couverture lorsque viendra l'échéance de ses tirages, de façon à ne pas être forcé, à ce moment, de subir la loi des vendeurs de papier court, soit pour être lui-même vendeur de ce papier en réalisant un gain sur la différence des prix, après avoir bénéficié de l'intérêt de ce placement temporaire de ses capitaux.

En effet, le papier de commerce porte intérêt. Quand on escompte du papier à quatre-vingt-dix jours, l'intérêt des jours à courir est déduit du montant de l'effet. A l'échéance, on touche le montant nominal de l'effet. La différence entre la somme payée par le tiré et la somme déboursée par l'escompteur est l'intérêt de son capital.

L'acheteur de papier long n'est pas ordinairement pressé, comme l'acheteur de papier court, par la nécessité de régler une dette prochainement exigible. Il fait simplement emploi de ses capitaux. La différence qui peut exister entre le taux de l'escompte sur sa place et celui qui est pratiqué sur les places étrangères sera l'un des principaux éléments de ses déterminations.

Soit le papier long sur Londres à 25.28, le taux de l'escompte à Londres 4 p. °/₀, à Paris 3 p. °/₀.

	fr. c.
Un effet de 100 livres à 90 jours vaudra. . . .	2,528 00
moins l'escompte, ou 1 p. °/₀ (pour trois mois), soit.	25 28
Il coûtera donc	2,502 72

et à l'échéance sera payé 2,528 francs. De la sorte, 2,502 fr. 72 c. auront rapporté en trois mois 25 fr. 28 c., soit 1.10 p. °/₀.

	fr. c.
Un effet sur Paris à 90 jours, de même somme. .	2,528 00
déduction faite de l'escompte, 3/4 p. °/₀ (pour trois mois)	18 96
coûtera	2,509 04

2,509 fr. 04 c. rapporteront au bout de trois mois 18 fr. 96 c., soit 0.755 p. °/₀.

L'achat d'un effet sur Londres étant plus avantageux, les capitaux disponibles seront employés de préférence en effets sur cette place. On réalisera même des effets sur Paris : on les présentera à la Banque de France qui les escomptera à 3 p. °/₀, et avec le produit de la négociation, on escomptera à 4 p. °/₀ des effets sur Londres. En même temps que la demande d'effets sur Londres augmentera, l'offre en sera restreinte, les porteurs de ces effets ayant avantage à les laisser mûrir dans leur portefeuille.

On en conclura logiquement que, le taux de l'escompte étant plus élevé à l'étranger qu'à Paris, le papier long haussera de prix, et qu'il baissera tout au contraire, le taux de l'escompte étant plus élevé à Paris qu'à l'étranger.

Il est d'ailleurs évident que la tendance à la hausse, provoquée par l'élévation du taux de l'escompte à l'étranger, peut être contrariée par l'abondance du papier long et que, réciproquement, la rareté du papier peut enrayer la tendance à la baisse qui devrait résulter de l'élévation relative du taux de l'escompte sur la place nationale. Dans la cote reproduite plus haut, on peut constater que le papier long sur l'Allemagne, par exemple, est coté 121 $^{15}/_{16}$ à 122 $^{3}/_{16}$, c'est-à-dire au-dessous du pair, bien que le taux de l'escompte soit en Allemagne de 4 p. $^{0}/_{0}$ et à Paris de 3 p. $^{0}/_{0}$ seulement. C'est, sans doute, que le papier long sur l'Allemagne était, à cette date, plus offert que demandé[1].

Néanmoins, pour les effets longs, c'est le taux comparatif de l'escompte qui est généralement la cause prédominante des variations des cours : la balance du commerce intervient plutôt comme cause adjuvante ou troublante.

II. Relations avec les pays dont la circulation est dépréciée. — Lorsque la circulation d'un pays est dépréciée, il n'y a plus dans ses relations de change ni pair ni *gold points ;* les variations des cours sont extrêmes.

En premier lieu, le prix des effets courts peut s'augmenter ou se réduire d'une somme bien supérieure aux frais de transport du numéraire. Ainsi, avant la réforme de 1897, le change sur Pétersbourg, si la circulation de la Russie avait été normale, n'aurait pas dû descendre à Paris au-dessous de 398 fr. 80 c. Le pair du rouble or était en effet de 4 francs; le pair du change, de 400 francs. Les frais de transport du numéraire y compris la prime d'assurance étant supposés de 3 p. $^{0}/_{00}$, soit 1 fr. 20 c. sur 400 francs, la baisse n'aurait pas dû dépasser

1. L'écart a pu être de 2 p. $^{0}/_{0}$ à certains moments, en janvier 1894 par exemple, sans que le papier long ait cessé d'être au-dessous du pair.

398 fr. 80 c. En réalité, le rouble se payait, au commencement de 1894, 265 à 267 (papier court). C'est que le rouble était une monnaie de papier considérablement dépréciée. L'acheteur payait avec des francs, qui sont de l'or, un effet qui lui donnait le droit de toucher à Pétersbourg une somme en papier déprécié. Il déduisait du prix d'achat le montant de la dépréciation. A Pétersbourg, au contraire, un effet de 100 francs sur Paris se payait bien au-dessus de 25 roubles, parce qu'on achetait 100 francs d'or avec du papier déprécié : le prix d'achat était rehaussé en proportion de la perte subie par la monnaie dont il était formé.

Le change sur Pétersbourg avait été coté, à d'autres époques, plus haut ou plus bas : il s'était élevé en 1876 jusqu'à 333 $^1/_2$ et, en 1888, était descendu à 198. Le montant de sa dépréciation variait incessamment. Aussi n'y avait-il pas de pair fixe du change sur Pétersbourg, comme sur les pays à circulation d'or, tels que l'Angleterre, l'Allemagne, la France, etc...

Depuis 1897, la circulation de la Russie repose effectivement sur l'étalon d'or; aussi les oscillations du change sont-elles limitées par des *gold points*. Le pair du rouble[1] étant désormais 2 fr. 66 c. et le pair du change 266 fr. 66 c., le papier sur Pétersbourg (versement) ne descend pas au-dessous de 265 $^1/_2$.

D'autres exemples nous sont fournis par l'Espagne, le Portugal, l'Italie. En 1899 et 1900, les 500 pesetas espagnoles ont valu sur la place de Paris, au plus haut, 426 $^1/_2$, au plus bas 373; les 100 milreis portugais, 410 au plus haut, 367 au plus bas; la perte sur le change italien a varié de 7 $^7/_8$ à 5 $^5/_{16}$ p. $^0/_0$.

On voit par ces quelques chiffres qu'aucune analogie n'existe entre les oscillations, d'une amplitude médiocre et limitée, que subit le cours du change dans les pays dont la circulation est normale, et les bonds désordonnés, sans limite prévue, auxquels il est sujet dans les pays à circulation dépréciée. Dans les premiers, lorsque l'offre est assez rare ou la demande assez forte pour que le papier court dépasse le *gold point*, les débiteurs délaissent le papier et font des remises en numéraire. Ce moyen n'est pas à la disposition des débiteurs dans les seconds.

1. V. *infra*, p. 388.

Il faut de l'or pour payer, et ils ne trouvent sur la place que de l'argent ou du papier. Si le change est rare, il n'y a pas de limite à la hausse ; car le terme arrive, il faut payer à tout prix. Une fois l'échéance passée, les cours tombent, parfois aussi vite qu'ils sont montés.

La circulation des pays dont on vient de parler consiste en papier. Mais la monnaie dépréciée peut aussi être une monnaie métallique.

En France, jusqu'en 1850, alors que la circulation se composait presque exclusivement d'argent, le change était presque constamment très au-dessus du point de sortie de l'or. Dans certaines années, le papier sur Londres ne descendait pas au-dessous de 25.55, il s'élevait jusqu'à 25.82. Depuis 1850, au contraire, par suite de nos grandes ressources en or, le change a rarement dépassé 25.35. Si nous étions privés d'or et que l'argent seul nous restât pour régler nos engagements extérieurs, le change redeviendrait contraire.

L'exemple classique d'un pays à circulation métallique dépréciée est actuellement fourni par l'Inde anglaise. On y peut saisir sur le vif les conséquences fâcheuses d'un système monétaire basé sur l'étalon d'argent[1]. Le Trésor de la colonie a dépensé, en 1894-95, du fait de la perte au change, plus de 150 millions de roupies[2].

La situation d'un pays à étalon d'argent est, à certains égards, pire que celle des pays à circulation de papier. Dans ceux-ci, une sage administration financière peut, en réduisant l'usage des billets de banque ou d'État, en consolider le cours, peut-être les ramener au pair. La dépréciation de l'argent, sa quotité même dépendent de faits extérieurs que le gouvernement est impuissant à prévenir, quelquefois même à prévoir. Durant ces dernières années, le vote, le dépôt, l'annonce du dépôt d'un *silver bill* à la Chambre des représentants des État-Unis suffisaient à provoquer, dans le prix du métal, une hausse qui reten-

1. V. *infra*, p. 248.

2. Ce chiffre est le plus élevé qui ait été atteint. Il comprend, en outre des pertes au change proprement dites, 23,735,750 roupies d'allocations aux soldats et fonctionnaires européens. V. *Indian currency Committee. 1898, Index and appendices*, p. 144.

tissait sur la valeur de la roupie et sur le cours du change. Un échec subi par les *silver men*, un simple ajournement dans l'examen ou l'adoption de leurs projets faisaient au contraire prévaloir la baisse. Ces variations incessantes et imprévues du cours de la roupie avaient des effets extrêmement fâcheux ; un écart de 1/2 penny représentait pour le Trésor indien, en 1890-91, une somme de 1,726,500 roupies, soit, à 1 sh. 5 1/2 d. par roupie, 127,000 livres sterling.

Ce n'est pas seulement par les aléas qu'elle fait courir au commerce extérieur que la dépréciation de la monnaie est un phénomène funeste. Elle agit aussi sur le marché intérieur, où elle détruit l'équilibre qui s'était naturellement établi entre les valeurs de toutes choses. Elle y détermine la hausse de tous les prix, mais successivement, par une série de répercussions. Son premier effet est d'augmenter le coût de la vie. La hausse des salaires suivra peut-être ; en tout cas, elle ne se produit pas sans délai, c'est-à-dire sans souffrances.

La hausse des prix sur le marché intérieur peut ne suivre qu'à un intervalle plus ou moins long, la dépréciation de la monnaie sur le marché de l'étranger. Il peut résulter de cette double valeur de la monnaie une sorte de prime à l'exportation.

Voici le raisonnement que l'on a fait, en considérant spécialement la situation monétaire de l'Inde. Supposons qu'une marchandise originaire de l'Inde vaille en Angleterre 40 shillings. Au taux de 1 shilling 4 pence par roupie, pratiqué en 1889 pour le change indien sur Londres, 40 shillings équivalent exactement à 30 roupies. Mais sur le marché intérieur, le pouvoir d'achat de la roupie est, comme autrefois, égal à 2 shillings. Il suffira donc de 20 roupies pour se procurer une marchandise dont la vente en Angleterre créera une créance de 40 shillings. Or, un effet de 40 shillings sur l'Angleterre vaut à Bombay 30 roupies. L'exportateur, en négociant cet effet, gagnera donc 10 roupies du chef de la dépréciation de l'argent. Il en résulte un stimulant pour l'exportation.

On a dit aussi, à la même époque, que la circulation de papier de la République Argentine avait retenu, sur le marché intérieur, une partie de son pouvoir d'achat ; la perte au change y aurait, par suite, donné lieu à une prime d'exportation[1]. Un semblable avantage serait résulté, pour les exportations espagnoles à destination de la France, de la dépréciation de la peseta par rapport au franc.

Cette prime a fort alarmé les agriculteurs, notamment en France et en Allemagne. Il semblait que les blés de l'Inde dussent parvenir en Europe à très bas prix et y ruiner la culture des céréales. Les viticulteurs, les éleveurs du midi de la France accusaient le change de développer l'exportation des vins et du bétail espagnols. Certains publicistes n'étaient pas loin d'affirmer que la perte au change constitue un privilège enviable; ils s'alarmaient des atténuations qu'elle apportait aux droits de douane perçus à l'entrée des pays à circulation normale; la Chambre des députés fut même saisie d'une proposition de loi d'initiative parlementaire, d'après laquelle les droits d'entrée auraient dû être modifiés, à des intervalles réguliers, au moyen de tables de correction basées sur la prime de l'or dans les divers pays de provenance[2].

Il est aujourd'hui démontré, — nous l'avons vu — que l'argent n'a pas conservé, sur le marché intérieur de l'Inde, son ancien pouvoir d'achat. Pour la République Argentine et l'Espagne nous n'avons pas trouvé de documents précis. Mais on peut citer, pour d'autres pays, des faits qui prouvent que, bien souvent, aucun rapport n'existe entre le taux de la perte au change et le prix des produits exportés.

A Odessa, par exemple, de 1887 à 1890, en même temps que le change sur Londres baissait, c'est-à-dire en même temps que se réduisait la prétendue prime attachée au change défavorable, le cours du blé baissait également. Dans le premier trimestre de 1887, la livre sterling valait de 10.66 à 11.38 roubles, le *poud* de blé de 1.23 à 1.30 rouble; dans le quatrième trimestre de 1890, la livre sterling se vendait de 7.98 à 8.75 roubles, le blé de 0.88 à 0.96 rouble[3].

1. *Report... on bounties on export...* August. 1889 [C. — 5867].

2. L'idée avait été émise dès 1890 par M. Alph. Allard dans une curieuse brochure intitulée *Le change fossoyeur du libre-échange*. L'auteur, dont les convictions bimétalliques sont bien connues, rattachait la hausse du change à la dépréciation de l'argent.

3. *Bulletin de statistique du Ministère des finances*, février 1891, p. 238.

La comparaison des cours du taël et de la soie en Chine, pendant les années 1889 et 1890, a permis de constater également que la hausse des premiers n'entraînait pas toujours la baisse des seconds[1]. En revanche, l'année 1899 a vu la hausse de la soie se produire tandis que le cours du métal restait stationnaire[2].

On n'en conclura pas que la perte au change ne donne jamais naissance à une prime d'exportation, mais plutôt que le prix des marchandises d'exportation ne dépend pas uniquement de la perte au change ; d'autres causes agissent sur ce prix, nombreuses et complexes, dont il est souvent impossible de préciser l'influence particulière dans une circonstance donnée. A supposer — ce qui d'ailleurs n'est pas exact — que la roupie achète sur le marché intérieur de l'Inde une valeur de 2 shillings, le change sur Londres étant de 1 shilling 4 pence, l'exportateur de produits indigènes d'un prix de 20 roupies, réalisera, sur la négociation de sa lettre de change, un bénéfice brut de 10 roupies. Mais il y a une condition, que l'on sous-entend ou que l'on oublie, c'est que la marchandise ne renchérisse pas en raison d'une circonstance autre que la dépréciation de la monnaie. En voici une, entre beaucoup d'autres : un gain aussi important, réalisé par une combinaison aussi simple, ne manquera pas d'attirer de nombreux spéculateurs; la concurrence qu'ils se feront provoquera une hausse dans le prix des marchandises. La prime d'exportation ne dépassera donc pas de beaucoup, en général, les frais de l'opération. Il restera l'étroite marge de gain, le quart de centime qui détermine parfois une affaire. Ce profit minime peut suffire à procurer un débouché lointain à certaines marchandises ; il ne peut permettre d'en abaisser le prix au point de faire une concurrence ruineuse aux produits des pays importateurs[3].

1. G. Grandgeorge, *Les industries textiles et le commerce extérieur de la France en* 1890. Paris, Imp. nat., 1891, p. 15 et suiv.

2. G. Grandgeorge, *L'industrie textile en France en* 1899. Paris, Imp. nat., 1900, p. 13.

3. Bien que les blés de l'Inde aient commencé d'apparaître dans les statistiques de la douane française, en 1874, il est probable que le débouché français leur a été ouvert beaucoup moins par la dépréciation de l'argent que par le développement des voies ferrées dans l'Inde et par la baisse des

Si la hausse du change favorise parfois les exportations, elle oppose, au contraire, un obstacle aux importations de produits étrangers. Ceux-ci renchérissent d'abord dans la mesure même de la dépréciation de la monnaie qui sert à les payer : le commerçant qui, pour ses règlements, ne dispose que d'argent ou de papier discrédité doit naturellement donner une somme nominalement plus forte que s'il livrait de l'or. En outre, les brusques variations du change pouvant modifier les cours en vue desquels l'opération commerciale a été combinée, le vendeur, pour se couvrir de cet *alea*, essaye de relever encore ses prix. L'importation des produits étrangers en est rendue d'autant plus difficile.

La différence de change agit ainsi à la manière d'un droit protecteur et d'une prime à l'exportation. Cela peut passer pour un avantage aux yeux des partisans du système protecteur ; l'avantage est minime, si c'en est un ; il est en outre compensé, et fort au delà, par les conditions désastreuses qui sont faites à l'industrie et au commerce dans les pays à circulation dépréciée [1].

§ 5. — Relations entre les cours du change, les mouvements d'entrée et de sortie des métaux précieux, le prix de ces métaux et le taux de l'escompte.

1. Relations entre les cours du change et les mouvements d'entrée et de sortie des métaux précieux. — Il faut examiner la question successivement pour le papier court et pour le papier long.

Papier court. — On a vu que le prix du papier court ne peut dépasser en hausse le point de sortie, en baisse le point d'entrée de l'or. Réciproquement, le numéraire est exporté lorsque le change atteint le point de sortie, et rentre lorsque le change atteint le point d'entrée.

La quotité des *gold points* dépend tout à la fois du prix de l'or et de la forme sous laquelle il est envoyé : monnaies de

frets. V. l'article de M. Juglar, déjà cité, p. 44, et *Indian currency Committee, 1898, Index and appendices*, p. 189.

1. V. *infra*, IIIe partie, chap. I, § 2.

la place créancière ; lingots ; monnaies de la place débitrice.

Supposons que Paris ait un paiement à faire à Londres et que l'or soit coté 2.165 p. $^{0}/_{00}$ de prime ou 3,444 fr. 44 c., c'est-à-dire exactement au prix duquel découle le pair de 25.221 pour la livre sterling[1].

Le pair de la livre sterling étant	25.221
et les frais de transport entre Paris et Londres représentant 1 ½ p. $^{0}/_{00}$, soit, pour 25.221	0.037
lorsque le cours du change dépasse	25.258

il est préférable d'envoyer des souverains.

C'est l'hypothèse la plus simple, celle où l'envoi de numéraire n'occasionne d'autre dépense que les frais de transport du numéraire (fret et assurance).

Mais il arrive qu'on n'ait pas de souverains à envoyer et qu'on ne dispose que de lingots ou de pièces d'or françaises. La dépense est alors supérieure à 1 ½ p. $^{0}/_{00}$, et il vaut mieux acheter du papier, même au-dessus de 25.258.

Pourquoi le paiement en lingots ou en pièces d'or françaises coûte-t-il plus cher ? C'est que le créancier anglais n'est pas tenu de les accepter. Il faut donc les faire transformer en souverains par la Monnaie, ou les porter à la Banque d'Angleterre, que sa charte oblige à les acheter comptant.

La Banque paie l'once *troy* de lingots au titre *standard* 77 shilings 9 pence, soit 136.3485 livres sterling le kilogramme de fin.

La parité de la livre sterling ressort ainsi à :

$\frac{3.444.44}{136.3485}$ = ...	25.262
Les frais de transport à 1 ½ p. $^{0}/_{00}$ se montant à . .	038
il y a intérêt, lorsque le change dépasse	25.300

à expédier des lingots. La hausse sur le pair est de 3.13 p. $^{0}/_{00}$.

Passons aux pièces de 20 francs. Le prix auquel la Banque les achète est variable. Supposons qu'il soit de 76 sh. 4 ½ pence par once brute, soit 122.7755 liv. st. par kilogramme de pièces (valant à Paris 3,100 francs). A ce taux, si les pièces sont

1. Le pair du change ne correspond pas au pair de 3.437 francs, par rapport auquel sont cotées les variations du prix de l'or en barres. Le prix de 3,437 francs est obtenu en déduisant du prix du kilogramme de fin. 3.444 fr. 44 c., les frais de monnayage, 7 fr. 44 c.

droites de poids, la parité de la livre sterling ressort à 25.249

Ajoutez 1 $^1/_2$ p. $^0/_{00}$ comme frais de transport, soit 0.038

Lorsque le change dépasse 25.287

il vaut mieux expédier des pièces de 20 francs[1].

Le point de l'or est moins élevé pour la pièce de 20 francs ayant le poids droit, que pour les lingots. C'est que, l'once *standard* (à 0.91666) valant 77 sh. 9 d., le prix de 76 shillings 4 $^1/_2$ pence pour l'once brute de pièces de 20 francs fait ressortir le titre de la pièce à 0.900.5, alors que la valeur de 3,100 francs correspond au titre de 0.900. Mais lorsqu'on ne dispose que de pièces frayées, la diminution de poids compense le rehaussement du titre; et la parité de la livre sterling s'élève, ainsi que le *point* de l'or. Par exemple, si 155 pièces de 20 francs pèsent 996.6 grammes au lieu de 1,000, il y aura lieu d'ajouter

au prix de la livre sterling. 25.249

en outre des frais de transport 0.038

3.4 p. $^0/_{00}$ pour perte de frai, soit. 0.085

Et c'est seulement lorsque le change dépassera. . . 25.372

que l'exportation des pièces de 20 francs sera préférable. La hausse sur le pair est ici de 5.98 p. $^0/_{00}$.

Passons à l'hypothèse de l'entrée du numéraire.

On envoie de Londres à Paris des pièces de 20 francs. Sur le pair de 25.221, les frais de transport sont à déduire, soit 0.038 à 1 $^1/_2$ p. $^0/_{00}$. Reste 25.183. Dès que le change descend au-dessous de ce prix, il vaut mieux envoyer des louis en France.

On envoie des lingots. Il en coûtera le transport, 1 $^1/_2$ p. $^0/_{00}$, les frais de monnayage, 2.165 p. $^0/_{00}$. Il faut que le change descende au-dessous de 25.129, pour qu'on ait intérêt à payer Paris en lingots[2].

1. Ces divers *gold points*, établis en prenant l'or à 3.444 fr. 44 c., correspondent à ceux que M. Ott. Haupt a calculés sur la base de 3.437 francs (pair avec retenue au change), augmentés de la prime égale aux frais de monnayage. Cmp. *Arbitrages et parités* (Londres et Paris).

2. Il n'y a pas toujours de lingots disponibles à Paris: aussi les expéditions de numéraire sont-elles souvent faites en pièces d'or, qui sont toujours plus ou moins frayées. C'est pourquoi le point de sortie de l'or est de 5.98 p. $^0/_{00}$ au-dessus du pair, tandis que le point d'entrée peut être de 3.66 p. $^0/_{00}$ seulement au-dessous du pair.

On envoie des souverains anglais. Ici les frais sont plus élevés. La Monnaie de Paris ne prend la livre sterling qu'à 25 fr. 15 ; elle la reçoit en effet à 0.916 au lieu de 0.91666 ; à cette réduction de 0.00066 sur le titre s'ajoutent les frais de fabrication 0.00216 ; la réduction totale est de 0.00282, soit 0.071 pour 25.221. Or 25.221 — 0.071 = 25.15. Si l'on déduit encore les frais de transport, qui sont de 0 fr. 038 par livre, on tombe à 25.112 pour les pièces au poids droit.

Il faut encore retrancher, dans l'un et l'autre cas, les pertes d'intérêt pendant le délai nécessaire au monnayage (10 jours au moins).

Mais il n'y a lieu de faire état d'aucune perte d'intérêts, si au lieu de porter les lingots ou les souverains à la Monnaie, on les porte à la Banque de France, qui achète les premiers à 3,437 francs le kilogramme de fin, c'est-à-dire au pair avec retenue au change, et les seconds à 3,148 fr. 29 c. le kilogramme, c'est-à-dire en les supposant à 0,916, comme la Monnaie. Nominalement, ces prix correspondent à ceux de la Monnaie. En réalité, ils sont plus avantageux, puisque la Banque de France paie comptant. De la sorte, le point d'entrée est bien 25.129 pour les lingots et 25.112 pour des souverains supposés au poids droit.

Pendant plusieurs années à partir de 1877[1], la Banque avait décidé de ne prendre les monnaies étrangères et l'or en barres que sous déduction d'un escompte de douze jours à 3 p. %. La commission de 1 p. ‰ qu'elle prélevait sous cette forme avait fait descendre le *gold point*. A d'autres moments, elle a crédité l'importateur dès l'arrivée des lingots dans le port français et même, dans certains cas, dès leur expédition du port étranger[2]. Le point d'entrée de l'or était, en conséquence, relevé.

Lorsque le change est au-dessus du pair et que par suite une exportation de numéraire est prochaine, on dit que le change est défavorable ; on dit que le change est favorable lorsqu'il descend au-dessous du pair, faisant ainsi présager une importation de capitaux métalliques.

1. V. Lefèvre, *op. cit.*, p. 110. V. *infra*, p. 166.

2. *Report on the finances. Director of the Mint*, 1891, p. 146. V. *infra*, p. 166 et suiv.

Ces expressions consacrées par l'usage se rattachent aux théories erronées, mais longtemps accréditées, sur la balance du commerce. Elles peuvent toutefois se justifier dans une certaine mesure. Les entrées et les sorties de numéraire ne sont pas des faits indifférents. Le numéraire n'est pas, comme on le croyait jadis, la seule richesse au monde ; c'est une marchandise. Mais c'est une marchandise qui sert d'intermédiaire dans les échanges, de base aux opérations de crédit, une marchandise que les négociants, les industriels, les banquiers se sont engagés à livrer, à terme fixe. Il est donc important qu'elle soit à leur disposition en quantité suffisante et dans des conditions de bon marché. A ce point de vue, les importations de numéraire sont ordinairement un fait favorable et les exportations un fait défavorable.

Papier long. — La hausse du taux de l'escompte à l'étranger, qui provoque la hausse du papier long, peut déterminer également des exportations de capitaux métalliques ; la baisse du taux de l'escompte à l'étranger, qui fait baisser le papier, peut amener des rentrées de numéraire.

Admettons que le taux de l'escompte soit à Paris de 3 p. °/₀ et à Londres de 5 p. °/₀. Un effet à trois mois sur Londres rapportera 1.25 p. °/₀ ; un effet de même échéance sur Paris, 0.75 °/₀ : différence au profit de l'effet sur Londres, 0.50 p. °/₀ ou 5 p. °/₀₀.

On a donc intérêt à acheter du papier sur Londres partout où il s'en trouve et notamment à Londres même. Les frais de transport des souverains, de Paris à Londres, étant de 1 $^1/_2$ p. °/₀₀, et l'écart dans les intérêts de 5 p. °/₀₀, il y a profit à envoyer des souverains pour acheter du papier. On peut encore envoyer des lingots, les frais dans ce cas étant de 3.13 p. °/₀₀. Mais l'opération ne pourrait se faire avec des pièces de 20 francs, dont le transport et le monnayage à Londres coûteraient près de 6 p. °/₀₀.

Réciproquement, si le taux de l'escompte est plus élevé à Paris qu'à Londres, il y aura des importations de numéraire à Paris.

De ce parallélisme entre le cours des changes et les mouvements du numéraire résulte une autre relation, non moins étroite, entre le cours des changes et le prix du numéraire.

II. Relation entre le cours des changes et le prix des métaux précieux. — On conçoit facilement que le prix du numéraire varie en même temps que le cours des changes et dans le même sens : numéraire et papier sont deux formes du capital disponible. Si le papier court ou le papier long haussent de prix, c'est qu'ils sont demandés pour l'exportation, la balance commerciale étant contraire ou le loyer des capitaux étant plus rémunérateur à l'étranger. Dans ce cas, le numéraire est également plus demandé qu'il n'est offert. La prime sur l'or apparaît. Si le papier baisse, c'est que, la balance du commerce étant favorable ou le taux de l'escompte plus élevé qu'au dehors, la demande des capitaux est moins grande que l'offre. En pareil cas, l'or cesse naturellement de faire une prime et revient au pair[1].

La prime de l'or n'est pas sans influence sur le cours des changes. Elle relève le *gold point* de sortie de la place qui remet, c'est-à-dire le point limite que le papier court ne peut dépasser.

Supposez que Paris doive remettre et que l'or y soit à 5 p. °/₀₀ de prime. Cela revient à dire que le kilogramme de fin coûte 3,437 francs, plus $\frac{3,437 \times 5}{1,000}$, soit 3,454 fr. 19 c., et que chacun des souverains (136.568) qui seront frappés à Londres avec ce kilogramme aura coûté $\frac{3,454.19}{136.568}$ = 25 fr. 293, au lieu de 25 fr. 221. Le pair est en quelque sorte relevé ; le *gold point* de sortie l'est également par voie de conséquence. L'or étant plus cher, ce n'est pas au change de 25.30 ou de 25.372, indiqué plus haut, que l'on cessera de remettre en papier ; les effets courts pourront s'élever au-dessus de ce prix.

III. — Relation entre le cours des changes et le taux de l'escompte. — On a vu que le taux de l'escompte sur la place

1. Il arrive, de temps à autre, qu'une prime soit cotée sur l'or tandis que le change est au-dessous du pair. Cette prime est celle que paient les bijoutiers pour avoir de l'or affiné, spécialement de l'or provenant d'affinages dont la marque est réputée : c'est pour des opérations qui ne dépassent pas le marché intérieur que la prime est alors cotée.

tirée agit à la fois, bien qu'à des degrés divers, sur le prix du papier long et sur celui du papier court. Le taux de l'escompte sur la place où le papier a été créé est, à son tour, sous la dépendance du prix de ce papier.

Lorsque, la balance des opérations internationales étant défavorable ou le taux de l'escompte étant plus élevé à l'étranger, le numéraire vient à être exporté, ce n'est pas seulement le prix du numéraire qui augmente sur la place qui fait ces remises, c'est aussi le loyer des capitaux disponibles, autrement dit le taux de l'escompte.

La hausse de l'escompte, conséquence naturelle de la raréfaction des capitaux disponibles, est grandement appréhendée par le commerce. La cherté des capitaux d'emprunt a pour corollaires le resserrement du crédit, la difficulté plus grande de reporter les opérations en cours et peut-être l'obligation de les liquider à des conditions onéreuses.

Mais ce phénomène, résultat nécessaire de l'exportation des capitaux, a une influence utile qu'on ne saurait trop mettre en lumière. C'est la hausse de l'escompte qui arrête la sortie du numéraire ; c'est elle, et elle seule, qui peut rappeler sur la place les capitaux exportés.

La hausse du taux de l'escompte arrête la sortie des capitaux. On le conçoit aisément. En premier lieu, elle offre aux capitalistes, sur leur propre place, un emploi de leurs fonds aussi rémunérateur que celui qu'ils sont tentés d'aller chercher au dehors ; elle réduit tout au moins la marge de gain nécessaire pour que le transport à l'étranger soit pratiquement avantageux. En second lieu, les créanciers étrangers s'abstiennent de remettre leurs effets : s'ils les envoyaient sur la place tirée, ils subiraient un escompte plus élevé que le taux auquel ils pourraient placer sur leur propre place les capitaux de retour; ils préfèrent donc laisser mûrir leurs effets longs en portefeuille; la hausse de l'escompte procure ainsi à la place démunie de capitaux le bénéfice d'une sorte d'atermoiement.

Enfin, les capitalistes étrangers ont intérêt à acheter du papier de la place où le taux de l'escompte est élevé, partout où ils en trouvent et, notamment, sur cette place elle-même, où ils sont amenés, de la sorte, à envoyer leurs fonds : les capitaux étrangers, appelés par la hausse du taux de l'escompte, viennent s'employer temporairement sur la place embarrassée, remplacent les capitaux qu'elle a dû exporter jusqu'au jour où ceux-ci lui reviendront définitivement par suite d'une modification dans la balance du commerce ; ils lui fournissent les moyens de remise dont elle manque et modèrent, si même ils ne font disparaître, la hausse du change[1].

1. V. *infra*, IIIe partie, chap. III.

DEUXIÈME PARTIE.

LES SYSTÈMES DE MONNAIES MÉTALLIQUES.

CHAPITRE PREMIER.

DÉFINITIONS.

On donne à la monnaie des qualifications variées, qui correspondent aux divers usages qui en sont faits, aux diverses fonctions qu'elle remplit. On distingue les monnaies réelles, les monnaies de compte ou de banque, les monnaies légales, les monnaies étalon.

§ 1. — Monnaie réelle.

Considérée comme intermédiaire de l'échange, comme marchandise formant la matière des prix de vente et d'achat ou des sommes dues à un titre quelconque, la monnaie est appelée réelle. C'est le lingot que le débiteur remet matériellement au créancier.

Dans les pays occidentaux, ce lingot est un disque, dont les dimensions sont fixées par les lois, et sur lequel l'autorité publique appose une empreinte qui vaut attestation de la quantité de métal fin contenue dans la pièce, ou garantie de sa valeur nominale, si celle-ci est supérieure à sa valeur intrinsèque.

La fabrication de ces disques, autrement dit le monnayage, a toujours été considérée, en Occident, comme un attribut essentiel de la souveraineté.

Sous l'ancien régime, le pouvoir de battre monnaie était un droit régalien, source de bénéfices pour le Trésor. Les juristes allaient jusqu'à reconnaître au prince une sorte de propriété retenue sur les monnaies en circulation. Elles n'appartenaient aux particuliers « que comme signe de la valeur que le prince avait voulu qu'elles représentassent ». C'est pourquoi le souverain pouvait les décrier à son gré.

Cette théorie est formulée par Pothier avec une singulière énergie d'expression, dans le passage suivant : « ... Lorsqu'il plaît au roi d'ordonner une nouvelle refonte de monnaie, et d'ordonner qu'il n'y aura que les espèces de la nouvelle refonte qui auront cours, les particuliers sont obligés de porter aux Monnaies ou chez les changeurs publics les espèces qu'ils ont par devers eux pour les convertir en nouvelles espèces : *car ces espèces n'appartenant aux particuliers que comme signe de la valeur que le prince a voulu qu'elles représentassent, dès lors qu'il plaît au prince que ce ne soient plus ces espèces, mais d'autres qui soient les signes représentatifs de la valeur des choses, les particuliers n'ont plus le droit de retenir ces espèces ;* mais ils doivent les porter au roi, qui leur donnera à la place de nouvelles espèces qui doivent servir de signe de leur valeur[1] ».

Les rois se servaient trop souvent de cette prérogative pour remplacer par des espèces légères les pièces lourdes que possédaient leurs sujets. C'est ainsi qu'en 1709, le contrôleur général Desmarets tira du « travail des monnaies » 11,507,773 livres, lesquelles, dit-il dans un mémoire justificatif de sa gestion, « furent utilement employées pour le payement des troupes[2] ». Ce « travail des monnaies » consista, en substance, à retirer les espèces en cours et à les remplacer par de nouvelles pièces, de mêmes poids et titre, dont la valeur nominale fut majorée de 23 p. °/₀. La dernière exaction de ce genre fut la refonte de 1726[3]. Mais le Trésor n'en continua pas moins de retirer de la

1. *Traité du contrat de prêt de consomption*, n° 37.

2. V. René Stourm, *Les Finances de l'Ancien régime et de la Révolution*, Paris, 1885, t. I, p. 5 et suiv. D'après Forbonnais, 300 millions de livres d'anciennes pièces furent refondues à l'étranger, qui gagna sur la fausse fabrique des espèces nouvelles 52,500,000 livres. M. Stourm rappelle que Melon et Voltaire soutenaient qu'à de certains moments, l'altération des monnaies pouvait être préférable à des rehaussements d'impôts.

3. L'opération de 1785, qui releva la valeur du marc d'or, a un tout autre caractère. Elle eut pour objet de faire concorder le rapport de l'or

frappe des monnaies un bénéfice abusif. En sus des frais de fabrication ou *droit de brassage*, il prélevait un *droit de seigneuriage*, expression fiscale des pouvoirs du prince sur la monnaie. Lors de la refonte de 1726, le seigneuriage n'avait pas été moindre de 7 $^{6}/_{16}$ p. °/₀ sur l'or et de 5 $^{6}/_{7}$ p. °/₀ sur l'argent. Le dernier tarif antérieur à la Révolution, celui de 1771, fixait encore le droit de seigneuriage à 1.292 p. °/₀ sur l'argent, et 1.267 p. °/₀ sur l'or. Le brassage était à ce moment de 14.6 p. °/₀₀ sur l'argent et, sur l'or, de 2.8 p. °/₀₀[1]. L'administration des Monnaies restait, au surplus, imbue d'un véritable esprit de rapine. Mirabeau cite une circulaire du 2 avril 1779, dans laquelle on reprochait aux directeurs de ne pas fabriquer « des pièces assez faibles pour qu'il en puisse résulter un plus grand bénéfice pour le roi[2] ».

Le droit public moderne a restitué au monopole de la fabrication des monnaies son véritable caractère. Si la frappe des monnaies est réservée à l'État, ce n'est pas dans l'intérêt du Trésor, mais dans l'intérêt du commerce et du public : on estime que le plus sûr moyen d'obtenir des espèces loyales quant au titre et quant au poids, est de confier à une administration publique la fabrication même, ou, tout au moins, la surveillance de la fabrication des monnaies et leur police[3].

Cette utilité de l'intervention de l'État ne paraît pas démon-

et de l'argent dans les monnaies avec leur rapport commercial. V. Ch. Gomel, *Les causes financières de la Révolution française*. Paris, Guillaumin, 1893, p. 172 et suiv.

1. Necker, *Administration des finances*, t. III, p. 7 et 8, cité par Michel Chevalier, *La monnaie*, p. 311 et 312.

2. Mémoire distribué à l'Assemblée nationale, le 12 décembre 1790, réimprimé par Michel Chevalier, *La baisse probable de l'or*, pièces justificatives, p. 19. Un édit de mars 1554 avait interdit aux officiers de la Cour des monnaies de faire connaître « la loy et bonté intérieure » des monnaies.

3. M. Paul Leroy-Beaulieu regrette que le système monétaire n'ait pas été confié en tous pays à la surveillance de commissions de simples commerçants, qui auraient purement et simplement contrôlé la correction du poids et du titre du métal. Bien des falsifications monétaires eussent été de la sorte évitées. M. Paul Leroy-Beaulieu reconnaît toutefois que l'État étant le plus grand receveur et le plus grand payeur de la communauté, il serait bien difficile aujourd'hui de le déposséder de toute attribution monétaire, et qu'il faut seulement le ramener à sa fonction véritable qui est de contrôler la monnaie, de veiller à ce que le titre et le poids en soient droits (*Traité*, t. III, p. 341 et suiv.).

trée à M. Herbert Spencer[1]. Le philosophe anglais est porté à croire que la fabrication des monnaies pourrait être, sans inconvénient abandonnée au commerce ; le public saurait bien discerner la mauvaise monnaie de la bonne, accepter celle-ci et refuser celle-là. On ne voit pas très bien comment les particuliers pourraient procéder à la pesée, et surtout à l'essai de toutes les pièces qu'ils reçoivent ; l'opération, fût-elle facile, prendrait du temps et entraverait l'activité des échanges. D'autre part, il est très contestable que la meilleure police des monnaies soit celle du public. La mauvaise monnaie a, aux yeux des fraudeurs, une supériorité sur la bonne, c'est qu'elle coûte moins cher. Le système de M. Herbert Spencer est pratiqué en Indo-Chine : la plus forte partie des barres ou pains d'argent qui y circulent est fabriquée par les particuliers. Ce pays est infesté de fausse monnaie : aussi les banques ont-elles pris le parti de n'accepter de versements que sous la responsabilité de leur comprador chinois.

Mais s'il appartient à l'autorité publique d'empreindre son sceau sur les pièces de monnaie et d'en attester ainsi le poids et le titre, le commerce n'en a pas moins un rôle des plus importants dans la fabrication des monnaies. C'est à lui que revient en réalité, le soin d'alimenter les presses monétaires. L'État garde une attitude expectancte et joue un rôle en quelque sorte passif. Il reçoit, pour les mettre en œuvre, les lingots que lui apporte le commerce ; il n'a pas charge de les rechercher au loin ; il est dispensé du souci de régler la quantité du numéraire en circulation, de la proportionner aux nécessités présentes des échanges. C'est le commerce qui, sans poursuivre le moins du monde la réalisation de cet objet d'intérêt général et en cherchant uniquement à réaliser un gain sur les opérations de change, assure l'équilibre entre les besoins de la circulation intérieure et les instruments métalliques de cette circulation, par l'exportation des métaux précieux lorsqu'ils sont trop abondants sur le marché national, par leur importation au contraire, lorsqu'ils deviennent trop rares.

On appelle communément liberté de la frappe, la liberté du

1. Cité par Stanley Jevons. *La monnaie et le mécanisme de l'échange*. Paris. Alcan.

commerce des métaux précieux et la faculté reconnue par la loi aux particuliers de faire monnayer les métaux précieux par l'État, soit gratuitement, soit moyennant des frais de fabrication équitablement calculés.

La liberté de la frappe n'existe d'ailleurs que pour les monnaies dont la force libératoire est illimitée. L'État n'est pas tenu, au contraire, de transformer les matières versées par les particuliers, en espèces à cours légal limité. La valeur intrinsèque de ces dernières étant moindre que leur valeur nominale, la liberté de leur frappe amènerait l'État à remettre au commerce sous la forme de monnaies, une valeur supérieure à celle qu'il en aurait reçue en lingots. Pour ces espèces, c'est à l'État qu'incombe le soin de veiller à ce que la quantité mise à la disposition du public soit toujours en rapport avec les besoins des menus échanges. Les difficultés qu'il rencontre dans l'accomplissement de cette tâche, sont une preuve de la convenance qu'il y a de laisser au commerce le soin d'approvisionner la circulation de la quantité nécessaire de monnaies à pleine valeur.

La fabrication des monnaies dont la valeur nominale excède la valeur intrinsèque, laisse un bénéfice à l'État. C'est une question de savoir à quel emploi doit être appliqué ce bénéfice. En France, on en a fait un simple article de recettes dont profite annuellement le budget [1].

Ces notions générales sur la monnaie réelle suffisent pour le moment. Elles seront complétées lors de l'étude particulière des systèmes de monnaies métalliques des principaux pays.

§ 2. — Monnaie de compte.

Lorsqu'on envisage la monnaie dans sa fonction d'unité servant au dénombrement des valeurs échangées, on l'appelle monnaie de compte ou de banque. La monnaie de compte ou de banque est celle que le débiteur s'engage à livrer, soit par une clause formelle du contrat, soit — et c'est même le cas le plus ordinaire — implicitement, en vertu des usages. Elle con-

1. V. cependant *infra*, p. 185.

siste essentiellement en un poids déterminé de métal fin, qui peut être celui d'une monnaie réelle, qui peut aussi ne correspondre à celui d'aucune coupure monétaire.

Les monnaies représentées par les lettres de change sont des monnaies de compte. Ce sont essentiellement des poids de métal fin, que l'on peut toujours rapporter à une unité commune dont elles constituent des fractions non variables, telle que le kilogramme d'or, et qui, eu égard à cette relation, sont parfaitement échangeables, je dirai presque, fongibles entre elles.

Les anciennes banques de Venise, de Gênes, d'Amsterdam, de Hambourg, etc., avaient fait d'importantes applications de cette notion de la monnaie de compte. Le commerce extrêmement développé des villes où ces banques avaient leur siège, leur immixtion dans les opérations de la chrétienté tout entière y attiraient une multitude de monnaies de poids et de titre fort divers. Elles imaginèrent de tenir les comptes de dépôt qu'elles ouvraient à leurs clients, en une monnaie unique, constituée par un poids déterminé d'argent fin, qui n'était pas, en général, incorporée dans des espèces frappées et à laquelle on a donné le nom générique de *marc banco*, poids [1] ou monnaie de banque. Les personnes qui déposaient des monnaies ou des lingots à Hambourg, par exemple, étaient créditées d'autant de marcs banco que les matières précieuses versées par elles, contenaient de fois le poids d'argent fin ainsi dénommé. Elles étaient, de la sorte, assurées de recevoir, au moment du retrait des fonds, une quantité de métal fin égale à celle qu'elles avaient déposée. C'était un avantage incomparable pour les clients de la banque, une nécessité de premier ordre pour la banque elle-même, à une époque où les gouvernements ne se faisaient pas scrupule d'altérer le poids ou le titre des monnaies. Le système assurait la fixité de l'unité monétaire.

Une conception toute différente de la monnaie de compte a longtemps prévalu en France. Elle a dominé la politique monétaire et la jurisprudence civile de l'ancien régime ; le Code civil lui-même s'en est inspiré directement dans l'un de ses

1. Le marc est un poids et une monnaie ; il en est de même pour la livre.

articles (art. 1895); la trace qu'elle a laissé dans les esprits n'est pas près de s'effacer.

La monnaie de compte de l'ancien régime, la livre tournois, n'était pas un poids invariable d'argent fin ; c'était une valeur abstraite, représentée par des quantités métalliques variables au gré du souverain. Les monnaies métalliques, écus, louis, etc., étaient tarifées par le souverain, en livres tournois. Le roi croyait pouvoir augmenter ou diminuer à son gré le nombre de livres que représentaient le louis et l'écu, ou, comme l'on disait alors, augmenter ou diminuer la monnaie. Augmenter la monnaie, n'était pas en accroître le poids, c'était le réduire ; ce qui était augmenté, c'était la valeur de la pièce. De même, diminuer la monnaie, n'était pas en réduire le poids, c'était l'augmenter ; ce qui diminuait, c'était la valeur de la pièce. Les monnaies métalliques n'étaient que les espèces, les apparences, le signe de cette valeur abstraite qui s'appelait la livre tournois. Le passage suivant de Pothier est significatif :

« Pourrait-on prêter, non une certaine somme, mais une certaine quantité d'écus de six livres, à la charge que l'emprunteur rendrait un pareil nombre de même poids et aloi, soit qu'ils fussent augmentés ou diminués, et que, si les espèces qu'il rendrait étaient de moindre poids ou aloi, il y suppléerait, de même qu'on le récompenserait si elles étaient d'un plus fort poids et aloi ? Il semble que cette convention est valable ; ce n'est point en ce cas la somme qui est la matière du prêt, ce sont les espèces mêmes, *ipsa corpora ;* par conséquent, on doit rendre pareil nombre d'espèces de même poids et qualité. Je trouve néanmoins beaucoup de difficulté à admettre cette convention ; *car le prince distribuant la monnaie aux particuliers pour leur servir de signe de la valeur de toutes choses, elle n'appartient aux particuliers que sous ce regard* et ne peut, par conséquent, que sous ce regard, faire la matière des contrats de commerce, tel qu'est le prêt. On ne peut donc prêter *la monnaie en elle-même*, mais seulement *comme signe de la somme qu'il a plu au prince de lui faire signifier*, et, par conséquent, on ne peut obliger l'emprunteur à restituer autre chose que cette somme : et toute convention contraire doit être rejetée comme *contraire au droit public et à la destination que le prince a faite de la monnaie*[1]. »

C'est l'apologie des exactions des rois faux-monnayeurs et une préparation à tous les excès du papier-monnaie sous la Régence et sous la Révolution.

Cette doctrine a été rejetée par les auteurs de la loi du 17 germinal an XI, dont la disposition fondamentale porte que l'unité monétaire française est constituée par un poids de 5 grammes d'argent au titre de 9/10 de fin. La législation monétaire de la France ne considère donc plus les espèces métalliques comme des signes, ni la monnaie de compte comme une valeur idéale susceptible d'être représentée par des quantités métalliques variables. La monnaie de compte est un poids fixe de métal fin[2].

Ce qu'il y a de vraiment étrange, c'est que la doctrine de Pothier est consacrée par l'article 1895 du Code civil, rédigé par le même Conseil d'État, voté par le même Corps législatif qui ont rédigé et voté la loi du 17 germinal an XI. Cet article, qui fait partie du titre X du livre III, promulgué le 18 ventôse an XII, est ainsi conçu : « L'obligation qui résulte d'un prêt d'argent n'est toujours que la somme numérique énoncée au contrat. S'il y a eu augmentation ou diminution d'espèces avant l'époque du paiement, le débiteur doit rendre la somme numérique prêtée et ne doit rendre que cette somme dans les espèces ayant cours au moment du paiement ». Comme Pothier, les jurisconsultes modernes[3] déclarent que cette disposition est d'ordre public, sans prendre garde que l'ordre public, en matière monétaire, n'était plus le même en l'an XII qu'au temps de Pothier.

La monnaie de compte française est légalement un poids fixe

1. *Traité du contrat de prêt de consomption*, n° 37.

2. Dans le second rapport fait par Bérenger, le 17 fructidor an X, au nom de la section des finances du Conseil d'État, les principes suivants sont posés... : « 2° Que la monnaie est d'autant plus favorable à la multiplication des échanges que sa valeur est plus invariable ; 3° Que la valeur des monnaies est indépendante de la volonté du législateur... » Ce rapport a été reproduit intégralement par Michel Chevalier, *De la baisse probable de l'or*, pièces justificatives, p. 171-172.

3. Laurent, *Principes de droit civil français*, t. XVII, n° 565 (3° édit.). Aubry et Rau, *Cours de droit civil français*, § 318, t. IV, p. 159 (4° édit.).

d'argent fin ; en fait, depuis un demi-siècle environ, c'est un poids fixe d'or fin. Au franc de la loi de l'an XI, constitué par 5 grammes d'argent à 0.900, la pratique commerciale a substitué, comme monnaie de compte, un franc d'or, qui est le $\frac{1}{3444.44}$ du kilogramme d'or fin. Il résulte de cette substitution, dont les causes seront indiquées plus loin[1], que la monnaie de compte ne correspond plus à une coupure monétaire réelle, puisque la plus petite pièce d'or est une pièce de 5 francs, qui d'ailleurs ne circule plus. Toutefois la monnaie de compte coïncide avec la monnaie réelle, car le franc d'or est contenu, par définition même, un nombre exact de fois dans les espèces d'or.

La monnaie de compte peut être absolument différente de la monnaie réelle. C'est ce qui a existé à Hambourg, quand on eut cessé d'y frapper des mark. La monnaie de compte était le mark ; matériellement, la monnaie consistait en espèces fort différentes.

Actuellement, dans nos possessions de l'Indo-Chine[2], il y a plusieurs monnaies réelles : le *nen* ou pain d'argent de 10 onces annamites, la piastre d'argent, la sapèque de cuivre ou de zinc. Le commerce compte généralement en piastres ; mais la monnaie de compte admise par l'administration indigène est la ligature de sapèques et, de son côté, l'administration française compte en francs pour un certain nombre de services. L'administration française promet de payer des francs et elle stipule qu'on lui paiera des francs ; mais comme il n'y a pas de francs dans la circulation, il faut bien qu'elle livre et qu'elle reçoive la monnaie réelle du pays : elle a donc consenti à recevoir la piastre et elle a obligé ses créanciers à la recevoir.

Un système analogue fonctionne dans nos établissements de l'Inde. Là, c'est la roupie, monnaie réelle, qui se trouve en présence du franc, monnaie de compte[3].

Même situation jusqu'en 1879, à l'île de la Réunion[4]. La monnaie de compte était le franc, qui ne se trouvait pas dans

1. V. chap. II.
2. V. *infra*, chap. VII.
3. V. Décrets du 13 septembre 1884 et du 22 septembre 1890.
4. Albert Aubry. La réforme monétaire à l'île de la Réunion. *Journal des Économistes*, janvier 1881.

l'île à l'état de monnaie réelle. Les espèces en circulation étaient surtout des roupies de l'Inde ; on y trouvait encore des quadruples espagnols, etc., et jusqu'à des pièces de 20 kreutzers démonétisées en Autriche dès 1859.

Dans les îles Saint-Pierre et Miquelon[1], la monnaie de compte est le franc; la monnaie française y circule, mais en moins grande abondance que le numéraire étranger : espèces d'or ou d'argent des États-Unis, de l'Angleterre, de l'Espagne, du Mexique.

Lorsque la monnaie de compte est différente de la monnaie réelle, il devient nécessaire de tarifer celle-ci, de fixer par exemple la valeur en francs de la piastre, de la roupie, des espèces étrangères admises à circuler. C'est ainsi que l'on procède dans nos colonies. On remarquera que ces tarifs des monnaies ne ressemblent que de très loin aux tarifs de l'ancien régime. Le franc n'est pas une valeur idéale comme la livre tournois, mais un poids fixe de métal. C'est en raison de la quantité et de la nature du métal fin que contiennent respectivement le franc et les monnaies tarifées que le taux de conversion de ces dernières est déterminé.

§ 3. — Monnaie légale.

La question de savoir si le débiteur d'une somme d'argent peut imposer en payement une monnaie à son créancier relève du droit plus que de l'économie politique. On se bornera donc à énumérer ici les principales combinaisons adoptées sur ce point par le législateur.

On distingue : 1° les monnaies légales, ou à cours légal illimité ; 2° les monnaies d'appoint ou à cours légal limité ; 3° les monnaies admises dans les caisses publiques.

Les monnaies légales, ou à cours légal illimité, sont celles que le débiteur peut imposer en paiement à son créancier, qui peuvent valablement faire l'objet d'offres réelles et de consignation, quelle que soit l'importance de la somme qu'elles composent. Le cours légal n'est pas restreint aux espèces mé-

1. *Exposition coloniale de 1889. Les Colonies françaises*, t. II, p. 307.

talliques : en divers pays, les billets de banque jouissent également du pouvoir libératoire.

Les monnaies d'appoint ou à cours légal limité sont celles qui n'ont de force libératoire que jusqu'à concurrence d'une certaine somme. Ce sont, généralement [1], des espèces dont la valeur intrinsèque est moindre que la valeur nominale : telles les monnaies divisionnaires d'argent, les monnaies de bronze, de cuivre, de nickel.

Les monnaies admises dans les caisses publiques n'ont pas cours légal. Les caisses publiques seules les reçoivent en paiement. Telle est, en France, la condition des monnaies d'or et d'argent de l'Union latine et des monnaies d'or de plusieurs autres pays [2].

Un décret beylical du 26 juillet 1888 a introduit dans la Régence de Tunis une innovation originale en matière d'admission des monnaies étrangères dans les caisses publiques. Aux termes de ce décret, les monnaies d'or et les pièces de 5 francs en argent de l'Union latine sont reçues par les caisses publiques tunisiennes [3] ; réciproquement les particuliers sont tenus de les recevoir des caisses publiques. Mais les particuliers ne sont pas tenus de les recevoir des autres particuliers.

La question de savoir si c'est seulement à défaut de convention spéciale réglant la nature de la monnaie qui doit être payée que le débiteur peut imposer à son créancier un paiement en monnaie légale, est très douteuse en droit civil français. En droit commercial, au contraire, si le paiement a été stipulé en une autre monnaie, c'est celle-ci dont la livraison pourra seule libérer le débiteur [4].

1. La pièce de 5 francs en argent, dont la valeur intrinsèque est actuellement inférieure à la valeur nominale, a néanmoins conservé un pouvoir libératoire illimité.

2. V. *infra*, p. 177.

3. De 1888 à 1891, elles étaient reçues au taux de 0 fr. 60 c. par piastre. Aujourd'hui, elles sont reçues pour leur valeur nominale, la Tunisie ayant remplacé le système de la piastre par celui du franc. V. décret beylical du 1er juillet 1891.

4. Cf. Lyon-Caen et Renault, *Traité de droit commercial*, t. IV, nos 301 à 303 *bis* et 762.

§ 4. — Étalon monétaire.

L'étalon monétaire est constitué par la monnaie qui sert, dans un pays et pour un temps donné, de mesure générale des valeurs, en d'autres termes par la monnaie sur laquelle se règlent les prix. Cette monnaie est, nécessairement, celle que le débiteur est effectivement en mesure de livrer, c'est-à-dire, en général, celle qui est la plus abondante dans la circulation. La question de savoir si telle ou telle monnaie joue le rôle d'étalon est donc une question de fait et non une question de droit.

La monnaie étalon peut être distincte de la monnaie légale et de la monnaie de compte. La monnaie légale, en effet, est celle que le créancier ne peut refuser ; la monnaie de compte, celle que le débiteur s'engage généralement à payer ; la monnaie étalon, celle que le débiteur est effectivement en mesure de payer. Ces trois caractères peuvent se trouver réunis dans la même monnaie ; ils peuvent être dispersés sur des monnaies différentes.

En France, par exemple, la monnaie légale n'est pas nécessairement la monnaie étalon. Il y a deux monnaies légales à cours illimité : les pièces d'or et les pièces de 5 francs en argent. Ces deux monnaies ne jouent pas et n'ont jamais joué simultanément le rôle d'étalon. Les prix ne se règlent pas à la fois sur l'or et sur l'argent ; il n'y a pas, pour chaque objet, deux prix : l'un exprimé en or, l'autre en argent. Cette double série de prix devrait cependant exister, si l'or et l'argent constituaient deux monnaies étalons, car la puissance d'achat de ces deux métaux est très différente. On en doit conclure que, si l'or et l'argent sont tous les deux monnaies légales, un seul de ces métaux fait office d'étalon ; quant à l'autre, ou bien il ne circule pas ou bien, s'il reste dans la circulation, il y représente le métal étalon d'après le rapport de 1 à 15 $^1/_2$ fixé par la loi de l'an XI. C'est une sorte d'assignat métallique.

La monnaie de compte peut également être distincte de la monnaie étalon. On a vu qu'à la Réunion, avant 1879, la monnaie de compte était déjà le franc, mais que la circulation consistait principalement en roupies. Les débiteurs s'engageaient à payer des francs, c'est-à-dire des fractions de kilogramme d'or, et ne pouvaient livrer que des monnaies d'argent. Les prix ne se réglaient donc pas sur le franc, mais sur la roupie ; en d'autres termes, l'argent était le métal étalon.

Une situation analogue existe en Indo-Chine. Dans certains cas, le franc sert de monnaie de compte ; on s'engage alors à payer des francs. Mais on ne peut payer que des piastres. Là aussi l'argent sert d'étalon. Il va sans dire que les idées de monnaie de compte et de monnaie étalon sont confondues toutes les fois que la promesse de payer est conçue en piastres.

§ 5. — Monométallisme et bimétallisme.

Le système bimétallique est caractérisé par l'institution d'un rapport légal entre la valeur de l'or et celle de l'argent, rapport d'après lequel le débiteur peut imposer en payement au créancier l'un ou l'autre métal à son choix, d'après lequel aussi la loi fixe les poids respectifs des pièces de l'un et de l'autre métal que les hôtels des monnaies sont tenus de frapper, sans limitation de quantité, au moyen des matières versées par les particuliers.

Dans le système monométallique, le législateur n'établit pas de rapport obligatoire entre la valeur des deux métaux. Il en résulte que la frappe libre et illimitée au compte des particulier n'est permise que pour un seul des métaux précieux, et que ce même métal fournit la matière d'une monnaie légale unique.

Les expressions de bimétallisme et de monométallisme prêtent à l'équivoque. Elles semblent annoncer que la matière des monnaies est demandée à deux métaux par le premier système et à un seul par le second. Tout au contraire, l'un et l'autre admettent comme monnaies réelles, non seulement deux métaux, mais trois et même quatre métaux : or, argent, bronze, nickel. D'autre part, on verra, qu'en fait, la législation bimétallique a, le plus souvent, pour résultat d'exclure de la circulation l'un des métaux précieux, tantôt l'or, tantôt l'argent, et que le système monométallique peut assurer parfaitement la circulation parallèle des deux métaux. Ce n'est donc pas à raison du nombre de monnaies réelles admises par chacun des deux systèmes que l'un est appelé bimétallique et l'autre monométallique. Ce qui est double dans l'un et unique dans l'autre, c'est la monnaie légale à cours illimité.

On désigne aussi les deux systèmes sous les noms de systèmes du double et du simple étalon. Ces locutions sont encore moins correctes. Il y a bien deux monnaies légales dans le système bimétallique, mais il n'y a jamais qu'un seul étalon, constitué, alternativement, tantôt par l'une, tantôt par l'autre des monnaies légales : ce n'est pas le système du double étalon mais celui des étalons alternatifs. D'autre part, dans le système opposé, l'étalon n'est pas seulement simple, il est unique.

Monométallisme et bimétallisme ne doivent pas être appréciés d'après des considérations purement théoriques, mais d'après les conséquences qu'ils ont entraînées et d'après la condition de la circulation métallique au jour de leur établissement.

A ce dernier point de vue, il est utile de noter que les éléments de ce problème monétaire sont aujourd'hui complètement différents de ce qu'ils étaient à la fin du XVIIIe et même au milieu du XIXe siècle.

Le fonds principal de la circulation française a été formé jusqu'en 1850-1855 par l'argent. Le métal blanc était et devait être la monnaie principale ; l'or ne pouvait jouer que le rôle de monnaie additionnelle. Le problème se posait dès lors de la façon suivante. La monnaie d'or devait-elle être tarifée, devait-elle porter l'indication d'une valeur en francs d'argent ? Devait-elle au contraire ne porter d'autre indication que celle de son poids de fin ? Étant donnés les termes de la question, la solution bimétallique s'imposait. Les populations, habituées à recevoir des pièces d'or tarifées, n'auraient probablement pas accepté des monnaies dont le cours variable aurait suscité leurs défiances, dont elles n'auraient même su comment supputer la valeur en francs. Les peuples de l'Extrême-Orient s'accommodent de ces monnaies à cours commercial et libre, que l'on a quelquefois appelées pondérales. Les Occidentaux y ont toujours répugné. L'expérience en a été faite par l'Autriche. Les couronnes d'or de 10 grammes de fin frappées par cet État à la suite du pacte monétaire austro-allemand de 1857, n'ont jamais eu qu'une circulation insignifiante[1], précisément parce qu'elles n'avaient pas de valeur légale et fixe.

Aujourd'hui l'or forme la plus forte partie de la circulation française. Il est la monnaie principale, l'étalon des valeurs. La solution monométallique ne consiste pas à émettre des monnaies d'argent non tarifées en francs d'or, mais à limiter le pouvoir libératoire du métal blanc, à le réduire à l'état de monnaie d'appoint. La dépréciation même de ce métal rendrait cette mesure naturelle et convenable. Théoriquement, le monométallisme serait préférable au bimétallisme.

Il est vrai que les éléments de la question sont plus complexes. On ne peut notamment faire abstraction de la quantité, après tout considérable, des écus en circulation et des légitimes intérêts de ceux qui les détiennent.

L'étude des systèmes monétaires des principaux pays permettra d'apprécier les conséquences de chaque système et les difficultés que soulève un changement d'étalon.

1. Lois du 19 septembre 1857 et du 27 avril 1858. A la fin de 1867, la valeur des couronnes en circulation ne dépassait pas 33 millions. « Elle est invisible : impopulaire dès son début, elle n'est parvenue à se naturaliser ni en Allemagne, ni en Autriche, comme l'avait en vue la convention de 1857. Celles de ces pièces qui ne s'arrêtent pas à Brême pour y remplacer les pistoles imaginaires de la Banque de cette ville en représentation de ses émissions de billets, disparaissent dans les creusets de l'hôtel des monnaies de Strasbourg. » *Enquête sur la question monétaire*, 1870, t. I, p. 423. (Déposition de M. Tolhausen.) « Il faut la chercher pour la trouver ». *Ibid.*, p. 343. (Déposition de M. Feer-Herzog). — M. Joseph Garnier avait soumis au Sénat, en 1877, une proposition de loi tendant à la frappe de pièces d'or de 2, 5 ou 10 grammes, n'ayant pas cours légal. Sénat, séance du 5 février 1877. Session ordin. de 1877, n° 18.

CHAPITRE II.

LE SYSTÈME MONÉTAIRE DE LA FRANCE.

On exposera d'abord les origines de la loi du 17 germinal an XI, qui est la base de la législation monétaire de la France[1]. On étudiera ensuite avec quelque détail les dispositions de cette loi et l'on verra dans quelle mesure elles ont été modifiées, soit par les lois subséquentes, soit par l'usage commercial.

§ 1. — Origines de la loi du 17 germinal an XI.

La plupart des principes admis par la loi de germinal ont été formulés législativement, pour la première fois, pendant la période révolutionnaire ; ils sont en opposition absolue avec les théories précédemment admises et appartiennent en propre à la Révolution. Sur un point seulement, sur la question des rapports de l'or et de l'argent, le législateur, après avoir vainement cherché à rompre avec les errements de l'ancien régime, a fini par se résoudre à les suivre à son tour.

Toutes les pratiques monétaires de l'ancien régime se rattachent à l'idée qu'on se faisait alors de la monnaie de compte. Elle était la conception fondamentale de laquelle procédaient logiquement toutes les autres.

L'unité monétaire, la livre, étant une valeur abstraite représentée par des signes métalliques, il appartenait au prince de fixer la quantité de métal que les particuliers devraient considérer comme la représentation matérielle de cette abstrac-

1. Tous les textes relatifs à la législation monétaire de la France ont été réunis et publiés dans le *Rapport du directeur de l'administration des monnaies pour l'année* 1900.

tion. C'était au prince qu'incombait, de même, le soin de fixer la valeur relative de l'or et de l'argent, par la tarification en livres tournois des pièces de l'un et de l'autre métal. Enfin, les monnaies tirant leur pouvoir d'achat, non de la matière dont elles étaient faites, mais des empreintes qui y étaient apposées, le prince avait le droit d'exiger à titre de rémunération du service rendu à ses sujets, un droit de seigneuriage, en dehors des frais de fabrication ou droit de brassage. On sait à quels excès, à quelles spoliations, ces théories avaient conduit l'État.

Le système présentait en outre deux défectuosités, d'ailleurs de moindre importance. Monnaie de compte et monnaies réelles étaient duodécimales. La monnaie de compte, la livre, comportait l'incommode division en 20 sous comprenant chacun 12 deniers, source de complication dans les opérations arithmétiques. Les coupures monétaires étaient pour l'or et l'argent de 3, 6, 12, 24, 48 livres ; il était difficile de payer les sommes de 7, 8, 10, 11, 13, 14, 16, 17 livres.

Les abus et les défauts de ce système furent dénoncés par Mirabeau, dès le 12 décembre 1790, dans un mémoire distribué à l'Assemblée constituante. Les conclusions de ce document peuvent être résumées ainsi : 1° incorporation de la monnaie de compte dans une monnaie réelle, en d'autres termes, équivalence définitive, intangible, de la livre et d'un poids fixe d'argent ; 2° par voie de conséquence, abolition de la tarification des espèces ainsi que du seigneuriage ; 3° frappe de monnaies d'or portant l'indication de leur valeur en livres d'argent, mais à cours commercial libre[1] ; 4° décimalité des monnaies d'or et d'argent[2].

Le plan de Mirabeau aboutissait au monométallisme argent. Le métal blanc, qui fournissait depuis des siècles la matière de la monnaie principale et qui, par conséquent, était la monnaie étalon, devenait en outre la seule monnaie légale à valeur fixe. Les pièces d'or pourraient être employées dans les paiements

1. La pensée de Mirabeau n'est pas très claire. D'une part, il propose de frapper des pièces d'or de 10, 20, 50 et 100 livres ; d'autre part, il dit très expressément que ces espèces circuleront pour leur valeur commerciale.

2. La division du sou en 12 deniers est conservée par Mirabeau, on ne sait pourquoi.

pour leur valeur au cours. Ces idées ont été la base de tous les projets élaborés de 1791 à l'an V.

L'Assemblée constituante abolit bientôt le seigneuriage pour les menues monnaies d'argent, sur lesquelles elle a d'abord l'occasion de légiférer. L'article 5 de la loi des 11-28 juillet 1791 porte : « Toute personne qui apportera à la Monnaie des matières d'argent recevra, sans aucune retenue, la même quantité de grains fins en monnaie fabriquée ».

Deux ans plus tard, quand le décret du 1er août 1793 ébauche le système métrique des poids et mesures, il est décidé que l'unité monétaire, appelée franc, sera un poids fixe d'argent, le 100e du grave (kilogramme).

Sur cette base, la loi du 16 vendémiaire an II (7 octobre 1793) tente d'organiser le nouveau système monétaire. Le franc sera représenté par une pièce d'argent au nouveau titre (9/10), pesant le 100e du grave et appelée *républicaine*. Il y aura une pièce d'argent de poids quintuple, appelée *cinq républicains*. On frappera une pièce d'or à 9/10 pesant également le 100e du grave et qui s'appellera le *franc* d'or.

La loi du 18 germinal an III sur le système métrique déclare, à son tour, que le nom de franc est substitué au nom de livre usité jusqu'alors.

Viennent ensuite trois lois du 28 thermidor an III. La première décide que l'or sera frappé en pièces de 10 grammes à 9/10 de fin, portant seulement l'indication de leur poids. La seconde définit le franc, qui se divise en décimes et centimes et doit être représenté par une pièce d'argent au titre de 9/10, pesant 5 grammes ; elle autorise aussi la fabrication de pièces de 2 et de 5 francs, contenant respectivement 10 et 25 grammes d'argent au titre de 9/10 ; ces pièces portent l'indication de leur valeur. La troisième loi renouvelle, pour ces monnaies, l'abolition du seigneuriage.

La pièce d'or de 10 grammes successivement instituée par les lois de l'an II et de l'an III, ne fut pas frappée. Le cours forcé des assignats dépréciés avait provoqué l'exportation ou la thésaurisation des métaux précieux et faisait obstacle à leur importation ; on ne les apportait pas aux hôtels des monnaies.

La question fut reprise à la fin de l'an V. Le Directoire soumit au Conseil des Cinq-Cents un projet de loi comportant la frappe d'une pièce d'or de 10 grammes. Mais cette pièce devait porter l'indication de sa valeur en francs. On proposait la valeur de 32 francs, qui correspondait au rapport de 1 à 16. La tarification de l'or serait modifiée dans le cas où le rapport commercial entre sa valeur et celle de l'argent aurait lui-même changé. C'était revenir, sur ce point particulier, aux pratiques de l'ancien régime. Il faut d'ailleurs reconnaître qu'eu égard à la condition de la circulation métallique et aux habitudes de la population, cette solution était la seule possible. Mais le Conseil des Cinq-Cents restait attaché aux combinaisons de l'an II et de l'an III ; il refusa de fixer la valeur de la pièce d'or. Le Conseil des Anciens, au contraire, rejeta le projet voté par les Cinq-Cents, parce que la pièce d'or n'avait pas de valeur fixe.

Enfin, en l'an X, le ministre des finances Gaudin proposa de frapper des pièces d'or de 20 et de 40 francs, dont le poids serait fixé eu égard au rapport qui existait à cette époque entre le prix de l'or et celui de l'argent. Gaudin admettait que ce rapport était sensiblement de 1 à 15 $^1/_2$. C'était précisément celui d'après lequel avaient été frappées, en exécution de l'édit de 1785, les pièces d'or et d'argent qui formaient le fonds de la circulation nationale. Comme, à ce moment, il ne pouvait être question de démonétiser ces anciennes pièces, l'identité de relation entre l'or et l'argent contenu dans les anciennes et les nouvelles espèces était un avantage ; elle rendait possible leur circulation parallèle.

Le projet de Gaudin fut adopté malgré l'opposition de la section des finances du Conseil d'État. Il est devenu la loi du 17 germinal an XI.

En voici les dispositions essentielles.

La loi proclame, avant toute chose, l'identité de la monnaie de compte et de la monnaie réelle : le franc est un poids fixe de métal fin. C'est ce qui résulte d'une « disposition générale », placée en dehors de la série des articles numérotés et mise ainsi en vedette : « Cinq grammes d'argent au titre de 9/10 de fin constituent l'unité monétaire, qui conserve le nom de franc ».

Le métal qui forme la matière de l'unité de compte est l'argent. La loi a consacré le fait. C'est de métal blanc que se compose le fonds de la circulation nationale ; c'est le métal blanc qui doit fournir l'unité monétaire.

Pour le même motif, il est l'étalon.

Mais il n'est pas la seule monnaie légale. L'or, l'argent et même le cuivre sont également investis d'un pouvoir libératoire illimité.

L'or est tarifé en francs d'argent d'après le rapport de 1 à 15 $^1/_2$; c'est d'après cette relation que le débiteur peut imposer en paiement à son créancier l'or ou l'argent à son choix, et que la loi fixe les poids respectifs des pièces d'or et d'argent que les hôtels des monnaies sont tenus de frapper au moyen des matières librement apportées par les particuliers.

Le rapport légal de 1 à 15 $^1/_2$ n'est pas littéralement inscrit dans la loi. Il résulte implicitement des tailles adoptées pour l'argent et pour l'or. Le franc d'argent pesant 5 grammes à 9/10, le kilogramme d'argent au titre vaut 200 francs. D'autre part, le kilogramme d'or au titre est taillé en 155 pièces de 20 francs : il vaut par suite 3,100 francs. 200 sont précisément à 3,100 comme 1 est à 15 $^1/_2$.

Ce rapport légal, dont l'expression n'a rien de sacramentel, n'est pas destiné à demeurer invariable. Les auteurs de la loi ne prétendent pas commander aux faits. Ils adoptent le rapport qui résulte des cours actuels de l'or et de l'argent. Si le rapport commercial venait à se modifier, on procéderait à une refonte pour ramener la valeur légale des monnaies à leur valeur vraie[1].

Telle était l'économie générale de la loi de germinal an XI. Celles de ses dispositions qui ont trait à l'organisation de la monnaie réelle et de la monnaie légale subsistent encore avec des retouches plus ou moins importantes. Tout ce qui concernait l'étalon monétaire et l'unité de compte a été complètement changé par l'usage commercial.

1. V. Rapport de Gaudin. — On suivait en cela les traditions de l'ancien régime.

§ 2. — Monnaies réelles.

I. COUPURES MONÉTAIRES. — La loi de germinal prescrivait la frappe de pièces de 20 et de 40 francs en or, de pièces de 1, 2 et 5 francs, de 1/4, de 1/2 et de 3/4 de franc en argent, de pièces de 2, 3 et 5 centièmes en cuivre pur.

Les monnaies de l'ancien régime et de la Révolution avaient été laissées dans la circulation. Les pièces d'or de 24 et de 48 livres et les pièces d'argent de 3 et de 6 livres furent démonétisées par les lois du 29 juin 1829 et du 30 mars 1834. Un certain nombre de pièces d'argent à bas titre, celles de 6, 12 et 24 sous furent retirées dès 1810 (décret du 18 août) ; les autres, pièces de 6 liards, de 10 centimes à l'N, de 15 et 30 sous, ne furent retirées qu'en 1845 (loi du 10 juillet 1845). Les anciennes monnaies de cuivre, de bronze et de métal de cloche cessèrent d'avoir cours en 1848 (décret du 3 mai 1848), les pièces de 1 et 2 liards, de 1 et 2 sous, en 1852 (décret du 6 mai 1852).

Les coupures établies par la loi de germinal ont été elles-mêmes modifiées. On les a rendues plus conformes au système décimal.

En principe, pour être vraiment décimale, l'échelle de nos monnaies ne devrait comprendre que les pièces de 1, 10, 100 centimes ou 1 franc et de 10 et 100 francs, correspondant aux unités, dixièmes et centièmes de la numération arithmétique. L'observation de ces principes mathématiques aurait été peu compatible avec les nécessités commerciales : pour payer 9 fr. 90 c. par exemple, il aurait fallu employer, faute de coupures intermédiaires, 9 pièces de 1 franc et 9 pièces de 10 centimes. Les décimalistes ont transigé et ont admis les coupures égales aux deux facteurs de 10, c'est-à-dire 5 et 2. La pièce de 100 francs engendre ainsi celles de 50 et de 20 francs ; la pièce de 10 francs, celles de 5 et de 2 francs ; la pièce de 1 franc, celles de 50 et 20 centimes ; la pièce de 10 centimes, celles de 5 et 2 centimes.

La portée économique de cette genèse décimale nous échappe absolument. C'est cependant pour ces seules considérations de décimalité et en vertu de la proscription portée par la loi du 4 juillet 1837 contre les divisions du quart, des trois quarts, du huitième, que le décret du 3 mai 1848 a substitué la pièce de 20 centimes à la pièce de 1/4 de franc prévue par la loi de germinal, et les pièces de 1, 2, 5 et 10 centimes à celles de 2, 3 et 5 centièmes, enfin que le décret du 12 décembre 1854 a suspendu la frappe de la pièce de 40 francs et ordonné la fabrication de pièces d'or de 50 et de 100 francs.

Si le principe de décimalité est satisfait, les nécessités commerciales le sont moins. Plusieurs des coupures actuelles sont défectueuses au point de vue de leur volume et de leur poids. Ce sont les pièces de bronze de 1 et 2 centimes, les pièces d'argent 20 centimes et les pièces d'or de 5, 50 et 100 francs.

Les deux dernières ont une trop grande valeur pour convenir à la circulation courante ; elles présentent, au surplus, trop de facilité à la fraude du fourrage. Ce sont, en quelque sorte, des médailles. Les autres, au contraire, sont trop petites : elles sont malaisées à manier ; celles d'argent et d'or frayent beaucoup. En fait, ni les unes ni les autres n'ont de circulation.

La pièce d'or de 5 francs avait été créée par le décret du 15 janvier 1854 en vue de circonstances spéciales. L'argent, qui faisait prime alors, était exporté. Pour remplacer la coupure d'argent de 5 francs, indispensable aux échanges, on admit une coupure d'or de même valeur [1]. Mais les pièces de 1, de 2 et de 20 centimes, celles de 50 et de 100 francs n'ont d'autre raison d'être que leur décimalité et d'autre usage que de figurer dans l'échelle systématique de nos monnaies. Ce sont les fausses fenêtres de l'édifice monétaire.

Il est vraiment permis de regretter la proscription de la pièce de 25 centimes qui était fort commode et surtout celle de 2 $^1/_2$ centimes qui serait très utile dans les menues transactions. L'absence de cette dernière pièce a pour résultat de faire fixer à un sou, ou à un nombre rond de sous, le prix

1. La convention du 5 novembre 1878, art. 9, a suspendu la frappe des pièces de 5 francs d'or. Il n'en était plus fabriqué depuis 1869. Une décision ministérielle du 16 août 1886 a prescrit aux comptables de ne pas remettre en circulation celles qui leur seraient versées ; après avoir longtemps conservé les pièces ainsi retirées, le Trésor les a fait refondre et transformer en pièces de 20 et de 10 francs.

de beaucoup de denrées, du pain, par exemple, qui pourraient se vendre un demi-sou, un sou et demi, deux sous et demi, etc., s'il existait une pièce de 2 $^1/_2$ centimes.

II. Titres. — On sait que l'or et l'argent acquièrent une plus grande résistance à l'usure quand ils sont alliés à un autre métal ; aussi les monnaies d'or et d'argent contiennent-elles toujours, du moins à notre époque, une certaine proportion d'un métal non précieux. Cette proportion s'appelle alliage ou aloi. Le titre est la proportion de métal fin.

La loi du 17 germinal an XI a consacré le titre de 0.900 [1], adopté dès l'an II par égard pour le système décimal.

Michel Chevalier, se fondant sur les recherches faites en 1798 par Cavendish et Hatchett, admet la supériorité du titre de 11/12. Il pose, en principe, que « la proportion d'alliage la meilleure est celle qui donne aux métaux précieux la plus grande résistance au frottement ». Cette formule est trop absolue et dépasse certainement la pensée de l'éminent économiste. Il faut prendre garde que la proportion d'alliage ne peut dépasser certaines limites : si elle était trop forte, on devrait, pour conserver aux pièces de monnaie une valeur intrinsèque égale à leur valeur nominale, en augmenter démesurément le poids. Telle serait cependant la conséquence de la règle posée par Michel Chevalier. Il résulte, en effet, d'expériences poursuivies à la Monnaie de Paris [2] pendant plusieurs années

1. Jusqu'en 1825, les pièces d'argent ont été réellement fabriquées à un titre qui a pu atteindre 0.904 et elles ont contenu jusqu'à 1 millième d'or. (V. *Rapport du directeur de l'administration des monnaies pour* 1900, p. xxvi). L'essai à la coupelle ne révélait pas l'excès de titre et l'affinage par l'acide nitrique ne permettait pas d'affiner l'argent au delà du millième. L'introduction de l'essai par la voie humide fit reconnaître l'excédent de 4 millièmes d'argent; la substitution de l'acide sulfurique à l'acide nitrique permit d'extraire le millième d'or. Aussi, un grand nombre de ces pièces ont-elles été refondues et affinées par le commerce. V. Michel Chevalier, *La monnaie*, p. 232 et 299. A son tour le Trésor emploie de préférence ces écus aurifères dans la fabrication de monnaies divisionnaires autorisée par l'arrangement monétaire de 1897. (Cf. *infra*, p. 202). Il en a été refondu dans les années 1898 à 1901 pour 47,500,000 francs.

2. L'appareil employé a été décrit dans une publication de l'administration : *Expériences de frai effectuées en* 1888, p. 43. C'est une table rectangulaire dont le parquet est formé des diverses substances avec lesquelles les pièces de monnaie se trouvent journellement en contact dans la circulation : tôle, laiton, bois, marbre et zinc.

que, d'une façon générale, la résistance au frai des alliages d'or et d'argent augmente avec la proportion de cuivre qu'ils contiennent. Aussi la formule de Michel Chevalier nous paraît devoir être modifiée comme suit : le meilleur alliage est celui qui, dans les hauts titres, offre la plus grande résistance au frai.

Les expériences auxquelles il vient d'être fait allusion n'ont pas été publiées. Mais l'ancien directeur des monnaies, M. Ruau, avait bien voulu nous en faire connaître les résultats généraux. Elles avaient démontré, en outre de la dureté plus grande des bas titres, la supériorité du titre français[1] sur le titre 11/12.

Jusqu'en 1864, toutes les pièces d'or et d'argent devaient être au titre de 0.900. Les pièces d'argent de 20 et de 50 centimes ont été mises au titre réduit de 0.835 par une loi du 25 mai 1864. Une loi du 14 juillet 1866 a prescrit d'abaisser dans la même proportion le titre des pièces de 1 et de 2 francs. Ces mesures ont été prises en vue de mettre obstacle à l'exportation de ces monnaies, que provoquait à cette époque la prime de l'argent.

III. Monnaie de bronze. — La loi de germinal an XI avait prescrit la fabrication de pièces de 2, 3 et 5 centièmes en cuivre. Un décret du 3 mai 1848 y substitua des pièces de 1, 2, 5 et 10 centimes, également en cuivre. Ces espèces, ainsi que les pièces de 1 liard et 2 liards, 1 sou et 2 sous qui étaient demeurées dans la circulation, furent retirées en vertu d'une loi du 6 mai 1852 qui leur substitua des pièces de 1, 2, 5 et 10 centimes en bronze.

§ 3. — Fabrication des monnaies.

Il a toujours été de principe en France que la fabrication des monnaies est un attribut de la souveraineté. La loi du 3 septembre 1792 a formellement interdit toute frappe par des fabriques particulières.

1. C'est la confirmation des expériences de Jacob (1820-1840) et de Stanley Jevons. V. *Enquête sur la question monétaire*, t. I, p. 344 (déposition de M. Feer-Herzog).

On examinera successivement : 1° l'organisation des ateliers monétaires et les règles qu'ils doivent observer ; 2° la participation du commerce à l'émission des monnaies.

I. ORGANISATION DES ATELIERS MONÉTAIRES. RÈGLES QU'ILS DOIVENT SUIVRE. — On résumera simplement les traits généraux de l'organisation.

Hôtels des monnaies. — Les hôtels des monnaies étaient nombreux autrefois. C'était une nécessité à l'époque où les communications de province à province étaient peu faciles et coûteuses. En 1827, il en existait encore treize. En 1870, ceux de Paris et de Strasbourg restaient seuls en activité. L'atelier de Bordeaux, ouvert de nouveau pendant la guerre, fut définitivement supprimé en 1879.

La centralisation de la frappe dans un seul établissement assure une identité plus exacte des monnaies et, par là, crée un obstacle au faux monnayage.

Administration. — La fabrication a été, jusqu'en 1879, affermée à des entrepreneurs, que surveillait l'Administration des monnaies. A cette époque, la régie a été substituée à l'entreprise. Cette transformation avait été préconisée dès 1843. Un projet de loi avait même été déposé à cet époque ; mais il n'aboutit pas. La question était demeurée en suspens. Elle fut tranchée lors de la suppression de l'hôtel de Bordeaux.

On avait souvent reproché au système de la régie de ne pas assurer au public les mêmes garanties que celui de la ferme. Dans cette dernière organisation, l'entrepreneur qui fabrique, est contrôlé par l'État ; dans la première, l'État, qui fabrique, est contrôlé par lui-même. Deux mesures ont été prises, qui enlèvent toute valeur à l'objection.

La loi du 31 juillet 1879, qui organise la régie des monnaies, a institué une Commission de contrôle de la circulation monétaire. Cette commission est composée de neuf membres, désignés : un par le Sénat, un par la Chambre des députés, un par le Conseil d'État, un par la Cour des comptes, un par le Conseil de la Banque de France, deux par l'Académie des sciences et deux par la Chambre de commerce de Paris. La Commission est chargée de veiller à la régularité de l'émission des pièces au point de vue du poids et du titre. A cet effet, elle fait vérifier, à la fin de chaque année, des échantillons prélevés sur chacune des brèves[1] admises en délivrance dans le cours de cette année. Ses vérifications portent également sur des pièces du millésime précédent extraites de la circulation (*deniers courants*). Le jugement sur les fabrications d'une année n'est considéré comme définitif que lorsqu'il a été confirmé, à la fin de l'année suivante, par la vérification des deniers courants. Au mois de janvier, la Commission remet au Président de la République un rapport sur les résultats de la fabrication effectuée pendant l'année précédente et sur la situation matérielle de la circulation. Ce rapport est publié au *Journal Officiel*.

Le décret du 31 octobre 1879, portant règlement d'administration publique sur la fabrication des monnaies, donne au public une seconde garantie. Sous le régime de l'entreprise, lorsqu'il y avait désaccord sur le titre entre le porteur de matières et l'essayeur du directeur, la contestation était jugée par l'administration : si celle-ci confirmait l'essai du directeur, le porteur de matières n'avait qu'à s'incliner. Aujourd'hui, en cas de désaccord entre le porteur et le laboratoire d'entrée, l'Administration fait procéder à un second essai par le laboratoire de sortie, mais le porteur a la faculté, s'il n'accepte pas le résultat de cette seconde opération, de retirer ses matières.

Le décret précité du 31 octobre 1879 fixe encore les frais de fabrication, définit les matières admises au bureau du change, règle la délivrance des bons de monnaie, organise le contrôle de la fabrication.

La loi du 17 germinal an XI avait fixé les frais de fabrication, par kilogramme au titre monétaire, à 9 francs pour l'or et 3 francs pour l'argent. Les perfectionnements apportés dans l'art de l'affinage et de la fonte des métaux, la baisse du prix des acides employés à leur élaboration[2] ont permis de les abaisser à 6 fr. 70 c. pour l'or (décret du 22 mars 1854), et à

1. On appelle brève le nombre de pièces, variable suivant les coupures, comprises dans une même délivrance. La délivrance est la remise des espèces fabriquées au bureau du change, après vérification de leur poids, de leur titre et de leurs empreintes.

2. V. l'ordonnance du 25 février 1835 et le rapport de M. Humann, qui la précède. Cf. Michel Chevalier, *La monnaie*, p. 312 et 317.

1 fr. 50 c. pour l'argent (arr. présid. du 22 mai 1849). Les frais de frappe de l'or avaient même été réduits à 6 francs par l'ordonnance du 25 février 1835. C'est en raison de la dépense plus considérable que nécessitait le monnayage de la pièce de 5 francs, dont le décret du 12 janvier 1854 venait de prescrire la fabrication[1], que le décret du 22 mars suivant porta la retenue au change à 6 fr. 70 c. On ne frappe plus de pièces d'or de 5 francs; le tarif de 1854 a été maintenu, néanmoins, pour l'or, par le décret du 31 octobre 1879, qui a également reproduit pour l'argent (pièces de 5 francs) le tarif de 1 fr. 50 c. Les frais de monnayage, ou retenue au change, ressortent ainsi pour le kilogramme de fin, à 7 fr. 44 c. pour l'or, et 1 fr. 67 c. pour l'argent. Mais la frappe libre de ce dernier métal est suspendue.

Sont seuls admis de droit par le bureau du change, comme matières de fabrication : 1° les lingots d'or propres au monnayage, c'est-à-dire sans autre alliage que le cuivre, affinés, au titre minimum de 0.994 et du poids de 6 à 7 kilogrammes; 2° les monnaies d'or étrangères inscrites au tarif de la Monnaie; 3° les ouvrages d'or marqués des poinçons de titre français. Les lingots d'un titre inférieur à 0.994 mais supérieur au titre monétaire, peuvent être admis s'il a été reconnu par l'essai qu'ils sont propres au monnayage.

Un tarif des matières d'or est publié et affiché au bureau du change. Les titres sont exprimés sur ce tarif en millièmes et dixièmes de millièmes; il n'est pas tenu compte, dans les pesées, des quantités inférieures à un décigramme. Les sommes à payer aux porteurs sont calculées d'après les titres et les poids ainsi déterminés et les frais de fabrication précédemment indiqués.

La somme à payer fait l'objet d'un ou plusieurs bons de monnaie, au porteur ou nominatifs, transmissibles par voie d'endossement. L'échéance de ces bons, correspondant aux délais de fabrication, est fixée par arrêté du Ministre des finances, sans qu'elle puisse dépasser un mois.

Lorsque le monnayage d'une brève est terminé, il est procédé, par le laboratoire de sortie, à l'essai d'échantillons prélevés au hasard, et, par le service du contrôle, à la vérification

1. Les fabrications devaient comprendre des pièces de chaque coupure suivant une proportion déterminée par des arrêtés ministériels.

du poids et des empreintes de chacune des pièces composant la brève. Ces opérations ont pour objet de constater si les pièces sont dans les conditions de titre et de poids prescrites par la loi monétaire.

Le poids et le titre fixés par la loi, qu'on appelle le poids *droit* et le titre *droit*, ne peuvent pas être exactement obtenus dans la fabrication[1]. Aussi existe-t-il des tolérances de titre et de poids. Les progrès réalisés dans les méthodes d'essai[2] et dans les procédés de fabrication ont permis de réduire beaucoup ces tolérances.

Voici le tableau des diverses coupures d'or, d'argent et de bronze, avec l'indication de leur poids droit, de leur titre droit et des tolérances de poids et de titre :

NATURE des pièces.		TITRE. Titre droit.	TITRE. Tolérance au-dessus et au-dessous.	POIDS. Taille au kilogramme.	POIDS. Poids droit.	POIDS. Tolérance au-dessus et au-dessous.	DIAMÈTRE.
	fr. c.	millièmes.	millièmes.	nombre.	grammes.	millièmes.	millim
Or. . .	100.00			31	32 25806	1	35
	50.00			62	16 12903		28
	20.00	900	1	155	6 45161	2	21
	10.00			310	3 22588		19
	5.00			620	1 61290	3	17
Argent.	5.00	900	2	40	25 00	3	37
	2.00			100	10 00	5	27
	1.00	835	3	200	5 00		23
	0.50			400	2 50	7	18
	0.20			1,000	1 00	10	16
Bronze.	0.10	Cuivre 950	Cuivre 10	100	10	10	30
	0.05	Etain 40	Etain 5	200	5		25
	0.02	Zinc 10	Zinc 5	500	2	15	20
	0 01			1,000	1		15

1. On a déjà dit à quels abus avait donné lieu sous l'ancien régime la tolérance de fabrication quant au titre, ou, comme l'on disait alors, le remède d'aloi. Ces pratiques se sont perpétuées jusqu'à une époque très voisine de la nôtre. Michel Chevalier les signalait encore en 1866 et les condamnait avec juste raison (*La monnaie*, p. 231). Il y avait là une source de profit illicite, peu conforme à la dignité de l'État et de nature à nuire à sa réputation. Les rapports publics de la Commission de contrôle de la circulation monétaire donnent la précieuse certitude que la Régie des monnaies cherche aujourd'hui à se rapprocher le plus possible du poids et du titre droits.

2. L'essai par la voie humide ou précipitation de l'argent sous forme de chlorure, appliqué depuis 1830, à la suite des travaux de Gay-Lussac.

II. Rôle du commerce dans la fabrication des monnaies. — On a dit que la fabrication des monnaies divisionnaires d'argent et des pièces de bronze, dont la valeur intrinsèque n'égale pas la valeur nominale, est réservée à l'État[1]. Au contraire, la frappe des monnaies d'or et des pièces de 5 francs en argent est libre, du moins en principe[2]. C'est le commerce qui, en cherchant un bénéfice dans des opérations de change, est amené à faire monnayer les matières nécessaires à l'approvisionnement de la circulation et qui maintient ainsi l'équilibre entre la demande et les existences des instruments métalliques du transport des capitaux.

Cette mécanique de la fabrication des monnaies mérite d'être exposée avec quelques détails. Les métaux précieux, on le sait, passent et repassent les frontières sous l'influence de deux causes : la situation de la balance internationale ; le taux comparatif de l'escompte à l'intérieur et à l'étranger. Leur prix hausse ou baisse dans les mêmes circonstances, parallèlement au prix du papier court et du papier long. Le synchronisme des mouvements du numéraire, des fluctuations de son prix et de celles des cours des changes a été signalé et expliqué dans la première partie de ce livre. D'autre part, la législation monétaire de la France a suscité une troisième cause d'importation et d'exportation des métaux précieux dont l'action, après avoir renouvelé plusieurs fois la composition de notre stock monétaire, a cessé fort heureusement de s'exercer depuis la mise en vigueur d'une loi du 5 août 1876.

On examinera d'abord les conditions de la fabrication des monnaies à l'époque présente, puis les conséquences qu'entraînait autrefois le jeu du double étalon.

A. *Conditions actuelles de la fabrication des monnaies.* — Les métaux précieux sont importés sous trois formes : monnaies nationales, monnaies étrangères, lingots.

1. V. *supra*, p. 139. Les fabrications ne peuvent dépasser 394 millions pour les monnaies divisionnaires d'argent, d'après les conventions de l'Union latine, et, aux termes de la loi du 13 avril 1900, 80 millions pour les monnaies de bronze.

2. En fait, comme on le verra, le monnayage des pièces de 5 francs est suspendu par les conventions de l'Union latine.

Les monnaies nationales se présentent les premières. Une baisse relativement faible du change au-dessous de son pair, suffit à les rappeler ; le *gold point* d'entrée est déterminé par les seuls frais de transport. Les lingots arrivent ensuite ; la baisse du change, pour en provoquer l'importation, doit être égale, non seulement aux frais de transport, mais encore aux frais de monnayage. Les monnaies étrangères sont importées en dernier lieu ; aux frais de leur transport et de leur transformation en monnaies nationales s'ajoutent des pertes sur la valeur nominale, résultant de leur frai ou des réductions de titre que leur fait subir le tarif de la Monnaie ; une forte baisse du change peut seule en amener l'entrée.

Que deviennent ces matières ?

Les monnaies nationales — et aussi les monnaies étrangères admises par les caisses publiques — rentrent dans la circulation. Elles servent à acheter des marchandises, en particulier, cette marchandise qui fait l'objet principal des opérations de ceux qui importent les métaux précieux, des banquiers, c'est-à-dire le papier de commerce. L'escompte fait le bénéfice de l'importateur.

Quant aux lingots et aux monnaies étrangères, leur destination définitive dépendra des circonstances.

Raisonnons sur le cas le plus simple, celui des lingots. Deux hypothèses sont possibles : le métal est au pair ; le métal fait une perte [1].

Supposons qu'il s'agisse d'or et que l'or soit au pair. On peut porter le lingot à la Monnaie ; on peut le vendre à la Banque de France (qui achète l'or au pair) ; on peut le mettre en gage à la Banque (qui fait des avances sur les matières d'or et d'argent).

En fait, depuis vingt ans, la Banque de France fait seule monnayer, parce que c'est à la Banque de France qu'aboutissent toutes les importations d'or. Les banques et autres maisons qui font le commerce des métaux précieux vendent à la Banque les lingots ou les monnaies d'or étrangères qu'elles ont importés, lorsqu'elles ne demandent pas à la Banque une avance sur

1. Si le métal faisait prime, c'est que le change serait au-dessus du pair : il n'y aurait pas d'entrées, partant pas de question.

ces matières ; elles ne les versent plus, comme autrefois, à l'hôtel des monnaies pour les faire transformer en espèces.

Pourquoi l'or est-il vendu à la Banque au lieu d'être versé à la Monnaie ?

La Monnaie et la Banque donnent la même somme, 3,437 francs, pour 1 kilogramme d'or fin, la Banque achetant l'or au pair. Seulement la Banque paie comptant, tandis que la Monnaie livre à terme. L'échéance des bons de monnaie est de dix jours[1] ; mais le bon n'est remis à l'intéressé qu'après vérification du titre des matières par le laboratoire de l'administration[2], ce qui prend quelques jours. Pendant ce laps de dix jours et plus, on perd l'intérêt de son argent.

A la vérité, la négociation du bon de monnaie, qui est endossable, pourrait permettre de retrouver la disposition du capital et de lui donner un emploi productif; le monnayage pourrait encore être préférable à la vente, si le taux du placement était assez élevé.

Ces combinaisons étaient autrefois familières au commerce des métaux précieux. La tradition paraît s'en être perdue pendant la période de demi-chômage des ateliers monétaires, de 1880 à 1894. Les conventions de l'Union latine ayant suspendu la frappe libre du métal blanc et le cours du change ne permettant que de rares importations d'or, il n'a été frappé pour compte particulier, de 1880 à 1885, qu'un petit nombre de pièces de 100 francs (62,000 environ). Si, de 1886 à 1894, en outre de quelques lots de pièces de 100 et de 50 francs et d'un cent de pièces de 10 francs, une certaine somme en pièces de 20 francs a été monnayée (au total 165,642,240 francs), près du tiers de ces pièces (49,047,220 francs) provenaient de la refonte aux frais du Trésor de pièces usées par le frai, le surplus, de versements très exceptionnels : à aucun moment, durant ces neuf années, il ne s'est formé un courant régulier de fabrication. Les particuliers n'avaient que de rares occasions de faire monnayer; l'intermittence de leurs apports aurait fait obstacle à une organisation normale du travail monétaire permettant de

1. Décision ministérielle du 27 décembre 1879.

2. Règlement du 31 octobre 1879.

livrer les espèces dans des délais assez brefs pour que les pertes d'intérêts ne fussent pas trop difficiles à récupérer. Dans de telles circonstances, il était fort naturel que l'or fût porté à la Banque. L'habitude une fois prise, on ne s'en est pas départi quand les circonstances ont changé, notamment de 1895 à 1899.

On a dit que la Banque achète l'or au pair. A certaines époques, elle a prélevé sur l'achat une commission. C'est ce qu'elle a fait notamment durant plusieurs années à partir de 1877, en vue de restreindre les occasions d'émettre des billets [1]; tout en achetant l'or au pair, elle retenait 1 p. ‰ sur le prix. Cette réduction effective dans le prix des lingots pouvait pousser au monnayage. Mais elle rendait moins facile l'importation de l'or étranger, en abaissant le point d'entrée [2] pour le cas où le métal ne serait pas dirigé sur la Monnaie. Ainsi l'or allemand ne pouvait plus venir à Paris, sauf pour être monnayé, que si le change descendait à 81.475 (au lieu de 81.40 ou même de 81.375); aussi l'envoyait-on de préférence à Bruxelles, en bénéficiant d'ailleurs d'une économie dans les frais de transport, et l'Allemagne tirait sur Paris, Bruxelles couvrant ces tirages par des remises à Paris.

Sous le régime de l'entreprise, le directeur de la fabrication avait un moyen d'attirer le métal précieux sous les presses monétaires. C'était un industriel, toujours à la recherche de la matière première dont la mise en œuvre était la source de ses gains; il pouvait faire des avantages aux porteurs de lingots ou de monnaies étrangères en leur abandonnant une partie de son bénéfice [3]. La régie ne peut avoir recours à ces combinaisons : le tarif des frais de fabrication est un tarif fixe, analogue à un tarif d'impôt, dont elle ne peut renoncer à percevoir, ni restituer, la moindre partie.

Cette situation peut n'être pas sans inconvénients. Pendant les quinze premières années qui ont suivi la suppression de la ferme, la Banque de France, à laquelle aboutissaient comme on

1. *Économiste français* du 24 février 1877. Cf. Lefèvre, *Le change et la banque*, p. 110.

2. V. *supra*, p. 130.

3. Voir un rapport de M. d'Eichthal à la chambre de commerce de Paris, cité, sans date, dans Costes. *Institutions monétaires de la France*, p. 285.

l'a vu, toutes les matières monnayables, a demandé peu de frappes à l'hôtel des monnaies; de 1880 à 1885, la fabrication des pièces de 20 francs a même été complètement suspendue. On peut dire que l'abondance de l'or dans la circulation rendait sans objet des fabrications nouvelles. Mais il est certain que, dans cette période, la Banque a inauguré et suivi un système nouveau. Au lieu de faire monnayer comme autrefois tout le métal importé, elle s'est attachée à conserver une bonne partie des lingots et des espèces étrangères qu'elle acquérait journellement, jusqu'au moment où l'état des changes lui permettait de les vendre avec une prime pour l'exportation. Un banquier ordinaire n'aurait pas pu, en vue d'épargner des frais de fabrication, conserver indéfiniment des matières précieuses à l'état de lingots; les charges d'intérêts rendraient l'opération ruineuse. Mais la Banque de France a un moyen de monnayer sans le concours de la Monnaie le capital incorporé dans ses lingots : c'est l'émission des billets de banque. Assurément, il était fort légitime que la Banque de France évitât de payer des frais de fabrication sur du métal destiné à une réexportation prochaine; mais, d'un autre côté, la suspension du monnayage de 1880 à 1885 et sa limitation de 1886 à 1894 ont eu de fâcheuses conséquences pour la qualité de notre circulation d'or, la perte de poids des pièces anciennes et frayées ayant cessé d'être atténuée par l'introduction fréquente de pièces neuves et de bon poids [1].

De 1895 à 1898, les frappes d'or sont redevenues importantes, la prime de l'or ayant disparu. Voici les chiffres jusqu'à la fin de 1901, pour les pièces de 20 et de 10 francs :

ANNÉES.	PIÈCES de 20 francs.	PIÈCES de 10 francs.
	francs.	francs.
1895	105,866,940	2,139,990
1896	106,608,140	5,850,100
1897	221,379,540	»
1898	177,326,540	»
1899	30,000,000	22,985,030
1900	12,308,500	15,704,330
1901	52,867,000	21,000,010
	706,356,660	67,679,460

1. V. *infra*, p. 185.

A l'exception de 153,560,230 francs provenant, pour partie (99,367,300 francs), de la refonte des pièces de 5 francs d'or retirées de la circulation depuis 1886, et, pour le surplus (54,192,930 francs), de la réfection au frais du Trésor de 2,310,102 pièces de 20 francs et de 799,009 pièces de 10 francs légères, les frappes de 1895 à 1901 représentent des versements en lingots. On voit que la Banque de France s'est associée, suivant le mode qui convenait, aux mesures prises par le Trésor pour restaurer la circulation.

Lorsque l'on vend des lingots à la Banque, on perd les frais de fabrication, tout comme si l'on faisait monnayer, puisque la Banque prend l'or au pair avec retenue au change, soit à 3,437 francs au lieu de 3,444 fr. 44 cent. Toutes les fois que l'importateur pourra prévoir une modification prochaine dans la balance du commerce et, par suite, dans le cours des changes et dans celui de l'or, qui lui permettra de revendre ses lingots avec une prime, il les conservera au lieu de les vendre. Dans ce cas, il a le moyen de retrouver temporairement, sans perdre les frais de fabrication, la disposition de son capital en demandant à la Banque une avance contre le dépôt de son or[1] : il reportera en quelque sorte son opération.

Il sera d'autant plus incité à le faire que l'escompte prélevé par la Banque sera moins fort[2]. Cet escompte, dû pour un minimum de trente-six jours, est habituellement de 1 p. °/o, soit, pour trente-six jours, 1 p. °/oo. Les frais de monnayage ne représentant que 2.165 p. °/oo, il n'est pas nécessaire que la Banque rehausse de beaucoup le taux d'intérêt de ses avances pour que

1. L'avance peut être de 99 p. °/o de la valeur des lingots d'or; pour les monnaies d'or, elle ne peut dépasser 95 p. °/o de la valeur, dans l'un et l'autre cas, elle ne peut être inférieure à 10.000 francs.

2. Les avances sur lingots et monnaies figurent aux bilans de la Banque pour des chiffres assez importants. Les opérations des derniers exercices se sont élevées aux sommes ci-après :

	millions de francs.
1894	44.7
1895	14.1
1896	59.6
1897	39.1
1898	6.7
1899	24.7
1900	50.7
1901	31.2

le détenteur du métal renonce à reporter son opération et préfère la liquider.

Passons à la seconde hypothèse : le métal tombe au-dessous du pair. C'est ce qui s'est produit pour l'or après 1850 et pour l'argent depuis 1873. Si la frappe libre de l'argent n'était pas suspendue, il est trop clair qu'on préfèrerait apporter le métal blanc à la Monnaie que le vendre, le kilogramme monnayé valant 222 fr. 22 c., le kilogramme non monnayé moins de 100 francs. Si, depuis 1880, l'or, au lieu d'être au pair ou de faire prime, avait subi une déprime, la Monnaie n'eût pas chômé jusqu'en 1886, et, dans les années suivantes, la Banque de France n'aurait pas été seule à faire monnayer. Pour détourner les importateurs d'aller à la Monnaie, il aurait fallu que l'échéance des bons de monnaie fût démesurément allongée, ou que le taux de leur escompte fût particulièrement cher, ou encore que le taux général des placements en papier de commerce fût extraordinairement bas.

L'éventualité d'une déprime sur l'or paraît d'ailleurs peu probable pour un avenir prochain ; les seules circonstances dont elle pourrait résulter, surabondance du métal à monnayer ou rareté des espèces monnayées, ne se réaliseront probablement pas de longtemps.

B. *Influence du double étalon sur la frappe des monnaies françaises.* —On a vu que la déprime du métal en provoque l'importation et le monnayage. Dans les pays dont le système est bimétallique, ce mouvement se double d'un mouvement, en sens contraire, sur le métal qui est resté au pair ou qui fait une prime.

La frappe du métal déprécié procure aux importateurs un bénéfice égal à l'écart entre le prix d'achat et le pair, diminué des frais de transport et de monnayage. Lorsque l'agio en perte devient important, l'opération est trop fructueuse pour qu'on ne cherche pas à augmenter les facultés d'achat qui résultent de la balance normale du commerce. La vente à l'étranger du métal qui ne fait pas de perte est un moyen facile d'y acheter le métal déprécié. On n'a jamais manqué d'y recourir. On a vu alors s'organiser sur une vaste échelle une spéculation qui consistait à exporter le métal en hausse pour acheter à l'étranger, au cours, le métal en baisse que l'on importait en France, où le monnayage lui donnait une valeur nominale supérieure à sa valeur marchande.

En 1853, par exemple, le rapport commercial entre l'or et l'argent était de 1 à 15.20 ; 15.20 kilogrammes d'argent valant légalement en France, au rapport de 1 à 15 $^1/_2$, 3,040 francs, achetaient à l'étranger 1 kilogramme d'or. On pouvait donc acheter à l'étranger pour 3,040 francs, un poids d'or qui, importé en France et remis aux hôtels des monnaies, y était transformé en 155 pièces de 20 francs, valant 3,100 francs. La différence était de 60 francs. Il en fallait déduire les frais de fabrication de l'or, les frais de fabrication perdus sur la monnaie d'argent vendue à l'étranger comme lingot, les frais de transport de l'argent à l'étranger et de l'or en France, les primes d'assurance et l'intérêt des sommes engagées dans l'opération. La marge de gain n'en demeurait pas moins considérable.

Vingt ans plus tard, en 1874, le rapport commercial entre les deux métaux était de 1 à 16. En d'autres termes, 1 kilogramme d'or achetait 16 kilogrammes d'argent, c'est-à-dire que pour 3,100 francs d'or on pouvait se procurer à l'étranger une quantité d'argent qui, monnayée en écus, valait 3,200 francs. Même en déduisant les faux frais énumérés plus haut, l'exportation de l'or combinée avec une importation d'argent était, grâce à la liberté de la frappe de ce dernier métal, une opération fort lucrative.

C'est le système de la frappe libre de l'or et de l'argent suivant un rapport demeuré fixe en dépit de toutes les vicissitudes traversées par les deux métaux, qui permettait ces combinaisons dont la spéculation a fait l'emploi le plus large.

Il convient de rappeler que la loi du 17 germinal an XI n'avait pas arbitrairement fixé le rapport de 1 à 15 $^1/_2$: elle avait adopté le rapport existant à l'époque. Elle n'avait pas davantage entendu lui donner un caractère de perpétuité. Bien au contraire, le ministre des finances avait dit de la façon la plus expresse, suivant d'ailleurs en cela le précédent de l'édit de 1785, que si le rapport commercial venait à changer, il faudrait modifier la taille du kilogramme d'or et refondre les espèces d'or. C'est après coup que l'on a imaginé la théorie de l'invariabilité du rapport légal.

En fait, les valeurs relatives de l'or et de l'argent ont changé maintes fois et jamais le gouvernement n'a refondu la monnaie d'or pour faire concorder le rapport légal avec le rapport commercial. Il est arrivé, par suite, que la monnaie d'or a été tantôt dépréciée tantôt surévaluée légalement par rapport à la monnaie d'argent. Jusqu'en 1850 et après 1870, le rapport moyen de l'or à l'argent a été au-dessus de 15 ½; 1 kilogramme d'or valait plus de 15 ½ kilogrammes d'argent : l'or était donc légalement déprécié. Au contraire, de 1850 à 1870, le kilogramme d'or a valu moins de 15 ½ kilogrammes d'argent; à son tour, l'argent a été déprécié légalement.

On a supposé jusqu'ici, afin de ne pas compliquer les raisonnements, que le rapport légal, auquel on doit comparer les rapports commerciaux pour déterminer la dépréciation ou la surestimation légale de l'un des métaux au regard de l'autre, était le rapport de 1 à 15 ½.

En réalité, comme l'a très justement fait remarquer M. Feer-Herzog[1], le chiffre de 15 ½ n'est que l'expression théorique du rapport légal. « L'expression véritable et pratique résulte de la combinaison des frais de monnayage avec la relation du prix des deux métaux. Pour la trouver, il faut tenir compte de ce fait que, pour monnayer 1 kilogramme d'argent, il faut dépenser 1 fr. 50 c., et que pour monnayer 1 kilogramme d'or, il faut dépenser 6 fr. 70 c.; en combinant ces deux chiffres avec le prix, d'une part, de 1 kilogramme d'argent fin, et, d'autre part, de 1 kilogramme d'or fin, on trouve que le rapport pratique découlant de la loi est non pas de 15.50, mais de 15.58[2]... On peut prouver par les cotes de 1852 à 1864, époque à laquelle l'argent a quitté la France, que cette fuite a eu lieu avant que le rapport fut tombé à 15.50 : elle s'est effec-

1. *Enquête sur la question monétaire* (1869-1870), t. I, p. 348.

2. D'après le tarif de la loi de germinal (9 francs pour l'or, 6 francs pour l'argent) le rapport pratique était. 15 69
D'après le tarif de l'ordonnance du 25 février 1835 (6 francs pour l'or, 2 francs pour l'argent), il était de. 15 62
D'après le tarif du décret du 22 mai 1849 (6 francs pour l'or, 1 fr. 50 c pour l'argent), il était de. 15 59

tuée aux environs de 15.55 et 15.56 pendant les années 1853 à 1859... Aussitôt que le rapport résultant des cotes de la Bourse est descendu au-dessous du chiffre 15.58, effet pratique du rapport légal, et longtemps avant qu'il arrive au chiffre de 15.50, l'argent s'en va ; il revient aussitôt que le rapport commercial se rapproche de 15.58. » Le chiffre 15.55 ou 15.56 joue, en quelque sorte, le rôle de pivot. « Cette observation montre combien le jeu du double étalon est une chose délicate. Aussitôt que le rapport des deux métaux arrive dans le voisinage de 15.55 ou 15.56 la substitution de l'un à l'autre s'opère ; à 15.56 l'argent arrive et, à 15.55, il commence à fuir. »

L'effet du double étalon apparaît clairement, si l'on compare les frappes de l'or et de l'argent de 1821 à 1850 et de 1851 à 1870 :

PÉRIODES.	RAPPORT légal.	RAPPORT commercial moyen.	FABRICATIONS. Or. francs.	FABRICATIONS. Argent[1]. fr. c.
1821-1850.	15.69 15.62 15.59	15.76	453,174,270	3,190,913,437.10
1851-1870.	15.59 15.58	15.44	6,436,080,610	528,138,619.40.

Ainsi, de 1821 à 1850, quand le rapport commercial moyen était plus favorable à l'or que le rapport légal, c'est surtout l'argent qui a été frappé ; de 1851 à 1870, le rapport commercial étant plus favorable à l'argent que le rapport légal, les grosses fabrications ont porté sur l'or. Si les rapports commerciaux notés dans le tableau ci-dessus n'étaient pas des rapports moyens, si l'or avait constamment valu 15.76 kilogrammes d'argent de 1821 à 1850, et 15.44 kilogrammes d'argent de 1851 à 1870, il n'aurait peut-être pas été frappé une seule pièce d'or dans la première de ces deux périodes, une seule pièce d'argent dans la seconde. Mais, par intervalles, le rapport, généralement favorable à l'un des métaux, lui redevenait défavorable. Par exemple, de 1821 à 1835, il arrivait parfois que la valeur de l'or en argent, qui, en moyenne, était supérieure à 15.69, descendit en fait au-dessous de ce chiffre. L'argent faisait

1. Écus de 5 francs et monnaies divisionnaires à 0.900.

prime, pour un temps très court, à la vérité; cela suffisait pour qu'on l'exportât et qu'on importât de l'or. De 1851 à 1870, il arrivait de même que le rapport commercial, qui en moyenne était inférieur à 15.58, s'élevât au-dessus de ce chiffre. Dans ce cas, l'or faisait prime; on l'exportait donc et on importait l'argent. Mais, le plus souvent, de 1821 à 1850, c'était l'or, de 1851 à 1870, c'était l'argent qui faisait prime et était exporté; c'était l'argent, dans la première période, l'or, dans la seconde, qui était importé et monnayé.

En résumé, le métal légalement déprécié ne restait pas en France; il émigrait à l'étranger où on le prenait pour sa valeur intrinsèque.

On a vu ainsi se vérifier une fois de plus l'exactitude d'un théorème économique, connu dès l'antiquité[1], mais que l'on appelle communément *loi de Gresham*, du nom de celui qui l'a formulé le premier dans les temps modernes[2]. Ce théorème s'énonce ainsi : lorsque la loi attribue à deux monnaies de valeur inégale une force libératoire égale, la monnaie légalement surévaluée reste seule dans la circulation; ou, en termes plus expressifs et qui font image : la mauvaise monnaie chasse la bonne.

La loi de Gresham n'opère pas avec la rigueur d'une loi physique ou chimique. Deux monnaies d'inégale valeur peuvent coexister pour un temps dans la circulation, bien que la loi leur assigne un pouvoir d'achat équivalent. Pour que la bonne monnaie s'écoule à l'extérieur, il faut que le commerce ait intérêt à l'exporter.

Dans le système de la loi de l'an XI, l'intérêt que le commerce avait à exporter la bonne monnaie résultait de la faculté qui

1. Dans son *Dialogue des Grenouilles*, Aristophane disait que les mauvais citoyens chassent les bons, comme la mauvaise monnaie chasse la bonne.

2. La proclamation du 27 septembre 1560, par laquelle la reine Élisabeth réduisait la valeur légale des espèces altérées frappées sous Henri VIII, pour la ramener à leur valeur comme métal fin, fut provoquée par les avis de Sir Thomas Gresham. L'habile financier avait démontré que c'était la force libératoire trop élevée attribuée à ces espèces qui incitait à l'exportation des monnaies loyales de frappe plus récente. C'est M. H. D. Macleod qui a fait prévaloir l'expression « théorème de Gresham ». Cf. Michel Chevalier, *La monnaie*, p. 334 et 337; Stanley Jevons, *La monnaie et le mécanisme de l'échange*, p. 68.

lui était laissée de faire apposer par l'État sur le métal déprécié acheté à l'étranger, une empreinte qui lui conférait une valeur nominale supérieure à sa valeur réelle. On exportait la bonne monnaie pour faire entrer la mauvaise.

Cette double opération est devenue impossible depuis 1878. Les pouvoirs publics se sont, en effet, décidés à mettre un obstacle définitif à des spéculations dont la conséquence directe était d'appauvrir la circulation par la substitution aux espèces à valeur pleine, d'espèces dépréciées. Dès le mois de septembre 1873, on essaya de les rendre impraticables en limitant, par des décisions ministérielles, les quantités de pièces de 5 francs[1] en argent que les hôtels des monnaies étaient tenus de frapper quotidiennement, et en reculant de plus en plus l'échéance des bons de monnaie de manière à infliger des pertes d'intérêts de plus en plus grandes aux spéculateurs. Mais, en 1876, la baisse de l'argent avait fait de tels progrès que, pour absorber la marge de gain qui en résultait, il aurait fallu porter à plus d'une année l'échéance des bons de monnaie[2]. C'est alors que le ministre des finances, M. Léon Say, prit l'initiative d'un projet de loi, qui est devenu la loi du 5 août 1876, aux termes de laquelle le gouvernement est autorisé à limiter ou à suspendre par décret la fabrication des pièces de 5 francs en argent pour le compte des particuliers. Les puissances signataires de l'Union latine se sont engagées, par la convention du 5 novembre 1878, à ne plus frapper ces mêmes pièces.

Ainsi a disparu la principale cause de l'exportation des monnaies légalement dépréciées par la loi du 17 germinal an XI. Toutefois, la suspension de la frappe libre de l'argent n'a supprimé que l'une des conditions du fonctionnement de la

1. La frappe libre n'existait déjà plus pour les monnaies divisionnaires d'argent depuis les lois du 25 mai 1864, art. 4, et du 14 juillet 1866, art. 6.

2. *Discours prononcés par M. Léon Say pendant la session de* 1876. Paris, Wittersheim, 1877, p. 11. « Supposez une baisse de 12 p. °/₀ ; mettez de faux frais 2, 3 ou 5 p. °/₀. Vous voyez que pour que l'opération ne soit pas fructueuse, il faudrait que, par l'allongement de l'échéance, nous puissions imposer 7 p. °/₀ de perte aux personnes qui apportent de l'argent ; 7 p. °/₀, cela représente plus d'un an d'intérêts, étant donné surtout l'intérêt fort bas qui existe aujourd'hui sur les marchés de Londres et de Paris. »

loi de Gresham. Il en est une autre que les pouvoirs publics ne peuvent faire disparaître : c'est la nécessité de régler les balances internationales. Lorsque les compensations en papier ou en titres n'y suffisent pas, il faut bien exporter du numéraire. Dans ce cas, comme l'étranger ne prend les monnaies des autres pays que pour leur valeur intrinsèque, on a tout intérêt à lui envoyer les monnaies dont la valeur réelle n'est pas inférieure à la valeur nominale et à réserver pour les paiements intérieurs celles qui ont cours pour une valeur supérieure à leur valeur comme lingots. Dès que l'un des métaux que la loi reconnaît comme monnaies légales, fait une prime suffisante, il peut être exporté. C'est ce qui arrive lorsque la prime couvre les frais de fabrication, c'est-à-dire lorsqu'elle s'élève au-dessus de 2.165 p. ‰ sur l'or.

Des exportations de ce genre se sont produites à diverses époques, en 1879 notamment, lorsque la France dût payer aux États-Unis les quantités très grandes de céréales importées pour combler le déficit de sa récolte. Ces circonstances peuvent se réaliser encore et la France n'a pas cessé d'être menacée d'un drainage de l'or. Mais les conséquences en seraient moins redoutables aujourd'hui, à raison de l'abondance de l'or à la Banque et dans la circulation. La France est, à cet égard, à peu près dans les mêmes conditions qu'un pays à étalon unique d'or. Il faut savoir reconnaître qu'elle est redevable de cette situation privilégiée à l'initiative intelligente qui a provoqué la suspension de la frappe libre du métal blanc.

§ 4. — Monnaies légales.

La loi du 17 germinal an XI attribuait une force libératoire illimitée aux trois monnaies d'argent, d'or et de cuivre dont elle ordonnait la fabrication. Depuis lors, des distinctions ont été introduites par la législation. En outre, un certain nombre de monnaies étrangères, sans avoir cours légal, sont aujourd'hui reçues par les caisses publiques en vertu soit des lois, soit de décisions administratives.

I. — MONNAIES LÉGALES A COURS ILLIMITÉ. — Ce sont les pièces d'or et les pièces d'argent de 5 francs.

Ces espèces jouissent également du cours légal dans les Antilles, à la Réunion, à la Guyane, au Sénégal. Elles ont cours légal entre les particuliers et les caisses publiques dans la Régence de Tunis, où il existe d'ailleurs, depuis le décret du 1er juillet 1891, des pièces aux empreintes beylicales taillées d'après le système du franc. En Indo-Chine, la pièce de 5 francs en argent a la qualité de monnaie légale; mais elle ne circule pas.

Le cours légal a été accordé, en outre, aux billets de banque. Les billets de la Banque de France, dans la métropole, ceux de la Banque d'Algérie, dans cette possession, jouissent d'un pouvoir libératoire illimité, en vertu, pour les premiers, de la loi du 12 août 1870 combinée avec la loi du 3 août 1875 et, pour les seconds, de la loi du 3 avril 1880. Il en est de même pour les billets de chacune des Banques coloniales sur le territoire respectif des colonies où elles ont leur siège (Martinique, Guadeloupe, Réunion, Guyane, Sénégal), en vertu de la loi du 13 décembre 1901 qui a prorogé l'existence de ces établissements et réglementé à nouveau leur organisation[1], et des billets de la Banque de l'Indo-Chine en territoire colonial ou de protectorat, dans la circonscription des succursales où ils sont payables, en vertu du décret du 16 mai 1900.

II. — Monnaies légales a cours limité ou d'appoint. — Ce sont les monnaies de bronze et les monnaies d'argent de 2 francs, 1 franc, 50 et 20 centimes.

Le décret du 18 août 1810 avait retiré le cours légal illimité aux pièces de cuivre et de billon et décidé qu'elles ne pourraient être employées dans les payements, si ce n'est de gré à gré, que pour l'appoint de la pièce de 5 francs. Le pouvoir libératoire des pièces de bronze frappées en exécution de la loi du 6 mai 1852, est, aux termes de l'article 6 de cette loi, limité à la même somme.

La loi du 25 mai 1864, en abaissant à 0.835 le titre des pièces de 20 et de 50 centimes, avait limité leur force libératoire entre particuliers, à 20 francs. La loi du 14 juillet 1866, qui a réduit

1. La loi du 24 juin 1874, qui a régi ces banques jusqu'en 1901, contenait une disposition identique.

également à 0.835 le titre des pièces de 1 et 2 francs, a fixé le pouvoir libératoire, entre particuliers, de toutes les monnaies divisionnaires d'argent sans distinction à 50 francs pour chaque payement. Ces dispositions n'ont d'effet qu'entre particuliers. Les caisses publiques doivent recevoir ces pièces sans limitation de quantité (art. 5) ; le Trésor, qui a émis ces valeurs fiduciaires, ne peut équitablement refuser de les recevoir.

Le même motif devrait conduire à décider que les caisses publiques ne doivent pas refuser les monnaies de bronze au delà de l'appoint de 5 francs. Mais ni le décret de 1810, ni la loi de 1852 n'ont expressément restreint aux relations entre particuliers la limitation du cours de ces espèces.

III. — MONNAIES ADMISES DANS LES CAISSES PUBLIQUES. — Sont admises dans les caisses publiques françaises, conformément aux conventions monétaires conclues entre la Belgique, la France, la Grèce, l'Italie et la Suisse, notamment au dernier de ces actes internationaux en date du 6 novembre et du 12 décembre 1885 et à la loi du 29 décembre suivant :

1° Sans limitation de sommes, les pièces d'or frappées aux empreintes des puissances cosignataires, pourvu que ces empreintes n'aient pas disparu et que les pièces ne soient pas réduites par le frai au-dessous des tolérances fixées par la convention [1];

2° Sans limitation de sommes, les pièces d'argent de 5 francs, pourvu qu'elles n'aient pas été altérées frauduleusement et que les empreintes n'aient pas disparu ;

3° Jusqu'à concurrence de 100 francs par payement, les monnaies divisionnaires d'argent émises par les mêmes puissances, l'Italie exceptée[2], pourvu qu'elles n'aient pas été frauduleusement altérées et que les empreintes n'aient pas disparu[3].

1. V. *infra*, p. 179.

2. Un arrangement du 15 novembre 1893, approuvé en France par la loi du 22 mars 1894, a suspendu cette obligation en ce qui concerne les monnaies divisionnaires italiennes. Ces espèces ont été retirées de la circulation des autres pays et remises au gouvernement italien, qui s'était engagé à les rembourser, moitié en or, moitié en traites payables en monnaie légale.

3. Dans ce cas, en effet, le gouvernement qui les a frappées ou qui est supposé les avoir frappées, pourrait refuser de les reprendre.

Sont également admises dans les caisses publiques, en vertu de décisions du ministre des finances :

1° Les pièces d'or austro-hongroises de 4 florins-10 francs et de 8 florins-20 francs (décis. du 14 juin 1874) ;

2° Les pièces d'or monégasques de 20 et 100 francs (décis. du 6 septembre 1878) ;

3° Les pièces d'or russes de 5 et 10 roubles, frappées de 1886 à 1896 (décis. du 17 octobre 1887) ;

4° Les pièces d'or espagnoles de 10 pesetas à l'effigie d'Alphonse XII et celles de 10 et 20 pesetas à l'effigie d'Alphonse XIII (décis. du 15 février 1891).

Les espèces admises dans les caisses publiques n'ont pas cours légal : les particuliers ne sont pas tenus de les recevoir en payement. Mais la Banque de France s'est engagée, par une lettre du 2 novembre 1885, dont il est pris acte dans l'article 3 de la convention du 6 novembre suivant et qui y est annexée, à recevoir pour le compte du Trésor, conjointement avec les caisses publiques, les pièces de 5 francs en argent de l'Union latine, dans des conditions identiques à celles où elle reçoit les pièces françaises de la même coupure.

Les particuliers peuvent-ils obliger les caisses publiques à recevoir les monnaies ci-dessus énumérées? En ce qui concerne les monnaies de l'Union latine, l'affirmative ne semble pas douteuse : la convention porte que les caisses publiques *recevront* ces pièces ; c'est une obligation qu'elle édicte et non une faculté qu'elle accorde. Pour les pièces admises en vertu de simples décisions du ministre des finances, la négative paraît préférable : le ministre a évidemment le droit de révoquer les instructions qu'il a librement données à ses agents.

L'admission dans les caisses publiques doit être encore distinguée du cours légal à un autre point de vue. L'individu qui a altéré ou contrefait les espèces dont il vient d'être question, tombe sous le coup, non de l'article 132 mais de l'article 133 du Code pénal : il n'est punissable que s'il a commis le crime sur le territoire français.

IV. — Du frai des monnaies dans ses rapports avec le cours légal. — Une pièce de monnaie conserve-t-elle, en dépit du frai, sa valeur libératoire, et, si elle ne la conserve pas indéfiniment, combien doit-elle peser au minimum pour pouvoir encore être imposée en paiement? Cette première question résolue, une autre se pose : la pièce frayée, déchue de son pouvoir libératoire entre particuliers, le conserve-t-elle vis-à-vis de l'État qui l'a émise? En d'autres termes, la perte est-elle pour le dernier porteur ou pour l'État?

Notre législation intérieure n'établit pas de minimum de poids courant. Les espèces conservent leur valeur libératoire, quelle qu'en soit l'usure. Une seule circonstance peut, en fait, sinon en droit, autoriser le créancier à les refuser; c'est la disparition complète des empreintes, qui permettrait d'en contester la nationalité française. L'imputation de la perte résultant du frai n'est pas réglée davantage. En pratique, les monnaies circulent, pour avariées qu'elles soient; de temps à autre l'État les retire et les refond. L'usage est, en somme, que le Trésor assume la perte du frai, tant que les empreintes sont reconnaissables.

La question du frai a été réglée au contraire, au point de vue de nos rapports avec les puissances latines. Voici quelle est l'économie de la convention du 6 novembre 1885.

Les pièces d'or dont le poids aurait été réduit de 1/2 p. % au-dessous des tolérances de fabrication, ou dont les empreintes auraient disparu, peuvent être refusées par les caisses publiques des autres États (art. 2).

Les monnaies d'argent ne peuvent pas être refusées, pour cause de frai, à moins toutefois qu'elles aient été frauduleusement altérées ou que les empreintes en aient disparu. Mais, d'une part, les pièces de 5 francs en argent dont le poids aurait été réduit de 1 p. % au-dessous des tolérances de fabrication perdent le bénéfice de la circulation internationale sans limitation de durée que le pacte monétaire garantit à cette coupure : l'État qui a émis ces pièces est exceptionnellement tenu de les reprendre des caisses publiques des autres États; il ne pourrait s'y refuser que si elles avaient été frauduleusement altérées ou si les empreintes avaient disparu (art. 3). D'autre part, en règle générale, chacun des gouvernements contractants est tenu de reprendre les monnaies divisionnaires d'argent qu'il a émises et de les échanger contre une égale valeur de monnaie courante en pièces d'or ou en pièces d'argent de 5 francs, à condition que la somme présentée à l'échange ne soit pas inférieure à 100 francs (art. 7); la convention ne distingue pas entre les monnaies frayées et les monnaies de bon poids; elle est donc applicable aux premières comme aux secondes; de plus, aux termes de l'article 4, les monnaies divisionnaires d'argent dont les empreintes auront disparu ou dont le poids aura été réduit par le frai de 5 p. °/₀ au-dessous des tolérances de fabrication, doivent être refondues par les gouvernements qui les auront émises.

Voici le tableau des tolérances de frai, exprimées en millièmes du poids droit[1] :

NATURE DES PIÈCES.	TOLÉRANCES			Poids minimum.
	de fabrication.	de frai.	totales.	
	millièmes	millièmes.	millièmes.	millièmes.
OR :				
20 francs.	2	5	7	993
10 francs.	2	5	7	993
5 francs.	3	5	8	992
ARGENT :				
5 francs.	3	10	13	987
2 francs.	5	50	55	945
1 franc.	5	50	55	945
50 centimes.	7	50	57	943
20 centimes.	10	50	60	940

En résumé, pour les pièces d'or et dans les relations entre le Trésor et les particuliers porteurs d'espèces frappées dans un autre pays latin, la perte est pour le particulier. Cette perte est provisoire ou définitive, selon que la loi du pays d'émission

1. Une erreur s'est glissée dans le tableau des tolérances de frai inséré en tête des *Expériences de frai effectuées en* 1884, publiées par l'administration des monnaies. La tolérance de frai y est indiquée comme étant de 0.01 au lieu de 0.05 pour les monnaies divisionnaires, les poids minima de 985 et 983 pour les pièces de 1 franc et de 50 centimes, au lieu de 945 et 943. Le classement des pièces a d'ailleurs été fait sur les bases exactes, comme on peut s'en assurer en comparant les chiffres indiqués dans ce document à ceux qui ont été publiés depuis dans les procès-verbaux de la conférence de 1885, *Livre jaune*, 1885, p. 153 à 158.

met le frai à la charge de l'État ou du dernier porteur. La perte est sûrement pour celui-ci, si la pièce est italienne (loi italienne du 24 août 1862, art. 10 et 12) ou suisse (loi suisse du 22 décembre 1870, art. 3). La question est douteuse si la pièce est belge ou grecque, les législations monétaires de la Belgique et de la Grèce étant, sur ce point, aussi peu explicites que la législation française[1]. Dans tous les cas, les frais de rapatriement de la pièce frayée retomberont à la charge du dernier porteur.

Pour les monnaies d'argent et dans les relations entre le Trésor et les particuliers porteurs d'espèces frappées dans un autre pays latin, la perte est provisoirement pour le Trésor : c'est une perte purement provisoire, puisque l'État d'émission doit reprendre les monnaies frayées. La question est ainsi soustraite à la législation intérieure du pays émetteur, et le particulier est exempt de toute perte, même de celle que lui occasionnerait l'envoi des espèces dans leur pays d'origine.

Au point de vue purement intérieur, il semble tout à fait équitable que la perte résultant du frai n'incombe pas au dernier porteur. L'usure de la monnaie ne lui est ordinairement imputable que pour une fraction infinitésimale ; elle est le fait de tout le monde. C'est à l'État représentant de la collectivité, que la perte doit incomber ; c'est à lui d'entretenir la monnaie par des refontes.

On objecte, il est vrai, la difficulté de distinguer la pièce naturellement frayée de la pièce frauduleusement altérée ; si l'État déclare qu'il prendra la charge du frai à son compte, n'est-il pas à craindre qu'on ne rogne les bonnes pièces ou qu'on ne les diminue par les procédés chimiques, et qu'on ne les apporte ensuite à la refonte comme pièces frayées ? Le péril est moins grand qu'on ne le suppose ; les altérations frauduleuses sont assez facilement reconnues par l'administration des monnaies.

On objecte encore que l'usure des monnaies ne résulte pas seulement de leur circulation intérieure, mais aussi de l'usage qui en est fait à l'étranger. En peut-on déduire qu'il soit juste

1. Cf. Fauchille, Du frai des monnaies, spécialement dans l'Union latine. *Annales de l'École libre des Sciences politiques*, 15 juillet 1888.

de la mettre à la charge du dernier porteur plutôt que de l'État ?

Cette dernière objection a une grande valeur quand on envisage, non plus les rapports d'un État et de ses ressortissants, mais les relations de plusieurs États membres d'une union monétaire. A ce point de vue, on peut critiquer les règles admises pour la monnaie d'argent par la convention monétaire latine[1]. Les espèces émises par chacun des États n'ont pas circulé seulement sur son territoire; elles ont été utilisées par les habitants des territoires voisins. En équité, l'Union tout entière devrait supporter la charge du frai. La difficulté serait de répartir la dépense entre les cinq États. La proposition faite en 1878 et 1885, de prendre pour base le nombre d'habitants[2], n'est pas acceptable ; l'activité de la circulation et par suite l'usure des monnaies ne dépendent pas seulement du chiffre absolu de la population mais de sa densité, de la nature de ses occupations, du développement plus ou moins grand de la circulation fiduciaire, etc. Si la distribution des pièces d'argent entre les divers territoires de l'Union résultait uniquement du mouvement naturel des échanges, la solution la plus simple et la plus pratique serait encore que chaque État fût chargé de refondre les pièces frayées qui viendraient échouer dans ses caisses, quelle qu'en fût la nationalité. Il y aurait compensation, par suite de l'échange continuel des monnaies, entre le frai des pièces étrangères refondues par chaque État et le frai des pièces de cet État refondues par ses co-associés[3]. Mais, par suite de causes diverses, les monnaies d'argent tendent à s'accumuler de préférence dans certains États de l'Union ; la France, notamment, pourrait être exposée à contribuer pour une part trop forte au frai commun.

La question du frai a pris, en France, depuis douze ou quinze années, une acuité particulière. Des expériences faites par l'administration des monnaies, en 1884 et 1888, ont démontré que

1. Cf. Fauchille, *op. cit.*

2. Propositions de MM. Pirmez et Sainctelette aux conférences de 1878 et 1885. *Livre jaune*, 1878, p. 116 ; 1885, p. 56.

3. C'est la solution que recommande M. Fauchille, dans l'article cité plus haut.

le poids de notre circulation, et spécialement de notre circulation d'or, s'était sensiblement abaissé.

Voici d'abord le résultat de l'enquête de 1884[1], en ce qui concerne les pièces d'or de 20, 10 et 5 francs et les pièces d'argent de 5 et 2 francs, 1 franc et 50 centimes :

1° POIDS MOYEN ÉVALUÉ EN MILLIÈMES DU POIDS DROIT.

NATURE DES PIÈCES.	PIÈCES LOURDES (au-dessus de la tolérance de fabrication).	PIÈCES BONNES		PIÈCES LÉGÈRES (au-dessous de la tolérance de frai).	POIDS MOYEN général.
		Dans la tolérance de fabrication.	Dans la tolérance de frai.		
OR :					
20 francs . . .	1003.4	999.3	995.6	990.3	997.1
10 francs . . .	1003.5	999.7	995.1	989.2	992.9
5 francs . . .	1000.5	999.4	993.9	984.6	988.9
ARGENT :					
5 francs . . .	1004.8	999.2	992.9	982.8	993.7
2 francs . . .	1007.7	997.7	987.0	»	988.8
1 franc. . . .	1007.2	998.3	979.3	»	981.2
50 centimes . .	1012.4	998.3	964.7	933.3	968.4

2° QUOTITÉ P. °/₀ DU NOMBRE DE PIÈCES.

NATURE DES PIÈCES.	PIÈCES LOURDES (au-dessus de la tolérance de fabrication).	PIÈCES BONNES		PIÈCES LÉGÈRES (au-dessous de la tolérance de frai).	TOTAL.
		Dans la tolérance de fabrication.	Dans la tolérance de frai.		
OR :					
20 francs . . .	1.17	48.46	43.40	6.97	100.0
10 francs . . .	0.99	7.42	45.21	46.38	100.0
5 francs . . .	1.64	9.00	25.46	63.90	100.0
ARGENT :					
5 francs . . .	1.54	29.27	56.96	12.23	100.0
2 francs . . .	0.32	15.25	84.43	»	100.0
1 franc. . . .	0.41	9.52	90.07	»	100.0
50 centimes . .	0.32	17.95	72.39	9.34	100.0

1. *Expériences de frai effectuées en* 1884. Paris, Imp. nat., 1885.

L'enquête de 1888[1] a porte uniquement sur la pièce de 20 francs.

En voici les résultats, comparés à ceux de 1884 :

1° POIDS MOYEN ÉVALUÉ EN MILLIÈMES DU POIDS DROIT.

ANNÉES.	PIÈCES LOURDES, au-dessus de la tolérance de fabrication (plus de 1002).	PIÈCES BONNES		PIÈCES LÉGÈRES, au-dessous de la tolérance de frai (moins de 993).	POIDS MOYEN général.
		Dans la tolérance de fabrication (de 1002 à 998).	Dans la tolérance de frai (de 998 à 993).		
1888.	1004.1	999.3	995.7	990.1	996.6
1884.	1003.4	999.3	995.6	990.3	997.1
En plus . . .	0.7	»	0.1	»	»
En moins . .	»	»	»	0.2	0.5

2° QUOTITÉ P. °/₀ DU NOMBRE DE PIÈCES.

ANNÉES.	PIÈCES LOURDES, au-dessus de la tolérance de fabrication (plus de 1002).	PIÈCES BONNES		PIÈCES LÉGÈRES, au-dessous de la tolérance de frai (moins de 993).	TOTAL.
		Dans la tolérance de fabrication (de 1002 à 998).	Dans la tolérance de frai (de 998) à 993).		
1888.	0.84	36.42	54.88	7.86	100.0
1884.	1.17	48.46	43.40	6.97	100.0
En plus . . .	»	»	11.48	0.89	»
En moins . .	0.33	12.04	»	»	»

On voit que, de 1884 à 1888, les pièces lourdes et les pièces dans la tolérance de fabrication étaient devenues moins nombreuses : la diminution n'était pas moindre de 12.37 p. °/₀; les pièces dans la tolérance de frai et les pièces légères avaient

1. *Expériences de frai effectuées en* 1888. Paris, Imp. nat., 1888.

augmenté dans la même proportion. Le poids moyen de 155 pièces de 20 francs, qui doit être de 1,000 grammes au poids droit, était descendu en quatre ans de 997.1 grammes à 996.6 grammes, en perte de 1/2 gramme.

Cet appauvrissement de notre circulation d'or résultait principalement de la suspension de fait de la frappe des pièces de 20 francs depuis 1879. Avant cette époque, les fabrications faites pour le compte du commerce amenaient la refonte régulière d'un certain nombre de pièces usées et, dans tous les cas, mettaient en circulation des espèces neuves. Le poids moyen des pièces de 20 francs était ainsi maintenu à un niveau convenable. Depuis 1879, au contraire, les déperditions résultant du frai n'avaient plus été compensées par les additions de poids résultant de fabrications annuelles. Le système alors suivi par la Banque depuis un certain nombre d'années, consistant à relever la prime de l'or au lieu de hausser le taux de l'escompte lorsque le cours des changes révélait une sortie du numéraire[1], a eu également des répercussions fâcheuses sur le poids moyen de notre circulation. Pour éviter de payer la prime, on trébuchait l'or et on exportait les pièces lourdes[2] : le poids moyen général en a été nécessairement affaibli.

L'affaiblissement de la monnaie d'or a, comme on le sait, un retentissement nécessaire sur le cours des changes. Il relève le *gold point* et par suite recule la limite de hausse du papier de commerce. Le coût des paiements à l'étranger se trouve ainsi augmenté pour le commerce français. Ces considérations ont déterminé le gouvernement et les chambres à inscrire au budget de l'administration des monnaies, depuis 1889, un crédit affecté à la restauration de nos pièces d'or. C'est au même usage qu'a été consacré jusqu'à concurrence de 1,231,200 francs[3] le fonds de réserve constitué, selon le vœu de la convention internationale du 29 octobre 1897, avec le bénéfice de

1. V. *infra*, troisième partie, chapitre III.

2. C'est ce qui s'est produit notamment en 1887. L'*Economist* de Londres a noté, semaine par semaine, du 20 août à la fin de novembre, tous les mouvements de l'or sur la place de Paris. Il constate qu'en octobre, la prime étant de 9 p. °/₀₀, on a pris de l'or dans la circulation. La Banque a réduit alors la prime à 7 p. °/₀₀.

3. Chiffre au 31 décembre 1901.

1,724,637 francs réalisé sur la fabrication avec des lingots de 3 millions de francs de monnaies divisionnaires d'argent[1]. Les pièces neuves fabriquées en remplacement des pièces retirées, depuis 1889 jusqu'au 31 décembre 1901, représentent une valeur de 202,607,450 francs, dont 138,555,240 francs en pièces de 20 francs et 64,052,210 francs en pièces de 10 francs.

§ 5. — Monnaie de compte et étalon.

La monnaie de compte et l'étalon peuvent être considérés comme identiques en France. La monnaie de compte est le franc; l'étalon est le métal dont le franc est formé.

Légalement, le franc est une pièce d'argent à 0.900 de fin pesant 5 grammes. Pratiquement, le franc est le $\frac{1}{3444.44}$ du kilogramme d'or fin. Ce n'est pas en francs d'argent que l'on compte, c'est en francs d'or; ce n'est pas en argent que sont exprimés et mesurés les prix, c'est en or. L'or est la monnaie de compte et l'étalon.

Cet état de fait est absolument l'opposé de celui qu'avait consacré la loi du 17 germinal an XI. La loi de germinal avait reconnu à l'argent la qualité de monnaie de compte et d'étalon ; quant à la monnaie d'or, sa valeur était ramenée à celle de l'argent : elle le représentait.

Le système fonctionna régulièrement jusqu'en 1820. L'or circulait effectivement à côté de l'argent. « Pendant le premier Empire, dit M. Feer-Herzog[2], le capital monétaire de la France était de 2 milliards environ : 1,200 millions en argent et 800 millions en or. » On peut s'étonner qu'il y eut autant d'or dans la circulation française. De 1801 à 1810, en effet, l'or valait en moyenne 15.16 kilogrammes d'argent ; il aurait dû être drainé à l'étranger en vertu de la loi de Gresham. Mais à cette époque beaucoup de pays, notamment l'Angleterre, étaient au régime du cours forcé ; eux aussi avaient une mauvaise monnaie, une monnaie détestable, le papier, qui chassait la bonne, c'est-à-dire l'or. La monnaie d'argent était moins

1. V. *infra*, p. 202.

2. *Enquête sur la question monétaire* (1869-1870), t. I, p. 349.

mauvaise; l'or resta auprès d'elle en France. Au surplus, de 1801 à 1810, les frappes d'argent furent légèrement supérieures aux frappes d'or: 332,898,000 francs contre 219,290,000 francs.

De 1811 à 1820, le rapport légal (15.69), plus favorable à l'or que le rapport commercial moyen (15.51), retint le métal jaune en France. Ce qui peut étonner, c'est que l'argent, qui en revanche était légalement déprécié, n'ait pas quitté le territoire pour faire place à l'or. Il ne paraît pas néanmoins que cette émigration de l'argent ait eu lieu. Tout au contraire, les frappes de ce métal ont été supérieures à celles de l'or : 775,143,000 francs contre 656,388,000 francs. Mais on remarquera que l'Angleterre était toujours au régime du cours forcé et que, par suite, il n'existait pas, comme aujourd'hui, à proximité de la France, un réservoir métallique où puiser l'or nécessaire à l'opération. L'or de remplacement ne pouvait être demandé qu'à des pays plus éloignés et l'écart entre le rapport légal et le rapport commercial n'était pas assez grand pour couvrir des frais de transport élevés.

C'est après 1829 que le divorce fut consommé entre l'or et l'argent. La valeur de l'or s'éleva, en partie sous l'influence des demandes faites par l'Angleterre pour la reprise des paiements en espèces. Le rapport commercial descendit, en conséquence, à 15.80 de 1821 à 1830, 15.67 de 1831 à 1840, 15.82 de 1841 à 1850. Les causes qui avaient précédemment arrêté l'émigration de l'or n'existaient plus : loin d'être repoussé d'Angleterre par le papier déprécié, il y était appelé ; il disparut rapidement de la circulation française. « Les documents sont muets, disait M. Blaise (des Vosges) dans sa déposition devant le Conseil supérieur du commerce en 1870, mais tout le monde admet qu'en 1838, non pas seulement l'encaisse de la Banque (300 millions en tout), mais la totalité de la circulation française ne comprenait pas plus de 200 millions en or, à peine 5 p. °/₀, sur 4 milliards[1]. » « ... L'or, disait-il encore, était une curiosité pour beaucoup de gens ; les riches s'en servaient seuls pour leur jeu, leurs voyages et leurs caprices, et la plupart des personnes ici présentes peuvent se rappeler le temps

1. *Enquête sur la question monétaire* (1869-1870), t. I, p. 562.

qui n'est pas fort éloigné de nous, où l'or faisait prime, où on l'achetait jusqu'à 2 p. °/₀₀ et même 3 p. °/₀₀ au-dessus de son cours légal[1]. » J.-B. Say, à l'époque dont il est question dans la déposition de M. Blaise, parlait même d'une prime de 5 p. °/₀₀ comme d'une chose courante : « La valeur de la monnaie d'or et de la monnaie d'argent est, en France, au moment où ceci est écrit, aussi rapprochée qu'elle l'ait été à aucune époque et, je crois, aussi rapprochée qu'elle peut l'être ; cependant la monnaie d'or gagne 1/2 p. °/₀ sur l'autre[2] ».

L'argent fut alors la monnaie de compte et l'étalon, non parce que la loi de l'an XI lui assignait la qualité de monnaie fondamentale, mais parce qu'il n'y avait pas d'autre monnaie en quantité suffisante pour faire les paiements. C'est l'argent que livraient les débiteurs, c'est en argent que les créanciers s'attendaient à être payés; c'est par rapport à l'argent que se fixaient les prix.

De 1850 à 1870 le rapport légal (15.59 puis 15.58) fut moins favorable à l'argent que le rapport commercial : celui-ci tomba à 15.41 de 1851 à 1855, à 15.30 de 1856 à 1860 ; il remonta à 15.40 de 1861 à 1866, à 15.55 de 1866 à 1870. L'argent fit prime et fut exporté. L'or le remplaça. Il fut d'abord accueilli avec quelque défiance par une population qui ne le connaissait guère. « Nous nous rappelons », écrivait en 1865 la Chambre de commerce de Tours[3], « qu'il y a une quinzaine d'années, la province n'accepta pas sans peine la substitution de l'or à l'argent. Pendant quelque temps l'or, auquel on n'était pas habitué, fut considéré comme suspect, et nous affirmons que bien des gens, et non des moins instruits, préféraient un sac de 1,000 francs en argent à un rouleau de 1,000 francs en or. Dans les campagnes, la substitution s'opéra plus difficilement encore. On craignait les pièces fausses, on craignait de perdre une monnaie si petite et si précieuse. Cependant il fallut bien s'y habituer; l'argent prit une valeur supérieure à celle de l'or et, bon gré mal gré, on fut obligé de se contenter du paiement

1. *Enquête sur la question monétaire*, t. I, p. 559.
2. *Cours complet d'économie politique pratique*. 2e édit. (1840), t. I, p. 409.
3. *Enquête sur les principes et les faits généraux qui régissent la circulation monétaire et fiduciaire* (1865), t. IV, p. 808.

en or, qui d'ailleurs était aussi légal que le paiement en argent. » A la fin du second Empire, la transformation était complètement accomplie. D'après l'enquête de 1868[1], les écus ne représentaient pas plus de 2.28 p. °/₀ de la circulation métallique. L'or était à son tour devenu l'étalon, en vertu, non de la loi, mais de la nécessité, parce qu'il était la monnaie de beaucoup la plus abondante, la seule qui fut vraiment à la disposition des débiteurs pour s'acquitter de leurs obligations.

Après 1873, l'argent, de nouveau déprécié, reflua de nouveau vers la France. Il commençait à en chasser l'or lorsque le gouvernement suspendit la liberté de la frappe. Il est résulté de cette mesure une situation monétaire qui n'est pas sans analogies avec celle du commencement de ce siècle. L'or et l'argent circulent également en France. C'est par là que les deux époques sont comparables l'une à l'autre. Mais il y a une différence essentielle. Ce n'est plus d'argent, c'est d'or que se compose surtout notre stock monétaire. Des comptages effectués dans les caisses publiques et dans quelques autres[2] ont permis de constater, en 1878, les proportions de 26.45 p. °/₀ pour l'argent et 73.55 p. °/₀ pour l'or; en 1885, celles de 30.67 p. °/₀ pour l'argent et 69.33 p. °/₀ pour l'or; en 1890, celles de 30.90 p. °/₀ pour l'argent et 69.10 pour l'or; en 1897, celles de 28.64 p. °/₀ pour les écus et de 71.36 p. °/₀ pour l'or. En outre, la Banque de France possède une encaisse d'or considérable (le minimum de 1901 a été 2,332.8 millions, le maximum 2,468.3 millions). Aussi l'or est-il la monnaie principale, la monnaie étalon. L'argent a, pour partie, une valeur fiduciaire, représentative : il circule au pair, parce qu'on peut sans difficulté obtenir de l'or en échange ; la circulation d'argent est gagée par la circulation d'or ; l'argent représente l'or dans les échanges intérieurs, comme lui-même, au commencement de ce siècle, était représenté par l'or.

1. *Bulletin de statistique du Ministère des finances*, août 1885, p. 164. M. Blaise (des Vosges) donnait la proportion de 10 à 12 p. °/₀ parce qu'il avait pris simplement la moyenne arithmétique des proportions indiquées pour chaque département. Cf. *Procès-verbaux de la Commission monétaire*, 1868.

2. V. *infra*, p. 205.

CHAPITRE III.

L'UNION LATINE, LE PROBLÈME MONÉTAIRE.

§ 1. — L'Union latine.

Il a été déjà question de l'Union monétaire latine, soit à propos de l'abaissement du titre des monnaies divisionnaires d'argent, soit à l'occasion de l'admission dans les caisses publiques françaises des monnaies d'or et d'argent de la Belgique, de la Grèce, de l'Italie et de la Suisse. Un bref résumé de l'histoire de cette Union et des conditions actuelles de son existence est ici nécessaire. C'est le préliminaire indispensable de l'étude sur la situation monétaire de notre pays, qui formera la conclusion naturelle du présent chapitre.

L'union monétaire, dite Union latine[1], a été formée par la convention du 23 décembre 1865, dont les puissances signataires étaient la France, la Belgique, l'Italie et la Suisse.

Une communauté monétaire de fait existait antérieurement entre les quatre pays : la Belgique, l'Italie et la Suisse avaient adopté, en effet, le système de la loi française du 17 germinal an XI, ayant pour base le franc d'argent et admettant l'or au cours légal d'après le rapport de 1 à 15 $^1/_2$. Le commerce des quatre pays utilisait indifféremment les espèces frappées par chacun d'entre eux.

Toutefois, en ce qui concerne les monnaies divisionnaires d'argent, l'uniformité du système avait été troublée depuis 1860. La prime que faisait le métal blanc depuis une dizaine d'années en avait provoqué l'exportation. On a déjà vu comment le stock métallique de la France avait été renouvelé à cette époque par le jeu naturel du double étalon. Le même

1. Aucun acte diplomatique ne l'a qualifiée ainsi.

phénomène se produisit en Belgique, en Italie, en Suisse. Pendant la guerre de Sécession, la prime s'éleva encore et les monnaies divisionnaires sortirent à la suite des écus. En vue d'entraver cet exode, qui avait des conséquences particulièrement gênantes pour les menus échanges, la Suisse réduisit à 0.800 le titre de ses coupures d'argent, celle de 5 francs exceptée (loi du 31 janvier 1860); l'Italie abaissa, de son côté, à 0.835[1] le titre de ses pièces de 20 centimes, de 50 centimes et de 1 franc (loi du 24 août 1862) ; la France prit la même mesure pour ses pièces de 20 et de 50 centimes[2] (loi du 25 mai 1864).

Avant de se résoudre à suivre l'exemple donné par la Suisse, l'Italie et la France, la Belgique eut la pensée de proposer à ces trois puissances de rétablir l'harmonie entre leurs systèmes monétaires, en réglant, d'un commun accord, les questions relatives à la fabrication et à la circulation de leurs monnaies. Les ouvertures qu'elle fit, dans ce but, au gouvernement français furent accueillies avec empressement. Une conférence se réunit à Paris. Ses travaux aboutirent à la convention monétaire du 23 décembre 1865, par laquelle les pays contractants se constituèrent à l'état d'union pour ce qui regarde le poids, le titre, le module et le cours de leurs espèces monnayées d'or et d'argent[3].

Le système de l'Union est celui de la loi du 17 germinal an XI, avec les modifications qu'y avait apportées la législation

1. Ce titre avait été recommandé en France dès le mois de juillet 1861, par une commission chargée d'étudier la question pendant le ministère de M. de Forcade. *Commission monétaire de* 1868, p. 155.

2. Le gouvernement avait proposé le titre de 0.835 pour toutes les monnaies divisionnaires. La commission du Corps législatif demanda le maintien de l'ancien titre pour les pièces de 1 et 2 francs.

3. Les monnaies de billon (cuivre, bronze, nickel) sont en dehors de la convention. Elles sont prohibées à l'importation, en France, comme celles des pays non contractants, en vertu des dispositions du décret du 11 mai 1807, article 21, reproduites et amplifiées par les lois de douane, notamment par la loi du 11 janvier 1892. (Le décret de 1807 prohibait les monnaies de cuivre et de billon de fabrique étrangère ; la loi de 1892 prohibe les monnaies de billon hors de cours, ce qui peut comprendre des monnaies de fabrique française, telles, par exemple, les centièmes de piastre de l'Indo-Chine). Une loi du 30 novembre 1896, dans le but de mettre définitivement un terme aux introductions de bronze étranger, en a interdit la mise en circulation, sous les peines de l'article 135 du Code pénal. La réexpédition à l'étranger est seule permise, à de certaines conditions.

française. Mais le franc d'argent à 0.900, base du système n'existe plus que dans la pièce de 5 francs : la pièce de 1 franc est au titre de 0.835.

Ce titre est adopté uniformément dans les quatre pays pour les pièces de 2 francs, 1 franc, 50 centimes et 20 centimes.

La valeur nominale des nouvelles monnaies divisionnaires étant supérieure à leur valeur intrinsèque, par suite de l'abaissement du titre, la fabrication en est réservée à l'État. Elle est, en outre, limitée à un contingent que la convention avait fixé pour chaque pays, sur la base de 6 francs [1] par habitant.

Chacun des pays contractants est tenu de recevoir dans ses caisses publiques [2] les monnaies fabriquées par les trois autres États, sans limitation de valeur en ce qui concerne les pièces d'or et les écus de 5 francs, jusqu'à concurrence de 100 francs pour les pièces d'argent à 0.835. Il est, en outre, stipulé que ces dernières n'auront plus cours légal, entre les particuliers de l'État qui les a fabriquées, que jusqu'à concurrence de 50 francs pour chaque paiement. La circulation des pièces d'or et des écus de 5 francs est indéfinie. Les États qui ont émis ces pièces ne sont pas tenus de les reprendre. Les caisses publiques des autres États peuvent seulement les refuser [3] quand elles ont été réduites par le frai au delà d'une certaine limite. Au contraire, les pièces d'argent à 0.835 doivent être reprises par les États qui les ont fabriquées, et être échangées par eux contre une égale valeur de monnaie courante (pièces d'or ou pièces de 5 francs d'argent) ; cette obligation est prolongée pendant deux ans à partir de l'expiration du traité.

La convention contient, en outre, des dispositions relatives au frai, au millésime de fabrication, à la communication réciproque de la quotité des émissions annuelles ainsi que de tous documents administratifs relatifs aux monnaies, etc.

1. Actuellement, 7 francs, V. *infra*, p. 201.

2. L'Italie et la Suisse leur ont donné cours légal, par des lois antérieures à la convention de 1865 (loi italienne du 24 août 1862, lois suisses du 7 mai 1850 et du 31 janvier 1860). En Grèce, le cours légal résulte de la loi du 10 avril 1867.

3. Le régime des pièces de 5 francs en argent a été modifié par la convention du 6 novembre 1885.

Elle est conclue pour quinze ans, avec clause de tacite reconduction de quinze ans en quinze ans.

Le droit d'accession est réservé à tout autre État qui accepterait les obligations de la convention et adopterait le système de l'Union en ce qui concerne les espèces d'or et d'argent.

La convention de 1865 avait conservé à la pièce d'argent de 5 francs le titre de 0.900 et maintenu, en ce qui la concernait, le système de la frappe libre. L'Union était donc bimétallique.

Toutefois, dans la pensée des signataires de la convention, la question de l'étalon demeurait réservée. Les délégués belges, italiens et suisses avaient vivement réclamé l'adoption de l'étalon unique d'or. Les délégués français avaient résisté à ces demandes. Mais, la conférence terminée, le gouvernement voulut soumettre la question à un nouvel et sérieux examen [1].

Une commission composée de MM. de Parieu, président, Michel Chevalier, de Lavenay, Wolowski, Gouin, Andouillé, Louvet et Dutilleul, fut chargée de trancher le différend. Par cinq voix contre trois, elle repoussa le système de l'étalon unique d'or.

La question devait être bientôt reprise. En acceptant la proposition d'union monétaire formulée par le gouvernement belge, le gouvernement français n'avait seulement pas eu pour objectif le rétablissement de l'uniformité des titres. Il est permis de penser qu'il avait obéi, en outre, à des vues politiques : la conclusion d'une union monétaire avait paru pouvoir être le prélude d'une association plus intime et d'un ordre plus général entre les quatre États limitrophes ; on espérait, sans doute, y attirer d'autres États latins. D'un autre côté, le succès de la conférence de 1865 avait fait naître le désir de donner une plus grande extension à la pratique des unions monétaires. On s'exagérait beaucoup le mérite de ce genre d'associations internationales. Il est incontestable que les unions monétaires facilitent les transactions entre les pays unis, qu'elles procurent l'économie de certaines pertes de change (celles qui résultent de l'absence de rapport simple entre les monnaies). Mais à côté de ces avantages, elles présentent parfois des inconvénients dont la gravité

1. V. lettre du ministre des finances du 9 mars 1867. *Procès-verbaux et rapport de la Commission monétaire*, 1867, p. 5.

ne saurait être méconnue : elles habituent les populations à ne plus observer les effigies, circonstance favorable à la diffusion des monnaies falsifiées ; elles peuvent avoir pour résultat — et la France devait en faire la prochaine expérience — de faire absorber par l'un des pays contractants les monnaies dépréciées émises par ses co-associés. A ce moment, les avantages seuls apparaissaient à la plupart des économistes ou des hommes publics.

La convention du 23 décembre 1865 fut notifiée par le Département des affaires étrangères aux diverses puissances, en vue de provoquer leur accession. Les États romains et la Grèce manifestèrent seuls l'intention d'entrer dans l'Union. L'accession de la Grèce fut acceptée par le gouvernement français, au nom des autres États cosignataires de la convention, en décembre 1868 [1]. Lors de l'Exposition universelle de 1867, une conférence monétaire, à laquelle vingt-et-un États s'étaient fait représenter, se réunit à Paris. Elle vota, dans sa séance du 20 juin, une résolution portant que la communauté monétaire des nations ne pouvait s'opérer que par l'adoption de l'étalon unique d'or. Elle fut d'avis d'admettre pour la monnaie internationale : l'or comme unique base du système ; le titre de 9/10 de fin ; la pièce de 5 francs comme dénominateur ou unité, avec ses multiples 10, 20 et 25 francs, ce dernier type à titre simplement facultatif ; chaque État aurait eu la faculté de conserver transitoirement l'étalon d'argent [2].

Sur les instances du ministre des affaires étrangères, le ministre des finances procéda, en 1868, à une enquête auprès des receveurs généraux et constitua, le 22 juillet, une nouvelle commission monétaire, qui, cette fois, se prononça en faveur

1. La déclaration d'accession faite par la Grèce est datée du 18 novembre 1868.

2. *Conférence monétaire internationale de* 1867. Résumé présenté à la dernière séance par M. de Parieu. — *Cf.* Rapport à l'Empereur de M. Magne, ministre des finances, 9 novembre 1869, dans Malou, *Documents*, etc., Ier vol., p. 105 ; *Procès-verbaux et rapport de la Commission monétaire*, 1868. Paris, Impr. nat., 1869, p. 5 et 6.

C'est conformément à ces idées que, le 31 juillet 1867, une convention préliminaire fut signée entre la France et l'Autriche, en vue d'établir une relation fixe entre le franc et le florin d'or. L'Autriche a frappé en conséquence des pièces de 4 florins-10 francs et de 8 florins-20 francs, qui sont admises dans les caisses publiques françaises. V. *supra*, p. 178.

de l'étalon unique d'or, avec addition à l'échelle de nos monnaies d'une pièce de 25 francs, et limitation à 100 francs du pouvoir libératoire de l'écu de 5 francs. Mais de vives protestations s'étant produites, M. Magne pensa qu'un complément d'informations était nécessaire. Il proposa, le 9 novembre 1869, de charger le Conseil supérieur du commerce, de l'agriculture et de l'industrie de procéder à une enquête.

L'enquête eut lieu en 1869 et 1870. Le système du double étalon fut soutenu par onze déposants, parmi lesquels : MM. Rouland, de Rothschild, Wolowski, Seyd, André, la Chambre de commerce de Rouen ; le système de l'étalon unique d'or, par vingt-six déposants, notamment par MM. Levasseur, Blaise (des Vosges), Feer-Herzog, Barthélemy Saint-Hilaire, Broch, Hirsch, Juglar, d'Audiffred, Joseph Garnier, les chambres de commerce de Lyon et du Havre.

A une très forte majorité, le Conseil supérieur admit, en principe, l'étalon unique d'or, en fait, la nécessité de conserver transitoirement l'association des deux métaux.

La guerre éclata. Le cours forcé du billet de banque fut décrété. La question des monnaies métalliques ne devait être reprise qu'en 1873.

A ce moment, la relation des valeurs de l'or et de l'argent s'était une fois de plus modifiée. L'argent tombait au-dessous du pair. Le résultat immédiat de la baisse de l'argent fut de provoquer des fabrications considérables. Il n'avait été frappé, en 1869, que 58 millions de francs d'écus français ; la frappe de 1873 fut de 154 millions ; Bruxelles qui, en 1871 et 1872, avait fabriqué 34 millions de francs, frappa, en 1873, 111 millions de francs, somme évidemment hors de proportion avec les besoins de la circulation belge. Le double étalon menaçait d'enlever aux pays de l'Union latine le métal légalement déprécié, qui, cette fois, était l'or, et de leur donner en échange le métal commercialement déprécié, l'argent.

Dès le 4 septembre 1873, le ministre des finances belge prescrivait de ne délivrer des bons de monnaie pour la fabrication des pièces de 5 francs que jusqu'à concurrence de 150,000 francs par jour. Une loi du 18 décembre 1873 autorisa expressément le gouvernement belge à limiter ou à suspendre jusqu'au 1er juillet 1875 la fabrication de ces monnaies. En France, le ministre des finances limitait également la frappe des écus de 5 francs par des mesures d'ordre administratif.

Sur la demande de la Suisse, une conférence des quatre États[1] se réunit à Paris en janvier 1874. D'après les instructions de leurs gouvernements, les délégués belges, français et italiens écartèrent toute discussion sur les bases du système monétaire et spécialement sur le pouvoir libératoire de la pièce de 5 francs. On se borna[2] à fixer une limite aux fabrications qui pourraient être faites dans chaque État pour l'année 1874.

Il fut décidé que des conférences annuelles auraient lieu entre les États de l'Union, pour examiner les changements survenus dans la question de l'argent et les nouvelles mesures à prendre. Ces réunions eurent pour conséquence la signature de conventions additionnelles en date des 26 avril 1875 et 3 février 1876.

Entre temps, le gouvernement français avait demandé et obtenu l'autorisation législative de limiter ou de suspendre par décret la fabrication des pièces d'argent de 5 francs (L. 5 août 1876). Le lendemain de la promulgation de la loi, un décret ferma les hôtels des monnaies de Paris et de Bordeaux aux apports de métal blanc[3]. L'autorisation analogue que le gouvernement belge tenait, à titre provisoire, de la loi du 18 décembre 1873 fut prorogée par une loi du 27 avril 1875 jusqu'au 1er janvier 1877. La fabrication des pièces de 5 francs fut définitivement interdite par une loi du 21 décembre 1876.

Ces dispositions restrictives furent consacrées conventionnellement par la convention du 5 novembre 1878. Il était indispensable que chacune des puissances associées prît l'engagement de ne plus frapper ou laisser frapper de pièces de 5 francs. Si

1. L'article 4 de la convention (31 janvier 1874) spécifia formellement que les demandes d'accession à l'Union ne pourraient être admises ou rejetées que du commun accord des quatre parties. C'est dans cette forme que l'accession de la Grèce avait déjà été admise en 1868. Cette puissance prit part pour la première fois aux réunions de l'Union latine, en 1875.

2. C'est en 1874 que la Banque de France et la Banque nationale belge prirent pour la première fois l'engagement d'accepter les pièces de 5 francs d'argent frappées dans les autres États de l'Union. Jusqu'alors elles les recevaient volontairement.

3. La fabrication des matières déjà versées se prolongea jusqu'en 1878.

l'une d'elles avait conservé sa liberté à cet égard, les pièces qu'elle aurait fabriquées se seraient immanquablement répandues, à la faveur de la clause de l'admission dans les caisses publiques, sur le territoire des autres États et en auraient chassé la monnaie d'or.

La France avait, en particulier, le plus grand intérêt à ce que la frappe des écus fût suspendue dans les quatre autres États. Un courant naturel apporte sur notre territoire les monnaies de l'Union latine. Paris est, en effet, une grande place de changes, sur laquelle se liquident, pour une forte part, les engagements internationaux de nos voisins et associés monétaires; d'un autre côté, le régime du cours forcé chassait d'Italie toutes les espèces qui y étaient fabriquées et faisait refluer vers la France, où elles étaient prises pour leur valeur nominale, de grandes quantités de monnaies d'argent[1].

La convention du 5 novembre 1878 ne réglait pas seulement la suspension de la frappe des pièces de 5 francs. Elle donnait une édition nouvelle de tous les articles de la convention du 23 décembre 1865, et prorogeait l'existence de l'Union de six années à dater du 1er janvier 1880, date de l'expiration du premier pacte.

La convention de 1878 a été remplacée en 1885 par une convention nouvelle, signée le 6 novembre et conclue pour cinq années, mais qui est prorogée d'année en année depuis le 1er janvier 1891, par tacite reconduction.

La convention de 1885 contient plusieurs innovations, relatives : à l'admission des monnaies de l'Union par la Banque de France et par la Banque nationale belge; au régime des écus de 5 francs; à la circulation des pièces de 5 francs des États ne faisant pas partie de l'Union; aux conditions d'une reprise éventuelle de la frappe de l'argent; à la liquidation de l'Union[2].

1. En 1873, la Banque de France, qui n'avait pas encore pris l'engagement de recevoir les pièces d'argent de 5 francs à l'effigie des autres États de l'Union, mais qui les acceptait en fait, avait dû fermer ses caisses à des versements de monnaies italiennes qu'elle jugeait trop considérables pour ne pas résulter d'une spéculation sur la baisse de l'argent, favorisée par la non-limitation de la frappe en Italie.

2. En outre, l'article 11 a chargé le gouvernement français de centraliser et de communiquer aux autres gouvernements les documents administratifs et statistiques relatifs aux émissions de monnaies, à la pro-

C'est en 1885 que, pour la première fois, les lettres par lesquelles la Banque de France et la Banque nationale belge s'engagent à recevoir les écus de l'Union, sont annexées à la convention. Elles n'avaient figuré précédemment que dans les procès-verbaux. L'obligation de ces deux établissements est précisée : ils sont tenus, conjointement avec les caisses publiques, de recevoir les écus de l'Union dans des conditions identiques à celles où ils reçoivent les pièces d'argent nationales (c'est-à-dire soit en payement, soit en compte courant). En revanche, la Grèce, l'Italie et la Suisse ont pris l'engagement, pour le cas où elles supprimeraient le cours légal des monnaies de l'Union, que leurs banques d'émission recevraient les pièces de 5 francs des autres États de l'Union dans les mêmes conditions que les pièces de 5 francs nationales (art. 3).

C'est encore la convention de 1885 qui accorde l'admission dans les caisses publiques aux pièces de 5 francs frayées, mais en mettant le frai à la charge de l'État émetteur, tandis que les conventions antérieures le laissaient au compte du dernier porteur (art. 3).

La clause relative aux conditions de l'accession de nouveaux États a été complétée par la disposition suivante, dont le but est de dégager la circulation d'argent de l'Union de tout élément étranger : « Le cours légal sera retiré ou refusé aux pièces de 5 francs des États ne faisant pas partie de l'Union ; ces pièces ne pourront être acceptées ni dans les caisses publiques ni dans les banques d'émission » (art. 12).

L'article 8, après avoir posé en principe, comme l'article 9 de l'acte de 1878, que le monnayage des écus est provisoirement suspendu et qu'il ne peut être repris que du consentement unanime de tous les États contractants, admet, néanmoins, l'hypothèse d'une reprise de la frappe libre par l'un de ces

duction et à la consommation des métaux précieux, à la circulation monétaire, à la contrefaçon et à l'altération des monnaies. C'est en vue de réaliser cet engagement et conformément à un vœu émis par l'Institut international de statistique, en 1895, que, sur l'initiative de M. de Foville, a été décidée la publication des *Rapports annuels du directeur de l'administration des monnaies au Ministre des Finances*. Le premier a paru en 1896.

États. Il en règle, comme suit, les conditions éventuelles. L'État qui voudrait reprendre la frappe libre, en aurait la faculté, à la condition d'échanger ou de rembourser pendant toute la durée de la convention, *en or et à vue*, aux autres pays contractants, sur leur demande, les pièces de 5 francs d'argent frappées à son effigie et circulant sur leur territoire ; en outre, les autres États seraient libres de ne plus recevoir les écus de l'État qui aurait repris la frappe. — Il est de toute évidence qu'aucun des cinq États ne pourrait reprendre isolément, dans de telles conditions, la frappe libre de l'argent. Les bimétallistes, en demandant l'introduction de cette clause, ont envisagé l'hypothèse de la constitution d'une union assez puissante pour relever, par des achats continus, la valeur du métal blanc. La clause de l'article 8 avait pour but de permettre à l'un quelconque des États latins d'adhérer isolément à cette union[1].

Enfin, et c'est là son innovation la plus importante, la convention du 6 novembre 1885 a réglé les conditions de liquidation de l'union monétaire. L'article 14 porte : « En cas de dénonciation de la présente convention, chacun des États contractants sera tenu de reprendre les pièces de 5 francs en argent qu'il aurait émises et qui se trouveraient dans la circulation ou dans les caisses publiques des autres États, à charge de payer à ces États une somme égale à la valeur nominale des espèces reprises, le tout dans les conditions déterminées par un arrangement spécial ». L'arrangement, signé le même jour que la convention, portait que le remboursement se ferait par compensation et, pour le solde, en or, ou en pièces de 5 francs aux empreintes de l'État créancier, ou en traites payables, dans cet État, soit avec les mêmes monnaies, soit avec des billets de banque y ayant cours légal. Il n'était question que des pièces de 5 francs d'argent. Les monnaies divisionnaires, en effet, doivent être reprises à tout instant pendant la durée de la convention, pourvu qu'elles soient présentées par sommes de 100 francs au moins.

1. Le gouvernement hellénique s'est en outre engagé à ne reprendre le libre monnayage de l'argent que lorsque le cours forcé aura été supprimé en Grèce, et après entente avec la France et l'Italie. Déclaration du 6 novembre 1885.

La Belgique avait refusé de souscrire aux dispositions de l'article 14, ayant pour effet de mettre à la charge de l'État qui a frappé les pièces, la dépréciation du métal dont elles sont faites. Aussi sa signature ne figure-t-elle pas sur la convention du 6 novembre.

La Belgique y adhéra néanmoins, par l'acte additionnel du 12 décembre 1885, mais moyennant d'importantes concessions. Si, *compensation faite des écus belges retirés en France et* des écus français retirés en Belgique, le gouvernement français se trouve détenteur d'un solde d'écus belges, ce solde sera divisé en deux parts. La première sera remboursée dans les conditions de l'article 4 de l'arrangement (or, écus francais, traites sur France). En ce qui concerne la seconde, le gouvernement belge s'engage à n'apporter, à son régime monétaire, pendant cinq ans, aucune modification de nature à entraver le rapatriement de ses écus par la voie du commerce et des échanges. En termes moins diplomatiques, la seconde moitié du solde ne sera pas remboursée. Elle reviendra en Belgique par la voie du commerce, c'est-à-dire qu'elle y rentrera si le change le permet; et pour que le change le permette, il faut qu'il soit défavorable à la France, hypothèse assez peu probable. Toutefois, le gouvernement belge garantit que le solde ne dépassera pas 200 millions de francs; s'il y avait un excédent, il serait remboursé dans les conditions prévues par l'article 4 de l'arrangement.

En résumé, la Belgique est dispensée de rembourser la moitié du solde, si ce solde est inférieur ou égal à 200 millions; dans le cas où le solde est supérieur à 200 millions, elle est dispensée de rembourser 100 millions.

Le bénéfice de ces concessions fut immédiatement réclamé par l'Italie et lui fut accordé.

En cas de dissolution de l'Union, la France est donc exposée à garder à son compte une somme d'écus belges et italiens qui peut s'élever au total à 200 millions de francs.

Les derniers actes internationaux signés par les puissances de l'Union latine sont l'arrangement du 15 novembre 1893, complété par le protocole additionnel du 15 mars 1898, et la convention du 29 octobre 1897.

En vertu de l'arrangement de 1893, les monnaies divisionnaires d'argent italiennes ont été retirées de la circulation par la France, la Belgique, la Suisse et la Grèce et remises, à charge de remboursement de leur valeur nominale, au gouvernement italien[1]. Ces espèces ne sont plus admises dans les caisses publiques des quatre autres gouvernements; elles peuvent être prohibées par eux à l'importation et, à l'exportation, par le gouvernement italien. Elles ne pourraient être, de nouveau, admises dans les caisses publiques des quatre autres États que de leur consentement unanime. L'arrangement maintient les contingents précédemment assignés à chaque État[2].

Le protocole de 1898 relève l'Italie de l'obligation inscrite dans la convention du 6 novembre 1885 et maintenue par l'arrangement de 1893, de reprendre pendant une année à partir de la dissolution de l'Union latine, celles de ses monnaies divisionnaires qui se trouveraient en circulation chez ses alliés monétaires. Cette obligation renaîtrait si l'Italie apportait à son régime monétaire, moins de cinq ans après l'expiration de l'Union, un changement de nature à entraver le rapatriement de ces monnaies par la voie du commerce ou des échanges, ou encore, si l'Italie avait obtenu, avant la fin du pacte monétaire, de rentrer pour ses monnaies divisionnaires d'argent, dans les conditions normales de l'Union.

La convention du 29 octobre 1897 revise les contingents de monnaies divisionnaires d'argent, de façon à les mettre en harmonie avec le chiffre actuel de la population et à les accroître, en outre, dans la proportion de 1 franc par tête d'habitant. L'augmentation est de 130 millions de francs pour la France

1. Une opération analogue avait eu lieu en 1879 (art. 8 de la convention du 5 novembre 1878 et arrangement du même jour).

2. Le même arrangement spécifiait que l'émission des bons de caisse d'une valeur inférieure à 5 francs à laquelle l'Italie avait eu recours pour obvier à l'exportation de ses petites coupures d'argent, devrait toujours avoir pour contre-partie et pour gage l'immobilisation dans les caisses du Trésor italien d'une somme égale en monnaies divisionnaires italiennes d'argent. Cette clause n'a plus d'intérêt actuel, le décret royal du 19 juillet 1899 ayant ordonné le retrait des bons de caisse dans les conditions prévues par une loi du 16 février 1899. Les monnaies divisionnaires d'argent ont été remises, par suite, en circulation; l'exportation en avait été prohibée préalablement par le décret royal du 19 février 1899 rendu en exécution de la loi précitée. V. *infra*, p. 380.

(Algérie et colonies comprises), de 6 millions pour la Belgique, de 30 millions pour l'Italie, de 3 millions pour la Suisse. Les contingents totaux sont ainsi portés à 394 millions pour la France, 46,800,000 francs pour la Belgique, 232,400,000 francs pour l'Italie, 28 millions pour la Suisse; le contingent de la Grèce est resté fixé à 15 millions, cette puissance ayant renoncé à exécuter de nouvelles frappes jusqu'à ce qu'elle ait pu prendre des engagements analogues à ceux que l'Italie a contractés par l'arrangement de 1893.

En principe, c'est au moyen de la démonétisation de pièces de 5 francs que les gouvernements contractants devaient se procurer la matière de leurs nouvelles fabrications de monnaies divisionnaires d'argent. Toutefois, l'achat de lingots fut autorisé jusqu'à concurrence de 3 millions de francs pour chaque puissance, sous la condition que le bénéfice réalisé serait affecté à l'entretien de la circulation monétaire. Sur les 169 millions de francs de fabrications complémentaires autorisées par la convention de 1897, 12 millions de francs ont pu être frappés avec des lingots;[1] 157 millions de francs doivent l'être avec des écus de 5 francs refondus. Eu égard à la différence des titres, les écus de 5 francs qui seront ainsi démonétisés représentent une somme de 145,706,000 francs. Pour la France, les refontes porteront sur 115,600,000 francs d'écus ; les fabrications qu'elle a entreprises depuis 1898 ont déjà fait disparaître 76,083,710 francs en pièces de 5 francs.

§ 2. — Le problème monétaire en France.

La situation de la circulation métallique de la France a été l'objet des appréciations les plus diverses ; non moins diverses ont été les directions que l'on a proposé de donner à sa politique monétaire. La reprise de la frappe de l'argent, sous la garantie d'une union bimétallique plus puissante que l'association latine, a été vivement recommandée par un parti très actif et très tenace dans sa propagande, très ingénieux dans ses procédés de démonstration ; elle est combattue avec non moins

1. La Belgique, la France et la Suisse ont acheté des lingots. L'Italie a préféré refondre ses thalaris érythréens.

d'énergie par les économistes les plus autorisés. La question de nos rapports avec l'Union latine, des avantages et des inconvénients de son maintien, complique encore le thème des polémiques bimétallistes et monométallistes. On examinera ces divers points. Mais on doit, avant tout, rechercher quelle peut être actuellement la composition de la circulation métallique de la France. C'est le préliminaire indispensable de toute discussion sur notre régime monétaire.

I. — Composition de la circulation métallique de la France. — Les fabrications françaises ont été extrêmement importantes. En voici le résumé depuis 1795 :

COUPURES.	DATES EXTRÊMES des émissions.	VALEURS FRAPPÉES. francs.
Or :		
Pièces de 100 francs	1855-1901	63,701,300
Pièces de 50 francs	1855-1901	46,903,450
Pièces de 40 francs	1803-1839	204.432,360
Pièces de 20 francs	1803-1901	8,040,601,700
Pièces de 10 francs	1850-1901	1,081,322,070
Pièces de 5 francs	1854-1869	233,440,130
Total		9,670,401,010
Argent :		
Pièces de 5 francs	an IV-1878	5,060,606,240
Monnaies divisionnaires	1803-1901	571,209,365
Total		5,631,815,605
Total général		15,302,216,615

Que subsiste-t-il de cette énorme masse d'espèces d'or et d'argent[1] sorties de nos hôtels des monnaies? On sait que des démonétisations et les retraits de pièces légères ont amené la refonte de 95,250,060 francs en pièces de 20 francs, de 56,580,010 francs en pièces de 10 francs et de 121,860,240 francs en pièces de 5 francs, soit pour les pièces d'or 273,690,310 francs ; de 90,093,365 francs en pièces de cent sous, de 7,671,101 francs en pièces de 25 centimes et de 214,539,203 francs en pièces de 2 francs, 1 franc, 50 centimes et 20 centimes. Il ne peut donc rester, pour nous borner aux monnaies à pouvoir libératoire illimité, plus de 9,396,710,700 francs en pièces d'or, et plus de

1. On laisse de côté les frappes de bronze, qui ne présentent pas le même intérêt pour le sujet.

4,970,512,875 francs en écus. Mais il n'est pas douteux qu'en dehors des refontes légales, bien des accidents ont réduit la circulation française très au-dessous, à la moitié au moins de ces chiffres. Comment évaluer ces pertes ?

M. de Foville a déduit des enquêtes monétaires effectuées [1] en 1878, en 1885, en 1891 et en 1897, une élégante solution de ce problème délicat.

Expliquons d'abord le mécanisme des enquêtes. Le 14 août 1878, le 28 mai 1885, le 22 avril 1891 et le 15 septembre 1897, il a été procédé dans toutes les caisses publiques au recensement de toutes les pièces d'or de 20 francs et de 10 francs et de toutes les pièces d'argent de 5 francs qui s'y trouvaient après la clôture des opérations de la journée. En 1885, le recensement a porté également sur les billets de banque, en 1891, sur les pièces d'or russes de 40 francs et en 1897 sur la plupart des pièces d'or étrangères admises dans les caisses publiques. Enfin, en 1891 et 1897, l'enquête a été étendue à l'Algérie ; et la Banque de France, la Banque de l'Algérie et plusieurs sociétés de crédit ayant de nombreuses succursales, ont participé à l'opération.

Les pièces recensées ont été ensuite classées par nationalités et par millésimes.

Voici d'abord les résultats généraux [2] de ces comptages, au point de vue de la proportion existant dans la circulation : 1° entre l'or et l'argent ; 2° entre l'or français et l'or étranger [3] ; 3° entre l'argent français et l'argent étranger [3] ; 4° pour l'argent étranger, entre les diverses nationalités.

1. Une autre enquête avait eu lieu en 1868. L'enquête de 1878 fut ordonnée par M. Léon Say. Son renouvellement en 1885, 1891 et 1897 est principalement dû à M. de Foville.

2. On trouvera les tableaux détaillés dans le *Rapport au Ministre des finances* du Directeur de l'Administration des monnaies et médailles pour 1898, pages 115 et suiv., et dans le *Bulletin de statistique du Ministère des finances*, août 1891, p. 126, août 1885, p. 163, et octobre 1878, p. 201.

3. Monnaies admises dans les caisses publiques, V. *supra*, p. 177.

I. — Or et argent.

ANNÉES.	SOMMES recensées.	OR — Pièces de 20 et 10 francs.	ARGENT — Pièces de 5 francs.	PROPORTIONS	
				Or.	Argent.
	francs.	francs.	francs.	p. °/₀	p. °/₀
1868	29,707,260	29,028,140	679,120	97.72	2.28
1878	22,945,770	16,878,740	6,067,030	73.55	26.45
1885	17,108,315	11,860,430	5,247,885	69.33	30.67
1891	23.498,810	16,365,080	7,133,730	69.64	30.36
1897	32.511,010	28,199,640	9,311,370	71.36	28.64

II. — Or français et étranger.

ANNÉES.	SOMMES recensées.	PIÈCES nationales.	PIÈCES étrangères.	PROPORTION DES PIÈCES	
				nationales.	étrangères.
	francs.	francs.	francs.	p. °/₀	p. °/₀
1868.	29,028,140	27,684,300	1,343,840	95.37	4.63
1878.	16,878,740	14,705,450	2,173,290	87.12	12.88
1885.	11,860,430	10,631,130	1,229,300	89.64	10.36
1891.	16,365,080	14,493,220	1,871,860	88.56	11.44
1897.	23,199,640	20,284,270	2,915,370	87.43	12.57

III. — Argent français et étranger.

ANNÉES.	SOMMES recensées.	PIÈCES nationales.	PIÈCES étrangères.	PROPORTION DES PIÈCES	
				nationales.	étrangères.
	francs.	francs.	francs.	p. °/₀	p. °/₀
1868.	679,120	638,405	40,715	94.00	6.00
1878.	6,067,030	4,124,945	1,942,085	67.99	32.01
1885.	5,247,885	3,738,795	1,509,090	71.24	28.76
1891.	7,133,730	4,934,840	2,198,890	69.18	30.82
1897.	9,311,370	8,159,925	1,151,445	87.63	12.37

IV. — Argent étranger.

Enquêtes.		Nationalités.				Totaux.
		Italie.	Belgique.	Grèce.	Suisse.	
1878	Valeurs. . francs	959,560	933,025	19,040	30,460	1,942,085
	Proportions p. %	*15.81*	*15.37*	*0.31*	*0.52*	*32.01*
1885	Valeurs. . francs	802,285	655,565	35,210	16,030	1,509,090
	Proportions p. %	*15.29*	*12.49*	*0.67*	*0.31*	*28.76*
1891	Valeurs. . francs	1,209,080	873,515	85,805	29,690	2,198,890
	Proportions p. %	*16.96*	*12.24*	*1.22*	*0.41*	*30.82*
1897	Valeurs. . francs	798,020	296,515	41,730	15,180	1,151,445
	Proportions p. %	*8.57*	*3.18*	*0.45*	*0.17*	*12.37*

Comme on l'a déjà dit, il a été procédé, en outre, au classement des pièces françaises de 20 francs et de 10 francs en or et de 5 francs en argent. Puis, on a rapproché, pour chaque millésime, du nombre des pièces trouvées le nombre des pièces frappées, et l'on a déterminé le rapport entre ces deux nombres.

La série de ces rapports a fourni aux investigations de M. de Foville sur l'importance et la composition du stock monétaire de la France, une base dont la solidité n'est pas contestable. Lorsqu'on examine, en effet, les proportions successives relevées pour chaque millésime et surtout lorsqu'on donne à ces proportions la forme graphique, on ne peut ne pas être frappé de la fidélité presque invariable avec laquelle la courbe de 1897 reproduit les mouvements, même les plus anormaux, des courbes de 1891, de 1885 et de 1878. La concordance des quatre courbes est un sûr indice de la valeur statistique des enquêtes.

M. de Foville en a déduit : 1° le maximum probable ; 2° une évaluation approchée de la circulation métallique.

Voici par quelle méthode. Il choisit, pour chaque coupure monétaire, une frappe que les circonstances permettent de considérer comme ayant subi peu de pertes. Il suppose que cette frappe soit complète, que la totalité de l'émission du millésime existe encore dans la circulation, et que, par conséquent, le rapport, connu, entre les pièces frappées et les pièces recensées de ce millésime soit identique au rapport, inconnu, entre les pièces existantes et les pièces recensées. Il admet ensuite que le même rapport existe, pour tous les autres millésimes, entre le nombre des pièces en circulation et celui des pièces recensées. C'est une hypothèse, mais une hypothèse très vraisemblable puisque « l'échantillon soumis à l'analyse a été puisé dans un mélange parfaitement homogène[1] ». Supposez que le rapport soit de 5 p. °/₀₀ ; il suffira de multiplier par 200 le nombre des pièces recensées pour avoir le maximum des pièces françaises de cette coupure qui existent encore dans la circulation. Le chiffre obtenu n'est forcément qu'un maximum, car on a supposé complète une émission qui, pour être moins réduite que d'autres, a néanmoins subi quelques pertes.

Pour les écus, par exemple, c'est la frappe des cinq années 1867-1871 qui a été prise comme base[2]. Le rapport entre les pièces recensées en 1891 et les pièces émises à la même époque atteignant 2.70 p. °/₀₀ et les pièces de tous millésimes recensées représentant 4,277,000 francs, les pièces nationales de 5 francs existant à cette date ne pouvaient dépasser de beaucoup 1,560 millions de francs.

Ce résultat se confirme lorsqu'on examine la série des rapports entre les pièces recensées et les pièces frappées. La courbe qui les traduit graphiquement fait ressortir avec une netteté parfaite l'importance comparative des survies de chaque millésime ; ses inflexions donnent la mesure variable des pertes qui ont atténué l'effectif originaire de chaque émission. On voit, en outre, s'y dessiner sept groupes d'années pour lesquelles les survies comparatives se rapprochent d'un même pourcentage. En prenant comme unité l'ordonnée maxima vers laquelle tend cette courbe, l'ordonnée de la dernière période, les hauteurs respectives des ordonnées antérieures donnent im-

1. V. *La circulation monétaire de la France*, communication à la Société de statistique de Paris, 21 octobre 1885. Cf. *Économiste français*, 15 janvier, 5 et 12 février 1898.

2. Les frappes plus récentes (1873-1878) étaient restées presque entièrement à la Banque de France. A. de Foville. Le stock monétaire de la France. *Économiste français*, 2 novembre 1878.

médiatement le coefficient de réduction propre à chaque période. Il suffit ensuite d'appliquer ce coefficient à la frappe de chacune d'elles pour déterminer ce qui en reste au maximum dans la circulation.

Le tableau ci-après[1] présente les résultats de ces opérations. On y voit que, de 1867 à 1878, il a été fabriqué 125 millions d'écus et que le rapport des pièces recensées aux pièces frappées est de 2.70 p. °/₀₀. Partant de l'hypothèse que ces frappes étaient entières, M. de Foville ramenait le rapport à 100 et inscrivait 125 millions dans la colonne du nombre maximum de pièces subsistantes. Pour 1847-1866, le rapport constaté par l'enquête est 0.85 p. °/₀₀; 0.85 sont à 2.70 comme 31.5 sont à 100; il devait donc rester en 1891, au maximum, 31.5 p. °/₀ des 139 millions d'écus frappés de 1866 à 1847, soit 44 millions. Il était procédé de même pour les autres périodes.

ÉCUS FRANÇAIS. — ENQUÊTE DE 1891.

PÉRIODES.	FRAPPE.	TAUX COMPARATIF de survie.	PROPORTION MAXIMUM des survies possibles.	NOMBRE MAXIMUM des pièces pouvant encore exister.
	millions d'écus.	p. °/₀₀.	p. °/₀.	millions d'écus.
1867-1878	125	2.70	100.0	125.0
1847-1866	139	0.85	31.5	44.0
1831-1846	315	1.00	37.0	116.5
1830	24	0.65	24.0	6.0
1826-1829	99	0.40	15.0	15.0
1808-1825	263	0.20	7.5	19.5
An IV-1807	47	0.22	8.0	4.0
TOTAUX ET MOYENNES.	1,012	0.85	31.5	330.0

Il devait donc rester au plus 330 millions d'écus, soit 1,650 millions de francs. Le nombre maximum des pièces d'or subsistantes était déterminé suivant la même méthode.

Prenant comme point de départ ce premier résultat, M. de Foville proposait l'évaluation suivante du stock monétaire de la

1. *Journal des Économistes*, septembre 1893.

France (défalcation faite des pièces françaises qui sont à l'étranger et après addition des pièces étrangères qui se trouvent chez nous) : 4 milliards d'or, dont 3 milliards en pièces de 20 francs, 700 millions en pièces de 10 francs, 300 millions en grosses coupures ; 2 milliards en écus[1].

Des calculs analogues basés sur les résultats de l'enquête de 1897 ont conduit M. de Foville à admettre l'évaluation ci-après[2], très voisine de celle de 1891 :

	MONNAIES françaises.	MONNAIES étrangères.	TOTAUX
		Millions de francs.	
Monnaies d'or	3,675	525	4,200
Écus de 5 francs	1,380	555	1,935
Monnaies divisionnaires d'argent	205	35	240
Ensemble	5,260	1,115	6,375

Les 555 millions de francs d'écus étrangers étaient répartis par nationalités, comme suit, eu égard aux proportions observées dans les encaisses de la Banque de France et dans la circulation : écus belges, 329 millions ; écus italiens, 208 millions ; écus grecs, 13 millions ; écus helvétiques, 5 millions de francs.

En résumé, les monnaies à pleine valeur libératoire représenteraient une valeur de plus de 4 milliards de francs pour l'or et de moins de 2 milliards pour l'argent.

Ce dernier chiffre a été contesté, en 1891, par M. Ottomar Haupt[3], qui, se fondant sur les statistiques d'importation et d'exportation, estimait qu'il devait y avoir en France 3,500 millions de francs d'écus.

Les bases choisies par M. Ottomar Haupt nous paraissent moins solides que celles qu'a adoptées notre savant maître M. de Foville. La statistique commerciale n'est pas l'œuvre exclusive de la douane. Le commerce y concourt par ses déclarations. Cette collaboration nécessaire est une source d'imperfections, toutes les fois que l'intérêt du fisc n'exige pas que l'administration contrôle les énonciations d'un grand nombre de

1. *Économiste français*, 7 novembre 1891. Cf. *Ibid.*, 14 et 21 novembre 1891, et *Journal des Économistes*, *loc. cit.*

2. *Économiste français*, 12 février 1898.

3. *Ibid.*, 5 et 19 septembre 1891.

permis. C'est ce qui arrive surtout pour les exportations de métaux précieux [1]. M. Ottomar Haupt pensait que les inexactitudes doivent se compenser. Mais, précisément lorsqu'il s'agit de métaux précieux, les inexactitudes se produisent toujours dans le même sens. Les exportations d'argent sont invariablement grossies au détriment des exportations d'or, le commerce ayant intérêt, au point de vue des frais de transport, à déclarer le métal jaune comme métal blanc.

D'autre part, M. Ott. Haupt ne faisait pas état des pertes qui se sont produites en France même, abstraction faite de toute exportation. Elles sont considérables, notamment pour les millésimes antérieurs à 1830. L'effectif de ces anciennes frappes a été singulièrement réduit. Les affineurs ont détruit un très grand nombre de ces pièces, pour en extraire les quatre millièmes d'argent et les 8 ou 9 dix-millièmes ou même le millième d'or que l'imperfection des anciens procédés de départ n'avait pas permis d'y reconnaître au moment de leur fabrication.

Enfin, le chiffre de 3,500 millions était inconciliable avec les résultats des recensements. En premier lieu, le rapport entre les pièces recensées et les pièces frappées de 1867 à 1871 ne permet pas d'admettre qu'il restât en 1891 plus de 1,550 à 1,650 millions de francs d'écus français. En second lieu, étant donné le chiffre de 3 $^1/_2$ milliards, les contingents hellénique et suisse, d'après les proportions constatées en 1891 (1.23 et 0.42 p. $^0/_0$), auraient dû atteindre respectivement 30 millions et 10 $^1/_2$ millions, quantités qui n'ont jamais été frappées par ces deux pays. Ces diverses considérations nous paraissent absolument décisives. Nous nous fonderons, en conséquence, sur les évaluations de M. de Foville dans les raisonnements qui vont suivre.

II. La question monétaire. — L'abondance de l'or dans la cir-

1. Le ministère du commerce italien a eu l'idée de publier, comme contrôle de la statistique douanière des importations et exportations d'or et d'argent, une statistique dont les éléments sont fournis par les grandes institutions de crédit et les grandes entreprises de transport. L'écart entre les chiffres des deux statistiques est toujours considérable ; il y a eu des années où, pour l'or, le chiffre du ministère du commerce, allait presque au triple du chiffre de la douane. V. *Rapport du directeur des monnaies au Ministre des finances*, 1901, p. 151.

culation et dans les encaisses des banques a eu pour résultat l'attribution à ce métal du rôle d'étalon, longtemps dévolu à l'argent. C'est en or que tous les prix sont exprimés, notamment ceux des changes, parce que la France possède assez d'or pour payer dans ce métal tous ses engagements. La riche réserve de métal jaune qu'elle détient est, en outre, le gage de la valeur de sa monnaie d'argent. En dépit de la dépréciation du métal blanc, l'écu de 5 francs aux empreintes françaises circule au pair, à l'intérieur. Au dehors, il ne subit d'autre perte que les quelques millièmes correspondant aux frais de son rapatriement; on est sûr, en effet, de l'échanger en France, au pair, contre de l'or. L'admission des écus de l'Union latine dans les caisses publiques et à la Banque fait bénéficier d'un traitement identique celles mêmes de ces pièces qui ne trouvent pas dans la circulation de leur pays d'origine, l'Italie et la Grèce, un gage suffisant de leur valeur nominale. Le public ne conserve d'ailleurs dans la circulation que la quantité de cette monnaie strictement nécessaire aux besoins des échanges. Le surplus est à la Banque. Toutes les tentatives faites pour alléger l'encaisse argent de cet établissement et pour augmenter le nombre des écus dont le commerce et les particuliers font usage, ont invariablement échoué. Les pièces, à peine sorties des caisses de la Banque, y ont été refoulées.

La situation monétaire de la France est par certains côtés moins brillante qu'à l'époque où l'argent formait, non les trente centièmes, mais moins des trois centièmes du stock métallique. La valeur de la monnaie blanche reste intacte à la vérité; mais cette valeur est devenue fiduciaire. Une partie des encaisses d'or est en quelque sorte engagée et immobilisée pour la garantir. La masse d'argent qui n'est pas utilisée et qui est inutilisable dans les échanges, n'est pas un élément de richesse, une force, mais une gêne. De plus, en cas de dénonciation de l'Union latine, la France est exposée à garder à son compte une bonne partie des écus belges et italiens qui se trouvent actuellement sur son territoire. Les premiers représentaient, d'après les dernières évaluations de M. de Foville, 320 millions. A supposer qu'il y ait toujours en Belgique les 125 millions d'écus français qui s'y trouvaient en 1885 d'après M. Pirmez[1], le solde serait de 204 millions, dont 104 millions seulement seraient remboursables en or par la Belgique. Vis-à-vis de l'Italie, la situation est moins favorable encore. Il n'y a guère d'écus français dans ce pays ; le cours forcé les en a chassés, comme d'ailleurs le plus grand nombre des écus italiens. Le solde créditeur de la France ne serait pas très inférieur à la totalité des écus italiens qu'elle possède. Sur ces 208 millions, 100 millions devraient être rapatriés par les voies naturelles du commerce ; ces voies sont fermées par le change défavorable. Le surplus serait remboursable en or ; mais la situation financière de l'Italie a été trop embarrassée à diverses reprises pour qu'on puisse penser que des atermoiements ne lui seraient pas nécessaires[2].

Telle est, esquissée par ses traits essentiels, la situation monétaire de la France. Elle est fâcheuse par certains côtés. Mais elle n'est certes pas compromise. Notre stock de métal jaune, sauvegardé par la suspension de la frappe du métal blanc, suffit à gager la valeur de tous les écus français ou latins qui se trouvent sur notre territoire. Notre stock d'argent ne peut être augmenté par de nouvelles frappes. Des importations de pièces de 5 francs d'ancienne fabrique sont encore possibles ; elles sont peu probables : l'identité presque absolue des rapports constatés entre l'or et l'argent dans les enquêtes de 1885, de 1891 et de 1897, permet de présumer que la presque totalité des écus encore existants sont dès à présent rapatriés. L'expérience a démontré la sagesse des mesures prises de 1873 à 1878. On doit persévérer dans leur application.

Les bimétallistes pensent que cette politique s'inspire d'une vue très incomplète du problème monétaire. D'après eux, les gouvernements ne devraient pas seulement avoir le souci de procurer à leurs ressortissants la jouissance d'une bonne circulation métallique. Ils devraient encore se préoccuper des conséquences que leurs résolutions peuvent avoir en dehors du territoire soumis à leur autorité, du trouble qu'elles peuvent

1. Conférence monétaire de 1885. *Procès-verbaux*, p. 67.

2. La situation s'est d'ailleurs améliorée depuis une dizaine d'années. En 1891, la somme des écus italiens circulant en France était évaluée à 328 millions au lieu de 208, celle des écus belges à 345 au lieu de 329.

jeter dans la circulation des pays étrangers. Une étroite solidarité existe entre les intérêts monétaires des différents peuples. La politique égoïste des peuples riches, dont l'objectif avoué est d'accaparer l'or, risque d'avoir des répercussions fâcheuses sur leur propre état économique, en affaiblissant la stabilité de la mesure monétaire qu'ils ont choisie. Elle peut exagérer la dépréciation naturelle de la mesure monétaire qui reste seule à la disposition des communautés moins puissantes ; et ce résultat peut avoir des conséquences nuisibles aux nations riches elles-mêmes, la dépréciation de la monnaie permettant aux pays qui en souffrent, de vendre à meilleur marché leurs produits aux pays dont la circulation est normale et de faire une concurrence désastreuse à l'industrie et à l'agriculture de ces derniers.

Nous avons réfuté par avance ce dernier argument, en recherchant quelles étaient les conditions d'existence et la mesure des primes à l'exportation qui résultent du change défavorable[1]. Nous nous sommes, de même, expliqué déjà sur la question de l'appréciation de l'or[2].

Nous admettons, au contraire, que le fonctionnement du double étalon a contribué et peut encore contribuer à donner plus de stabilité à la mesure monétaire. Dans sa déposition devant le Conseil supérieur du commerce, en 1869, M. Wolowski usait d'une comparaison ingénieuse, qui est demeurée classique, pour expliquer comment le système bimétallique peut atténuer les variations du pouvoir d'achat de la monnaie et par suite celles des prix. « Pour mesurer la marche du temps, disait-il[3], la science a eu recours aux oscillations du pendule ; si celui-ci n'était formé qu'au moyen d'une seule tige métallique, l'influence de la température accélérerait ou ralentirait ses mouvements, de manière à modifier sans cesse la constatation du temps écoulé. L'art a combattu et vaincu cette difficulté, en associant deux lames de métal, agissant en sens contraire, dans le *pendule compensateur*... Il en est de la mesure de la valeur comme de la mesure du temps : elle serait trop susceptible,

1. V. *supra*, p. 123.
2. V. *supra*, p. 51.
3. *Enquête sur la question monétaire*, 1869-1870, p. 28.

elle dévierait trop fréquemment si on n'employait qu'un seul métal dans le monde sous forme d'espèces; en utilisant l'or et l'argent, on obtient, à chaque augmentation relative de l'offre de l'un de ces métaux, un accroissement de la demande qui lui fait équilibre, et qui entretient une grande fixité dans l'outillage monétaire. »

Il nous semble incontestable que, les pays à double étalon étant toujours acheteurs du métal en baisse et vendeurs du métal en hausse, la législation monétaire qui provoque leurs achats et leurs ventes tend à compenser l'effet naturel de la loi de l'offre et de la demande et à ralentir ou à atténuer la baisse du premier métal et la hausse du second. C'est ce que l'adversaire de M. Wolowski dans les discussions qui ont marqué la fin du second Empire, Michel Chevalier, avait admis lui-même implicitement quand il écrivait qu'après 1850, l'argent avait servi de parachute à l'or. Stanley Jevons, tout en se prononçant formellement contre le double étalon, a reconnu également son action compensatrice[1]. Les bimétallistes soutiennent donc très justement, que leur système tend à limiter l'amplitude des variations qui se produisent, sous l'influence des lois économiques, dans la valeur relative des deux métaux et, par voie de conséquence, dans les prix exprimés en or pour les pays à étalon d'or, dans les prix exprimés en argent pour les pays à étalon d'argent.

Seulement il reste à démontrer que la frappe libre de l'argent aurait suffi, après 1873, et suffirait encore actuellement à contrebalancer les causes naturelles extrêmement puissantes qui ont provoqué la baisse du métal blanc.

Stanley Jevons semble l'avoir admis. Il remarquait que le prix de l'argent était tombé de 62 1/2 pence à 57 3/4 depuis que l'Union latine avait limité la frappe, tandis que tout l'effet des grandes découvertes d'or avait été d'élever le prix de l'argent de 59 3/4 pence à 62 1/2, pendant que le système du double étalon fonctionnait[2].

On ne doit pas oublier que Stanley Jevons écrivait en 1875.

1. *La monnaie et le mécanisme de l'échange*. ch. XII, Paris, Alcan, 1891. p. 115.

2. *Loc. cit.*, p. 117.

L'exemple des États-Unis a montré, depuis lors, l'impuissance du législateur en présence de la baisse du métal blanc. Si la France et ses associées monétaires avaient maintenu la liberté de la frappe, le cours de l'argent aurait été soutenu pour un temps, pendant le délai nécessaire à la substitution de ce métal à l'or dans leurs encaisses et dans leur circulation. Une fois ce grand réservoir de métal jaune vidé, les ventes d'or et les achats d'argent devenant désormais impossibles, la baisse du métal blanc se serait immanquablement produite. Il en serait de même aujourd'hui, si l'on commettait l'impardonnable folie de reprendre la frappe. Peut-être les cours de l'argent se relèveraient-ils ; dans tous les cas, la hausse ne durerait que pendant le délai très court nécessaire à l'écoulement du métal jaune au dehors.

On peut néanmoins concevoir une réorganisation du double étalon, sur la base du rapport nouveau qui s'établira entre les deux métaux lorsque sera close la grande crise du métal blanc. Il n'est pas douteux que le système ne procure alors aux peuples civilisés les mêmes avantages qu'autrefois.

Mais il faut bien reconnaître que la stabilité plus grande de la monnaie et des prix, résultat du double étalon, n'est obtenue qu'au moyen de certains sacrifices, et que ces sacrifices sont exclusivement supportés par les pays bimétallistes. En fait, depuis le commencement de ce siècle, le stock monétaire de la France a été plusieurs fois renouvelé ; et, chaque fois, par le jeu du double étalon, la mauvaise monnaie a chassé la bonne ; chaque fois, la France a été privée du métal qui faisait prime et a été mise en possession du métal déprécié : l'argent avant 1850, l'or de 1850 à 1870. C'est au détriment de sa propre circulation qu'elle a contribué à la stabilité de la valeur des métaux précieux dans le monde.

Les bimétallistes ont longtemps contesté que ces exportations du métal le plus cher infligeassent aux pays à double étalon une véritable perte. « C'est un écho lointain de la doctrine mercantile qui résonne ici », disait M. Wolowski dans l'enquête de 1870[1]. « Pour moi, lorsqu'un métal s'en va du

1. *Loc. cit.*, p. 31.

pays, je lui dis bon voyage. Il reviendra quand ce sera nécessaire ; il ne s'en va que s'il rencontre meilleur accueil sur le marché étranger, s'il vaut plus chez les autres que chez nous, s'il achète plus de marchandises ; jamais l'un des deux métaux qui constituent la base de notre circulation ne s'écoule sans qu'il y ait profit pour le pays. » Précisant plus complètement sa pensée, il écrivait ailleurs[1] : « Celui qui enverra sur le marché étranger le métal moins évalué (par la loi) touchera un bénéfice qui viendra s'ajouter à la richesse générale du pays d'origine ».

C'est, à notre avis, une erreur de croire que le double étalon n'est pas préjudiciable au pays dans lequel il fonctionne, quand les pays dont il est entouré admettent l'étalon unique d'or. M. Clément Juglar l'a démontré par des arguments auxquels il n'a jamais été répondu[2].

Pour apprécier le dommage que causent aux pays à double étalon les modifications incessantes de leur stock métallique, il faut avant tout se rendre un compte exact des relations particulières qu'impose à chacun d'eux la liquidation de ses opérations commerciales avec l'étranger. Si le pays avec lequel ils liquident ne dispose lui-même que d'une circulation dépréciée, ils n'auront pas à subir de perte. Ils souffriront un dommage certain, si ce pays jouit d'une circulation normale.

Quelle est la situation de la France ? Ses principales relations sont avec l'Angleterre, dont le système monétaire est basé sur l'or. Lorsque, par suite du jeu du double étalon, notre circulation métallique a été composée d'argent déprécié, le commerce français a subi des pertes, souvent considérables, sur le change. Lorsque notre circulation a été composée d'or, même déprécié, les pertes sur le change ont disparu, parce que nos moyens de compensation ont été évalués en or, exactement comme ceux des Anglais. Ces faits apparaissent avec une netteté saisissante, lorsqu'on étudie les cotes de l'or et des changes sur Londres avant 1850 et depuis cette époque.

1. *L'or et l'argent*, p. 213.

2. *Enquête sur la question monétaire*, 1869-1870, p. 709. Cf., dans le *Journal de la Société de statistique*, août 1874, La Question monétaire d'après les faits observés en France, en Angleterre et aux États-Unis.

Avant 1850, lorsque la circulation française se composait d'argent, la prime sur l'or variait de 10 à 12 p. °/₀₀ ; rarement, elle descendait à 7 p. °/₀₀ ; en temps de crise, elle pouvait atteindre, 17, 18, 19 p. °/₀₀. Depuis 1850, l'or est ordinairement au pair ; dans les moments de crise, la prime ne dépasse pas 8 ou 9 p. °/₀₀. Quant aux cours du change, de 1820 à 1849, ils étaient presque constamment au-dessus du pair, le plus souvent au-dessus du *gold point*. Au contraire, depuis 1850, les plus hauts cours n'ont pas dépassé 25 fr. 40 c., soit 18 centimes au-dessus du pair, c'est-à-dire la somme nécessaire pour payer les frais de transport, la prime d'assurance, les intérêts, les frais de fabrication qu'entraîne l'exportation du métal monnayé.

Les pertes que le commerce subissait avant 1850 ne résultaient pas seulement de l'élévation persistante des cours au-dessus du pair. Comme il arrive toujours lorsque la circulation d'un pays est dépréciée, les cours du change étaient sujets à des variations subites et d'une grande amplitude. De 1832 à 1850, les plus hauts cours ont varié de 25 fr. 95 c. à 25 fr. 50 c. ; les plus bas de 24 fr. 45 c. à 25 fr. 25 c. L'écart des plus hauts cours aux plus bas oscillait entre 50 et 70 centimes. On comprend qu'il en résultait un aléa regrettable pour les opérations du commerce.

Le dommage que causerait aujourd'hui la substitution de l'argent à l'or dans notre circulation serait, eu égard au degré de la dépréciation du métal blanc, infiniment plus grave.

Les bimétallistes l'ont bien compris. Aussi, depuis plusieurs années[1], subordonnent-ils la reprise de la frappe à la conclusion d'un pacte monétaire international liant, sinon toutes les puissances, du moins celles qui exercent une sorte d'hégémonie sur le marché du monde : la France, l'Angleterre, l'Allemagne, les États-Unis. Ces quatre États établiraient un rapport légal identique entre la valeur de l'or et celle de l'argent.

1. Cette agitation bimétalliste, très inquiétante par suite de l'appui que lui donnaient les protectionnistes au moment où a paru la 1re édition de ce livre, est aujourd'hui complètement tombée. Nous croyons utile cependant de reproduire en leur entier les pages que nous consacrions alors à réfuter le projet d'une grande union bimétallique.

S'étant de la sorte garanti le pair du change dans leurs relations réciproques, ils pourraient, sans danger, autoriser la frappe libre de l'argent. Le débouché illimité qu'ils ouvriraient au métal blanc assurerait la restauration de sa valeur.

Les promoteurs de cette combinaison ont essayé de la placer sous le patronage du grand nom de Newton ; ils opposent à la loi de Gresham ce qu'ils appellent la loi de Newton ; celle-ci corrigerait celle-là. Gresham a formulé le principe général auquel on a rattaché depuis la cause de l'exportation alternative de deux métaux entre lesquels la loi prétend établir un rapport immuable. « Dès 1717, dit E. de Laveleye [1], Newton avait indiqué le remède qui obvie à l'alternance. Voici comment il l'avait formulé : « Si l'or était diminué de valeur chez nous, « de façon que ce métal eût le même rapport avec l'argent que « dans le reste de l'Europe, il n'y aurait plus aucune tentation « d'exporter de l'argent plutôt que de l'or vers les autres États « de l'Europe. » (V. son Rapport du 17 septembre 1717 [2]). »

Les bimétallistes n'avaient pas aperçu d'abord le parti qu'on pouvait tirer de la prétendue loi de Newton. M. Wolowski, dit M. de Laveleye, avait transcrit ce passage dans son livre : *La question monétaire*, mais n'avait pas suffisamment creusé l'idée. « Il était réservé à M. Cernuschi, dans ses écrits étincelants de verve et de raison, de prouver, à toute évidence, que Newton avait indiqué la vraie solution du problème monétaire. A partir de ce moment, la question est entrée dans une phase nouvelle. Le bimétallisme avait acquis une base scientifique inattaquable [3]. »

Si l'on étudie cependant le rapport de Newton, il est difficile d'y trouver le principe d'une loi nouvelle, correctrice de celle de Gresham [4]. Newton constatait que l'argent était exporté d'Angleterre parce qu'il y avait cours pour une valeur moindre que sa valeur réelle : le public exigeait 21 1/2 shillings pour la

1. *La monnaie et le bimétallisme international*, Paris, F. Alcan, 1891, p. 276.

2. Stanley Jevons a réimprimé ce rapport dans ses *Investigations in currency and finance*, p. 330 et suiv. Cf. *infra*, p. 234.

3. Laveleye, *Ibid.*, p. 277.

4. V., dans ce sens, Stanley Jevons, *loc. cit.*

guinée d'or, qui, d'après le cours des deux métaux, valait seulement 20 $^{2}/_{3}$ shillings. L'argent, ainsi déprécié en Angleterre, émigrait sur le continent. Pour en arrêter l'exportation, Newton conseillait de fixer, par proclamation royale, la valeur de la guinée à 21 shillings d'abord, puis, à une date ultérieure, à 20 $^{2}/_{3}$ shillings. Il s'inspirait, en définitive, des mêmes idées que Sir Thomas Gresham en 1560, lorsque ce dernier suggérait à la reine Élisabeth d'abaisser la valeur légale des espèces altérées qu'avait fait fabriquer Henri VIII. L'usage attribuait, en Angleterre, une valeur trop élevée à l'or : Newton ne proposait pas d'engager les autres gouvernements à relever, dans la même proportion, la tarification de leurs monnaies d'or, mais, tout au contraire, d'adopter, en Angleterre, le rapport, d'ailleurs plus conforme à la réalité des choses, qui existait dans le reste de l'Europe entre les espèces d'or et les espèces d'argent. Comment peut-on, dès lors, invoquer l'autorité de Newton à l'appui d'une solution qui consiste essentiellement à rehausser d'une façon artificielle, au moyen d'une entente internationale, le cours commercial de l'argent jusqu'au niveau du pair à 15 $^{1}/_{2}$?

L'agitation pour le bimétallisme universel a abouti à la convocation de trois conférences internationales : les deux premières se sont réunies à Paris, en 1878 et 1881, la troisième, à Bruxelles, en 1892. Toutes les trois se sont séparées sans avoir pris aucune résolution. Il n'en pouvait être autrement.

Dès la première séance de la conférence de 1892, le comte d'Alvensleben avait déclaré que « l'Allemagne étant satisfaite de son système monétaire, n'avait pas l'intention d'en modifier les bases [1] ». Quelques jours plus tard, Sir Rivers Wilson et M. Ch. Fremantle annonçaient qu'ils n'admettaient « comme applicable à leur pays, d'autre système que celui de l'étalon d'or unique [2] », et provoquaient, par leur attitude, le retrait d'une proposition de leur collègue, le baron Alfred de Rothschild, tendant à rendre obligatoire, pour une période de 5 ans,

1. *Conférence monétaire internationale*, 1892. Bruxelles, Hayez, 1892, p. 32.
2. *Ibid.*, p. 93.

l'achat annuel, par tous les États du monde, d'une quantité d'argent représentant une somme de 5 millions sterling, tant que les cours ne seraient pas supérieurs à 43 pence l'once[1]. A son tour, M. Tirard déclarait qu'il ne conseillerait jamais à son gouvernement de reprendre isolément la frappe libre. « Si d'autres puissances européennes, l'Angleterre, l'Empire d'Allemagne, l'Empire Austro-hongrois, les États scandinaves et d'autres pays encore consentaient à ouvrir leurs Monnaies à la frappe libre de l'argent, alors la question changerait d'aspect. » « Mais, en sommes-nous là[2] ? » concluait le premier délégué de la France. Les déclarations catégoriques faites par les représentants des grandes puissances le dispensaient de discuter une proposition, qui, nous avons des raisons de le savoir, ne lui agréait guère.

Si l'on en excepte les États-Unis, dont l'intérêt dans la question est trop évident, on voit que les gouvernements dont les bimétallistes escomptaient le concours n'étaient nullement disposés à répondre à leurs vœux. La démonstration complète en a été fournie, en 1897, par l'échec retentissant de la mission Wolcott. Il n'a même pas été possible de réunir une conférence, comme en 1892[3].

Supposons même que l'union bimétallique de la France, de l'Allemagne, de l'Angleterre, des États-Unis fût un fait accompli. La plus grande partie du monde resterait en dehors de cette association. Sans doute, les achats d'argent opérés par ces puissantes nations auraient une influence sur le cours du métal blanc. Mais combien de temps pourraient-elles les poursuivre? Après quelques années, l'épuisement de leur stock d'or ne les mettrait-il pas dans la situation où s'est trouvée l'Union latine? Et peut-on douter de l'exportation fatale du métal jaune à destination des pays dans lesquels la loi monétaire ne le déprécierait pas artificiellement?

En réalité, la France n'a aucun intérêt à entrer dans ces combinaisons dangereuses. Ses relations de change sont nor-

1. *Conférence monétaire internationale*, 1892. Bruxelles, Hayez, 1892, p. 40 et suiv.

2. *Ibid.*, p. 215.

3. V. *infra*, p. 276 et suiv.

males, parce qu'elle dispose d'un stock d'or assez considérable pour payer en or ses dettes extérieures lorsque les compensations en papier de commerce ou en titres n'y suffisent pas. C'est là le point essentiel. Il est fâcheux, sans doute, qu'une partie de son capital monétaire soit dépréciée par suite de la baisse de l'argent. Mais, pour rehausser la valeur intrinsèque de sa monnaie blanche, il ne faut pas qu'elle s'expose à perdre le stock de métal jaune dont la possession assure à son commerce le bénéfice inappréciable du pair du change.

Si le bimétallisme universel est impuissant et dangereux, la solution monométallique, qui consisterait à limiter le pouvoir libératoire de la pièce de 5 francs d'argent, n'est pas moins inadmissible à l'heure actuelle. Elle aurait, sans doute, pour résultat de réduire le pouvoir d'achat de notre grosse monnaie blanche, celle-ci n'étant plus convertible en or que jusqu'à concurrence d'une certaine somme. Une perte grave serait ainsi infligée à tous les détenteurs de cette coupure. On objectera peut-être que les monnaies divisionnaires circulent au pair, bien que le cours n'en soit pas illimité. Mais la quantité des pièces de 1 et de 2 francs, de 50 et de 20 centimes dont nous disposons, est en rapport avec les besoins des échanges. Nous avons, au contraire, plus de pièces de 5 francs qu'il ne nous en faut : la preuve en est dans le courant qui ramène incessamment vers la Banque les écus qu'elle cherche à déverser dans la circulation, et qui maintient toujours à peu près au même niveau son encaisse d'argent. La limitation du pouvoir libératoire de la pièce de 5 francs ne serait acceptable que si les quantités existantes en pouvaient être diminuées par une démonétisation matérielle. Est-il besoin de dire qu'au prix actuel de l'argent, l'opération est impraticable[1], puisque le Trésor ne pourrait vendre le métal démonétisé qu'en s'imposant d'énormes sacrifices?

1. Ce qui nous semble impraticable, c'est la refonte en masse, avec la perturbation qu'elle jetterait dans toutes les affaires. Mais on ne doit négliger aucune occasion de réduire le stock de notre grosse monnaie soit par des transformations en monnaies divisionnaires, ainsi que l'a prescrit la convention monétaire du 29 octobre 1897, soit par des exportations dans celles de nos colonies africaines où les pièces de 5 francs sont ordinairement refondues.

En résumé, nous ne pensons pas que le problème monétaire comporte actuellement une solution. La politique la plus sage nous paraît être de ne rien changer à une situation qui aurait pu être meilleure, mais qui, somme toute, est tolérable et qu'en tout cas la moindre imprudence pourrait compromettre.

CHAPITRE IV.

LE SYSTÈME MONÉTAIRE ANGLAIS.

De même que la législation française fournit un exemplaire du système bimétallique, la législation anglaise offre le type du système monométallique. Le cours légal illimité n'y appartient qu'à la monnaie d'or ; la frappe libre n'y est admise que pour l'or. En conséquence, les mouvements d'entrée et de sortie du numéraire y sont uniquement déterminés par la balance du commerce et par le taux de l'escompte ; l'or forme toujours le fonds de la circulation et joue toujours le rôle d'étalon.

La législation monétaire anglaise date du commencement du XIXe siècle. Le texte fondamental est une loi de 1816 (56th, Geo. III, c. 58) revisée en 1870 (33th, Vict. c. 10). On examinera successivement les points suivants : 1° monnaies de compte ; 2° monnaies réelles et fabrication ; 3° monnaies légales ; 4° étalon monétaire. On consacrera un cinquième paragraphe à l'agitation bimétalliste, un sixième paragraphe au système monétaire de l'Inde.

§ 1. — Monnaie de compte.

La monnaie de compte est la livre sterling (£), représentée par une pièce d'or appelée souverain.

La livre sterling se divise en 20 shillings (*s*) et chaque shilling en 12 pence (*d*) ; il y a 240 pence dans la livre[1].

Beaucoup de prix, au lieu d'être exprimés en livres, shillings

1. C'est un système de computation identique à celui de l'ancienne France, où l'unité de compte était la livre, divisée en 20 sous ou 240 deniers. La livre sterling et la livre tournois dérivent de l'ancienne livre d'argent de Charlemagne. Seulement, la première avait été beaucoup moins altérée par les rois que la seconde, qui n'en représentait pas tout à fait la vingt-cinquième partie.

et pence, le sont en shillings ou en pence. On cotera, par exemple, le café 79 sh. le cwt (*hundredweight*), au lieu de 3 liv. 19 sh.; le bœuf, 50 d. les huit livres, au lieu de 4 sh. 2 d.; l'argent en barres 25 d. l'once *troy*, au lieu de 2 sh. 1 d. C'est un moyen d'éviter les complications de la computation duodécimale. Mais il doit être bien entendu que les shillings ou les pence cotés représentent, non pas les pièces d'argent ou de bronze qui portent la même dénomination, mais des 20es ou des 240es du souverain d'or.

On compte aussi par guinée de 21 shillings d'or. C'est l'unité employée pour les objets de luxe, les honoraires, les cotisations dans les clubs, etc. La guinée n'existe plus comme monnaie réelle depuis 1816.

§ 2. — Monnaies réelles.

A. *Coupures.* — Elles sont énumérées dans la proclamation royale du 30 mai 1887.

Les coupures d'or sont le souverain, qui vaut 1 livre sterling ou 20 shillings[1]; les pièces de 2 et 5 livres[2] et la pièce de 10 shillings appelée demi-souverain. Le souverain et le demi-souverain sont les monnaies d'or les plus usuelles.

Les coupures d'argent sont la couronne ou pièce de 5 shillings[3], le double florin[3] ou pièce de 4 shillings, la demi-couronne valant 2 shillings 6 pence, le florin valant 2 shillings, le shilling, les pièces de 6 et 3 pence, le *groat*[4] valant 4 pence, les pièces de 2 pence et de 1 penny. Ces trois dernières ne sont frappées que pour les aumônes du roi au Jeudi-Saint (*maundy moneys*). Les pièces d'argent les plus répandues sont la demi-couronne, le florin, le shilling et le 6 pence.

1. Le souverain a été frappé pour la première fois sous Henri VIII. On l'appela ainsi parce que le roi y était représenté sur son trône, vêtu du manteau royal et couronné. V. Lord Liverpool, *Treatise of the coins of the Realm in form of a letter to the King*, p. 53.

2. Ces pièces, créées en 1870, n'ont été frappées qu'après 1887.

3. Ces pièces ne sont frappées que depuis 1887.

4. A l'époque où la monnaie courante était le penny d'argent, la pièce de 3 pence était une grosse monnaie (*great, groat*). V. Kelly, *Le Cambiste universel*, 1823, t. I.

Les pièces de bronze sont le *penny*, le 1/2 penny (*halfpenny*), le 1/4 de penny ou farthing (*fourthing*, quart[1]). Ce dernier ne circule guère.

L'assemblage de ces coupures n'offre rien de comparable à l'échelle systématique des monnaies françaises. On y trouve une série décimale (souverain, 20 shillings; demi-souverain, 10 shillings; couronne, 5 shillings; florin, 2 shillings; pièce de 1 shilling) et une série duodécimale (demi-souverain, couronne, demi-couronne, valant 1/2, 1/4 et 1/8 de souverain; six pence, groat, valant 1/2 et 1/4 de shilling, etc...). C'est un pur hasard; les Anglais se sont préoccupés exclusivement d'avoir des coupures commodes.

B. *Poids*[2] *et titre*. — D'après les lois de 1816 et 1870, on taille dans 28 livres *troy* d'or *standard* 934 souverains et une pièce de 10 shillings : la livre *troy* vaut ainsi 46 liv. 14 sh. 6 d.; l'once *troy*, 3 liv. 17 sh. 10 $^1/_2$ d. C'est le tarif de la Monnaie. La loi de 1870 en a déduit le poids du souverain en grains 123.27447 et en grammes 7.98805. Le titre *standard* ou sterling étant pour l'or de 22/24 carats ou 0.91666, un souverain contient 113.0016 grains de fin, ou 7.32233 grammes.

Le demi-souverain pèse exactement la moitié du souverain. Il est au même titre.

Le titre de 22/24 est l'ancien titre français[3]. Les Anglais l'ont conservé comme plus résistant au frai, à la suite des expériences de Cavendish et Hatchett en 1798[4].

Pour l'argent, le titre est de 11 onces 2 pennyweights de fin et 18 pennyweights d'alliage, soit 0.925. Ce titre est très ancien; il était qualifié, dès 1357, de bon et ancien titre d'Angleterre[5].

1. Sur l'origine du farthing. V. Lord Liverpool, *op. cit.*, p. 148.

2. On emploie le poids de Troyes. La livre troy se divise en 12 onces, l'once en 20 pennyweights, le pennyweight (*dwt*) en 6 carats, le carat en 24 grains : 1 once contient 480 grains. L'once pèse 31.1035 grammes : le grain, 6 centigr. 479895.

3. Jusqu'à la dix-huitième année du règne de Henri VIII, le titre de l'or était de 23 carats 3 1/2 grains de fin et 1/2 grain d'alliage. Le titre 22/24 fut introduit alors pour la première fois. Il fut définitivement adopté en 1663. Les dernières pièces à l'ancien titre furent retirées en 1732. V. Lord Liverpool, *op. cit.*, p. 32.

4. V. *supra*, p. 157.

5. Stanley Jevons, *op. cit.*, p. 125. La reine Marie l'avait remplacé par le titre 11/12. Élisabeth le rétablit. Cf. Michel Chevalier, *La monnaie*, p. 225.

Lord Liverpool cite même une ordonnance de Henri II, publiée dans la Normandie en 1158, où il est question de ce titre [1].

La livre *troy* d'argent est taillée en 66 shillings. Le shilling pèse donc 87.27272 grains ou 5.65518 grammes. Il contient 5.23104 grammes de fin.

Le bronze est formé de cuivre, d'étain et de zinc. Les proportions ne sont pas déterminées par la loi elle-même : ce sont les mêmes qu'en France.

Les tolérances de fabrication quant au titre sont de 2 millièmes pour l'or, et pour l'argent, de 4 millièmes ; il n'en est pas prévu pour le bronze. La loi indique, pour chaque coupure, en grains et en grammes, la tolérance de fabrication quant au poids. Le dernier texte sur la matière est l'*act* du 5 août 1891 [2].

C. Fabrication. — La fabrication des monnaies est faite en régie. Il n'y a qu'une Monnaie en Angleterre, celle de Londres, dirigée par un *Deputy Master and Comptroller of the Mint* [3]. Il y a des succursales de la Monnaie [4] à Sydney depuis 1853, à Melbourne depuis 1869 et à Perth depuis 1897. Il est question d'ériger à côté de la Monnaie de Bombay une succursale de la Monnaie de Londres, en vue de permettre la frappe dans l'Inde du souverain britannique [5].

La Monnaie royale n'a pas le monopole de la fabrication. Il existe à Birmingham une compagnie privée, dont l'usine s'appelle la Monnaie (*the Mint*), qui fabrique des espèces de bronze et d'argent. Cette usine, bien entendu, ne peut monnayer qu'en exécution de commandes du gouvernement britannique ou des gouvernements étrangers [6]. Elle travaille pour l'étranger et aussi, sous la surveillance de la Monnaie royale, pour diverses colonies. Elle a même frappé des espèces métropolitaines pour

1. *Op. cit.*, p. 31.

2. V. *Bulletin de statistique du Ministère des finances*, juin 1892, p. 730.

3. Depuis 1870, le maître de la Monnaie est nominalement le chancelier de l'Échiquier.

4. *Annual report of the Deputy Master of the Mint*, 1900.

5. *Ibid.*, 1899. Cf. *infra*, p. 253.

6. Ces renseignements nous ont été donnés très obligeamment par M. Horace Seymour, directeur de la Monnaie de Londres.

le compte de la Monnaie de Londres ; mais, depuis 1884[1], cette dernière ne s'est plus adressée à l'industrie privée que pour des fournitures de flans de bronze[2].

La frappe de l'or est libre.

Elle est même gratuite, du moins dans la métropole[3]. La gratuité de la frappe fut introduite, en 1666, sous le règne de Charles II (18th, Ch. II, c. v)[4].

Les Anglais se sont toujours montrés attachés à ce principe deux fois séculaire. Dans son fameux traité, Lord Liverpool rejetait l'idée de retenir des frais de fabrication, pour les quatre motifs suivants : 1° la principale mesure de la valeur ne serait pas parfaite ; 2° les marchands, lorsqu'ils exportent des espèces, perdraient les frais de fabrication ; pour les récupérer ils élèveraient le prix des marchandises d'importation ; 3° on aurait été obligé de réduire le poids des pièces d'or ; 4° en conséquence, il aurait fallu procéder à une refonte des anciennes monnaies. Ces deux dernières raisons tiraient leur valeur probante des circonstances particulières où se trouvait l'Angleterre au temps de Lord Liverpool. Les deux premières ont une portée plus générale. C'est un fait, vrai dans tous les pays et dans tous les temps, que les frais de fabrication sont perdus en cas d'exportation des espèces nationales : à ce point de vue, la gratuité de la frappe présente un avantage[5], surtout dans un pays comme l'Angleterre où les produits d'importation tiennent dans les consommations industrielles et privées une place prépondérante. L'identité de valeur du métal monnayé et du métal non

1. La Monnaie a été reconstruite en 1881 et 1882 et pourvue d'un outillage plus puissant qu'autrefois. En 1875 et 1876, 175 tonnes de bronze avaient été monnayées par l'industrie privée, en espèces métropolitaines. De plus, il avait été fabriqué des pièces d'argent de 50, 20, 10 et 5 *cents* pour Hong-Kong, Terre-Neuve, les îles de la Sonde, et des *cents* de bronze pour le Canada, Terre-Neuve et Hong-Kong.

2. V. *Bulletin de statistique du Ministère des finances*, juin 1890, p. 727, juin 1891, p. 642. Le flan est le disque de métal prêt à recevoir l'empreinte.

3. V. *Act* de 1870, sect. 8. Pour les colonies, V. *Annual report of the Deputy Master of the Mint*, 1897 et 1900.

4. Lord Liverpool, *op. cit.*, p. 6. La frappe de l'argent était également libre et gratuite. *Ibid.*

5. On a vu que la Banque de France s'attache pour ce motif à conserver une réserve de lingots et de monnaies étrangères. V. *supra*, p. 167.

monnayé est, au surplus, moins réelle que théorique, en dépit de la gratuité du monnayage. Les porteurs de matières d'or ont à supporter des pertes d'intérêts pendant les délais de fabrication. La perfection idéale de l'unité monétaire, souhaitée par Lord Liverpool, n'est donc pas réalisée complètement.

Il existe un moyen d'éviter la perte d'intérêts, c'est d'apporter l'or à la Banque d'Angleterre, qui, en vertu du *Charter act* de 1844, est tenue de l'acheter à prix fixe. Elle paie l'once 3 l. 17 s. 9 d., soit 1 1/2 d. de moins que la Monnaie. Cet écart de 1 1/2 d. lui reste à titre de commission. Le porteur doit encore supporter des frais de fonte, de pesage et d'essai, etc. Le tout représente actuellement 2 1/2 p. ‰[1]. Ces frais n'équivalent pas à la perte des intérêts pendant la fabrication[2]. Aussi s'adresse-t-on toujours à la Banque ; c'est par son canal que l'or arrive à la Monnaie ; il est rare que celle-ci travaille pour d'autres maisons. Stanley Jevons remarque qu'en 1857, lors d'une enquête sur le *Bank charter act*, un banquier qui avait envoyé une fois 10,000 livres sterling à la Monnaie, fut surpris de voir sa maison citée comme le seul établissement particulier qui eût jamais fait pareille chose[3]. Nous avons noté, en 1884, un monnayage de 220,982 livres sterling pour le compte d'une maison particulière, sur une frappe totale de 1,435,228 livres sterling. Le fait reste exceptionnel[4].

On a demandé, en France, lors de l'enquête de 1868 sur la circulation, que la Banque fût également tenue d'acheter l'or à prix fixe. On supposait que cette disposition de l'*act* de 1844 contribuait à la prépondérance de Londres comme marché des métaux précieux. Les représentants de la Banque de France objectaient, non sans raison, que Londres était le grand marché de l'argent, autant que de l'or, bien que la Banque d'Angleterre n'achetât pas ce dernier métal à prix fixe. « L'or arrive sur le marché de Londres », disait M. de Waru, « parce que le com-

1. M. Seyd évaluait la perte, en 1870, à 2.828 p. ‰ (*Enquête sur la question monétaire*, t. 1er, p. 435). Depuis lors, la Banque a réduit les frais de fonte, de pesage et d'essai. V. Stanley Jevons, *op. cit.*, p. 95.

2. V. de Parieu. *Enquête sur les principes qui régissent la circulation monétaire et fiduciaire*, t. VI, p. 260 et 261.

3. Stanley Jevons, *op. cit.*, p. 95.

4. V. *Annual report of the Deputy Master of the Mint*, 1884.

merce de Londres est immense et que c'est pour lui un moyen de se couvrir vis-à-vis des pays dans lesquels l'Angleterre exporte des objets fabriqués. C'est le grand réservoir où affluent naturellement les métaux précieux pour se répandre ensuite et s'équilibrer en Europe en proportion des besoins de la circulation. S'il nous arrive des métaux, c'est parce que nous avons des négociants qui font des exportations de produits fabriqués dans des pays argentifères ou aurifères, et que c'est un mode de couverture que ces pays adoptent de préférence à d'autres, parce que souvent, ils n'ont pas d'autre moyen de se libérer. Une petite prime insignifiante donnée par la Banque aux métaux précieux ne fera pas arriver un kilogramme d'or ou d'argent de plus que le mouvement naturel des échanges commerciaux ne peut en amener dans notre pays[1]. »

Cette dernière considération nous paraît empreinte de quelque exagération. Il y a une dizaine d'années, on a vu se produire des arrivages d'or des États-Unis, à un moment où les cours du change n'auraient pas permis ce transport sans perte, où, par conséquent, la balance commerciale ne provoquait pas cette importation. Un avantage très léger fait à la maison chargée de l'affaire était l'une des causes de ce mouvement extraordinaire[2].

La Banque de France a changé d'attitude sur cette question. Elle n'est pas plus qu'autrefois tenue d'acheter l'or. En fait, elle le reçoit au pair et n'a négligé aucune occasion de l'attirer en vue de constituer une puissante encaisse, gage de sécurité pour elle et pour le pays[3].

Si la frappe de l'or est libre en Angleterre comme en France, la frappe de l'argent et du bronze y est réservée à l'État, comme en France celle de toutes les monnaies d'appoint. Les besoins de menues espèces sont signalés à la Monnaie par la Banque d'Angleterre, les banques d'Écosse, la Banque d'Irlande et les principales banques de cette dernière partie du

1. *Enquête sur les principes*, etc., t. VI, p. 261.

2. Dr Clément Juglar. *Le ralentissement actuel des affaires n'est-il qu'un simple arrêt dans la période prospère ?* Paris, Guillaumin, 1891, p. 7. V. *infra*, p. 285.

3. V. Discours de M. Tirard à la Chambre des députés, janvier 1893.

Royaume. Ces renseignements sont centralisés par le *Deputy Master*, qui en fait son rapport au chancelier de l'Échiquier[1].

§ 3. — Monnaies légales.

Le pouvoir libératoire des monnaies d'or est, en principe, illimité.

Le cours des autres monnaies est, au contraire, limité.

Les monnaies d'argent ne peuvent être imposées en paiement pour plus de 40 shillings. Cette somme fut choisie comme limite, en 1816, sans doute parce qu'à cette époque la pièce de 2 livres sterling était regardée comme la plus forte coupure d'or qui dût être émise. La même limite a été maintenue par l'*act* de 1870.

Les pièces de bronze de 1 penny et de 1/2 penny ont cours légal jusqu'à concurrence de 1 shilling, le farthing jusqu'à concurrence de 6 pence.

Les pièces d'or ne conservent le cours légal qu'autant qu'elles ne sont pas tombées au-dessous d'un *minimum de poids courant*, qui est de 122 $^1/_2$ grains pour le souverain et de 61 $^1/_4$ grains pour le demi-souverain. Les pièces d'argent peuvent circuler tant que les empreintes sont reconnaissables.

La perte du frai est donc pour le dernier porteur.

La personne à qui est offerte une pièce d'or tombée au-dessous des tolérances de frai, n'a pas seulement la faculté de la refuser. Elle est tenue légalement de la couper ou de la défigurer avant de la restituer à la personne qui l'a présentée en paiement. En cas d'erreur, elle est tenue de la reprendre et d'indemniser son débiteur : les difficultés de l'espèce sont de la compétence des *Justices of peace*. Stanley Jevons remarquait avec quelque ironie, que la loi défend, non de livrer des espèces frayées, mais de les recevoir; après avoir commis le délit de les accepter, on peut sans commettre aucune infraction, les passer soi-même à un tiers[2].

Cette prescription, qui figure dans l'*act* de 1870 (art. 7) est

1. Les banques d'Écosse se sont chargées de ce soin en 1872, les banques d'Irlande en 1879. V. 9th *annual report of the Deputy Master of the Mint*.

2. *Investigations...*, p. 279, note.

fort ancienne. Elle remonte à 1774 (14th, Geo. III, c. 70). Lord Liverpool constate que le public s'y conforma pendant plusieurs années. Mais, de son temps, elle était tombée en désuétude et il en exprime le regret[1]. La Banque et quelques administrations publiques[2] l'observent encore. D'autres administrations, celles des postes notamment, et les particuliers n'en tiennent aucun compte. Outre que le cisaillement d'une pièce défectueuse est un acte peu courtois et qui expose, en cas d'erreur, à des dommages-intérêts, on ne peut toujours avoir sur soi des balances pour peser les pièces et des cisailles pour couper les espèces frayées.

La loi anglaise avait constitué le public lui-même gardien de l'intégrité des monnaies. Le public se déroba à cette mission. Les pièces frayées restèrent dans la circulation. Ce sont même les pièces frayées qui circulaient le plus. La Banque d'Angleterre les cisaillant impitoyablement, on se gardait de les lui apporter. On ne lui versait que les bonnes pièces ; les mauvaises étaient systématiquement remises par les banquiers au public[3].

Il est intéressant de remarquer que la réserve de la Banque comprenait exclusivement des souverains de bon poids. Toute pièce défectueuse fuyait les balances automatiques et les cisailles installées à ses guichets. Comme l'or destiné à l'exportation est pris principalement à la Banque, le délabrement de la circulation n'avait pas de retentissement fâcheux sur le change.

En 1868, à la suite d'une enquête qu'il avait conduite lui-même auprès des principaux banquiers du Royaume, Stanley Jevons dénonça le mauvais état de la circulation d'or. 31.5 p. %

1. *Op. cit.*, p. 241. La même obligation était imposée au public par nos vieilles ordonnances : elle est rappelée par un arrêt de la Cour des monnaies du 30 mai 1555.

2. L'administration du revenu intérieur, par exemple. Stanley Jevons a rapporté le cas d'un particulier qui, ayant touché un mandat au bureau de poste de Saint-Martin-le-Grand, porta les souverains qu'il venait de recevoir, au bureau du Timbre, à Somerset-House, où ils furent pesés et où quelques-uns furent rebutés pour défaut de poids. Un homme avait été ainsi fraudé, remarque-t-il, entre deux bureaux du gouvernement. *La monnaie*, etc., p. 93.

3. Stanley Jevons, *Investigations...*, p. 278.

des souverains (20 millions sur 64.5 millions) auraient été au-dessous du minimum de poids courant; 11,500,000 demi-souverains se seraient trouvés dans le même état [1].

En 1870 [2], pour inciter le public à faire refondre les pièces d'or usées, la Trésorerie autorisa la Monnaie à les recevoir au prix de 77 sh. 10 $^1/_2$ d. par once, sans essai et sans fonte préalable en lingots ; en même temps, la Banque acceptait de les recevoir dans les mêmes conditions, au tarif de 77 sh. 9 d. De 1870 à 1889, les apports du public se montèrent à 21,421,697 liv. st. [3].

Cependant le mal augmentait toujours et l'on dut se résigner à y porter remède en restaurant aux frais du Trésor [4] les souverains et demi-souverains tombés au-dessous du minimum de poids courant. En 1889, M. Goschen fit voter par le Parlement le retrait des pièces d'or légères, antérieures à l'avènement de la reine Victoria [5]. Le gouvernement ayant acquis la conviction que peu de pièces prévictoriennes étaient encore dans les tolérances de frai, les démonétisa toutes par une proclamation royale du 22 novembre 1890. Il a été retiré, en conséquence, des monnaies d'or pour 2,463,000 liv. st., dont la plus forte part en souverains; les frais de restitution du métal fin se sont montés à 51,299 livres sterling, dont 48,704 pour les insuffisances de poids, 2,532 pour les insuffisances de titre, 62 livres pour frais divers dans les Monnaies australiennes [6]. Une loi du 5 août 1891 a autorisé, en outre, la réfection des pièces d'or

1. *Investigations...*, p. 257.

2. *First report of the Deputy Master of the Mint.*

3. 20th *report of the Deputy Master of the Mint*, p. 88.

4. On avait longtemps reculé devant cette extrémité et cherché à faire payer au public l'usure de monnaies qu'on lui livre gratuitement. M. Childers avait notamment proposé de faire face aux frais de refonte, en réduisant le poids du demi-souverain (V. *Bulletin de statistique du Ministère des finances*, juin 1884, p. 675). Stanley Jevons (*op. cit.*) greffait la refonte des monnaies sur une réforme dont la portée était plus générale : on aurait prélevé un droit de monnayage tel que la valeur du souverain fut exactement de 25 francs. Le système anglais aurait ainsi concordé avec le système français ; la monnaie anglaise pouvant désormais circuler en France, on n'aurait plus été tenté de refondre les pièces lourdes ; le droit de monnayage aurait couvert les frais de la réforme.

5. *Bulletin de statistique du Ministère des finances*, août 1889, p. 147.

6. *Ibid.*, juin 1891, p. 643.

légères quelqu'en soit le millésime [1]. Les retraits au 31 décembre 1900 ont porté sur 24,062,000 liv. st., en souverains, et 15,238,000 liv. st., en demi-souverains; les frais se sont élevés à 583,559 liv. st.[2]. 2,628,280 liv. st. de pièces d'or ont été en outre reprises comme métal au prix fixé en 1870.

§ 4. — Étalon monétaire.

Pendant de longs siècles l'argent a formé presque seul la matière des monnaies anglaises. L'or ne devint abondant que sous le règne de Charles II : à cette époque, la Compagnie d'Afrique en introduisit des quantités notables provenant de la côte de Guinée. C'est, sans doute, pourquoi les monnaies frappées avec ce métal prirent le nom de guinées [3]. La frappe de l'or fut libre et gratuite comme celle de l'argent, aux termes d'un statut déjà cité (18th, Ch. II, c. 3). Les deux métaux jouissaient également du cours légal illimité [4]. La législation anglaise était donc bimétallique.

L'argent conserva le rôle d'étalon. Lord Liverpool constate [5] que le métal blanc était reçu à cette époque pour la valeur qui lui était attribuée par le souverain. Le prince assignait également une valeur nominale à l'or ; mais, en fait, les pièces de ce dernier métal étaient prises pour leur valeur intrinsèque, laquelle dépendait du cours commercial de l'or et de l'argent.

Cet état de choses dura jusqu'après la refonte générale des monnaies d'argent effectuée sous Guillaume III en 1695. Vers cette époque, le public cessa de tenir compte des variations du rapport commercial des deux métaux. Il n'accepta pas cependant la tarification de la Monnaie, mais il attribua aux guinées, par suite de circonstances inexpliquées, une valeur conventionnelle consacrée sans doute par l'usage, de 21 s. 6 d. C'était 1 s. 6 d. de plus que le prix de la guinée à la Monnaie (20 shillings)

1. V. *Bulletin de statistique du Ministère des finances*, juin 1892, p. 730.
2. 31st *report of the Deputy Master of the Mint*.
3. Macleod, *Economics for beginners*, p. 65.
4. *Ibid.*
5. Les détails qui suivent sont empruntés, pour la plupart, à sa fameuse lettre au roi, déjà citée plusieurs fois.

et 10 d. de plus que la valeur commerciale de la pièce.

L'argent, déprécié par cette coutume, émigra sur le continent : la loi de Gresham trouvait une fois de plus son application. Ce mouvement d'exportation s'accéléra lorsque la réfection des monnaies d'argent eut mis à la disposition des changeurs des espèces neuves, de bon titre et de bon poids.

En 1717, le maître de la Monnaie, qui était Newton, consulté par les lords de la trésorerie sur les moyens d'arrêter cette exportation, répondit qu'elle était due à l'appréciation inexacte des valeurs respectives de l'or et de l'argent par le public anglais, et conseilla de réduire, par proclamation royale, la valeur légale de la guinée à sa valeur intrinsèque, soit 20 s. 8 d. Toutefois pour ménager les transitions, il recommandait d'opérer la réforme en deux fois et d'abaisser d'abord la valeur de la guinée à 21 shillings seulement.

La guinée fut effectivement tarifée à 21 shillings par proclamation royale et cette valeur fut inscrite dans un nouveau contrat avec le maître de la Monnaie (*Mint Indenture*) du 6 mai 1718. Mais le second abaissement à 20 s. 8 d. ne fut pas fait. Il en résulta que, si les pièces frayées cessèrent d'émigrer, les pièces lourdes continuèrent d'être exportées. Il ne resta dans la circulation que les espèces d'or les espèces d'argent trop usées pour que leur envoi sur le continent laissât un bénéfice.

« Avant cette époque, dit Lord Liverpool[1], des paiements considérables avaient été faits fréquemment par l'Échiquier en sacs d'argent, comme cela se pratique aujourd'hui dans certains pays étrangers ; depuis lors jusqu'à présent (1805) aucun paiement d'importance n'a été fait ni par l'Échiquier ni par les particuliers en espèces d'argent. Ces monnaies ne servent qu'aux petits payements ou à des échanges contre de l'or. Elles ont été réduites au rôle de monnaie subordonnée... Les espèces d'or sont devenues, en fait et dans l'opinion du public, la principale mesure de la valeur. » Ce qui prouve encore que l'or a été depuis ce moment l'étalon, c'est, dit Lord Liverpool[2], que la détérioration des monnaies d'argent n'a plus eu d'influence

1. *Op. cit.*, p. 153, 155.

2. *Op. cit.*, p. 190 et p. 158.

sur les prix, comme au temps de Guillaume III, et que le change étranger est redevenu favorable.

L'argent allait bientôt perdre la qualité de monnaie légale.

Un *act* de 1774 disposa que les pièces d'argent au-dessous du poids droit ne seraient monnaies légales (*legal tender*) que jusqu'à concurrence de 25 livres sterling. L'*act* de 1774 ne devait avoir d'effet que pour deux ans. Il fut successivement prorogé jusqu'en 1783. A cette époque, on négligea de le renouveler; l'argent jouit de nouveau du cours légal illimité. En 1798, les prescriptions de l'*act* de 1774 furent remises en vigueur; elles subsistaient encore au moment où écrivait Lord Liverpool[1].

L'auteur du *Traité sur les monnaies du Royaume* était d'avis de réserver définitivement à un seul des deux métaux monétaires le cours légal illimité. C'était, disait-il, le seul moyen d'empêcher l'exportation alternative de l'or et de l'argent, opération d'autant plus fâcheuse que la frappe, en Angleterre, était gratuite[2]. Il recommandait de choisir l'or comme base de la circulation; d'abord parce que ce métal était, depuis de longues années déjà, en possession du rôle d'étalon, ce qui était un argument sérieux surtout en Angleterre; puis, parce que toutes les obligations contractées par l'État l'avaient été en monnaie d'or; enfin, parce que ce métal jouissait d'une valeur plus stable que son concurrent. Dans son argumentation sur ce dernier point, ainsi que l'a remarqué Michel Chevalier, Lord Liverpool se trompait. « Dans le but de montrer que l'argent a une valeur moins stable que l'or, il comparait les variations que les matières d'argent et d'or avaient éprouvées dans leurs prix en monnaies courantes, alors que celles-ci consistaient en or ou en billets de banque échangeables contre de l'or. N'est-il pas clair que cette méthode devait conduire à des variations bien plus fortement accusées pour l'argent que pour l'or[3]? »

A côté de l'or, il fallait de l'argent pour servir de monnaie subsidiaire. Pour le conserver en Angleterre, lord Liverpool

1. *Ibid.*, p. 144.
2. *Ibid.*, p. 5 et 6.
3. *La monnaie*, p. 87.

proposait de modifier le rapport légal suivant lequel les deux métaux étaient frappés par la Monnaie. Ce rapport était moins favorable à l'argent que le rapport commercial ; c'est pourquoi le métal blanc était exporté. Pour le retenir, on devait adopter un rapport d'après lequel la valeur légale de l'argent serait égale ou supérieure à sa valeur marchande.

On pouvait arriver à ce résultat de deux façons : en réduisant le poids de la guinée d'or sans en changer la valeur nominale ; en réduisant le poids du shilling d'argent tout en lui conservant la même valeur nominale. Le premier procédé était inadmissible ; les dettes de l'État ayant été contractées en or, la réduction du poids des pièces d'or eût été une véritable banqueroute. On devait donc prendre le second parti.

Ces recommandations furent adoptées par les auteurs de la loi de 1816, lorsque la fin des guerres de l'Empire permit de songer à rétablir la circulation métallique de l'Angleterre. La valeur de l'once d'or resta fixée à 3 l. 17 s. 10 1/2 d. Seulement, la guinée de 21 s. fut remplacée par le souverain de 20 s.

La livre d'argent fut taillée en 66 shillings[1] au lieu de 62, et les 66 shillings plus légers conservèrent une valeur égale aux anciens shillings, les 4 shillings de différence étant attribués au Trésor à titre de seigneuriage. La valeur nominale de l'argent était ainsi supérieure à sa valeur intrinsèque[2]. Comme corollaire, le cours légal en fut limité à 40 shillings et la frappe en fut réservée à l'État.

Les circonstances de l'introduction de l'étalon d'or en Angleterre sont semblables, on le voit, à celles qui ont amené la France au même régime. Dans les deux pays, c'est le jeu du double étalon qui a expulsé l'argent et appelé l'or. Il existe néanmoins une différence essentielle entre la situation de l'Angleterre en 1816 et celle de la France à l'heure actuelle. Le cours forcé et la dépréciation du papier-monnaie avaient chassé hors de l'Angleterre non seulement l'argent mais l'or lui-même. Nos

1. Le rapport entre l'or et l'argent est ainsi 1 : 14.287.

2. C'est par un procédé analogue que les États de l'Union latine ont retenu sur leur territoire les monnaies divisionnaires d'argent que la prime de ce métal faisait exporter. Seulement, au lieu de réduire le poids, comme la loi anglaise de 1816, la convention latine a diminué le titre des monnaies.

voisins avaient à se préoccuper de reconquérir l'or et, à ce point de vue, leur condition était moins favorable que la nôtre. Mais, d'autre part, ils n'avaient pas, comme nous, l'embarras d'une circulation d'argent surabondante et n'étaient pas arrêtés par la crainte d'infliger une perte aux détenteurs du métal blanc, par la limitation de son pouvoir libératoire.

La loi de 1816 a réalisé tout ce qu'en attendaient ses auteurs. A l'intérieur du pays, elle a pleinement assuré la circulation parallèle de l'or et de l'argent ; elle a doté le commerce d'une monnaie vraiment internationale, dont l'exportation et le rapatriement ont toujours été possibles ; enfin, particularité du plus haut intérêt à raison des relations de l'Angleterre avec l'Inde et du système monétaire de ce dernier pays, la législation de 1816 n'a pas empêché Londres de devenir le grand marché du métal blanc.

§ 5. — L'agitation bimétalliste.

Pendant très longtemps, l'opinion a été presque unanime en Angleterre à reconnaître et à vanter les bons effets de l'étalon unique d'or. Il y a quelques années, un parti bimétalliste, très actif, s'est formé et a entrepris de démontrer à l'Angleterre qu'elle est, comme toutes les autres puissances, intéressée à la restauration du pouvoir d'achat de l'argent. Il impute aux progrès du système monométalliste en Europe une prétendue rareté de l'or, qui aurait déterminé une appréciation de ce métal et la baisse générale des prix. D'autres arguments, dont la valeur de propagande est considérable dans les centres commerciaux et manufacturiers qui entretiennent avec l'Inde des relations plus particulièrement importantes, lui sont fournis par les transformations récentes de la condition économique de ce pays. C'est la baisse de l'argent qui, en élevant des barrières contre l'importation des produits anglais et en procurant des primes d'exportation aux produits indigènes, aurait favorisé la renaissance de l'industrie du coton dans l'Inde et, par répercussion, porté une atteinte grave aux intérêts des manufacturiers anglais.

L'une des premières manifestations de l'agitation bimétalliste se trouve dans un mémoire remis, le 4 avril 1879, au chancelier de l'Échiquier, Sir Stafford H. Northcote, par une députation de la Chambre de commerce de Liverpool. On y préconisait un « accord international, tendant à restituer à l'argent son rôle légitime et à assurer de la sorte au monde un approvisionnement monétaire suffisant[1] ».

En 1886, se constitua la ligue bimétallique, qui a compté parmi ses adhérents : MM. A.-J. Balfour, D.-M. Barbour, Chaplin, Sir W. Houldsworth, MM. Samuel Montagu, Samuel Smith, Coke, Gibbs, l'un des directeurs de la Banque d'Angleterre, Grenfell, ancien gouverneur du même établissement, Howell, Lord Carmarthen, Sir G. Molesworth, Sir H.-M. Hay, etc.

Dès la même année, le gouvernement faisait une place à la ligue bimétallique, ou tout au moins aux hommes politiques qui en étaient les chefs, dans la « Commission royale d'enquête sur les changements récemment survenus dans les valeurs relatives de l'or et de l'argent ».

L'enquête se poursuivit en 1887 et 1888. A la fin de 1888, la Commission publia son rapport final. Six de ses membres, Lord Herschell, qui la présidait, Sir John Lubbock, Sir Thomas Farrer, M. Fremantle, M. Birch et M. Courtney se prononcèrent contre l'idée d'une union bimétallique. Les six autres commissaires, Sir Louis Mallet, MM. Balfour, Chaplin, Barbour, Sir W. Houldsworth et M. Samuel Montagu pensaient, au contraire, qu'un accord international serait utilement conclu sur les bases suivantes : libre monnayage des deux métaux en espèces ayant cours légal ; adoption d'un rapport fixe entre les deux monnaies pour le paiement de toutes dettes, au choix du débiteur[2].

Ce résultat négatif ne découragea pas les bimétallistes anglais. Ils continuèrent leur campagne et, grâce à la crise agricole, gagnèrent d'assez nombreuses recrues. Le 4 juin 1889, une délégation de la ligue se présentait au *Foreign Office*, où elle était reçue par le marquis de Salisbury et M. Goschen, chancelier de l'Échiquier. Le même jour, M. Chaplin introdui-

1. V. *Bulletin de statistique du Ministère des finances*, avril 1879, p. 273.
2. *Ibid.*, novembre 1888, p. 631.

sait la question à la Chambre des Communes. Dans les deux occasions, le gouvernement se borna à des déclarations extrêmement circonspectes. Le premier ministre, faisant allusion à la réunion prochaine d'un congrès monétaire à Paris, déclara que les bimétallistes ne devaient pas seulement s'attacher à conquérir l'opinion de toutes les parties du royaume ; pour arriver à leurs fins, il leur faudrait aussi convaincre les autres peuples. M. Goschen émit l'avis courtois qu'en présence des efforts, il ne voulait pas dire des progrès du bimétallisme, les monométallistes devaient cesser de compter sur l'évidence de leur *credo* pour en assurer le triomphe[1].

En 1892, le bimétallisme obtint l'adhésion de la Chambre de commerce de Manchester, qui revenait ainsi[2], par 420 voix contre 406, sur la résolution qu'elle avait opposée, en 1879, à la profession de foi bimétalliste de la Chambre de Liverpool[3]. Au mois de mai, à la suite d'un *meeting* tenu à Mansion-House, une importante députation de la ligue renouvela auprès du gouvernement la démarche de 1889. M. Goschen, dans un discours prononcé dans la Cité au mois de décembre précédent, avait déclaré qu'au cas où d'autres États reprendraient la frappe de l'argent, le gouvernement pourrait inviter la Banque à user de la faculté que lui confère sa charte, de faire entrer l'argent jusqu'à concurrence d'un quart dans sa réserve, et maintenir la liberté de la frappe dans l'Inde. Le chancelier de l'Echiquier se montra moins explicite devant la délégation. Il annonça que le gouvernement avait accepté l'invitation des États-Unis à prendre part à la Conférence de Bruxelles, et ajouta que cette acceptation même l'obligeait à une discrétion toute particulière[4].

On sait déjà qu'à la Conférence de Bruxelles, Sir Rivers Wilson et M. Ch. Fremantle, qui représentaient plus particulièrement la métropole britannique, déclarèrent qu'ils « n'admet-

1. *Bulletin de statistique du Ministère des finances*, juin 1889, p. 637.

2. *Ibid.*, mai 1892, p. 638.

3. *Ibid.*, mai 1879, p. 364.

4. *Ibid.*, mai 1892, p. 638. Il est probable que la discrétion du chancelier de l'Échiquier tenait surtout à ce qu'il était déjà saisi des propositions du vice-roi de l'Inde, au sujet de la suspension de la frappe. V. *infra*, p. 249.

taient comme applicable à leur pays d'autre système que celui de l'étalon d'or unique[1] ».

Au mois de mars 1893, les bimétallistes portèrent de nouveau la question devant les Communes. Sir H. Meysey-Thomson développa une motion invitant le gouvernement à provoquer une nouvelle réunion de la conférence de Bruxelles.

M. Gladstone fit remarquer d'abord que l'Angleterre ne pouvait substituer son initiative à celle des États-Unis. La convocation de la Conférence ne pouvait donner de résultats, six à sept États, l'Autriche et l'Allemagne en tête, comme l'avait fait remarquer M. Tirard, étant décidés à ne pas changer leur système monétaire, les autres subordonnant leurs résolutions à celles des premiers. La situation de la conférence rappelait au Premier « le vieux proverbe qui dit qu'un seul homme peut amener un cheval au bord de l'eau, mais que vingt hommes ne peuvent le forcer à boire ». Abordant le fond du problème, M. Gladstone contestait la réalité de l'*appreciation* de l'or et soutenait que la valeur du métal jaune était plus stable que celle du métal blanc. Il concluait en ces termes qui méritent d'être retenus. « Il est certain que nous sommes, nous autres Anglais, les créanciers du monde entier. Il ne se passe pas une année sans que nous ajoutions quelque chose aux placements déjà faits à l'étranger. On reste au-dessous de la vérité en les évaluant à près de 2 milliards de livres sterling. Dans ces conditions, il convient de bien réfléchir avant d'accomplir cet acte de véritable abnégation qui consisterait à laisser à nos débiteurs le choix entre deux modes de libération. Ils accueilleraient certainement avec gratitude un cadeau de 50 à 100 millions sterling, si nous étions disposés à le leur faire ; mais en rendant hommage à notre générosité, ils mettraient en doute notre sagesse. Nous devons donc y regarder à deux fois avant d'abandonner le terrain solide sur lequel nous avons, au cours des cinquante dernières années, édifié la plus grande prospérité commerciale que le monde ait jamais connue. »

M. Goschen répondit à M. Gladstone. Il estimait que la valeur de l'or n'était pas plus stable que celle de l'argent. Le pouvoir

1. *Conférence monétaire internationale*, p. 32. V. *supra*, p. 219.

général d'achat de l'or avait eu des variations de 25 à 30 p. °/₀. Il n'était pas exact de dire que le payement en métal libérerait les débiteurs de l'Angleterre à moins de frais que le payement en or : dans l'hypothèse bimétalliste, l'argent ayant cours partout pour la même valeur, les créanciers anglais ne perdraient rien. Ce n'était pas que M. Goschen fût trompé par le mirage du bimétallisme, mais il soutenait que rien ne devait être négligé pour rechercher si un usage plus général de l'argent n'atténuerait pas dans une certaine mesure les maux dont souffraient non seulement le Lancashire, non seulement l'Inde, mais le monde du travail en général. C'était une question d'une importance nationale et on avait le devoir de la soumettre à l'attention de la Chambre.

La motion de Sir H. Meysey-Thompson fut repoussée par 299 voix sur 377. Les 128 voix de la minorité n'étaient pas exclusivement bimétallistes. On ne peut douter que l'attitude d'un homme aussi compétent dans ces questions spéciales que M. Goschen ait déterminé un certain nombre de votes en faveur d'une motion qui n'impliquait pas nécessairement une adhésion à la solution bimétallique[1].

Au surplus, en dépit de l'agitation de la ligue bimétallique, l'Angleterre n'était pas près de s'écarter de la ligne de conduite que l'un des délégués des États-Unis à la conférence de 1881, M. Howe, définissait merveilleusement : « L'Angleterre a dit, en 1878, ce qu'elle disait depuis plus de cinquante ans : nous ne voulons pas soutenir dans le royaume la fonction monétaire du métal argent ; mais elle a ajouté, avec beaucoup d'énergie : cette fonction doit être maintenue dans le monde[2] ». En 1881, en 1892, chaque fois que l'Angleterre a pris la parole devant l'assemblée des autres États, elle a déclaré que la restauration de la valeur du métal blanc était une œuvre d'intérêt universel, mais elle a toujours ajouté qu'elle ne s'y associerait pas. Elle a fait plus que de ne pas s'y associer. En 1893, au lendemain de la discussion parlementaire provoquée par Sir H. Meysey-Thompson, les bimétallistes du continent ont eu la déception de voir le

1. V. *Bulletin de statistique du Ministère des finances*, mars 1893, p. 300.
2. *Conférence monétaire internationale*, avril-mai 1881, p. 241.

gouvernement de l'Inde prendre, d'accord avec la métropole, une mesure qui a eu et ne pouvait manquer d'avoir une influence désastreuse sur le cours de l'argent. La fermeture des Monnaies de l'Inde à la frappe libre du métal blanc, en menaçant un débouché qui absorbe une forte portion de la production annuelle, au moment où le rappel de la clause d'achat du *Sherman act* par les États-Unis allait faire disparaître un autre débouché d'importance égale[1], a porté à l'argent le coup de grâce. Dans cette circonstance les Anglais, et nous ne saurions les en blâmer, ont sacrifié sans hésitation, avec leur décision habituelle, ce que les plus éminents d'entre eux considèrent comme l'intérêt du monde entier, à ce qu'ils estiment être l'intérêt particulier de leur patrie.

§ 6. — Le système monétaire de l'Inde anglaise.

La monnaie de compte de l'Inde est la roupie, divisée en 16 *annas* : l'*anna* se divise en 8 *pice* et en 12 *pie*. La roupie contient ainsi 16 annas, 128 pice et 192 pie.

10,000 roupies forment un *lakh*, et 100 *lakhs* ou 10 millions de roupies forment une *crore*.

Les monnaies réelles sont d'or, d'argent et de cuivre.

Le texte fondamental de la législation monétaire de l'Inde est un *act* du 6 septembre 1870 (*The Indian Coinage act, 1870*), amendé par un *act* du 26 juin 1893 et par un *act* du 15 septembre 1899.

Aux termes de la première de ces lois, la frappe de l'or et de l'argent était libre. Un droit de monnayage de 1 p. °/₀ sur l'or et de 2 p. °/₀ sur l'argent était prélevé par les Monnaies, établies à Bombay et à Calcutta.

Les monnaies d'or étaient le *mohur* ou pièce de 15 roupies, la pièce de 10 roupies ou deux tiers de mohur, la pièce de 5 roupies ou tiers de mohur, et le double mohur ou pièce de 30 roupies. Le mohur, son multiple et ses sous-multiples étaient au titre de 11/12 ou 0.91666, comme la monnaie d'or britannique. Le mohur pesait 180 grains *troy* au titre et 165 grains *troy* de fin.

1. V. *infra*, p. 289.

La frappe du double mohur a été suspendue par une *notification* (ordonnance en conseil publiée dans la *Gazette de l'Inde*) du 12 décembre 1870, suivant le mode autorisé par l'*act* du 6 septembre 1870. On n'en frappait plus depuis longtemps, non plus que des sous-multiples du mohur. Le mohur lui-même a cessé d'être fabriqué depuis 1891-92; depuis lors, l'*act* du 26 juin 1893 a supprimé la libre frappe de cette pièce.

En vertu d'une *notification* portant la même date, le mohur et ses sous-multiples sont reçus comme métal dans les Monnaies de l'Inde et échangés contre des roupies d'argent au taux de 1 roupie pour 7.53344 grains de fin, soit plus de 21 roupies par mohur.

L'intention du gouvernement est de remplacer la frappe du mohur par celle du souverain britannique ; une succursale de la Monnaie de Londres serait à cette fin érigée à Bombay dans l'enceinte même de la Monnaie indienne.

Les monnaies d'argent prévues par l'*act* de 1870 sont : la roupie, la demi-roupie ou pièce de 8 *annas*, le quart de roupie valant 4 *annas* et le huitième de roupie ou pièce de 2 *annas*. Ces pièces sont également au titre de 11/12 ou 0.91666. La roupie pèse, comme le mohur, 180 grains *troy* au titre et 165 grains *troy* de fin.

Depuis l'*act* du 26 juin 1893, la roupie ou ses sous-multiples ne peuvent plus être frappés pour le compte des particuliers.

Les monnaies de cuivre sont : le double *pice* ou demi-*anna*, le *pice* ou quart d'*anna*, le demi-*pice* ou huitième d'*anna*, le *pie* ou tiers du *pice* ou douzième d'*anna*.

La loi monétaire n'avait pas établi entre le mohur d'or et la roupie d'argent de rapport légal suivant lequel le débiteur pût imposer l'un ou l'autre à son choix en payement à son créancier. Les mohurs n'ont pas cours légal : ce sont des monnaies commerciales.

Les souverains et demi-souverains britanniques ont, au contraire, cours légal illimité en vertu d'un *act* du 15 septembre 1899, à raison de 15 et de 7 1/2 roupies, pourvu qu'ils ne soient pas au-dessous du minimum de poids courant.

La roupie et la demi-roupie ont une force libératoire illimitée à moins qu'elles aient perdu plus de 2 p. % en poids ou qu'elles aient été altérées frauduleusement.

Le quart et le huitième de roupie et les pièces de cuivre n'ont cours légal que jusqu'à concurrence de 1 roupie.

La roupie et le souverain jouissant également du cours illimité et la frappe libre de l'argent n'étant plus autorisée, la législation actuelle de l'Inde se rapproche beaucoup de celle des pays de l'Union latine. Mais, tandis qu'en France par exemple, ou en Belgique, le rôle monétaire principal est joué par l'or, c'est d'argent qu'est formée presque exclusivement la circulation métallique de l'Inde. Aussi l'argent continue-t-il d'y remplir la fonction d'étalon.

La roupie, comme le mohur d'ailleurs, procède de l'ancien poids indien [1] de 100 *ratis* [2], ou *sata-raktika*, équivalant à 175 grains *troy*, dont l'usage remonte, paraît-il, aux temps védiques.

« Le poids étalon de 100 *ratis* engendra, en 1542, le *rupyam* d'argent de Sher-Shah, pesant environ 176 grains, qui bientôt donna lui-même naissance à une multitude de roupies locales ayant chacune son poids et son alliage. La première roupie anglaise fut la roupie de Bombay, en 1677 : elle pesait 167.8 grains. Mais c'est seulement à l'époque de l'établissement de la domination britannique, en 1758, que les roupies anglaises entrèrent largement dans la circulation.

« Avant 1835, ces roupies étaient de trois types principaux : la roupie *sicca* dans le Bengale, la roupie *surat* à Bombay et la roupie *arcot* à Madras. »

La roupie *sicca* a cessé d'être frappée en 1836 et n'a plus eu cours légal à compter du 1er janvier 1838. La roupie *surat* fut remplacée à Bombay, en 1824, par la roupie de Madras. Celle-ci avait été réformée en 1806. A cette époque, le gouvernement de la métropole en fixa le poids à 180 grains et le titre à 11/12, Mais c'est le 7 janvier 1818 seulement que la nouvelle monnaie

1. Les détails historiques qui suivent sont empruntés à un ouvrage de M. Robert Chalmers, *A history of currency in the British Colonies*, dont un extrait important a été publié dans le *Bulletin de statistique du Ministère des finances*, juillet 1893, p. 125.

2. Le *rati* est la graine de la réglisse sauvage.

fut mise en circulation par une proclamation du gouvernement de Madras.

En 1835, la Compagnie des Indes émit une roupie uniforme pour l'ensemble de l'Inde, sur le type de la roupie de Madras. Le poids et le titre n'en ont plus été modifiés. En 1862, on a simplement substitué l'effigie de la reine aux armes de la Compagnie.

Le mohur a eu cours légal au Bengale de 1766 à 1803, puis de 1818 à 1835. Sa valeur en argent fut fixée successivement à 14 roupies *sicca*, en 1766, puis à 16 roupies *sicca*, en 1769 et en 1818. A Bombay, au contraire, le mohur paraît n'avoir jamais circulé que comme lingot. A Madras, l'or n'avait pas seulement cours légal : il formait l'étalon monétaire. Mais la monnaie d'or de cette présidence n'était pas le mohur ; c'était la pagode, dérivée d'une ancienne pièce d'or indigène.

En 1806, la Cour des Directeurs de la Compagnie des Indes décida que l'argent serait l'unique étalon de l'Inde. Toutefois, elle ne voulait pas tout d'abord substituer l'argent à l'or dans la présidence de Madras, « où les monnaies d'or étaient le principal élément de la circulation, la monnaie d'échange et la mesure d'après laquelle on calculait généralement la paye des troupes. Nous n'avons nullement le désir, disait la Cour, d'introduire l'argent dans la circulation, à l'exclusion de l'or, là où l'or est la mesure ordinaire des valeurs, pas plus que d'imposer une monnaie d'or, là où la mesure générale des valeurs est l'argent. Mais notre désir est de substituer à la pagode, là où elle est le principal élément de circulation, le quart de roupie d'or qui, à notre avis, devrait être payé et reçu en toutes occasions comme la pagode, tant en ce qui concerne l'évaluation et la perception des recettes que pour les sommes destinées à des placements ». C'est en 1818 seulement que la roupie d'or fut substituée à la pagode : elle emprunta le nom de mohur aux pièces du Bengale et de Bombay, et fut tarifée à 15 roupies d'argent. Mais, bientôt, Madras fut à son tour envahi par l'argent, qui y devint l'étalon de fait.

C'est en 1835 que l'or cessa d'avoir cours légal dans l'Inde entière. En 1841, cependant, les trésoreries furent autorisées à recevoir librement le mohur pour sa valeur nominale de

15 roupies. Après 1850, lorsque l'or fut déprécié, les mohurs, qui n'avaient plus cours légal, cessèrent de circuler et se réfugièrent dans les caisses publiques. Il fut alors décidé qu'à partir du 1er janvier 1853 « aucune monnaie d'or ne serait reçue en payement de sommes dues ou à devoir au gouvernement, dans les trésoreries des territoires de la Compagnie. On pouvait encore apporter de l'or aux Monnaies pour la frappe, mais le certificat remis par la Monnaie au déposant ne pouvait plus être remboursé qu'en or et ce certificat n'était plus accepté dans aucune caisse publique[1] ».

Un nouveau revirement se produisit en 1864, quand se furent calmées les appréhensions qu'avait fait d'abord naître la baisse de l'or. Le gouvernement fit connaître que les souverains et demi-souverains seraient reçus dans les trésoreries de l'Inde, comme l'équivalent des pièces de 10 et de 5 roupies. Mais le prix en étant plus élevé dans les bazars, les caisses du gouvernement n'en reçurent aucun. Peu de temps après, la Chambre de commerce de Calcutta recommandait l'adoption d'une circulation d'or. En 1866, une commission instituée par le gouvernement, appuyant le « vœu général du pays », préconisait l'établissement du rapport légal de 1 à 15 entre la roupie et le mohur. Cette dernière pièce fut de nouveau reçue, sur ce pied, dans les trésoreries de l'Inde à partir de 1868 ; le même rapport fut admis pour les souverains et demi-souverains, que les caisses publiques durent recevoir pour 10 roupies 4 annas et 5 roupies 2 annas. Comme en 1864, la mesure n'eut aucun effet, le prix de l'or étant plus élevé dans les bazars.

On s'explique facilement les tendances bimétallistes des Anglais établis dans l'Inde. C'est en or que les commerçants paient les marchandises qu'ils tirent de l'Angleterre ; c'est en or que sont évaluées dans la métropole les sommes d'argent que les fonctionnaires anglo-indiens y envoient pour en effectuer le placement. Un change fixe, résultant d'un rapport fixe entre l'or et l'argent, paraît aux uns et aux autres un bienfait inappréciable. La dépréciation croissante de l'argent leur a infligé des pertes de change extrêmement graves.

1. *Loc. cit.*

Le gouvernement indien lui-même n'a pas tardé à se trouver dans une situation budgétaire véritablement critique par suite de la baisse de l'argent. On sait déjà qu'il doit remettre annuellement au gouvernement de la métropole des sommes qui, depuis longtemps, dépassent 15 millions sterling, en paiement de l'intérêt des emprunts contractés en Angleterre, de l'intérêt du capital garanti des chemins de fer, des frais des dépôts et transports de troupes anglaises, des pensions aux fonctionnaires civils ou militaires retraités.

En 1876, dans une réponse à deux mémoires présentés par la Chambre de commerce du Bengale et l'Association commerciale de Calcutta en vue d'obtenir la suspension du monnayage de l'argent, le gouvernement vice-royal, sans méconnaître l'influence que toute modification dans le rapport des deux métaux devait avoir sur les finances de l'empire indien, émettait l'avis que si ce trouble devait durer il y aurait simplement lieu soit d'augmenter les impôts, soit de réduire les dépenses, soit de recourir à l'un et l'autre moyen pour rétablir l'équilibre budgétaire [1]. On ne prévoyait pas, évidemment, dans les conseils du gouvernement vice-royal, le degré que devait atteindre la dépréciation de l'argent.

En 1881, les délégués des Indes britanniques à la Conférence monétaire internationale déclaraient de même que leur gouvernement ne s'engageait nullement à adopter le système bimétallique [2].

En 1890, la roupie, qui jadis valait 2 shillings était tombée à 1 s. 4 d. Quand 10 roupies indiennes s'échangeaient contre 1 souverain, la remise de 15 millions sterling en Angleterre coûtait à l'Inde 150 millions de roupies. Au taux de 1 s. 4 d., 15 millions sterling valaient 225 millions de roupies [3]. Le change devenait un élément des plus importants du budget indien. En 1890-91, une hausse de 1/2 penny en moyenne dans le cours de l'argent procura une économie de 1,726,500 roupies [4]. En 1894-

1. V. ce document dans le *Bulletin de statistique du Ministère des finances*, mars 1877, p. 165.

2. *Procès-verbaux*, avril-mai, p. 31.

3. V. *Bulletin de statistique du Ministère des finances*, janvier 1890, p. 112.

4. *Ibid.*, mai 1891, p. 589.

95, la perte sur le change coûta 150 millions de roupies au Trésor indien[1]. L'équilibre budgétaire dépendait ainsi des variations du change, gouvernées elles-mêmes par des causes que ne pouvaient maîtriser les pouvoirs publics de l'Inde. Une modification dans la législation des États-Unis, l'annonce même du dépôt d'une résolution ou d'une proposition législative, suffisaient à modifier la valeur du métal blanc et par répercussions successives, le change de la roupie et l'équilibre budgétaire de l'Inde.

Ces conséquences fâcheuses de la dépréciation du métal blanc avaient amené le gouvernement indien à modifier l'orientation de sa politique monétaire. Le bimétallisme international auquel ses délégués avaient refusé d'adhérer en 1881, lui paraissait, cinq ans plus tard, le vrai remède aux maux dont souffrait la colonie. Dans une dépêche[2] du 2 février 1886, Lord Dufferin écrivait à l'*India Office* : « Nous n'admettons pas et ne pouvons pas admettre que les oscillations de la valeur relative des deux métaux ne puissent être gouvernées ou qu'il soit impossible de les ramener, par un pacte international, aux limites dans lesquelles elles sont restées jusqu'en 1873. Si, comme nous le croyons, il est possible d'assurer un rapport stable entre l'or et l'argent, le gouvernement de l'Inde et le gouvernement de Sa Majesté encourraient une grave responsabilité en négligeant les moyens légitimes d'obtenir ce résultat ». Dans un télégramme du 12 janvier précédent, le vice-roi avait émis l'avis que « les intérêts de l'Inde britannique exigeaient impérieusement qu'un effort décisif fût fait pour régler la question de l'argent par voie d'entente internationale ». Le gouvernement de la métropole fit à ces instances une réponse dilatoire, alléguant qu'il n'était pas démontré que la dépréciation de l'argent ne fut pas à certains égards favorable à l'Inde, notamment par le stimulant qu'elle donnait à ses exportations, que d'ailleurs la question était soumise à la Commission royale sur la dépression du commerce et de l'industrie.

L'Inde n'allait pas tarder à demander au monométallisme

1. V. *supra*, p. 123.

2. *Correspondence between the British and Indian governments respecting the silver question*, 1886 (C. 4868).

or la stabilité dans les relations de change qu'elle avait vainement attendue d'une solution internationale de la question de l'argent. Dès 1891, Sir D. Barbour s'exprimait ainsi dans son exposé budgétaire[1] : « Tant qu'on peut espérer un règlement satisfaisant de la question, il est préférable que l'Inde conserve son système monétaire actuel. Mais il en serait tout autrement si les États-Unis abandonnaient l'argent : il y aurait lieu d'examiner alors si l'Inde ne devrait pas fermer ses hôtels des monnaies à la frappe de ce métal. J'estime qu'en cas de nécessité l'adoption de l'étalon d'or pour l'Inde constituerait une sage mesure. Les risques et les sacrifices seraient tout d'abord considérables, mais toute solution nette serait préférable aux fluctuations violentes et continuelles du change et à la perspective d'une baisse indéfinie du métal blanc. Si les États-Unis renoncent à l'étalon d'argent, le mal sera trop grand pour qu'on puisse y remédier par de simples palliatifs, et le gouvernement de l'Inde, forcé d'opter entre une opération difficile et une maladie chronique, fera mieux d'adopter l'étalon d'or au taux du change du jour où la décision sera prise que d'essayer de relever le cours des monnaies d'argent ».

Un an plus tard, le 21 juin 1892, le vice-roi des Indes, Lord Lansdowne, et son ministre des finances, Sir D. Barbour, adressaient au gouvernement de la métropole une dépêche dans laquelle ils exprimaient l'avis formel que, si la conférence de Bruxelles n'aboutissait pas et si l'on ne pouvait conclure une convention directe entre l'Inde et les États-Unis, il y avait lieu de fermer les Monnaies de l'Inde à la frappe libre de l'argent et de poursuivre l'introduction de l'étalon d'or[2]. Un rapport serait établi entre l'or et l'argent sur la base des cours moyens observés pendant une certaine période. Le poids et le titre des nouvelles pièces d'or seraient déterminés de façon à leur donner une valeur sterling correspondante au rapport adopté entre le souverain et la roupie d'argent. Le change anglo-indien serait ainsi fixé au taux résultant de la moyenne des cours.

Ce projet fut soumis à une commission royale, dont le prési-

1. *Bulletin de statistique du Ministère des finances*, mai 1891, p. 589.
2. *Ibid.*, juillet 1893, p. 119.

dent fut Lord Herschell. La commission admit la suspension de la frappe libre de l'argent. La frappe libre du mohur serait également suspendue. L'or n'en continuerait pas moins d'être reçu dans les Monnaies de l'Inde ; mais en échange de leurs versements, les porteurs de métal jaune, recevraient non des pièces d'or, mais des roupies d'argent, au change fixe de 1 roupie pour 1 s. 4 d. ou 16 d. Les souverains et demi-souverains seraient reçus par les caisses publiques au même taux, soit pour 15 et 7 $^1/_2$ roupies[1], en payement de toutes sommes dues au Trésor.

Ces amendements avaient pour objet, dans la pensée de la commission, de ménager la transition entre l'ancien et le nouveau régime. Elle craignait que la fermeture absolue des Monnaies ne provoquât une hausse du change, de nature à faire baisser les prix des produits indiens et à mécontenter, par suite, la population indigène. D'autre part, dans le système qu'elle recommandait, la quantité des espèces en circulation continuerait d'être automatiquement réglée par les besoins du pays.

Le projet ainsi modifié fut soumis au Conseil législatif de l'Inde et voté le 25 juin 1893.

Ce changement de législation eut pour première conséquence, ainsi que l'avait supposé la commission Herschell, une hausse subite des valeurs payables en roupies. Au milieu de juin, la roupie ne valait, en fait, que 1 s. 3 d. Du 26 au 27, les transferts télégraphiques[2] sur l'Inde montèrent à Londres de 1 s. 3 $^3/_{16}$ d. à 1 s. 4 $^1/_{32}$ d. Mais dès le 30, les soumissions faites à 1 s. 3 $^7/_8$ d. furent acceptées telles quelles. Ce fléchissement

1. A ce taux, l'*anna* indien équivaut au penny

$$(1 \text{ roupie} = 16 \text{ annas} = 16 \text{ d.} = \frac{1}{15} \text{ liv. st.}).$$

2. Le gouvernement de l'Inde se procure la majeure partie des fonds qui lui sont nécessaires à Londres, en vendant des traites. Ces traites, libellées en roupies, sont adjugées au plus offrant. Elles sont de deux espèces : les unes à vue, transmissibles par la poste ; les autres télégraphiques. Celles-ci, arrivant à destination trois semaines environ avant les premières (16 jours de Londres à Bombay), sont à un cours généralement plus élevé de 1 à 2/32 par roupie. Rapport de l'Inspection générale des finances. *Bulletin de statistique du Ministère des finances*, février 1891, p. 225.

des cours fut expliqué de diverses façons[1] : de grandes quantités de métal blanc avaient été envoyées vers l'Inde, quand la spéculation avait vu que les travaux de la commission Herschell touchaient à leur fin ; la réforme avait eu lieu à la veille de la mousson, au moment où, l'exportation étant à son minimum, les traites du gouvernement sont le moins demandées. L'Inde n'important plus d'argent pour la frappe, il faudrait bien que tôt ou tard le commerce demandât des traites, et il suffirait d'une concurrence un peu active entre les acheteurs pour que la cote remontât à 1 s. 4 d.

Ces prévisions ne se réalisèrent pas immédiatement. Le taux moyen de négociation des *India council bills* et transferts télégraphiques ne dépassa pas, pour l'année financière 1893-94, 14.547 d. par roupie. En 1894-95, il descendit à 13.101 d. Mais depuis lors, il n'a cessé de monter : 1895-96, 13.638 d. ; 1896-97, 14.451 d. ; 1897-98, 15.354 d.

Le 21 janvier 1898, en vertu d'un *act* du même mois, une *notification* du gouvernement général annonçait que des billets seraient émis contre dépôt d'or au secrétariat d'État pour l'Inde, sur le pied de 7.53344 grains d'or fin par roupie ; de son côté, le secrétaire d'État pour l'Inde faisait publier que jusqu'à nouvel ordre des transferts télégraphiques sur Calcutta, Madras et Bombay étaient offerts au taux de 1 s. 4 $^{5}/_{32}$ d. par roupie. Ces dispositions avaient été adoptées en vue de remédier à la contraction monétaire dont souffraient alors les marchés de l'Inde. Édictées pour six mois d'abord, elles furent prorogées pour deux ans par un second *act* de 1898.

Au mois de mars de la même année, le gouvernement de l'Inde soumettait à la Métropole un projet auquel il prêtait la vertu de faire définitivement aboutir la politique monétaire inaugurée en 1893 par la suppression de la frappe libre de l'argent.

Il admettait que la hausse de la roupie depuis 1894-95 était due à un resserrement de la circulation, et il supposait que, cette cause continuant à opérer tant que de nouvelles roupies ne seraient pas monnayées, on devait, avec le temps, atteindre

1. *Bulletin de statistique du Ministère des finances*, octobre 1893, p. 532.

le point où l'or serait offert en échange de l'argent dans les conditions de la *notification* du 26 juin 1893 et où l'introduction de l'étalon d'or serait possible. Il proposait de hâter cette issue naturelle de la situation monétaire de l'Inde, en retirant de la circulation 200 millions de roupies, non sans avoir préalablement constitué, au moyen d'un emprunt, une réserve d'or. 5 millions sterling auraient été nécessaires pour couvrir la perte de 80 millions de roupies qui résulterait de la refonte et de la vente comme métal de 200 millions de roupies. Le gouvernement de l'Inde demandait l'autorisation d'emprunter jusqu'à 20 millions sterling pour l'opération ; mais il comptait que le retrait de 200 millions de roupies, pour lequel une couverture de 5 millions sterling était jugée suffisante, assurerait le cours de 16 pence par roupie, et que les souverains anglais pourraient dès ce moment être importés. L'or emprunté aurait été tenu en réserve jusqu'au moment où, le cours de 16 pence étant bien établi, les espèces d'or britanniques seraient définitivement entrées dans la circulation du pays.

Ce plan fut soumis, au mois d'avril 1898, par le secrétaire d'État pour l'Inde à un comité que présidait Sir Henry H. Fowler, et dont faisaient partie notamment, le Lord Balfour of Burleigh, Sir David Barbour, M. Everard Hambro, M. W. H. Holland, M. Robert Campbell, etc. C'est au mois de juillet 1899, après une enquête de plus d'une année[1] que le Comité fit connaître son opinion. Il n'admit pas que la contraction de la circulation fût la principale cause de la hausse du change, à laquelle avaient dû contribuer beaucoup d'autres circonstances : gros emprunts faits à Londres pour compte indien ; moindres tirages du secrétaire d'État ; augmentation dans les exportations nettes de l'Inde ; diminution dans les importations de métal blanc ; enchérissement des prix exprimés en or. La proposition de retirer les roupies, en vue de consolider le cours de 16 pence, devait donc être écartée.

Le rapport insinuait que le gouvernement indien se serait abstenu de formuler cette proposition s'il avait pu prévoir l'amélioration qui s'était produite depuis 1898. Le change s'était

1. *Indian currency Committee*, 1898, 3 vol., 1898 et 1899.

fixé à 16 pence et ne s'en écartait que dans la limite des points de sortie ou d'entrée du numéraire; le Trésor indien était en possession d'une réserve d'or de plus de 2,370,000 liv. st. versées en échange de roupies. Les mesures prises en 1893, suspension de la frappe libre de l'argent, échange par le gouvernement des roupies contre l'or, avaient suffi, pour ainsi dire automatiquement, à assurer la fixité du change, c'est-à-dire à placer l'Inde sous le régime de l'étalon d'or pendant l'année 1898-99, et aussi à doter ce pays d'une première réserve d'or qui servirait à garantir le nouvel étalon pendant les années suivantes. Peut-être aurait-on pu laisser les choses suivre leur cours naturel pendant quelque temps encore, si le gouvernement de l'Inde n'avait pas cru nécessaire de brusquer la solution. Mais, après les discussions qu'avait provoquées la publication de son plan, tout atermoiement devenait dangereux, car on en aurait pu conclure dans le public à la possibilité d'un retour à l'étalon d'argent. Il fallait donc faire le dernier pas et adopter définitivement l'étalon d'or, en donnant cours légal au souverain et en ouvrant les Monnaies de l'Inde à la frappe illimitée de cette monnaie d'or.

Néanmoins le Comité ne proposait pas de retirer à la roupie d'argent le cours légal illimité. L'exemple de la France et des États-Unis lui semblait prouver que la monnaie d'argent peut circuler au pair lorsqu'elle n'est pas en quantité trop abondante. Le comité évitait prudemment d'évaluer le stock de roupies que peut posséder l'Inde ; mais il concluait de la stabilité du cours de la roupie, que les existences de cette monnaie n'étaient pas telles qu'on ne pût en maintenir la valeur en or au taux de 16 pence; il suffirait sans doute de ne pas autoriser la reprise de la frappe libre de l'argent ; le gouvernement continuerait de livrer des roupies contre de l'or, mais il n'en ferait frapper de nouvelles que si la proportion de l'or dans la circulation dépassait les besoins du public. Enfin, à la majorité, le comité se prononçait pour le maintien du taux de 16 pence par roupie.

Ces recommandations furent acceptées par le gouvernement de la métropole (25 juillet 1899) et transformées en loi par le gouvernement de l'Inde, le 15 septembre 1899.

Jusqu'à la fin de l'année financière 1899-1900, la réserve d'or ne cessa de s'accroître. Le solde au 31 mars 1900 dépassait 9 1/2 millions sterling, dont 1,500,000 liv. st. à la Banque d'Angleterre en représentation de billets (*currency notes*). Près de 1,380,000 liv. st. provenaient des bazars; mais l'importance de la somme témoignait surtout des rigueurs de la famine. 2,580,000 livres en monnaies britanniques et 1,330,000 livres en yen japonais avaient été importées par les changeurs, qui avaient retiré du Trésor d'égales sommes en roupies. Le Trésor commença de payer en or dès que son encaisse en métal jaune eut atteint 5 millions sterling. En dépit de toutes les mesures qui furent prises, les entrées d'or furent supérieures aux sorties; les réserves de roupies tendirent au contraire à diminuer.

C'est pourquoi le gouvernement fit frapper des roupies[1]. Il n'avait été fabriqué en 1894-95, 1895-96 et 1896-97 que des divisions de la roupie; en 1897-98 et 1898-99, on avait refondu des roupies de Bhopal et de Cachemire, en pièces britanniques de 1 roupie. En 1899-1900, sur un total de 13,018,000 pièces de 1 roupie, 12,800,000 furent fabriquées pour le compte de l'Inde. On voit à quel point le plan de 1898 est abandonné et combien il répondait peu aux véritables besoins du pays.

Les frappes de 1900-1 s'élevèrent à 170,493,000 roupies, monnaies divisionnaires non comprises. Le gouvernement, durant toute l'année, a émis des roupies en échange de l'or importé par les banques et a exporté de l'or pour acheter l'argent nécessaire à la frappe des roupies[2]. La presque totalité du mouvement des métaux précieux en 1900-1 a été due à ces opérations, qui ne sont vraiment pas l'indice d'une situation monétaire normale.

Jusqu'à présent, le gouvernement n'a pas réussi à introduire dans la circulation la monnaie d'or; le public rapporte aux trésoreries les souverains qu'il en a reçus et réclame des roupies; on importe même de l'or pour obtenir des roupies du Trésor; c'est la roupie d'argent qui demeure la monnaie principale de l'Inde. Mais précisément parce que le gouvernement

1. *Economist*, 29 septembre 1900.

2. *Ibid.*, 17 août 1901.

dispose de plus de métal jaune qu'il n'est nécessaire, et que la roupie, loin d'être offerte, est demandée, l'or et l'argent s'échangent suivant le taux de conversion fixé par les lois de 1893 et de 1899 : 15 roupies pour 1 souverain, ou 16 pence pour 1 roupie. Peut-être est-il prématuré d'en conclure que la réforme monétaire de l'Inde est accomplie.

Il ne faut pas dire, en tout cas, que l'étalon d'or y a été établi. L'Inde est passée simplement du monométallisme argent absolu à un certain système bimétallique. Autrefois la roupie était à la fois la seule monnaie légale et presque la seule monnaie de fait. On a donné au souverain la qualité de monnaie légale sans l'enlever à la roupie, et, à ce point de vue, le bimétallisme indien ressemble au bimétallisme français. Il en diffère en ce que, si la frappe de l'or est seule libre dans l'Inde[1], la frappe de l'argent y est permise au Trésor, et surtout en ce que, tandis que l'or est la monnaie principale de la France, l'argent reste la monnaie principale de l'Inde. En France la valeur des espèces d'argent est gagée par la valeur des espèces d'or et c'est pourquoi les deux métaux circulent au pair. Dans l'Inde, l'or ne circule pas comme monnaie, il ne peut donc gager l'argent ; ce sont des artifices législatifs qui maintiennent, avec l'aide des circonstances et dans un cercle restreint d'affaires, la fixité du taux de conversion entre les deux métaux.

Mais si l'étalon d'or n'est pas encore établi dans l'Inde, il est certain que le gouvernement ne reviendra pas à l'étalon d'argent et que les bimétallistes d'Europe et d'Amérique n'ont pas à compter sur son concours pour restaurer la valeur du métal blanc, en ouvrant de nouveau les Monnaies à la frappe libre[2].

1. Jusqu'à présent, la liberté de la frappe de l'or est théorique. On ne frappe plus de mohurs et les arrangements pour le monnayage du souverain restent en suspens.

2. Cf. *Indian currency Committee*, 1898, *Report*, p. 4.

CHAPITRE V.

LE SYSTÈME MONÉTAIRE DE L'ALLEMAGNE.

Au moment de la formation de l'Empire, la situation monétaire de l'Allemagne était fort semblable à sa constitution territoriale. Il existait un grand nombre de monnaies disparates, vestiges des souverainetés disparues ou manifestations des souverainetés encore existantes, obstacle véritable au bon fonctionnement de la circulation dans le nouvel État.

Cependant, à plusieurs reprises, on avait tâché d'uniformiser les monnaies. Dès le 22 mars 1833, dans le traité même qui constitua le Zollverein, « les gouvernements contractants convenaient d'unir leurs efforts pour introduire dans leurs États un système uniforme de *monnaies*, poids et mesures... » (art. 14).

Le 25 août 1837, un traité était conclu entre la Bavière, le Wurtemberg, les grands-duchés de Bade et de Hesse, le duché de Nassau et la ville libre de Francfort, en vue d'uniformiser leurs systèmes monétaires et de les rapprocher autant que possible de ceux des États du Nord. Les puissances contractantes admettaient comme unité de poids, au point de vue monétaire, le marc d'argent fin de 233.835 grammes (marc de Cologne) ; ce marc devait fournir, dans tous les États, la matière de 24 ½ florins. Le titre adopté était le titre de 9/10. Il devait être frappé, sur ces bases, des florins et demi-florins destinés à remplacer les demi-kronenthalers et quarts de kronenthaler. Mais bien que la monnaie de compte fût déjà et restât le florin de 60 kreutzers, le kronenthaler, qui n'était pas un multiple du florin (il valait 2 florins 42 kreutzers), était maintenu. Une autre convention de la même date uniformisait la fabrication des pièces de 6 et 3 kreutzers et abandonnait à la convenance de chaque État la fabrication, en argent ou en cuivre, de la pièce de 1 kreutzer et de ses divisions.

Enfin, par une convention conclue le 27 mars 1845, les mêmes États, auxquels s'étaient joints le duché de Saxe-Meiningen et la principauté de Schwarzbourg-Rudolstadt, s'engageaient à retirer progressivement les kronenthalers, en commençant par les thalers de Brabant et les kronenthalers aux armes d'Autriche, et à les remplacer par des pièces de 2 florins.

Le 30 juillet 1838, les membres du Zollverein signaient un traité ayant pour objet, sinon d'unifier leurs monnaies, du moins d'introduire entre elles un rapport fixe. Le marc de Cologne, déjà adopté par les États du Sud, devenait la base commune des systèmes monétaires de l'Allemagne. Le marc d'argent fin devait valoir soit 14 thalers (États du Nord), soit 24 $^1/_2$ florins : de la sorte, 1 thaler représentait 1 $^3/_4$ florin ; et 1 florin, 4/7 de thaler. La convention n'unifiait pas les titres du florin et du thaler : on a vu que les États du Sud avaient choisi le titre de 9/10 en 1837 ; les États du Nord adoptèrent, par une convention spéciale signée le même jour que la convention générale, le titre de 12/16 pour le thaler (le marc se divisait en 16 loths). En outre, il devait être frappé, sous le nom de *Vereinsmünze* (monnaie de l'association), une pièce commune sur le pied de 7 au marc d'argent fin, valant 2 thalers ou 3 $^1/_2$ florins : cette pièce serait au titre de 9/10 ; elle devait avoir cours légal sur tout le territoire du Zollverein[1].

Dans ces divers traités, il n'est pas question de la monnaie d'or ; la monnaie d'argent formait, en effet, le fonds de la circulation allemande.

En 1857, un nouveau pas fut fait dans la voie de l'unification des monnaies. Le Zollverein et l'empire d'Autriche s'unirent par un traité monétaire, signé à Vienne le 24 janvier 1857.

L'objet de la convention était double : 1° établir un rapport fixe entre les poids adoptés par les diverses parties contractantes pour la frappe des espèces nationales ; 2° instituer une monnaie de l'Association, frappée par les divers États associés

1. Ces divers traités sont réunis dans les *Annales du commerce extérieur*. Association allemande (Législation commerciale, n°s 1 à 13, janvier 1843 à décembre 1853. Paris, Dupont, 1853, p. 97 à 125).

à leur effigie propre, mais dans des conditions identiques de poids, de titre et de module.

La livre de 500 grammes fut prise comme base des systèmes monétaires des États associés. L'argent demeurait l'étalon. La livre d'argent fin put être divisée de trois façons : en 30 thalers (Prusse et Allemagne du Nord), en 45 florins (Autriche), en 52 $^1/_2$ florins (Allemagne du Sud). De la sorte, 30 thalers équivalaient exactement à 45 florins d'Autriche ou à 52 $^1/_2$ florins de l'Allemagne du Sud. Ces espèces n'avaient, d'ailleurs, cours légal que sur le territoire des États qui les avaient frappées ; elles n'étaient même pas admises, d'après le traité, dans les caisses publiques des autres États.

Le cours légal devait appartenir, au contraire, aux monnaies d'argent de l'Association, sur toute l'étendue de son territoire. Ces monnaies étaient le thaler et le double-thaler (de 30 à la livre). Les thalers de l'Association (*Vereinsthalers*) devaient être frappés par chacun des États associés, à ses empreintes particulières. L'Autriche en fabriqua pour 31 millions de thalers qui, pour la plupart, émigrèrent en Allemagne par suite de l'état des changes autrichiens.

A côté des *Vereinsthalers*, on admettait une monnaie d'or de l'Association. On frapperait des couronnes et des demi-couronnes contenant 10 et 5 grammes d'or fin. Ces pièces n'avaient pas cours légal et ne portaient pas d'indication de valeur en thalers ou en florins ; c'étaient de simples lingots, dont le cours dépendrait du rapport de l'offre à la demande, que, par suite, nul n'était tenu d'accepter en paiement. Ces monnaies d'or ne purent circuler[1].

Les clauses du traité de 1857 auraient mis plus d'ordre dans la circulation monétaire de l'Allemagne si les anciennes monnaies avaient été retirées. Mais cette opération n'ayant pas été faite, la convention n'aboutit qu'à créer de nouveaux types monétaires.

En 1871, il n'existait pas moins de 66 coupures différentes de monnaies d'argent et 17 coupures de monnaies d'or.

L'un des premiers soins du gouvernement impérial fut d'user

1. V. *supra*, p. 149. Les Vereinsthalers autrichiens ont été retirés par l'Autriche en 1892.

des pouvoirs que la constitution lui avait donnés en classant parmi les matières fédérales la législation et la haute surveillance du système des monnaies, pour réaliser enfin l'unité monétaire de l'Allemagne.

Sur quelle base allait-on faire l'unité ? Conserverait-on l'ancien étalon d'argent ? Adopterait-on l'étalon d'or ? Cette dernière solution prévalut. La situation particulière de l'Allemagne y invitait : on se plaignait beaucoup de la surabondance des billets de banque et d'État, due, pensait-on, au désir d'éviter l'emploi d'une monnaie d'argent lourde et encombrante. D'autre part, la France était obligée à ce moment même de faire à l'Allemagne des remises énormes pour le payement de l'indemnité de guerre : on y trouverait le moyen de constituer la circulation d'or de l'Empire. Enfin, l'argent étant aux environs du pair, les ventes du métal blanc provenant de la démonétisation des anciennes espèces pourraient se faire sans trop de perte. Il importait seulement de se hâter, de prendre les devants, car si d'autres États voulaient aussi se rallier à l'étalon d'or, leurs demandes de métal jaune et leurs offres de métal blanc, se produisant concurremment avec celles de l'Allemagne, pourraient provoquer une prime de l'or et une perte de l'argent telles que l'achèvement de l'opération deviendrait impossible ou très onéreux.

La réforme fut donc décidée. Elle fut opérée par deux lois : la première, en date du 4 décembre 1871, relative à la fabrication des monnaies d'or impériales ; la seconde, du 9 juillet 1873, relative aux monnaies d'argent et à la question de l'étalon.

§ 1. — Monnaie de compte.

La loi du 4 décembre 1871 débute par les deux dispositions suivantes : « § 1er. Il sera frappé une monnaie d'or de l'Empire sur le pied de 139 $^1/_2$ pour une livre d'or fin. § 2. La dixième partie de cette pièce d'or s'appelle mark et se divise en 100 pfennigs ».

Le mark, unité monétaire de l'Empire, est donc le 1/1395 de la livre d'or fin ou le 1/2790 du kilogramme d'or fin. Le pair du mark en francs est 1.2346.

Comparé aux anciennes monnaies allemandes, le mark vaut 1/3 de thaler, 7/12 de florin du Sud, 5/6 de mark courant de Lübeck ou de Hambourg. Le mark de 1871 ne coïncide donc avec aucune des anciennes monnaies.

On comprend que la nouvelle unité monétaire n'ait pas été modelée sur l'un des mark courants des villes libres. La circulation de ces derniers était de trop peu d'importance pour qu'on pût leur emprunter autre chose que leur nom. Mais il peut sembler plus surprenant que l'Allemagne n'ait pas purement et simplement adopté le thaler, qui formait les 85 centièmes de son stock métallique. Si le thaler a été écarté, c'est que d'abord les divisions en étaient duodécimales, puis que cette monnaie, étant donnée la situation économique de l'Allemagne, aurait fourni une unité trop forte. Le législateur allemand a tenu compte néanmoins de sa prépondérance dans la circulation, en établissant entre le thaler et le mark le rapport simple de 3/1. Il a été amené de la sorte à choisir une monnaie de compte (1 fr. 2346) qui ne coïncide ni avec le franc, ni avec le shilling anglais (1 fr. 26105), ni avec le cinquième du dollar d'or américain (1 fr. 0365). Mais cette particularité n'était pas pour déplaire aux Allemands, très préoccupés de posséder une unité monétaire vraiment nationale.

§ 2. — Monnaies réelles.

Les monnaies sont d'or, d'argent, de nickel et de bronze.

La loi du 4 décembre 1871 avait prescrit la frappe de pièces de 20 et de 10 mark en or. La loi du 9 juillet 1873 y ajouta une pièce de 5 mark. Mais cette dernière coupure a cessé d'être fabriquée depuis longtemps et elle a été démonétisée par une loi du 1er juin 1900.

Les monnaies d'argent sont, aux termes de la loi du 9 juillet 1873, de 5, 2 et 1 mark, de 50 et 20 pfennigs ; cette dernière a été démonétisée par la loi du 1er juin 1900.

Les pièces de nickel sont de 10 et de 5 pfennigs (L. 9 juillet 1873). La pièce de 20 pfennigs créée par la loi du 12 mars 1886 a été démonétisée par la loi du 1er juin 1900.

Les pièces de bronze sont de 1 et 2 pfennigs.

Le titre des monnaies d'or et d'argent est de 0.900.

Les pièces de nickel contiennent 25 p. °/₀ de nickel et 75 p. °/₀ de cuivre. L'alliage des pièces de bronze est le même qu'en France.

La monnaie d'or est au pied de 1,395 mark à la livre d'or fin et la monnaie d'argent au pied de 100 mark à la livre d'argent fin. Le rapport de l'or à l'argent dans les monnaies est ainsi de 1 à 13.95.

La pièce de 20 mark contient 7.1685 grammes de fin et pèse 7.9649 grammes. La pièce d'argent de 1 mark pèse 5.555 grammes, et contient 5 grammes de fin.

Les tolérances de fabrication sont, pour les pièces d'or, de 2.5 millièmes quant au poids et de 2 millièmes quant au titre. Pour les pièces d'argent, la tolérance de titre est de 3 millièmes, la tolérance de poids de 10 millièmes.

La fabrication des monnaies impériales n'appartient pas à l'Empire, mais à chacun des États confédérés. Les monnaies d'or, les pièces d'argent de 5 et de 2 mark portent, à l'avers, l'effigie du souverain confédéré ou les armes des villes libres, et, au revers, l'aigle impériale et la légende *Deutsches Reich.* Les autres pièces ont à l'avers l'indication de la valeur, le millésime et la légende *Deutsches Reich,* au revers l'aigle impériale.

La loi du 4 décembre 1871 portait que la fabrication des monnaies d'or aurait lieu aux frais de l'Empire, pour tous les États confédérés, dans les ateliers monétaires de ceux qui se seraient déclarés prêts à y procéder, jusqu'à ce qu'il eût été pourvu par une loi à la démonétisation des monnaies courantes d'argent. Actuellement la frappe de l'or est libre [1]. Les frais de fabrication sont de 3 mark par livre de fin, soit 2 $^1/_8$ p. °/₀₀. La valeur au pair de la livre de fin est 1,395 mark ; le tarif de la Monnaie 1,392 mark.

La Banque de l'Empire est tenue d'acheter l'or en lingots au même prix fixe de 1,392 mark par livre de fin. Elle prélève en outre des frais d'essai. (Loi du 14 mars 1875, art. 14.)

La fabrication de l'argent, du nickel et du bronze ne peut avoir lieu que pour le compte de l'Empire. (Loi du 9 juillet 1873,

1. Elle a été autorisée et réglée par le Conseil fédéral, le 29 mai 1875.

art. 7.) La quantité totale des pièces d'argent impériales en circulation, d'abord fixée à 10 mark par tête d'habitant, à été portée à 15 mark par la loi du 1er juin 1900; celle des monnaies de nickel et de bronze est limitée à 2 ½ mark par tête.

§ 3. — Monnaies légales.

Le pouvoir libératoire de l'or est, en principe, illimité. Mais les particuliers ne sont pas tenus de recevoir les pièces dont le poids aurait été réduit de plus de 5 millièmes au-dessous de la tolérance de fabrication, ou qui auraient été mutilées ou frauduleusement altérées. La perte du frai n'est pas néanmoins pour le dernier porteur. Les pièces frayées doivent, en effet, être reprises pour leur valeur entière par les caisses de l'Empire et des États confédérés. Elles doivent être refondues aux frais de l'Empire.

Les particuliers ne sont tenus de recevoir les monnaies *impériales* d'argent que jusqu'à concurrence de 20 mark. Pour les espèces de nickel et de bronze, le cours est limité à 1 mark. Les caisses de l'Empire et des États reçoivent en payement les monnaies d'argent sans limitation de sommes. On peut, en outre, aux caisses désignées par le Conseil fédéral, échanger l'argent, le nickel et le bronze contre de l'or, par sommes de 200 mark au moins pour l'argent et, pour le nickel ou le bronze, d'au moins 50 mark. L'obligation d'accepter et d'échanger les monnaies ne s'étend pas aux pieces trouées ou frauduleusement altérées ; mais elle s'applique aux pièces naturellement frayées, qui doivent être retirées de la circulation au compte de l'Empire. (L. 9 juillet 1873, art. 9 et 10.)

La limitation à 20 mark du pouvoir libératoire de l'argent ne concerne que les monnaies *impériales*. La loi du 9 juillet 1873 maintenait, dans son article 15, le cours légal illimité des anciennes monnaies d'argent, jusqu'à leur démonétisation. Elle portait notamment que les pièces de 1 thaler de fabrication allemande seraient, jusqu'à leur démonétisation, admises dans tous les paiements, comme les pièces de l'Empire, le thaler étant compté pour 3 mark. Une loi du 20 avril 1874 assimila les *Vereinsthalers* aux thalers de fabrication allemande.

Ces pièces sont appelées, d'ailleurs, à disparaître. Les *Vereinsthalers* de frappe autrichienne ont cessé d'avoir cours légal, le 1er janvier 1901, aux termes d'une décision du conseil fédéral prise en vertu d'une loi du 28 février 1892; les thalers de frappe allemande doivent être retirés pour fournir le métal nécessaire à l'augmentation du contingent des monnaies divisionnaires d'argent (art. 4 de la loi du 1er juin 1900).

§ 4. — Étalon monétaire.

Avant 1871, l'étalon monétaire de l'Allemagne, en fait comme en droit, était l'argent. D'après les retraits opérés, on est fondé à penser que l'or représentait à peine 6 1/2 p. % de la circulation totale[1].

Il fallait donc acheter de l'or, le monnayer et l'introduire dans la circulation, retirer progressivement l'argent, le monnayer en mark jusqu'à concurrence de 10 mark par tête, vendre le surplus des monnaies retirées.

Le monnayage de l'or devait être la première partie de l'opération. Il fut réglementé par la loi du 4 décembre 1871. On a vu que l'Empire s'y réservait la fabrication des nouvelles espèces, jusqu'au jour de la démonétisation de l'argent. L'Empire avait monnayé plus de 1 milliard de mark en or, quand le Conseil fédéral, dans sa séance du 29 mai 1875, autorisa la frappe pour le compte des particuliers[2]. Sur ce milliard, 89 1/2 millions de mark à peu près provenaient des anciennes monnaies d'or allemandes, 131,727,261 mark, de pièces d'or de 20, 10 et 5 francs (106,704,950 francs) et 143,500 mark, de souverains anglais remis directement par la France à valoir sur l'indemnité de guerre[3].

La loi du 9 juillet 1873 ayant réglé la question des monnaies

1. Malou, *Notice historique sur la réforme monétaire en Allemagne*, dans les *Documents relatifs à la question monétaire*, 1880.

2. Au 31 décembre 1875, les fabrications totales représentaient 1.275.765.250 mark, celles au compte des particuliers 83.384.210 mark; reste pour l'Empire, 1.192.381.040 mark. Cf. Malou, *Op. cit.*, p. 9 et 10.

3. Deuxième mémoire sur l'exécution de la loi relative à la fabrication des monnaies d'or de l'Empire. Malou, *Documents relatifs à la question monétaire*, 1876, 3e fasc., p. 11.

d'argent, le retrait des anciennes monnaies de ce métal fut également entrepris. Le premier avis de mise hors de cours parut le 2 juillet 1874 : il concernait les pièces de 2 florins de l'Allemagne du Sud. La fabrication des nouvelles espèces avait commencé le 26 octobre 1873.

Dès le milieu de 1874, la fabrication des monnaies impériales, or et argent, était assez avancée pour que le compte en mark (*Reichswährung*) pût être mis en vigueur dans tous les États à partir du 1er janvier 1875, sauf dans le Wurtemberg où le régime nouveau fut introduit le 1er juillet 1875, et dans la Bavière où il fut appliqué le 1er janvier 1876. Il avait été adopté à Brême dès le mois d'octobre 1872[1].

A la fin de 1878, toutes les anciennes monnaies d'argent, les pièces de 1 thaler exceptées, avaient été démonétisées. A ce moment, l'opération dut être interrompue. La limite de 10 mark par habitant étant à peu près atteinte, toutes les quantités retirées devaient être refondues et vendues. Des ventes de métal avaient été déjà faites, surtout depuis 1875. Une note remise à la conférence internationale de 1881 par le délégué de l'Allemagne fixe à 7,474,644 livres de fin, les quantités vendues de la sorte[2] : le produit en a été évalué à plus de 500 millions de mark[3]. La dépréciation de l'argent a rendu ces ventes fort onéreuses. La perte n'a pas été moindre de 96,481,136 mark, y compris celle résultant du frai ou de l'infériorité du titre[4]. En juin 1879, la baisse de l'argent faisant de nouveaux progrès, on renonça provisoirement à démonétiser les pièces de 1 thaler. Il restait à écouler un stock d'argent en barres provenant des retraits antérieurs. Ce stock, que M. de Thielman[5] avait, en 1881, déclaré s'élever à 169,676 kilogrammes de fin, était encore à la fin de 1884 de 94,468 kilogrammes. Un an plus tard, la fabrication des pièces de 1 mark l'avait réduit à 43,083 kilogrammes. Le tout fut cédé à l'Égypte pour la fabri-

1. Malou. *Op. cit.*
2. *Procès-verbaux*, avril-mai, p. 16.
3. Malou. *Op. cit.*
4. Dr Soetbeer. V. *Bulletin de statistique du Ministère des finances*, novembre 1884, p. 605.
5. *Loc. cit.*

cation de ses nouvelles monnaies, de mai 1885 à mars 1886[1]. L'Empire céda en même temps au gouvernement khédivial 1,250,000 mark de thalers.

En 1879, le Dr Sœtbeer pensait que les thalers restant à démonétiser représentaient de 350 à 400 millions de mark[2]. M. de Thielman, dans sa note de 1881, relatait des évaluations variant de 410 à 450 et même 500 millions de mark. M. Stringher, en 1884, donnait le chiffre de 450 à 460 millions, y compris les *Vereinsthalers*. En 1890, enfin, le Dr Sœtbeer en estimait les existences actuelles à 444 millions de mark, dont 72 pour les *Vereinsthalers*[3]. 26 millions de mark environ de ces dernières pièces ont été repris par l'Autriche à l'Allemagne, de 1892 à 1894.

Les fabrications nettes se montaient, au 31 décembre 1892[4], à 2,624,218,665 mark pour l'or, 462,215,796 mark pour l'argent, 49,559,259 mark pour le nickel, 11,975,339 mark pour le bronze, en tout 3,104,335,632 mark.

Le stock métallique de l'Empire, au commencement de 1890, était évalué par le Dr Sœtbeer à 2,250 millions de mark d'or, dont 258 millions d'espèces étrangères, 444 millions de mark en thalers, 452.2 millions en monnaies d'argent impériales, 54.6 millions de nickel et de bronze, en tout 3,200.8 millions. Si l'on réunit d'une part toutes les monnaies d'or, de l'autre, toutes les monnaies d'argent, la proportion des premières est de 71.5 p. %, celle des secondes de 28.5 p. % Les proportions de l'or et des thalers sont respectivement de 84 et 16 p. %.

L'Allemagne est donc bien véritablement un pays à étalon d'or, bien qu'elle ait, comme la France mais à un degré beaucoup moindre, l'embarras d'une circulation d'argent à cours légal illimité.

Il a existé, en Allemagne, comme dans l'Union latine, comme en Angleterre, une agitation bimétallique, entretenue par une ligue, le *Deutsches Verein für internationale Doppelwährung*, dont le président est M. de Kardoff, membre du Reichstag, et le

1. *Bulletin de statistique du Ministère des finances*, décembre 1886, p. 650.
2. *Ibid.*, mars 1879, p. 206.
3. *Ibid.*, avril 1890, p. 463.
4. *Ibid.*, juin 1893, p. 674. Voici les chiffres au 31 décembre 1901 : or, 3,774,327,400 mark ; argent, 564,939,642 mark ; nickel, 69,180,419 mark ; bronze, 15,750,049 mark ; total, 4,424,197,510 mark.

secrétaire, M. Otto Arendt. Des pétitions ont été fréquemment adressées au Reichstag pour demander la reprise de la frappe libre. Les membres bimétallistes de cette assemblée l'ont à diverses reprises saisie de motions en faveur du métal blanc.

Le 7 mars 1885, par exemple, MM. de Schorlemer-Alst, de Kardoff et autres déposaient une motion invitant le chancelier à faire en sorte que la Conférence de 1881 reprît ses travaux. Le 22 janvier 1886, à la Chambre des députés prussienne, le 9 février suivant, au Reichstag, la question de l'argent était de nouveau agitée. Dans cette dernière occasion, MM. de Huene, de Kardoff, de Schalscha avaient proposé d'inviter le gouvernement à étudier de nouveau la question monétaire et à communiquer les résultats de cette étude au Reichstag. Après deux jours de discussion [1], la motion fut adoptée par 145 voix contre 119. Le gouvernement, tout en se montrant favorable au maintien du système de 1871, avait assuré à l'assemblée que les gouvernements confédérés n'avaient jamais cessé de tenir la question monétaire à l'ordre du jour.

En mars 1887, lors de la discussion du budget impérial de 1887-88, les bimétallistes soulevaient un nouvel incident à propos de la vente à l'Égypte du stock d'argent en barres. Ils regrettaient l'attitude expectante de gouvernement. Il n'y eut pas cette fois de vote [2].

L'avilissement des prix par une prétendue appréciation de l'or, l'annihilation supposée du tarif des douanes par les primes d'exportation que procure aux pays à circulation d'argent la condition défavorable de leur change, l'obstacle que les mêmes pertes au change opposent à l'exportation des produits allemands, tels sont les principaux arguments des bimétallistes en Allemagne. Ils se recrutent principalement parmi les *agrariens*, auxquels se joignent des protectionnistes, des cléricaux, des polonais. Le monde financier est généralement opposé au bimétallisme. Il en est de même dans les cercles commerciaux : en mars 1887, au Handelstag, 71 chambres de commerce se prononçaient pour l'étalon d'or, 4 seulement pour le double

1. V. *Bulletin de statistique du Ministère des finances*, février 1886, p. 181.
2. *Ibid.*, avril 1887, p. 459.

étalon[1]; de même, en janvier 1894, le gouvernement impérial ayant nommé une commission chargée de faire une enquête sur la question de l'argent, les chambres de commerce de Brême, de Berlin et de Hambourg présentèrent aussitôt des adresses en faveur du maintien de la législation actuelle.

M. de Caprivi crut devoir écrire, à cette occasion, que le gouvernement ne pouvait se désintéresser de la question du métal blanc, mais que les moyens par lesquels on avait cherché à en restaurer la valeur n'étaient pas praticables[2]. Au surplus, dans toutes les conférences internationales, en 1878, en 1881, en 1892, les représentants de l'Allemagne ont toujours annoncé que la législation de 1871 et de 1873 ne serait pas modifiée. Enfin la loi du 1er juin 1900, en élevant à 15 mark par tête le contingent des monnaies divisionnaires d'argent et en prescrivant que les nouvelles fabrications seront faites et payées au moyen de refontes successives des thalers qui restent en circulation, doit faire disparaître dans un délai de huit à neuf ans les monnaies d'argent à cours légal illimité et faire entrer définitivement l'Allemagne dans le régime monométallique-or.

1. *Report on the recent currency discussions in Germany*, March, 1887. (Foreign Office, 1887, miscellaneous series, n° 40.)

2. *Économiste français*, 3 mars 1894.

CHAPITRE VI.

LE SYSTÈME MONÉTAIRE DES ÉTATS-UNIS.

L'unité monétaire des États-Unis, le dollar, tire son origine[1] de la piastre espagnole, qui formait le fonds de la circulation métallique des colonies anglaises de l'Amérique du Nord.

Dès 1786, le Congrès de la Confédération avait choisi comme unité, le dollar d'argent pur de 375.64 grains *troy*. Mais cette monnaie n'avait pas d'existence réelle ; il n'y avait pas encore d'hôtel des monnaies.

C'est par une loi du 2 avril 1792 que fut véritablement organisé le premier système monétaire des États-Unis. Les bases en étaient : 1° le dollar d'or contenant 24.75 grains d'or pur et frappé en pièces de 10, 5 et 2 $^1/_2$ dollars (aigles, demi-aigles et quarts d'aigle) ; 2° le dollar d'argent, contenant 371.25 grains d'argent pur. Un hôtel des monnaies était fondé. La frappe de l'or et de l'argent était libre et gratuite. Dans tous les paiements, 1 livre d'or devait être acceptée comme l'équivalent de 15 livres d'argent. C'était le système du double étalon.

La loi de 1792 dépréciait légalement le métal jaune : il émigra. Pour le retenir, une loi du 28 juin 1834 éleva le rapport entre les deux métaux à 1/16.002. Le poids du dollar d'or fut à cette époque fixé à 25.8 grains ; mais le titre en fut abaissé de 0.91666 à 0.899225. Le poids de fin fut ainsi réduit à 23.20

1. Les éléments de cet historique sont empruntés : à une note de M. Dana Horton, annexée à la 4e séance de la Conférence monétaire internationale de 1878 ; à un mémoire de M. Stringher sur la circulation monétaire des principaux États, publié dans le *Bulletin de statistique du Ministère des finances*, février 1884, p. 244 ; au 8e rapport du *Deputy Master of the mint*, Londres, 1877 ; aux rapports du secrétaire du Trésor des États-Unis. Une notice très complète a paru, depuis notre 1re édition, dans le Rapport du Directeur de la Monnaie des États-Unis pour 1895, p. 116 à 181.

grains. L'argent fut à son tour exporté en Europe, où l'appelait le rapport plus favorable de 1 à 15 $^1/_2$.

Une loi du 18 janvier 1837 uniformisa le titre des monnaies d'or et d'argent, qui fut fixé à 0.900. Le poids du dollar d'or fut de 25.8 grains, soit 23.22 grains de fin ; le poids du dollar d'argent fut de 412.5 grains, soit 371.25 grains de fin[1]. Le rapport entre les deux métaux était ainsi ramené à 1/15.988.

L'argent continua d'être exporté. Une loi du 21 février 1853 dut réduire le poids des coupures d'argent inférieures à 1 dollar. Le demi-dollar ne pesa plus que 192 grains ; le poids des autres fractions du dollar d'argent fut diminué dans la même proportion. La valeur libératoire de ces monnaies fut réduite à 5 dollars : la frappe en fut réservée au Trésor.

Ainsi de 1792 à 1833, l'or, déprécié par la législation monétaire, passa l'Atlantique et se répandit sur le continent européen. Après la loi de 1834, ce fut au contraire la monnaie d'argent qui, dépréciée à son tour par la loi, fut chassée des États-Unis. Ce double effet apparaît nettement dans la statistique des frappes. De 1792 à 1833, il fut fabriqué 11,825,890 dollars d'or et 36,275,078 dollars d'argent ; de 1834 à 1852, 224,965,730 dollars d'or et 42,938,294 dollars d'argent ; de 1853 à 1873, 544,864,921 dollars d'or, 5,538,948 dollars d'argent à plein poids et 57,443,769 dollars d'argent à poids réduit.

En 1869, une refonte générale des lois monétaires fut préparée sous la direction de M. John Jay Knox, contrôleur de la circulation (*comptroller of the currency*). Elle aboutit à un bill qui fut soumis en 1870 à l'examen du Congrès et qui est devenu la loi du 12 février 1873, intitulée « acte revisant et amendant les lois relatives aux ateliers monétaires, aux bureaux d'essai et au monnayage des États-Unis ».

La loi de 1873 supprimait par prétérition le dollar d'argent de 412.5 grains et créait un dollar commercial (*trade dollar*) à cours légal limité, du poids de 420 grains. La démonétisation de l'ancien dollar fut ordonnée par un article des *Revised statutes* approuvé par le Congrès le 22 juin 1874.

1. Le dollar de 1792 contenait le même poids de fin ; le poids brut en différait, le titre étant de $\frac{1485}{1664}$.

En fait, le dollar d'argent de 412.5 grains était, à ce moment, presque inconnu aux États-Unis. Il n'en avait été fabriqué, depuis 1792, que 8,045,838 : la plupart avaient été exportés [1]. Le temps n'était pas éloigné cependant où les États-Unis allaient s'éprendre d'un amour soudain pour le dollar des ancêtres (*dollar of the daddies*). L'accroissement prodigieux de la production des mines américaines, le passage de l'Allemagne à l'étalon d'or, les mesures prises par l'Union latine, le rétrécissement du débouché indien, allaient faire baisser le prix de l'argent au moment même où les Etats-Unis croyaient trouver dans l'exploitation de leurs mines métalliques une source inépuisable de richesses.

Au mois de juin 1876, un premier projet tendant à la remonétisation du vieux dollar fut soumis à la Chambre des représentants. Il échoua. Dès la fin du mois suivant, le *Committee of mines and mining* déposa un bill analogue, qui fut également rejeté. Cependant, le Congrès approuva une *joint resolution* tendant à la création d'une commission de neuf membres (3 sénateurs, 3 représentants, 3 spécialistes) chargée d'étudier la question monétaire. Cette commission présenta le résultat de ses travaux le 2 mars 1877. Quatre de ses membres seulement recommandaient le maintien de la loi de 1873; les cinq autres se prononçaient pour le rétablissement du double étalon, tout en se divisant sur le choix du rapport à fixer entre les deux métaux, le président, M. Jones, et deux autres membres proposant la substitution du rapport de 1 à 15 ½ à l'ancien rapport américain de 1 à 15.98, les deux autres membres de la majorité préconisant le rapport de 1 à 16.

Pendant tout le cours de l'année 1877, la question monétaire fut vivement discutée. Les bimétallistes trouvèrent un appui chez les adversaires de l'abolition du cours forcé, qui, ayant échoué dans leurs tentatives contre la loi du 14 janvier 1875 sur la reprise des paiements en espèces (*resumption act*), comptaient sans doute trouver dans une abondante circulation d'argent l'*inflation* qu'ils regrettaient de perdre avec la circu-

1. V. *Report of the secretary of the Treasury*, 1877. Le surplus des frappes d'argent énumérées plus haut est formé de monnaies divisionnaires.

lation de papier. Il faut se rappeler que la loi de 1875 avait fixé au 1er janvier 1879 la reprise des paiements en espèces. Les bimétallistes soutenaient que le maintien de l'étalon d'or unique rendrait plus facile la suppression effective du cours forcé. On remarque cette préoccupation dans le rapport de la commission présidée par M. Jones [1]. Elle se manifestait aussi dans un projet de résolution [2] déposé le 10 décembre 1877, par M. Mathews, sénateur de l'Ohio, et tendant à autoriser l'État à payer ses créanciers en dollars d'argent à 412.5 grains de fin, au lieu de les payer en or, comme le Président et le secrétaire de la Trésorerie avaient déclaré qu'on y était tenu.

Au Congrès, les représentants des États de l'Est, les plus anciens, les plus riches, et les créanciers des autres États, étaient favorables au maintien de l'étalon d'or. L'Ouest, grand producteur d'argent et grand emprunteur de capitaux, était naturellement favorable à toute mesure pouvant augmenter la valeur de ses richesses minières et diminuer le poids des intérêts à payer aux banques de New-York, Philadelphie, etc. Les hommes du Sud, par antipathie sans doute pour les capitalistes dont le concours financier avait assuré leur défaite dans la guerre de Sécession, allaient se joindre aux *silver men* de l'Ouest et leur donner la majorité.

Le 5 novembre 1877, M. Bland déposait à la Chambre des représentants un *bill* tendant à ordonner la frappe du dollar de 412.5 grains à cours légal illimité, Le jour même, cette proposition était adoptée à l'énorme majorité de 163 voix contre 34. Le 16 février 1878, elle était votée par le Sénat avec trois amendements ; le premier réservait à l'État le privilège exclusif et le profit intégral de la frappe du nouveau dollar et spécifiait que la Trésorerie devrait acheter chaque mois de l'argent pour 2 millions de dollars au moins et 4 millions au plus et monnayer aussitôt cet argent ; le second invitait le Président des États-Unis à provoquer la réunion d'une conférence internationale pour la fixation d'un rapport uniforme entre l'or et l'argent ; le troisième portait que tout possesseur d'espèces

1. *Bulletin de statistique du Ministère des finances*, janvier 1878, p. 50. Cf. *Ibid.*, juillet 1877, p. 52.

2. *Ibid.*, janvier 1878, p. 52.

métalliques pourrait les échanger au Trésor contre des certificats, dont la moindre coupure serait de 10 dollars et que ces certificats devraient être reçus en paiement par les caisses publiques. La loi, ainsi amendée, avait obtenu au Sénat 48 voix contre 21. Dès le 21 février 1878, la Chambre des représentants la votait à son tour [1]. Le 28 février, le Président Hayes opposa son *veto*, en se fondant principalement sur ce que les engagements des États-Unis ayant été contractés en or, il était peu loyal d'en permettre l'acquittement en argent. Le même jour, la majorité des deux tiers, devant laquelle tombe le veto présidentiel, était réunie dans les deux chambres, et le bill acquerrait force de loi [2].

Cette solution ne satisfaisait qu'à moitié les *silver men*. Un singulier dialogue s'établit alors entre le gouvernement et le Congrès, le Président et ses ministres réclamant la suspension de l'acte de 1878 qu'ils considéraient comme dangereux pour la situation monétaire du pays, les deux branches du Congrès examinant sans relâche les moyens d'augmenter encore le monnayage de l'argent.

Dès le mois d'octobre 1879, M. Sherman, secrétaire du Trésor, qui dans son rapport de 1877 avait déconseillé la frappe du dollar d'argent, déclarait, dans un grand discours politique prononcé à New-York, que l'on avait déjà fabriqué plus de dollars d'argent qu'il n'aurait été sage de le faire [3]. En 1880, en 1881, en 1882, en 1883, en 1884, en 1885, le message présidentiel réclamait la suspension de la frappe, montrant que le dollar d'argent n'était pas accepté par le public [4], que sur 216 millions de dollars d'argent fabriqués depuis 1878, 50 millions seulement étaient entrés dans la circulation. Mêmes doléances en 1887, en 1888.

1. *Bulletin de statistique du Ministère des finances*, février 1878, p. 132.

2. *Ibid.*, mars 1878, p. 202.

3. *Ibid.*, novembre 1879, p. 368.

4. En 1885, le Directeur des Monnaies expliquait que les caves de la trésorerie et des sous-trésoreries fédérales ne suffisant plus à contenir les dollars d'argent, les nouvelles frappes restaient dans les hôtels des monnaies, où il n'existait le plus souvent aucune installation convenable. Le Directeur des Monnaies insistait sur les dangers que présentait cet état de choses.

Pendant ce temps, les bimétallistes du Congrès s'efforçaient de développer encore plus le monnayage de l'argent. Le 24 mai 1879, la Chambre avait voté un *bill* Warner autorisant les particuliers à faire fabriquer les *standard* dollars sans limitation, mais réservant le profit de la frappe au Trésor. Le bill n'aboutit pas au Sénat. En avril 1885, M. Bland fit une nouvelle tentative ; mais sa proposition ne réunit que 126 voix contre 161. La majorité ayant reculé devant la solution extrême de la frappe libre, qui sacrifiait trop visiblement la circulation métallique de l'Union aux intérêts coalisés des producteurs, des spéculateurs et des débiteurs, partisans des moyens de libération dépréciés, on entra dans la voix des transactions.

En 1885 déjà, M. Warner, de l'Ohio, avait demandé l'émission de certificats à cours légal, sur dépôt de lingots d'argent, pour la valeur marchande du métal ; moyennant ce, le monnayage de l'argent aurait été suspendu. M. Manning, secrétaire du Trésor, recommandait une autre solution. Les 346 millions de billets d'État (*greenbacks*) encore existants auraient été retirés et remplacés par des certificats représentant tout le stock d'argent du Trésor ; la frappe du dollar blanc aurait été continuée jusqu'à concurrence de 250 millions. En 1887, M. Fairchild, secrétaire du Trésor, préconisait une solution analogue. En 1889, le secrétaire du Trésor, M. Windom, formulait la même proposition : la Trésorerie émettrait des certificats contre dépôts de lingots, suivant le cours de l'argent au jour du dépôt ; ces billets seraient remboursables à vue, soit en une quantité de métal représentant, au moment de la présentation des billets, une valeur égale au nombre de dollars qui y serait exprimé, soit en or au gré du gouvernement, soit en dollars d'argent au gré du porteur ; ils seraient acceptés en paiement par les caisses publiques et pourraient être compris dans la réserve légale des banques ; le monnayage du dollar d'argent serait suspendu.

Ce projet transactionnel faisait courir au Trésor des risques sérieux pour le cas où l'argent continuerait à baisser : dans ce cas, en effet, le porteur du certificat aurait pu réclamer une quantité de métal plus grande que celle qui avait été déposée, et le Trésor n'avait pour limiter sa perte que la ressource de payer en or, c'est-à-dire de donner une valeur égale à la quantité de dollars d'argent que l'on pourrait à ce moment se procurer sur le marché.

Cette solution ne satisfit pas les *silver men*, qui finirent par obtenir du Congrès le vote d'une loi nouvelle, appelée du nom de son promoteur le *Sherman act* (14 juillet 1890).

En voici les dispositions. Le secrétaire du Trésor était chargé d'acheter, chaque mois, 4,500,000 onces d'argent, ou du moins toutes les quantités qui lui seraient offertes jusqu'à concurrence de cette quantité. Ces achats devaient se faire au prix du marché, sans pouvoir dépasser 1 dollar pour 371.25 grains de fin (c'est-à-dire le pair légal du dollar d'argent) ou 129 *cents* par once. Pour payer ces achats, le Trésor émettrait des billets d'État (*Treasury notes*), en coupures de 1 à 1,000 dollars, payables à vue en monnaie métallique dans les trésoreries fédérales. Ces billets avaient cours légal, sauf au cas de convention contraire. Sur les achats mensuels, 2 millions d'onces seraient employés mensuellement au monnayage, jusqu'au 1er juillet 1891 ; à partir de cette date, on frapperait la quantité de lingots qui pourrait être nécessaire au rachat des billets du Trésor.

Les achats annuels devaient atteindre en quantités 54 millions d'onces (1,680,000 kilogrammes), et, en valeurs, osciller entre 50 et 60 millions de dollars. Les partisans de l'argent comptaient qu'une demande régulière aussi forte relèverait les cours ; les *inflationists*, que l'addition annuelle de 50 à 60 millions de dollars à la circulation provoquerait à bref délai la hausse générale des prix.

Ces prévisions ont été déçues. A la vérité, l'argent, qui au milieu de 1889 était à 42 $^{3}/_{16}$ pence, remonta jusqu'à 54 $^{1}/_{2}$ pence le 21 août 1890. Mais bientôt les cours rétrogradèrent. En novembre, ils étaient à 45 pence. En janvier 1891, le Sénat vota un *bill* de M. West qui établissait la frappe libre et illimitée de l'argent et que son promoteur avait intitulé : « Bill tendant, entre autres objets, à remédier à la contraction de la circulation monétaire ». Malgré l'agitation entretenue par les *silver men* et les *inflationists*, malgré les bruyantes conférences de l'alliance des fermiers réclamant un minimum de circulation de 50 dollars par tête[1], soit 15 à 20 milliards de francs d'or et d'argent monnayés, la Chambre des représentants se sépara sans avoir pris parti sur le *free coinage bill* voté par le Sénat.

L'année 1892 fut marquée par deux nouvelles tentatives de M. Bland à la Chambre et de M. Stewart, du Nevada, au Sénat. Ni l'une ni l'autre ne purent réussir.

Cependant, la politique monétaire des États-Unis aboutissait à son résultat fatal. Du 1er mars 1892 au 31 mars 1893, 92 millions de dollars d'or furent exportés. Une crise éclata. Le président Cleveland convoqua le Congrès pour le 7 août 1893, « afin que le pays pût être législativement sauvegardé contre les dangers et les maux qui le menaçaient ». Après de longues discussions qui durèrent quatorze jours à la Chambre et quatre-vingts jours au Sénat, après des séances de trente-neuf heures et des discours de quinze heures, où tous les moyens dilatoires, tous les procédés d'obstruction furent employés, jusques et y compris la motion de mettre en accusation le Président, coupable d'avoir attenté à l'indépendance du Congrès, la clause d'achat du *Sherman act* fut abrogée par une loi du 1er novembre 1893 (*Voorhees bill*).

Les partisans du dollar d'argent ne tardèrent pas à recommencer la lutte. Le 1er mars 1894, la Chambre des représentants votait un bill de M. Bland, en vertu duquel le gouvernement aurait pu monnayer 55 millions de dollars d'argent, représentant la différence entre le prix d'achat des onces d'argent achetées en vertu du *Sherman act* et leur valeur au pair ; des certificats d'argent auraient pu être émis jusqu'à concurrence de pareille somme, en attendant que les espèces fussent fabriquées. Ce projet, dit de frappe du fonds de seigneuriage, fut également adopté par le Sénat. Le président Cleveland opposa son veto et la majorité des deux tiers, qui peut seule annihiler l'opposition du Président, ne fut pas réunie.

En 1895, le gouvernement se vit refuser l'autorisation de stipuler le remboursement en or de l'emprunt qu'il dut con-

1. *Times*, 20 janvier 1891.

tracter au mois de février, en vue de reconstituer sa réserve de métal jaune. L'agitation des *silver men* en fut encouragée. Une vigoureuse campagne de publicité fut organisée en faveur de la frappe libre. Les partisans de la saine monnaie (*sound currency*)[1] obtinrent néanmoins gain de cause ; le bill autorisant la frappe libre de l'argent fut rejeté, en février 1896, par la Chambre des représentants.

Les manifestations bimétalliques qui se produisaient à la même époque, en Angleterre, en Allemagne et en France donnèrent alors à penser aux partisans de l'argent qu'une entente internationale pour la restauration de la valeur de ce métal était devenue possible. Aux États-Unis comme en Europe, la clause qui prévoit et réserve l'éventualité d'un accord des grandes puissances en vue de la reprise du monnayage de l'argent, a été souvent introduite dans les résolutions parlementaires ou dans les lois, comme moyen d'apaiser certaines oppositions. C'est grâce à l'addition de cette formule que le bill d'abrogation de la clause d'achat du *Sherman Act* fut accepté par le Sénat. En 1897, le parti républicain, qui venait de triompher avec M. Mac Kinley, jugea utile, pour enlever un moyen d'agitation aux partisans de M. Bryan, de faire une démonstration plus effective dans le même sens. Le Président des États-Unis fut autorisé par un *act* du 3 mars 1897 à provoquer la réunion d'une conférence internationale en vue d'assurer un rapport fixe de valeur entre l'or et l'argent par l'adoption d'un même rapport entre ces deux métaux et de la liberté de leur frappe suivant ce rapport ; des délégués spéciaux pouvaient être préalablement envoyés en Europe dans le but de préparer les voies.

M. Edward O. Wolcott, sénateur du Colorado, fut le chef de cette mission, qui visita successivement la France et l'Angleterre. Le gouvernement français accepta d'agir de concert avec les États-Unis. Mais avant toutes choses, on devait interroger le gouvernement britannique. Comme on pouvait s'y attendre, celui-ci déclara nettement qu'il n'abandonnerait pas l'étalon d'or pour le Royaume-Uni ; mais il demanda qu'on lui

1. C'est le nom que prit le Comité formé par le Reform Club de New-York pour la défense de l'étalon d'or.

fit connaître les mesures par lesquelles on comptait qu'il pourrait concourir à l'œuvre commune. M. Wolcott indiqua les suivantes : 1° réouverture des Monnaies de l'Inde et abrogation de la loi qui donne cours légal au souverain dans l'Inde; 2° admission de l'argent dans le département de l'émission de la Banque d'Angleterre, jusqu'à concurrence de 1/5 ; 3° élévation à 10 livres sterling du pouvoir libératoire de l'argent; émission de billets de 20 shillings à cours légal gagés par de l'argent; retrait graduel des demi-souverains qui seraient remplacés par des billets gagés par de l'argent ; 4° frappe annuelle d'une certaine somme en argent ; 5° ouverture des Monnaies de l'Inde à la frappe de la roupie ou d'un dollar britannique ; etc. Le 19 octobre 1897, le marquis de Salisbury faisait connaître à M. Hay la réponse définitive de l'Angleterre : le gouvernement de l'Inde ayant fermement et unanimement exprimé l'avis qu'il serait très déraisonnable d'ouvrir à nouveau les Monnaies de l'Inde, il avait paru inutile d'examiner les autres propositions des gouvernements de la France et des États-Unis.

Après l'échec de la mission Wolcott on pouvait abandonner tout espoir de régler par un accord international la question de l'argent. Au même moment, le relèvement du prix des denrées agricoles enlevait aux argentistes l'argument auquel étaient le plus sensibles les fermiers de l'Ouest. Les élections de novembre 1898 renforcèrent dans la Chambre des représentants la majorité favorable à l'étalon d'or. En même temps, les argentistes perdaient au Sénat la faible majorité qui, pendant le 55e Congrès, avait entravé les projets du gouvernement et de la Chambre des représentants. L'un des premiers actes du parti républicain fut de soumettre à la nouvelle Chambre des représentants un bill en faveur de l'étalon d'or, qui fut voté le 18 décembre 1899. Le Sénat ayant substitué à ce projet une proposition assez différente (janvier 1900), un nouveau texte fut arrêté dans un comité de conférence ; il fut successivement adopté par les deux chambres, le 11 et le 13 mars, et sanctionné par le Président, le 14 mars 1900.

La nouvelle loi dispose dans son article 1er : « que le dollar constitué par 25.8 grains d'or au titre de 0.900, tel qu'il est établi par la section 3511 des *Revised statutes* des États-Unis, sera l'unité de valeur étalon, et que toutes les espèces de monnaies émises ou frappées par les États-Unis seront maintenues à une parité de valeur avec cet étalon, et qu'il sera du devoir du secrétaire du Trésor de maintenir cette parité ».

La loi du 14 mars 1900 ne contient pas toute la législation monétaire des États-Unis. Elle doit être combinée avec d'autres textes, notamment avec l'*act* du 12 février 1873 sur le monnayage, avec le *Bland act* de 1878 et avec le *Sherman act* de 1890. Dans l'exposé qui va suivre, on a adopté les mêmes divisions que pour la France, l'Angleterre et l'Allemagne : 1° monnaie de compte ; 2° monnaies réelles ; 3° monnaies légales ; 4° étalon monétaire.

§ 1. — Monnaie de compte.

La monnaie de compte est le dollar, divisé en 100 *cents*. On sait déjà qu'il y a deux dollars : le dollar d'or de 25.8 grains, contenant 23.22 grains de fin, et le dollar d'argent de 412.5 grains, contenant 371.25 grains de fin. En fait, c'est le dollar d'or qui depuis longtemps fournit l'unité de compte. La loi du 14 mars 1900 a consacré cet état de choses.

Le kilogramme d'or fin contient 664.62 dollars. Le pair du dollar est ainsi fr. 5.1825. Le *cent* vaut fr. 0.051825.

§ 2. — Monnaies réelles.

Les monnaies réelles sont d'or, d'argent, de nickel et de bronze.

Les monnaies d'or sont, d'après la loi de 1873 : le dollar de 25.8 grains ; le quart d'aigle ou pièce de 2 ½ dollars (64.5 grains) ; la pièce de 3 dollars (77.4 grains) ; le demi-aigle ou pièce de 5 dollars (129 grains) ; l'aigle ou pièce de 10 dollars (258 grains) ; le double aigle ou pièce de 20 dollars (516 grains). Une loi du 26 septembre 1890 a suspendu la frappe des pièces d'or de 1 et de 3 dollars.

Les monnaies d'argent sont : le dollar étalon (*standard*) pesant 412.5 grains [1] ; le demi-dollar ou pièce de 50 *cents*

1. Le *trade dollar* de 1873 pesant 420 grains n'est plus fabriqué. Une loi du 3 mars 1887 a prescrit que ceux qui existaient encore seraient reçus

(12.5 *grammes*) ; le quart de dollar ou pièce de 25 cents et la dîme ou pièce de 10 cents, pesant respectivement la moitié et le cinquième du poids du demi-dollar. La loi de 1873 a supprimé la demi-dîme et la pièce de 3 cents. Une pièce de 20 cents a été frappée de 1875 à 1878.

Les monnaies de nickel sont les pièces de 5 et de 3 cents. La frappe de cette dernière a été suspendue en vertu de la loi du 26 septembre 1890. La pièce de 1 cent est en bronze.

Le titre est de 0.900 pour l'or et pour l'argent. L'alliage des monnaies d'or est de cuivre ou de cuivre et d'argent (pour 1/10 de l'alliage au plus) ; l'alliage des monnaies d'argent est de cuivre.

La tolérance de titre est de 1 millième pour l'or, 3 millièmes pour l'argent.

Les tolérances de poids ne sont pas proportionnelles au poids de chaque coupure, mais graduées : 1/2 grain pour le double aigle et l'aigle, 1/4 de grain pour le 1/2 aigle et le 1/4 d'aigle ; 1 1/2 grain pour les pièces d'argent. De plus, l'écart avec le poids *standard* ne doit pas dépasser le centième d'une once par 5,000 dollars en double-aigles, aigles, demi-aigles et quarts d'aigle ; les deux centièmes d'une once par 1,000 dollars d'argent, par 1,000 demi-dollars ou par 1,000 quarts de dollar ; le centième d'une once par 1,000 dîmes.

Les monnaies de nickel contiennent 25 p. °/₀ de ce métal et 75 p. °/₀ de cuivre. Le bronze de la pièce de 1 cent est formé de 95 parties de cuivre et de 5 parties d'étain et de zinc.

La fabrication de l'or est libre. Les frais sont fixés à 2 p. °/₀₀. La fabrication du *trade dollar* de 420 grains était libre également. La loi de 1873 autorise enfin les particuliers à faire transformer les matières d'or ou d'argent par les ateliers monétaires, soit en barres de métal fin, soit en barres au titre moné-

par la Trésorerie pendant six mois à compter de la date de la loi, et échangés, dollar pour dollar, contre des dollars d'argent étalon ou contre de la monnaie divisionnaire. Jusqu'en 1891 les pièces ainsi retirées ont principalement été employées à la fabrication de la monnaie divisionnaire. Une loi du 3 mars 1891 a ordonné que le métal provenant de la refonte des *trade dollars* fût, aussitôt que possible, transformé en dollars étalon. L'opération a commencé après la cessation du monnayage obligatoire de 2 millions de dollars par mois prescrit jusqu'au 1er juillet 1891 par la loi du 14 juillet 1890. (V. *supra*, p. 274.)

taire, soit en barres d'un titre intermédiaire, marquées d'une empreinte constatant le poids et le titre.

Au contraire, la frappe du *standard* dollar d'argent est réservée à l'État. Sous l'empire du *Bland act*, la Trésorerie était même tenue de monnayer la quantité de dollars qu'elle devait acheter chaque mois, soit 2 millions de dollars au minimum. Le *Sherman act* imposait la frappe de 2 millions d'onces par mois jusqu'au 1er juillet 1891 ; passé cette date, le Trésor serait libre de ne monnayer que les quantités nécessaires au rachat des *Treasury notes* dont le même *Sherman act* autorisait l'émission en vue de l'achat des lingots. La frappe est redevenue obligatoire jusqu'à concurrence de 1 1/2 million de dollars par mois, en vertu de l'*act* du 13 juin 1898, qui a créé les ressources nécessaires à la guerre de Cuba (*War revenue bill*).

Les achats se sont montés : en exécution du *Bland act*, à 291,272,018 onces de fin, ayant coûté 308,279,260 dollars ; en exécution du *Sherman act*, à 168,674,682 onces de fin, ayant coûté 155,931,002 dollars. Le monnayage a été de 378,166,793 dollars sous l'empire du *Bland act* ; 36,087,285 dollars ont été frappés du 14 juillet 1890 au 31 octobre 1893, date de l'abrogation de la clause d'achat ; du 1er novembre 1893 au 12 juin 1898, la frappe s'est élevée à 42,139,872 dollars ; enfin du 13 juin 1898 au 30 juin 1901, 61,322,643 dollars ont encore été monnayés. Les *standard silver dollars* émis en vertu des lois de 1878, 1890 et 1898 formaient ainsi, au 30 juin 1901, une somme totale de 517,716,593 dollars. En outre, 5,078,472 dollars ont été frappés au moyen de la refonte de *trade dollars* en exécution d'un *act* du 3 mars 1891.

La frappe des monnaies divisionnaires d'argent (*subsidiary coin*) et de celles de nickel et de bronze (*minor coin*) est également réservée à l'État.

La loi du 14 mars 1900 (*The gold standard law*) autorise le secrétaire du Trésor à employer à la fabrication des monnaies divisionnaires d'argent le métal acheté en exécution du *Sherman act*, à charge d'annuler une somme de *Treasury notes* égale au prix d'achat de l'argent contenu dans les pièces fabriquées. Le montant des monnaies divisionnaires d'argent en circulation ne doit pas dépasser 100 millions de dollars (même loi).

La loi du 28 février 1873, reproduite dans la section 3528 des *Revised Statutes*, affecte un crédit annuel de 50,000 dollars à la fabrication des monnaies de nickel et de bronze. On se plaint de l'insuffisance de ce crédit.

§ 3. — Monnaies légales.

Le cours légal illimité appartient aux monnaies d'or et au dollar étalon d'argent de 412.5 grains[1].

Les monnaies divisionnaires d'argent ont cours légal jusqu'à concurrence de 10 dollars par paiement (loi du 9 juin 1879)[2]; il ne peut être offert légalement plus de 25 cents à la fois en monnaies de nickel et de bronze (loi du 12 février 1873).

Les pièces d'or n'ont cours pour leur valeur nominale que si le frai n'en a pas réduit le poids au-dessous de la tolérance de fabrication ; lorsque ce minimum de poids légal est perdu, la pièce n'a cours obligatoire que pour une valeur proportionnelle à son poids réel. Le Trésor doit recevoir, néanmoins, pour sa valeur nominale toute pièce d'or qui, par suite du frai naturel, a perdu 1/2 p. % au plus de son poids droit, en vingt années comptées d'après le millésime, ou qui a subi, si elle a moins de vingt ans, une diminution correspondant au plus à la même proportion. Ces pièces sont refondues. Dans une mesure, on le voit, le frai est donc à la charge de l'État (loi du 12 juin 1873, art. 14).

L'or et l'argent circulent aux États-Unis, non seulement en nature, mais encore sous forme de certificats d'or ou d'argent délivrés par la Trésorerie contre dépôt de monnaies d'or ou de monnaies d'argent. Ces certificats n'ont pas cours légal ; mais ils doivent être reçus par les caisses publiques et peuvent être comptés comme numéraire dans la réserve des banques.

Les billets des États-Unis, émis pendant la guerre civile, et

1. La loi du 14 mars 1900 maintient expressément le pouvoir libératoire illimité du dollar d'argent.

2. On avait proposé en 1890, d'élever à 20 dollars la valeur libératoire des petites monnaies d'argent. Un bill fut même déposé à la Chambre et fit l'objet d'un rapport favorable. Il n'aboutit pas néanmoins. La loi de 1873 limitait à 5 dollars la valeur libératoire des monnaies d'argent, y compris le *trade dollar*.

communément appelés *greenbacks* à cause de leur couleur verte, ont conservé le cours légal. Les *Treasury notes* de 1890 émises en vertu du *Sherman act* avaient également cours légal.

Enfin, les billets des banques nationales sont reçus en payement de toutes taxes, accises et autres sommes dues aux États-Unis, excepté les droits d'importation, et aussi pour tous salaires et autres dettes et toutes créances sur les États-Unis, appartenant à des particuliers, corporations et associations, l'intérêt de la dette publique excepté.

§ 4. — Étalon monétaire.

Les États-Unis se trouvent actuellement, au point de vue du droit, dans une situation semblable à celle de la France. L'argent comme l'or a cours légal illimité ; mais la seule frappe de l'or est libre ; la frappe de l'argent, qui, d'ailleurs, a toujours été contenue dans certaines limites, a cessé de donner lieu à des achats de métal. En fait, l'or est demeuré l'étalon monétaire, bien que sa prééminence ait manqué plus d'une fois d'être renversée. Le tableau ci-contre fait connaître à quelles sommes le Trésorier des États-Unis[1] évaluait le montant de la circulation à la fin de chacune des années fiscales 1878 à 1901 (encaisses du Trésor non comprises).

Il faut ajouter au total de dollars pour 1901, 79.7 millions en monnaie divisionnaire d'argent. En juin 1878, le montant de ces dernières espèces était de 64.9 millions de dollars.

On voit dans ce tableau que le stock d'or des États-Unis n'a cessé de s'accroître depuis la reprise des paiements en espèces et l'entrée en vigueur du *Bland act*. En juin 1878, or et certificats d'or ne s'élevaient pas à plus de 109.6 millions de dollars; en juin 1892 ils se montent à 550 millions de dollars, à 876.1 millions en juin 1901.

L'argent est passé de 0.9 à 496.2 millions. La circulation des billets proprement dits est restée stationnaire jusqu'en 1899 : 661.8 contre 631 millions ; comme on le verra dans un chapitre ultérieur, les banques n'avaient pas grand intérêt à développer

1. *Report of the secretary of the Treasury on the state of the finances for the year* 1901, p. 236 et s.

leurs émissions. Depuis 1899, il y a eu quelque augmentation.

Les proportions entre l'or et l'argent (certificats compris) étaient, en 1899, 61.2 p. °/₀ d'or et 38.8 p. °/₀ d'argent. La part proportionnelle de l'argent était donc plus forte qu'en France. Elle s'est réduite à 36.1 p. °/₀ en 1901.

DATES.	MONNAIE d'or.	CERTIFICATS de monnaie d'or.	DOLLARS d'argent.	CERTIFICATS d'argent.	BILLETS et CERTIFICATS de billets.	TOTAL
	millions de dollars.	millions de dollars.	millions de dollars.	millions de dollars.	millions de dollars.	millions de dollars.
Juin 1878	84.7	24.9	0.9	»	631.0	741.5
Juin 1879	110.5	15.3	7.7	9.4	622.3	756.2
Juin 1880	225.7	8.0	19.3	5 8	664.7	923.5
Juin 1881	315.3	5.8	28.8	39.1	677.4	1,066.4
Juin 1882	358.3	5.0	32.0	54.5	676.5	1,126.3
Juin 1883	344.7	59.8	35.3	72.6	671.1	1,183.5
Juin 1884	340.6	71.1	39.8	96.4	648.6	1,196.5
Juin 1885	341.7	126.7	38.5	101.5	638.1	1,246.5
Juin 1886	357.9	76.0	52.5	88.1	628.3	1,202.8
Juin 1887	376.4	91.2	55.5	142.1	603.2	1,268.4
Juin 1888	392.1	119.9	55.5	200.4	553 8	1,321.7
Juin 1889	376.1	116.8	54.4	257.1	524.1	1,328.5
Juin 1890	374.4	131.4	56.2	297.2	516.3	1,375.5
Juin 1891	408.1	120.9	57.7	307.4	547,5	1,441.6
Juin 1892	408.8	141.2	56.8	326.9	607.0	1,540.7
Juin 1893	403.6	93.0	57.0	326.5	648.2	1,528.3
Juin 1894	497.9	66.3	51 2	327.1	663.3	1,605.8
Juin 1895	480.3	48.4	52.0	319.8	643.5	1,544.0
Juin 1896	456.1	42.3	52.2	331.3	567.8	1,449.7
Juin 1897	519.1	37.3	52.0	358.3	620.0	1,586.7
Juin 1898	661.0	35.8	57.3	390.7	634.4	1,779.2
Juin 1899	702.1	32.7	63.4	401.9	661.8	1,861.9
Juin 1900	614.9	200.6	66.4	408.5	695.7	1,986.1
Juin 1901	630.4	245.7	66.6	429.6	725.2	2,097.5

Le pourcentage d'augmentation de l'or a été, de 1881 à 1897 très inférieur à celui de l'argent : 73.3 p. °/₀ contre 504 p. °/₀. Depuis 1897, l'or a repris l'avance sur l'argent : 75.6 p. °/₀ d'augmentation contre 21 p. °/₀. Si l'on compare les années 1881 à 1899, on trouve un accroissement de 120 p. °/₀ pour l'or et pour l'argent de 585 p. °/₀. De 1881 à 1901, les augmentations sont de 204 p. °/₀ pour l'or et 631 p. °/₀ pour l'argent.

On remarquera que le stock d'or des États-Unis s'est accru pendant que fonctionnaient la frappe obligatoire du *Bland act*, puis les achats forcés du *Sherman act*. La loi de Gresham serait-elle en défaut ? Serions-nous en présence d'un cas dans lequel la mauvaise monnaie aurait été impuissante à chasser la bonne ?

On a déjà expliqué que la mauvaise monnaie ne chasse pas nécessairement la bonne. Celle-ci ne s'écoule à l'extérieur que lorsqu'on a intérêt à l'exporter, et cet intérêt résulte soit de l'état de la balance commerciale, soit de la faculté de frapper librement la monnaie dépréciée. Quand on est débiteur de l'étranger, il y a avantage à le payer en bonne monnaie pour éviter la perte au change ; on exporte cette bonne monnaie et on garde la mauvaise pour les échanges intérieurs, où la loi civile permet de l'imposer en paiement. Quand la frappe d'un métal déprécié est libre, on a intérêt à exporter le métal qui a conservé son ancienne valeur, pour acheter à l'étranger, au prix du commerce, le métal avili auquel l'empreinte monétaire donnera une valeur légale supérieure.

La balance du commerce a été plutôt favorable aux États-Unis depuis 1878 ; d'autre part, la frappe n'a jamais été libre. Les conditions de fonctionnement de la loi de Gresham n'ont jamais été complètement réalisées ; il est donc naturel que la substitution de l'argent à l'or ne se soit pas opérée.

Ce serait une erreur de croire, cependant, que la frappe obligatoire du Bland dollar ou l'émission forcée des billets du Trésor créés par le *Sherman act*, lesquels ne représentaient que de l'argent, n'aient causé aucun dommage à la circulation métallique des États-Unis.

Dès 1886, le Président le constatait dans son message, l'exportation de l'or américain augmentait. En 1888 et 1889, du mois de mai de la première année au mois de juin de la seconde, le drainage de l'or prenait de grandes proportions. A la fin de 1890, l'émigration du métal jaune recommençait.

Le directeur de la Monnaie remarquait en 1890 qu'il y avait eu des expéditions d'or sur Londres, quand le change ne dépassait pas 4.87 $^{3}/_{4}$ dollars, bien que la parité du *gold point* soit 4.89 dollars. Il expliquait cette anomalie par cette circonstance que l'or en barres, sur lequel on ne perd pas de faux frais, pouvait être obtenu gratuitement à la Monnaie en échange de monnaie d'or, grâce à la loi du 26 mai 1882. Il proposait de modifier cette loi et de décider que le Trésor aurait le droit de ne pas autoriser l'opération ou de prélever une légère rémunération dans le cas où les barres seraient demandées pour l'exportation [1]. Les recommandations du directeur de la Monnaie, appuyées par le secrétaire du Trésor, furent accueillies par le Congrès. Une loi du 3 mars 1891 donna au Trésor les pouvoirs qu'il demandait.

Malgré une retenue de 4 cents par 100 dollars, les demandes de barres d'or continuèrent et, dès le 23 mars 1891, le surintendant de la Monnaie, reçut l'ordre de les refuser désormais aux exportateurs [2]. De février à juillet 1891, l'exportation en barres ou en espèces atteignit 70 millions. Le directeur de la Monnaie attribuait ce mouvement aux avantages faits à l'or en Angleterre, en France et en Allemagne [3]. En 1892, le directeur de la Monnaie déclarait que la grande cause des retraits d'or opérés par l'Europe était la défiance de plus en plus grande qu'inspirait aux capitalistes du vieux continent, la prépondérance croissante de l'argent sur l'or dans la réserve affectée au remboursement du papier monnaie [4]. N'est-il pas permis de penser qu'une part de responsabilité incombait aussi au *Sherman act?* Le chiffre des achats obligatoires était tellement élevé que le régime de la loi de 1890 ressemblait beaucoup à celui de la frappe libre et illimitée.

Pendant l'année fiscale 1891-92, les exportations d'or furent à peu près balancées par les importations. Au mois d'avril 1892 cependant, un nouveau courant de sortie s'établissait. De juillet 1892 à juin 1893, l'exportation nette atteignit 86,897,275 dollars [5]. Le nouveau Président, M. Cleveland n'hésita pas, dans son message du 8 août, à accuser la loi Sherman de cet appauvrissement de la circulation métallique de l'Union. « Nous avons facilité l'émigration de notre or au profit d'autres pays qui, mieux avisés, ont grossi d'autant leur stock monétaire. Ce qui montre bien qu'on a su profiter de l'occasion offerte, c'est l'énorme quantité d'or qui, dans ces derniers temps, est sortie

1. *Report of the director of the Mint*, 1890, p. 145, 146.
2. *Ibid.*, 1891, p. 120.
3. *Ibid.*, p. 147.
4. *Ibid.*, 1892, p. 155.
5. *Report of the secretary of the Treasury*, 1893, p. XI.

de notre Trésor et est allée fortifier la situation financière de certains États étrangers... Du 1er juillet 1890 au 15 juillet 1893, notre Trésor a perdu pour 132 millions de dollars d'or monnayé ou non, pendant que son approvisionnement d'argent monnayé ou non augmentait de 147 millions de dollars. »

Avant de chasser l'or des États-Unis à l'étranger, l'argent l'avait d'abord chassé de la Trésorerie dans la circulation. C'est une sorte d'application de la loi de Gresham à l'intérieur du pays.

Ce double mouvement de l'or et de l'argent résultait d'un système adopté naturellement par les banques et par le public lui-même. On demandait de l'or à la Trésorerie et on lui apportait surtout de l'argent.

Les banquiers de l'Est, hostiles au dollar d'argent, prenaient soin de stipuler en or. Au moment du vote du *Bland act*[1], ils avaient résolument fermé leurs coffres aux États et aux villes de l'Ouest. Le Minnesota ne put, à ce moment, trouver de prêteurs à New-York. La municipalité de Chicago, celle de Cleveland, d'autres encore, ne purent obtenir le concours des capitalistes de la Nouvelle-Angleterre qu'en promettant expressément de faire en or le service de leur nouvelle dette.

L'année suivante, quand le trésorier-adjoint des États-Unis à New-York demanda son admission au *Clearing-House* des banques associées de cette ville, il ne fut reçu qu'à la condition formelle de payer ses soldes en billets des États-Unis, ce qui excluait les dollars d'argent. L'acceptation de cette clause par la Trésorerie fédérale souleva une véritable émotion parmi les *silver men.* Leur chef, M. Warner, souleva la question et M. Sherman fut invité à fournir des explications au Comité des monnaies. Le secrétaire du Trésor répondit qu'il n'avait nullement désobéi à la loi qui donnait cours légal au dollar d'argent : le Trésor ne s'était pas engagé à ne pas payer en argent. Mais, ajouta-t-il, si le trésorier-adjoint usait de son droit, il serait exclu du *Clearing-House*. Les banquiers de New-York, disait M. Sherman, craignent que si la frappe continue un certain nombre d'années, les dollars d'argent soient en quantité

1. V. *Bulletin de statistique du Ministère des finances*, janvier 1878, p. 56.

telle que le gouvernement ne puisse plus soutenir leur valeur nominale ; ils ne veulent pas contribuer à ce que les centaines de millions de richesse accumulée que représente leur association, cessent de reposer sur la base de l'or et arrivent à être mesurés en argent[1]. On dut s'incliner devant ces raisons.

En 1883, le trésorier-adjoint ayant prétendu imposer un paiement en argent aux banquiers associés, fut menacé d'exclusion et céda.

Dès cette époque, le Trésor commençait à être aux prises avec de sérieux embarras.

En vertu d'un usage remontant à l'époque de la reprise des paiements en espèces et confirmé par une loi du 12 juillet 1882, la Trésorerie devait tenir constamment en réserve, pour faire face aux demandes de remboursement des *greenbacks* laissés en circulation, une somme de 100 millions de dollars en or. Un secrétaire du Trésor, M. Manning, avait pris soin, dès son entrée en fonctions, de faire apparaître cette somme, d'une manière distincte, dans les situations mensuelles.

La Trésorerie avait eu souvent beaucoup de mal à sauvegarder l'intégrité de cette réserve. M. Cleveland constatait, en 1885, que les droits de douane étaient payés en argent ou en certificats d'argent jusqu'à concurrence de 58 p. °/₀. D'autre part, les achats obligatoires d'argent absorbaient chaque mois 2 millions de dollars d'or. Enfin, au *Clearing-House* de New-York, les banques payaient en argent et exigeaient de l'or. Au mois de juillet 1885, la réserve tomba à 128 millions. Des dispositions durent être prises, à la suite d'une conférence entre le trésorier des États-Unis, le contrôleur de la circulation et les présidents des banques associées. Celles-ci s'engagèrent à livrer l'or plus libéralement, en particulier à ceux de leurs clients qui avaient à payer des droits de douane ; le trésorier fédéral fut provisoirement autorisé à payer ses soldes en certificats d'argent, jusqu'à concurrence de 20 millions.

Après le vote du *Sherman act*, les embarras du Trésor furent à leur comble. Le Trésor ne reçut presque plus de métal jaune.

1. *Circulation of silver*, 1880, p. 10.

A la douane de New-York[1], l'or, qui en juillet 1890 avait formé plus de 95 p. % des recettes, n'en représentait plus que les trois centièmes ; les monnaies d'argent et certificats d'argent y entraient pour 23.3 p. %, les *greenbacks* pour 41 p. %, les billets du Trésor de 1890 pour 32.7 p. %. Et, en même temps, l'État était contraint de payer en or une forte proportion de ses dettes, notamment tous les billets émis pour achats d'argent. Sans doute, le secrétaire du Trésor avait la faculté de rembourser ces billets en argent. Mais, ainsi que l'expliquait M. Cleveland dans son message du 8 août, une telle détermination en aurait fait des créances payables seulement en argent. La prime de l'or serait immédiatement apparue.

On remboursait donc en or ces billets, dont le gage était de l'argent. Du 1er mai 1892 au 15 juillet 1893, les émissions avaient dépassé 54 millions ; les remboursements en or atteignirent 49 millions. La réserve de 100 millions de dollars, si souvent menacée, jusque-là toujours sauvegardée, fut atteinte pour la première fois. Le 22 avril 1892, elle fut réduite à 95,432,357 dollars, principalement par les demandes des exportateurs. Le 10 août, le secrétaire du Trésor l'avait ramenée à 103,683,290 dollars. Le 19 octobre, elle tombait de nouveau, par suite de remboursements de billets, à 81,551,385 dollars[2]. Comme le disait M. Cleveland, à moins de contracter constamment de nouveaux emprunts pour reconstituer à mesure l'encaisse d'or incessamment entamée, on ne pouvait éviter que l'argent se substituât bientôt à l'or dans le Trésor américain, par un effet fatal de l'application de la loi Sherman. Un jour ou l'autre on aurait été contraint de payer en argent déprécié toutes les dettes de l'Etat. Ce jour-là, on aurait vu se manifester la prime de l'or.

Le Trésor public, le peuple américain tout entier étaient donc dans une impasse. Quelle que fût la résolution prise, si l'on n'abrogeait pas la clause d'achat, on aboutissait à l'émigration définitive de l'or, à l'étalon d'argent, c'est-à-dire à la monnaie dépréciée. « Réduits à l'usage d'une monnaie très avilie relati-

1. V. *Bulletin de statistique du Ministère des finances*, juin 1893, p. 683.
2. *Report of the secretary of the Treasury*, 1893, p. LI.

vement à l'étalon monétaire du monde commerçant nous n'aurions plus, disait M. Cleveland, notre place marquée parmi les nations de premier ordre, et le gouvernement aurait manqué au devoir qui lui incombe d'assurer au peuple américain une monnaie sûre et stable. »

L'abrogation de la clause d'achat du *Sherman act* ne devait pas, et ne pouvait pas d'ailleurs, suffire à soustraire le Trésor américain aux dangers qui le menaçaient. En arrêtant les achats de métal[1] et, par suite, les émissions nouvelles de *Treasury notes*, elle empêchait le mal de grandir ; elle ne le supprimait pas. Les *Treasury notes* en circulation se montaient, le 1er novembre 1893, à 150,818,582 dollars, représentant, selon les prescriptions du *Sherman act*, le prix d'achat du métal non encore monnayé et la valeur des dollars frappés avec le métal acheté en vertu de ses dispositions, que la Trésorerie possédait à la même date. Pour réduire cette dette, le gouvernement n'avait d'autre moyen que de monnayer le métal et de le faire accepter par le public sous la forme de dollars d'argent. Il ne pouvait annuler les billets rachetés en or, mais devait les émettre à nouveau sous peine de violer la loi, car les *Treasury notes* en circulation devaient toujours égaler le stock d'argent monnayé et non monnayé provenant des achats imposés par le *Sherman act*, qui se trouvait dans les caisses du Trésor. On était donc condamné à emprunter pour rembourser des billets qui devaient être remis en circulation et pouvaient aussitôt après être de nouveau présentés au remboursement.

La réserve d'or de la Trésorerie, incessamment attaquée au moyen des *Treasury notes* de 1890 et aussi des *old legal tender notes*[2] ou *greenbacks*, dut à maintes reprises, de 1894 à 1896, être reconstituée au moyen d'emprunts. Le 17 janvier 1894, elle était tombée à 69,757,827 dollars ; le 6 mars 1894, grâce à un emprunt, elle était remontée à 107,446,802 dollars ; mais le

1. *Report of the director of the Mint.*, 1893, p. 47. Il avait été acheté, en vertu du *Sherman act*, 168,674,682 onces de fin ayant coûté 155,931,002 dollars ; 27,911,259 onces ayant coûté 29,110,187 dollars avaient été employées à frapper 36,087,285 dollars d'argent. *Ibid.*, p. 10.

2. Les anciens billets à cours légal (*old legal tender notes*) doivent également être remis en circulation, aux termes d'un *act* du 31 mai 1878, lorsqu'ils ont été remboursés par le Trésor.

7 août elle était réduite au chiffre le plus bas qui eût encore été constaté depuis la cessation du cours forcé, 52,189,500 dollars. Le 1er novembre elle ne dépassait pas 61,878,374 dollars; on emprunta. Au commencement de 1895, on dut encore emprunter, la réserve ayant été réduite en février à 41,340,141 dollars. Au total, de février 1894 à mars 1895, on s'endetta de 162,315,400 dollars. En janvier 1896, un nouvel emprunt de 100 millions de dollars fut nécessaire, la réserve étant tombée à 61,251,710 dollars[1].

En s'imposant de tels sacrifices pour rembourser en or des billets qu'il avait la faculté de payer en argent, le Trésor américain affirmait sa résolution de maintenir la parité des deux métaux, selon le mandat qu'il avait reçu du Congrès, c'est-à-dire d'assurer la convertibilité en or des dollars d'argent et des certificats ou billets libellés en argent. Si le public avait présenté tant de ces billets au remboursement, c'est qu'il avait craint, et ses appréhensions avaient été jusqu'à la panique, que le Trésor ne fût contraint à bref délai de suspendre les paiements en or et que le dollar d'argent déprécié ne devînt, en conséquence, l'étalon monétaire des États-Unis. La confiance revint peu à peu; elle s'affermit en 1897 et surtout en 1898 quand le parti argentiste fut devenu manifestement impuissant dans le Congrès; alors le métal jaune reflua librement et abondamment vers le Trésor.

Les États-Unis ont donc réussi à conserver l'étalon d'or. Mais la crise de 1892-1896 a permis au gouvernement et au Congrès de mesurer le danger auquel la législation argentiste et inflationniste avait exposé le pays : c'est pourquoi dans la loi du 14 mars 1900 qui attribue définitivement au dollar d'or le rôle d'unité monétaire et d'étalon, des dispositions ont été introduites en vue de faire obstacle dans l'avenir à l'éviction du métal jaune par le métal blanc ou par le papier[2].

1. *Reports of the secretary of the Treasury*, 1895 et 1896.
2. V. *infra*, p. 355.

CHAPITRE VII.

LA MONNAIE DE L'INDO-CHINE.

Les questions monétaires se sont posées en Indo-Chine avec une véritable acuité dès le début de l'occupation française. Elles n'ont pas cessé, depuis lors, de solliciter l'attention de l'administration coloniale et du gouvernement métropolitain.

Pendant longtemps, c'est au gouvernement local lui-même, à sa prétention de régler la circulation métallique, soit qu'il voulût établir des taux de conversion immuables entre la monnaie du pays et le franc, soit qu'il voulût introduire en Cochinchine le système monétaire français, qu'ont été imputables les difficultés contre lesquelles se débattaient vainement le commerce européen et le Trésor public. En 1881, le gouvernement de la métropole intervint pour mettre un terme aux errements précédemment suivis par les gouvernements locaux.

Mais à ce moment même une nouvelle cause de difficultés avait déjà surgi. La dépréciation de l'argent s'accentuait. Elle ne pouvait manquer d'avoir de fâcheuses conséquences pour un pays dont la monnaie principale est faite de ce métal. Une période nouvelle de crises monétaires s'est donc ouverte pour nos possessions de l'Extrême-Orient. Les intérêts lésés se sont adressés et s'adressent encore à l'administration pour en obtenir un remède aux maux qui les éprouvent. Nous pensons qu'on la convie à une œuvre au-dessus de ses forces. En Indo-Chine, comme en France d'ailleurs, les mesures que l'on recommande volontiers aux pouvoirs publics en vue, soit d'enrayer la baisse persistante de l'argent, soit d'en pallier les résultats, peuvent au contraire compromettre gravement les intérêts dont ils ont la garde. C'est ce que nous essayerons de démontrer.

Nous devons tout d'abord exposer le système ou plutôt les systèmes monétaires de l'Indo-Chine.

Deux systèmes monétaires sont, en effet, juxtaposés et, dans une certaine mesure, combinés en Indo-Chine, l'un d'origine indigène, l'autre d'importation étrangère, le système du *nen* et de la sapèque et le système de la piastre.

§ 1. — Système du « nen » et de la sapèque.

Le système monétaire indigène est d'une grande perfection théorique. Il comporte des espèces d'or, d'argent et de cuivre ou de zinc, qui sont presque toutes en correspondance exacte avec les divisions du système des poids annamites[1].

Les monnaies d'or et les monnaies d'argent correspondent exactement à l'once annamite (*luong*[2]) ou à des multiples et des sous-multiples de l'once.

On connaît des monnaies d'or de 100 onces, 50 onces, 40 onces, 30 onces, 10 onces ou pain d'or (*nen-vang*), 5 onces ou demi-pain d'or (*nwa-nen-vang*) ou navette d'or (*thoi-vang*), 1 once (*luong-vang*) ou clou d'or (*dinh-vang*), 1 demi-once ou demi-clou d'or (*nwa-luong-vang* ou *nwa-dinh-vang*), 4 dixièmes, 3 dixièmes, 1 quart, 2 dixièmes, 1 dixième d'once; des monnaies d'argent de 100 onces, 50 onces, 40 onces, 30 onces, 20 onces, 10 onces ou pain d'argent[3] (*nen-bac*), 5 onces ou demi-pain d'argent (*nwa-nen-bac*), 1 once ou clou d'argent (*luong-bac* ou *dinh-bac*), 1 demi-once ou demi-clou

1. Voir Silvestre, *Notes pour servir à la recherche et au classement des monnaies et médailles de l'Annam et de la Cochinchine française*. Saïgon, Imp. nat., 1883, et Désiré Lacroix, *Numismatique Annamite*, Saïgon, Imp. Ménard et Legros, 1900.

2. Le poids de l'once annamite se déduit de celui du *picul*. On assigne des poids différents à cette mesure. D'après la Chambre de commerce de Saïgon, le picul pèse 60 kilog. 400. Il y a 16 nen ou 160 onces au picul. Le nen pèse donc 377.5 gr. et le luong 37.75 gr. En fait, le poids des pièces de frappe officielle que possède la Monnaie de Paris varie de 38.25 à 38.50 grammes par *luong*. Certaines pièces de fabrication privée ne pèsent que 38 grammes par *luong*.

3. Au Cambodge, la barre d'argent est appelée *vienh*. Elle pèse généralement 10 *damlong* 2 *chi*. Le *damlong* pèse 37.75 gr. comme le *luong* annamite : le *chi*, 1/10 de *damlong*. Le poids du *vienh* est donc de 385.05 gr. C'est le poids du *nen* annamite. Mais il n'y a souvent que 377.5 gr. de fin. Le *vienh* est d'ailleurs fabriqué à Saïgon et à Cholon.

d'argent (*nwa-luong-bac* ou *nwa-dinh-bac*), 1 quart d'once ou quart de clou d'argent.

Jusqu'ici le parallélisme est parfait entre les coupures d'or et les coupures d'argent, d'une part, et d'autre part entre ces deux sortes de coupures et les divisions du système des poids annamites. L'harmonie du système paraît troublée par l'existence des pièces d'argent ci-après : la pièce de trois ligatures (*quan*), de Tu-Duc, pesant environ trois cinquièmes d'once ; la pièce de deux ligatures, de Minh-Mang, pesant environ deux neuvièmes d'once ; la pièce d'une ligature, de Tu-Duc, pesant un peu moins d'un cinquième d'once. Mais ce sont moins des monnaies que des médailles destinées à être données en récompense.

Les monnaies d'or et d'argent, à l'exception des pièces de 1 quart d'once et de 3, 2 et 1 ligature, qui sont rondes, ont la forme de lingots quadrangulaires. Elles ne portent pas d'effigies, mais des inscriptions.

La monnaie de zinc ou de cuivre est la sapèque[1] ou *dong*, pièce ronde percée d'un trou carré central. Les sapèques de cuivre ne circulent que dans l'Annam proprement dit ; en Cochinchine

1. Voici quelle est, d'après M. Silvestre, l'origine de cette menue monnaie, qui a cours depuis la Malaisie jusqu'au Japon : « A l'époque de la grande invasion de l'an 214 avant J.-C., la Chine faisait encore usage de monnaies de bronze ayant la forme de couteaux, longs de 13 1/2 centimètres, portant sur la lame le caractère *minh* et munis d'un anneau à l'extrémité du manche pour les enfiler. Sous la neuvième dynastie (de l'an 479 à l'an 501 de l'ère chrétienne), on se servait aussi de monnaies de même métal et de même forme, mais longues de 18 centimètres avec un large anneau au bout du manche. La forme de ces monnaies se modifia tout naturellement : le manche fut supprimé et l'anneau vint s'adapter au pied de la lame ; mais, pour conserver à la pièce le même poids, son épaisseur fut considérablement augmentée et l'anneau devint une rondelle plate avec un trou central pour le passage du lien. — Plus tard, le peuple s'était si bien habitué à la circulation de ces objets, faciles à manier et à transporter, d'une conservation assurée, qu'il en était arrivé à ne plus les considérer comme l'équivalent de la valeur réelle des choses, mais seulement comme une valeur conventionnelle, fiduciaire en quelque sorte ; on vit alors, pour la plus grande commodité des gens, disparaître cette épaisse lame, dernier reste de l'antique couteau, et la rondelle trouée en carré fut seule conservée. » (*Op. cit.*, p. 44 et 45.)

Des monnaies analogues, en forme de cimeterre, ont eu cours autrefois en Perse, au témoignage de Stanley Jevons (*La monnaie et le mécanisme de l'échange*, p. 49). Vraisemblablement à l'origine, c'étaient de véritables couteaux et de véritables cimeterres, qui avaient été employés comme moyens d'échange, ainsi que cela s'est passé pour les balles de

et au Tonkin la sapèque est une pièce de zinc[1]. Les sapèques sont réunies, en forme de chapelets, par un brin de bambou passé dans le trou central. 10 sapèques de cuivre ou 60 sapèques de zinc[2] forment le *tien ;* 10 *tien* forment le *quan*, vulgairement appelé ligature[3]; 10 *quan* liés en un bloc forment le *chuc*, appelé gueuse par les soldats et les marins du corps d'occupation, en souvenir des pains de fonte qu'on emploie comme lest sur les navires. Le *quan* ou ligature se compose donc de 100 sapèques de cuivre ou de 600 sapèques de zinc. Le *chuc* de sapèques de zinc ne compte pas moins de 6,000 pièces.

Le poids de la sapèque est assez irrégulier. Les plus parfaites, celles de Gia-Long[4], pèsent approximativement le quinzième d'un luong : 40 ligatures de ces sapèques équivalent à un *ta* ou *picul*, poids de 160 nen ou de 16 onces[5]. Les dimensions de la sapèque de Gia-Long concordent également avec le système des mesures annamites : vingt-sept de ces pièces placées côte à côte donnent exactement la longueur du *thuoc*, unité de mesure des étoffes ($0^m.648$). Le diamètre en est donc de 24 millimètres.

Il existe des pièces de cuivre de plus grand module, au chiffre de Tu-Duc, qui valent 10, 20, 50 et 60 sapèques.

Les sapèques sont fabriquées dans les ateliers impériaux. Elles ne sont pas frappées comme nos monnaies d'Europe, mais coulées dans des moules. Les sapèques de zinc de Gia-Long

fusil au Massachussetts dans le cours du XVIe siècle et que cela se pratique encore en Afrique pour les armes et munitions.

Les premières sapèques annamites paraissent avoir été de cuivre. L'usage des sapèques d'étain fut emprunté aux Malais par le roi Minh-Tong au XIVe siècle de notre ère. L'étain fut ensuite mélangé avec le zinc, enfin remplacé par ce métal, moins coûteux et que l'on trouve en abondance, comme le cuivre, au Tonkin. (Voir Silvestre, *op. cit.*, p. 46, 47, 48 et 73.)

1. Lacroix, *op. cit.*, p. 136.

2. C'est au XVe siècle de notre ère que le nombre des pièces formant le *tien* fut fixé à 60. Ce nombre était originairement de 70. Il avait été pendant quelque temps abaissé à 50.

3. La ligature chinoise est de 1,000 sapèques ; en outre ces pièces sont de cuivre. Au Cambodge, la ligature ne contient en général que 450 ou 500 sapèques.

4. Gia-Long a régné de 1801 à 1821.

5. La sapèque de Gia-Long pèse 2 gr. 8, la ligature 1 kg. 51, le chuc 15 kg. 1.

sont très régulières de forme et d'exécution soignée. Les sapèques de cuivre du même prince sont moins bien faites : leur diamètre varie de 22 à 25 millimètres. « Minh-Mang[1] et ses successeurs ont de moins en moins soigné le bas monnayage : le zinc est moins pur, la forme plus négligée, les dimensions plus diverses ; on remarque aussi que les revers ne portent pas l'indication du poids légal. »

Les ateliers de l'État fabriquent également des monnaies d'or et d'argent[2]. Mais les particuliers partagent avec le prince le droit de couler des barres d'or et d'argent[3] et de les mettre en circulation. Les peines du faux monnayage ne s'appliquent, en conséquence, qu'à la falsification ou à la fausse fabrique des sapèques. Il n'y a pas même de titre légal pour les monnaies d'or et d'argent[4]. Les monnaies d'or qui sortent des ateliers impériaux sont réputées ne contenir aucun alliage ; en fait elles contiennent de fortes proportions d'argent[5]. Celles d'argent sont souvent à 995 millièmes et tiennent 1 à 2 millièmes d'or. Quant aux lingots fondus par le commerce, le titre en est quelquefois très bas. La forme et les dimensions des barres facilitent l'opération du fourrage, et il n'est pas rare de trouver des *nen* dans lesquels il n'y a d'autre métal précieux qu'une simple pellicule enveloppant un métal plus vil. Les fraudes sur le poids sont aussi fréquentes. La fabrication et l'émission de pareils lingots ne constituent pas d'ailleurs un fait de faux monnayage. Les barres d'or et d'argent ne sont reçues en paiement qu'après vérification du poids et du titre, et pour la valeur qu'elles ont en raison de ce poids et de ce titre. Il peut y avoir seulement

1. Minh-Mang, fils et successeur de Gia-Long, a régné de 1821 à 1841.

2. Elles se présentent sous la forme de parallélipipèdes réguliers dont les inscriptions et ornements sont frappés au marteau. V. Silvestre, Notice sur les monnaies et médailles d'Annam, dans le *Rapport de l'Administration des Monnaies* de 1900.

3. Les lingots de fabrication privée sont exclusivement des *nen* d'argent ; ils sont quadrangulaires, mais beaucoup moins larges que les *nen* impériaux et sont légèrement cintrés dans le sens de la longueur.

4. *Notices coloniales publiées à l'occasion de l'Exposition universelle d'Anvers en* 1885, t. I, p. 197. Cf. Silvestre, *L'Empire d'Annam et le peuple annamite*, Paris, Alcan, 1889, p. 172.

5. On a trouvé de 0.805 à 0.858 pour l'or et de 0.134 à 0.177 pour l'argent, l'ensemble du fin, or et argent, variant de 0.970 à 0.993.

dans l'émission de lingots fourrés une fraude punissable dans les termes du droit commun[1].

Les Annamites pratiquent ainsi un système de fabrication des monnaies dont M. Herbert Spencer a proclamé le mérite[2]. En Annam, le résultat de la fabrication des monnaies par les particuliers a été de faire pénétrer dans la circulation un très grand nombre de pièces de mauvais aloi ou de poids insuffisant.

La plupart des coupures d'or et d'argent énumérées ci-dessus ne jouent presque aucun rôle dans la circulation.

Les barres d'or servent surtout à la thésaurisation soit des familles riches, soit du prince. En Annam, comme dans l'Inde, l'épargne du chef de famille est d'abord transformée en bijoux.

1. Art. 325 du Code annamite. — Ceux qui auront fondu et coulé privément de la monnaie de cuivre seront punis de la strangulation (avec sursis);... ceux qui (avec du cuivre, du fer ou du vif-argent), auront contrefait de l'or ou de l'argent seront punis de cent coups de truong et de trois ans de travail pénible... (*L'or et l'argent dont le titre n'est pas complet ne sont pas des matières contrefaites, et cette loi ne peut être appliquée dans ce cas.*)

Décret I. — Lorsque quelqu'un aura pris de l'argent, y aura creusé un trou et l'aura frauduleusement rempli avec du cuivre ou du plomb ou toute autre matière pour fabriquer frauduleusement des lingots recouverts à l'extérieur d'une pellicule d'argent, pour lui donner l'apparence voulue, lorsque la quantité de cuivre, de plomb ou autre matière sera telle que, dans chaque once, il n'y aura que deux, trois, quatre ou cinq dixièmes d'argent environ, celui qui aura fabriqué ce faux argent et ceux qui l'auront acheté pour le mettre en circulation seront également condamnés selon la loi relative à ceux qui se servent de cuivre, de fer ou de vif-argent pour contrefaire de l'or ou de l'argent...

Explications coordonnées. — Pour les monnaies de cuivre, le texte dit : fondre privément, la matière employée est donc le cuivre : pour l'argent et l'or il dit : contrefaire, la matière n'est donc plus l'or et l'argent; cependant la peine du fait de fondre privément est plus grave. En effet, les règles de la fabrication des monnaies émanent de l'autorité supérieure : *ceux qui fondent privément cette monnaie enfreignent une défense* et jettent le désordre dans les règles de l'État; c'est pour cela que la punition est plus sévère. La production de l'or et de l'argent est naturelle à la terre; ceux qui contrefont ces matières ne font qu'abuser le peuple pour usurper un bénéfice, aussi la règle de punition est-elle plus légère. — Philastre, *Le Code annamite*, Paris, Leroux, 1876.

M. Philastre observe que ces textes sont la reproduction pure et simple de ceux du Code chinois. Prise à la lettre, la loi ne serait pas applicable à la fabrication privée des sapèques de zinc. Il n'est question, en effet, dans ce texte, que des sapèques de cuivre ; or le gouvernement annamite n'a pas réussi à les introduire dans tout l'Empire. Un décret postérieur aura sans doute prohibé la fabrication des sapèques de zinc ; c'est du moins ce que pense M. Philastre. Voir t. II, p. 510, *op. cit.*

2. V. *supra*, p. 138.

« Si la vanité y trouve des satisfactions, dit M. Silvestre[1], la méfiance s'en procure de plus grandes encore, car souvent la matrone annamite peut dire comme Bias, mais non avec le même désintéressement, qu'elle porte tout avec elle. De cette façon, les filous qui fourmillent autour des maisons riches, sont obligés de se contenter d'aubaines insignifiantes, sous peine de commettre un de ces crimes contre les personnes qui leur répugnent tant. Mais comme il vient un moment où la quantité de bijoux en fait une charge par trop pesante, on a recours alors à la fonte en lingots, que l'on dissimule dans des cachettes bien secrètes. » C'est également sous la forme de barres d'or et d'argent que sont constituées les réserves du Trésor impérial. Ces lingots ne remplissent qu'une des fonctions de la monnaie : celle d'accumulateur de richesse. Le nen et le demi-nen impériaux circulent fort peu ; l'once impériale et ses sous-multiples sortent quelquefois du Trésor annamite sous forme de récompenses, de gratifications ou de cadeaux aux fonctionnaires ou aux particuliers que veut honorer le gouvernement. Toutes ces pièces sont rares.

En réalité, les instruments de la circulation métallique — abstraction faite de la piastre dont il sera bientôt question — sont les *nen* d'argent, surtout les *nen* de fabrication privée, et les sapèques réunies en *tiens* et en ligatures.

Le *nen* sert principalement aux échanges entre commerçants indigènes, chinois, cambodgiens[2], laotiens, etc., et entre particuliers des mêmes races, pour toutes les transactions de quelque importance.

Pour les transactions ordinaires, la monnaie courante est la sapèque. Cette monnaie est fort incommode pour les Européens. La ligature se compose de 600 pièces, pèse 1 kilog. 500 et sa valeur est descendue parfois à 14 centimes. Le poids de ce chapelet monétaire est énorme eu égard à sa valeur : les ruptures du lien sont faciles et obligent à un travail également disproportionné. Les pièces de zinc sont d'une fragilité extrême ; quand on les empile en blocs de 10 *quan*, il s'en brise un grand

1. *Notes*, etc., p. 60.

2. On a déjà dit qu'au Cambodge, il s'appelle *vienh*.

nombre. Les sapèques de cuivre n'offrent pas ce dernier inconvénient, mais elles sont rares en Cochinchine. Enfin, les unes et les autres subissent de très grandes variations dans leur valeur, comparée à celle de l'argent. Les indigènes sont néanmoins très attachés à la sapèque. Cette pièce, de valeur infime, convient à une population dont les besoins sont restreints et les ressources limitées.

Telles sont les monnaies réelles annamites. Voyons quelles sont les monnaies de compte.

Il y a deux monnaies de compte : le *luong* ou once d'argent et le *quan* ou ligature de sapèques. L'once est l'unité monétaire officielle, en concordance avec le système métrique. C'est celle qu'on emploie exclusivement dans tous les actes du gouvernement. Dans la pratique, on compte par ligatures. C'est ce dernier mode de computation qu'emploient les particuliers et l'administration annamite elle-même[1].

Il ne semble pas qu'il y ait place dans le système annamite pour la notion de monnaie légale, ou du moins les deux notions de monnaie de compte et de monnaie légale se confondent. Si l'on a stipulé en *luong* d'argent on doit des onces d'argent, et l'on peut imposer au créancier un paiement en *nen* d'argent : si l'on a stipulé en ligatures ce sont des ligatures qu'il faut payer. La loi ne détermine aucun rapport de valeur d'après lequel ces deux monnaies puissent être payées l'une pour l'autre. A l'exception des pièces de 1, 2 et 3 *quan* au chiffre de Tu-Duc, qui portent l'indication de leur valeur en ligatures (*quan*), on ne lit sur les lingots de fabrique impériale que le chiffre de règne ou nom royal du prince, le millésime de fabrication, la marque de l'atelier, le poids de fin. Aucune légende relative à la valeur en ligatures n'existe à plus forte raison sur les *nen* de fabrique privée. On n'en peut pas moins payer avec des *nen* une somme stipulée en ligatures; mais c'est en vertu du consentement de l'acheteur. Le *nen* est pris alors au cours du jour sur la place du paiement.

1. A titre d'exemple. citons une décision du Kin-Luoc du Tonkin fixant à 1.000, 600 ou 300 ligatures, selon les provinces, les dépenses des cérémonies rituelles. Voir *Journal officiel de l'Indo-Chine française*, 2e partie, 5 septembre 1889.

Au début de l'occupatiom, le gouvernement de la Cochinchine fut obligé, à diverses reprises, de réglementer le cours des monnaies indigènes. Mais ses décisions avaient principalement trait au mode de paiement des impôts.

C'est ainsi qu'il avait été ordonné aux caisses publiques, par arrêté du 3 septembre 1863, de recevoir les lingots et feuilles d'or à raison de 3,127 fr. 67 cent., et les lingots d'argent à raison de 200 fr. 70 cent. le kilogramme, prescription singulière et tout à fait favorable à la fraude, car elle supposait ces lingots au titre uniforme de 910 millièmes, alors que leur poids de fin est très variable[1].

A la même époque, les sapèques avaient cours légal au point de vue du paiement des impôts. Une décision du 24 janvier 1864 établit même un rapport fixe entre la ligature et le franc. La ligature dut être prise pour 1 franc, le *tien* de 60 sapèques pour 10 centimes et 30 sapèques pour 5 centimes. L'administration coloniale a eu de tout temps un goût marqué pour ces tarifs d'échange fixes entre le franc et les monnaies indochinoises. On en verra plus loin de nouveaux exemples. Le procédé a toujours eu de graves inconvénients. Le rapport entre les valeurs de monnaies formées de matières différentes varie incessamment. Décréter le change fixe des monnaies, c'est décréter que le Trésor fera des pertes ou des profits sur le change. Les pertes sont plus fréquentes que les profits. La décision du 24 janvier 1864 ne tarda pas à produire ce résultat. Le dommage subi fut d'autant plus grand que la valeur de la ligature tomba rapidement très au-dessous de 1 franc. Le Trésor, continuant de la prendre à ce taux, ses magasins à sapèques furent bientôt encombrés. Un arrêté du 14 août 1868 prescrivit en vain aux divers services qui employaient à Saïgon des ouvriers annamites de payer le quart des salaires en ligatures. Les sapèques revenaient aussitôt dans les caisses du Trésor, attirées par le change de 1 franc, supérieur à leur valeur au cours.

1. Au Tonkin, une décision de l'amiral Courbet du 2 février 1884 fixa également un rapport entre les barres d'argent, les sapèques et la piastre. Les barres d'argent devaient être reçues pour 4 piastres 20 cents, et 8 ligatures pour une piastre.

Cet état de choses dura jusqu'au 31 décembre 1868, date à partir de laquelle les impôts durent être acquittés en piastres.

Un arrêté pris en 1864 avait en vue les intérêts des particuliers autant que ceux du Trésor et peut avoir son application encore aujourd'hui. Il prescrivait aux agents de l'autorité de saisir toutes les ligatures incomplètes, c'est-à-dire mesurant moins de 37 centimètres environ.

Tel est le système monétaire indigène. Il comporte deux monnaies réelles principales ; le *nen* et la ligature de sapèques, et deux monnaies de compte : le *luong* et la ligature de sapèques.

§ 2. — Système de la piastre.

A côté du système indigène, on trouve le système de la piastre, qui est celui de l'administration française et du commerce européen.

La piastre ne circule pas seulement en Indo-Chine : c'est la monnaie du commerce étranger en Chine et dans tout l'Extrême-Orient. Elle y fut introduite par les Espagnols, qui, n'ayant pas de denrée d'échange à fournir au commerce chinois, lui offrirent leurs piastres. L'antique piastre d'argent espagnole, dite piastre à colonnes à raison des emblèmes empreints sur l'une de ses faces, a circulé dans tout l'Extrême-Orient, surtout en Chine. Elle avait aussi pénétré à Saïgon et dans le Cambodge, ainsi que l'attestent les découvertes que l'on fait encore de temps à autre de rouleaux de ces belles pièces cachées durant les troubles qui ont désolé l'Annam depuis le XVIIIe siècle[1].

Lorsque les colonies espagnoles de l'Amérique du Sud se furent séparées de la mère patrie, les piastres à colonnes devinrent plus rares. Elles furent remplacées par les piastres mexicaines, qui étaient frappées dans les mêmes conditions de titre et de poids que l'antique piastre espagnole. Ces monnaies ont eu depuis plus de cinquante ans un débouché considérable en Chine et au Japon. Elles avaient également pénétré en Annam

1. Silvestre, *Notes*, etc.

avant notre intervention dans ce pays. Ce qui le prouve bien, c'est que Minh-Mang essaya de les imiter. Ce prince fit frapper, probablement à partir de 1832, des pièces rondes, portant l'empreinte d'un dragon, dont le diamètre est légèrement supérieur et dont l'épaisseur et le poids sont à peu près égaux à ceux de la piastre mexicaine. En revanche, le titre de ces pièces est extrêmement bas. On en connaît qui ne contiennent pas plus de 375 millièmes de fin. Cette contrefaçon ne réussit pas. L'auteur anonyme de l'*Aperçu sur la géographie, les productions, l'industrie, les mœurs et les coutumes du royaume d'Annam*[1], dont les derniers renseignements remontent à l'année 1858, constate que la piastre ou *tam* de Minh-Mang n'est plus dans le commerce et sert seulement de récompense aux vieux chefs de canton et aux vieux capitaines[2]. La piastre mexicaine elle-même n'avait pas grande circulation. Elle n'était connue que dans les ports. « Jusqu'à la conquête française, dit M. Silvestre, beaucoup d'Annamites n'avaient vu la précieuse pièce que dans leurs rêves : vivant de peu, accoutumés à des salaires minimes, ils ne se souciaient point d'ailleurs d'acquérir ostensiblement des richesses, à cause des dangers qu'elles attiraient sur leur imprudent possesseur de la part des brigands qui se rencontraient partout, au prétoire des mandarins, aussi bien que sur l'arroyo ou en rase campagne[3]. »

C'est par le corps expéditionnaire français que la piastre mexicaine fut, sinon introduite, du moins propagée en Annam. Il n'était pas possible d'employer une autre monnaie. On se procurait les fonds nécessaires à l'entretien du corps expéditionnaire en négociant des traites sur le Trésor public de la métropole, et cette opération ne pouvait se faire que sur les places voisines de Hong-Kong et Singapore, dont la circulation se composait exclusivement de piastres mexicaines; d'autre part, cette monnaie, connue du commerce chinois, était la seule qu'il voulût accepter en paiement des fournitures faites à l'armée.

1. M. Silvestre a eu l'heureuse idée de réimprimer cet *Aperçu* dans *L'Empire d'Annam et le peuple annamite*, déjà cité.

2. *L'Empire d'Annam*, etc., p. 172.

3. *Notes*, etc., p. 107.

Les compradors, représentants chinois des maisons de commerce, n'acceptaient même au début que les piastres marquées au coin de leur maison. Cette exigence avait pour objet de les garantir contre les pièces fausses, qui avaient été introduites en grande quantité. Elle était fort gênante pour le commerce et pour le Trésor. Aussi le commandant en chef, contre-amiral Bonard, décida-t-il, le 10 avril 1862, que toutes les piastres mexicaines de bon aloi, marquées ou non marquées auraient cours légal dans toute l'étendue de la Cochinchine soumise à l'autorité de la France. Elles devaient être reçues pour 717 millièmes du taël de Canton, soit à raison de 26.94 grammes d'argent fin par piastre, suivant la proportion admise alors sur les marchés de Hong-Kong et de Canton, d'où provenait cette monnaie.

La décision du 10 avril 1862 eut une conséquence que son auteur n'avait vraisemblablement pas prévue et qui cependant devait fatalement se produire. Les pièces marquées, les *chopped dollars* perdent, par suite des coups de poinçon souvent très nombreux qu'elles reçoivent, une partie de leur poids primitif : elles ont donc une valeur inférieure aux pièces non marquées, *clean dollars*. En vertu de la loi de Gresham, les *chopped dollars*, monnaie dépréciée, devaient chasser de la circulation la bonne monnaie, c'est-à-dire les *clean dollars*. L'exactitude de la loi ne tarda pas à être vérifiée en Cochinchine au détriment de la circulation métallique de la colonie. Des spéculateurs se mirent à exporter les *clean dollars* ; ils les échangeaient à Hong-Kong contre un plus grand nombre de *chopped dollars*, et rapportaient ceux-ci à Saïgon où ils les écoulaient au pair, à la faveur de la décision du 10 avril 1862, réalisant de la sorte un gain, grâce à la différence de valeur des deux monnaies.

Ce drainage de la bonne monnaie ne pouvait manquer d'avoir sur le cours du change une influence fâcheuse. Toute diminution dans le poids ou le titre d'une monnaie a pour conséquence, on le sait, une diminution de sa valeur à l'étranger et entraîne une augmentation du prix de revient de la remise faite au moyen de cette monnaie. Le prix de la remise en papier, limité seulement par le prix de revient de la remise en espèces, peut donc, dans ce cas, s'élever au-dessus du point qu'il ne dépasserait pas si la place débitrice possédait une bonne monnaie. On voit quels inconvénients avait le drainage des *clean dollars* par les spéculateurs cochinchinois : il devait aboutir à bref délai à rendre plus dispendieux les paiements que le Trésor public et le commerce local étaient dans la nécessité de faire à l'étranger.

Le procédé le plus efficace pour mettre un terme à une spéculation qui risquait d'avoir des résultats aussi dommageables, était de retirer aux *chopped dollars* la qualité de monnaie légale. On n'en aurait plus importé dans la colonie, puisqu'il serait devenu, sinon impossible, du moins très difficile de les écouler au pair et d'acheter en échange des *clean dollars :* la cause directe de l'exportation de ceux-ci aurait été supprimée du même coup. Mais le Trésor était encombré de pièces marquées; leur mise hors de cours lui aurait infligé des pertes sensibles. On eut recours à des demi-mesures et à des expédients. Par une nouvelle décision du commandant en chef, l'importation de ces pièces fut prohibée à partir du 1er juillet 1863 : toutes celles saisies à l'entrée durent être réexportées et les expéditeurs ou à défaut les destinataires encoururent une amende de 15 p. °/o. Mais celles de ces pièces qui circulaient déjà en Cochinchine conservèrent leur pouvoir libératoire, jusqu'au jour où le gouvernement pourrait en opérer le retrait. D'après les renseignements que nous avons pu nous procurer, il semble que cette opération n'a jamais été faite, et que la question des piastres marquées s'est résolue d'elle-même avec le temps. La dépréciation de l'argent a eu pour résultat une baisse tellement considérable dans la valeur de toutes les piastres, que la perte un peu plus forte des piastres marquées n'a plus grande importance.

A côté de l'ancienne piastre mexicaine (piastre à balances, *clean dollar old*), plusieurs autres monnaies portant également le nom de piastres, ont été admises successivement au cours légal. La première est la piastre mexicaine à l'aigle, frappée dans les conditions de la loi du 27 novembre 1867, et admise au cours légal par arrêté du 15 mars 1872. Un arrêté du 30 juin 1874 donna également cours légal au *trade dollar* américain.

Cette pièce a disparu de la circulation. Il existe enfin une piastre française frappée par la Monnaie de Paris en exécution d'une décision du ministre des Finances en date du 9 octobre 1878 et qui a été admise au cours légal par un arrêté du 22 décembre 1885.

La piastre, base du système monétaire adopté par nous en Indo-Chine, n'est donc pas une pièce identique à elle-même. On en trouve trois ou quatre modèles différents ; mais toutes ces pièces contiennent à très peu près la même quantité d'argent fin et peuvent s'échanger les unes contre les autres. Le poids droit de l'ancienne piastre mexicaine est de 27 grammes au titre de 902.7 millièmes ; la nouvelle est au même titre et pèse 26.073 grammes. Le *trade dollar* était au titre de 900 millièmes et pesait 420 grains *troy*, soit 27.215 grammes. Les poids de fin sont ainsi de 24.3729 grammes pour l'ancienne piastre mexicaine, de 24.4388 grammes pour la nouvelle et de 24.4935 grammes pour le *trade dollar*.

La piastre française a d'abord été la réplique exacte du *trade dollar* au point de vue du poids comme du titre. Mais un décret du 8 juillet 1895 en a abaissé le poids brut à 27 grammes (soit 24.3 grammes de fin) de façon à empêcher qu'elle ne fût chassée de la circulation par deux nouvelles pièces similaires dont le poids de fin était moindre (24.2604 grammes) : le *british dollar* et le *yen* japonais.

La piastre est divisée en centièmes. Il y a des pièces françaises de 50, 20 et 10 centièmes : elles sont en argent ; le titre des pièces de 50 centièmes est de 0.900 ; le titre des autres a été abaissé à 0.835 par un décret du 14 avril 1898. Il existe, en outre, deux coupures en bronze, la pièce de 1 centième et la sapèque qui vaut 1/500 de piastre.

Le tableau ci-contre fait connaître les conditions de module, de titre et de poids admises actuellement pour ces différentes pièces en vertu des décrets du 8 juillet 1895 et du 14 avril 1898 :

TABLEAU SYNOPTIQUE DES MONNAIES INDO-CHINOISES.

MÉTAL.	DÉNOMINATION	DIAMÈTRE.	TITRE		POIDS	
			DROIT.	TOLÉRANCE.	DROIT.	TOLÉRANCE.
		millim.	millièmes.	millièmes.	grammes.	millièmes.
Argent.	1 piastre. .	39	900	3 au-dessus 2 au-dessous	27.000	3
	50 centièmes	29			13.500	3
	20 centièmes	26	835	3 au-dessus et au-dessous	5.400	5
	10 centièmes	19			2.700	7
Bronze. .	1 centième.	27.5	cuivre, 950 étain, 40 zinc, 10	10 5 5	7.500	10
	1 sapèque.	20			2.000	15

Avant de se décider à frapper des piastres, le gouvernement français avait tenté d'introduire en Cochinchine le système monétaire de la métropole.

Le commandant en chef des troupes d'occupation avait pris, dès le 5 mars 1863, une mesure qui pouvait conduire à ce résultat, en donnant cours légal aux pièces françaises de 2 francs, de 1 franc, de 50, 10 et 5 centimes.

Le but immédiat de cette décision était de mettre à la disposition du commerce les espèces divisionnaires dont il manquait pour les menus échanges. L'on s'était servi, au début, de la sapèque de zinc. Mais cette monnaie est extrêmement incommode. « Il fallait un fourgon du train d'artillerie pour aller échanger 1,000 francs en ligatures de sapèques, puisque l'on n'en avait pas moins du poids d'un tonneau et demi, et, au marché, le poulet pesait quelquefois moins que son prix en monnaie[1]. » On imagina bientôt de couper les piastres par moitiés, quarts et huitièmes. Ces fragments furent appelés roupies, shillings et demi-shillings ou clous. Cette manière assez barbare de fabriquer une monnaie divisionnaire d'un poids raisonnable ne tarda pas à engendrer des inconvénients.

1. Silvestre, *Notes*, p. 109.

La plus petite division de la piastre étant le demi-shilling, les vendeurs n'eurent plus, au bout de peu de temps, de prix inférieurs au demi-shilling : les acheteurs, de leur côté, se laissèrent aller, paraît-il, à rogner le demi-shilling et à diviser la piastre en cinq quarts ou en dix huitièmes. C'est alors que le commandement mit à la disposition du commerce des monnaies divisionnaires françaises en leur donnant cours légal. Il fut, en outre, décidé que les piastres coupées ne seraient plus reçues dans les caisses publiques qu'à raison de 27 grammes par piastre et pendant un mois seulement : passé ce délai, les appoints ne pourraient plus être faits qu'en monnaies françaises.

La pièce française de 5 francs en argent reçut à son tour la qualité de monnaie légale par une décision du 24 janvier 1864. Elle fut réputée valoir 90 centièmes de piastre.

La tentative que l'on fit à cette époque pour introduire le système français en Cochinchine échoua presque complètement. « Les pièces de 5 francs trouvèrent une telle défaveur dans le commerce que le gouvernement dut les retirer de la circulation. Les monnaies divisionnaires, qui étaient nécessaires pour les appoints de la piastre et pour les besoins du petit commerce, continuèrent seules à circuler[1]. »

Si le commerce répugnait à accepter la pièce française de 5 francs, c'est que l'arrêté du 24 janvier 1864 lui assignait une valeur inférieure à sa valeur réelle par rapport à la piastre. En vertu d'arrêtés antérieurs, notamment d'un arrêté du 27 août 1863, la piastre était reçue par le Trésor et donnée par lui au taux de 5 fr. 55 cent. Or, le poids droit de la piastre mexicaine était de 24.44 grammes de fin, et son poids courant moyen était naturellement inférieur au poids droit. Aussi ne valait-elle réellement, le métal blanc étant supposé au pair de 15 $^1/_2$, que 5 fr. 37 $^1/_2$ cent. Sa valeur était donc légalement rehaussée de 17 $^1/_2$ centimes et la valeur de l'écu légalement diminuée de la même somme.

En 1877 et 1878, le Trésor émit de nouveau de fortes quantités de pièces de 5 francs. Cette fois, les écus furent acceptés,

1. Compte rendu des travaux de la Chambre de commerce de Saïgon depuis sa création, 1880.

recherchés même par le commerce; mais ils ne restaient pas dans la circulation, ils étaient immédiatement exportés.

Le Trésor recevait et livrait les piastres, à cette époque, au taux fixe de 5 fr. 35 cent. En réalité, par suite de la dépréciation de l'argent, la piastre ne valait guère plus de 4 fr. 75 cent. C'est à ce taux que le banquier recevait du commerçant obligé de faire une remise sur Paris, les espèces que celui-ci avait reçues du Trésor au taux de 5 fr. 35 cent. Au contraire, l'écu aux empreintes françaises était toujours pris au taux minimum de 4 fr. 85 cent. A la vérité, cet écu contenant moins d'argent fin que la piastre, il peut paraître surprenant qu'il valût 10 centimes de plus. Mais un écu français est en réalité une valeur fiduciaire garantie par le gouvernement français et qui, à Paris, peut s'échanger contre 5 francs d'or. Les frais de transport de Saïgon à Paris ne dépassant pas 3 p. °/₀ soit 0 fr. 15 cent. pour 5 francs, le commerçant pouvait, en envoyant des écus français à Paris, se libérer de 4 fr. 85 cent. par écu. L'écart de 10 centimes entre le cours commercial de la piastre et celui de l'écu ne formait pas tout le bénéfice de l'exportateur. Il y fallait ajouter souvent la différence entre le cours officiel de la piastre et son cours commercial. Le Trésor prenait la piastre, qui valait réellement 4 fr. 75 cent., pour 5 fr. 35 cent. Cette différence de 0 fr. 60 cent. formait le premier gain de la spéculation. Aussi, réservait-on les piastres pour payer le Trésor; quand au contraire on avait une somme à en recevoir, on lui demandait de la payer en écus.

Le bénéfice de l'exportation des écus a grossi avec la dépréciation de l'argent : la pièce française vaut toujours 4 fr. 85 cent. tandis que la puissance d'achat de la piastre est tombée audessous de 2 fr. 50 cent. Dès 1878, les écus, à peine arrivés dans la colonie, étaient réexportés en France. On a même raconté que, par suite d'opérations de cette nature, des caisses de monnaies d'argent furent réexpédiées dans la métropole, sans avoir même été ouvertes. La monnaie divisionnaire française ne tarda pas à prendre le même chemin.

L'inexactitude du rapport officiel établi par l'administration entre la valeur de la piastre et la valeur du franc a été la cause la plus active de l'exportation des monnaies françaises. Mais en dehors de cette cause accidentelle, il en est une autre, d'un caractère permanent, qui a fait obstacle à l'introduction du système francais dans notre colonie et nous a imposé le système de la piastre. La piastre est la monnaie des pays avec lesquels l'Indo-Chine française entretient ses principales relations commerciales. La nature des produits exportés par nos colonies de l'Indo-Chine le veut ainsi. Pour la Cochinchine, par exemple, le grand article de commerce est le riz : les rizières n'ont pas cessé de se développer dans la colonie, tandis que les plantations de poivre, de cannes, d'indigo, de coton restaient stationnaires ou diminuaient. Le riz entre pour plus des quatre cinquièmes dans la valeur des exportations de la colonie[1] ; et, pour plus des sept dixièmes, ce riz est exporté à destination de la Chine et des entrepôts anglais de l'Extrême-Orient. En 1900, sur une exportation totale en denrées du crû de 108,176,000 francs, 48,715,000 francs sont au compte des mêmes destinations. Pour l'Annam, les chiffres sont : 5,380,000 francs sur 6,421,000 francs ; pour le Tonkin, 33,113,000 francs sur 36,735,000 francs.

C'est en Chine, à Singapore que sont les principaux clients de l'Indo-Chine. C'est par l'intermédiaire de Hong-Kong que se traitent la plupart des affaires. Les banques de Cochinchine ont beaucoup d'argent sur cette place, qui est un des gros marchés du monde. Il faut ajouter que, toute compensation faite, l'Indo-Chine est ordinairement créancière de ces divers pays. Comme dans les ports de la Chine, à Singapore, à Hong-Kong, la circulation monétaire consiste en piastres, c'est dans cette monnaie que notre colonie reçoit le paiement du solde de ses créances. On peut dire que la piastre est la monnaie naturelle de l'Indo-Chine.

Dès 1878, le gouvernement reconnut l'impossibilité de maintenir les écus dans la circulation de la Cochinchine et la nécessité de conserver le système de la piastre.

Ce point admis, on était conduit à se demander s'il n'y avait pas un intérêt politique à fabriquer des piastres françaises, au lieu d'utiliser les piastres mexicaines et les dollars américains

1. 42,187,000 francs sur 49,836,000 francs en 1890, 88,754,000 francs sur 110,505,000 francs en 1900.

comme on l'avait fait jusqu'alors. En émettant nous-mêmes des piastres portant le nom de la France, nous affirmerions notre souveraineté sur le pays.

L'émission d'une piastre française permettait en outre de conjurer une crise monétaire imminente. La piastre mexicaine était à ce moment devenue fort rare par suite des troubles du Mexique, à ce point qu'elle faisait prime sur l'argent. En juillet 1876, à Londres, l'once d'argent *standard* était cotée en barres 46 $^3/_4$ pence, et sous forme de piastre 48 $^1/_2$ pence. La piastre faisait donc 6 p. °/₀ de prime sur l'argent en barres. Dès le mois suivant, cette prime de la piastre amenait à Saïgon une hausse de 7 p. °/₀ dans le prix du change sur l'Europe. On avait pu craindre que l'encaisse de la succursale de la Banque de l'Indo-Chine à Saïgon ne fût attaquée. Il y avait là une sorte d'entrepôt de piastres qui pouvait attirer l'attention du commerce anglais. Le moyen d'attaquer l'encaisse était simple : il suffisait d'acheter du papier sur la Banque. Le tout était d'y mettre le prix. On n'y manque pas quand il y a intérêt à le faire. Si une telle spéculation avait été entreprise, la Banque eût été fort empêchée pour reconstituer son encaisse, tous les autres marchés étant déjà démunis de piastres. Pour parer à ce danger il était utile de lui permettre, ainsi qu'au commerce indo-chinois en général, de se procurer des piastres en les faisant frapper à la Monnaie de Paris, dans des conditions analogues à celles où la Banque de France et le commerce français peuvent, en cas de besoin, faire frapper de l'or.

Ces diverses questions furent soumises par M. Léon Say, en même temps que plusieurs autres intéressant le régime fiscal ou monétaire de diverses colonies, à une commission instituée par un décret du 1er juin 1878[1]. La commission se prononça pour la fabrication d'une piastre française.

On commença par frapper, en 1879, des cinq-centièmes de piastre en bronze ou sapèques. Cette émission répondait, semble-t-il, à un besoin des plus urgents. En 1878, en effet, l'admi-

1. Cette commission eut à s'occuper notamment de la situation monétaire à l'île de la Réunion. Elle était composée de MM. Calmon, président, André Béchu, Delarbre, Desmazes, contre-amiral baron Duperré, Gay, Girod, Godin, Le Pelletier de Saint-Remy, Michaux, baron de Rothschild Ruau, Tirard ; Aubry, secrétaire.

nistration avait cru nécessaire, pour suppléer à l'insuffisance des ligatures, de faire trouer à l'arsenal de Saïgon une certaine quantité de pièces françaises de 1 centime qui furent ensuite lancées dans la circulation. Tous ces centimes revenaient dans les caisses du Trésor; les trous, grossièrement pratiqués au centre des pièces, leur faisaient perdre près d'un dixième de leur valeur; il était impossible de les faire accepter à la population[1].

Dès la même année 1879, on frappa des pièces de 10, 20 et 50 centièmes. La fabrication des pièces de 1 centième commença en 1880.

Enfin, c'est à partir de septembre 1885 seulement que l'on a frappé des piastres entières.

Voici quel était, pour chaque coupure, le montant des fabrications au 31 décembre 1901 :

Argent.

NATURE des pièces.		NOMBRE des pièces.	VALEUR en piastres.
1 piastre.	ancien type. . .	13,170,471	55,992,122.00
	nouveau type. .	42,821,651	
50 centièmes. . . .	ancien type. . .	430,100	270,100.00
	nouveau type. .	110,100	
20 centièmes. . . .	ancien type. . .	3,950,100	2,045,040.00
	type de 1895 . .	850,000	
	type de 1898 . .	5,425,100	
10 centièmes. . . .	ancien type. . .	7,650,100	2,065,020.00
	type de 1895 . .	1,850,000	
	type de 1898 . .	11,150,100	

Bronze.

1 centième.	ancien type. . .	18,254,747	587,501.00
	nouveau type. .	40,495,353	
1 cinq-centième ou sapèque.		52,500,100	105,000.20

Ces monnaies de frappe française ont eu en Indo-Chine un succès inégal. Les piastres entières ont été bien acceptées. Elles n'ont pas d'ailleurs encore évincé de la circulation les mexicaines. — Les divisions de la piastre ont eu pendant longtemps peu de vogue. La sapèque, en particulier, a d'abord circulé difficilement. On a dit que les indigènes avaient été mis en défiance par les procédés employés pour maintenir cette pièce dans les mains du public : l'administration la donnait facilement

1. Silvestre, *Notes*, etc., p. 120.

et ne la reprenait pas volontiers. La véritable raison nous paraît être que cette monnaie, ayant une valeur très supérieure à la sapèque de zinc[1], convient moins bien aux petits échanges. On sait que les princes annamites avaient déjà tenté d'émettre des sapèques de cuivre, et que cet essai n'avait pas réussi. Cependant la sapèque française et les autres coupures divisionnaires de la piastre commencent à s'acclimater.

Telles sont, dans le système de la piastre, les coupures monétaires en usage.

La piastre est également une monnaie de compte. C'est en piastres que les commerçants étrangers tiennent leur comptabilité. Le même mode de computation est adopté, comme on le verra, par les administrations locales.

§ 3. — Cours légal de la piastre.

La piastre, qu'elle soit de frappe mexicaine, américaine ou française, a la qualité de monnaie légale : elle peut être imposée en paiement au créancier, soit entre particuliers, soit dans les relations des particuliers avec le Trésor français, sans limitation de valeur. La pièce de 50 centièmes a également un pouvoir libératoire illimité, aux termes de l'arrêté du 22 décembre 1879 qui a mis en circulation les coupures françaises de la piastre. Les pièces de 20 et 10 centièmes avaient le même cours en vertu de cet arrêté ; leur pouvoir libératoire a été limité à 2 piastres par le décret du 14 avril 1898, qui a abaissé leur titre à 0.835. Mais les pièces de bronze ont conservé le cours légal illimité, que l'arrêté de 1879 leur avait implicitement attribué sous la seule restriction que les caisses publiques ne recevraient les sapèques françaises que par ligatures complètes de 100 valant 20 centièmes. (Un arrêté du 14 décembre 1882 a, d'ailleurs, rapporté cette disposition et autorisé le paiement des appoints par fraction de ligature.)

Le fonctionnement du cours légal de la piastre ne soulève aucune difficulté lorsqu'il s'agit de l'exécution d'engagements

1. Il y a 500 sapèques de cuivre de frappe française à la piastre. La piastre vaut, suivant les cours, 7 à 8 ligatures annamites. 500 sapèques de bronze valent donc de 4,200 à 4,800 sapèques de zinc.

contractés en cette monnaie. La monnaie de compte, c'est-à-dire la monnaie que le débiteur s'est engagé à livrer, et la monnaie légale, c'est-à-dire la monnaie que le créancier est tenu de recevoir, sont exactement la même. On a stipulé des piastres : on peut exiger et on est forcé de recevoir le paiement en piastres. Mais la piastre n'est pas la seule monnaie de compte de la colonie. On compte et l'on stipule aussi en ligatures de sapèques et en francs. Pour combien de ligatures ou pour combien de francs, le créancier est-il tenu de recevoir et le débiteur obligé de payer la piastre ? La réponse à cette question diffère selon qu'il s'agit des relations des particuliers entre eux ou des relations des particuliers avec le Trésor français.

Entre particuliers, le rapport de la piastre au franc et à la ligature est exclusivement réglé par le cours commercial. Le créancier qui a stipulé en francs ou en ligatures est donc tenu de recevoir la piastre en paiement pour une valeur variable, qui est celle du marché. C'est ce qui résulte de la combinaison de l'arrêté du 22 décembre 1885 avec les arrêtés qui fixent le taux pour lequel la piastre est reçue par le Trésor, notamment avec un arrêté du 2 novembre 1876. Aux termes du premier de ces arrêtés, les piastres françaises « auront cours forcé en Cochinchine *pour la même valeur* que la piastre mexicaine et le *trade dollar* américain. L'arrêté de 1876, après avoir fixé le taux de conversion de la piastre en monnaie française pour les opérations d'encaissement et de paiement du Trésor, dispose dans son article 2 : « Ce taux de 5 fr. 35 c. concerne exclusivement les opérations du Trésor, *les transactions particulières demeurant soumises au taux variable résultant du cours de la place* ou des conventions des parties. »

Pour les opérations du Trésor le taux de conversion est fixé par les arrêtés du gouverneur. C'est ainsi qu'au début de l'occupation, des arrêtés avaient fixé le nombre de francs pour lequel les barres d'or et d'argent et les ligatures de sapèques annamites devaient être reçues dans les caisses publiques. Depuis le 31 décembre 1868, ces monnaies indigènes ne sont plus acceptées par le Trésor français en paiement des impôts, et c'est uniquement la valeur en francs des piastres que déterminent les arrêtés des gouverneurs.

L'existence d'un taux officiel de conversion des piastres en francs s'explique tout naturellement, en ce qui concerne du moins les dépenses payées sur les fonds métropolitains, par cette circonstance que les crédits ouverts pour les couvrir, sont votés en francs par le Parlement, exprimés en francs dans la comptabilité publique, et que, néanmoins, le paiement effectif a lieu en piastres, et ne peut avoir lieu qu'en piastres, puisque c'est la seule monnaie de la colonie.

Dans les premiers temps de la conquête, l'administration ne trouvait pas sur les lieux des quantités de piastres suffisantes pour effectuer ses paiements. Elle était obligée de les acheter à Hong-Kong, où elle les payait fort cher, d'abord parce que son intervention sur ce marché avait considérablement augmenté la demande, puis parce que, dans cette île, les *clean dollars* faisaient prime. Certaines mesures prises par les autorités françaises contribuaient à élever le prix de la piastre. Par exemple, le trésorier local ne délivrait de traites à un mois de vue sur la caisse centrale du Trésor public à Paris que pour 1,000 piastres au minimum. Aussi presque toutes les personnes qui voulaient faire passer en France le fruit de leurs économies, expédiaient leurs piastres à Singapore pour obtenir des traites des maisons anglaises[1]. Les piastres étaient ainsi raréfiées. Dans ces conditions, le taux officiel de la piastre put atteindre jusqu'à 6 fr. 25 c. (arrêté du 23 février 1864). A la fin de 1864, il était descendu à 5 fr. 55 c. (arrêté du 19 septembre 1864).

On a déjà fait observer que la valeur moyenne intrinsèque de la piastre, en supposant l'argent au pair de 15 $^1/_2$, était de 5 fr. 37 $^1/_2$ c. L'administration n'en conserva pas moins le taux de conversion de la piastre à 5 fr. 55 c. pendant douze années consécutives. Après 1870, le maintien de cette fixation était d'autant moins justifiable que l'argent était au-dessous du pair. Ce ne fut cependant qu'en 1876 que l'on se résolut à modifier ce taux, qui avait apparemment tout le prestige d'une longue tradition. Encore se borna-t-on à l'abaisser à 5 fr. 35 c.

1. Un vapeur nolisé par le gouvernement pour assurer un service postal à peu près régulier, se chargeait de ces opérations, à titre officieux. Voir Silvestre, *Notes*, etc., p. 110. Le minimum des versements fut abaissé par le gouverneur à 1,000 francs, le 1er mai 1863. *Ibid.*

(arrêté du 2 novembre 1876). C'était à peu près la valeur que la piastre aurait eue si l'argent avait été au pair. En réalité, le rapport moyen de l'or à l'argent était, en 1876, de 17.80 au lieu de 15.50.

Cependant, au début de cette même année 1876, il s'était produit à Saïgon des faits de nature à jeter une vive lumière sur les inconvénients de ces fixations inexactes de la valeur de la piastre. Le gouverneur avait dû, en effet, suspendre l'émission des mandats postaux sur la France, la délivrance des traites du Trésor et les opérations d'achat de rentes françaises par l'intermédiaire du Trésor public[1], pour couper court aux spéculations auxquelles l'exagération de la valeur officielle de la piastre fournissait une base. Voici ce qui s'était passé. Le Trésor émet à Saïgon des mandats postaux et délivre des traites à 30 jours de vue sur la France. Les uns et les autres sont libellés en francs, et donnent le droit de toucher des francs dans la métropole. Mais le versement fait dans la colonie est fait dans la monnaie qui a cours, c'est-à-dire en piastres. Or, à cette époque, le Trésor prenait la piastre à 5 fr. 20 c., c'est-à-dire que pour un versement de 100 piastres, il délivrait un titre de 520 francs. En réalité, la piastre valait de 5 fr. 10 c. à 4 fr. 60 c., soit en moyenne 4 fr. 85 c. Un titre de 520 francs coûtait donc de 510 à 460, en moyenne 485 francs. Il suffisait de verser 100 piastres au Trésor ou à la poste pour réaliser un bénéfice de 10 francs au moins, de 60 francs au plus, en moyenne de 35 francs. Même en déduisant les frais de retour des espèces, c'était là une opération de change singulièrement fructueuse, dont le Trésor faisait les frais. La spéculation prit bientôt d'énormes proportions. Le Trésor essaya de l'entraver en limitant l'émission des mandats à 300 francs par personne et par jour. Mais on enrégimentait pour augmenter le nombre des parties prenantes, des employés, des coolies, des boys, qui assiégeaient les guichets de la poste. — Pour les achats de rente, l'opération était fort simple également. On retrouvait très vite la disponibilité de son argent, en revendant la rente dès qu'elle avait été achetée par le Trésor.

1. Arrêté du 26 janvier 1876.

La suspension de ces diverses opérations n'était qu'un expédient. La commission instituée par le décret du 1er juin 1878, saisie de la question, recommanda une solution qui a été adoptée par un décret en date du 5 juillet 1881. Aux termes de l'article 21 de ce décret, les mandats d'articles d'argent payables hors de la Cochinchine continuent d'être libellés en francs; mais la partie versante n'a droit qu'au remboursement de la valeur qu'elle a versée en piastres, au cours du jour du remboursement.

Le même décret prescrivit l'établissement en piastres du budget local de la Cochinchine. Un arrêté commun des ministres des colonies et des finances, pris le 7 avril 1899 pour l'exécution du décret du 31 juillet 1898 portant création du budget général de l'Indo-Chine, a également ordonné d'établir en piastres ce budget et les comptes relatifs à son exécution[1]. En ce qui concerne les opérations des services métropolitains, au contraire, on n'a pas cessé de compter en francs. Mais le taux de conversion, au lieu d'être fixe, est variable. En vertu d'un décret du 10 décembre 1887, ce taux est fixé le 25 de chaque mois par arrêté du gouverneur, rendu en conseil privé, sur la proposition du trésorier payeur de la colonie; il est appliqué à partir du premier jour du mois suivant.

§ 4. — Étalon monétaire.

On a vu que la circulation de la Cochinchine, de l'Annam et du Tonkin se compose surtout, comme espèces indigènes, de *nen* d'argent et de sapèques de zinc, et, comme espèces de fabrication française ou étrangère, de piastres et de coupures de la piastre en argent et en bronze.

Les sapèques de zinc, les centièmes et sapèques de bronze ne peuvent servir de moyens de paiement dans les rapports de l'Indo-Chine avec les pays de civilisation européenne, la valeur intrinsèque de ces monnaies étant inférieure à leur valeur nominale. Seuls, le *nen* d'argent, la piastre et ses coupures d'argent peuvent être employés à cet usage. Aussi l'Indo-Chine

1. Les décrets de 1881 et 1887 ne s'appliquent pas à l'Annam, au Tonkin ni au Cambodge. Leurs budgets sont néanmoins établis en piastres.

doit-elle être considérée comme un pays à étalon d'argent. La monnaie étalon, en effet, est celle qui, en droit ou en fait, qu'elle jouisse ou non du cours légal, est la monnaie principale d'un pays à une époque donnée, la monnaie dont les débiteurs disposent pour se libérer de leurs engagements et, en particulier, de ceux qu'ils ont contractés à l'étranger. C'est à cette monnaie que l'on applique la dénomination un peu ambitieuse d'étalon monétaire, parce que la valeur des choses se règle sur la valeur du métal que les débiteurs peuvent livrer à leurs créanciers.

Le phénomène de la dépréciation de l'argent, dont les premières manifestations datent de 1868, qui s'est accusé d'une façon tout à fait nette en 1874 et qui depuis lors n'a pas cessé de s'accentuer, a créé en Indo-Chine, comme dans tous les autres pays à étalon d'argent, dans l'Inde anglaise par exemple, une situation difficile, que nous devons maintenant analyser.

On a dit que, dans les pays à étalon d'argent, ce métal n'a rien perdu de sa puissance d'achat au regard des marchandises autres que l'or. La question a été examinée dans un précédent chapitre en ce qui concerne l'Inde. Dans l'Indo-Chine, où la situation monétaire est fort semblable à celle de l'Inde anglaise, puisque dans l'intérieur et même dans les villes, on se sert encore communément d'une monnaie aussi peu commode que la sapèque de zinc, beaucoup de choses ont augmenté de prix. On s'accorde à reconnaître spécialement que les loyers, les salaires des domestiques, le prix des matériaux de construction de provenance indigène, de la main-d'œuvre des ouvriers chinois, maçons et charpentiers, enfin de la main-d'œuvre agricole, sont plus élevés qu'autrefois. Il ne faut pas oublier, d'ailleurs, que l'Indo-Chine est dans une période de développement, qu'elle traverse en quelque sorte une crise de croissance, pendant laquelle la demande de ces divers objets augmente normalement. Cette circonstance peut suffire à expliquer le renchérissement de la plupart des choses nécessaires à l'existence.

Mais à supposer que la baisse de l'argent n'affecte pas les transactions intérieures, elle a des conséquences certaines au point de vue des paiements à faire à l'extérieur. En dehors de l'Indo-Chine, en effet, la piastre n'a plus la qualité de monnaie.

C'est un lingot d'argent. Sa valeur dépend exclusivement de son poids et de son titre. Or, en Europe, aux États-Unis, cette valeur est mesurée en or, parce que l'or est actuellement l'étalon monétaire des grandes puissances commerciales du monde, en particulier de l'Angleterre, de la France et des États-Unis. Sur les marchés occidentaux, la piastre subit en conséquence une dépréciation correspondante à celle dont l'argent, qui en fait la matière, est affecté relativement à l'or. Cette dépréciation retentit sur le cours du change européen. Un effet de Saïgon sur Paris donne le droit de toucher de l'or à Paris : le commerçant de Saïgon qui paie cet effet avec des piastres, monnaie dépréciée, doit naturellement donner plus de piastres que si l'argent était au pair avec l'or. Le prix d'achat est rehaussé en proportion de la perte subie par la monnaie employée à payer. En revanche, un effet de Paris sur Saïgon coûte moins cher aujourd'hui qu'à l'époque où existait entre l'or et l'argent le rapport de 1 à 15 $^1/_2$. Une lettre de change sur Saïgon est une créance de piastres que l'on paie en or. On la paie bien moins cher qu'autrefois parce qu'actuellement la piastre est une monnaie dépréciée au regard du franc.

Il ne faudrait pas croire cependant que cette situation soit toujours désavantageuse à l'acheteur indo-chinois de change sur la France et favorable à l'acheteur français de change sur l'Indo-Chine. Le cours de l'argent est sujet à de brusques variations, dont l'effet se répercute sur le prix de la piastre et sur le cours du change. L'acheteur français est parfois obligé de payer la piastre, ou l'acheteur indo-chinois obligé de payer le franc, plus cher qu'ils ne l'avaient prévu au moment où ils ont combiné l'opération commerciale pour le règlement de laquelle ils sont forcés d'acheter du change. Ils sont exposés de ce chef à des pertes qui peuvent être considérables.

Ces considérations permettent de déterminer de la façon la plus précise les intérêts engagés dans la question de la piastre. Ce sont ceux de tous les particuliers qui veulent ou qui doivent faire des remises de fonds d'Indo-Chine en Europe ou réciproquement, ceux aussi du Trésor public, surtout du Trésor métropolitain, auquel des opérations de même nature sont imposées.

Au premier rang, parmi les personnes qu'intéresse la question, sont les commerçants indo-chinois importateurs de marchandises européennes, et ceux, bien moins nombreux, qui sont engagés dans les affaires d'exportation à destination de l'Europe. Les uns et les autres sont exposés, par suite des variations du cours du change, à subir des pertes importantes.

Dans l'opinion du gouvernement de l'Inde anglaise[1], ces inconvénients de la dépréciation du métal blanc ne seraient pas sans compensation pour une classe de commerçants, pour les exportateurs. Elle créerait une sorte de prime à l'exportation des produits indigènes.

Dans l'Indo-Chine, la dépréciation de l'argent ne semble pas pouvoir être la source de primes à l'exportation, les principales relations commerciales de notre colonie étant avec la Chine, pays à étalon d'argent, dont la circulation est également dépréciée. En revanche, la baisse de l'argent et du change devrait y produire, comme dans l'Inde, un autre effet défavorable cette fois aux importateurs. Théoriquement, elle devrait opposer à l'introduction des produits européens des entraves analogues à celles qui résulteraient d'un tarif douanier protecteur; elle oblige, en effet, l'importateur à payer à son créancier d'Occident un plus grand nombre de piastres qu'autrefois, bien qu'à l'intérieur la puissance d'achat de ces piastres ait pu demeurer stationnaire ou être diminuée. En fait, on ne saurait aisément démêler, eu égard aux causes diverses qui ont agi en Indo-Chine sur le prix des marchandises européennes, si celle-ci a eu véritablement quelque influence.

Les commerçants européens souffrent d'une autre façon de la dépréciation de l'argent. Lorsqu'ils se sont établis en Indo-Chine, ils ont dû transformer en piastres le capital qu'ils apportaient d'Europe. Tout abaissement dans la valeur de la piastre a donc pour conséquence une réduction de leur capital. A la vérité, tant qu'ils continuent leur commerce, les Européens établis en Indo-Chine ne se ressentent aucunement de la diminution survenue dans l'évaluation en francs de leurs capitaux. Mais s'ils veulent liquider leurs affaires et rentrer en Europe,

1. *Correspondence*, etc., déjà cité, p. 42. Cf. p. 124.

les conséquences de la baisse de l'argent apparaissent aussitôt. Supposons qu'un Français soit venu s'établir en Cochinchine vers 1873 avec un capital de 535,000 francs. Ce capital a été transformé en piastres. Au taux de 5 fr. 35 c. correspondant au pair de l'argent, il a valu 100,000 piastres. Trente ans se sont écoulés. Les opérations commerciales de ce Français n'ont été ni bonnes ni mauvaises. Il n'a pas fait de pertes et n'a pas réalisé de bénéfices. Son capital est toujours de 100,000 piastres. Mais la piastre valant aujourd'hui 2 fr. 50 c. au maximum, s'il veut rentrer en France il n'y rapportera que 250,000 francs, au lieu de 535,000 francs. On peut faire une hypothèse moins fâcheuse, supposer que les opérations de l'émigrant français ont réussi, que son capital a augmenté : il faudra déduire de cet accroissement une somme plus ou moins forte représentant la dépréciation de la piastre. En réalité, chaque année, le commerçant français, qui a conservé l'esprit de retour dans la mère patrie, doit passer par profits et pertes la différence entre la valeur de son capital d'après le cours actuel de la piastre, et la valeur de ce même capital d'après le cours pratiqué au moment du précédent inventaire.

Les fonctionnaires coloniaux, qui placent en France leurs économies, sont exposés à des pertes analogues. Il se peut, en effet, qu'au moment où ils envoient l'épargne qu'ils ont faite sur leur traitement, le cours de la piastre soit inférieur à celui d'après lequel ont été décomptés leurs appointements.

Les commerçants indigènes qui ne vendent que des marchandises indigènes sont seuls à l'abri des pertes de change. Ils comptent en piastres, reçoivent et paient des piastres. Jamais ils n'ont à les échanger contre de la monnaie d'or. La dépréciation de l'argent n'existe pas pour eux.

Le Trésor métropolitain est fatalement dans la même situation que les commerçants européens. Il a des remises de fonds à faire en Indo-Chine pour les dépenses qui sont à la charge du budget général de l'État. Les sommes qu'il puise pour cet objet dans les caisses publiques de France sont des sommes de francs qu'il faut convertir en piastres. On a vu précédemment quels abus résultaient du système pratiqué jusqu'en 1882, dans lequel le taux de conversion, fixé sans aucun égard à la valeur véritable de la piastre, restait immuable. Aux termes du décret du 5 juillet 1881, article 2, ce taux dut être, à partir de l'exercice 1882 « fixé trimestriellement, dans les dix premiers jours des mois de décembre, mars, juin et septembre de chaque année, par arrêtés du gouverneur rendus en conseil privé, sur la proposition du trésorier-payeur et d'après la moyenne des cours effectifs du change pendant le trimestre écoulé, sans fraction de centimes ». L'expérience a démontré que ce mode de procéder ne serrait pas d'assez près la réalité des faits. Depuis un décret du 10 décembre 1887, c'est mensuellement que le taux de conversion doit être fixé. L'arrêté du gouverneur est pris le 25 de chaque mois et sort son effet à dater du premier jour du mois suivant. Les chances de perte sont plus limitées, puisque le temps pendant lequel des écarts peuvent se produire entre le taux officiel et le cours commercial est réduit à un mois[1].

Examinons maintenant la situation faite au Trésor de l'Indo-Chine. Le service local de l'Indo-Chine a des payements à faire aussi bien hors de la colonie que sur son territoire.

En ce qui concerne les premiers, il est exposé à des difficultés semblables à celles que rencontrent les commerçants qui ont des payements à faire à l'étranger. Pour réduire au minimum les pertes de change qui peuvent incomber de ce chef au budget local, les décrets du 5 juillet 1881 et du 10 décembre 1887 avaient assujetti les opérations du service local hors de la Cochinchine aux mêmes règles que les opérations du Trésor métropolitain. Ce mode de procéder a été étendu aux paiements faits pour le compte des autres budgets locaux, et, depuis la création du budget général de l'Indo-Chine, aux paiements effectués sur ce budget. C'est d'ailleurs le budget général de l'Indo-Chine qui, sauf règlement ultérieur avec les budgets locaux, supporte maintenant toutes les dépenses effectuées en dehors de l'Indo-Chine (arrêté interministériel du 7 avril 1899).

Restent les opérations du service local. En ce qui concerne celles-ci, les budgets de l'Indo-Chine auraient dû, depuis 1881, échapper, comme les commerçants indigènes, à toutes les

1. Le gouverneur a le droit de modifier le taux de conversion avant le 25 du mois, en cas de variations brusques et importantes dans le cours du change.

difficultés qu'engendrent les variations du cours de la piastre. En effet, le décret précité du 5 juillet 1881 disposait en termes exprès : « A partir de l'exercice 1882 inclusivement, le budget du service local de la Cochinchine sera établi en piastres. — En conséquence, la piastre sera l'unité de valeur servant de base à l'établissement, à la constatation et à la perception des contributions, droits, taxes et produits de toute nature compris à ce budget. — Les dépenses dudit budget seront également liquidées, ordonnancées et acquittées en piastres. La comptabilité financière et le compte administratif de la Cochinchine seront tenus et rédigés exclusivement en piastres ». Le système antérieurement pratiqué, d'après lequel le budget local était établi en francs, est condamné, et le décret a pris soin d'en donner les motifs : « Considérant que la piastre avec ses équivalents est la seule monnaie en usage pour toutes les transactions en Cochinchine et que l'obligation de compter en francs imposée à l'administration locale, alors que ses recettes et ses payements se font exclusivement en piastres, constitue une situation anormale dont les inconvénients ont été à plusieurs reprises signalés... ».

Malheureusement le décret du 5 juillet fut exécuté dans sa lettre plus que dans son esprit. Le budget local fut bien établi en piastres, la comptabilité du receveur spécial institué en 1881 pour les opérations du service local fut bien tenue en piastres ; néanmoins, la piastre n'a pas toujours été comme il l'aurait fallu, la base unique de toutes les opérations financières. Le gouvernement de la colonie a maintenu effectivement un taux officiel et uniforme de conversion de la piastre en francs[1]. « Le taux de la piastre changeant chaque jour, le budget n'avait aucune fixité ni dans ses recettes ni dans ses dépenses. Pour obtenir cette fixité indispensable, on eut recours à une fiction : on décida que, dans les écritures du budget, la piastre serait considérée comme ayant une valeur uniforme de 5 francs. Les prévisions du budget de 1882 se trouvaient être ainsi, pour les dépenses, de 4,748,000 piastres à 5 francs ou 23,740,000 fr.[2] »

1. De Lanessan. *L'Indo-Chine française*, Paris. F. Alcan. 1889.
2. *Ibid.*, p. 517. Quelques années plus tard le taux fut de 4 francs.

On ne comprend pas de prime abord comment les variations du taux de la piastre peuvent affecter les évaluations d'un budget établi en piastres. Il semble que des dépenses faites en piastres sur des crédits ouverts en piastres ne prêtent à aucun mécompte par suite du cours de cette monnaie par rapport au franc. Mais on s'explique mieux les embarras du gouvernement local lorsqu'on sait que, tout en établissant le budget en piastres, il s'engageait à payer des francs. Tel était le cas pour les traitements d'un certain nombre de fonctionnaires, qui ont été fixés en francs par les décrets d'organisation.

Les errements vicieux auxquels le décret du 5 juillet 1881 avait voulu mettre un terme se continuaient donc en fait. Les conséquences fâcheuses dont on avait voulu détruire la cause se perpétuaient. Les fonctionnaires rétribués sur le budget local firent entendre de justes plaintes. « Le Trésor leur donnait pour 5 francs des piastres que le commerce n'acceptait que pour 4 fr. 60 c. environ... Pour atténuer la perte des fonctionnaires, le conseil colonial vota, en 1883, un premier abondement de 7 p. °/₀, puis en 1885 un deuxième abondement de 9 p. °/₀, ce qui portait à 16 p. °/₀ l'augmentation des traitements. — Malgré cet abondement, les fonctionnaires, à la fin de 1886, perdaient encore 4 p. °/₀ sur le change, puisque la valeur commerciale de la piastre était de 4 francs, c'est-à dire inférieure de 20 p. °/₀ à sa valeur budgétaire. Ajoutons que l'abondement n'étant pas appliqué aux accessoires de la solde, ceux-ci avaient subi en 1886 un abaissement réel de 20 p °/₀[1]. »

Le véritable remède à cet état de choses était dans l'application complète du décret de 1881. L'administration locale en jugea autrement. Par un arrêté du 30 décembre 1886, le gouverneur de la Cochinchine prescrivit d'établir en francs le budget local. La conversion en francs des piastres inscrites aux diverses recettes fut faite arbitrairement à des taux différents suivant les diverses sortes d'impôts : 4 francs pour l'impôt foncier des villages ; 5 francs pour l'impôt de capitation des Asiatiques étrangers ; 4 fr. 50 c. pour les droits sur l'opium et les alcools de riz, etc. Les soldes et accessoires de solde furent convertis

1. De Lanessan, *op. cit.*, p. 518 et 519.

au taux de 5 francs. La valeur pour laquelle le Trésor local recevait et donnait la piastre devait être fixée par des arrêtés mensuels : elle le fut aux environs de 4 francs. On augmentait ainsi le poids des impôts dont le produit avait été inscrit au budget d'après un taux de conversion supérieur à 4 francs ; en même temps on augmentait les traitements des fonctionnaires [1].

Cet arrêté, en contradiction flagrante avec le décret du 5 juillet 1881, était illégal. L'administration des finances se refusa catégoriquement à le faire ou à le laisser régulariser par décret. Le système n'en fonctionna pas moins pendant toute l'année 1887.

A partir de 1888, on a de nouveau établi le budget local en piastres. Mais, d'après M. de Lanessan, « le gouvernement local persista dans l'habitude de fixer à la piastre un taux officiel, auquel se faisaient les recettes et les dépenses du Trésor » [2]. On peut citer trois faits entre beaucoup d'autres, à l'appui de l'observation faite en 1889 par M. de Lanessan. Un décret du 7 septembre 1887 a fixé l'organisation du personnel de l'administration des contributions indirectes et des douanes en Cochinchine. Un tableau annexé à ce décret contient l'échelle des grades, classes et traitements des agents de ce service, qui sont rétribués sur les fonds du budget local. Tous les traitements sont fixés en francs. Un arrêté du 28 mars 1888 fixe également en francs les traitements des agents de la trésorerie au Tonkin; un autre arrêté du 6 février 1893, ceux du personnel de l'enregistrement de la Cochinchine. D'autre part, si le plus grand nombre des impôts sont tarifés en piastres, quelques-uns le sont en francs : tels les droits de douane. On saisit sur le vif, dans ces exemples, le procédé du gouvernement local. Le budget et la comptabilité étaient établis en piastres : certains titres de dépense ou de perception l'étaient en francs. Il y a plus. On comptait en piastres, mais on pensait en francs. Ainsi, beaucoup de dépenses des budgets locaux de l'Annam, du Tonkin et du Cambodge étaient d'abord établies en francs, puis, calculées en piastres, au taux fixe de 4 francs. C'est en francs que les chiffres généraux de

1. De Lanessan, *op. cit.*, p. 519 à 534.

2. *Ibid.*, p. 534.

ces budgets étaient approuvés par décret. Puis, dans l'arrêté du gouverneur portant promulgation du décret en Indo-Chine, les francs étaient de nouveau convertis en piastres au même taux fixe de 4 francs.

Le moyen de sortir des embarras auxquels ce double système de computation vouait le gouvernement local, était fort simple. Il fallait appliquer dans son esprit comme dans sa lettre le décret du 5 juillet 1881, établir en piastres tous les titres de dépense et de perception.

C'est ce que l'on paraît faire aujourd'hui. Le budget général de l'Indo-Chine est véritablement établi en piastres, conformément aux prescriptions de l'arrêté interministériel du 7 avril 1899, textuellement empruntées d'ailleurs au décret du 5 juillet 1881. Toutes les recettes sont prévues en piastres. C'est en piastres également que les crédits sont ouverts ; les dépenses qui, aux termes des décrets ou arrêtés d'organisation de certains services, doivent être payées en francs, sont converties dans le budget lui-même en monnaie de compte indo-chinoise, à un taux basé sur le cours réel de la piastre (2 fr. 40 c. pour les budgets de 1902, 1901, 1900, 1899 ; 2 fr. 50 c. pour le budget de 1898 ; 2 fr. 70 c. pour celui de 1897). Le taux conventionnel de 4 francs n'est plus employé que pour le rattachement au compte général de l'administration des finances, des écritures du trésorier-payeur de Cochinchine[1].

Les difficultés que rencontrent le Trésor métropolitain, les commerçants et les fonctionnaires, sont d'une autre nature. Elles ne résultent pas de procédés de comptabilité vicieux : elles sont le produit direct de la situation monétaire. Dans un pays dont la circulation est dépréciée, les pertes sur le change sont inévitables. Il faudrait pour supprimer le mal, en atteindre la cause, donner à l'Indo-Chine une monnaie qui pût s'échanger au pair avec les monnaies européennes.

Le gouvernement local croyait, en 1886, que cette modification était possible. Voici comment s'exprimait, le 12 août 1886, devant la Chambre de commerce de Saïgon, le directeur de l'in-

1. Il est question de réduire ce taux. C'est le trésorier-payeur de Cochinchine qui centralise toutes les opérations concernant le budget général de l'Indo-Chine.

térieur : « Le procédé actuellement étudié par l'administration consisterait à faire entrer dans la circulation la pièce de 5 francs en or et ses multiples en billets de banque ; d'après ce système, le budget ne recevrait que des francs et ne paierait qu'avec des francs[1] ». Assurément, si l'on pouvait doter la colonie d'une circulation d'or, le change redeviendrait favorable ; mais cette réforme ou plutôt cette révolution est impossible à réaliser. L'or ne resterait pas dans la circulation : toutes les parcelles de ce métal qui parviennent en Orient, sont transformées en bijoux ou fondues en lingots que l'on enfouit. Introduire notre monnaie d'or en Extrême-Orient équivaudrait à « la jeter dans un gouffre sans fond[2] ». A cette objection présentée par un membre de la Chambre de commerce, le directeur de l'intérieur répondait en donnant « toute certitude que des mesures pourraient être prises afin que l'or ne fît jamais défaut »[3].

L'administration locale ne tarda pas à reconnaître son erreur. Elle abandonna l'idée de demander de l'or à la métropole. Mais elle eut la prétention d'introduire en Cochinchine un équivalent de la monnaie d'or, la pièce de 5 francs en argent, qui, effectivement, en France, vaut de l'or parce que le change au pair en est garanti par l'État et mieux encore par un stock très considérable de métal jaune toujours disponible.

On sait déjà que l'administration métropolitaine et, en première ligne, le département des finances, refusa de se prêter aux vues de M. Filippini. Les projets du gouverneur soulevaient en effet des objections décisives.

La piastre est l'instrument obligé de la circulation en Indo-Chine parce que, pour la plus forte part, les opérations commerciales s'y font avec des places qui ont adopté la piastre pour monnaie, et que ces places sont toujours les débitrices de la colonie. Hong-Kong, Singapore ne pourraient envoyer de pièces de 5 francs en Indo-Chine : elles n'en ont pas. Elles pourraient

1. Cité par M. de Lanessan, *op. cit.*, p. 526.

2. *Ibid.*

3. *Ibid.*

payer en traites sur l'Europe. Mais les besoins de remise sur l'Europe sont très limités en Indo-Chine. Elles enverraient surtout des piastres, que le commerce indo-chinois serait incessamment obligé d'échanger en France contre des pièces de 5 francs au prix de longs délais et de frais considérables. En outre, la substitution du franc à la piastre donnerait lieu à une opération vraiment incompréhensible pour les Annamites. Comme une piastre ne vaut que 2 fr. 25 cent., 2 fr. 30 cent., 2 fr. 50 cent. d'or suivant le cours, et que l'écu représente de l'or, on devrait, au moment du retrait de l'ancienne monnaie, faire payer l'écu de cinq francs 2 piastres 22 cent., 2 piastres 17 cent., 2 piastres. Cependant la piastre pèse 27 grammes et l'écu 25 grammes seulement. Les indigènes seraient convaincus qu'on les trompe. Comment faire entrer dans leur esprit que les écus mis à leur disposition en Indo-Chine ont une valeur nominale sérieusement gagée par le métal jaune circulant en France?

On voit que la piastre est la monnaie nécessaire de l'Indo-Chine. Les circonstances qui en ont imposé l'adoption sont de telle nature qu'il serait difficile de lui substituer nos monnaies françaises, même en supposant l'argent au pair. La restauration de la valeur de l'argent ferait au surplus disparaître, avec le change défavorable, les pertes que subissent les commerçants européens et le Trésor de la métropole.

Il n'est pas permis d'espérer que le métal blanc puisse reconquérir son ancienne puissance d'achat. Longtemps encore nous serons aux prises en Indo-Chine avec la situation qui vient d'être analysée. L'administration peut atténuer les dommages qui en résultent en adoptant le plus souvent possible la computation en piastres, et, dans les cas où elle ne peut le faire, en cherchant à faire coïncider aussi exactement que possible le taux officiel de conversion de la piastre en francs, avec le change commercial. Il lui appartient encore de compenser, au moyen d'indemnités spéciales, les pertes que les fonctionnaires européens peuvent éprouver du fait des variations du cours du change. Mais elle doit être bien convaincue qu'il n'est pas en son pouvoir de créer un change fixe, ou d'introduire en Indo-Chine le système monétaire métropolitain.

Les difficultés que rencontre dans cette voie le gouvernement de l'Inde anglaise[1], dont les relations avec l'Europe sont cependant très développées, permettent de juger de la gravité des embarras auxquels s'exposerait, en tentant la même politique, un pays dont les plus importantes relations commerciales et financières sont en Extrême-Orient, c'est-à-dire avec des pays voués pour longtemps encore à l'étalon d'argent.

1. V. *supra*. Système monétaire de l'Inde anglaise, p. 242.

TROISIÈME PARTIE.

LES SYSTÈMES DE CIRCULATION FIDUCIAIRE.

La circulation fiduciaire se compose de deux éléments principaux : le papier de commerce proprement dit, lettres de change et billets payables par les commerçants ordinaires ; le papier de banque, billets et chèques payables par cette catégorie particulière de commerçants qu'on appelle des banquiers.

Le papier des commerçants, dont la fonction a été déjà étudiée à l'occasion des changes étrangers, tient une place à peu près égale dans tous les pays.

Il n'en est pas de même du billet de banque et du chèque, qui se combinent avec la lettre de change dans des proportions très variables suivant les temps et les lieux. Ici c'est le billet de banque qui domine, là c'est le chèque. La prépondérance de l'un ou de l'autre de ces titres suffit à différencier profondément l'organisation de la circulation fiduciaire. On peut dire qu'il y a un système du billet de banque et un système du chèque, tant sont tranchés les caractères particuliers que présente la circulation d'un pays selon que la plus large part y est faite à l'un ou à l'autre de ces papiers de banque.

On recherchera d'abord, pour chacun de ces titres, quelles sont les circonstances de son émission.

Ce premier point traité, une seconde question devra être examinée, celle de savoir comment un rapport convenable peut être maintenu entre la circulation fiduciaire et la circulation métallique.

Les pouvoirs publics se sont efforcés, en divers pays, de résoudre ce problème délicat au regard du billet de banque : on verra que cette préoccupation a inspiré certaines mesures restrictives de l'émission. Mais, d'une part, ce n'est pas toujours dans le but exclusif d'assurer la convertibilité du billet de banque que la loi en a limité la circulation ; d'autre part, la question intéresse le chèque et la lettre de change autant que le billet de banque. Aussi paraît-il utile de la traiter à part et d'ensemble dans un chapitre spécial.

CHAPITRE PREMIER.

LE BILLET DE BANQUE.

On a déjà dit que le billet de banque était, normalement, un effet de commerce portant promesse de payer une somme d'argent en espèces métalliques et à vue, ayant quelquefois le caractère de monnaie légale, dont l'émission pouvait être libre mais pouvait aussi être monopolisée au profit d'une ou de plusieurs banques privilégiées ou même de l'État. On a dit également que, dans certains pays et à certaines époques, les banques de circulation ou l'État étant dispensés par la loi de l'obligation de rembourser leurs billets en espèces métalliques, ces billets inconvertibles devenaient une véritable monnaie de papier.

On traitera successivement du billet de banque remboursable en espèces et du billet inconvertible ou à cours forcé.

§ 1. — Le billet de banque convertible.

L'émission du billet de banque résulte à la fois de l'escompte du papier de commerce et des apports de numéraire faits par le public.

De ces deux causes, la première a été longtemps la plus active. C'est en partie pour faciliter l'escompte que les premières banques de circulation ont été créées, et la négociation du papier de commerce était à l'origine une des principales opérations de ces établissements. Dans cette période de leur histoire, les banques de circulation peuvent être justement comparées aux ateliers monétaires, dont la mise en marche ou le chômage dépendent des besoins du public. Aux époques de grande activité commerciale, lorsque, par suite de l'extension des affaires, des lettres de change plus nombreuses étaient créées, la circulation se gonflait en même temps que le portefeuille. Dans les périodes plus calmes, le volume de la circulation se réduisait en même temps que diminuaient les escomptes.

Les mouvements de la circulation ont une bien moindre amplitude depuis que s'est développé l'usage des comptes courants et des chèques. L'escompte ne donne plus lieu nécessairement à une émission de billets. Il a pour suite ordinaire une inscription au crédit d'un compte courant, dont il sera ultérieurement disposé par un mandat de virement ou par un chèque. Dans ces conditions, l'émission du billet de banque est plutôt la contre-partie des apports de numéraire du public. Ces achats d'espèces contre billets ont pris en France un développement considérable dans les dernières années ; c'est l'émission des billets qui a permis à la Banque de détourner vers ses caisses l'or américain et de porter son encaisse de métal jaune à 1,700 millions et au delà. La répugnance du public à se servir de monnaies qu'il juge incommodes est aussi une cause permanente de l'émission des billets ; c'est ainsi que les écus de 5 francs sont constamment refoulés vers la Banque et sont remplacés dans la circulation par des billets.

On ne s'étonnera donc pas que l'écart entre la circulation et l'encaisse soit désormais très faible en Angleterre et en France, par exemple. Il arrive même, à de certains moments, lorsque par suite de la stagnation des affaires l'escompte est de peu d'importance, que la circulation soit à peu près couverte par l'encaisse.

Dans presque tous les pays, la loi réglemente l'émission des billets de banque. Le plus souvent, le législateur n'a eu d'autre préoccupation que d'établir entre la circulation et certains éléments de l'actif des banques un rapport obligatoire, qui lui semblait être une garantie de la convertibilité du billet. Parfois, le but qu'il s'est proposé était plus complexe : il a voulu, par exemple, empêcher les Banques de fournir au Trésor public des ressources occultes qui échapperaient au contrôle du Parlement, ou au contraire associer les banques au placement des fonds d'État.

Parmi les législations qu'inspire plus particulièrement le souci d'assurer en toute occasion le remboursement des billets en espèces, il en est qui ont établi des combinaisons fort simples et qui ne demandent pas d'explications. Ce sont celles qui, suivant la règle empirique posée autrefois par Gilbart et en en exagérant d'ailleurs la portée, fixent au triple de l'encaisse le montant de la circulation, cumulée ou non avec la somme des autres engagements à vue. Tel est le cas pour les Banques de la Guadeloupe, de la Martinique et de la Réunion [1], pour la Banque de Belgique, la Banque d'Espagne [2].

Un système plus savant a été institué pour la Banque d'Angleterre par le *Charter act* de 1844. Nous en exposerons le mécanisme, en raison tout à la fois de sa complexité et de l'importance qu'il a au point de vue de l'histoire de la circulation fiduciaire. La législation de la Banque de France fournira un exemplaire des limitations établies pour la sauvegarde du contrôle parlementaire. On verra, enfin, qu'aux États-Unis les lois ont eu principalement pour objet de fonder le crédit des banques afin d'y appuyer le crédit alors chancelant de l'État.

I. — Banque de France. — La loi du 17 novembre 1897 portant prorogation du privilège de la Banque de France limite à la somme fixe de 5 milliards de francs le montant de la circulation de cet établissement.

Jusqu'en 1870, aucune limite n'avait été fixée à la circulation de la Banque de France, sauf pendant la période où ses billets avaient eu cours forcé, du mois de mars 1848 au mois d'août 1850. La limitation de l'émission fut supprimée en même temps que le cours forcé par la loi du 6 août 1850. Établie pour prévenir la dépréciation qui aurait pu résulter d'une émission

1. Tel était aussi le cas pour la Banque de l'Algérie en vertu de la loi du 4 août 1851. A cette prescription, la loi du 5 juillet 1900 a substitué une disposition qui donne à la Banque un conseil (celui de maintenir son émission dans des proportions telles qu'au moyen de son encaisse et de son portefeuille elle puisse toujours payer à vue) et lui impose un maximum de 150 millions.

2. On peut rapprocher de ce système ceux de la Banque d'Italie, de la Banque de Russie et de la Banque d'Autriche-Hongrie. V. *infra*, p. 380, 386 et 394.

exagérée de papier à cours forcé, elle disparaissait logiquement avec le rétablissement du paiement en espèces.

La loi du 12 août 1870, qui, au début de la guerre franco-allemande, donna de nouveau cours forcé aux billets de la Banque de France, fixa, comme en 1848, un maximum d'émission. Le chiffre en fut d'abord de 1,800 millions, puis dès le 14 août, en vertu d'une seconde loi, de 2,400 millions. Il fut élevé, au moment où la Banque donnait son concours à l'État pour le paiement de l'indemnité de guerre, à 2,800 millions par la loi du 29 décembre 1871 (emprunt des 2 milliards) et à 3,200 millions par la loi du 15 juillet 1872 (emprunt des 3 milliards).

La loi du 3 août 1875, aux termes de laquelle les paiements en espèces devaient être repris dès que la dette de l'État envers la Banque serait réduite à 300 millions, laissa subsister le cours légal et la limitation des émissions.

Dans le projet de budget sur ressources extraordinaires de l'exercice 1884, le gouvernement proposa de faire disparaître ce dernier vestige des lois sur le cours forcé. Cette modification fut rejetée par le Sénat. M. Léon Say, M. Denormandie firent vainement valoir tous les inconvénients que présentait au point de vue de la circulation le maintien du maximum de 3,200 millions. Le billet de banque, disait ingénieusement M. Léon Say, c'est le compte courant des simples particuliers et des petits commerçants. Les gens riches évitent l'emploi du numéraire en prenant un carnet de chèques ; les particuliers se ménagent une espèce de compte courant à la Banque de France en prenant des billets. Cet instrument de circulation est particulièrement utile dans un pays où existe une forte proportion de monnaie d'argent : il permet de reléguer dans les caves de la Banque ces espèces lourdes et incommodes, dont il mobilise la valeur. D'autre part, en imposant un maximum, on gêne les escomptes. A ce point de vue, le chiffre de 3,200 millions est un maximum nominal. En réalité, la Banque ne peut obéir à la loi qu'en limitant sa circulation à 3 milliards ou 3,100 millions. Elle ne peut arrêter l'émission dans ses 180 succursales ou bureaux au moment précis où la limite légale est atteinte. Il faut donc qu'elle se ménage une marge de 100 ou 200 millions : c'est autant de perdu pour l'escompte. Enfin, lorsque, par suite du développement des affaires et de l'augmentation des lettres de change, la circulation aura atteint le maximum, faudra-t-il réduire les bordereaux, faudra-t-il élever le taux de l'escompte, alors que ni la situation du marché de l'argent, ni la condition du change étranger ne le commanderont? Faudra-t-il puiser dans l'encaisse d'or, gage précieux de toute notre circulation ? On ne s'y résoudra pas ; on élèvera le maximum de l'émission. La mesure pourra n'être pas sans dangers. Peut-être la nécessité en sera-t-elle démontrée au moment d'une crise, c'est-à-dire au moment le plus inopportun pour opérer des modifications qui, mal comprises du public, peuvent provoquer une panique. En réalité, concluait M. Léon Say, ces limites empiriques n'ont aucune valeur rationnelle. La quantité de billets que le pays peut absorber varie incessamment. Elle peut augmenter ou diminuer sans que la circulation empire ou s'améliore. C'est le change sur l'étranger qui permet seul d'apprécier la qualité de la monnaie fiduciaire.

Le Parlement n'en maintint pas moins la limitation de l'émission, dans la crainte que le gouvernement ne fît, par l'intermédiaire de la Banque, des emprunts à la circulation pour lesquels il aurait profité du bas prix de l'escompte. Néanmoins, la loi du 30 janvier 1884, pour tenir compte des observations faites au cours de la discussion, porta le maximum de l'émission de 3,200 à 3,500 millions.

Le 31 janvier 1884, la circulation s'élevait à 3,162 millions. Elle se réduisit bientôt, par suite de l'état peu florissant des affaires et descendit, dans les mois suivants, au-dessous de 3 milliards. Elle se maintint à ce niveau jusqu'au mois de novembre 1889. A partir de ce moment l'émission augmenta. On relève comme maxima, 3,198 millions, le 30 janvier 1890 ; 3,222 millions le 15 janvier 1891 ; 3,171 millions le 14 janvier 1892 ; 3,473 millions, le 12 janvier 1893. A cette dernière date, il s'en fallait de 27 millions seulement que la limite d'émission ne fût atteinte.

Sur ces 3,473 millions, 2,958 millions correspondaient à l'encaisse et 515 millions à la circulation à découvert. En 1884, la circulation totale était de 3,162 millions et l'encaisse de

1,952 millions ; l'émission non couverte représentait 1,210 millions. Cette dernière partie de la circulation avait ainsi diminué de 695 millions. Ce n'était donc pas par suite du développement de l'escompte que la Banque avait été amenée à émettre presque autant de billets que la législation existante le lui permettait. Mais, d'une part, la Banque avait profité de la situation favorable des changes pour grossir sa réserve d'or, qui, au 12 janvier, atteignait le chiffre inconnu jusqu'à ce moment de 1,700 millions ; ses achats de métal jaune avaient absorbé des sommes considérables en billets de banque. D'autre part, le public a pris de plus en plus l'habitude de se servir de billets et de reléguer à la Banque une portion considérable du stock métallique, notamment la grosse monnaie d'argent.

La marge de 27 millions qui existait encore, au 12 janvier 1893, entre la circulation effective et son maximum légal, était beaucoup trop étroite pour que la Banque pût continuer la délivrance de ses billets sans s'exposer à enfreindre la loi. Il fallait donc qu'elle effectuât ses paiements en espèces. Les inconvénients de la limitation des émissions apparurent de nouveau, comme en 1884. Le commerce réclama des billets. La Banque, de son côté, voyait dans l'élévation du maximum le moyen de maintenir et même d'accroître son encaisse d'or. Le ministre des finances, M. Tirard, préoccupé surtout de ne pas laisser entamer une réserve métallique qui est incontestablement une force pour le pays, déposa ,le 14 janvier, un projet de loi élevant à 4 milliards le chiffre maximum des émissions. Ce projet fut voté et devint la loi du 23 janvier 1893.

C'est le même chiffre de 4 milliards que fixait l'article 10 du projet de loi portant renouvellement du privilège de la Banque de France, déposé le 24 janvier 1891 [1]. La loi du 17 novembre 1897, qui a prorogé le privilège de la Banque jusqu'au 31 décembre 1920, a élevé la limite de l'émission jusqu'au chiffre de 5 milliards.

Ainsi se sont trouvées justifiées les prévisions de M. Léon Say. Comme en 1884, le jour où la limite légale de l'émission a

1. Cf. rapport de M. Burdeau, 1892, n° 1649.

menacé de devenir gênante, on l'a reculée. Il est permis de douter de la valeur d'une disposition législative dont les pouvoirs publics n'hésitent pas à empêcher l'application dès l'instant même où elle risque de se produire.

II. — Banque d'Angleterre. — L'émission des billets de la Banque d'Angleterre est réglementée par le *Charter act* de 1844.

A l'époque où fut votée cette loi, l'excès des émissions de billets de banque était généralement considéré comme la principale cause des secousses violentes qui, en 1825, en 1836-1837, en 1839, avaient ébranlé la fortune du Royaume. On résolut de mettre un terme à cet abus et de protéger la Banque d'Angleterre elle-même contre les entraînements auxquels elle n'avait pas su résister. Ce fut l'objet des dispositions ingénieuses et compliquées du *Charter act* de 1844[1].

Sir Jones Loyd (plus tard lord Overstone) qui fut, avec le colonel Torrens et M. Norman, le conseiller de Sir Robert Peel dans la préparation de l'*act* de 1844, définissait ainsi le but à atteindre. Il s'agissait d'imprimer artificiellement à la circulation de papier, afin de la maintenir dans un rapport exact avec les besoins des échanges, des mouvements d'expansion et de contraction identiques à ceux qui se produisent naturellement dans la circulation métallique. Celle-ci, en effet, se règle d'elle-même, par des importations d'or lorsqu'il y a disette de numéraire, par des exportations lorsqu'il y a pléthore. La circulation de papier est très aisément extensible ; elle l'est même plus que la circulation métallique ; elle suit de plus près, pas à pas pour ainsi dire, les progrès des échanges. En revanche, elle est fort difficile à réduire : le papier surabondant ne peut être exporté comme l'or ; c'est par la dépréciation que le volume de la circulation fiduciaire se réduit ; et cette dépréciation, entre autres conséquences fâcheuses, a celle de provoquer l'exportation de l'or. On pensa qu'il y avait un moyen de régler mécaniquement

1. Cet acte, en date du 19 juillet 1844 (7th et 8th, Vict., c. 32), est intitulé : « Acte pour réglementer l'émission des billets de banque et pour donner au Gouverneur et à la Compagnie de la Banque d'Angleterre certains privilèges pour une durée limitée. » On en trouvera les principales dispositions, en appendice, dans Bagehot, *Lombard Street*, Paris, Alcan, 1874.

la circulation de papier; c'était d'en lier les mouvements aux variations naturelles de la circulation métallique, et on admit que celles-ci seraient enregistrées avec une fidélité suffisante par les entrées et les sorties d'or à la Banque d'Angleterre.

Partant de ce principe, la loi décide que la Banque ne peut émettre de billets que jusqu'à concurrence de ses encaissements métalliques. Pour mieux garantir l'exécution de ses prescriptions, elle divise la Banque en deux sections : le département de l'émission (*issue department*) et le département des affaires de banque (*banking department*). Cette seconde branche constitue une banque comme toutes les autres banques de Londres; la première n'a d'autre fonction que de fournir des billets à la branche commerciale, en échange des valeurs métalliques qui lui sont remises par celle-ci. L'encaisse du département de l'émission peut comprendre 1/4 d'argent.

Si le législateur s'en était tenu à ces dispositions, il aurait assuré certainement la convertibilité parfaite des billets; mais, du même coup, il aurait enlevé toute élasticité à la circulation du papier. On admit un tempérament. Jusqu'à concurrence de 14 millions sterling la circulation pourrait ne pas être couverte par du numéraire. Elle serait garantie : 1° par la dette fixe de l'État, s'élevant à 11,015,100 livres sterling; 2° pour le surplus, par des rentes immobilisées.

C'est une opinion répandue que, pour la fixation du chiffre de 14 millions sterling, on avait eu égard au capital de la Banque. Voici, en réalité, d'après le colonel Torrens, l'un des inspirateurs de l'*act* de 1844, les raisons du choix de ce chiffre:

« Les dispositions de l'*act* reposent sur les principes suivants : 1° la somme à laquelle il est possible de maintenir la circulation strictement convertible n'est pas déterminée par les ordres du législateur ou par les règlements des banques, mais par la loi naturelle d'équilibre en vertu de laquelle les métaux précieux sont distribués entre les diverses contrées du globe; 2° lorsque le montant de la circulation mixte d'or et de billets convertibles excède accidentellement le montant fixé par la loi d'équilibre, le niveau est rétabli par le retour aux banques d'émission d'une partie de leurs billets et par la sortie de leurs caisses d'une somme égale d'or; 3° lorsque le montant de la circulation tombe accidentellement au-dessous de la somme fixée par la loi d'équilibre, le niveau est rétabli par un afflux de métal précieux.

« En vertu de ces principes, lorsqu'une banque est autorisée à émettre en représentation de titres (*upon securities*) une somme de billets inférieure à celle qui résulterait de la loi naturelle d'équilibre, cette portion de la circulation de papier n'est jamais présentée au remboursement ; par conséquent, sauf le cas de panique, la Banque conserve toujours une réserve d'or égale à la différence entre la somme de l'émission non couverte par du numéraire et la somme de l'émission qui résulterait de la loi d'équilibre

« On a recherché alors à quelle somme minima était descendue la circulation de la Banque d'Angleterre.

« D'après le rapport de la commission des banques d'émission (1840, app. 12)[1], en 1839, la circulation des billets de la Banque d'Angleterre avait été réduite à 15,532,000 livres sterling. Déduction faite de 800,000 livres sterling de *Bank post bills*, le montant de la circulation en décembre 1839 avait dû être de 14,732,000 livres sterling. A cette somme, en revanche, il fallait ajouter la somme des billets qui auraient dû, si la division en deux branches avait alors existé, être conservés par le *banking department* pour faire face aux demandes des déposants : cette somme avait été réduite à une époque récente, à 2 millions sterling.

« On avait donc :

Circulation réelle au mois de décembre 1839	14,732,000
Billets que le *banking department* aurait dû tenir en réserve	2,000,000
TOTAL des billets que le département de l'émission aurait livré au département de la banque.	16,732,000

« On en a conclu qu'avec la division de la Banque en deux branches, le chiffre le plus bas auquel put descendre la circulation totale des billets était 16,732,000 livres sterling ; que si l'on fixait le montant de l'émission sur titres à 14 millions sterling, la moindre somme de l'émission gagée par du numéraire

1. Cité par Thoms. Hankey, *The principles of banking*, Londres, 1873, 3e édit., p. iij à v.

serait 2,732,000 livres sterling ; et que, cette réserve pouvant être considérée comme pratiquement irréductible, la convertibilité absolue de la circulation serait assurée[1]. »

Il ne pouvait être question, au moment où on limitait ainsi la circulation de la Banque d'Angleterre, de laisser entièrement libres celles des banques de province (*country banks*) qui avaient continué d'émettre des billets. L'act de 1844 réglemente également leur circulation.

Il fait plus. La liberté de l'émission n'existera pas pour les banques qui seront créées par la suite ; elle est retirée à celles déjà existantes qui n'en faisaient plus usage à la date de la présentation du bill (6 mai 1844) ; elle sera perdue par celles qui discontinueront leurs émissions.

Un maximum est fixé aux émissions des banques dont le privilège antérieur a été respecté par ces dispositions : elles ne pourront dorénavant émettre une somme de billets supérieure à celle qu'elles avaient en circulation durant les quatre semaines qui ont suivi le 10 octobre 1843. La somme des maxima particuliers à chaque banque s'élevait pour les banques privées à 4,999,444 livres sterling ; pour les *joint stock banks* à 3,418,277 livres sterling.

Chaque fois que l'une des banques restées en possession du droit d'émettre des billets cesse ses émissions, son privilège accroît à celui de la Banque d'Angleterre, dont les facultés d'émission sont augmentées des 2/3 du chiffre légal de la circulation particulière qui disparaît, à charge par elle d'immobiliser une somme égale de titres dans le département de l'émission. De 14 millions sterling, chiffre de 1844, le maximum des billets gagés par des titres que peut émettre la Banque d'Angleterre, a été ainsi élevé, par des accroissements successifs, à 17,775,000 livres sterling. Le jour où seront éteints tous les privilèges des *country banks*, elle atteindra 19,929,250 livres sterling.

En résumé, il y a dans la circulation une partie fixe, se mon-

1. Lawson, *History of banking*, Londres, 1855, p. 298 et 299. En 1845, le même système fut étendu aux banques d'Écosse et aux banques d'Irlande : la circulation sur titres fut fixée pour les premières à 3,087,209 liv. st. ; pour les secondes, à 6,354,594 liv. st. *Ibid.*

tant actuellement à 17,775,000 livres sterling, gagée par la dette fixe de l'État et par des rentes immobilisées dans le département de l'émission, et une partie mobile correspondant, sommes pour sommes, au numéraire remis à ce même département par celui des affaires de banque.

Voici comment est établi, en conformité de l'*act* de 1844, le bilan hebdomadaire de la Banque :

(5 février 1902).

DÉPARTEMENT DE L'ÉMISSION.

Passif.	liv. st.	*Actif.*	liv. st.
Billets créés	51,800,005	Dette fixe de l'État	11,015,100
		Rentes immobilisées	6,759,900
		Encaisse métallique (monnaies et lingots)	34,124,605
TOTAL	51,899,605	TOTAL	51,899,605

DÉPARTEMENT DE LA BANQUE.

Passif.	liv. st.	*Actif.*	liv. st.
Capital social	14,553,000	Rentes disponibles	17,274,486
Rest (réserves et profits et pertes.	3,561,102	Portefeuille et avances	27,295,812
Dépôts. Trésor et administrations publiques	12,338,295	*Notes* (billets en réserve)	22,939,995
Dépôts. Comptes particuliers	39,051,746	Or et argent monnayés	2,243,869
Mandats à 7 jours, etc.	250,019		
TOTAL	69,754,162	TOTAL	69,754,162

La réserve de billets, qui figure à l'actif du département de la banque, est une fraction de la quantité de billets créés qui est inscrite au passif du département de l'émission : c'est la somme de billets que la Banque peut encore mettre en circulation sans avoir à demander au département de l'émission de nouvelles créations contre versement de nouvelles sommes en numéraire. La différence entre les billets créés et la réserve représente la circulation effective, les sommes qui sont aux mains du public[1]. L'or et l'argent monnayés inscrits à l'actif du département de la banque constituent son fonds de roulement ; ils ne sont nullement affectés à la garantie des émissions.

Sir Robert Peel avait introduit avec une certaine solennité le bill qui est devenu le *Charter act* de 1844. « Il n'y a point de

1. Circulation moyenne au mois d'octobre 1901 : Banque d'Angleterre, 29,988,470 liv. st. ; autres banques par actions de l'Angleterre et du Pays de Galles, 794,059 liv. st. ; banques privées du même royaume, 148,145 liv. st. ; banques d'Écosse, 8,087,022 liv. st. ; banques d'Irlande, 6,212,509 liv. st. *Economist*, 19 octobre 1901, *suppl.*

contrat public ou privé, disait-il, point d'engagement, national ou individuel, qui ne soit affecté par la question soumise à la Chambre. Les entreprises du commerce, ses profits, les arrangements à prendre dans toutes les affaires domestiques de la société, les salaires du travail, les transactions les plus considérables comme les plus infimes, le paiement de la dette publique, les moyens de pourvoir aux dépenses nationales d'une part, et d'autre part le pouvoir de la plus petite pièce de monnaie sur les nécessités de la vie, tous ces faits sont affectés par la décision que nous pouvons prendre sur cette grande question... Un quart de siècle s'est écoulé depuis que j'ai proposé, une première fois, cette grande mesure qui a pour toujours aboli le système suivant lequel les émissions de billets de banque étaient dirigées (le cours forcé). Ce serait pour moi une source de grande satisfaction personnelle si je réussissais maintenant à faire agréer par la Chambre une mesure destinée à donner une force nouvelle à celle que le Parlement adopta en 1819 et à prévenir ces fluctuations si dangereuses pour les entreprises commerciales[1]. »

M. Guizot rapporte que sir Robert Peel « jouit vivement de son succès et se complaisait à parler de son bill sur la Banque comme de l'un des actes les plus considérables de sa vie publiblique[2] ».

Cependant, trois ans après, en octobre 1847, le gouvernement devait autoriser la Banque à étendre ses émissions au delà du maximum fixé par la loi. En 1857, en 1866, on dut encore recourir à cette mesure extrême. Cette triple expérience a montré l'inefficacité du système.

III. — Le billet de banque aux États-Unis. — Il existe, aux États-Unis, un grand nombre d'espèces de billets payables au porteur et à vue. Le tableau ci-après[3] en fait connaître les dénominations ainsi que les quantités existantes et les quantités en circulation au 30 juin 1901 :

1. Lawson, *op. cit.*, p. 136.
2. *Sir Robert Peel*, Paris, Didier, 1856, p. 180.
3. *Report of the secretary of the Treasury*, 1901.

	EXISTENCES (*Outstanding*). dollars.	CIRCULATION. dollars.
Billets des banques nationales . .	353,708,000	345,127,000
Billets des États-Unis[1]	346,681,000	332,468,000
Billets du Trésor.	47,783,000	47,540,000
Certificats d'or.	288,958,000	245,716,000
Certificats d'argent.	435,014,000	429,641,000
TOTAL	1,472,144,000	1,400,492,000

Billets des banques nationales. — On appelle banques nationales les banques qui se soumettent à la législation fédérale : on les oppose aux banques d'États (*State banks*) régies par la législation particulière de l'État où elles ont leur siège.

Il y avait, au 31 octobre 1901, 4,279 banques nationales réunissant un capital total de 663, 224,195 dollars[2]. Il y avait en outre[3] plus de 10,600 banques ou banquiers soumis aux législations des États, savoir 5,204 banques commerciales, 403 sociétés de prêts, 1,007 banques d'épargne dont 660 à forme mutuelle, et environ 4,000 banques privées.

Les banques nationales possèdent seules le droit d'émettre des billets. Aux termes de l'*act* du 3 juin 1864, reproduit par la section 5182 des *Revised Statutes*, les *national notes* sont reçues en paiement des taxes, droits d'accise, droits domaniaux et autres sommes dues aux États-Unis; elles peuvent servir à payer toutes dettes du gouvernement, l'intérêt de la dette publique excepté.

Le système des banques nationales date de la guerre de Sécession.

Le gouvernement de l'Union était aux prises avec les difficultés les plus redoutables. Il fallait improviser les finances de la guerre, comme la guerre elle-même. Les obligations fédérales se plaçaient mal : elles n'avaient encore de marché ni en Europe, ni même aux États-Unis. On dut se résigner, l'emprunt public ne donnant que des ressources insuffisantes, trop lentement réunies, à employer la ressource suprême, l'emprunt à la circulation.

1. Non compris les billets autres que les *greenbacks*, tels que les *old demand notes*. V. ci-après, p. 351, note 1.

2. *Report on the finances. Comptroller of the currency*. 1901, p. 520.

3. *Ibid.*, p. 537.

On pouvait procéder de deux manières différentes : emprunt direct par l'État, emprunt par l'intermédiaire des banques; émission de billets d'État, émission de billets de banque. Le secrétaire du Trésor ne se dissimulait pas les dangers du premier système. Mais les banques d'États alors existantes n'étaient pas assez puissantes pour procurer au gouvernement les énormes ressources dont il avait un si impérieux besoin. On fut ainsi amené à concevoir un système mixte, dans lequel seraient combinés l'emprunt en obligations et l'emprunt à la circulation.

A côté des banques d'émission régies par les lois des États, la législation fédérale en créerait d'autres, dont la circulation aurait un caractère national, serait partout semblable à elle-même comme sécurité et comme valeur, et qui, se répandant sur l'ensemble du territoire, ferait disparaître les pertes de change et d'escompte dans les relations commerciales d'État à État. Leurs billets seraient garantis par un dépôt d'obligations de la dette fédérale. La condition même de l'organisation des banques « nationales » serait ainsi leur participation au placement des emprunts de l'Union.

Dès le mois de décembre 1861, le secrétaire du Trésor recommandait vivement ce système au Congrès. Mais les circonstances étaient pressantes. Il fallut émettre immédiatement des billets d'État, pour 60 millions. La guerre civile prenant des proportions inattendues, le Congrès dut donner cours forcé à ces billets, et autoriser, en outre, les 25 février et 11 juillet 1862 des émissions nouvelles pour 300 millions de dollars. Tout ce papier avait cours légal (*legal tender notes*), en même temps que cours forcé, et ne pouvait être échangé que contre des obligations 6 p. °/₀.

Ce fut seulement l'année suivante que le plan du secrétaire du Trésor put être mis à exécution. Une loi du 25 février 1863, bientôt remplacée par une autre loi en date du 3 juin 1864, organisa les nouvelles banques [1].

La guerre était depuis longtemps terminée lorsque le système des banques nationales fut mis complètement en pratique. Cette

1. On trouvera cette loi et les suivantes réunies dans le *Report of the monetary commission of the Indianapolis convention*. The University of Chicago Press, 1898.

institution rendit néanmoins de grands services : elle permit l'annulation de quantités considérables de papier d'État, par sa conversion en obligations. Au surplus, la guerre civile fut moins la cause déterminante que l'occasion de cette réforme des banques. Lors de la discussion de la loi de 1863, M. Spaulding, le promoteur du bill sur le cours forcé, disait à la Chambre des représentants : « Je voterai cette loi, non comme une mesure destinée à parer aux embarras du Trésor d'ici à deux ou trois ans, mais comme le début d'un système permanent, qui, sagement mis en œuvre, assurera au pays une circulation extrêmement avantageuse pour le public. »

Les banques d'États existantes, qui conservaient toujours leurs anciens privilèges, furent d'abord peu empressées à se transformer en banques nationales. En se plaçant sous l'empire des lois fédérales, elles soumettaient leurs opérations à une surveillance et à une publicité que beaucoup d'entre elles redoutaient[1]. En 1865, 508 banques seulement sur 1,446 s'étaient transformées. Mais le Congrès ayant voté, le 3 mars 1865, une taxe de 10 p. °/₀ sur les billets émis par les banques d'États et les banques privées, alors que ceux des banques nationales n'étaient imposés qu'à 1 p. °/₀, la plupart des banques d'États se transformèrent en banques nationales ou renoncèrent à leur droit d'émission. En octobre 1865, il y avait 1,513 banques nationales, possédant en capital et réserves 464,220,864 dollars; elles détenaient plus de 400 millions de dollars d'obligations des États-Unis[2].

La loi du 3 juin 1864 limitait à 300 millions de dollars la circulation de l'ensemble des banques nationales; ce maximum fut porté à 354 millions par une autre loi du 12 juillet 1870. La loi du 14 janvier 1875 relative à la reprise des paiements en espèces abrogea ces restrictions.

Mais la circulation des banques est limitée d'une autre façon. Le chiffre de l'émission autorisée dépend tout à la fois de la somme d'obligations fédérales déposées par la banque en garantie de ses billets et de l'importance de son capital versé.

1. *Report on the finances. Comptroller of the currency*, 1892, p. 387.
2. *Ibid.*, p. 388.

D'après la loi de 1863, les banques devaient déposer entre les mains du trésorier des États-Unis une somme d'obligations égale au tiers de leur capital versé. Cette disposition fut maintenue par la loi de 1864, qui disposait, en outre, que le minimum du dépôt devrait, dans tous les cas, atteindre 30,000 dollars. La loi du 20 juin 1874 fixa le minimum des dépôts à 50,000 dollars. Celle du 12 juillet 1882 réduisit au quart du capital le dépôt des banques dont le capital n'excède pas 150,000 dollars.

En résumé, les banques dont le capital dépasse 150,000 dollars doivent déposer, en obligations fédérales, le tiers de leur capital; celles dont le capital n'excède pas 150,000 dollars, le quart de ce capital.

Le contrôleur de la circulation leur délivre, en échange, des billets.

Aux termes de la loi du 12 juillet 1882, ces billets pouvaient représenter au plus les 90 centièmes de la valeur des obligations fédérales déposées et les 90 centièmes du capital versé[1]; la valeur des obligations fédérales devait s'entendre de la valeur au cours, sans pouvoir toutefois dépasser le pair. La loi du 14 mars 1900 autorise la délivrance des billets par le contrôleur de la circulation jusqu'à concurrence de la valeur totale du capital versé et de la valeur totale au pair des obligations fédérales déposées (art. 12).

Un bureau central est ouvert, au Trésor des États-Unis, pour l'échange ou le rachat de tous les billets. Avant la loi du 20 juin 1874, les banques étaient tenues de choisir, dans certaines villes (*redemption cities*) désignées par le *currency act*, une banque (*redemption agency*), chargée d'effectuer le remboursement de leurs billets[2]. La loi précitée a supprimé les *redemption agencies;* et les billets ne sont plus remboursables qu'au siège de chaque banque, ou au Trésor, à Washington. Comme garantie, chaque banque doit entretenir au Trésor, en monnaie légale,

1. La loi de 1864 admettait un rapport variable entre l'émission et le capital, eu égard à l'importance de ce dernier : 90 p. °/° pour un capital versé de moins de 500,000 dollars : 80 p. °/° de 500,000 à 1 million de dollars ; 70 p. °/° de 1 à 3 millions ; 60 p. °/° au-dessus de 3 millions.

2. Les banques des *redemption cities* devaient choisir comme mandataire, en vue du même objet, une des banques de New-York.

un dépôt représentant 5 p. °/₀ de sa circulation effective (*resumption fund*)[1].

C'est également par l'intermédiaire du Trésor que doit être opéré le retrait des billets des banques, qui veulent réduire leur émission ou la discontinuer. D'après la loi du 20 juin 1874, les banques qui prennent ce parti devaient déposer au Trésor de la monnaie légale par sommes de 9,000 dollars au moins[2]. A ce minimum, la loi du 12 juillet 1882 a substitué un maximum mensuel de 3 millions de dollars : on a voulu empêcher que la circulation ne fût réduite par une sorte de « contraction spasmodique[3] ». La même loi interdisait aux banques qui avaient fait un dépôt en vue de retirer des billets, d'augmenter à nouveau leur circulation pendant un délai de six mois à compter du dépôt. La loi du 14 mars 1900 a abrogé cette interdiction (art. 12).

Le trésorier des États-Unis, constitué dépositaire des obli-

1. *Report of the comptroller of the currency*, 1886, p. 41. L'*act* du 25 février 1863 (art. 41) imposait à toutes les banques nationales l'obligation de conserver une somme disponible, en monnaie légale des États-Unis, égale aux 25 centièmes de leur circulation et de leurs dépôts cumulés. Étaient assimilés à la monnaie légale les certificats de clearing-house et, jusqu'à concurrence des 3/5, les crédits remboursables à vue entretenus dans une banque des *redemption cities*. La loi du 3 juin 1864 (art. 32) maintint la proportion des 3/5, mais abaissa le minimum du dépôt de garantie aux 15 centièmes ; pour les banques des *redemption cities*, le minimum resta fixé à 25 p. °/₀, dont la moitié put être représentée par les crédits à vue entretenus obligatoirement dans une des banques de New-York. La loi du 20 juin 1874 a distingué entre la circulation et les dépôts : comme garantie du remboursement des billets, les banques doivent déposer au Trésor une somme égale à 5 p. °/₀ de leur circulation ; comme garantie de leurs dépôts, elles doivent entretenir une réserve de 15 ou de 25 p. °/₀ dans laquelle sont d'ailleurs compris les 5 p. °/₀ déposés au Trésor. Les *redemption cities* prirent alors le nom de *reserve cities*, qui a été officiellement confirmé par une loi du 3 mars 1887. Les banques dont le siège n'est pas dans une *reserve city* doivent entretenir une réserve égale à 15 p. °/₀ de leurs dépôts : les 2/5 au moins doivent être conservés dans leur caisse en monnaie légale ; les 3/5 peuvent être déposés dans une banque des *reserve cities* dont la désignation est approuvée par le contrôleur de la circulation. Les banques des *reserve cities* sont divisées en deux classes : celles des *central reserve cities*, New-York, Chicago, Saint-Louis, qui doivent conserver en monnaie légale 25 p. °/₀ de leurs dépôts ; celles des autres *reserve cities* dont la réserve est également de 25 p. °/₀, mais avec faculté d'en déposer la moitié dans une banque de New-York, Chicago ou Saint-Louis. *Report of the comptroller of the currency*, 1887, p. 97 et suiv. *Ibid.*, 1900, p. 456.

2. *Report of the comptroller of the currency*, 1887.

3. *Ibid.*, 1887, p. 5.

gations fédérales qui sont le gage de la circulation de papier, et le contrôleur de la circulation, chargé de la fabrication et de la distribution des billets, jouent vis-à-vis des banques nationales un rôle analogue à celui que le *Charter act* de 1844 a donné, en Angleterre, au département de l'émission vis-à-vis du département de la banque. Mais, aux États-Unis, la circulation est bien plus rigoureusement limitée qu'en Angleterre. La législation des banques nationales n'admet pas l'émission à découvert, et c'est seulement depuis la loi du 14 mars 1900 que les billets peuvent être émis jusqu'à concurrence de l'entière valeur des titres déposés ou du capital de la banque; par surcroît, une somme en monnaie légale représentant le vingtième de l'émission doit toujours être maintenue par la banque en dépôt au Trésor.

Il semble que les garanties de convertibilité des billets soient complètes. La valeur du gage étant supérieure à la valeur garantie, il est impossible que, finalement, les billets ne soient pas remboursés. Mais on ne doit pas perdre de vue qu'il ne suffit pas que les billets soient finalement remboursés. Il importe aussi, et il importe beaucoup, que les billets soient payés à présentation. Un dépôt de titres, pour élevée qu'en soit la valeur, ne peut assurer la convertibilité immédiate des billets de banque; des délais sont nécessaires pour transformer en espèces la valeur de titres tels qu'une rente d'État, et le billet de banque est payable en espèces, sans délai. La convertibilité à vue n'est donc pas assurée et l'élasticité de la circulation de papier est détruite par la limitation légale. Ce ne sont pas toujours les variations dans le volume et l'activité des échanges qui gouvernent l'extension ou la restriction de la circulation des billets de banque. Ce grave défaut du système des banques nationales est devenu très manifeste depuis 1887.

On a dit que l'un des objectifs des lois qui ont organisé les banques nationales avait été de fournir aux obligations fédérales le débouché dont elles manquaient. Par la suite ce sont les obligations fédérales qui ont plutôt manqué aux banques nationales, à cause du rapide amortissement de la dette des États-Unis. Dès 1887, les obligations 5 p. °/o, qui formaient le principal fonds de garantie de la circulation des banques, avaient été entièrement remboursées. En 1887, 1888, 1889, 1890, 1891, le gouvernement employa les excédents budgétaires, comme l'y obligeait d'ailleurs un *act* du 3 mars 1881, à acheter du 4 et du 4 1/2 p. % au cours. En 1891, le droit de rembourser le 4 1/2 s'étant ouvert, le restant de ce fonds fut converti en obligations 2 p. % remboursables à tout instant au gré du Trésor. Au 30 juin 1892, la dette productive d'intérêts n'était plus que de 585,029,000 dollars[1] en obligations de 2 p. %, toujours remboursables, et en obligations 4 p. %, remboursables à partir de 1907 seulement mais que le Trésor rachetait au cours sur le marché, et de 64,613,000 dollars, en obligations du Pacifique payables obligatoirement de janvier 1895 à juillet 1899.

Le tableau ci-après, emprunté au rapport du contrôleur de la circulation pour 1892, donne une évaluation du bénéfice que les banques pouvaient retirer de leur privilège d'émission à supposer que leur dépôt de garantie fût en obligations 2 p. % :

Profits.		dollars.
Intérêts à 2 p. % sur 100,000 dollars		2,000.00
	dollars.	
Circulation, 90 p. % de la valeur au pair .	90,000.00	
A déduire 5 p. % pour le *resumption fund*.	4,500.00	
Circulation disponible.	85,500.00	
dont l'intérêt à 6 p. % est		5,130.00
Total.		7,130.00
Dépenses.		
Taxe de 1 p. %.	900.00	
Frais annuels de rachat au Trésor fédéral.	137.48	
Dépenses d'exprès	3.00	
Frais d'établissement des planches à billets.	7.50	
Feux des agents de contrôle.	7.50	
Inspections.	43.00	1,098.48
Net.		6,031.52
Intérêts de 100,000 dollars à 6 p. %.		6,000.00
Bénéfice sur la circulation		31.52

Le bénéfice était donc de 0.032 p. % à supposer que les obligations eussent été achetées au pair et que la circulation atteignît le maximum autorisé. Des calculs analogues faisaient res-

1. C'est le chiffre le plus bas auquel elle soit descendue. Le maximum avait été atteint, le 31 août 1865, avec le chiffre de 2,381,530,000 dollars.

sortir le bénéfice sur le 4 p. °/₀ à 0.33 p. °/₀ et sur le 6 p. °/₀ à 1.218 p. °/₀.

Aussi, en même temps que la dette était amortie, la circulation des banques nationales se réduisait-elle. En septembre 1882, elle s'était élevée jusqu'à 362,257,000 dollars : elle descendit à 167,577,000 dollars en 1891. Dans son rapport de 1892, le contrôleur de la circulation constatait que les banques de nouvelle formation n'avaient pas en vue l'émission des billets, mais les opérations d'escompte et de dépôt.

Ce fonctionnaire de la trésorerie proposait, en conséquence, entre autres amendements aux lois sur la circulation, d'abaisser à 1,000 dollars pour les banques au capital de 50,000 dollars et à 5,000 dollars pour celles dont le capital excède 50,000 dollars, le minimum du dépôt légal en obligations fédérales ; de supprimer la taxe sur les billets de banque ; de permettre l'émission, jusqu'à concurrence de la valeur totale, au pair, des obligations déposées ; il recommandait en outre la substitution aux obligations actuelles de nouveaux titres à longue échéance et à faible intérêt.

La situation se modifie à partir de 1894. L'amortissement de la dette est suspendu. Le Trésor doit même emprunter, d'abord pour maintenir sa réserve d'or à 100 millions, puis pour subvenir aux frais de la guerre cubaine. Les émissions d'obligations 4 et 5 p. °/₀ se succèdent de 1894 à 1899 ; l'emprunt de 200 millions de dollars en obligations 3 p. °/₀ autorisé par le *War act* du 13 juin 1898 met à la disposition des banques nationales pour le fonds de garantie de leurs billets, des titres au pair, préférables pour cet usage particulier aux obligations cotées à prime[1].

La circulation, offrant une marge de gain moins étroite que précédemment, tend de nouveau à se développer. Elle était à la fin de 1893, de 208 à 209 millions. Elle progresse d'année en année. Cependant au mois de février 1900, elle n'avait pas encore atteint 250 millions. Soudain, au mois de mars, elle montait à 271 millions, à 285 en avril, en mai à plus de 300. Au

1. Le contrôleur de la circulation attribue, pour une part notable, le succès de l'emprunt à l'intérêt particulier que le fonds 3 p. °/₀ présentait à ce point de vue pour les banques nationales. *Report*, 1898.

mois de mars 1901, elle dépassait 350 millions et c'est à près de 360 millions de dollars que nous la trouvons en octobre 1901.

Le gonflement subit de la circulation des banques nationales en 1900-1 est dû à plusieurs innovations de la loi du 14 mars 1900, dite de l'étalon d'or (*gold standard law*). On a déjà vu que l'émission peut dorénavant équivaloir, non plus aux 90 centièmes, mais à l'entière valeur nominale des obligations déposées. La taxe de 1 p. °/₀ sur les billets est réduite à 1/2 p. °/₀ pour la partie de la circulation garantie par les obligations 2 p. °/₀ que le Trésor a été autorisé, aux termes de la loi du 14 mars 1900, à échanger contre les obligations 3, 4 et 5 p. °/₀ existantes : la valeur totale des obligations déposées qui était, le 13 mars 1900, de 243,651,000 dollars, atteint au 31 octobre 1901, 329,834,000 dollars, dont 316,626,000 dollars, ou environ 96 p. °/₀, en obligations du nouveau fonds. Enfin, le minimum de capital exigé pour la constitution des banques est abaissé par la même loi à 25,000 dollars lorsque le siège en sera dans une ville de moins de 3,000 habitants ; du 14 mars 1900 au 31 octobre 1901, 503 banques de ce genre ont été organisées.

Par contre, en ce moment (mars 1902), le haut prix des obligations fédérales incite les banques à retirer leurs billets pour dégager leurs dépôts de titres, soit qu'elles veuillent les vendre avec bénéfice, soit qu'elles aient l'intention de les affecter à la garantie des dépôts du gouvernement qui leur procurent des disponibilités exemptes de la taxe sur la circulation. Le secrétaire du Trésor a annoncé que ces dépôts seraient faits de préférence dans les banques qui ne réduiraient pas leur circulation. De plus, en vue d'arrêter la hausse des obligations et d'amoindrir ainsi le bénéfice que les banques peuvent tirer de la vente des titres actuellement déposés en garantie de leurs billets, M. Shaw a suspendu les rachats d'obligations pour le compte du Trésor, bien que le budget présente des excédents[1].

Billets des États-Unis (United States notes, legal tender notes, greenbacks). — Ce sont des billets d'État émis pendant la guerre de Sécession. La loi du 14 janvier 1875 avait fixé au

1. *The commercial and financial Chronicle*, 22 mars.

1er janvier 1879 la reprise des paiements en espèces. Une loi du 31 mai 1878 décida que les billets existants à la date du 1er octobre suivant ne seraient pas retirés de la circulation, et que ceux qui seraient encaissés par le Trésor à partir de cette date ne seraient pas oblitérés mais pourraient être remis en circulation. Ces billets représentent une somme de 346,681,016 dollars. Les coupures en sont de 10,000, 5,000, 1,000, 500, 100, 50, 10, 5, 2 dollars et 1 dollar. La loi du 14 mars 1900 (*gold standard law*) ordonne le retrait des coupures inférieures à 10 dollars et leur remplacement par des billets de 10 dollars et au-dessus. Cette opération aura lieu au fur et à mesure du remplacement des grosses coupures de certificats d'argent par des certificats de la même monnaie de 10 dollars et au-dessous.

Les billets des États-Unis [1] ont cours légal en vertu de l'*act* du 25 février 1862 ; toutefois, aux termes du même *act*, le Trésor ne peut les imposer en paiement des intérêts de la dette publique et il n'est pas tenu de les recevoir en paiement des droits de douane à l'importation [2].

Certificats de circulation (Currency certificates). — La loi du 8 juin 1872 autorisait le secrétaire du Trésor à recevoir en dépôt, sans intérêt, des billets des États-Unis remis par les banques nationales en sommes au moins égales à 10,000 dollars et à leur délivrer en échange des certificats dont la moindre coupure devait être de 5,000 dollars. Ces certificats pouvaient être comptés comme monnaie dans les réserves légales des banques et pouvaient être acceptés pour le règlement des soldes après compensation en *clearing-house*, sur les places où le dépôt avait été fait au Trésor [3]. Ils ont été abolis par la loi du 14 mars 1900.

1. Il a été émis à cette époque, en outre des billets des États-Unis proprement dits, d'autres billets du gouvernement appelés « *old demand notes* », « *fractionnal currency* », « *compound-interest notes* » et « *one and two year notes* ». Les existences (*outstanding*) en sont évaluées à 54.000 dollars, 15,252.000 dollars, 166.000 et 59.000 dollars au 29 juin 1901. Le régime légal en est différent de celui des *United States notes*.

2. En fait, depuis la cessation du cours forcé, les receveurs des douanes ont été autorisés par le secrétaire du Trésor à accepter ces billets en paiement des droits d'importation.

3. *Report on the finances. Comptroller of the currency*, 1882, p. 171. V. *infra*, p. 353.

Certificats d'or. — Les certificats d'or avaient été d'abord autorisés par la loi du 3 mars 1863. L'émission en fut commencée le 13 novembre 1865. Ils servirent surtout au règlement des soldes dans les *clearing-houses*. L'émission en fut discontinuée le 1er décembre 1878. Les banques de New-York organisèrent alors un dépôt de monnaie d'or, destiné à gager les certificats de dépôt (*bank certificates*) qui leur étaient nécessaires pour le fonctionnement du *clearing-house* de leur association. La loi du 12 juillet 1882 autorisa de nouveau l'émission par le secrétaire du Trésor de certificats de dépôt de monnaie d'or, en coupures de 20 dollars au moins correspondant à celles des billets des États-Unis, payables en or et à vue par le Trésor. La loi du 14 mars 1900 exige que le quart au moins des certificats en circulation consiste en coupures de 50 et de 20 dollars. Elle autorise l'émission de certificats de 10,000 dollars, à ordre.

Les certificats d'or sont reçus en paiement des droits de douane, impôts et autres créances de l'État; ils peuvent être comptés comme espèces dans la réserve légale des banques. Il est interdit aux banques nationales de faire partie d'un *clearing-house* dans lequel ces certificats ne seraient pas acceptés [1].

Aux termes de la loi du 14 mars 1900, l'émission des certificats d'or est obligatoirement suspendue lorsque la réserve du Trésor tombe au-dessous de 100 millions de dollars; elle peut être suspendue par le secrétaire du Trésor, lorsque la somme totale des billets des États-Unis et des certificats d'argent possédée par le Trésor, excède 60 millions de dollars.

Certificats d'argent. — Les certificats d'argent ont été créés en vertu du *Bland act* (28 février 1878), dont la section 3 dispose « que tout porteur de la monnaie frappée en vertu du présent acte peut la déposer à la trésorerie ou dans une sous-trésorerie, par sommes de 10 dollars au moins, et obtenir en échange des certificats de 10 dollars au moins, correspondant comme coupures aux billets des États-Unis ». D'après la loi du 14 mars 1900, les certificats d'argent sont, en principe, de 10 dollars et au-dessous. Cependant cet *act* autorise le secrétaire du

1. *Report on the finances. Comptroller of the currency*, 1882, p. 171-172.

Trésor à émettre des coupures de 20, 50 et 100 dollars jusqu'à concurrence du dixième de la somme totale de ces certificats ; mais les fortes coupures qui circulent en plus de ce maximum seront, au fur et à mesure de leur rentrée, annulées et remplacées par des coupures de 10 dollars et au-dessous.

Ces certificats sont reçus par les caisses publiques en paiement des droits de douane, impôts et autres créances de l'État. La loi du 12 juillet 1882 a disposé qu'ils pourraient être comptés comme espèces dans la réserve légale des banques, et a interdit aux banques nationales de faire partie d'un *clearing-house* dans lequel ils ne seraient pas acceptés [1].

Billets du Trésor de 1890 (Treasury notes 1890). — Les billets du Trésor ont été émis, en vertu de la loi du 14 juillet 1890, pour payer les achats obligatoires de 4,500,000 onces d'argent par mois. Le *Sherman act* les déclarait remboursables en or ou en argent au gré du Trésor. Depuis l'*act* du 14 mars 1900, ils sont remboursables en or seulement. Les coupures en sont de 1,000, 100, 50, 20, 10, 5, 2 dollars et 1 dollar. Ils ont cours légal illimité, même entre particuliers, sauf convention contraire.

La loi du 14 mars 1900 prescrit au secrétaire du Trésor d'annuler les *Treasury notes* qui seront présentées au remboursement, jusqu'à concurrence de la valeur des dollars d'argent frappés en exécution des lois du 14 juillet 1890 et du 13 juin 1898, et de les remplacer par des certificats d'argent ; elle ordonne, en outre, d'annuler purement et simplement, au fur et à mesure des fabrications de monnaies divisionnaires avec l'argent acheté en exécution de la loi précitée du 14 juillet 1890, une somme de *Treasury notes* égale au prix d'achat du métal. Il en a été racheté de la sorte, en 1900-1, pour 28,244,000 dollars.

Certificats de clearing-house [2]. — Il existe en outre des certificats de *clearing-house*, créés par les banques qui font partie de ces associations. On a vu plus haut que lorsque fut discontinuée l'émission des certificats d'or, en 1878, les banques de New-York organisèrent un dépôt privé de monnaie d'or, en

1. *Report on the finances. Comptroller of the currency*, 1882, p. 172.

2. Sur les *clearing-houses*, V. *infra*, p. 404.

représentation de laquelle furent émis des certificats. Ces titres créés par l'établissement dépositaire, la Bank of America, ont disparu en 1890. L'association des banques de New-York a émis, en juillet et août 1885 des certificats de *clearing-house* représentant de la monnaie divisionnaire d'argent ; ces certificats furent retirés en novembre, la monnaie divisionnaire qu'ils représentaient ayant été remboursée en monnaie légale. Enfin, en 1873, en 1884, en 1890 et en 1893, il a été émis des certificats d'emprunt (*clearing house loan certificates*) gagés par des lettres de change ou autres valeurs. C'était une ressource extrême pour des temps de panique [1] ; ces titres ont été remboursés.

Le système des certificats est modelé sur celui des billets des banques nationales. Ces titres représentent une valeur déposée, qui est leur gage et qu'ils rendent propre à la circulation, qu'ils monnayent en quelque sorte.

On s'est également efforcé de donner un gage métallique aux billets des États-Unis, *greenbacks* et *Treasury notes* de 1890. La loi du 12 juillet 1882, confirmant un usage déjà ancien, affectait à la garantie des 346,681,016 dollars de *greenbacks* une réserve d'or de 100 millions de dollars. La création en 1890 des nouvelles *Treasury notes*, dont le montant s'est élevé jusqu'à 153,454,000 dollars (novembre 1893), le développement des certificats d'argent, dont le montant a dépassé 400 millions de dollars (1890), avaient démesurément accru les engagements auxquels devait faire face la réserve de 100 millions d'or.

Dans son rapport de 1893, le secrétaire du Trésor faisait remarquer que la réserve de 100 millions, suffisante pour gager les *greenbacks*, ne pouvait garantir le remboursement d'une circulation de papier bien plus considérable. M. J. G. Carlisle demandait, en conséquence, tout en considérant comme peu sage d'émettre des billets d'État, que des pouvoirs lui fussent donnés pour parer aux nécessités pressantes auxquelles le Trésor est exposé. « Les lois, disait-il, ont imposé au département du Trésor toutes les obligations et toutes les responsabilités d'une

1. *Report on the finances. Comptroller of the currency*, 1891, p. 327 et suiv. ; 1893, p. 352.

banque d'émission et, dans une certaine mesure, les fonctions d'une banque de dépôt; elles n'ont donné au Secrétaire aucun des pouvoirs discrétionnaires dont sont habituellement investis les chefs des établissements engagés dans ce genre d'opérations financières... Quelques objections que l'on puisse faire contre l'entretien d'une réserve considérable en numéraire, il doit être évident que cette politique ne peut être évitée si le gouvernement ne renonce pas à l'émission des billets et s'il ne limite pas les fonctions du Trésor à la perception des impôts, à la conduite des dépenses publiques et à l'accomplissement de fonctions administratives conformes au caractère et à l'organisation d'une branche du pouvoir exécutif. »

L'événement devait dépasser les appréhensions du secrétaire du Trésor. La crise de 1893 s'est prolongée pendant plusieurs années ; on sait quels dangers ont fait courir au Trésor les billets à cours légal et quels sacrifices ont dû s'imposer les États-Unis, de 1893 à 1898, pour maintenir la parité de l'argent et celle du papier d'État avec l'or.

La leçon n'a pas été perdue. La loi du 14 mars 1900, sans rompre complètement avec le préjugé inflationniste qui demeure puissant, a pris d'utiles dispositions en vue de donner au secrétaire du Trésor les pouvoirs que réclamait en 1893 M. J. G. Carlisle, et surtout de mieux aménager et combiner la circulation des billets de banque et celle des billets d'État.

Les mesures qui ont pour objectif de faciliter le développement des *national bank notes* ont été exposées plus haut. Voici quelles sont les prescriptions de la nouvelle loi au regard des billets d'État.

Les *Treasury notes* de 1890, principal instrument du drainage de l'or de 1893 à 1895, doivent disparaître. Au fur et à mesure de leur remboursement, on les annulera pour une somme égale aux dollars d'argent frappés en exécution des *acts* du 14 juillet 1890 et du 13 juin 1898, et pour la valeur du métal provenant des achats de l'*act* précité du 14 juillet 1890 qui aura été employé à la frappe de monnaies divisionnaires d'argent autorisée par l'*act* du 14 mars 1900. Au premier cas, les *Treasury notes* seront remplacées par des certificats d'argent de la valeur des dollars monnayés ; au second cas, l'annulation sera pure et simple. Déjà, de 153 millions de dollars au 30 juin 1894, le montant des *Treasury notes* était descendu graduellement à 94 millions à la fin de 1898-99 ; au 30 juin 1900, il n'en restait plus que 76 millions; au 30 juin 1901, 48 millions; au 31 octobre 1901, 41,434,000 dollars, correspondant à 41,306,649 dollars en métal non monnayé et à 127,351 dollars monnayés, existant dans les caisses du Trésor.

Quant aux *United States notes*, la loi spécifie que les billets qui auront été remboursés ne seront pas annulés mais émis à nouveau. Cette catégorie de billets jouit de la faveur populaire : elle passe pour un symbole de l'unité et de la puissance de la vie nationale (*a symbol of the unity and power of the nation's life*)[1].

On a cherché toutefois à en réduire l'usage, en ordonnant le remplacement des coupures au-dessous de 10 dollars par des coupures de 10 dollars et au-dessus, les 90 centièmes au moins des certificats d'argent devant dorénavant consister en billets de 10 dollars et au-dessous, le quart au moins des certificats d'or en billets de 20 et 50 dollars et le surplus en fortes coupures.

D'autre part, on a revisé les dispositions relatives au fonds de garantie.

Les comptes de l'émission et du remboursement des *greenbacks*, comme d'ailleurs ceux des certificats d'or et des certificats d'argent, sont distraits du compte général du Trésor et sont gérés par une division de l'émission et une division du remboursement. Des comptes séparés sont tenus pour chacune des catégories de billets. Les valeurs affectées à leur remboursement — fonds de réserve pour les billets des États-Unis, monnaies d'or déposées en échange de certificats d'or, monnaies d'argent déposées en échange de certificats d'argent, — ne

1. *Report of the secretary of the Treasury*, 1897, p. LXXIX. Le secrétaire du Trésor exposait une combinaison dans laquelle 200 millions de *greenbacks* auraient été retirés pour servir de gage à une émission équivalente de *national bank notes*, puis, après remplacement par des obligations fédérales, auraient été immobilisés au Trésor jusqu'à ce qu'on pût les échanger contre de l'or : tenant compte du préjugé populaire, il croyait utile de faire observer qu'on ferait ainsi aux *greenbacks* l'honneur de les réputer équivalents à l'or (*to dignify them with the honour of actual gold equivalency*).

peuvent être employées qu'au remboursement de la catégorie de billets dont elles sont le gage.

Le fonds de réserve pour le remboursement des billets des États-Unis est fixé à 150 millions de dollars en or monnayé et non monnayé. Les *greenbacks* que le Trésor a remboursés doivent être employés à reconstituer la réserve d'or de la façon suivante : 1° en échangeant ces billets contre les espèces d'or qui se trouveront dans les encaisses générales du Trésor ; 2° en échangeant ces billets contre des dépôts de monnaies d'or dans les trésoreries et sous-trésoreries fédérales ; 3° en achetant avec ces billets de la monnaie d'or aux prix que le secrétaire du Trésor jugera le plus avantageux, ainsi que l'y autorise l'*act* du 17 mars 1861 (sect. 3,700 des *Revised Statutes*). Si le secrétaire du Trésor ne peut réussir par ces moyens à reformer l'encaisse d'or et que le montant de celle-ci tombe au-dessous de 100 millions, il devra la reconstituer au chiffre de 150 millions par un emprunt en obligations fédérales, de 50 dollars ou de multiples de cette somme, portant intérêt à 3 p. °/₀ au maximum, remboursables au gré du gouvernement un an après leur émission, en monnaie d'or, et exemptes de toute taxe fédérale ou locale. La monnaie d'or acquise au moyen de la vente de ces obligations sera d'abord entrée dans les encaisses générales du Trésor ; ensuite elle sera échangée contre les billets remboursés par le Trésor et ces billets pourront être employés à acheter de l'or, à acheter ou à rembourser des obligations fédérales, ou être affectés à tout autre usage légal conforme à l'intérêt de l'État, hormis à couvrir les moins values des revenus publics. Tant que les billets remboursés n'auront pu être échangés contre de l'or dans les conditions ci-dessus expliquées, ils seront conservés dans la réserve. Quand on aura pu les échanger contre de l'or, ils seront émis de nouveau pour l'un des emplois qui viennent d'être indiqués. A aucun moment la somme en monnaie d'or et en métal non monnayé du fonds de réserve, augmentée de la somme des billets qui n'auront pas encore été réemployés, ne devra être supérieure à 150 millions de dollars.

Ces dispositions peuvent assurer la convertibilité des *greenbacks*. Elles n'empêchent pas qu'une responsabilité écrasante incombe au Trésor du fait de l'obligation de maintenir la parité avec l'or, non seulement des *greenbacks*, mais aussi des *silver certificates*.

Le papier d'État a un autre défaut : il manque d'élasticité. Quels que soient les besoins du commerce, la circulation des billets d'État ne peut être étendue ou resserrée que dans une mesure restreinte : au 30 juin 1901 l'écart entre les existences (*outstanding*) et la circulation n'était que de 60 millions (1,118,435,705 — 1,055,364,725). Ce défaut est d'autant plus grave que les trois quarts des billets existants sont des billets d'État (au 30 juin 1901, 1,118 millions sur 1,472 millions de dollars).

La circulation des banques nationales est atteinte de la même imperfection. Dans son rapport de 1898, le contrôleur de la circulation demandait, en vue d'y remédier, qu'une certaine somme de billets pût être émise à découvert par les banques. Ces suggestions n'ont pas été admises. Le secrétaire du Trésor les a renouvelées dans son rapport de 1901. Il recommande d'autoriser les banques à émettre des billets jusqu'à concurrence de la valeur de leur capital versé, contre le dépôt d'obligations des États-Unis représentant au pair 30 p. °/₀ de ce capital, et de billets à cours légal des États-Unis représentant 20 p. °/₀ du même capital. Cette combinaison, tout en donnant aux banques la possibilité d'étendre ou de resserrer leurs émissions de billets suivant l'activité plus ou moins grande des affaires, aurait en outre l'avantage de faire retirer de la circulation des *greenbacks* pour une somme que M. Gage évaluait à 200 millions de dollars.

§ 2. — Le billet de banque à cours forcé.

Le cours forcé relève les banques ou l'État de l'obligation de rembourser en espèces les billets qu'ils ont émis. Il transforme le billet en une monnaie de papier, dont le pouvoir d'achat dépend des espérances plus ou moins fondées que nourrit le public de voir un jour reprendre les paiements en espèces, monnaie de papier à laquelle néanmoins la volonté du législateur donne cours légal pour sa valeur nominale.

Le papier à cours forcé est la fausse monnaie des gouvernements modernes. Il est l'instrument perfectionné des emprunts à la circulation, que les anciens souverains opéraient par le procédé plus grossier de l'altération du titre ou du poids des monnaies. L'opinion a cependant de singulières indulgences pour le cours forcé. Dans le pays qui a vu le système de Law et les assignats, il s'est trouvé en 1865, lors de l'enquête sur la circulation fiduciaire, des déposants, bien intentionnés sans doute, mais assez mal avisés pour demander au cours forcé des billets de banque le prétendu bienfait de la fixité du taux de l'escompte. Plus récemment, les auteurs d'une proposition de loi sur le crédit agricole déposée à la Chambre des députés, croyaient trouver dans le cours forcé le moyen de faire circuler le papier d'État qu'ils proposaient de créer en vue de faire des prêts à la propriété foncière.

Le cours forcé peut cependant causer à la fortune publique les dommages les plus graves.

Le billet de banque inconvertible est généralement déprécié. Il cesse d'être le titre d'une créance exigible et réalisable à tout instant. Le paiement en est différé jusqu'à un terme inconnu. Il représente une créance sur un débiteur embarrassé, dont l'actif excède peut-être le passif, mais dont les ressources ne sont pas liquides et ne le deviendront que dans un temps plus ou moins long. Sa valeur dépend uniquement de l'opinion que se fait le public des ressources latentes du pays, de la capacité plus ou moins grande du gouvernement auquel incombe la redoutable mission de les faire apparaître, ainsi que de la bonne foi de ce gouvernement. C'est une assignation sur un État failli, qui peut ne pas être insolvable, mais qui peut l'être ou le devenir irrémédiablement.

Le billet à cours forcé subit donc, tout d'abord, une dépréciation précisément parce qu'il est émis dans des conjonctures critiques, alors que le crédit de l'État est ébranlé.

Une autre cause vient généralement s'ajouter à la première. Un gouvernement obéré est toujours tenté de chercher des ressources immédiates dans la création de nouveaux billets. La surabondance de la circulation du papier inconvertible provoque fatalement une diminution de sa valeur.

Lorsqu'il existe dans un pays plus d'espèces métalliques que ne l'exigent les besoins des échanges, l'équilibre se rétablit automatiquement par l'exportation des capitaux. Lorsque les moyens de circulation, trop nombreux, consistent en billets de banque convertibles, l'équilibre peut également se rétablir : ces billets de banque sont rapidement transformés en monnaie exportable, dont l'émigration réduit les valeurs en circulation au niveau des besoins. Mais lorsque la circulation trop abondante se compose de papier inconvertible, de billets de banque ne donnant plus droit à un remboursement en monnaie exportable, l'équilibre se rétablit d'une autre manière, par la dépréciation du papier.

La dépréciation du billet de banque ne tarde pas à provoquer la fuite du numéraire. La loi donne cours légal au papier pour sa valeur nominale, prescrit de le recevoir au pair, lui attribue un pouvoir d'achat égal à celui de la monnaie métallique. Le théorème de Gresham trouve encore ici son application : la mauvaise monnaie — le billet de banque — chasse bientôt la bonne — les espèces métalliques. Au bout de quelque temps, il ne reste plus dans le pays qu'un seul instrument de circulation, celui qui est déprécié.

Alors se manifestent les conséquences les plus graves du cours forcé. La dépréciation des moyens de circulation produit la hausse des prix. La hausse appelle souvent la hausse : les prix de toutes choses étant plus élevés, des moyens de circulation plus nombreux sont parfois réclamés ; si le gouvernement cède aux vœux du public, comme il n'y est que trop porté sous la pression des difficultés financières contre lesquelles il se débat lui-même, s'il fait ou s'il provoque de nouvelles émissions, la dépréciation du papier augmente encore, et, par voie de répercussion, la hausse des prix.

Cette dépréciation du billet de banque ne suit pas une progression continue. Elle s'opère par saccades, avec de brusques retours en arrière. A de certains moments, la prime de l'or, qui est la contre-partie de la dépréciation du papier, atteint des taux exorbitants : comme, de temps à autre, il faut liquider les opérations engagées, et que pour cette liquidation il faut, absolument et à tout prix, de l'or, la prime sur les espèces s'élève et la dépréciation du papier s'accentue dans des proportions énormes. Puis, une accalmie se produit : aussitôt après le règlement des opérations engagées, le prix du papier se relève notablement, et l'amélioration dure jusqu'à la prochaine crise. Le marché devient alors d'une sensibilité extrême ; il est affecté d'une sorte d'irritabilité maladive. Au milieu de ces brusques oscillations de la valeur du papier, le commerçant court des risques considérables. Pour se couvrir de cet aléa, il cherche encore à augmenter ses prix.

Le cours forcé produit ainsi des effets analogues à ceux d'un impôt, mais d'un impôt variable dans son taux, irrégulier dans son incidence. Il peut être, dans des circonstances extrêmes, une ressource également extrême. Il peut être un mal nécessaire. Mais ce n'en est pas moins un mal.

Si, chez nous, l'opinion publique n'en a peut-être pas pleinement conscience, c'est qu'à deux reprises, de 1848 à 1850, et de 1870 à 1877, le cours forcé a fonctionné en France sans causer de trop grands troubles. Il est utile de rechercher les causes de sa bénignité relative dans ces deux circonstances, et de montrer que, dans d'autres pays, les conséquences en ont été beaucoup moins inoffensives. On verra notamment que si certains États ont pu ramener au pair la valeur du papier monnaie, d'autres ont dû, pour arriver à la reprise des paiements en espèces, consolider en quelque sorte la dépréciation de leur étalon de valeur et adopter une unité monétaire nouvelle.

I. — Le cours forcé en France (1848 et 1870-1877). — Au moment où éclata la révolution de 1848, la situation économique du pays laissait fort à désirer : une crise commerciale était survenue peu auparavant, en 1846, et n'était pas encore liquidée. Les événements politiques lui donnèrent une acuité nouvelle. On se précipita sur la Banque, de même qu'on assiégeait les guichets des caisses d'épargne. En février 1848, l'encaisse était de 226 millions ; du 28 février au 27 avril, elle diminua de 183 millions. La Banque demanda au Gouvernement à être relevée de l'obligation de rembourser ses billets en espèces : un décret du 15 mars 1848 établit le cours forcé.

La dépréciation du billet de banque fut très profonde, mais de très courte durée. En mars 1848, l'or fit 70 p. °/₀₀ de prime; en août, la prime n'était plus que de 8 p. °/₀₀; elle était donc revenue, en quelques mois, au taux ordinairement pratiqué dans les années qui ont précédé l'arrivée de l'or californien[1]. La loi du 6 août 1850 abolit le cours forcé, sans qu'il en résultât aucune difficulté.

La restauration rapide de la valeur du billet de banque en 1848, tient en partie à la modération de l'émission, en partie à la situation particulière de la Banque de France à cette époque. Le décret du 15 mars avait limité la circulation à 350 millions; le décret du 27 avril suivant porta le maximum à 452 millions à la suite de l'absorption des banques départementales. D'autre part, la Banque de France était surtout, en 1848, la Banque de Paris : ses billets avaient très peu pénétré dans le reste de la France. En mars 1848, sur 272 millions de francs de billets qui composaient toute sa circulation, 9 millions seulement se trouvaient en province. En juin, 78 millions de billets s'étaient répandus dans les départements. La circulation de toute la France n'était pas alors saturée de papier comme aujourd'hui; les nouveaux billets trouvèrent aisément leur emploi. Le 22 décembre 1849, on fut même obligé, pour satisfaire aux réclamations du public, d'élever à 525 millions la limite de l'émission. De telles circonstances étaient extrêmement favorables au billet de banque. On s'explique qu'il ait rapidement regagné le pair.

Une nouvelle expérience du cours forcé a été faite de 1870 à 1877. Cette fois le cours forcé fut la conséquence des avances faites au Trésor par la Banque de France, soit pendant la guerre, soit pendant les opérations du paiement de l'indemnité de guerre, et qui s'élevèrent à 1,425 millions de francs. Le cours forcé avait été imposé à la Banque dès le 12 août 1870. La limite des émissions, fixée à 1,800 millions, fut élevée deux jours plus tard à 2,400 millions, puis successivement portée, en vue du concours que le Trésor attendait de la Banque pour les colossales opérations du règlement de l'indemnité de guerre, à

1. V. *supra*, p. 217.

2,800 millions lors de l'emprunt des 2 milliards et à 3,200 millions lors de l'emprunt des 3 milliards.

L'encaisse de la Banque fut très vite reconstituée. Voici les moyennes de 1871 à 1877 :

Années.	Millions de francs.
1871	551.5
1872	728.0
1873	762.7
1874	1,130.0
1875	1,541.0
1876	1,987.0
1877	2,196.0

Dès 1875, la date de la reprise des paiements en espèces pouvait être fixée. La loi du 3 août 1875 disposait que le cours forcé cesserait aussitôt que la dette de l'État vis-à-vis de la Banque serait réduite à 300 millions.

Cette condition fut réalisée le 31 décembre 1877, et c'est le 1er janvier 1878 que, légalement, le cours forcé a disparu. Mais depuis longtemps déjà, la Banque avait repris ses paiements en espèces. Elle avait procédé graduellement : dès le 7 novembre 1873, elle donnait des pièces de 5 francs en argent ; le 7 mai 1874, les pièces de 5 et de 10 francs en or purent sortir de ses caisses ; enfin en novembre 1874, la Banque recommença les paiements en pièces de 20 francs. Le cours forcé avait donc virtuellement cessé d'exister et sa disparition légale, au 1er janvier 1878, passa inaperçue.

La dépréciation du papier ne fut, pendant cette grave période de notre histoire, ni très profonde, ni de très longue durée.

Voici les taux maxima et minima de la prime sur l'or de 1871 à 1874 :

Années.	Pièces de 20 francs.		Or en barres.	
	Maximum. p. °/oo	Minimum. p. °/oo	Maximum. p. °/oo	Minimum. p. °/oo
1871	25	8 1/2	29	1
1872	11	0 1/4	16	3
1873	9 1/4	0 3/4	12 1/2	8
1874	1 1/2	pair.	10	pair.

Ainsi, en 1871, — c'était au mois de juin — la prime de l'or en barres était descendue à 1 p. °/oo. Si l'on se rappelle que les frais de transformation des lingots en monnaie courante (retenue au change, pertes d'intérêts, frais de fonte et d'essai, etc.) viennent en déduction de la prime de l'or, on voit qu'au milieu de nos plus grandes détresses, le billet ne faisait réellement pas de perte. M. Thiers le constatait à l'Assemblée nationale dans la séance du 20 juin. En prêtant son encaisse au Trésor, disait-il, la Banque de France « ne s'est pas fait tort, elle n'a pas fait tort au public, mais, en servant l'intérêt de l'État, elle s'est couverte d'honneur, j'ose le dire, car ce grand établissement donne l'exemple unique au monde, en partageant les charges de l'État, d'inspirer une telle confiance que le billet de banque aujourd'hui est égal à l'or et même, dans certaines contrées, supérieur de quelques centimes[1] ».

Si, à de certains moments, la prime s'éleva beaucoup, ce fut sous l'influence des opérations de change colossales auxquelles donna lieu le paiement de l'indemnité de guerre. Le tableau ci-dessous, extrait du rapport de M. Léon Say, en donne la preuve :

PRIME DE L'OR EN BARRES A PARIS.

		p. °/oo			p. °/oo
1871	1er juillet. . . .	2 à 3	1872	10 mai	3
	8 août.	3 à 4		10 juin	7 à 8
	2 octobre . . .	1 à 4		31 juillet. . . .	12 à 15
	9 — . . .	16 à 17		10 septembre. .	1 à 4
	12 — . . .	20 à 22		20 — . .	12 à 14
	16 — . . .	24 à 25		20 octobre . . .	14 à 16
	24 — . . .	20 à 22		31 — . . .	15 à 17
	22 novembre . .	17 à 20		11 novembre . .	13 à 15
	30 — . .	14 à 16		31 décembre . .	11 à 12
1872	31 janvier . . .	13 à 14	1873	10 janvier . . .	12 à 13
	10 février. . . .	11 à 12		10 février. . . .	11 à 12
	28 — . . .	7 à 8		20 — . . .	9 à 12
	9 mars . . .	5 à 7		30 juin.	11 à 12
	20 — . . .	4 à 5		10 septembre. .	9

On remarquera le rehaussement des cours d'octobre 1871 à février 1872 et de juin 1872 à août 1873. Il résulte, pour chaque période, des achats de change faits, soit par les souscripteurs des deux emprunts de 2 et 3 milliards, soit par le Trésor lui-même. Le change ainsi concentré aux mains du gouvernement représentait, lors de la première opération (du 1er juillet 1871 au 6 mars 1872), 1,477 millions, lors de la seconde (du mois

1. *J. offic.* du 21 juin, p. 1490, col. 2.

d'août 1872 au mois d'août 1873), 2,771 millions. Pour ces deux périodes, la prime de l'or n'est pas l'expression de l'avilissement du papier qui circule à l'intérieur : elle résulte surtout de la demande du change destiné à régler une dette énorme à l'étranger. Dès que l'opération est terminée, dès que sont traversés les embarras commerciaux de l'année 1873, la prime de l'or est très faible. Elle disparaît bientôt. Le crédit du billet était tel qu'en 1877, la Banque souleva les réclamations du public en voulant retirer les coupures de 100 et de 50 francs.

Si le cours forcé n'eut pas de conséquences plus fâcheuses, c'est assurément grâce à la prudence dont firent preuve le gouvernement et la Banque : l'émission fut toujours contenue dans des limites raisonnables ; la ferme volonté des pouvoirs publics de demander à l'emprunt en rentes et à l'impôt les ressources indispensables et de mettre fin le plus rapidement possible au cours forcé, ne fut jamais mise en question. Enfin le pays sut s'imposer avec virilité les charges nécessaires à l'acquittement de ses dettes. Par-dessus tout, jamais il ne douta de lui-même.

II. — Le cours forcé en Angleterre (1797-1820). — L'expérience que l'Angleterre a faite du cours forcé, de 1797 à 1820, bien que déjà lointaine, mérite d'être rappelée. Elle a fait l'objet, en 1810, d'une enquête approfondie et d'un rapport, demeuré fameux sous le nom de *Bullion report*, auxquels il est toujours bon de revenir, parce qu'ils ont complètement mis au jour le mécanisme du cours forcé et ses résultats.

Le cours forcé fut, en Angleterre, comme plus récemment chez nous, la conséquence des emprunts faits par le gouvernement à la Banque. Cet établissement ne se prêta d'ailleurs pas de bonne grâce aux demandes incessantes de Pitt[1]. En décembre 1794, en janvier, en avril, en octobre 1795, la cour des directeurs prenait des résolutions pour inviter le gouvernement à réduire son compte d'avances. Le 20 juillet 1796, elle protestait encore, faisant remarquer que le gouvernement la contraignait à violer sa charte. En effet, l'*act* de Guillaume et Marie interdisait à la Banque de faire des prêts à la Trésorerie sans le

1. V. Lawson, *History of banking*, Londres, 1855, p. 87 à 89.

consentement du Parlement, sous peine de confiscation de la somme prêtée, dont moitié devait revenir à l'indicateur. Le gouvernement n'en persista pas moins à puiser dans les caisses de la Banque une partie de l'or nécessaire aux dépenses militaires et aux subsides qu'il fournissait à ses alliés.

Cependant, le cours forcé n'était pas encore établi. Il le fut seulement par un ordre en conseil du 26 février 1797, lorsque la Banque se trouva dans l'impossibilité de rembourser ses billets en espèces. A ce moment les avances au Trésor se montaient à 11,235,280 livres sterling. La suspension des payements en espèces fut légalisée par un *act* du 22 juin 1797, qui devait avoir effet jusqu'à l'expiration du mois qui suivrait la plus prochaine réunion du Parlement. Des *acts* successifs, en date du 30 novembre 1797, du 30 avril 1802, du 28 février 1803, du 13 décembre 1803, du 18 juillet 1804, du 22 mars 1815, du 21 mars 1816, du 28 mai 1818 maintinrent le régime du cours forcé, qui ne fut aboli que par l'*act* de Sir Robert Peel, du 24 mai 1819.

L'or qui avait commencé à être exporté dès 1793, disparut complètement de la circulation en 1797. Au lendemain de l'ordre en conseil du 26 février, les banquiers de la métropole ayant demandé à Pitt d'intervenir auprès de la Banque pour qu'elle leur donnât le numéraire indispensable à leurs menus paiements, le ministre répondit qu'il ne pourraient avoir plus de 1,000 guinées chacun. La monnaie d'argent ne tarda pas à suivre l'or à l'étranger. En 1804, la Banque dut être autorisée à faire frapper à Birmingham des piastres d'argent de 5 shillings. Quelques années plus tard, le gouvernement fut obligé de lui permettre de se servir dans ses paiements de piastres espagnoles à l'effigie de Ferdinand d'Espagne dont la tête fut surfrappée d'une petite tête de Georges III[1]. En 1810, les piastres de 5 shillings étaient, en égard à la prime de l'argent sur le papier, reçues par la Banque elle-même pour 5 sh. 6 d. En 1811, la Banque dut émettre des jetons d'argent de 3 shil-

1. Ce fut l'occasion de maintes railleries. Lawson, *op. cit.*, p. 104, cite ce distique irrévérencieux :

> The Bank, to make their Spanish dollar current pass,
> Stamped the head of a fool on the head of a ass.

lings, de 1 shilling et de 6 pence. Ces diverses monnaies furent immédiatement contrefaites : de 1804 à 1815 la Banque en avait émis pour 4,470,646 l. 4 s. 6 d. ; en 1816, elle en avait reçu en plus pour 105,859 l. 3 s. 6 d. Un acte du 11 juillet 1817 interdit, à dater du 25 mars 1818, l'usage de ces piastres et jetons, qui furent remboursés par la Banque en monnaies anglaises d'or et d'argent ou en billets.

On a vu qu'en 1810, l'argent faisait prime sur le billet. Il en était de même, à plus forte raison, pour l'or. Par suite des tirages excessifs faits par les agents du gouvernement, en vue de pourvoir aux dépenses de la guerre dans toutes les parties du monde, le change était tombé à 20 francs : il y avait donc à retirer de l'or d'Angleterre un bénéfice de plus de 20 p. %. Comme on pouvait s'y attendre, une spéculation s'établit à la faveur de l'écart existant entre le change et le pair de l'or. Mais bientôt sous l'influence de la demande, le métal fit une prime égale à la perte au change. En mai 1809, l'once d'or valut 4 l. 11 sh.[1]. Le change continua de se déprécier et le prix de l'or de s'élever, jusqu'en 1812; le 18 septembre, l'once d'or valut 5 l. 11 sh.[2].

En février 1810, une commission de la Chambre des Communes fut chargée de faire une enquête sur les causes de la hausse du numéraire (*bullion*), en ayant égard à l'état de la circulation nationale et à la condition du change sur l'étranger. Le gouverneur et les directeurs de la Banque, appelés à déposer, déclarèrent qu'à leur avis, aucune relation n'existait entre le cours des changes et la prime de l'or, et que la circulation de papier n'avait aucune influence sur l'un et sur l'autre. L'opinion prévalait alors parmi les hommes d'affaires que l'or avait enchéri, que le papier avait conservé sa valeur[3].

La commission ne s'arrêta pas à cette opinion. Dans son rapport, elle établit que les prix de toutes choses avaient haussé, en même temps que le prix de l'or. Ce n'était donc pas le numéraire qui avait enchéri ; c'était le papier qui s'était déprécié à raison de sa surabondance. Pour faire disparaître

1. Lawson, *op. cit.*, p. 104.
2. *Ibid.*, p. 105.
3. *Ibid.*, *op. cit.*

la prime de l'or, il fallait réduire la circulation des billets en rétablissant l'obligation de les rembourser en espèces.

Ces recommandations ne furent pas d'abord écoutées. Ce fut en 1819 seulement que, sur la proposition de Sir Robert Peel, devenu président du *Bullion Committee*, le Parlement adopta une loi qui rétablit l'ordre dans la circulation. Le cours forcé devait prendre fin le 1er février 1820; du 1er février au 1er octobre 1820, la Banque serait tenue de rembourser ses billets en lingots d'or, à raison de 4 l. 1 s. par once standard; du 1er octobre 1820 au 1er mai 1821, le prix du numéraire serait de 3 l. 19 s. 6 d. A partir du 1er mai 1821, la Banque paierait l'or au prix de la Monnaie, soit 3 l. 17 s. 10 1/2 d. Enfin, à partir du 1er mai 1823, elle serait tenue de rembourser ses billets à vue en monnaies d'or du Royaume[1].

Peu après le vote du bill de Sir Robert Peel, l'encaisse de la Banque atteignit la somme de 20 millions sterling. Les paiements en espèces purent être repris deux années avant le terme fixé par la loi[2].

III. — Le cours forcé aux États-Unis (1861-1879). — Les circonstances dans lesquelles le cours forcé fut établi aux Etats-Unis pendant la guerre de Sécession ont été déjà relatées. On sait que l'emprunt public (*United States bonds, bonded debt*) ne fournissant pas assez rapidement les ressources nécessaires, le gouvernement fédéral eut recours à l'émission de billets à cours forcé (*legal tender notes*); il émit en outre de petites coupures pour servir de monnaies divisionnaires (*fractionnal currency*). Le 31 août 1865, après la prise de Richmond, la dette publique, alors à son maximum, s'élevait à 2,845,907,626 dollars[3], sur lesquels 1,109,568,191 dollars seu-

1. La proposition de Sir Robert Peel fut combattue par son père. En 1811, Sir Robert avait lui-même voté contre la proposition faite par M. Horner, alors président du *Bullion Committee*, de rétablir dans un délai de deux ans, le remboursement en espèces. V. Guizot, *op. cit.*, p. 15 et 16. Cf. Lawson, *op. cit.*, p. 112.

2. Lawson, *op. cit.*, p. 113. Guizot, *op. cit.*, p. 17. Cf. P. Leroy-Beaulieu, *Science des finances*, t. II, p. 628-633 (5e édit.).

3. 1,258.000 dollars d'obligations du Pacifique sont compris dans ce chiffre.

lement correspondaient à la dette fondée (*funded debt*). Le surplus, composé de billets à cours forcé, de dettes non liquidées ou même liquidées, représentait un immense emprunt à la circulation métallique. Les billets à cours forcé, de divers types, se montaient à 684,138,959 dollars ; en outre, les petites coupures formaient une somme de 26,344,742 dollars[1].

La prime de l'or n'avait pas tardé à se manifester. En janvier 1862, l'or était au pair. Au mois de juillet, 100 dollars d'or valaient 120 dollars de papier. Les prix s'élèvent encore : 172 en janvier 1863 ; après des alternatives de hausse et de baisse, 285 en juillet 1864. C'est le maximum. On trouve 234 en janvier 1865, 147 en juillet ; 144.50 le 1er janvier 1866 ; 133 le 1er janvier 1867 ; 120 le 1er janvier 1870 ; 109.50 le 1er janvier 1872 ; 112.75 le 1er janvier 1876 ; 102.87 le 1er janvier 1878 : le 17 décembre de la même année, à la veille de la reprise des paiements en espèces, l'or est au pair.

La prime a été sujette à de brusques et incessantes variations sous l'influence de causes politiques autant qu'économiques[2]. En décembre 1862, elle est de 34 p. %; en janvier 1863, de 72 p. %. En juillet, elle est redescendue à 22 p. %. On la retrouve à 43 p. % en décembre, à 51 p. % en janvier 1864, à 185 p. % en juillet, à 160 p. % en décembre, puis à 47 p. % en juillet 1865.

Le prix de toutes choses augmenta prodigieusement. Dans un de ses rapports annuels, le secrétaire du Trésor, M. Mac Culloch, constatait que, de 1862 à 1866, les prix avaient triplé.

Cet enchérissement général ne déplaisait pas à tous les Américains. Un parti puissant le considérait comme le signe de la prospérité du pays et s'opposait à la reprise des paiements en espèces, qui, en réduisant le volume de la circulation, risquait d'amener la baisse des prix. Il soutenait que l'on ne doit pas craindre d'enfler le volume de la circulation, parce que plus il y a de monnaie, mieux les produits circulent, plus la richesse générale se développe.

En 1866, 1867 et 1868, le secrétaire du Trésor, M. Hugh

1. *Report on the finances. Comptroller of the currency*, 1879, p. 107.
2. *Ibid.*, p. 114 et 115. Cf. P. Leroy-Beaulieu, *op. cit.*, p. 667-668.

Mac Culloch, consacra une importante partie de ses rapports à combattre la thèse des *inflationists*. Il démontrait que, si les prix avaient triplé de 1860 à 1866, la richesse publique ne s'était pas accrue. Qu'importait au fermier de vendre ses produits 3 dollars au lieu de 1? Les 3 dollars de papier ne valaient que 1 dollar de métal. A la vérité, les débiteurs pouvaient éteindre leurs dettes à meilleur compte. Mais c'était là une iniquité. Que penserait-on d'une loi qui obligerait les créanciers à verser au Trésor 50 ou 10 p. °/₀ des sommes qu'ils reçoivent de leurs débiteurs ? Qu'elle est injuste. Et cependant, elle permettrait au moins de réduire le poids des impôts : les créanciers, comme tous les autres citoyens, en retireraient cet avantage. Le cours forcé permet de les dépouiller, sans compensation, pour le seul profit des débiteurs. « Le cours forcé a accru immensément le coût de la guerre et augmenté beaucoup les dépenses publiques depuis le rétablissement de la paix ; il a rendu les prix instables, le commerce incertain ; il a entravé les affaires sérieuses ; il a dirigé sur l'étranger le produit de nos mines, en même temps que nos dettes vis-à-vis de l'Europe allaient toujours croissant et atteignaient une telle grandeur qu'elles drainent les revenus publics et font obstacle à la reprise des payements en espèces ; il a ébranlé le crédit public, en suscitant des doutes fâcheux au regard du paiement de la dette publique ; joint aux lourds impôts qu'il a contribué à rendre nécessaires, il a fait obstacle aux constructions maritimes et par suite à la renaissance du commerce détruit par la guerre : il est l'excuse des tarifs protecteurs et cependant, par les variations qu'il occasionne dans les prix, il les rend impuissants à défendre le manufacturier américain contre ses concurrents étrangers ; il remplit les coffres du riche, mais, par les hauts prix qu'il crée et qu'il maintient, il est intolérable pour les personnes dont les revenus sont limités. » Les hauts prix poussent aux dépenses de luxe, les variations de l'agio à des spéculations qui amèneront des crises redoutables[1]. On allègue

1. Le contrôleur de la circulation imputait plus tard la crise de 1873 aux spéculations effrénées dont le cours forcé avait donné l'habitude. Il citait le vers d'Horace :

Rem facias, rem
Si possis recte, sinon, quocumque modo, rem.

que l'or est rare. C'est que le cours forcé inquiète les capitaux. Comment un homme sage avancerait-il des fonds pour un laps de temps quelque peu prolongé, alors qu'il ne peut savoir si, le jour du paiement, il recevra exactement la valeur qu'il a prêtée. Un dollar de papier vaut aujourd'hui 70 cents ; dans six mois peut-être en vaudra-t-il 80, peut-être 60. On ne peut traiter dans de telles conditions. C'est l'abondance du papier qui en cause l'avilissement, et imprime à cette valeur dépréciée des oscillations qui effrayent les capitaux.

Le 12 avril 1866, le Congrès avait limité le rachat des *legal tender notes*, à raison de 10 millions de dollars dans les six mois, puis de 4 millions dans chacun des mois suivants. L'opération fut suspendue par un acte du 4 février 1868 ; la circulation des *legal tender notes* avait été réduite à ce moment à 356 millions de dollars[1].

Mais au mois de mars 1869, par une loi intitulée « Acte pour fortifier le crédit public », le Congrès s'engagea solennellement à payer en numéraire aussitôt que possible tous les billets des États-Unis. Par un acte du 14 janvier 1875, le Congrès réalisa cette promesse. Cette loi prescrivait le retrait des petites coupures (*fractionnal currency*) et leur remplacement par des monnaies divisionnaires d'argent; le retrait des *legal tender notes* dans la proportion de 80 p. °/₀ des émissions des billets des banques nationales, de façon à ramener à 300 millions le montant des billets d'État; le paiement en numéraire à dater du 1er janvier 1879 de tous ceux de ces billets qui seraient présentés au Trésor. Le secrétaire du Trésor était autorisé à se procurer les ressources nécessaires en émettant des obligations des États-Unis à un cours qui ne devait pas être inférieur au pair.

Bien que la loi du 14 janvier 1875 eût supprimé le maximum auquel était précédemment limitée la circulation des billets des banques nationales, les émissions de ces billets ne furent pas assez considérables pour que les annulations proportionnelles de *legal tender notes* réduisissent le montant de celles-ci à 300 millions avant le 1er janvier 1879[2]. Cette partie de l'opé-

1. *Report of the secretary of the Treasury*, 1873, p. XIX et 192.

2. Les retraits atteignirent 35,318,984 dollars. *Report of the comptroller of the currency*, 1883, p. 49.

ration fut suspendue par une loi du 31 mai 1878, qui décida que les billets encore existant à la date du 1er octobre suivant, (même en excédent de la somme de 300 millions fixée par la loi du 14 janvier 1875), ne seraient pas annulés, au fur et à mesure des rentrées, mais qu'ils seraient remis en circulation. C'est ainsi que des *greenbacks* peuvent encore circuler jusqu'à concurrence de 346,681,016 dollars. Leur remboursement en or et à vue est garanti par la réserve de 150 millions de dollars dont il a été déjà question.

La reprise des paiements en espèces s'opéra sans difficulté. Plus du tiers des billets étaient aux mains des banques. Telle était leur confiance dans les mesures prises par le secrétaire du Trésor pour assurer le remboursement, qu'elles ne le demandèrent point. Le public, qui possédait plus de 300 millions de billets des banques gagés par des obligations du Trésor, préféra, de même, garder les billets, du moment qu'ils étaient convertibles[1].

IV. — Le cours forcé en Italie (1866-1883, 1894). — L'établissement du cours forcé suivit de près la constitution du royaume d'Italie. Les peuples de la péninsule attendaient beaucoup de la dynastie qui désormais représentait leur patrie unifiée. Le gouvernement voulut donner satisfaction à leurs besoins économiques. Bientôt il eut à faire face à des dépenses énormes. Le déficit budgétaire devint la règle.

Des emprunts considérables furent faits par le Trésor à l'ancienne Banque nationale des États Sardes, devenue la Banque nationale d'Italie[2]. Le 1er mai 1866, le cours forcé était décrété. L'avance faite par la Banque au Trésor ne s'élevait encore qu'à 141 millions de lire ; dès le 31 décembre de la même année, elle était portée à 250 millions. En 1868 et 1869, elle fut de 278 millions ; en 1870, de 445 millions; en 1871, de 629 millions ; en 1872, de 740 millions ; en 1873, de 790 millions.

1. *Report on the finances. Comptroller of the currency*, 1879, p. 114.

2. Elle s'était incorporée les anciennes banques de Parme, de Bologne et de Venise.

Le gouvernement comprit que la Banque nationale d'Italie avait peine à supporter tout le poids des emprunts faits pour son compte à la circulation métallique. Pour soutenir le crédit de l'établissement sur lequel était appuyé son propre crédit, il proposa aux Chambres d'instituer un syndicat de banques, qui serait substitué à la Banque nationale dans sa créance contre l'État. Ce syndicat, connu sous le nom de *Consorzio*, fut établi en vertu d'une loi du 30 avril 1874. Il se composait de la Banque nationale d'Italie, de la Banque nationale de Toscane, de la Banque toscane de crédit, de la Banque romaine, enfin de la Banque de Naples et de la Banque de Sicile qui venaient d'être autorisées à émettre des billets à vue et au porteur. Les billets émis par la Banque nationale d'Italie furent remplacés dans la circulation, jusqu'à concurrence des avances qu'elle avait faites au Trésor (840 millions), par des billets du Consorzio, qui eurent également cours forcé et cours légal dans tout le royaume. Le gouvernement s'était réservé la faculté de demander de nouvelles avances et par suite de faire augmenter la circulation inconvertible jusqu'à 1 milliard. Dans le courant même de 1874, sa dette fut portée à 880 millions ; elle atteignit, l'année suivante, 940 millions, chiffre auquel elle demeura jusqu'à l'abolition du cours forcé en 1883.

Les billets « consortiaux » furent émis par chacune des banques syndiquées, proportionnellement à l'importance relative de leur capital. A côté de ces billets à cours forcé, les six banques purent continuer d'émettre leurs anciens billets, dans les conditions fixées par leurs statuts particuliers. Ceux-ci n'eurent pas cours forcé ; mais ils conservèrent le cours légal, ceux de la Banque d'Italie dans l'ensemble du royaume, ceux des autres banques dans la province où elles avaient leur siège.

Voici quels ont été, de 1866 à 1879, les déficits ou excédents budgétaires, la circulation, et la prime de l'or[1] :

1. Ces chiffres sont empruntés à l'exposé des motifs du projet de loi présenté le 15 novembre 1880 par M. Magliani, qui a été publié en français sous le titre : *Mesures proposées pour l'abolition du cours forcé*. Rome, Botta, 1881. V. notamment, p. 4, 17, 18, 86. On a pris les chiffres de la circulation au 31 décembre, le document ne donnant la circulation moyenne annuelle qu'à partir de 1883.

ANNÉES	DÉFICITS ou excédents budgétaires.	BILLETS correspondant à la dette du Trésor.	AUTRES billets.	CIRCULATION totale.	PRIME moyenne de l'or.
		millions de francs.			p. °/o
1866. . . .	— 721	250	246	496	7.81
1867. . . .	— 214	250	487	737	7.37
1868. . . .	— 246	278	563	841	9.82
1869. . . .	— 149	278	571	849	3.94
1870. . . .	— 215	445	497	942	4.50
1871. . . .	— 74	629	578	1,207	5.35
1872. . . .	— 84	740	623	1,363	8.66
1873. . . .	— 89	790	664	1,454	14.21
1874. . . .	— 13	880	633	1,513	12.25
1875. . . .	+ 13	940	621	1,561	8.27
1876. . . .	+ 20	940	646	1,586	8.47
1877. . . .	+ 23	940	629	1,569	9.03
1878. . . .	+ 15	940	672	1,612	9.42
1879. . . .	+ 42	940	732	1,672	11.19

Les variations de l'agio de l'or eurent une grande amplitude. Voici les maxima et minima, de 1866 à 1879, à la Bourse de Rome[1] :

ANNÉES.	MAXIMUM.	MINIMUM.	ANNÉES.	MAXIMUM.	MINIMUM.
	p. °/o	p. °/o		p. °/o	p. °/o
1866	20.50	1.25	1873	17.65	10
1867	13.40	4.87	1874	16.95	9.50
1868	15.15	5.20	1875	10.80	8.15
1869	5.72	2.02	1876	9.65	7.25
1870	12.10	1.72	1877	13.75	7.65
1871	7.30	3.85	1878	11 »	7.90
1872	14.95	6.70	1879	14.80	8.75

« Grâce aux variations de l'agio, lit-on dans l'exposé des motifs du projet de loi de 1881, si celui qui stipule un paiement futur sait précisément ce qu'il donne en échange, il ignore ce qu'il recevra à l'échéance et il court le risque de recevoir une somme, nominalement égale à celle convenue, ayant en fait un pouvoir d'acquisition beaucoup moindre ; d'autre part, celui qui contracte une dette doit craindre de payer à l'échéance une somme numériquement égale, mais effectivement plus forte que celle stipulée. Ces différences, presque insensibles avec la monnaie métallique, deviennent très grandes et amènent une véritable perturbation avec la monnaie de papier. Il est donc clair que le cours forcé doit rendre plus difficiles et plus onéreuses toutes les opérations de crédit,

1. Magliani, *op. cit.*, p. 4.

et cela d'autant plus qu'elles sont à longue échéance et que, par suite, les variations de l'agio peuvent être plus fortes avant qu'elles soient définitivement réglées[1]. »

« On a dit souvent que le cours forcé protège l'industrie... » En effet, « les produits de l'industrie évalués en papier augmentent de prix ; les salaires, les loyers, les intérêts des sommes précédemment empruntées, etc., restent invariables pendant quelque temps. Mais le phénomène inverse se manifeste quand l'agio diminue ; le prix des marchandises baisse rapidement, tandis que les salaires et les autres frais de production ne diminuent que peu à peu. L'industrie ne tire donc pas du cours forcé un avantage permanent, comme on l'a dit par erreur, mais une succession de profits et de pertes qui, mathématiquement, se balancent et qui, en fait, soumettent la production industrielle à une incertitude nécessairement funeste à son développement[2]. »

Les effets du cours forcé n'avaient pas été moins désastreux pour le crédit international. L'étranger avait accordé au commerce et à l'État italiens, un crédit bien moindre qu'auparavant.

Les dépenses budgétaires avaient été augmentées dans leur ensemble, en dépit des économies apparentes réalisées sur les paiements faits à l'intérieur : il avait fallu accroître les subventions payées aux chemins de fer et services maritimes, relever plus hâtivement les traitements des fonctionnaires, contracter certains emprunts en or à des conditions très onéreuses. D'autre part, le produit des impôts qui ont pour base le mouvement des affaires et pour condition de plus-value le développement de l'aisance générale, avait été profondément affecté.

L'abolition du cours forcé fut prononcée par une loi du 7 avril 1881.

Le *Consorzio* fut dissous, 600 millions furent remboursés avec le produit d'un emprunt de 644 millions autorisé par la loi précitée[3]. Les 340 millions restant ne furent pas rembour-

1. *Mesures proposées pour l'abolition du cours forcé*, p. 5.

2. *Ibid.*, p. 10.

3. Le surplus, soit 44 millions, servit à rembourser un prêt de 44 millions en or, fait au Trésor par la Banque nationale, en vertu d'une convention du 1er juin 1875.

sés, mais les billets du *Consorzio* qui les représentaient furent retirés et remplacés par des billets d'État, en coupures de 5 et 10 francs, convertibles en monnaie métallique. Ces billets devaient être amortis au moyen des excédents futurs des budgets. La reprise effective des paiements en espèces eut lieu le 12 avril 1883, en vertu d'un décret royal du 1er mars. Précédemment, l'Italie, par un arrangement spécial conclu en 1878 avec les autres puissances de l'Union latine, avait opéré le rapatriement de sa monnaie divisionnaire d'argent, que le cours forcé avait fait émigrer.

Les excédents budgétaires que la sage politique des hommes d'État italiens avait su ménager à partir de 1875, disparurent en 1888.

Dans un discours[1] prononcé à Milan, le 9 novembre 1891, M. di Rudini, alors président du Conseil, énumérait sans détours les causes du déficit. Les résultats de l'œuvre patiente des ministres auxquels était due la restauration des finances italiennes avaient, par leur grandeur même, exalté l'ambition de leurs successeurs. On avait conçu les plus vastes desseins, dépensé 4 milliards dans la construction du réseau des chemins de fer, 1 1/2 milliard dans les travaux des fleuves, des ports, des phares, des routes; donné des encouragements à l'agriculture; doté l'enseignement; porté le budget de la guerre de 215 millions en 1881 à 410 millions en 1888-89, le budget de la marine de 46 à 162 millions (entre 1878 et 1888-89); tenté de créer une colonie en Afrique. « L'activité de l'État a servi d'exemple et de stimulant aux administrations locales et aux entreprises privées. L'Italie a ainsi dépensé une grande partie de ses énergies dans une œuvre multiple et gigantesque, hors de proportion avec ses forces... Ce fut l'effet de l'atmosphère d'espérances et d'illusions dans laquelle nous vivions : ce fut l'effet de l'élan naturel d'une nation jeune, ambitieuse, impatiente d'agir. L'essor provoqué par ces aspirations exagérées a engendré une profonde perturbation dans la politique financière et dans l'économie privée des citoyens. Les budgets de l'État et les budgets locaux s'en sont ressentis, ainsi que le bilan économique de la nation, et, dans

1. Le *Bulletin de statistique du Ministère des finances* en a donné une traduction, novembre 1891, p. 550.

la crise générale qui sévit aujourd'hui, l'Italie a été la plus cruellement atteinte. Nous courrions, hélas! à toute vapeur contre un écueil dissimulé par le brouillard épais de nos illusions et de nos espérances. Lorsque le danger fut proche, il s'éleva un cri de douleur et de menace qui obligea nos prédécesseurs à ralentir la course. Nous nous sommes résolument arrêtés, nous, et maintenant nous comptons reculer. »

On sait que M. di Rudini n'a pu réaliser son programme. La situation de l'Italie s'est encore aggravée. Déjà elle était critique. Depuis 1887, le change était constamment défavorable. En février 1888, au moment de la rupture des relations commerciales avec la France, il atteignit 2 1/2 p. %, véritable prime sur l'or. En 1889, en 1890, la perte au change continua, quoique à un moindre degré. En 1891, M. Bodio[1] constatait que les encaisses du Trésor et des banques avaient diminué, depuis 1883, de 434 millions. Déduction faite de la monnaie divisionnaire, dont le chiffre était discuté, plus de 300 millions avaient dû être exportés.

Le papier se dépréciait donc de nouveau et cette mauvaise monnaie recommençait à chasser la bonne[2]. L'or et les écus de 5 francs une fois exportés et le change devenant de plus en plus défavorable, on se servit de monnaie divisionnaire pour liquider avec l'étranger. Les puissances latines, la Suisse et la France surtout offraient un asile à ces pièces, grâce aux dispositions des conventions sur leur admission dans les caisses publiques. Au mois de septembre 1893[3], les pièces italiennes représentaient 28.78 p. % de l'ensemble des monnaies divisionnaires d'argent circulant en France; dans les départements

1. *Di alcuni indici misuratori del movimento economico in Italia*, traduction du *Bulletin de statistique du Ministère des finances*, revue et mise à jour par l'auteur. *Bulletin* de juin 1891, p. 673 et suiv.

2. Dès le mois d'août 1891, les embarras étaient tels qu'à Turin, la Banque de Naples en était réduite à défendre son encaisse en opérant avec une lenteur calculée l'échange de ses billets. Un procès lui fut intenté, de ce chef, en janvier 1892. Le tribunal de Turin se déclara incompétent, alléguant que les banques agissent comme déléguées de l'État quand elles remboursent les billets à cours légal (jugement du 9 juin 1892). Le cours forcé était, en quelque sorte, déclaré par autorité de justice. *Giornale degli economisti*, Roma, juillet 1892, p. 1.

3. Enquête du Ministère des finances. V. *Bulletin de statistique*, octobre 1893, p. 415.

du Sud-Est la proportion variait de 30 à 45 et 60 p. %; elle dépassait 70 p. % dans les Alpes-Maritimes et la Savoie. En Suisse, le pourcentage se rapprochait de ces derniers taux. La perte au change ou la prime de l'or était à ce moment de plus de 13 p. %. La monnaie de bronze elle-même commençait à être exportée.

Le 4 août 1893, un décret royal autorisait l'émission de 30 millions de bons de caisse à cours légal, de la valeur de 1 franc, contre dépôt dans les caisses du Trésor de monnaies divisionnaires italiennes d'argent. On espérait ainsi conserver dans la circulation des coupures indispensables aux menus échanges. En même temps, le gouvernement italien demandait aux puissances latines de retirer de leur circulation et de lui vendre les monnaies divisionnaires d'argent à son effigie. Un arrangement spécial fut signé, à cet effet, le 15 novembre 1893, à Paris.

Un décret du 4 août précédent avait autorisé une émission supplémentaire de 2 millions de francs de monnaies de bronze.

Le 12 novembre, un nouveau décret ordonnait de percevoir les droits de douane en espèces métalliques (or ou argent), conformément à la loi du 7 avril 1881 sur la suppression du cours forcé. Les droits de douane pouvaient aussi être payés au moyen de certificats nominatifs, délivrés par les banques d'émission, contre versement de billets de banque ou de billets d'État représentant la valeur du certificat demandé, plus le change, réduit de 0 fr. 25 cent. par 100 francs. Le change à payer serait déterminé par la moyenne du cours des chèques sur l'étranger, dans un certain nombre de bourses italiennes, deux jours avant la délivrance des certificats. Le Gouvernement reconnaissait ainsi lui-même, officiellement, la dépréciation du billet de banque.

Le 23 janvier 1894, un décret étendait les limites d'émission déterminées par une loi du 10 août 1893, et suspendait l'application de l'article 12 de cette loi, aux termes duquel les établissements d'émission étaient tenus de réduire leur circulation des trois quarts de la somme des comptes courants productifs d'intérêt qui dépasserait 130 millions pour la Banque d'Italie,

40 millions pour la Banque de Naples, 12 millions pour la Banque de Sicile.

Le 21 février 1894, un décret autorisait l'émission de bons de caisse de 2 francs pour 60 millions, et la fabrication de pièces de nickel de 20 centimes pour 20 millions.

Un autre décret, de la même date, autorisait le ministre du Trésor à augmenter l'émission des billets d'État jusqu'à concurrence de 600 millions[1]. Sur cette somme, 200 millions devaient être immédiatement remis aux trois banques d'émission en échange d'une égale somme en or, qui aux termes d'un décret du 28 mars suivant devait être immobilisée dans les caisses du Trésor en garantie des billets d'État. Le même décret élevait à 125 millions l'avance ordinaire des trois banques au Trésor[2].

L'obligation de payer en espèces les billets d'État était suspendue. Enfin, les banques étaient autorisées à rembourser leurs billets, pendant la durée du cours légal établi par l'article 4 de la loi du 10 août 1893[3], en billets d'État, et, au cas de remboursement en espèces métalliques, à retenir l'agio d'après le cours du jour à la Bourse la plus voisine[4].

L'Italie était donc de nouveau au régime du cours forcé.

A partir de 1890-91, la prime sur l'or est permanente. Voici les maxima et les minima[5] du cours des changes à vue sur Paris (année financière du 1er juillet au 30 juin) :

1. Ce maximum a été majoré par la suite.

2. Cette avance a été élevée par la suite.

3. Cet article donne cours légal aux billets des banques dans les provinces où se trouvent soit le siège, soit une succursale, soit une agence de ces établissements, pendant cinq ans à dater de l'entrée en vigueur de la loi. Le cours légal a été prorogé par des lois successives dont la dernière est la loi du 26 décembre 1901 : la prorogation du cours forcé des billets de banque en est la conséquence implicite.

4. *Bulletin de statistique*, mars 1894, p. 335. Cette disposition est reproduite dans la codification des lois sur les banques, du 9 octobre 1900.

5. *Relazioni 13a e 14a per gli anni* 1893-94 e 1894-95 *della commissione permanente per l'abolizione del corso forzoso*, etc. Roma, tipografia della Camera dei deputati, 1896. Cf. Raffalovich. *Le marché financier*.

Années.	Maxima.	Minima.
1890-91	101.92	100.05
1891-92	105.45	100.40
1892-93	105.20	102.50
1893-94	116.12	104.60
1894-95	112.60	104.10
1895-96	112.50	104.12
1896-97	107.62	104.25
1897-98	108.40	104.45
1898-99	109.50	106.75
1899-1900	107.90	105.80

Depuis quelques années, la circulation des billets d'État tend à se réduire. Elle était au 31 décembre 1898 de 563,337,000 lire ; elle n'était plus au 31 décembre 1899 que de 486,697,000 lire, dont 451,432,000 lire en billets et 35,265,000 lire en bons de caisse. La diminution porte principalement sur les bons de caisse, qui ont commencé à être remplacés par de la monnaie divisionnaire d'argent, à partir de 1899. Ces bons n'ont plus cours légal, depuis le 31 décembre 1901, aux termes d'un décret du 19 juillet 1899 ; ceux qui n'auront pas été présentés au remboursement seront prescrits le 31 décembre 1906.

La circulation des banques reste supérieure au maximum normal fixé par la loi.

D'après l'article 7 de la loi codifiée des banques, du 9 octobre 1900, ce maximum, qui, pour l'année 1900, était de 1,010,100,000 lire, dont 732,000,000 pour la Banque d'Italie, 226,400,000 pour la Banque de Naples et 51,700,000 lire pour la Banque de Sicile, doit être réduit annuellement de 17,000,000 lire pour la première de ces banques, de 5,200,000 et 1,100,000 lire pour les deux autres, jusqu'aux chiffres de 630 millions, 190 millions et 44 millions, soit au total 864 millions de lire. Une autre limitation résulte de l'article 12, aux termes duquel les établissements d'émission doivent entretenir une réserve, en numéraire pour partie et pour partie en certaines valeurs étrangères[1], égale aux 40 centièmes de leur circulation.

Ces limites peuvent être dépassées, à charge de payer, sur les

1. Les 80 centièmes de la réserve pour la Banque d'Italie, les 85 centièmes pour la Banque de Sicile, les 93 centièmes, sauf exception, pour la Banque de Naples, doivent être formés de métal, dont les trois quarts doivent être de l'or.

billets émis en excédent, une taxe plus élevée que la taxe ordinaire de circulation (art. 22 à 26). Il n'est pas dû d'impôt sur les billets émis en excédent qui correspondent aux avances ordinaires faites au Trésor par les banques d'émission [1] (art. 8). Ces avances peuvent s'élever à 125 millions, dont 115 pour la Banque d'Italie et 10 pour la Banque de Sicile (art. 27). Les billets émis pour le compte du Trésor au delà des limites normales, en conséquence des avances dont il vient d'être question, doivent être couverts au moins pour un tiers par la réserve métallique (art. 19).

Au 31 décembre 1898, la circulation des banques atteignait 1,122,271,000 lire, dont 20 millions pour le compte du Trésor. Elle était au 31 décembre 1899 de 1,180,110,000 lire, dont 40 millions au compte du Trésor ; au 31 décembre 1900, de 1,139,386,000 lire, sans émission au compte du Trésor ; au 31 décembre 1901, de 1,153,788,000 lire, dont 7 millions pour le Trésor. A cette dernière date, la limite normale de la circulation (986,800,000 lire) était dépassée de 166,988,000 lire.

La prime de l'or persiste : elle est, à la fin de mars 1902, de 2 fr. 50 c. p. °/₀ environ.

V. — Le cours forcé et la réforme monétaire en Russie. — Les premiers billets d'État ont été créés en Russie, il y a 134 ans, sous le nom d'assignats, par le manifeste du 29 décembre 1768. Les billets actuels, appelés billets de crédit, datent de 1843. A cette époque 596 millions de roubles-assignats furent retirés et échangés contre 170 millions de roubles-crédit; la proportion observée dans cet échange, 1 rouble-crédit pour 3 ½ roubles-assignats, était celle qui avait été établie entre le rouble-argent et le rouble-assignat, d'abord facultativement en 1827 pour le paiement des impôts, puis obligatoirement en 1839 [2]. Le nouveau billet d'État fut donc émis au pair de la monnaie d'argent. Tout le domaine public était affecté à la garantie des

1. L'impôt ne serait pas dû davantage, si l'émission était entièrement couverte par une encaisse métallique composée de monnaie légale, dont les 2 centièmes au maximum en monnaie divisionnaire d'argent, et d'or en barres.

2. Cette opération, exécutée par le comte Cancrine, ministre des finances, a été appelée « dévaluation ».

billets de crédit. En outre un « fonds d'échange » en roubles-argent, représentant le sixième au moins de la circulation, devait en gager la valeur; ce fonds était placé sous le contrôle d'un comité spécial. D'abord fixé à 70,464,245 roubles, il fut porté en 1845 à 81.5 millions de roubles métalliques. La circulation s'élevait à ce moment à 170 millions. Les billets avaient cours légal, mais étaient remboursables en espèces métalliques. Ils circulèrent d'abord au pair. C'était une époque prospère. On se rappelle qu'en 1847, l'Empereur put acheter à la Banque de France 50 millions de francs de rente française[1]. Les placements de l'empire en fonds étrangers dépassèrent alors 25 millions de roubles.

Au commencement de la guerre de Crimée, l'émission atteignait 300 millions. Bien que, dès cette époque, certaines restrictions eussent été apportées au remboursement des billets, ils circulaient encore au pair. Mais l'augmentation des émissions en vue des dépenses de la guerre, qui en porta le chiffre à 735 millions en 1857, obligea de suspendre complètement le paiement en espèces métalliques, et amena la dépréciation du papier.

En 1860, le gouvernement impérial créa la Banque de Russie, qui est essentiellement une administration d'État, un service du ministère des finances, et lui confia la mission de centraliser et de liquider sa dette flottante. « Le compte du fonds d'échange et des billets de crédit » fut désormais tenu par la Banque. Conformément à la loi de 1843, l'encaisse métallique devait égaler au moins le sixième de la circulation.

En 1861, l'émission étant de 713.6 millions, le fonds d'échange n'atteignait que 97.3 millions, dont 80.4 millions en métal et 16.9 millions en titres; le « découvert du Trésor pour les billets de crédit » ou, suivant l'expression généralement usitée, « la dette du Trésor sans intérêts », se montait à 616.3 millions. Malgré la surabondance de l'émission par rapport au fonds d'échange, le rouble-crédit ne valait pas moins de 3 fr. 50 c. à 3 fr. 60 c., la valeur du rouble métallique argent étant de 4 francs.

1. V. *supra*, p. 77.

Une tentative infructueuse fut alors faite pour reprendre les paiements en espèces ; on décida que, du 1er mai 1862 au 1er janvier 1864, les billets de crédit seraient remboursés en numéraire, d'après un tarif décroissant par échelons successifs de 110 ½ copecs-crédit à 100 copecs-crédit par rouble-argent. A la fin de 1863, 79 millions de roubles-crédit étaient rentrés, mais 69 millions de roubles-or étaient sortis. L'opération fut suspendue. Elle coûta au Trésor 70 millions de roubles, prélevés sur le septième emprunt 5 p. % 1862, et fit détruire 45 millions de billets.

La circulation, réduite ainsi à 634,773,929 roubles en 1864, augmenta graduellement jusqu'à 797 millions en 1876. Le rouble-crédit valait en 1875 de 3 fr. 20 c. à 3 fr. 50 c. Pendant la guerre turque, de nouveaux billets furent émis à titre temporaire. Cette circulation supplémentaire atteignit son maximum (491 millions) en octobre et novembre 1878. Au 1er janvier 1880, l'émission permanente atteignait 716 millions, les émissions temporaires 417 millions, soit un total de 1,133 millions. Le cours moyen du rouble-crédit descendit à 2 fr. 64 c.

En vertu d'un oukase du 1er janvier 1881, le Trésor devait verser à la Banque pour lui permettre d'amortir les 417 millions d'émissions temporaires : 1° immédiatement, une somme de 17 millions ; 2° en huit annuités de 50 millions, les 400 millions restants. En 1881, 1882 et 1883, les versements furent régulièrement faits. En 1884, la Banque avait reçu 167 millions, et il lui en restait dû 250. Un oukase du 8 juin 1884, ordonna que les annuités restant dues pourraient être acquittées par la remise à la Banque de titres de rente 5 p. %. En exécution de ces dispositions, la Banque a reçu : en 1884, 20 millions de rente 5 p. % or, qu'elle réalisa pour 27 millions de roubles-crédit ; en 1885, 1886 et 1887, 108 millions en rentes 5 p. % or, pour 173 millions de roubles-crédit ; en 1889, pour 1888, 50 millions de roubles-crédit. Les 417 millions lui ont donc été versés, pour 173 millions, en rentes qu'elle a conservées et pour 244 millions, en billets ou en rentes qu'elle a transformées en billets. Sur ces 244 millions, la Banque n'en a détruit que 87 millions ; 64 millions ont été reportés au compte des émissions permanentes, en même temps que le fonds d'échange était augmenté de 40 millions de roubles or; 93 millions restaient à détruire.

L'émission temporaire était composée au 1er janvier 1891, de ces 93 millions de billets et des 173 millions représentés par les rentes non réalisées, soit en tout 266 millions[1]. L'émission permanente était portée de 716.4 millions à 780 millions. La circulation totale s'élevait ainsi, au 1er janvier 1891, à 1,046.3 millions. Le fonds d'échange était de 211.5 millions. Les 266 millions d'émissions temporaires ayant été portés au compte des opérations commerciales de la Banque, la dette sans intérêts du Trésor était de 780 - 211.5 millions, soit 568.5 millions de roubles.

Le fonds d'échange, qui, au 1er janvier 1885, était de 171.5 millions, dont 170.3 millions en or, avait été porté, en 1887, à 211.5 millions de roubles-or. Il fut maintenu à ce chiffre jusqu'en 1894[2]. Il fut alors porté à 276.9 millions, puis, en 1895, à 375 millions et, en 1896, à 425 millions de roubles-or. En dehors de ces 425 millions, et de 75 millions de roubles-or qui gageaient une émission temporaire, le Trésor disposait encore à la Banque, en février 1896, de 184 millions de roubles-or.

Les fluctuations du rouble-crédit tendent en même temps à se restreindre. En voici le tableau depuis 1876, d'après le cours du change à Paris[3] :

Années.	Plus haut.	Plus bas.	Cours moyen.
1876	333 1/2	297 1/8	315 1/4
1877	314 1/2	234	274 1/4
1878	282	233	257 1/2
1879	272	237 1/2	259 3/4
1880	272	254	264
1881	276	255 7/8	266

1. L'émission temporaire fut augmentée de 75 millions dans le second semestre de 1891 et de 75 millions en 1892. Chaque fois, une somme égale en or fut portée au fonds d'échange. 75 millions furent retirés en 1894, et 75 en 1897.

2. On fait abstraction des sommes supplémentaires immobilisées pour la garantie des émissions temporaires dont il est question à la note précédente.

3. Ce tableau est emprunté, comme le plus grand nombre des renseignements que nous avons utilisés, aux substantielles études que M. Arth. Raffalovich a publiées dans ses volumes annuels, *Le marché financier*. Voir principalement 1895-96.

Années.	Plus haut.	Plus bas.	Cours moyen.
1882.	263	247 1/4	255 1/8
1883.	254 1/2	245	249 7/8
1884.	267	244 1/2	255 3/4
1885.	268 3/4	243	255 7/8
1886.	255 7/8	235	245
1887.	239 1/2	219 3/4	229 7/8
1888.	273 7/8	198	236
1889.	277	253	265
1890.	328	270	299
1891.	301 1/2	235	277 1/2
1892.	248 1/2	246 1/2	254
1893.	270.8	257.9	264.7
1894.	273.2	269.9	271.1
1895.	274.4	270	271.6

Le cours du rouble tendait donc à se stabiliser.

Les réserves d'or qu'une politique persévérante s'était attachée à constituer, depuis 1885, allaient très prochainement permettre à la Russie de reprendre les paiements en espèces sur la base de l'étalon d'or.

Le régime monétaire de l'empire avait été réglementé, en dernier lieu, par la loi du 17 décembre 1885, qui reconnaissait comme unité monétaire le rouble-argent du poids de 20 grammes au titre de 0.900, et qui ordonnait la frappe de pièces d'or de 10 et de 5 roubles appelées impériales et demi-impériales, de mêmes poids et titre que les pièces françaises de 40 et de 20 francs. Mais la frappe de l'argent n'était plus libre depuis juillet 1893 et le cours du rouble-crédit était supérieur à ce qu'aurait été le pouvoir d'achat du rouble-argent [1], si ce dernier avait effectivement circulé.

En fait, la Russie était à l'étalon de papier. Cet état de choses remontait trop loin dans le passé pour qu'il ne fût pas légitime d'adopter comme unité monétaire un poids d'or correspondant à la valeur en or du rouble-crédit d'après le change moyen des dernières années. Sur cette base, 1 rouble d'or devait équivaloir à 1 $^1/_2$ rouble-crédit ; les valeurs nominales de l'impériale et de la demi-impériale devaient être portées de 10 et 5 roubles à 15 et 7 $^1/_2$ roubles.

Mais avant de changer le régime monétaire, il convenait, selon le plan qu'exposa M. de Witte dans la séance du conseil

1. V. Arth. Raffalovich. *Le marché financier en* 1893-94, p. 168.

de l'empire du 6 avril 1895, d'accoutumer le public à la circulation métallique et de faire pénétrer dans les esprits la conviction qu'un change fixe existait désormais entre le billet de crédit et le métal. Toute une série de mesures furent prises en conséquence : autorisation de payer les impôts en or aux taux de 7 r. 40 c., puis de 7 r. 45 c., enfin de 7 r. 50 c. par demi-impériale (décret en conseil de l'empire du 8 mai 1895) ; autorisation de contracter des engagements payables en monnaie d'or russe (même décret) ; ouverture à la Banque de Russie de comptes-courants en roubles-or contre versement de monnaies d'or russes (règlement du 16 août 1895) : admission des billets de la Banque de France en paiement des droits de douane (16 août 1895) ; établissement d'un tarif d'achat des monnaies d'or étrangères (1895) ; émission de monnaie divisionnaire d'argent en remplacement des petites coupures de papier (18 septembre 1895).

Le 22 août 1896, un oukase consacra la parité 1 rouble d'or = 1 ½ rouble-crédit, en fixant, jusqu'au 1er janvier 1898 et après cette date jusqu'à nouvel ordre, la valeur de la demi-impériale à 7 r. 50 c. Un décret du 3 janvier 1897 ordonna la frappe de nouvelles impériales et demi-impériales, de mêmes poids, titre et module que les anciennes, aux valeurs nominales de 15 et de 7 ½ roubles[1]. La réforme était ainsi consommée.

Un décret du 14 novembre 1897 règlemente l'émission des billets de crédit. Jusqu'à 600 millions de roubles, les billets en circulation doivent être garantis par une somme d'or égale à la moitié de leur valeur ; au-dessus de 600 millions de roubles, les billets doivent être garantis par de l'or, somme pour somme, chaque 15 roubles-crédit étant garantis par 1 impériale. L'émission à découvert ne peut donc dépasser 300 millions.

Un autre décret de la même date supprime sur les billets de crédit la mention de la faculté de les rembourser en argent. Un décret du 27 mars 1898 limite à 3 roubles par tête d'habitant le montant de la circulation des monnaies d'argent et réduit à 25 roubles le pouvoir libératoire entre particuliers des monnaies

1. Des pièces de 5 roubles ont été créées par un décret du 14 novembre 1897, des pièces de 10 roubles par un décret du 18 décembre 1898.

d'argent à 0.900, les caisses publiques devant les accepter sans limitation de sommes, sauf pour les droits payables en or, tels que ceux de douane à l'acquittement desquels elles ne peuvent servir que jusqu'à concurrence de moins de 5 roubles.

Le même décret prescrit de compter en roubles de un quinzième d'impériale dans tous les actes, documents, quittances, etc.

Toutes ces dispositions ont été codifiées par la loi monétaire du 7 juin 1899, qui établit, en même temps, la frappe libre de l'or pour compte des particuliers[1].

La monnaie de compte est le rouble d'or (0.774234 gramme de fin), dont le pair en francs est 2.66. Les pièces d'or sont de 15, 10, 7 $^1/_2$ et 5 roubles ; les pièces d'argent sont de 1 rouble, 50 copecs (le copec est le centième du rouble), 25, 20, 15, 10 et 5 copecs. Les pièces d'or et celles d'argent de 1 rouble, de 50 et 25 copecs sont au titre de 0.900 ; les autres sont du billon à 0.500. Il y a en outre des pièces de cuivre de 3, 2, 1, 1/2, 1/4 copecs.

La frappe des pièces d'or du nouveau type, commencée en 1897, se montait à la fin de 1899 à 973,467,797 roubles ; il avait été fabriqué, de 1886 à 1899, des monnaies d'argent pour 213,227,787 roubles, dont 47,500,000 roubles à Paris et 50,000,000 roubles à Bruxelles de 1896 à 1899. Les frappes de 1900 ont été, pour l'or, de 161,505,195 roubles et, pour l'argent, de 9,070,022 roubles.

Voici quels étaient, à la fin des années 1900 et 1901, les stocks métalliques du Trésor et les principaux éléments de la circulation :

OR.		ARGENT A 0.900.		BILLETS DE CRÉDIT.	
Banque et Trésor.	Circulation.	Banque et Trésor.	Circulation.	Banque et Trésor.	Circulation.
		millions de roubles.			
807.8	684.5	58.4	164.4	77.7	552.3
830.1	694.9	61.8	161.6	71.6	558.4

Les 552.3 millions de roubles-billets qui circulaient en 1900 étaient donc garantis par 807 8 millions de roubles-or. Aux

1. On trouvera dans le *Rapport du Directeur des Monnaies* pour 1899, la traduction de cette loi telle qu'elle a été publiée par le gouvernement impérial.

termes du décret du 14 novembre 1897, 276.2 millions auraient suffi à les couvrir. De même, en 1901, 279.2 millions au lieu de 830.1 auraient été seulement exigés pour couvrir les 558.4 millions de billets. Le change russe est maintenant aux environs du pair (2 fr. 66 c.)

VI. — Le cours forcé et la réforme monétaire en Autriche. — Jusqu'en 1892, le système monétaire de l'Autriche-Hongrie était nominalement basé sur l'étalon d'argent. L'unité monétaire, appelée florin, était la 45e partie de la livre d'argent fin (de 500 grammes), ainsi que l'avaient prévu la convention avec le Zollverein du 24 janvier 1857 et ordonné les lettres patentes impériales du 19 septembre de la même année. Mais, en réalité, la monarchie austro-hongroise était au régime du cours forcé, et sa monnaie de compte, la *valuta*, pour employer l'expression consacrée, était un florin de papier.

La circulation se composait de billets de banque et de billets d'État ayant les uns et les autres cours forcé : billets de banque (*banknoten*) de 1,000, 100 et 10 florins, émis par la Banque, austro-hongroise ; billets d'État (*Staatsnoten*) de 50, 5 et 1 florins, constituant une dette flottante commune aux deux parties de la monarchie. Le cours forcé des billets de la Banque austro-hongroise résultait de la loi constitutive de son privilège en tant que banque d'Autriche et de Hongrie (1er juillet 1878) ; les billets qu'elle avait émis auparavant comme Banque nationale d'Autriche avaient eu cours forcé à diverses reprises et notamment de 1866 à 1878 en vertu de la loi du 7 juillet 1866. Quant aux sillets d'État, on peut dire qu'ils n'avaient jamais été remboursables en espèces métalliques.

En outre des billets d'État proprement dits, il existait des bons ou certificats de salines (*Salinennoten*) gagés par le produit des salines de Gmünden, Aussee, Hallein, appelés aussi assignations hypothécaires partielles (*Partialhypothekaranweisungen*) sortes de bons du Trésor à 3 mois et à 6 mois, pour la plupart productifs d'intérêts. Le maximum de l'émission pour les *Salinennoten* était de 100 millions de florins. Mais la loi du 25 août 1866, tout en maintenant ce maximum particulier, avait établi, tant pour ces certificats que pour les billets d'État proprement dits, un maximum total de 400 millions, porté bientôt à 412 millions de florins par une loi du 1er juillet 1868. L'émission des billets d'État pouvait ainsi être augmentée de la somme que n'absorbait par l'émission des bons de salines.

Au 31 décembre 1891, on comptait[1] :

	milliers de florins.
Billets d'État	378,840
Bons de salines	33,100
TOTAL	411,940
Billets de banque	455,210
TOTAL GÉNÉRAL	867,150

Voici comment se répartissait au 31 août 1892 la circulation du papier d'État[2] :

	milliers de florins.
1° Bons de salines :	
a) ne rapportant pas d'intérêts	25
b) semestriels 3 p. %	35,300
c) trimestriels 2 1/2 p. %	30,131
TOTAL	65,456
2° Billets d'État :	
a) billets de 1 florin	74,197
b) billets de 5 florins	134,056
c) billets de 50 florins	138,284
TOTAL	346,537
TOTAL GÉNÉRAL	411,993

Billets de banque et billets d'État, ayant également cours forcé, étaient cotés le même prix en florins d'argent. Jusqu'en 1879 environ, le florin de papier valut moins que le florin d'argent. Celui-ci faisait prime sur le billet. Mais à partir de 1879, l'aggravation de la dépréciation du métal blanc eut cette conséquence inattendue, que le billet fit à son tour prime sur le florin argent[3].

1. Baugnies, La réforme monétaire austro-hongroise. *Annales de l'École des Sciences politiques,* janvier 1894 ; Arth. Raffalovich, *Le marché financier en* 1892.

2. *Bulletin de statistique du Ministère des Finances,* septembre 1892, p. 334.

3. Les chiffres ci-dessous ont été publiés par M. Pierre des Essars dans la *Revue économique et financière,* mai 1894 :

ANNÉES	VALEUR DE 100 FLORINS ARGENT en florins or.	en florins papier.
1873	96.18	108.14
1878	85.30	103.15
1883	82.38	97.83
1888	69.34	85.75
1889	69.38	82.20
1890	77.43	89.07
1891	73.15	84.69

La suppression de la frappe libre de l'argent par des arrêtés des ministres des finances autrichien et hongrois (mars 1879) ne permit pas que l'équilibre se rétablît entre le métal et le papier, et que le florin en billets descendît au pair du florin d'argent.

Le florin de papier était ainsi érigé en une sorte d'étalon de valeur, dépourvu de toute base métallique, purement représentatif du crédit de l'Autriche-Hongrie. C'est ce que l'on a appelé la valeur autrichienne (*Œsterreichische Währung*) ou la « valuta ».

La « valeur autrichienne », pour être moins dépréciée que si elle eût consisté en un florin d'argent, n'en était pas moins une unité monétaire dépréciée, tombée très au-dessous de l'ancien pair théorique du florin d'argent avec les unités métalliques étrangères[1], et dont la relation avec celles-ci n'avait aucune fixité.

Au mois de mars 1892, les ministres des finances autrichien et hongrois ouvrirent simultanément une enquête afin de rechercher les moyens de reprendre, ou plutôt, car le cours forcé était alors plus que séculaire dans la monarchie, d'établir les paiements en espèces.

Il n'était évidemment pas possible de prendre pour base du nouveau régime le pair qui aurait pu exister avant la période de dépréciation du métal blanc, si le florin d'argent avait circulé, entre ce florin et les monnaies étrangères. Les finances austro-hongroises n'auraient pu supporter un tel effort. Le résultat n'était pas d'ailleurs désirable, car la dépréciation prolongée de l'unité monétaire avait produit depuis longtemps, par des répercussions successives, tous les effets qu'elle était susceptible d'avoir sur les prix ; une accomodation s'était faite entre le florin de papier et le coût des marchandises et des services. Le rehaussement de la valeur de l'unité monétaire aurait amené la baisse des prix et troublé le marché. La réforme devait consister, au contraire, à consolider le fait accompli, en donnant à la

1. Dans la convention monétaire signée avec la France, le 31 juillet 1867, il était stipulé que les pièces d'or austro-hongroises porteraient les doubles mentions, 4 florins—10 francs et 8 florins—20 francs, sur la base de 1 florin pour 2 fr. 50 cent. La loi du 9 mars 1870 qui ordonna la frappe de ces pièces spécifia, d'ailleurs, que nonobstant les inscriptions 4 et 8 florins, leur valeur en florins dépendrait de la convention des parties.

« valuta » une base métallique, à la fixer à son taux actuel, à la régulariser (*Valutaregulierung*).

Les deux commissions autrichienne et hongroise admirent que la base métallique de l'unité monétaire devait être l'or, et que cette unité, qui serait appelée la couronne, équivaudrait à la moitié de la valeur du florin, calculée sur le cours moyen du change de 1879 à 1892. Ce cours moyen fut fixé à 120 florins pour une livre sterling, ou 2 fr. 10 cent. pour 1 florin. La valeur de la couronne serait donc de 1 fr. 05 cent., correspondant à un poids d'or fin de $\frac{1,000}{3,280} = 0.3387533$ gramme.

Le système de la couronne (*Krönenwährung*) a été fixé par une loi du 2 août 1892. Il comporte des pièces d'or à cours légal illimité, pouvant être frappées pour compte particulier ; des pièces d'argent, de nickel et de bronze, à cours légal limité, frappées exclusivement pour le compte de l'État. C'est le monométallisme-or. Une seconde loi portant la même date sanctionnait la convention passée entre les ministres des finances autrichien et hongrois pour l'introduction du système de la couronne dans les deux parties de la monarchie. A côté des pièces d'or de 20 et 10 couronnes, des pièces d'argent de 1 couronne, des pièces de nickel de 20 et 10 hellers (le heller est le centième de la couronne) et des pièces de bronze de 2 et 1 heller, les anciennes coupures du système du florin, pièces d'argent de 2 florins, 1 florin, 1/4 de florin, pièces de 20, 10, 5, 4 kreuzers, 1 et 1/2 kreuzer continuaient de circuler, sur la base de 1 florin pour 2 couronnes. Jusqu'à ce qu'il en fût ordonné autrement par une loi spéciale, la monnaie de compte restait le florin. Les obligations en florins d'or pouvaient, aux termes d'une troisième loi du 2 août 1892, être acquittées en couronnes d'or, sur la base de 42 florins pour 100 couronnes. Une quatrième loi, de la même date, introduisait dans les statuts de la Banque austro-hongroise l'obligation de recevoir en échange de ses billets, les monnaies d'or légales et les lingots d'or, ceux-ci en retenant les frais de fabrication.

Aux termes des articles 23 de la première loi et 17 de la seconde, les billets en circulation conservaient cours forcé jusqu'à leur retrait. L'article 19 de la seconde loi prévoyait la conclusion d'un nouvel accord pour le retrait des billets d'État sur les bases ci-après : ces billets forment une dette flottante commune aux deux parties de la monarchie jusqu'à concurrence de 312 millions de florins seulement; les 100 millions restant forment une dette particulière à l'Autriche ; les frais de l'opération incomberaient à l'Autriche à raison de 70 p. °/₀ et à la Hongrie à raison de 30 p. °/₀ ; on commencerait par retirer les billets de 1 florin.

Une cinquième et une sixième lois[1], toujours de la même date, avaient trait aux voies et moyens. Les deux gouvernements étaient autorisés à contracter des emprunts en or destinés à fournir le métal nécessaire à la fabrication des nouvelles monnaies. En vue de compenser les charges qui devaient résulter de ces émissions de rente, un certain nombre d'emprunts antérieurs, autrichiens et hongrois, devaient être convertis.

Ces opérations de conversion et d'emprunt furent entreprises dans les premiers mois de 1893. Le cours du change, après avoir, d'avril en octobre 1892, permis des importations d'or, était redevenu défavorable. L'agio avait reparu dès le mois de novembre ; en 1893, il oscilla entre 3 et 7 p. °/₀. Néanmoins, en février 1894, des projets de loi étaient déposés en vue du retrait de 200 millions de florins en billets d'État de 1 florin et de la réduction à 70 millions du montant des assignations hypothécaires. Ces mesures furent autorisées par des lois du 26 juillet 1894. Dès 1895, 143 millions de florins avaient été retirés, et avaient été remplacés, conformément aux prescriptions des lois de 1894, par des billets de la Banque austro-hongroise et de l'argent monnayé délivrés aux deux gouvernements contre dépôt de monnaies d'or et d'argent[2].

Il ne restait plus à retirer, en 1897, que 112 millions de florins en billets de 5 florins, et 13 millions en billets de 50 florins. Cette dernière somme étant constituée par des billets correspondant à des assignations hypothécaires devait être retirée aux frais de l'Autriche seule. Mais la reprise définitive des paie-

1. Ces six lois ont été publiées *in extenso* dans le *Bulletin de statistique du Ministère des finances*, de septembre 1892.

2. Les proportions légales étaient, pour 200 millions de billets d'État, 160 millions de florins en pièces de 20 couronnes et 40 millions de florins en pièces de 1 couronne.

ments en espèces devait encore rester deux années en suspens, par suite des difficultés que souleva le renouvellement du pacte décennal qui lie l'Autriche et la Hongrie aux points de vue douanier et financier. Les projets de lois monétaires étaient, en effet, du nombre des dix-huit projets de loi qui devaient constituer l'*Ausgleich* austro-hongrois, d'après l'accord intervenu en 1896 entre les deux gouvernements et que le Reichsrath autrichien n'a pas votés. Finalement, c'est en vertu d'une ordonnance impériale du 21 septembre 1899, prise d'après les pouvoirs réservés au souverain par la loi constitutionnelle de 1867, que le compromis a été mis en vigueur et que la réforme monétaire a pu être achevée [1].

D'après les dispositions de la deuxième partie de cette ordonnance, les 112 millions de billets de 5 florins restant à retirer aux frais communs des deux royaumes (dans la proportion de 70 p. °/₀ à la charge de l'Autriche et de 30 p. °/₀ à la charge de la Hongrie) seront remplacés par 32 millions de florins en pièces d'argent de 5 couronnes [2], dont un chapitre spécial ordonne la création, et par 80 millions de florins en billets de 10 couronnes que la Banque austro-hongroise est autorisée à émettre. Le métal nécessaire à la frappe des pièces de 5 couronnes sera fourni par la Banque en pièces de 1 florin. Les billets de banque de 10 couronnes seront couverts par un dépôt, fait par les deux gouvernements à la Banque, de 160 millions de couronnes en pièces d'or. Au besoin, la Banque pourra émettre une somme supplémentaire de 20 millions de couronnes en billets de 10 couronnes, contre le dépôt d'une somme égale en pièces d'argent de 5 couronnes.

En vertu d'une ordonnance ministérielle du 13 août 1901, les billets d'État ont cessé d'être employés dans les paiements du Trésor, à dater du 1er septembre 1901 ; ils peuvent servir : aux paiements entre particuliers, jusqu'au 28 février 1903 ; aux paiements à faire aux caisses publiques jusqu'au 31 août 1903 ;

1. Le *Bulletin de statistique du Ministère des Finances* de décembre 1900 en a donné une analyse.

2. Les pièces de 5 couronnes sont au titre de 0.900 et ont force libératoire jusqu'à 250 couronnes. La pièce de 1 couronne est au titre de 0.835 et n'a cours que pour 50 couronnes.

aux paiements à la Banque d'Autriche-Hongrie jusqu'au 31 août 1907 ; à cette dernière date, ils seront prescrits.

A partir du 1er janvier 1900, d'après la troisième partie de l'ordonnance du 21 septembre 1899, la couronne devient obligatoirement la monnaie de compte de la monarchie. Les pièces d'argent de 1 florin restent en circulation jusqu'à nouvel ordre et conservent leur pouvoir libératoire illimité [1].

Enfin, la quatrième partie de l'ordonnance impériale proroge le privilège de la Banque, règle ses rapports avec l'État et modifie ses statuts. Les billets doivent être couverts jusqu'à concurrence des deux cinquièmes par de l'or monnayé ou en lingots. Lorsque le montant des billets en circulation dépasse l'encaisse métallique de plus de 400 millions de couronnes l'excédent est passible d'une taxe annuelle de 5 p. %.

Le passage de l'ancienne « Valeur autrichienne » à la nouvelle unité de compte s'est accompli à la date fixée (1er janvier 1900) et n'a donné lieu à aucune difficulté. Le terme assigné à la cessation de l'émission des billets d'État (1er septembre 1901) est passé. Il reste maintenant à décréter la reprise des paiements en espèces par la Banque austro-hongroise, dont les billets ont été substitués à ceux de l'État, et qui a ainsi assumé la charge de mener à son terme la réforme monétaire de l'Autriche-Hongrie.

Il avait été frappé, tant à Vienne qu'à Kremnitz, au 31 décembre 1900, 1,010 millions de couronnes en pièces de 20 et de 10 couronnes, 244 millions en pièces de 5 et de 1 couronne, soit au total 1,254 millions de couronnes.

A la même date, la circulation de la Banque d'Autriche-Hongrie se montait à 1,494 millions de couronnes ; son encaisse à 1,157 millions de couronnes, dont 919.5 millions en or.

Le change de Paris sur Vienne a été en 1901, comme d'habitude, légèrement au-dessous du pair (103 $^{1}/_{8}$ au plus bas et 103 $^{5}/_{16}$ au plus haut).

1. Les pièces de 20, 10 et 5 kreutzers ont été démonétisées par des ordonnances ministérielles des 23 juin 1894 et 18 décembre 1895, celles de 1 et 1/2 kreutzer par une ordonnance du 9 juillet 1897.

CHAPITRE II.

LE CHÈQUE ET LES CHAMBRES DE COMPENSATION.

§ 1er. — Émission du Chèque.

Le système du chèque repose essentiellement sur les dépôts et les crédits en banque, puisque le chèque est la disposition faite par le client d'un banquier des fonds libres portés à son compte. Aussi ce système est-il d'origine relativement récente, car les banques de dépôt, au sens actuel de cette dénomination, sont elles-mêmes une institution moderne.

Bagehot[1] remarque qu'aucune nation n'est encore arrivée à créer un grand système de banques de dépôts, sans passer d'abord par la phase préliminaire de l'émission des billets de banque. Il est plus facile, en effet, dans un pays où les affaires de banque ne sont pas encore développées, de placer des promesses de payer que d'obtenir des dépôts. L'émission des billets de banque ne nécessite aucun effort de la part du public. Elle est le fait du banquier, qui emploie les billets à l'escompte du papier de commerce. Pour que la circulation du billet de banque ne s'établît pas, il faudrait qu'un grand nombre de personnes eussent le soin de toujours payer le banquier avec son propre papier. Il est beaucoup moins facile d'attirer des dépôts dans une banque. Ce n'est pas le banquier, c'est le public qui doit ici prendre l'initiative.

L'émission des billets de banque ne précède pas seulement l'organisation des dépôts ; elle y conduit peu à peu comme à une conséquence logique. En recevant les billets de banque, le public court un risque : le banquier ou la société qui les a émis peut devenir insolvable. Le public ne craint pas de

1. *Lombard Street*, p. 87.

s'exposer à cette éventualité, en considération des avantages qu'il retire de la circulation de papier. Le risque accepté par le client d'une banque de dépôts n'est pas plus grand, toutes choses égales d'ailleurs; et, en retour de la confiance qu'il accorde au banquier, le déposant obtient ce double avantage de mettre son argent à l'abri des vols, et d'en retirer un intérêt. Un jour ou l'autre, on s'avise qu'il est plus avantageux de déposer ses fonds libres chez un banquier et d'en disposer au moyen de chèques, que de les conserver chez soi improductifs tout en se servant, dans les échanges, de promesses de payer souscrites par le banquier. A partir de ce moment, la circulation des billets diminue, tandis qu'augmentent les dépôts et la circulation des chèques.

Le raisonnement qui vient d'être fait semble très simple. Cependant il faut beaucoup de temps pour que le public le fasse, et ce temps varie suivant les pays et l'organisation de leurs banques.

En Angleterre, il y a fort longtemps que l'on s'est rendu compte des avantages du système des dépôts. La raison en est, sans doute, dans cette circonstance que le public ne se trouvait pas en présence d'une grande banque d'émission en possession d'un monopole, mais d'un grand nombre de banques locales qui, tout à la fois, émettaient des billets et recevaient des dépôts. Les particuliers ne pouvaient manquer de s'apercevoir que les risques courus, au cas de faillite de la banque, ne seraient pas plus grands si les billets souscrits par elle étaient dans ses coffres à titre de dépôt, au lieu d'être dans les leurs.

A Londres en particulier la pratique des dépôts est fort ancienne. Le chèque apparaît au temps de la République. Un contemporain signale comme une innovation [1], qui, d'ailleurs ne paraît nullement avoir ses sympathies, « le système de recevoir et de payer de l'argent, depuis le matin jusqu'au soir, dans une boutique ouverte ». Les banquiers de Londres, comme les anciens orfèvres dont ils étaient les successeurs directs, émettaient alors des billets (*promissory notes*) en même temps qu'ils

1. Lawson, *op. cit.*, p. 189.

payaient des chèques[1]. Plus tard, ils renoncèrent à l'émission, les dépôts suffisant à leur fournir tous les capitaux dont ils avaient besoin.

Le mot « banque » prend alors un sens très spécial que Bagehot explique dans un curieux passage de son *Lombard Street*[2] : « Un vieil usage veut qu'un administrateur de la Banque d'Angleterre ne puisse être lui-même banquier... je parle de banquiers dans l'acception anglaise du mot, acception qui étonnerait considérablement un étranger. Un des membres de la famille Rothschild est administrateur de la Banque ; or un étranger serait disposé à penser que les Rothschild sont des banquiers, s'il existe des banquiers au monde. Mais ceci ne fait qu'indiquer la différence essentielle qui existe entre l'idée que nous nous faisons de la banque et celle que s'en font les étrangers... MM. Rothschild sont d'immenses capitalistes qui ont, sans doute, entre les mains beaucoup d'argent appartenant au public. Mais ils ne recevraient pas 2,000 francs payables à vue pour les rembourser en chèques de 100 francs ; or c'est là ce qui constitue la banque anglaise. Ils ont emprunté en grosses sommes, et pour un terme plus ou moins long, l'argent qu'ils ont entre les mains. Les banquiers anglais, au contraire reçoivent une quantité de petites sommes payables à vue ou dans un court délai. La façon dont ils se servent de leur argent est aussi toute différente. Un étranger pense que les affaires de change, c'est-à-dire l'achat et la vente de papier sur l'étranger constituent une des principales fonctions de la banque... la grande majorité des banquiers de province, en Angleterre, ne vendent du papier que sur Londres ou les principales villes anglaises, et, à Londres, le commerce du papier commercial a échappé aux banquiers. La plupart d'entre eux ne sauraient pas faire une opération de change et ne sauraient comment s'y prendre pour faire revenir l'argent ; ils aimeraient mieux, je crois, devenir marchands de soie que de faire des opérations semblables ».

C'est surtout depuis l'institution des banques par actions

1. Macleod, *Theory of Credit*, t. I. p. 339.

2. P. 202-203.

(*joint stock banks*) que les dépôts et les chèques se sont développés. La Banque d'Angleterre fut longtemps la seule banque par actions qui existât dans cette partie du royaume. Elle avait obtenu en 1708 le vote d'un *act* lui réservant le privilège des affaires de banque à l'exclusion de toute association (*co-partnership*) de plus de six personnes ; un certain nombre de banques par actions, qui existaient à cette époque, furent forcées de cesser leurs affaires. En 1826, un acte du Parlement (7th, Geo. IV, cap. 46) disposa que les associations de plus de six personnes pourraient faire la banque en Angleterre au delà d'un rayon de 65 milles autour de Londres, à condition de payer licence et de n'avoir pas d'établissement à Londres : les associés devaient être responsables *in infinitum* de tous les engagements de leur banque[1]. Les premières banques par actions formées à la suite de cet acte furent celles de Lancaster et de Huddersfield ; un grand nombre d'établissements semblables furent formés en province.

Quelques années après le vote de l'acte de Georges IV, Gilbart soutint que le Parlement n'avait pas entendu prohiber la formation de banques par actions à Londres même, mais simplement interdire aux *joint stock banks* qui y seraient établies l'émission des billets au porteur et à vue. Un acte de Guillaume IV (3th et 4th, c. 98) adopta cette interprétation, déclarant que les lois antérieures n'avaient pas entendu interdire aux associations de plus de six personnes le commerce ou les affaires de banque à Londres et dans le rayon de 65 milles, mais simplement leur défendre l'émission des billets payables à présentation (*on demand*) ou à une échéance moindre de six mois, tant que durerait le privilège de la Banque d'Angleterre.

Peu après, en 1834, Gilbart fonda la première *joint stock bank* métropolitaine, la London and Westminster Bank. Plusieurs autres furent créées dans les années suivantes : London joint stock Bank, Union Bank, London and County Bank, Commercial Bank, Royal British Bank. Les dépôts des cinq premières s'élevaient en 1845 à 10 millions sterling. Dix ans plus tard, les dépôts des six banques se montaient à plus de 29 mil-

1. La Banque d'Angleterre a eu jusqu'en 1857 le monopole de la responsabilité limitée. V. *Annuaire de législation étrangère*, t. IX, p. 41.

lions sterling. A cette dernière époque, les dépôts privés de la Banque d'Angleterre étaient de 11,675,000 livres sterling[1].

Actuellement (juin 1901), les dépôts et comptes courants représentent, pour toutes les banques anglaises et galloises, 634.4 millions sterling; pour les banques écossaises, 107.4 millions sterling; pour les banques irlandaises, 48.4 millions sterling; pour celles des îles de la Manche, 1.1 million sterling.

Voici, pour l'ensemble du Royaume-Uni, l'évaluation totale, année par année[2], de 1880 à 1901, des dépôts et comptes courants de toutes les banques par actions et de quelques banques privées[3] :

DÉPÔTS ET COMPTES COURANTS.

DATES.	BANQUE d'Angleterre.	AUTRES banques.	TOTAL.
	millions sterling.		
Janvier 1880......	33.5	490 à 500	520 à 530
— 1881......	32.0	460 à 480	500 à 510
— 1882......	30.0	500 à 510	530 à 540
— 1883......	28.8	520 à 540	550 à 570
— 1884......	30.8	530 à 540	560 à 570
— 1885......	34.0	530 à 540	560 à 570
— 1886......	29.0	530 à 540	550 à 560
— 1887......	29.0	540 à 550	560 à 570
— 1888......	28.0	550 à 560	570 à 580
— 1889......	28.0	570 à 580	600 à 610
— 1890......	34.0	600 à 610	630 à 640
— 1891......	40.0	620 à 630	660 à 670
— 1892......	36.0	630 à 650	670 à 690
— 1893......	34.0	650 à 660	680 à 690
— 1894......	34.0	630 à 640	670 à 680
— 1895......	37.0	650 à 670	690 à 710
— 1896......	59.0	700 à 710	760 à 770
— 1897......	55.0	720 à 730	770 à 780
— 1898......	50.0	730 à 740	780 à 790
— 1899......	43.0	770 à 780	810 à 820
— 1900......	49.0	780 à 790	830 à 840
— 1901......	44.0	790 à 800	840 à 850
Juin 1901......	53.0	790 à 800	840 à 850

Le total de juin 1901 représente plus de 20 milliards de francs.

1. Lawson, *op. cit.*, p. 464-465 et suiv.

2. Chiffres empruntés à l'*Economist*, qui publie depuis 1877 des tableaux résumant la situation collective des banques du Royaume-Uni.

3. Les banques privées disparaissent une à une. La tendance actuelle est la concentration des banques (*amalgamation*). En 1893, 37 banques privées donnaient des renseignements sur leurs dépôts et comptes courants; nous n'en retrouvons que 19 en 1901. Le nombre total des banques dont les bilans sont publiés tombe, en même temps, de 103 à 78 pour l'Angleterre et le Pays de Galles.

Il y a quelque trente ans, Bagehot écrivait déjà qu'il n'y avait pas, en Angleterre, en dehors des banques, des sommes assez considérables pour qu'il y eût lieu d'en tenir compte au point de vue du marché des capitaux[1]. Les dépôts connus se montaient alors à 120 millions sterling[2]. Les chiffres ci-dessus permettent d'apercevoir à quel point s'est développé l'usage des dépôts et comptes courants.

Tout commerçant a un compte de banque en Angleterre et il n'est presque pas de particulier ayant un revenu de 200 à 300 livres sterling qui n'emploie également l'intermédiaire d'un banquier.

Il y a nombre de banquiers du Royaume-Uni dont toutes les opérations consistent à recevoir des dépôts, à encaisser les sommes dues à leurs clients et à payer les sommes qu'ils doivent. On a déjà noté que, d'après les idées anglaises, ce sont même les seuls banquiers au sens propre du mot. A-t-on un paiement à faire ? On donne un chèque sur son banquier. Une lettre de change est-elle présentée ? On en domicilie le paiement chez son banquier. A-t-on un chèque à encaisser ? On le passe à son banquier, après avoir inscrit son nom entre les barres du *crossing*. Le banquier encaisse les dividendes, les arrérages des consolidés, etc. Il fait, en recettes et en dépenses, tout le service de caisse de son client.

Par suite de ces habitudes, la circulation des chèques est des plus considérables en Angleterre : depuis longtemps déjà presque toutes les transactions commerciales, à l'exception des ventes au détail et de certains grands paiements qui doivent se faire en espèces à cause de leur nature particulière, se liquident au moyen de chèques ou de lettres de change domiciliées qui équivalent à des chèques[3]. Il y a assez longtemps, le président de l'Institut des banquiers de Londres, M. F.-W. Birch, donnait à ce sujet, dans son *inaugural address*, les indications suivantes. Il avait demandé à la Banque d'Angleterre la statistique des payements faits pendant une semaine prise au hasard. « Voici le résultat : sur une moyenne quotidienne de

1. *Lombard Street*, p. 43.
2. *Ibid.*, p. 4.
3. Ern. Seyd, *London Bankers and Bankers Clearing-house*, 1871.

4,445,000 livres sterling, les instruments de crédit représentaient 87.5 p. %, les billets de banque 12.25 p. % et le numéraire 1/300 seulement ou 3 p. ‰. » Dans un travail présenté au même Institut, en 1881, M. Pownall estimait à 71 p. % les transactions faites par les banquiers au moyen de chèques. En 1888, M. John Biddulph Martin, dans une communication faite à la même association, relevait les chiffres ci-après pour deux maisons de commerce considérables[1] :

		CHÈQUES.	BILLETS de banque.	NUMÉRAIRE.
		p. %	p. %	p. %
Army and Navy Stores.	1881.	63.6	18.6	17.8
	1887.	67.0	13.7	19.3
Civil Service Supply Association.	1881.	42.3	16.3	41.4
	1887.	44.1	15.3	40.6

Dans un autre établissement, la maison Whiteley, les chèques représentaient 46 p. % en 1878, 66 p. % en 1887 ; le numéraire et les billets de banque réunis, 54 p. % en 1878, 34 p. % en 1887.

Les dépôts en banque et la circulation des chèques sont également très développés aux États-Unis. Les chiffres ci-dessous, empruntés au rapport du contrôleur de la circulation, donnent le résultat d'une enquête spéciale faite en 1899 :

Dépôts individuels dans les banques :

ANNÉES.	BANQUES nationales.	BANQUES D'ÉTATS et banques privées.	SOCIÉTÉS de prêts.	BANQUES d'épargne.	TOTAL
		millions de dollars.			
1889 . . .	1,442	590	300	1,444	3,776
1894 . . .	1,678	724	471	1,778	4,651
1899 . . .	2,522	1,229	835	2,182	6,768

Les nombres de comptes étaient évalués : pour 1889, à 6,710,000 dans 7,203 banques ; pour 1894, à 8,994,000 dans 9,508 banques ; pour 1899, à 11,433,000 dans 9,732 banques.

Si l'on déduit les chiffres relatifs aux banques d'épargne, on trouve :

ANNÉES.	NOMBRES de banques.	NOMBRES de comptes.	MONTANT des dépôts.
			millions de dollars.
1889	6,354	2,899	2,332
1894	8,484	4,176	2,873
1899	8,790	6,125	4,586

1. *Bulletin de statistique du Ministère des finances,* mai 1888, p. 576.

En 1901, les dépôts individuels ont atteint dans les banques nationales la somme de 2,941,837,000 dollars (c'est le chiffre maximum constaté depuis l'organisation du système). L'ensemble des dépôts s'élevait à 3,035,662,000 dollars (pour 4,165 banques nationales) ; ceux de 7,241 autres banques représentaient 5,518,805,000 dollars ; le total était de 8,554,467,000 dollars, pour 11,406 banques. Après déduction de 2,597,095,000 dollars pour les dépôts dans les banques d'épargne, on trouve encore 5,957,372,000 dollars (plus de 30 milliards de francs).

Le contrôleur de la circulation a invité les banques, en 1881, en 1890 et en 1892, à lui fournir un état détaillé de leurs recettes pour un jour déterminé. Voici les résultats de l'enquête de 1892[1] :

NATURE DES RECETTES	15 SEPTEMBRE 1892. 3,473 banques.	
	dollars.	Proportions.
Monnaie d'or	2,907,017	0.88
Monnaie d'argent	1,372,054	0.41
Certificats d'or	3,407,340	1.03
Certificats d'argent	6,537,015	1.97
Billets des États-Unis (legal tender)	8,531,514	2.58
Billets du Trésor (Sherman act.)	2,675,269	0.81
Billets des banques nationales	3,454,483	1.04
Certificats de billets des États-Unis	2,210,000	0.67
Chèques, etc.	154,959,059	46.79
Certificats de Clearing-house	2,691,829	0.81
Compensations en Clearing-house	141,873,266	42.83
Divers	86,367	0.18
TOTAUX	331,205,213	100.00

Les chèques, certificats de clearing-house et compensations en clearing-house — ces deux dernières formes de recettes se rattachent à l'usage des chèques — représentaient 90.43 p. °/₀ ; les billets de banque et d'État 8.10 p. °/₀ ; le numéraire 1.47 p. °/₀ du total.

En 1896, le contrôleur de la circulation a procédé à une autre enquête ayant pour objet de déterminer les proportions pour lesquelles la monnaie, les billets de banque et d'État, enfin les chèques entraient dans la composition des dépôts faits dans les banques par les marchands au détail, les négociants en gros et

1. *Report on the finances. Comptroller of the currency*, 1892, p. 333 et suiv.

les autres déposants. Les proportions qui résultaient, pour les chèques, des réponses des banques étaient 67.4 p. °/₀ dans le commerce de détail, 95.3 p. °/₀ dans le commerce en gros, 95.1 p. °/₀ pour les non-commerçants, 92.5 p. °/₀ dans l'ensemble. Le contrôleur ramenait ces pourcentages, par diverses corrections, aux quotités ci-après : pour le détail, entre 40 et 55 p. °/₀ ; pour le gros, à 75 p. °/₀ ; pour l'ensemble des transactions, à 80 p. °/₀ au moins.

En France, les dépôts en banque sont en voie de développement ; mais ils sont loin d'avoir la même importance qu'en Angleterre et aux États-Unis. On en peut juger par les chiffres ci-après, qui concernent 11 banques[1], et que l'on a tâché de rendre comparables à ceux publiés par l'*Economist* pour les banques anglaises :

DATES	DÉPÔTS A VUE ou à préavis.	TOTAL DES DÉPÔTS et comptes courants,
	francs.	francs.
31 décembre 1863	89,619,000	356,045,000
31 décembre 1873	287,406,000	827,024,000
31 décembre 1883	433,283,000	1,677,166,000
31 décembre 1893	632,989,000	2,162,471,000

Voici pour un autre groupe de banques, comprenant, outre la Banque de France et la Banque d'Algérie, onze sociétés de la métropole et de l'Algérie[2], la comparaison des dépôts et comptes courants créditeurs à dix ans d'intervalle :

DATES.	BANQUE de France.	BANQUE d'Algérie.	ONZE BANQUES particulières.	TOTAUX.
		millions de francs.		
31 décembre 1890. . .	432.2	9.6	1,336.7	1,778.5
31 décembre 1900. . .	453.7	7.8	2,166.6	2,627.1

La succession des sommes perçues sur les chèques à titre de droit de timbre, depuis 1880, donne une idée, sinon de l'impor-

1. Crédit lyonnais, Comptoir d'escompte, Société générale, Crédit industriel, Dépôts et Comptes courants. Société marseillaise. Société générale algérienne. Société lyonnaise, Société Le Hideux, Crédit foncier, Banque de France.

2. M. Marcel Labordère a très obligeamment dressé cette statistique à notre intention, d'après les comptes rendus des sociétés ci-après : Crédit lyonnais, Comptoir national d'escompte, Société générale, Crédit industriel, Crédit foncier, Crédit du Nord, Société lyonnaise. Société marseillaise, Compagnie algérienne, Société nancéenne, Banque parisienne.

tance, au moins du nombre[1] des effets annuellement créés :

	CHÈQUES sur place (à 10 cent.)	CHÈQUES de place à place (à 20 cent.)
	francs.	francs.
1880	275,810	327,766
1885	317,535	291,821
1890	374,709	323,125
1895	492,635	327,516
1896	532,803	337,909
1897	519,698	326,120
1898	551,560	346,009
1899	590,491	350,330
1900	614,045	365,172

L'institution progresse, on le voit ; mais elle est encore à ses débuts.

§ 2. — Paiement du chèque. Chambres de compensation.

L'existence du billet de banque est illimitée. L'établissement qui l'a émis est tenu de le rembourser à vue ; mais le porteur n'est pas obligé, sous peine de forclusion, d'en demander le paiement. Aussi le billet de banque peut rester et reste, en effet, dans la circulation longtemps après la liquidation de l'opération commerciale qui en avait provoqué l'émission. Le chèque, au contraire, circule peu de temps. Après un délai raisonnable, dit la pratique anglaise, après cinq ou huit jours, dit la loi française[2], le paiement du chèque peut être refusé.

Comment le chèque est-il payé ? On sait qu'il peut affecter deux formes : celle d'un mandat de virement, celle d'un mandat de paiement. C'est un mandat de virement, lorsque le tireur prescrit au banquier de porter au crédit du compte d'un autre de ses clients la somme pour laquelle le chèque est tiré ; l'acquittement du chèque résulte alors de la passation des écritures. Le chèque, mandat de paiement, donne droit, au contraire, à un versement d'espèces ; mais il peut s'éteindre d'une autre manière, par compensation.

Le chèque est même l'instrument de compensation par excel-

1. C'est un droit fixe.

2. Cinq jours pour le chèque payable sur la place où il a été tiré, huit jours pour le chèque tiré de place à place.

lence, dans les pays où les dépôts en banque sont très développés et où les banquiers sont généralement chargés du service de caisse de leurs clients. Sur les places où, par suite de cet usage, le plus grand nombre des opérations de recette et de paiement sont centralisées par les banquiers, chacun d'eux est à la fois créancier et débiteur de ses confrères. Leurs créances et leurs dettes réciproques peuvent donc se régler par voie de compensation.

On a institué, en divers pays, pour faciliter les opérations de ce genre, des chambres de compensation ou de liquidation (*clearing-houses*).

Les chèques et lettres de change domiciliées, dont les banquiers associés sont porteurs les uns sur les autres, au lieu d'être présentés au siège de chaque banque pour y être encaissés, sont présentés dans un local spécial où chaque banque a un représentant. Le commis de la maison sur laquelle ils sont tirés les enregistre sur une feuille de crédit. Il les envoie aussitôt après au siège de sa banque, où ils sont vérifiés. Ceux qui sont irréguliers dans la forme ou qui ont été tirés sans provision sont immédiatement renvoyés au *clearing-house* avec mention au dos des motifs de rejet.

Au siège de la banque créancière, on a inscrit le montant des effets présentés, sur une feuille de débit. A la fin de la journée, la feuille de débit est apportée au *clearing-house*, où on la rapproche de la feuille de crédit. On établit ainsi la balance des sommes que chaque maison doit acquitter ou recevoir. Le solde seul donne lieu à un règlement.

Le *clearing-house* est, ainsi, une sorte de bureau commun de comptabilité, dans lequel tous les effets de commerce dont les banquiers sont débiteurs ou porteurs, sont transformés en articles de débit et de crédit et confondus dans un compte courant, qui se règle à la fin de la journée. Le règlement n'a pas lieu nécessairement en espèces. Lorsque les banques associées ont un banquier commun, on procède par virement; lorsqu'elles n'ont pas un banquier commun, d'autres combinaisons sont employées pour restreindre les mouvements du numéraire. Le système du *clearing-house* est, en somme, une application perfectionnée du système du compte courant combiné le plus souvent avec le système du virement de parties.

Le *Clearing-house* des banquiers de Londres est le plus important et peut-être le plus ancien des établissements de ce genre. Il a servi de modèle à tous ceux qui fonctionnent aujourd'hui.

Il existait dès 1773 ; mais l'on ne sait si sa fondation a été de beaucoup antérieure à cette date. On pourrait croire que la combinaison ingénieuse du *clearing-house* a été inventée par les banquiers eux-mêmes. Il paraît, au contraire, avéré qu'elle est due à l'initiative de leurs garçons de recette. Désireux d'abréger leur besogne, ils s'avisèrent d'échanger les liasses de chèques, de lettres de change et de billets que chacun d'eux avait à présenter chez les différents banquiers, contre les effets que les encaisseurs de ceux-ci avaient à toucher de leur côté, et de ne prendre en numéraire que la différence. Ces compensations se firent d'abord au hasard des rencontres, sur une borne, au coin des rues. Les encaisseurs convinrent, ensuite, de se réunir dans un *public house*. Les banquiers tolérèrent ces pratiques. Puis, en comprenant les avantages, les principaux d'entre eux louèrent une maison près de l'ancien Post-Office dans Lombard Street et y organisèrent un système régulier de compensations[1].

Le *Clearing-house* n'est pas un établissement officiel ; ce n'est pas davantage une entreprise. C'est une sorte de club, dont les membres, recrutés par cooptation, font tous les frais. Les banquiers étrangers (*foreign bankers*, *merchants*)et les escompteurs ne font pas partie du *Clearing-house*. Parmi les « banquiers anglais » eux-mêmes, c'est-à-dire parmi ceux qui se bornent à faire le service de caisse de leurs clients, il en est un certain nombre qui ne sont pas membres du *Clearing-house*. C'est le cas des banquiers du West-End, dont les bureaux sont trop éloignés de Lombard-Street pour que les effets rejetés puissent être retournés le jour même au *Clearing-house*.

1. V. Lawson, *History of banking*, p. 215. Ern. Seyd, *The London Banking and Bankers Clearing-house system*, Londres, 1871. W. Howarth, *Our clearing system and Clearing-houses*, *Bankers' Magazine*, Londres, 1883 et 1884.

Le *Clearing-house* ne comprenait même autrefois que des banques privées. La London and Westminster bank avait vainement sollicité son admission en 1834. Dans l'enquête de 1848, on évaluait à 150,000 livres pour cette banque et, pour les cinq autres *joints stock banks* métropolitaines, à 500,000 livres, la quantité de billets de banque qu'elles étaient tenues de conserver en plus qu'il n'aurait été nécessaire si elles avaient été admises aux liquidations des banquiers.

Cette rigueur cessa en 1854. Le *Clearing-house,* qui comprenait, en 1810, 40 banques privées, n'en compte plus que 4. Il n'en est pas moins demeuré une sorte de club presque fermé[1], dont l'accès est refusé notamment aux *country banks.* C'est ainsi que les banques d'Écosse, qui font à Londres, d'après l'*Economist*, plus d'affaires qu'aucun des membres du *Clearing-house*, n'ont pu obtenir leur admission.

Les banques et les banquiers qui ne font pas partie du *Clearing-house* et, en particulier, les *merchants* que nous appelons en France des banquiers, — escompteurs, maisons qui s'occupent d'opérations de bourse, d'émissions de titres, etc., — ont, pour la plupart, un compte chez un *clearing banker*. Leurs opérations et celles de leurs clients aboutissent donc également au *Clearing-house.*

Il en est ainsi tout spécialement pour les chèques tirés sur les banques de province à l'ordre de banques de Londres. Le nombre de ces chèques augmente d'année en année : on trouve qu'il en coûte moins de remplir une formule et de l'envoyer à Londres que d'avoir recours au mandat postal. Ces chèques sont admis en compensation depuis 1858. Si le *country clearing* n'existait pas, le banquier de Londres auquel le chèque est remis ne voudrait probablement pas en créditer le compte de son client avant de l'avoir encaissé; il l'enverrait donc à la banque de province sur laquelle il est tiré; cela prendrait plusieurs jours; il y aurait des chances de perte. Tous ces embarras sont évités, du moment que la banque de province a pour banquier un membre du *Clearing-house*, auquel le chèque peut

1. Il ne se compose que de 21 banques.

être présenté en liquidation. La compensation s'opère entre banquiers de Londres; mais le *country clearing* est distinct du *London clearing*; les soldes ne sont réglés que trois jours après, quand la banque de province a fait connaître que le chèque était bon.

Il existe cependant un assez grand nombre de chèques et de lettres de change qui ne sont pas compensés et sont recouvrables à domicile. C'est ce que l'on appelle les *walk articles*. Cette catégorie comprend les effets tirés sur certaines banques du West-End de Londres, sur les offices du gouvernement, les maisons de commerce et les particuliers. Les chiffres ci-après, établis pour 1864 par Sir John Lubbock et pour 1881 par M. Pownall, permettent d'apprécier la place que les compensations tiennent dans les transactions entre banquiers[1] :

	1864	1881
Chèques et effets compensés	70.8	71.313
Chèques et effets non compensés	23.2	25.248
Billets de la Banque d'Angleterre	5.1	2.349
Espèces	0.6	0.956
Billets des banques de province	0.3	0.434
	100.0	100.000

Ainsi, plus de 70 p. % des chèques et effets de commerce passent au *Clearing-house*.

On a pu dire que le bilan journalier des obligations réciproques des banquiers de Londres, établi par le bureau commun de comptabilité qu'ils ont organisé dans Lombard Street, représente le bilan journalier du pays lui-même. En 1839 d'après Gilbart, les sommes réglées au *Clearing-house* de Londres s'étaient élevées à 954 millions sterling[2]. En 1857, les compensations portèrent sur 1,900 millions sterling[3]. Depuis 1867, les chiffres annuels des opérations du *Clearing-house* ont été régulièrement publiés, sur l'initiative prise par Sir John

1. *The Economist*, commercial history and review of 1881, feb. 6, 1882, p. 45.

2. Appendice au rapport de la commission de la Chambre des Communes sur les banques d'émission, 1840. Lawson, *op. cit.*, p. 219, donne les chiffres mensuels.

3. Coullet, *Les Chèques et le Clearing-house. Semaine financière*, 16 décembre 1871, supplément.

Lubbock. Voici quelques-uns de ces chiffres depuis 1868 :

ANNÉES.	TOTAUX annuels.	4 DU MOIS.	JOURS de liquidation du Stock-Exchange.	JOURS de règlement des consolidés.
		Milliers de livres sterling.		
1868. . .	3,425,185	155,068	523,349	134,552
1873. . .	6,070,948	272,156	1,038,257	249,755
1878. . .	4,992,398	217,753	795,443	227,241
1883. . .	5,929,404	239,080	1,058,703	254,620
1888. . .	6,942,172	272,091	1,252,466	332,470
1889. . .	7,618,766	290,117	1,338,842	351,690
1890. . .	7,801,048	289,107	1,416,543	358,598
1891. . .	6,847,506	264,501	1,067,403	314,807
1892. . .	6,481,562	260,422	1,022,764	299,405
1893. . .	6,478,013	268,084	1,002,664	300,478
1894. . .	6,331,822	260,547	964,455	301,448
1895. . .	7,592,886	283,610	1,304,679	345,446
1896. . .	7,574,853	290,681	1,162,866	380,354
1897. . .	7,491,281	302,123	1,113,682	362,610
1898. . .	8,097,291	331,267	1,231,847	402,861
1899. . .	9,150,269	359,088	1,544,295	403,042
1900. . .	8,960,170	372,463	1,339,571	438,125
1901. . .	9,561,069	392,279	1,582,824	484,047

Le maximum a été atteint en 1901 : 9,561 millions sterling, 234 milliards de francs.

Cette masse énorme de liquidations a été faite sans qu'il ait été nécessaire de déplacer un penny. Les soldes sont, en effet, réglés depuis 1854 au moyen de virements sur la Banque d'Angleterre, qui est le banquier de tous les *clearing bankers* et du *Clearing-house* lui-même.

Il existe aussi des *clearing-houses* à Manchester, Birmingham, Liverpool, Newcastle-on-Tyne, Bristol, Édimbourg, Dublin. Dans ces deux derniers, les compensations portent également sur les billets des banques d'émission. A Dublin, le règlement des soldes a lieu en bons de l'Échiquier, dont chaque banque associée doit déposer une certaine quantité à la Banque d'Irlande; pour les sommes au-dessous de 500 livres, on emploie les billets des banques intéressées.

En Australie, l'usage des dépôts en banque et des chèques est aussi développé. Un *clearing-house* existe à Melbourne depuis 1868. Comme il n'y a pas de banque centrale qui puisse jouer le rôle de banquier commun vis-à-vis des banques associées, à l'instar de la Banque d'Angleterre à Londres, à Manchester, à Birmingham, les banques australiennes ont constitué un dépôt spécial de monnaie d'or, en échange duquel ont été émis des certificats de 1,000 livres sterling. Les certificats sont considérés comme de l'argent comptant. Chaque banque doit toujours en posséder pour une certaine somme. Elle peut être contrainte de rétablir la proportion en payant en or. Pour les sommes moindres de 500 livres sterling, le règlement des soldes a lieu au moyen de chèques, qui sont portés à un compte ouvert au *Clearing-house* dans une banque. L'inspecteur du *Clearing-house* tire lui-même des chèques sur ce compte au profit des banques dont le solde est créditeur. Le *Clearing-house* de Melbourne compense à la fois les chèques et les billets des banques australiennes.

Le Canada a les *Clearing-houses* de Montréal (1889), Halifax (1887), Hamilton (1891), Toronto (1891), Winnipeg (1893), Saint-John (1896).

De nombreux *clearing-houses* ont été organisés aux États-Unis[1]. Le plus ancien et de beaucoup le plus important est celui de New-York, qui date de 1853. Le sous-trésorier des États-Unis en fait partie. Les compensations y ont porté[2] en 1901 sur 79,428 millions de dollars (plus de 411 milliards de francs). Il existe en outre des *clearing-houses* dans cinquante-six villes. Les plus importants sont ceux de Boston, Chicago et Philadelphie qui, en 1901, ont compensé 7,192 millions, 7,757 millions et 5,475 millions de dollars.

L'ensemble des compensations pour tous les *clearing-houses* des États-Unis, y compris celui de New-York, a été, en 1901, de 118,526 millions de dollars.

Voici quelques-uns des chiffres depuis 1880 :

ANNÉES.	NEW-YORK.	AUTRES CLEARINGS.	TOTAL.
		millions de dollars.	
1880.	38,614	11,375	49,989
1885.	28,152	13,322	41,474
1890.	37,459	23,165	60,624
1895.	29,842	23,480	53,272
1900.	52,634	33,571	86,205
1901.	79,428	39,098	118,526

1. *Report on the finances. Comptroller of the currency*, 1892, p. 379 et suiv.

2. En 1892-93, les compensations se sont élevées à 34,421,380,870 dollars ; les soldes à 1,696,207,176 dollars. *Ibid.*, 1893, p. 511.

Depuis une trentaine d'années, de nombreuses chambres de compensation ont été établies sur le continent européen. Il existait à Vienne depuis 1864 une association analogue entre la Private Œsterreichische National Bank et deux autres banques. En 1872 fut organisé le Wiener-Saldirungs-Verein, comprenant une dizaine de banques groupées autour de la Banque austro-hongroise ; en 1888, le Budapest-Saldirungs-Verein. En 1872, fut également formée la Chambre de compensation de Paris. En Italie, après la suppression du cours forcé, des chambres de compensation furent établies, en vertu d'un décret du 19 mai 1881, à Rome, Milan, Gênes, Bologne, Florence et Catane. Une chambre très ancienne existait déjà à Livourne. Il en a été créé une autre à Turin. Cologne et Stuttgard possèdent une chambre de compensation depuis 1882. A Berlin, une Abrechnungstelle comprenant une vingtaine de banques et banquiers a été fondée en 1883 ; la Reichsbank y joue le rôle de banque centrale. La même année, neuf des plus grosses banques de Francfort s'associaient pour le même objet. Hambourg, Brême, Breslau, Dresde, Leipzig, Elberfeld ont également des chambres de compensation[1]. En 1898, une chambre de compensation a été ouverte par la banque de Russie à Saint-Pétersbourg ; l'année suivante, Moscou et Varsovie en furent également dotées.

La Chambre de compensation de Paris se compose de 12 maisons de banque. La Banque de France en fait partie, mais avec une situation particulière. Elle envoie au siège de la Chambre les effets dont elle est porteur sur les autres banques ; elle n'admet pas en compensation les effets dont elle peut être débitrice ; ceux-ci doivent être présentés à son siège et non à la Chambre. Elle figure donc au débit des comptes des banquiers pour la totalité des effets dont elle est porteur et ne leur fournit pas d'articles de crédit. Les soldes sont réglés en mandats de virement sur la Banque de France.

Voici, de deux en deux ans, le chiffre des opérations de la Chambre (débit et crédit cumulés) :

1. Il n'existait pas auparavant de chambres de compensation en Allemagne, mais la Reichsbank, la Girobank de Hambourg, la Bank der Berliner Kassenvereins, d'autres encore, pratiquaient les virements sur une large échelle. V. *Dictionnaire des finances* de Léon Say, v° Chambres de compensation, Paris, Berger-Levrault.

ANNÉES (du 1er avril).	EFFETS présentés.	EFFETS compensés.	SOLDES RÉGLÉS par mandat.
		millions de francs.	
1872-73.	1,603	1,057	546
1874-75.	2,010	1,418	592
1876-77.	2,599	1,882	717
1878-79.	2,628	2,001	627
1880-81.	4,085	3,092	993
1882-83.	4,159	3,102	1,057
1884-85.	4,142	3,195	947
1886-87.	4,391	3,524	867
1888-89.	5,418	4,379	1,039
1890-91.	6,004	4,722	1,282
1892-93.	4,715	3,824	891
1894-95.	6,144	5,528	616
1896-97.	7,550	4,874	2,676
1898-99.	9,568	6,246	3,322
1900-01.	10,664	7,202	3,462
1901-02.	9,965	7,364	2.611

Ces chiffres ne peuvent être comparés à ceux de Londres ou de New-York qu'avec certaines précautions. Il faut d'abord noter que les agents de change de Paris liquident eux-mêmes leurs affaires par voie de compensation en tirant des mandats sur la Banque de France qui leur affecte une caisse spéciale. La Banque joue donc à leur égard le rôle qui, à Londres, appartient au *Clearing-house* [1]. D'autre part, la Banque opère d'énormes compensations par ses mandats de virements [2] et elle assure notamment elle-même par ses succursales le service de liquidation en province qui, à Londres, est rattaché au *Clearing-house* par le *country clearing*.

La véritable cause du peu d'importance des compensations est dans le développement encore peu avancé de l'usage du chèque et dans l'habitude qu'ont la plupart des négociants français de payer eux-mêmes leurs effets au lieu d'en domicilier le paiement chez un banquier.

Il faut reconnaître qu'à ce point de vue, l'organisation de nos places de commerce est très inférieure à celle des places anglaises. Le montant des effets venant à échéance le même jour sur une place comme Paris, peut atteindre et dépasser

1. Il existe à Londres un *Stock-Exchange Clearing-house*, mais les affaires qui y sont traitées se règlent en chèques et aboutissent, par suite, au *Clearing-house* des banquiers.

2. V. *supra*, p. 81.

150 millions de francs. Pour encaisser en un seul jour cette énorme quantité de numéraire, représentée par plus de 300,000 effets payables dans plus de 85,000 domiciles différents, il faut une armée de garçons de recette ; il faut que les débiteurs, pour faire honneur à leur signature, détournent d'un emploi productif, leurs fonds dès la veille de l'échéance, fassent du numéraire avec leurs capitaux. En Angleterre, aux États-Unis, ce coûteux service de recouvrements à domicile est remplacé, dans une très large mesure, par un système de compensations dont le fonctionnement n'exige qu'un nombre restreint de commis et qui a surtout l'avantage de ne pas obliger le commerçant, l'industriel, le banquier, à distraire ses capitaux, même temporairement, du travail de la production.

Le système n'est pas d'ailleurs sans présenter des dangers. Cet aspect de la question sera étudié dans le chapitre suivant.

CHAPITRE III.

LE GAGE DE LA CIRCULATION FIDUCIAIRE.

L'emploi des titres de crédit comme moyen de circulation permet de transformer le numéraire inactif et stérile des encaisses en capital agissant et productif. Ce n'est pas son unique avantage, ni le plus considérable. La fonction du papier de banque ou de commerce, billets au porteur et à vue créés par les banquiers, chèques tirés sur les banquiers, lettres de change tirées sur les commerçants quels qu'ils soient, ne se borne pas au remplacement, sommes pour sommes, du numéraire par des titres de créance. Leur principale utilité, leur emploi certain est de s'ajouter à la masse du numéraire circulant, de suppléer à ses insuffisances, de fournir sans délai les moyens d'échanges additionnels que réclament des opérations de plus en plus étendues, de mettre en mouvement des masses de plus en plus grandes de richesses. La circulation de papier est plus facilement extensible que la circulation métallique. Celle-ci peut, à la vérité, s'accroître par des importations lorsque l'activité du commerce l'exige : encore un certain délai est-il nécessaire. La circulation de papier, elle, suit pas à pas le progrès des affaires. Les transactions nouvellement conclues sont bientôt représentées par de nouveaux titres : le fonds de roulement de la communauté commerçante s'accroît en même temps que s'étendent et se multiplient ses opérations.

A ces avantages certains correspondent des inconvénients et des dangers. La circulation de papier, on ne doit jamais le perdre de vue, repose sur le crédit. Ces titres multipliés à souhait, dont l'abondance facilite les échanges, représentent des engagements payables en espèces métalliques. Un jour ou l'autre, la promesse qu'ils contiennent doit être exécutée : la dette doit être payée, soit par compensation, soit, à défaut de moyens de compensation, en espèces.

Il peut arriver, et il arrive à de certains moments, que la somme des capitaux métalliques nécessaires au règlement du solde, excède les encaisses encore disponibles et que ce règlement ne puisse être différé. Chaque fois que se rompt l'équilibre entre les dettes immédiatement exigibles et les capitaux immédiatement disponibles, le fonctionnement de la circulation fiduciaire s'arrête ; le crédit est paralysé ; le papier perd sa puissance d'échange ; le numéraire seul conserve sa force libératoire ; on se dispute l'or, dont le prix d'achat et le loyer s'élèvent brusquement ; l'escompte devient difficile pour les maisons les plus solides, impossible pour les maisons chancelantes dont la situation est trop engagée ; une crise éclate, entraînant maintes ruines dans le monde du commerce et de la banque.

La situation des banques est particulièrement critique dans ces conjonctures.

Une banque de circulation ne limite pas la somme de ses engagements au montant de son encaisse ; à procéder ainsi, elle se priverait du bénéfice de l'emprunt gratuit qu'elle fait à la circulation métallique du pays par l'émission des billets. Une banque de dépôt peut encore moins entretenir des encaisses égales à son passif exigible ; comment bonifierait-elle un intérêt à ses clients si elle ne plaçait pas les capitaux que ceux-ci lui confient ? Cependant le billet de banque et le chèque sont essentiellement payables à vue.

Obligation de payer à vue, nécessité de disposer des capitaux qui pourraient servir à l'acquittement de cette obligation, tels sont les termes contradictoires du problème. Le fonctionnement des banques de circulation et de dépôts semble avoir quelque chose d'un paradoxe.

En temps ordinaire, l'antinomie se résout facilement. Tous les porteurs de billets n'en réclament pas à la fois le remboursement ; tous les déposants ne tirent pas des chèques pour la totalité de leur crédit. Le banque de circulation rembourse les billets qui lui sont présentés au moyen du produit des effets escomptés qui viennent à échéance ; la banque de dépôt a des rentrées de même nature, elle reçoit de nouveaux dépôts. Les banques sont dans la situation d'une compagnie d'assurances. Si toutes les maisons brûlaient, si tous les navires faisaient naufrage, la compagnie serait hors d'état de faire face à ses engagements; mais toutes les maisons ne brûlent pas, tous les navires ne se perdent pas à la fois.

Il y a néanmoins cette différence entre les banques et les compagnies d'assurances que celles-ci ne garantissent pas les sinistres qui peuvent avoir cette généralité et cette simultanéité, tandis que les banques s'exposent à des demandes de remboursement qui peuvent être générales. Le danger n'est pas purement hypothétique; les banques ont eu parfois à subir de redoutables assauts.

La crise des banques n'est d'ailleurs qu'un épisode de la crise générale. Leur crédit est atteint; mais celui de tous les commerçants ne l'est pas moins. Leur papier ne circule pas, mais le papier des commerçants ne circule pas davantage. A ceux-ci, comme aux banquiers, on demande de se libérer non en papier, mais en or. La détresse des commerçants n'est pas moindre que celle des banques. L'équilibre n'est pas seulement rompu entre l'encaisse et les engagements à vue des banques, mais entre les encaisses et les engagements échus du pays tout entier.

Comment l'équilibre s'est-il rompu entre le solde payable en numéraire et le numéraire disponible? Le solde est-il subitement devenu trop considérable? le numéraire disponible a-t-il été réduit? Il y a certainement diminution des disponibilités métalliques, car, toujours au moment des crises, les changes sont défavorables, ce qui est le signe certain de la sortie du numéraire. D'autre part, le solde est devenu trop considérable, ou, si l'on préfère, les moyens de compensation ne sont plus suffisants; mais c'est moins au point de vue des liquidations intérieures qu'au regard des liquidations internationales; et c'est encore ce qu'indiquent le change défavorable et l'exportation de l'or.

Pourquoi les moyens de compensation avec l'étranger font-ils défaut, pourquoi faut-il exporter de l'or? Personne, ce nous semble, ne l'a mieux expliqué que M. Juglar[1] :

« Trois états sont toujours à considérer pour une nation : la période prospère, la période de crise et la période de liquidation[2]. » La période prospère est signalée par un grand mouvement d'affaires et par une progression, pour ainsi dire continue, de hausse dans les prix. C'est le crédit qui est le principal moteur de la hausse. « Qu'est-ce que le crédit ? Le simple pouvoir d'acheter contre une promesse de payer. Mais alors dans quelles limites pourra-t-on en user ? Tous ceux qui ont du crédit pourront acheter. Cette puissance d'achat contre une simple promesse augmentera la demande des produits et, par conséquent, il s'ensuivra une hausse des prix, qui, portant d'abord sur quelques produits, ne tardera pas à s'étendre et à se généraliser... L'espoir de réaliser un profit par les achats à crédit, en précipitant de nouvelles couches d'acheteurs dans la même voie, accroîtra encore la rapidité de la hausse, d'autant plus que le crédit augmente avec l'élévation des prix[3]. »

Mais il arrive toujours un moment où l'on ne trouve plus de nouveaux preneurs. Alors la hausse des prix s'arrête. « Le mouvement des échanges, jusqu'ici très rapide, très avantageux, tout à coup arrêté, ceux qui espéraient vendre et surtout les derniers acheteurs ne savent plus que faire de leurs marchandises ; ni au dedans, ni au dehors on ne peut les placer et cependant il faut faire face aux échéances. On se précipite sur les banques pour obtenir de nouveaux moyens de crédit, pour proroger les échéances par des renouvellements ;... pour l'intérieur, on obtient ainsi un sursis, on maintient artificiellement les prix sans affaires nouvelles ; mais pour l'étranger, il n'en est pas de même. On est acheteur de matières premières qu'il faut payer, et comme les produits fabriqués ne sont plus acceptés aux prix où on les tient, après avoir mis en œuvre tous les moyens de crédit, il faut cependant remplacer ces produits pour arriver à la compensation des affaires engagées. Or il ne

1. *Des crises commerciales et de leur retour périodique en France, en Angleterre et aux États-Unis*, 2e édit., Paris, Guillaumin, 1889.

2. *Ibid.*, p. 17.

3. *Ibid.*, p. 31.

reste qu'une marchandise... qui soit toujours acceptée sur tous les marchés : ce sont les métaux précieux, l'or et l'argent. On va donc les faire intervenir sur une grande échelle et changer ainsi le rôle qu'ils remplissent habituellement alors qu'ils ne servent que de solde pour les grandes opérations commerciales, ou pour le comptant. Ce ne sont plus des moyens de crédit que l'on demande aux banques, des billets ou un compte ouvert pour opérer des virements ou des compensations, ce sont des espèces métalliques ou plutôt des lingots pour faire des remises à l'étranger [1]. »

On a longtemps supposé qu'une émission excessive de billets de banque était la cause des crises, et que tout danger serait conjuré si une proportion convenable était maintenue entre l'encaisse et la circulation. C'est sur cette théorie que sont fondées les lois qui limitent au triple de l'encaisse le montant des engagements à vue des banques. L'*act* de 1844, en Angleterre, procède de la même idée. Sir Robert Peel, le colonel Torrens, lord Overstone, l'esprit encore occupé des arguments au moyen desquels ils avaient fait reprendre les paiements en espèces, étendaient au billet convertible les conclusions qui, dans le *Bullion report*, visaient exclusivement le billet à cours forcé. Ils pensaient que l'extension de la circulation des banques, même lorsque le billet est remboursable en espèces, provoque la hausse des prix et est le point de départ des spéculations qui aboutissent à la crise.

Il est certain que des émissions excessives avaient précédé les crises de 1826 et 1837. Mais la surabondance du papier de banque était la conséquence de la surabondance du papier commercial. La circulation fiduciaire se compose non seulement des billets de banque, mais de l'ensemble des promesses de payer, créées soit par les banques, soit par le public lui-même. L'*act* de 1844 a restreint l'émission du billet de banque ; il n'a pu limiter les créations de lettres de change et de chèques ; il n'a pu, surtout, empêcher l'abus du crédit, la mise en circulation d'effets de commerce qui représentent, non le prix actuel d'une marchandise effectivement livrée, mais la valeur,

1. *Des crises*, etc., p. 14 et 15.

gonflée par l'espoir des hausses futures, d'une marchandise que le vendeur n'a peut-être pas et que l'acheteur compte bien revendre avant même d'en avoir pris possession. Aussi de nouvelles crises ont-elles éclaté en 1847, en 1857, en 1866, en 1873, en 1882.

L'inefficacité de l'*act* de 1844 parut évidente, même à Sir Robert Peel, dès 1847. La crise n'avait pas été prévenue. Le mécanisme même imaginé pour lier les mouvements de la circulation à ceux du numéraire n'avait pas fonctionné : les billets n'étaient pas rentrés en même temps que sortaient les espèces; la circulation n'avait pas baissé. Ce qui avait diminué, c'était la réserve des billets, la quantité de banknotes restant à émettre ; cette réserve était tombée à 1,100,000 livres (30 octobre). L'extrême réduction de la réserve mettait la Banque dans l'impossibilité de venir au secours de la place par l'escompte du papier de commerce. Le 23 octobre, le gouvernement l'autorisa à passer outre, à émettre des billets non couverts par un dépôt de numéraire, à condition de ne faire d'escomptes ou d'avances qu'au taux minimum de 8 p. °/₀; l'émission supplémentaire devait être garantie par des titres. La Banque n'eut pas besoin d'user de cette faculté.

En 1857, nouvelle crise, nouvelle suspension du *Charter act*, cette fois, effective. Le 12 décembre, le ministère autorisa la Banque à dépasser la limite légale pourvu que le taux de l'escompte fût maintenu à 10 p. °/₀. La Banque dut user de cette permission : l'excédent de la circulation atteignit, le 20 novembre, 928,000 livres sterling.

Dans les deux cas, après la suspension du *Charter act*, la panique se calma. On en a quelquefois conclu qu'une émission non limitée aurait enrayé la crise, et que les restrictions de l'*act* de Robert Peel avaient été la cause de la gravité du mal. La conclusion est mal fondée. Ce qui avait fait défaut pendant la crise, ce que l'on demandait à la Banque, ce n'était pas du papier mais du métal. La diminution pour la réserve métallique avait été bien plus considérable que pour la réserve de billets. Lorsque l'*act* de 1844 fut suspendu, le moment le plus critique était déjà passé. La liquidation des engagements non compensables était faite. La ruine des maisons ébranlées était consommée. Celles qui demeuraient debout étaient dégagées elles n'avaient plus besoin de métal, mais de crédit; il leur suffisait de savoir qu'elles en trouveraient à un moment donné[1].

Ce qui avait mis fin à la crise, d'ailleurs au prix de ruines inévitables, c'était la hausse du taux de l'escompte. En portant l'escompte à 8, 9, 10 p. %, la Banque avait provoqué la liquidation. Les demandes d'escompte qui vidaient son encaisse métallique n'avaient d'autre objet que de permettre aux spéculateurs à la hausse de reporter leurs opérations en livrant de l'or à leurs créanciers étrangers. La hausse du taux de l'escompte ayant élevé le prix du numéraire dans la même proportion que le prix des marchandises, le report devenait ruineux, la liquidation s'imposait.

La hausse du taux de l'escompte est le correctif naturel des changes défavorables, le seul remède aux embarras momentanés d'une place dont les dettes excèdent les créances. Elle atteint la cause même du change défavorable, c'est-à-dire la sortie du numéraire : elle l'arrête. Elle fait mieux encore : elle provoque l'importation de l'or.

C'est en 1847 que, pour la première fois, la Banque d'Angleterre usa du rehaussement du taux de l'escompte au-dessus de 5 p. % pour défendre son encaisse. « Un fait très curieux se produisit alors, dit M. Juglar ; en présence de la hausse de l'escompte, on débarqua de l'or déjà embarqué pour l'exportation[2] ». La chambre des lords ayant nommé en 1848 une commission d'enquête, cette commission insista « sur la nécessité de la hausse de l'escompte comme remède », regrettant « que les directeurs de la Banque y eussent eu recours si tard et dans une mesure bien insuffisante ».

On a également reproché à la Banque d'Angleterre d'avoir, en 1857, tardé trop longtemps à élever le taux de l'escompte et laissé s'épuiser sa réserve métallique.

Depuis 1860, la Banque veille au contraire avec le plus grand soin sur sa réserve métallique. Elle observe le cours des changes, qui dénonce les entrées et les sorties de numéraire, et, lorsque le change devient défavorable, elle n'hésite pas à

1. Juglar. *Crises commerciales, etc.... passim.*
2. *Ibid.*, p. 362.

relever le taux de l'escompte. La hausse du taux de l'escompte n'est plus le remède héroïque auquel on a recours dans les cas désespérés ; c'est une sorte de mesure d'hygiène que l'on applique aussitôt que se manifestent les prodromes encore lointains de la maladie. L'usage est d'élever le taux de l'escompte lorsque la réserve *métallique* du *banking department* tombe au-dessous du tiers des comptes courants réunis du Trésor, des administrations publiques et des particuliers.

En 1864, en 1873, en 1882, la hausse de l'escompte employée délibérément et, suivant le conseil que M. Goschen avait donné dans son *Traité des changes*, par échelons de 1 p. % au moins, permit à la Banque de sauvegarder sa réserve. En 1866, cependant l'*act* de 1844 dut encore une fois être suspendu, lors de la panique causée par la faillite d'Overrend, Gurney et Cie. Plus récemment, en 1890, la chute de la maison Baring a tellement ébranlé le marché que la Banque d'Angleterre dût, en même temps qu'elle haussait le taux de l'escompte, emprunter à la Banque de France 3 millions sterling et au gouvernement russe 1 million ½ sterling, soit 112 millions ½ de francs. « Je ne sais, a dit M. Goschen à l'occasion de cette dernière crise, si le public s'est suffisamment rendu compte du péril que nous avons couru. Il n'y avait pas seulement en cause quelques financiers et quelques négociants. Les engagements souscrits étaient si énormes, la situation de la maison atteinte si exceptionnelle que l'enjeu de la partie n'était pas seulement la fortune de quelques personnes ou même le sort d'une industrie particulière. Il y a eu un moment où tous ceux qui avaient engagé leur signature ont dû se demander s'ils seraient en mesure d'y faire honneur, alors que l'on ne pouvait ni réaliser ses valeurs, ni vendre ses marchandises, ni faire escompter son papier et qu'il n'y avait plus sur la place assez de numéraire pour payer les dettes exigibles. Oui, on a pu se demander si Londres n'allait pas, du coup, perdre sa situation de marché central de la banque universelle et si ce n'en était pas fait de la suprématie du crédit anglais [1]. »

1. Discours prononcé au banquet de la Chambre de commerce de Leeds, le 28 janvier 1891. V. *Bulletin de statistique du Ministère des finances*, février 1891, p. 200.

La nature des mesures prises alors par la Banque d'Angleterre et leur efficacité dénoncent la cause du mal. C'est l'insuffisance de la réserve métallique qui a exposé l'Angleterre à une catastrophe. La circulation fiduciaire de nos voisins repose sur une base métallique extrêmement étroite. L'encaisse métallique des banques est très réduite et l'encaisse du pays lui-même ne l'est pas moins. « Je sais, disait encore M. Goschen dans son discours de Leeds, que les banques ont posé en principe qu'il n'est pas bon d'avoir de grosses réserves, et qu'il leur suffit de confier leurs fonds à la Banque d'Angleterre, qui leur sert un intérêt. Mais cela étant, quand la crise a éclaté, tout le monde est venu frapper à la même porte et les banques n'ont pu faire, pour le bien de tous, ce que la Banque d'Angleterre a eu à faire seule. Je ne voudrais rien dire qui pût affecter les grandes institutions de crédit ; elles ont rendu au pays d'immenses services ; mais je dis que c'est un système dangereux et trompeur que de se reposer sur les services à attendre, en cas de crise, de la Banque d'Angleterre. »

Vingt ans auparavant, Bagehot faisait des remarques analogues. « La réserve qui se trouve dans les coffres de le Banque d'Angleterre, disait-il, constitue la réserve, non seulement de la Banque d'Angleterre, mais encore de toutes les banques de Londres, et non seulement de toutes les banques de Londres, mais de toutes les banques d'Angleterre, d'Écosse et d'Irlande[1]. » De plus, Londres est le grand centre de liquidation des opérations de change en Europe, car Londres est, de toutes les places, celle qui reçoit le plus et paie le plus ; enfin, c'est à Londres que l'étranger demande plus volontiers de l'or. « On ne va pas demander de l'or à Berlin, disait M. Goschen, parce qu'il s'y exerce une sorte de pression morale, pression qui serait chez nous impossible et inadmissible, en vue d'empêcher l'or de sortir... On ne va pas à Paris, parce que la Banque de France, quand elle ne veut pas donner d'or, est libre de donner de l'argent. »

Pour faire face à toutes les demandes de l'intérieur et de l'extérieur, la Banque d'Angleterre ne dispose pas en temps

1. *Lombard Street*, p. 30.

normal de plus de 24 millions sterling (600 millions de francs), encaisse métallique du département commercial et billets restant à émettre[1]. La moyenne de 1881-1890 est même moindre; elle n'atteint pas, pour le mois de mars, époque où la réserve est à son maximum, 16 3/4 millions sterling et descend, au mois de janvier, au-dessous de 11 millions sterling[2]. En 1900, le maximum a été de 25,053,000 livres sterling (19 septembre), le minimum de 16,503,000 livres sterling (26 décembre); en 1901, la réserve est montée du minimum de 16,212,000 livres sterling (2 janvier) à 28,011,000 livres sterling (25 septembre); actuellement (19 mars 1902), elle atteint 26,775,000 livres sterling.

Depuis une dizaine d'années, la question est périodiquement agitée chez nos voisins. Bien des combinaisons plus ou moins ingénieuses ont été suggérées pour parer à l'insuffisance (*inadequacy*) des réserves de la Banque d'Angleterre[3] en face de dépôts en banque qui atteignent maintenant 800 millions sterling pour les sociétés et maisons qui publient des bilans, et d'une circulation de lettres de change non moins colossale. Mais si les banquiers comprennent le péril, le souci du dividende les retient de prendre la seule mesure qui puisse les garantir, l'immobilisation d'une partie de leurs ressources à l'état de réserves.

Maintenant que représente le stock d'or monnayé du Royaume-Uni? Les évaluations sont très diverses. En 1868, Stanley Jevons disait, 80 millions sterling ; M. Inglis Palgrave, en 1883, admettait comme « limite un peu large » 110 millions sterling ; en 1889, la Monnaie proposait le chiffre de 102 1/2 millions[4]. En 1891, MM. John Biddulph Martin et Inglis Palgrave, se fondant sur les résultats du retrait des monnaies prévictoriennes, indiquaient un minimum de 69 millions et un maximum de 75 millions[5]. La Monnaie admet aujourd'hui le chiffre

1. Goschen, Discours de Leeds.

2. Geo. Clare, *Le marché monétaire anglais*, etc., p. 89, et graphique.

3. V. *Bankers' Magazine*. janv. 1902. Some tendencies and some weak points in the English banking system.

4. *Bulletin de statistique du Ministère des finances*, juin 1890, p. 728.

5. *Ibid.*, janvier 1892, p. 92.

de 105 millions sterling (2,600 millions de francs). On est loin des chiffres constatés en France, par M. de Foville.

Le péril est certain. Il est la contre-partie des avantages incontestables que présente un système de circulation basé sur le chèque et sur les compensations. La grande utilité du *Clearing-house* est de procurer une économie de numéraire, de donner la faculté d'échafauder sur une base métallique très étroite des opérations fiduciaires gigantesques. En temps normal, cette organisation décuple la puissance économique du pays, car elle a pour résultat de transformer en capital productif la plus grande somme possible de numéraire; mais qu'il survienne une panique, que les compensations souffrent une difficulté au *Clearing-house* et que, par suite, il faille recourir au paiement en espèces, tout le mécanisme s'arrête, la crise est effroyable. On appelle encore *black friday* (vendredi noir) le jour de la faillite d'Overrend, Gurney, et Cie et, dans son discours de Leeds, M. Goschen a dit que cette fameuse catastrophe n'aurait été que jeu d'enfant auprès de celle que la faillite Baring avait menacé de déchaîner sur l'Angleterre.

La circulation fiduciaire de la France, appuyée sur les 2,500 millions d'or de la Banque et sur les 1,500 à 1,700 millions d'or qui circulent en outre dans le pays, est mieux garantie contre la tourmente des crises commerciales.

Mais on n'en doit pas conclure que la Banque puisse se dispenser d'élever le taux de l'escompte lorsque le change devient défavorable. La Banque de France, il faut bien le dire, s'est montrée, dans le passé, trop portée à céder sur ce point à la prétention qu'a toujours émise le commerce de jouir du bienfait d'un taux d'escompte fixe.

Sous le second Empire, la Banque a parfois maintenu l'escompte à 4 p. %, alors que les métaux précieux faisaient 12 à 15 p. ‰ de prime. Elle donnait ainsi aux changeurs le moyen de faire à ses dépens une opération des plus simples et des plus fructueuses. On présentait à l'escompte des valeurs à 90 jours, sur lesquelles elle déduisait l'escompte à 4 p. %, soit, pour trois mois 1 p. % ou 10 p. ‰. L'or ainsi extrait des caisses de la Banque était vendu pour l'exportation à 12 ou 15 p. ‰ de prime. Le bénéfice variait de 2 à 5 p. ‰. Pour reconstituer son encaisse incessamment diminuée, la Banque achetait de l'or, qui fuyait bientôt par la fissure qu'ouvrait cette politique extraordinaire. Elle dut ainsi acheter dans les trois années 1855-1858, 1,384,553,000 francs d'or qui lui coûtèrent 15,893,000 francs de primes. On remarquera, au surplus, que les achats d'or effectués à l'étranger augmentaient la somme de nos dettes extérieures, suscitaient l'exportation de numéraire dont on voulait réparer les effets, faisaient monter la prime, et par suite élargissaient la marge dont la spéculation tirait parti.

Après avoir renoncé pour un temps au prétendu principe de la fixité du taux de l'escompte, la Banque s'y était attachée de nouveau il y a quelques années. Mais le gouvernement de cet établissement était trop avisé pour donner à la spéculation les facilités que la naïveté de ses prédécesseurs lui laissa de 1855 à 1858. Il savait défendre son encaisse et, loin de s'exposer à payer des primes, c'était lui qui les percevait.

Une partie de l'encaisse se défend d'elle-même : personne n'en veut. C'est l'encaisse d'argent, dépréciée comme le métal dont elle se compose. Le Banque peut offrir de l'argent — comme elle en a le droit, la pièce de 5 francs étant monnaie légale — aux demandeurs d'escompte. Mais l'écu de 5 francs n'est pas exportable. En France, on est tenu de le prendre pour le 620e de la valeur d'un kilogramme d'or à 0.900 ; à l'étranger on ne le prend que pour le 40e de la valeur d'un kilogramme d'argent à 0.900, valeur variable suivant les cours, mais depuis longtemps très inférieure à 5 francs. Ce qu'il faut pour payer à l'étranger, ce n'est pas de l'argent, c'est de l'or. La Banque de France ne donnait de l'or, en lingots ou en espèces étrangères, que sous déduction d'une prime. Elle défendait ainsi son encaisse d'or sans relever le taux de l'escompte.

Ce procédé était très défectueux. Il obligeait le commerce à prendre dans la circulation l'or qu'il ne pouvait se dispenser d'exporter. La Banque de France n'a pas seulement pour devoir de défendre son encaisse ; elle doit défendre aussi l'encaisse de la nation et spécialement cette partie de l'encaisse qui a un caractère international, c'est-à-dire l'or. Il y a des moments où la liquidation de la France avec les autres nations ne peut se faire que par une exportation d'or. Défendre l'encaisse de la Banque au détriment de l'encaisse du pays, est une erreur dont les conséquences peuvent devenir funestes. Le système suivi par la Banque protégeait son encaisse propre, mais laissait la circulation sans défense. Il n'y a qu'une manière de défendre la circulation d'or, l'encaisse internationale du pays, c'est de rendre, dans la mesure du possible, l'exportation inutile et de chercher dans des opérations de capitaux les moyens de se liquider. Pour y arriver, il faut attirer les capitaux du dehors, et on ne peut y arriver que par la hausse du taux de l'escompte. Par ce procédé, on se liquide sans exporter de numéraire ou en n'en exportant que la quantité nécessaire ; et encore avec espoir d'un prochain retour.

Le gouvernement actuel de la Banque l'a parfaitement compris. Très résolument, au mois de décembre 1899, il a recouru à la hausse du taux de l'escompte, au lieu de s'en tenir au système de la prime défensive. Le chèque sur Londres étant monté à 25.35 et la prime sur l'or entre 5 et 6 p. °/₀₀, la Banque porta le taux de l'escompte de 3 ½ p. °/₀ à 4 ½ p. °/₀. L'effet de ce rehaussement de 1 p. °/₀ fut rapide. Au commencement de janvier, le chèque était au pair et l'or en barres entre 2 et 4 p. °/₀₀. En 1891, dans des circonstances analogues, la Banque avait montré moins de décision : elle n'avait d'abord majoré le taux de l'escompte que de 1/2 p. °/₀, et le chèque avait pu monter jusqu'à 25.40, la prime relevant le *gold point*. Une majoration de 1 p. °/₀ arrêta, tardivement, la hausse du change.

On ne peut que féliciter la Banque de ce retour aux vrais principes.

La fixité du taux de l'escompte ou le maintien à bas prix de ce taux ne sont pas, quoi qu'on en dise, un bien dont les banques privilégiées doivent, en tout temps et dans tous les cas, faire jouir l'industrie et le commerce en échange du monopole d'émission qui leur est concédé. Le taux de l'escompte doit exprimer le taux vrai de l'intérêt, le taux qui convient, à chaque moment, à la situation des affaires et aux nécessités de leur liquidation. Ce taux vrai est dans un rapport étroit avec le cours des changes. Le devoir des banques privilégiées est de savoir maintenir ce rapport, de proportionner le taux de l'escompte au cours des changes. Elles n'ont pas le devoir de maintenir un taux fixe, arbitraire, qui peut compromettre le bien monétaire le plus précieux d'un pays, sa circulation d'or.

Dans les pays soumis au régime du cours forcé, l'exportation des monnaies d'or prive de ce gage essentiel de leur réalisation métallique les titres de créance qui composent la circulation fiduciaire.

On a souvent tenté d'y suppléer, au regard du billet de banque ou d'État, en constituant des réserves d'or dans les banques d'émission ou au Trésor public. La formation de ces encaisses, lorsqu'elle fait prévoir la reprise des paiements en espèces, peut, en donnant confiance au public, améliorer le crédit des banques ou de l'État. Mais il est vain d'en attendre la disparition de l'agio sur un papier que l'on ne veut pas retirer et auquel on conserve le cours forcé. Les billets n'étant pas remboursables, les sommes affectées à leur garantie ne sont pas à la disposition du public. Un gage intangible n'est pas un gage; il ne donne aucune sûreté au créancier, au débiteur aucun crédit. A la vérité, en constituant l'encaisse des banques ou du Trésor à l'état de réservoir particulier, sans communication avec le grand réservoir de la circulation générale du pays, on empêche sûrement l'or de s'écouler dans la circulation et de fuir ensuite à l'étranger. Mais c'est précisément de cet obstacle à l'écoulement de l'or[1] que naît l'agio. Vienne le jour de l'échéance, il faut de l'or pour liquider le papier commercial; le papier de banque ou d'État, même gagé par de l'or, ne peut suppléer l'or, si le porteur ne peut se faire rembourser en or à son gré. Ce ne sont pas les existences d'or, c'est la libre disposition de l'or qui importe; l'or que ne peut obtenir le commerce, est comme s'il n'existait pas[2]. N'étant pas exportable, il ne peut empêcher la

1. L'immobilisation d'un fonds d'espèces métalliques peut être recommandée comme gage et contre-partie d'une émission de billets, lorsque les espèces mises en réserve sont des pièces de circulation intérieure, comme la monnaie divisionnaire d'argent, que l'on remplace par des petites coupures. V. *supra*, p. 201, note 2.

2. C'est le vice capital des réserves dites « irréductibles », que l'on s'est attaché à créer en divers pays, particulièrement en Italie. L'irréductibilité de la réserve est le contraire d'une garantie de convertibilité.

hausse du change au-dessus du point de sortie ; la dépréciation du papier de commerce apparaît en conséquence et elle a une répercussion nécessaire sur la valeur du papier de banque ou d'État.

Ce dont il faut se préoccuper, ce n'est pas d'empêcher l'exportation de l'or, c'est d'en assurer la réimportation ultérieure. Ce qui empêche le rapatriement de l'or exporté, c'est la dépréciation du papier à cours forcé et la cause de cette dépréciation est dans l'excès de la circulation. Avant toutes choses, il faut retirer le papier surabondant, en réduire la quantité à la mesure des besoins des échanges. Si, comme il arrive d'ordinaire, l'émission des billets à cours forcé est la conséquence d'un emprunt à la circulation métallique, il faut rembourser cet emprunt, comme la France l'a fait après 1870-71, afin de permettre aux banques de réduire leur circulation fiduciaire, et d'en faire ainsi cesser la dépréciation. Il n'y aura plus alors d'inconvénient à ce que le numéraire soit exporté, car l'état de la circulation fiduciaire ne sera plus un empêchement à ce qu'il soit réimporté lorsque la masse des créances sera redevenue supérieure à la masse des dettes internationales, ou lorsque le taux de l'escompte excèdera le taux de l'escompte à l'étranger.

Le gage de la circulation fiduciaire, la garantie de sa valeur est, on le voit, la circulation métallique elle-même, l'ensemble des sommes d'or que les débiteurs peuvent se procurer librement, emprunter ou acheter librement pour acquitter leurs dettes. Les réserves des banques ne sont utiles que s'il est loisible au public d'y puiser comme dans le reste de la circulation métallique, en payant le prix d'achat ou de location que comporte l'état du marché des capitaux. C'est à cette condition que le papier peut être pris au pair, parce que c'est à cette condition seulement qu'il est convertible en or. C'est la possibilité d'obtenir à leur échéance, quand elles en ont une ou, quand elles n'en ont pas, à vue, le paiement des créances dont les titres composent la circulation fiduciaire, qui permet seule d'employer ces titres, billets de banque, chèques, lettres de change, effets de commerce de toutes sortes, comme substituts de la monnaie.

TABLE DES MATIÈRES.

DEUXIÈME PARTIE.

TROISIÈME PARTIE.

ÉVREUX, IMPRIMERIE DE CHARLES HÉRISSEY

FÉLIX ALCAN, Éditeur
ANCIENNE LIBRAIRIE GERMER BAILLIÈRE ET Cie

PHILOSOPHIE — HISTOIRE

CATALOGUE
DES
Livres de Fonds

On peut se procurer tous les ouvrages qui se trouvent dans ce Catalogue par l'intermédiaire des libraires de France et de l'Étranger.

On peut également les recevoir franco *par la poste, sans augmentation des prix désignés, en joignant à la demande des* TIMBRES-POSTE FRANÇAIS *ou un* MANDAT *sur Paris.*

108, BOULEVARD SAINT-GERMAIN, 108
Au coin de la rue Hautefeuille
PARIS, 6e

JUILLET 1901

Les titres précédés d'un *astérisque* sont recommandés par le Ministère de l'Instruction publique pour les Bibliothèques des élèves et des professeurs et pour les distributions de prix des lycées et collèges.

BIBLIOTHÈQUE DE PHILOSOPHIE CONTEMPORAINE

Volumes in-12, brochés, à 2 fr. 50.

Cartonnés toile, 3 francs — En demi-reliure, plats papier, 4 francs.

La *psychologie*, avec ses auxiliaires indispensables, l'*anatomie* et la *physiologie du système nerveux*, la *pathologie mentale*, la *psychologie des races inférieures et des animaux*, les *recherches expérimentales des laboratoires*; — la *logique*; — les *théories générales fondées sur les découvertes scientifiques*; — l'*esthétique*; — les *hypothèses métaphysiques*; — la *criminologie* et la *sociologie*; — l'*histoire des principales théories philosophiques*; tels sont les principaux sujets traités dans cette Bibliothèque.

ALAUX, professeur à la Faculté des lettres d'Alger. **Philosophie de V. Cousin.**
ALLIER (R.). ***La Philosophie d'Ernest Renan.** 1895.
ARRÉAT (L.). * **La Morale dans le drame, l'épopée et le roman.** 2e édition.
— ***Mémoire et imagination** (Peintres, Musiciens, Poètes, Orateurs). 1895.
— **Les Croyances de demain.** 1898.
— **Dix ans de critique philosophique.** 1900.
BALLET (G.). **Le Langage intérieur** et les diverses formes de l'aphasie. 2e édit.
BEAUSSIRE, de l'Institut. * **Antécédents de l'hégél. dans la philos. française.**
BERGSON (H.), professeur au Collège de France. **Le Rire.** Essai sur la signification du comique. 2e édition. 1901.
BERSOT (Ernest), de l'Institut. * **Libre philosophie.**
BERTAULD. **De la Philosophie sociale.**
BERTRAND (A.), professeur à l'Université de Lyon. **La Psychologie de l'effort et les doctrines contemporaines.**
BINET (A.), directeur du lab. de psych. physiol. de la Sorbonne. **La Psychologie du raisonnement**, expériences par l'hypnotisme. 2e édit.
BOUGLÉ, professeur à l'Univ. de Toulouse. **Les Sciences sociales en Allemagne.**
BOUTROUX, de l'Institut. * **De la contingence des lois de la nature.** 3e éd. 1896.
BRUNSCHVICG, professeur au lycée Condorcet, docteur ès lettres. **Introduction à la vie de l'esprit.** 1900.
CARUS (P.). * **Le Problème de la conscience du moi**, trad. par M. A. Monod.
CONTA (B.). ***Les Fondements de la métaphysique**, trad. du roumain par D. Tescanu.
COQUEREL Fils (Ath.). **Transformations historiques du christianisme.**
COSTE (Ad.). ***Les Conditions sociales du bonheur et de la force.** 3e édit.
CRESSON (A.), agrégé de philos. **La Morale de Kant.** Couronné par l'Institut.
DAURIAC (L.), professeur au lycée Janson-de-Sailly. **La Psychologie dans l'Opéra français** (Auber, Rossini, Meyerbeer). 1897.
DANVILLE (Gaston). **Psychologie de l'amour.** 2e édit. 1900.
DUGAS, docteur ès lettres. * **Le Psittacisme et la pensée symbolique.** 1896.
— **La Timidité.** 2e éd. 1900.
DUMAS (docteur G.), agrégé de philosophie, docteur ès lettres. ***Les états intellectuels dans la Mélancolie.** 1895.
DUNAN, docteur ès lettres. **La théorie psychologique de l'Espace.** 1895.
DUPRAT (G.-L.), docteur ès lettres. **Les Causes sociales de la Folie.** 1900.
DURKHEIM (Émile), professeur à l'Université de Bordeaux. * **Les règles de la méthode sociologique.** 2e édit. 1901.
D'EICHTHAL (Eug.). **Les Problèmes sociaux et le Socialisme.** 1899.
ESPINAS (A.), prof. à la Sorbonne. * **La Philosophie expérimentale en Italie.**

Suite de la *Bibliothèque de philosophie contemporaine*, format in-12, à 2 fr. 50 le vol.

FAIVRE (E.). **De la Variabilité des espèces.**
FÉRÉ (Ch.). **Sensation et Mouvement.** Étude de psycho-mécanique, avec fig. 2e éd.
— **Dégénérescence et Criminalité**, avec figures. 3e édit.
FERRI (E.). ***Les Criminels dans l'Art et la Littérature.** 1897.
FIERENS-GEVAERT. **Essai sur l'Art contemporain.** (Couronné par l'Acad. franç.).
— **La Tristesse contemporaine**, essai sur les grands courants moraux et intellectuels du XIXe siècle. 3e édit. 1900. (Couronné par l'Institut.)
— **Psychologie d'une ville.** *Essai sur Bruges.* 1901.
FLEURY (Maurice de). **L'Âme du criminel.** 1898.
FONSEGRIVE, professeur au lycée Buffon. **La Causalité efficiente.** 1893.
FOURNIÈRE (E.). **Essai sur l'individualisme.** 1901.
FRANCK (Ad.), de l'Institut. * **Philosophie du droit pénal.** 5e édit.
— **Des Rapports de la Religion et de l'État.** 2e édit.
— **La Philosophie mystique en France au XVIIIe siècle.**
GAUCKLER. **Le Beau et son histoire.**
GREEF (de). **Les Lois sociologiques.** 2e édit.
GUYAU. * **La Genèse de l'idée de temps.** 2e édit.
HARTMANN (E. de). **La Religion de l'avenir.** 5e édit.
— **Le Darwinisme**, ce qu'il y a de vrai et de faux dans cette doctrine. 6e édit.
HERCKENRATH. (C.-R.-C.) **Problèmes d'Esthétique et de Morale.** 1897.
HERBERT SPENCER. * **Classification des sciences.** 6e édit.
— **L'Individu contre l'État.** 5e édit.
HERVÉ BLONDEL. **Les Approximations de la vérité.** 1900.
JAELL (Mme). * **La Musique et la psycho-physiologie.** 1895.
JANET (Paul), de l'Institut. * **Les Origines du socialisme contemporain.** 3e édit. 1896.
— * **La Philosophie de Lamennais.**
LACHELIER, de l'Institut. **Du fondement de l'induction**, suivi de **psychologie et métaphysique.** 3e édit. 1898.
LAMPÉRIÈRE (Mme A.). * **Rôle social de la femme**, son éducation. 1898.
LANESSAN (J.-L. de). **La Morale des philosophes chinois.** 1896.
LANGE, professeur à l'Université de Copenhague. * **Les Émotions**, étude psycho-physiologique, traduit par G. Dumas. 1895.
LAPIE, maître de conf. à l'Univ. de Rennes. **La Justice par l'État.** 1899.
LAUGEL (Auguste). **L'Optique et les Arts.**
— * **Les Problèmes de l'âme.**
LE BON (Dr Gustave). * **Lois psychol. de l'évolution des peuples.** 4e édit.
— * **Psychologie des foules.** 5e édit.
LÉCHALAS. * **Étude sur l'espace et le temps.** 1895.
LE DANTEC, chargé du cours d'Embryologie générale à la Sorbonne. **Le Déterminisme biologique et la Personnalité consciente.** 1897.
— * **L'Individualité et l'Erreur individualiste.** 1898.
— **Lamarckiens et Darwiniens.** 1899.
LEFÈVRE, prof. à l'Univ. de Lille. **Obligation morale et idéalisme.** 1895.
LEVALLOIS (Jules). **Déisme et Christianisme.**
LIARD, de l'Institut. * **Les Logiciens anglais contemporains.** 4e édit.
— **Des définitions géométriques et des définitions empiriques.** 2e édit.
LICHTENBERGER (Henri), professeur à l'Université de Nancy. * **La philosophie de Nietzsche.** 6e édit. 1901.
— * **Friedrich Nietzsche. Aphorismes et fragments choisis.** 1899.
LOMBROSO. **L'Anthropologie criminelle** et ses récents progrès. 4e édit. 1901.
— **Nouvelles recherches d'anthropologie criminelle et de psychiatrie.** 1892.
— **Les Applications de l'anthropologie criminelle.** 1892.
LUBBOCK (Sir John). * **Le Bonheur de vivre.** 2 volumes. 5e édit.
— * **L'Emploi de la vie.** 3e éd. 1901.
LYON (Georges), maître de conf. à l'École normale. * **La Philosophie de Hobbes.**
MARGUERY (E.). **L'Œuvre d'art et l'évolution.** 1899.
MARIANO. **La Philosophie contemporaine en Italie.**
MARION, professeur à la Sorbonne. * **J. Locke, sa vie, son œuvre.** 2e édit.

Suite de la *Bibliothèque de philosophie contemporaine*, format in-12, à 2 fr. 50 le vol.

MAUXION, professeur à l'Université de Poitiers. **L'instruction par l'éducation** *et les Théories pédagogiques de Herbart*. 1900.
MILHAUD (G.), professeur à l'Université de Montpellier. * **Le Rationnel.** 1898.
— * **Essai sur les conditions et les limites de la Certitude logique.** 2e édit. 1898.
MOSSO. * **La Peur.** Étude psycho-physiologique (avec figures). 2e édit.
— * **La Fatigue intellectuelle et physique**, trad. Langlois. 3e édit.
MURISIER (E.), professeur à la Faculté des lettres de Neuchâtel (Suisse). **Les Maladies du sentiment religieux.** 1901.
NAVILLE (E.), doyen de la Faculté des lettres et sciences sociales de l'Université de Genève. **Nouvelle classification des sciences.** 2e édit. 1901.
NORDAU (Max). * **Paradoxes psychologiques**, trad. Dietrich. 4e édit. 1900.
— **Paradoxes sociologiques**, trad. Dietrich. 3e édit. 1901.
— * **Psycho-physiologie du Génie et du Talent**, trad. Dietrich. 2e édit. 1898.
NOVICOW (J.). **L'Avenir de la Race blanche.** 1897.
OSSIP-LOURIÉ, lauréat de l'Institut. **Pensées de Tolstoï.** 1898.
— * **La Philosophie de Tolstoï.** 1899.
— **La Philosophie sociale dans le théâtre d'Ibsen.** 1900.
PALANTE (G.), agrégé de l'Université. **Précis de sociologie.** 1901.
PAULHAN (Fr.). **Les Phénomènes affectifs et les lois de leur apparition** 2e éd. 1901.
— * **Joseph de Maistre et sa philosophie.** 1893.
— **Psychologie de l'invention.** 1900.
PILLON (F.). * **La Philosophie de Ch. Secrétan.** 1898.
PILO (Mario). * **La psychologie du Beau et de l'Art**, trad. Aug. Dietrich.
PIOGER (Dr Julien). **Le Monde physique**, essai de conception expérimentale. 1893.
QUEYRAT, prof. de l'Univ. * **L'Imagination et ses variétés chez l'enfant.** 2e édit.
— * **L'Abstraction**, son rôle dans l'éducation intellectuelle. 1894.
— **Les Caractères et l'éducation morale.** 2e éd. 1901.
REGNAUD (P.), professeur à l'Université de Lyon. **Logique évolutionniste.** *L'Entendement dans ses rapports avec le langage*. 1897.
— **Comment naissent les mythes.** 1897.
RÉMUSAT (Charles de), de l'Académie française. * **Philosophie religieuse.**
RENARD (Georges), professeur au Conservatoire des arts et métiers. **Le régime socialiste**, *son organisation politique et économique*. 2e édit. 1898.
RIBOT (Th.), de l'Institut, professeur au Collège de France, directeur de la *Revue philosophique*. **La Philosophie de Schopenhauer.** 8e édition.
— * **Les Maladies de la mémoire.** 14e édit.
— * **Les Maladies de la volonté.** 16e édit.
— * **Les Maladies de la personnalité.** 9e édit.
— * **La Psychologie de l'attention.** 5e édit.
RICHARD (G.), docteur ès lettres. * **Le Socialisme et la Science sociale.** 2e édit.
RICHET (Ch.). **Essai de psychologie générale.** 4e édit. 1901.
ROBERTY (E. de). **L'Inconnaissable, sa métaphysique, sa psychologie.**
— **L'Agnosticisme.** Essai sur quelques théories pessim. de la connaissance. 2e édit.
— **La Recherche de l'Unité.** 1893.
— **Auguste Comte et Herbert Spencer.** 2e édit.
— * **Le Bien et le Mal.** 1896.
— **Le Psychisme social.** 1897.
— **Les Fondements de l'Ethique.** 1898.
— **Constitution de l'Éthique.** 1901.
ROISEL. **De la Substance.**
— **L'Idée spiritualiste.** 2e éd. 1901.
SAIGEY. **La Physique moderne.** 2e édit.
SAISSET (Émile), de l'Institut. * **L'Ame et la Vie.**
SCHŒBEL. **Philosophie de la raison pure.**
SCHOPENHAUER. * **Le Libre arbitre**, trad. par M. Salomon Reinach, de l'Institut. 8e éd.
— * **Le Fondement de la morale**, traduit par M. A. Burdeau. 7e édit.
— **Pensées et Fragments**, avec intr. par M. J. Bourdeau. 15e édit.

Suite de la *Bibliothèque de philosophie contemporaine*, format in-12 à 1 fr. 50 le vol.

SELDEN (Camille). **La Musique en Allemagne**, étude sur Mendelssohn.
STUART MILL. * **Auguste Comte et la Philosophie positive.** 6e édit.
— * **L'Utilitarisme.** 2e édit.
— **Correspondance inédite avec Gustave d'Eichthal** (1828-1842) — (1864-1871), avant-propos et trad. par Eug. d'Eichthal. 1898
TAINE (H.), de l'Académie française. * **Philosophie de l'art dans les Pays-Bas.**
TANON. **L'Évolution du droit et la Conscience sociale.** 1900.
TARDE, de l'Institut, professeur au Collège de France. **La Criminalité comparée.** 4e édition. 1898.
— * **Les Transformations du Droit.** 2e édit. 1899.
— * **Les Lois sociales.** 2e édit. 1898.
THAMIN (R.), recteur de l'Académie de Rennes. * **Éducation et Positivisme.** 2e édit. Couronné par l'Institut.
THOMAS (P. Félix), docteur ès lettres. * **La suggestion, son rôle dans l'éducation intellectuelle.** 2e édit. 1898.
— * **Morale et éducation**, 1899.
TISSIÉ. * **Les Rêves**, avec préface du professeur Azam. 2e éd. 1898.
VIANNA DE LIMA. **L'Homme selon le transformisme.**
WECHNIAKOFF. **Savants, penseurs et artistes**, publié par Raphael Petrucci.
WUNDT. **Hypnotisme et Suggestion.** Étude critique, traduit par M. Keller.
ZELLER. **Christian Baur et l'École de Tubingue**, traduit par M. Ritter.
ZIEGLER. **La Question sociale est une Question morale**, trad. Palante. 2e édit.

BIBLIOTHÈQUE DE PHILOSOPHIE CONTEMPORAINE

Volumes in-8.

Br. à 3 fr 75, 5 fr., 7 fr. 50, 10 fr., 12 fr. 50 et 15 fr.; Cart. angl., 1 fr. en plus par vol.; Demi-rel. en plus 2 fr. par vol.

ADAM (Ch.), recteur de l'Académie de Dijon. * **La Philosophie en France** (première moitié du XIXe siècle). 7 fr. 50
AGASSIZ.* **De l'Espèce et des Classifications.** 5 fr.
ALENGRY (Franck), docteur ès lettres, inspecteur d'académie. * **Essai historique et critique sur la Sociologie chez Aug. Comte.** 1900. 10 fr.
ARRÉAT. * **Psychologie du peintre.** 5 fr.
AUBRY (le Dr P.). **La Contagion du meurtre.** 1896. 3e édit. 5 fr.
BAIN (Alex.). **La Logique inductive et déductive.** Trad. Compayré. 2 vol. 3e éd. 20 fr.
— * **Les Sens et l'Intelligence.** 1 vol. Trad. Cazelles. 3e édit. 10 fr.
— * **Les Émotions et la Volonté.** Trad. Le Monnier. 10 fr.
BALDWIN (Mark), professeur à l'Université de Princeton (États-Unis). **Le Développement mental chez l'enfant et dans la race.** Trad. Nourry. 1897. 7 fr. 50
BARTHÉLEMY-SAINT HILAIRE, de l'Institut. **La Philosophie dans ses rapports avec les sciences et la religion.** 5 fr.
BARZELOTTI, prof. à l'Univ. de Rome. **La Philosophie de H. Taine.** Trad. Aug. Dietrich. 1900. 7 fr. 50
BERGSON (H.), professeur au Collège de France. * **Matière et mémoire**, essai sur les relations du corps à l'esprit. 2e édit. 1900. 5 fr.
— **Essai sur les données immédiates de la concience.** 2e édit. 1898. 3 fr. 75
BERTRAND, prof. à l'Université de Lyon. * **L'Enseignement intégral.** 1898. 5 fr.
— **Les Études dans la démocratie.** 1900. 5 fr.
BOIRAC (Émile), recteur de l'Acad. de Grenoble. * **L'Idée du Phénomène.** 5 fr.
BOUGLÉ, professeur à l'Université de Toulouse. **Les Idées égalitaires.** 1899. 3 fr. 75
BOURDEAU (L.). **Le Problème de la mort.** 3e édition. 1900. 5 fr.
— **Le Problème de la vie.** 1 vol. in-8. 1901. 7 fr. 50

Suite de la *Bibliothèque de philosophie contemporaine*, format in-8.

GOBLOT (E.), Professeur à l'Université de Caen. * **Essai sur la Classification des sciences.** 1898. 5 fr.

GODFERNAUX (A.), docteur ès lettres. * **Le Sentiment et la pensée.** 1894. 5 fr.

GORY (G.), docteur ès lettres. **L'Immanence de la raison dans la connaissance sensible.** 1896. 5 fr.

GREEF (de), prof. à la nouvelle Université libre de Bruxelles. **Le Transformisme social.** Essai sur le progrès et le regrès des sociétés. 2e éd. 1901. 7 fr. 50

GURNEY, MYERS et PODMORE. **Les Hallucinations télépathiques,** traduit et abrégé des « *Phantasms of The Living* » par L. MARILLIER, préf. de CH. RICHET. 3e éd. 7 fr. 50

GUYAU (M.). * **La Morale anglaise contemporaine.** 4e édit. 7 fr. 50

— **Les Problèmes de l'esthétique contemporaine.** 6e édit. 5 fr.

— **Esquisse d'une morale sans obligation ni sanction.** 5e édit. 5 fr.

— **L'Irréligion de l'avenir,** étude de sociologie. 7e édit. 7 fr. 50

— * **L'Art au point de vue sociologique.** 5e édit. 7 fr. 50

— * **Education et Hérédité,** étude sociologique. 5e édit. 5 fr.

HANNEQUIN, professeur à l'Université de Lyon. **Essai sur l'hypothèse des atomes.** 2e édition. 1899. 7 fr. 50

HALÉVY (Élie), docteur ès lettres, professeur à l'École des sciences politiques. **La Formation du radicalisme philosophique,** 1901 : T. I, *La jeunesse de Bentham*, 7 fr. 50. — T. II, *l'Evolution de la Doctrine utilitaire* (1789-1815). 7 fr. 50

HARTENBERG (Dr Paul). **Les Timides et la Timidité.** 1901. 5 fr.

HERBERT SPENCER. * **Les premiers Principes.** Traduc. Cazelles. 9e éd. 10 fr.

— * **Principes de biologie.** Traduct. Cazelles. 4e édit. 2 vol. 20 fr.

— * **Principes de psychologie.** Trad. par MM. Ribot et Espinas. 2 vol. 20 fr.

— * **Principes de sociologie.** 4 vol., traduits par MM. Cazelles et Gerschel : Tome I. 10 fr. — Tome II. 7 fr. 50. — Tome III. 15 fr. — Tome IV. 3 fr. 75

— * **Essais sur le progrès.** Trad. A. Burdeau. 5e édit. 7 fr. 50

— **Essais de politique.** Trad. A. Burdeau. 4e édit. 7 fr. 50

— **Essais scientifiques.** Trad. A. Burdeau. 3e édit. 7 fr. 50

— * **De l'Education physique, intellectuelle et morale.** 10e édit. (Voy. p. 3, 20, 21 et 32.) 5 fr.

HIRTH (G.). * **Physiologie de l'Art.** Trad. et introd. de M. L. Arréat. 5 fr.

HOFFDING, professeur à l'Université de Copenhague. **Esquisse d'une psychologie fondée sur l'expérience.** Trad. par L. POITEVIN. Préf. de Pierre JANET. 1900. 7 fr. 50

IZOULET (J.), professeur au Collège de France. * **La Cité moderne.** 6e édit. 1901. 10 fr.

JANET (Paul), de l'Institut. * **Les Causes finales.** 4e édit. 10 fr.

— * **Victor Cousin et son œuvre.** 3e édition. 7 fr. 50

— * **Œuvres philosophiques de Leibniz.** 2e édit. 2 vol. 1900. 20 fr.

JANET (Pierre), chargé de cours à la Sorbonne. * **L'Automatisme psychologique,** essai sur les formes inférieures de l'activité mentale. 3e édit. 7 fr. 50

LALANDE (A.), agrégé de philosophie, docteur ès lettres. * **La Dissolution opposée à l'évolution,** dans les sciences physiques et morales. 1 vol. in-8. 1899. 7 fr. 50

LANG (A.). * **Mythes, Cultes et Religion.** Traduit par MM. Marillier et Dirr, introduction de Marillier. 1896. 10 fr.

LAVELEYE (de). * **De la Propriété et de ses formes primitives.** 5e édit. 10 fr.

— * **Le Gouvernement dans la démocratie.** 2 vol. 3e édit. 1896. 15 fr.

LE BON (Dr Gustave). **Psychologie du socialisme.** 3e édit. 1900. 7 fr. 50

LECHARTIER (G.). **David Hume, moraliste et sociologue.** 1900. 5 fr.

LECLÈRE (A.), Dr ès lettres. **Essai critique sur le droit d'affirmer.** 1901. 5 fr.

LÉVY-BRUHL, maître de conférences à la Sorbonne. * **La Philosophie de Jacobi.** 1894. 5 fr.

— * **Lettres inédites de J.-S. Mill à Auguste Comte,** *publiées avec les réponses de Comte et une introduction.* 1899. 10 fr.

— * **La Philosophie d'Auguste Comte.** 1900. 7 fr. 50

LIARD, de l'Institut. * **Descartes.** 5 fr.

— * **La Science positive et la Métaphysique.** 4e édit. 7 fr. 50

Suite de la *Bibliothèque de philosophie contemporaine*, format in-8.

LICHTENBERGER (H.), professeur à l'Université de Nancy. **Richard Wagner, poète et penseur.** 2e édit. 1899. (Ouvrage couronné par l'Académie française, prix Bordin.) 10 fr.

LOMBROSO. * **L'Homme criminel** (criminel-né, fou-moral, épileptique), précédé d'une préface de M. le docteur LETOURNEAU. 3e éd. 2 vol. et atlas. 1895. 36 fr.

LOMBROSO ET FERRERO. **La Femme criminelle et la prostituée.** 15 fr.

LOMBROSO et LASCHI. **Le Crime politique et les Révolutions.** 2 vol. 15 fr.

LYON (Georges), maître de conférences à l'École normale supérieure. * **L'Idéalisme en Angleterre au XVIIIe siècle.** 7 fr. 50

MALAPERT (P.), docteur ès lettres, prof. au lycée Louis-le-Grand. * **Les Éléments du caractère et leurs lois de combinaison.** 1897. 5 fr.

MARION (H.), professeur à la Sorbonne. * **De la Solidarité morale.** Essai de psychologie appliquée. 6e édit. 1897. 5 fr.

MARTIN (Fr.), docteur ès lettres, prof. au lycée Saint-Louis. * **La Perception extérieure et la Science positive,** essai de philosophie des sciences. 1894. 5 fr.

MATTHEW ARNOLD. **La Crise religieuse.** 7 fr. 50

MAX MULLER, prof. à l'Université d'Oxford. * **Nouvelles études de mythologie,** trad. de l'anglais par L. Job, docteur ès lettres. 1898. 12 fr. 50

NAVILLE (E.), correspond. de l'Institut. **La Physique moderne.** 2e édit. 5 fr.

— * **La Logique de l'hypothèse.** 2e édit. 5 fr.

— * **La Définition de la philosophie.** 1894. 5 fr.

— **Le libre Arbitre.** 2e édit. 1898. 5 fr.

— **Les Philosophies négatives.** 1899. 5 fr.

NORDAU (Max). * **Dégénérescence,** trad. de Aug. Dietrich. 5e éd. 1898. 2 vol. Tome I. 7 fr. 50. Tome II. 10 fr.

— **Les Mensonges conventionnels de notre civilisation.** 5e édit. 1899. 5 fr.

NOVICOW. **Les Luttes entre Sociétés humaines.** 2e édit. 10 fr.

— * **Les Gaspillages des sociétés modernes.** 2e édit. 1899. 5 fr.

OLDENBERG, professeur à l'Université de Kiel. * **Le Bouddha, sa Vie, sa Doctrine, sa Communauté,** trad. par P. Foucher. Préf. de Lucien Lévy. 2e éd. 1901. 7 fr. 50

OUVRÉ (H.), professeur à l'Université de Bordeaux. **Les Formes littéraires de la pensée grecque.** 1900. *Ouvrage couronné par l'Association pour l'enseignement des études grecques.* 10 fr.

PAULHAN (Fr.). **L'Activité mentale et les Éléments de l'esprit.** 10 fr.

— **Les Types intellectuels : esprits logiques et esprits faux.** 1896. 7 fr. 50

PAYOT (J.), inspect. d'académie. * **L'Éducation de la volonté.** 12e édit. 1901. 5 fr.

— **De la Croyance.** 1896. 5 fr.

PÉRÈS (Jean), professeur au lycée de Toulouse. **L'Art et le Réel.** 1898. 3 fr. 75

PÉREZ (Bernard). **Les Trois premières années de l'enfant.** 5e édit. 5 fr.

— **L'Éducation morale dès le berceau.** 4e édit. 1901. 5 fr.

— * **L'Éducation intellectuelle dès le berceau.** 2e éd. 1901. 5 fr.

PIAT (C.). **La Personne humaine.** 1898. (Couronné par l'Institut). 7 fr. 50

— * **Destinée de l'homme.** 1898. 5 fr.

PICAVET (E.), maître de conférences à l'École des hautes études. * **Les Idéologues,** essai sur l'histoire des idées, des théories scientifiques, philosophiques, religieuses, etc., en France, depuis 1789. (Ouvr. couronné par l'Académie française.) 10 fr.

PIDERIT. **La Mimique et la Physiognomonie.** Trad. par M. Girot. 5 fr.

PILLON (F.). * **L'Année philosophique.** 10 années : 1890, 1891, 1892, 1893 (épuisé), 1894, 1895, 1896, 1897, 1898, 1899 et 1900. 11 vol. Chaque volume séparément. 5 fr.

PIOGER (J.). **La Vie et la Pensée,** essai de conception expérimentale. 1894. 5 fr.

La Vie sociale, la Morale et le Progrès. 1894. 5 fr.

PREYER, prof. à l'Université de Berlin. **Éléments de physiologie.** 5 fr.

— * **L'Ame de l'enfant.** Développement psychique des premières années. 10 fr.

PROAL, conseiller à la Cour de Paris. * **Le Crime et la Peine.** 3e édit. Couronné par l'Institut. 10 fr.

— * **La Criminalité politique.** 1895. 5 fr.

— **Le Crime et le Suicide passionnels.** 1900. 10 fr.

Suite de la *Bibliothèque de philosophie contemporaine*, format in-8

RAUH, maître de conférences à l'École normale. **De la méthode dans la psychologie des sentiments.** 1899. 5 fr.
RÉCEJAC, docteur ès lettres. **Essai sur les Fondements de la Connaissance mystique.** 1897. 5 fr.
RENARD (G.), professeur au Conservatoire des arts et métiers. **La Méthode scientifique de l'histoire littéraire.** 1900. 10 fr.
RENOUVIER (Ch.) de l'Institut. **Les Dilemmes de la métaphysique pure.** 1900. 5 fr.
— **Histoire et solution des problèmes métaphysiques.** 1901 7 fr. 50
RIBOT (Th.), de l'Institut. * **L'Hérédité psychologique.** 5e édit. 7 fr. 50
— * **La Psychologie anglaise contemporaine.** 3e édit. 7 fr. 50
— * **La Psychologie allemande contemporaine.** 4e édit. 7 fr. 50
— **La Psychologie des sentiments.** 3e édit. 1899. 7 fr. 50
— **L'Evolution des idées générales.** 1897. 5 fr.
— **Essai sur l'Imagination créatrice.** 1900. 5 fr.
RICARDOU (A.), docteur ès lettres. * **De l'Idéal.** Couronné par l'Institut. 5 fr.
ROBERTY (E. de). **L'Ancienne et la Nouvelle philosophie.** 7 fr. 50
— * **La Philosophie du siècle** (positivisme, criticisme, évolutionnisme). 5 fr.
ROMANES. * **L'Evolution mentale chez l'homme.** 7 fr. 50
SAIGEY (E.). * **Les Sciences au XVIIIe siècle.** La Physique de Voltaire. 5 fr.
SANZ Y ESCARTIN. **L'Individu et la Réforme sociale**, trad. Dietrich. 7 fr. 50
SCHOPENHAUER. **Aphor. sur la sagesse dans la vie.** Trad. Cantacuzène. 5 fr.
— * **De la Quadruple racine du principe de la raison suffisante**, suivi d'une *Histoire de la doctrine de l'Idéal et du Réel*. Trad. par M. Cantacuzène. 5 fr.
— * **Le Monde comme volonté et comme représentation.** Traduit par M. A. Burdeau. 3e éd. 3 vol. Chacun séparément. 7 fr. 50
SÉAILLES (G.), prof. à la Sorbonne. **Essai sur le génie dans l'art.** 2e édit. 5 fr.
SERGI, prof. à l'Univ. de Rome. **La Psychologie physiologique.** 7 fr. 50
SIGHELE (Scipio). **La Foule criminelle.** Essai de psychologie collective. 2e édition augmentée. 1901. 5 fr.
SOLLIER. **Le Problème de la mémoire.** 1900. 3 fr. 75
SOURIAU (Paul), prof. à l'Univ. de Nancy. **L'Esthétique du mouvement.** 5 fr.
— * **La Suggestion dans l'art.** 5 fr.
STEIN (L.), professeur à l'Université de Berne. **La Question sociale au point de vue philosophique.** 1900. 10 fr.
STUART MILL. * **Mes Mémoires.** Histoire de ma vie et de mes idées. 3e éd. 5 fr.
— * **Système de Logique déductive et inductive.** 4e édit. 2 vol. 20 fr.
— * **Essais sur la Religion.** 2e édit. 5 fr.
— **Lettres inédites à Aug. Comte et réponses d'Aug. Comte**, publiées et précédées d'une introduction par L. Lévy Bruhl. 1899. 10 fr.
SULLY (James). **Le Pessimisme.** Trad. Bertrand. 2e édit. 7 fr. 50
— * **Études sur l'Enfance.** Trad. A. Monod, préface de G. Compayré. 1898. 10 fr.
TARDE (G.), de l'Institut, prof. au Collège de France. * **La Logique sociale.** 2e édit. 1898. 7 fr. 50
— * **Les Lois de l'imitation.** 3e édit. 1900. 7 fr. 50
— **L'Opposition universelle.** *Essai d'une théorie des contraires.* 1897. 7 fr. 50
— **L'Opinion et la Foule.** 1901. 5 fr.
THOMAS (P.-F.), docteur ès lettres. * **L'Éducation des sentiments.** 1898, couronné par l'Institut. 5 fr.
THOUVEREZ (Émile), professeur à l'Université de Toulouse. **Le Réalisme métaphysique.** 1894. Couronné par l'Institut. 5 fr.
VACHEROT (Et.), de l'Institut. * **Essais de philosophie critique.** 7 fr. 50
— **La Religion.** 7 fr. 50

COLLECTION HISTORIQUE DES GRANDS PHILOSOPHES

PHILOSOPHIE ANCIENNE

ARISTOTE (Œuvres d'), traduction de J. BARTHÉLEMY-SAINT-HILAIRE, de l'Institut.

— * **Rhétorique.** 2 vol. in-8. 16 fr.

— * **Politique.** 1 vol. in-8... 10 fr.

— **La Métaphysique d'Aristote.** 3 vol. in-8. .... 30 fr.

— **De la Logique d'Aristote,** par M. BARTHÉLEMY-SAINT-HILAIRE. 2 vol. in-8............ 10 fr.

— **Table alphabétique des matières de la traduction générale d'Aristote,** par M. BARTHÉLEMY-SAINT-HILAIRE, 2 forts vol. in-8. 1892 .... 30 fr.

— **L'Esthétique d'Aristote,** par M. BÉNARD. 1 vol. in-8. 1889. 5 fr.

— **La Poétique d'Aristote,** par HATZFELD (A.), prof. hon. au Lycée Louis-le-Grand et M. DUFOUR, prof. à l'Univ. de Lille. 1 vol. in-8 1900.................. 6 fr.

SOCRATE. * **La Philosophie de Socrate,** par Alf. FOUILLÉE. 2 vol. in-8 .... 16 fr.

— **Le Procès de Socrate,** par G. SOREL. 1 vol. in-8...... 3 fr. 50

PLATON. **Études sur la Dialectique dans Platon et dans Hegel,** par Paul JANET. 1 vol. in-8. 6 fr.

— * **Platon, sa philosophie,** sa vie et de ses œuvres, par CH. BÉNARD. 1 vol. in-8. 1893....... 10 fr.

— **La Théorie platonicienne des Sciences,** par ÉLIE HALÉVY. In-8. 1895 .... 5 fr.

PLATON. **Œuvres,** traduction VICTOR COUSIN revue par J. BARTHÉLEMY-SAINT-HILAIRE : Socrate et Platon ou le Platonisme — Eutyphron — Apologie de Socrate — Criton — Phédon. 1 vol. in-8. 1896. 7 fr. 50

ÉPICURE. * **La Morale d'Épicure** et ses rapports avec les doctrines contemporaines, par M. GUYAU. 1 volume in-8. 3e édit...... 7 fr. 50

BÉNARD. **La Philosophie ancienne,** histoire de ses systèmes. *La Philosophie et la Sagesse orientales. — La Philosophie grecque avant Socrate. — Socrate et les socratiques. — Etudes sur les sophistes grecs.* 1 v. in-8........ 9 fr.

FAVRE (Mme Jules), née VELTEN. **La Morale de Socrate.** In-18. 3 fr. 50

— **La Morale d'Aristote.** In-18. 3 fr. 50

OGEREAU. **Système philosophique des stoïciens.** In-8..... 5 fr.

RODIER (G.). * **La Physique de Straton de Lampsaque.** In-8. 3 fr.

TANNERY (Paul). **Pour l'histoire de la science hellène** (de Thalès à Empédocle). 1 v. in-8. 1887............. 7 fr. 50

MILHAUD (G.). * **Les origines de la science grecque.** 1 vol. in-8. 1893................. 5 fr.

— **Les philosophes géomètres de la Grèce,** Platon et ses prédécesseurs. 1 vol. in-8. 1900. 6 fr.

PHILOSOPHIE MODERNE

* DESCARTES, par L. LIARD. 1 vol. in-8................. 5 fr.

— **Essai sur l'Esthétique de Descartes,** par E. KRANTZ. 1 vol. in-8. 2e éd. 1897........... 6 fr.

SPINOZA. **Benedicti de Spinoza opera,** quotquot reperta sunt, recognoverunt J. Van Vloten et J.-P.-N. Land. 2 forts vol. in-8 sur papier de Hollande. .... 45 fr.

Le même en 3 volumes élégamment reliés........... 18 fr.

— **Inventaire des livres formant sa bibliothèque,** publié d'après un document inédit avec des notes biographiques et bibliographiques et une introduction par A.-J. SERVAAS VAN ROOIJEN. 1 v. in-4 sur papier de Hollande....... 15 fr.

SPINOZA. **La Doctrine de Spinoza,** exposée à la lumière des faits scientifiques, par E. FERRIÈRE. 1 vol in-12.......... 3 fr. 50

GEULINCK (Arnoldi). **Opera philosophica** recognovit J.-P.-N. LAND, 3 volumes, sur papier de Hollande, gr. in-8. Chaque vol... 17 fr. 75

GASSENDI. **La Philosophie de Gassendi,** par P.-F. THOMAS. In-8. 1889................... 6 fr.

LOCKE. * **Sa vie et ses œuvres,** par MARION. In-18. 3e éd... 2 fr. 50

MALEBRANCHE. * **La Philosophie de Malebranche**, par OLLÉ-LAPRUNE, de l'Institut. 2 v. in-8. 16 fr.

PASCAL. **Études sur le scepticisme de Pascal**, par DROZ. 1 vol. in-8............. 6 fr.

VOLTAIRE. **Les Sciences au XVIIIe siècle.** Voltaire physicien, par Em. SAIGEY. 1 vol. in-8. 5 fr.

FRANCK (Ad.), de l'Institut. **La Philosophie mystique en France au XVIIIe siècle.** 1 volume in-18............... 2 fr. 50

DAMIRON. **Mémoires pour servir à l'histoire de la philosophie au XVIIIe siècle.** 3 vol. in-8. 15 fr.

J.-J. ROUSSEAU* **Du Contrat social**, édition comprenant avec le texte définitif les versions primitives de l'ouvrage d'après les manuscrits de Genève et de Neuchâtel, avec introduction par EDMOND DREYFUS-BRISAC. 1 fort volume grand in-8. 12 fr.

ERASME. **Stultitiæ laus des. Erasmi Rot. declamatio.** Publié et annoté par J.-B. KAN, avec les figures de HOLBEIN. 1 v. in-8. 6 fr. 75

PHILOSOPHIE ANGLAISE

DUGALD STEWART. * **Éléments de la philosophie de l'esprit humain.** 3 vol. in-12..... 9 fr.

BACON. **Étude sur François Bacon**, par J. BARTHÉLEMY-SAINT-HILAIRE. In-18........ 2 fr. 50

— * **Philosophie de François Bacon**, par CH. ADAM. (Couronné par l'Institut). In-8...... 7 fr. 50

BERKELEY. **Œuvres choisies.** *Essai d'une nouvelle théorie de la vision. Dialogues d'Hylas et de Philonoüs.* Trad. de l'angl. par MM. BEAULAVON (G.) et PARODI (D.). In-8. 1895. 5 fr.

PHILOSOPHIE ALLEMANDE

KANT. **La Critique de la raison pratique**, traduction nouvelle avec introduction et notes, par M. PICAVET. 2e édit. 1 vol. in-8.. 6 fr.

— **Éclaircissements sur la Critique de la raison pure**, trad. TISSOT. 1 vol. in-8....... 6 fr.

— * **Principes métaphysiques de la morale**, et *Fondements de la métaphysique des mœurs*, traduct. TISSOT. In-8............ 8 fr.

— **Doctrine de la vertu**, traduction BARNI. 1 vol. in-8......... 8 fr.

— * **Mélanges de logique**, traduction TISSOT. 1 v. in-8..... 6 fr.

— * **Prolégomènes à toute métaphysique future** qui se présentera comme science, traduction TISSOT. 1 vol. in-8........ 6 fr.

— * **Anthropologie**, suivie de divers fragments relatifs aux rapports du physique et du moral de l'homme, et du commerce des esprits d'un monde à l'autre, traduction TISSOT. 1 vol. in-8....... 6 fr.

—* **Essai critique sur l'Esthétique de Kant**, par V. BASCH. 1 vol. in-8. 1896........ 10 fr.

— **Sa morale**, par CRESSON. 1 vol. in-12............. 2 fr. 50

— **L'Idée ou critique du Kantisme**, par C. PIAT D^r ès-lettres. 2e édit. 1 vol. in-8........ 6 fr.

KANT et FICHTE **et le problème de l'éducation** par PAUL DUPROIX. 1 vol. in-8. 1897....... 5 fr.

SCHELLING. **Bruno**, ou du principe divin. 1 vol. in-8....... 3 fr. 50

HEGEL. * **Logique.** 2 vol. in-8. 14 fr.

— * **Philosophie de la nature.** 3 vol. in-8............ 25 fr.

— * **Philosophie de l'esprit.** 2 vol. in-8................ 18 fr.

— * **Philosophie de la religion.** 2 vol. in-8............ 20 fr.

— **La Poétique**, trad. par M. Ch. BÉNARD. Extraits de Schiller, Gœthe, Jean-Paul, etc., 2 v. in-8. 12 fr.

— **Esthétique.** 2 vol. in-8, trad. BÉNARD............... 16 fr.

— **Antécédents de l'hégélianisme dans la philosophie française**, par E. BEAUSSIRE. 1 vol. in-18.......... 2 fr. 50

— **Introduction à la philosophie de Hegel**, par VÉRA. 1 vol. in-8. 2e édit............ 6 fr. 50

—* **La logique de Hegel**, par EUG. NOEL. In-8. 1897......... 3 fr.

HERBART. * **Principales œuvres pédagogiques**, trad. A. PINLOCHE. In-8. 1894.......... 7 fr. 50

MAUXION (M.). **La métaphysique de Herbart et la critique de Kant.** 1 vol. in-8..... 7 fr. 50

— **L'instruction par l'éducation** et *les théories pédagogiques de Herbart.* 1 vol. in-12.... 2 fr. 50

RICHTER (Jean-Paul-Fr.). **Poétique ou introduction à l'Esthétique.** 2 vol. in-8. 1862....... 15 fr.

SCHILLER. **Son esthétique**, par FR. MONTARGIS. In-8..... 4 fr.

Essai sur le mysticisme spéculatif en Allemagne au XIVe siècle, par DELACROIX (H.), Maître de conf. à l'Univ. de Montpellier. 1 vol. in-8, 1900.. 5 fr.

PHILOSOPHIE ANGLAISE CONTEMPORAINE

(Voir *Bibliothèque de philosophie contemporaine*, pages 2 à 9.)

ARNOLD (Matt.). — BAIN (Alex.). — CARRAU (Lud.). — CLAY (R.). — COLLINS (H.). — CARUS. — FERRI (L.). — FLINT. — GUYAU. — GURNEY, MYERS et PODMOR. — HERBERT SPENCER. — HUXLEY. — RIBOT. — LIARD. — LANG. — LUBBOCK (Sir John). — LYON (Georges). — MARION. — MAUDSLEY. — STUART-MILL (JOHN). — ROMANES. — SULLY (James).

PHILOSOPHIE ALLEMANDE CONTEMPORAINE

(Voir *Bibliothèque de philosophie contemporaine*, pages 2 à 9.)

BOUGLÉ. — HARTMANN (E. de). — MAUXION. — NORDAU (Max). — NIETZSCHE. — OLDENBERG. — PIDERIT. — PREYER. — RIBOT (Th.). — SCHMIDT (O.). — SCHŒBEL. — SCHOPENHAUER. — SELDEN (C.). — STRICKER. — WUNDT. — ZELLER. — ZIEGLER.

PHILOSOPHIE ITALIENNE CONTEMPORAINE

(Voir *Bibliothèque de philosophie contemporaine*, pages 2 à 9.)

BARZELOTTI. — ESPINAS. — FERRERO. — FERRI (Enrico). — FERRI (L.). — GAROFALO. — LÉOPARDI. — LOMBROSO. — LOMBROSO et FERRERO. — LOMBROSO et LASCHI. — MARIANO. — MOSSO. — PILO (Mario). — SERGI. — SIGHELE.

LES GRANDS PHILOSOPHES

Publié sous la direction de M. C. PIAT

Agrégé de philosophie, docteur ès lettres, professeur à l'École des Carmes.

VOLUMES PUBLIÉS :

***Kant**, par M. RUYSSEN, agrégé de l'Université, professeur au lycée de Bordeaux.

Socrate, par M. l'abbé C. PIAT.

Avicenne, par le baron CARRA DE VAUX.

Saint Augustin, par M. l'abbé JULES MARTIN.

Malebranche, par M. Henri JOLY, ancien doyen de la Faculté des lettres de Dijon.

Pascal, par A. HATZFELD, professeur honoraire au lycée Louis-le-Grand.

Chaque étude forme un volume in-8° carré de 300 pages environ, du prix de 5 francs.

SOUS PRESSE OU EN PRÉPARATION :

Saint Anselme, par M. DOMET DE VORGES, ancien ministre plénipotentiaire.

Descartes, par M. le baron Denys COCHIN, député de Paris.

Saint Thomas d'Aquin, par Mgr MERCIER, directeur de l'Institut supérieur de philosophie de l'Université de Louvain, et par M. DE WULF, professeur au même Institut.

Saint Bonaventure, par Mgr DADOLLE, recteur des Facultés libres de Lyon.

Maine de Biran, par M. Marius COUAILHAC, docteur ès lettres.

Rosmini, par M. BAZAILLAS, agrégé de l'Université, professeur au collège Stanislas.

Spinoza, par M. P.-L. COUCHOUD.

Dunsscot, par le R. P. DAVID FLEMING, définiteur général de l'ordre des Franciscains.

BIBLIOTHÈQUE GÉNÉRALE des SCIENCES SOCIALES

SECRÉTAIRE DE LA RÉDACTION :
DICK MAY, Secrétaire général de l'École des Hautes Études sociales.

VOLUMES PUBLIÉS :

L'Individualisation de la peine, par R. SALEILLES, professeur à la Faculté de droit de l'Université de Paris.
L'Idéalisme social, par Eugène FOURNIÈRE, député.
* **Ouvriers du temps passé** (xve et xvie siècles), par H. HAUSER, professeur à l'Université de Clermont-Ferrand.
* **Les Transformations du pouvoir**, par G. TARDE, professeur au Collège de France.
Morale sociale. Leçons professées au collège libre des Sciences sociales, par MM. G. BELOT, MARCEL BERNÈS, BRUNSCHVICG, F. BUISSON, DARLU, DAURIAC, DELBET, CH. GIDE, M. KOVALEVSKY, MALAPERT, le R. P. MAUMUS, DE ROBERTY, G. SOREL, le PASTEUR WAGNER. Préface de M. EMILE BOUTROUX, de l'Institut.
Les Enquêtes, pratique et théorie, par P. DU MAROUSSEM. (Ouvrage couronné par l'Institut.)
Questions de Morale, leçons professées à l'École de morale, par MM. BELOT, BERNÈS, F. BUISSON, A. CROISET, DARLU, DELBOS, FOURNIÈRE, MALAPERT, MOCH, PARODI, G. SOREL.
Le développement du Catholicisme social depuis l'encyclique *Rerum novarum*, par Max TURMANN.
Le Socialisme sans doctrines. *La Question ouvrière et la Question agraire en Australie et en Nouvelle-Zélande*, par A. MÉTIN, agrégé de l'Université, professeur à l'École municipale Lavoisier.
Assistance sociale. *Pauvres et mendiants*, par PAUL STRAUSS, sénateur.
L'Éducation morale dans l'Université. (*Enseignement secondaire*.) Conférences et discussions, sous la présidence de M. A. CROISET, doyen de la Faculté des lettres de l'Université de Paris. (*Ecole des hautes Etudes sociales*, 1900-1901).
La Méthode historique appliquée aux Sciences sociales, par Charles SEIGNOBOS, maître de conférences à l'Université de Paris.

Chaque volume in-8° carré de 300 pages environ, cartonné à l'anglaise . . . . 6 fr.

SOUS PRESSE OU EN PRÉPARATION :

Hygiène sociale, par E. DUCLAUX, de l'Institut, directeur de l'institut Pasteur.
Le Contrat de salaire, par M. BUREAU, prof. à la Faculté libre de droit de Paris.
La Formation de la Démocratie socialiste en France, par Albert MÉTIN, agrégé de l'Université.
La Méthode géographique appliquée aux Sciences sociales, par Jean BRUNHES, professeur à l'Université de Fribourg (Suisse).
Les Bourses, par M. THALLER, professeur à la Faculté de droit de l'Université de Paris.
Le Monisme économique (Sociologie marxiste), par DE KELLÈS-KRAUZ.
L'Organisation industrielle moderne. Ses caractères, son développement, par Maurice DUFOURMENTELLE.
Précis d'Économie sociale. *Le Play et la méthode d'observation*, par Alexis DELAIRE, secrétaire général de la Société d'Économie sociale.

MINISTRES ET HOMMES D'ÉTAT

HENRI WELSCHINGER. — * **Bismarck**. 1 vol. in-16. 1900. . . . . . 2 fr. 50
H. LÉONARDON. — **Prim**. 1 vol. in-16. 1901. . . . . 2 fr. 50
M. COURCELLE. — **Disraëli**. 1 vol. in-16, 1901 . . . . 2 fr. 50

SOUS PRESSE OU EN PRÉPARATION :

J. **Ferry**, par Alfred RAMBAUD (de l'Institut). — **Gladstone**, par F. DE PRESSENSÉ. — **Okoubo**, ministre japonais, par M. COURANT. — **Léon XIII**, par Anatole LEROY-BEAULIEU. — **Alexandre II**, par BOYER. — **Metternich**, par Ch. SCHEFER. — **Lincoln**, par A. VIALLATE.

BIBLIOTHÈQUE
D'HISTOIRE CONTEMPORAINE

Volumes in-12 brochés à 3 fr. 50. — Volumes in-8 brochés de divers prix

EUROPE

SYBEL (H. de). * **Histoire de l'Europe pendant la Révolution française,** traduit de l'allemand par Mlle DOSQUET. Ouvrage complet en 6 vol. in-8. 42 fr.

DEBIDOUR, inspecteur général de l'Instruction publique. * **Histoire diplomatique de l'Europe, de 1815 à 1878.** 2 vol. in-8. (Ouvrage couronné par l'Institut.) 18 fr.

FRANCE

AULARD, professeur à la Sorbonne. * **Le Culte de la Raison et le Culte de l'Être suprême,** étude historique (1793-1794). 1 vol. in-12. 3 fr. 50

— * **Études et leçons sur la Révolution française.** 2 vol. in-12. Chacun. 3 fr. 50

DESPOIS (Eug.). * **Le Vandalisme révolutionnaire.** Fondations littéraires, scientifiques et artistiques de la Convention. 4e éd. 1 vol. in-12. 3 fr. 50

DEBIDOUR, inspecteur général de l'instruction publique. * **Histoire des rapports de l'Église et de l'État en France** (1789-1870). 1 fort vol. in-8. 1898. (Couronné par l'Institut.) 12 fr.

ISAMBERT (G.). * **La vie à Paris pendant une année de la Révolution** (1791-1792). 1 vol. in-12. 1896. 3 fr. 50

MARCELLIN PELLET, ancien député. **Variétés révolutionnaires.** 3 vol. in-12, précédés d'une préface de A. RANC. Chaque vol. séparém. 3 fr. 50

BONDOIS (P.), agrégé de l'Université. * **Napoléon et la société de son temps** (1793-1821). 1 vol. in-8. 7 fr.

CARNOT (H.), sénateur. * **La Révolution française,** résumé historique. 1 volume in-12. Nouvelle édit. 3 fr. 50

WEILL (G.), docteur ès lettres, agrégé de l'Université. **Histoire du parti républicain en France, de 1814 à 1870.** 1 vol. in-8. 1900. 10 fr.

BLANC (Louis). * **Histoire de Dix ans** (1830-1840). 5 vol. in-8. 25 fr.

— 25 pl. en taille-douce. Illustrations pour l'*Histoire de Dix ans*. 6 fr.

GAFFAREL (P.), professeur à l'Université de Dijon. * **Les Colonies françaises.** 1 vol. in-8. 6e édition revue et augmentée. 5 fr.

LAUGEL (A.). * **La France politique et sociale.** 1 vol. in-8. 5 fr.

SPULLER (E.), ancien ministre de l'Instruction publique. * **Figures disparues,** portraits contemp., littér. et politiq. 3 vol. in-12. Chacun. 3 fr. 50

— **Histoire parlementaire de la deuxième République.** 1 volume in-12. 2e édit. 3 fr. 50

— **Hommes et choses de la Révolution.** 1 vol. in-12. 1896. 3 fr. 50

TAXILE DELORD. * **Histoire du second Empire** (1848-1870). 6 v. in-8. 42 fr.

VALLAUX (C.). * **Les campagnes des armées françaises** (1792-1815). 1 vol. in-12, avec 17 cartes dans le texte. 3 fr. 50

ZEVORT (E.), recteur de l'Académie de Caen. **Histoire de la troisième République :**

Tome I. * **La présidence de M. Thiers.** 1 vol. in-8. 2e édit. 7 fr.
Tome II. * **La présidence du Maréchal.** 1 vol. in-8. 2e édit. 7 fr
Tome III. **La présidence de Jules Grévy.** 1 vol. in-8. 7 fr.
Tome IV. **La présidence de Sadi Carnot.** 1 vol. in-8. 7 fr.

WAHL, inspecteur général honoraire de l'Instruction aux colonies. * **L'Algérie.** 1 vol. in-8. 3e édit. refondue, 1898. (Ouvrage couronné par l'Institut.) 5 fr.

LANESSAN (J.-L. de). * **L'Indo-Chine française.** Étude économique, politique et administrative sur *la Cochinchine, le Cambodge, l'Annam et le Tonkin.* (Ouvrage couronné par la Société de géographie commerciale de Paris, médaille Dupleix.) 1 vol. in-8, avec 5 cartes en couleurs hors texte. 15 fr.

PIOLET (J.-B.). **La France hors de France,** notre émigration, sa nécessité. 1 vol. in-8. 1900. 10 fr.

LAPIE (P.), maître de conférences à l'Université de Rennes. ***Les Civilisations tunisiennes** (Musulmans, Israélites, Européens). 1 vol. in-12. 1898. (Couronné par l'Académie française.) 3 fr. 50

WEILL (Georges), agrégé de l'Université, docteur ès lettres. **L'École saint-simonienne**, son histoire, son influence jusqu'à nos jours. 1 vol. in-12. 1896. 3 fr. 50

ANGLETERRE

LAUGEL (Aug.). * **Lord Palmerston et lord Russell.** 1 vol. in-12. 3 fr. 50

SIR CORNEWAL LEWIS. * **Histoire gouvernementale de l'Angleterre, depuis 1770 jusqu'à 1830.** Traduit de l'anglais. 1 vol. in-8. 7 fr.

REYNALD (H.), doyen de la Faculté des lettres d'Aix. * **Histoire de l'Angleterre**, depuis la reine Anne jusqu'à nos jours. 1 vol. in-12. 2e éd. 3 fr. 50

MÉTIN (Albert). * **Le Socialisme en Angleterre.** 1 vol. in-12. 1897. 3 fr. 50

ALLEMAGNE

VÉRON (Eug.). * **Histoire de la Prusse**, depuis la mort de Frédéric II jusqu'à la bataille de Sadowa. 1 vol. in-12. 6e édit., augmentée d'un chapitre nouveau contenant le résumé des événements jusqu'à nos jours, par P. Bondois, professeur agrégé d'histoire au lycée Buffon. 3 fr. 50

— * **Histoire de l'Allemagne**, depuis la bataille de Sadowa jusqu'à nos jours. 1 vol. in-12. 3e éd., mise au courant des événements par P. Bondois. 3 fr. 50

ANDLER (Ch.), maître de conférences à l'École normale. **Les origines du socialisme d'état en Allemagne.** 1 vol. in-8. 1897. 7 fr.

GUILLAND (A.), professeur d'histoire à l'École polytechnique suisse. * **L'Allemagne nouvelle et ses historiens.** Niebuhr, Ranke, Mommsen, Sybel, Treitschke. 1 vol. in-8. 1899. 5 fr.

AUTRICHE-HONGRIE

ASSELINE (L.). * **Histoire de l'Autriche**, depuis la mort de Marie-Thérèse jusqu'à nos jours. 1 vol. in-12. 3e édit. 3 fr. 50

BOURLIER (J.). * **Les Tchèques et la Bohême contemporaine**, avec préface de M. Flourens, ancien ministre des Affaires étrangères. 1 vol. in-12. 1897. 3 fr. 50

AUERBACH, professeur à la Faculté des lettres de Nancy. **Les races et les nationalités en Autriche-Hongrie.** In-8, 1898. 5 fr.

SAYOUS (Ed.), professeur à la Faculté des lettres de Besançon. **Histoire des Hongrois et de leur littérature politique, de 1790 à 1815.** 1 vol. in-12. 3 fr. 50

ITALIE

SORIN (Élie). * **Histoire de l'Italie**, depuis 1815 jusqu'à la mort de Victor-Emmanuel. 1 vol. in-12. 1888. 3 fr. 50

GAFFAREL (P.), professeur à la Faculté des lettres de Dijon. * **Bonaparte et les Républiques italiennes** (1796-1799). 1895. 1 vol. in-8. 5 fr.

BOLTON KING (M. A.). **Histoire de l'unité italienne.** Histoire politique de l'Italie, de 1814 à 1871, traduit de l'anglais, par M. Macquart. introduction de M. Yves Guyot. 1900. 2 vol. in-8. 15 fr.

ESPAGNE

REYNALD (H.). * **Histoire de l'Espagne**, depuis la mort de Charles III jusqu'à nos jours. 1 vol. in-12. 3 fr. 50

ROUMANIE

DAMÉ (Fr.). **Histoire de la Roumanie contemporaine**, depuis l'avènement des princes indigènes jusqu'à nos jours. 1 vol. in-8. 1900. 7 fr.

RUSSIE

CRÉHANGE (M.), agrégé de l'Université. * **Histoire contemporaine de la Russie**, depuis la mort de Paul Ier jusqu'à l'avènement de Nicolas II (1801-1894). 1 vol. in-12. 2e édit. 1895. 3 fr. 50

SUISSE

DAENDLIKER. * **Histoire du peuple suisse.** Trad. de l'allem. par Mme Jules Favre et précédée d'une Introduction de Jules Favre. 1 vol. in-8. 5 fr.

GRÈCE & TURQUIE

BÉRARD (V.), docteur ès lettres. * **La Turquie et l'Hellénisme contemporain.** (Ouvrage cour. par l'Acad. française.) 1 v. in-12. 3e éd. 3 fr. 50

RODOCANACHI (E.). ***Bonaparte et les îles Ioniennes**, épisode des conquêtes de la République et du premier Empire (1797-1816). 1 volume in-8. 1899. 5 fr.

CHINE

CORDIER (H.), professeur à l'École des langues orientales. **Histoire des relations de la Chine avec les puissances occidentales** (1860-1900). T. I. *L'empereur T'oung-Tché.* 1861-1875. 1 vol. in-8. 10 fr.
T. II. (1876-1901). 1 vol. in-8. (*Paraîtra en octobre.*) 10 fr

COURANT (M.), maître de conférences à l'Université de Lyon. **En Chine.** *Mœurs et institutions. Hommes et faits.* 1 vol. in-16. 3 fr. 50

AMÉRIQUE

DEBERLE (Alf.). * **Histoire de l'Amérique du Sud**, depuis sa conquête jusqu'à nos jours. 1 vol. in-12. 3ᵉ édit., revue par A. MILHAUD, agrégé de l'Université. 3 fr. 50

BARNI (Jules). * **Histoire des idées morales et politiques en France au XVIIIᵉ siècle.** 2 vol. in-12. Chaque volume. 3 fr. 50

— * **Les Moralistes français au XVIIIᵉ siècle.** 1 vol. in-12 faisant suite aux deux précédents. 3 fr. 50

BEAUSSIRE (Émile), de l'Institut. **La Guerre étrangère et la Guerre civile.** 1 vol. in-12. 3 fr. 50

BOURDEAU (J.). * **Le Socialisme allemand et le Nihilisme russe.** 1 vol. in-12. 2ᵉ édit. 1894. 3 fr. 50

— **L'évolution du Socialisme.** 1901. 1 vol. in-16. 3 fr. 50

D'EICHTHAL (Eug.). **Souveraineté du peuple et gouvernement.** 1 vol. in-12. 1895. 3 fr. 50

DEPASSE (Hector). **Transformations sociales.** 1894. 1 vol. in-12. 3 fr. 50

— **Du Travail et de ses conditions** (Chambres et Conseils du travail). 1 vol. in-12. 1895. 3 fr. 50

DRIAULT (E.), prof. agr. au lycée d'Orléans. **Les problèmes politiques et sociaux à la fin du XIXᵉ siècle.** In-8. 1900. 7 fr.

— * **La question d'Orient**, préface de G. MONOD, de l'Institut. 1 vol. in-8. 2ᵉ édit. 1900. 7 fr.

GUÉROULT (G.). * **Le Centenaire de 1789**, évolution polit., philos., artist. et scient. de l'Europe depuis cent ans. 1 vol. in-12. 1889. 3 fr. 50

LAVELEYE (E. de), correspondant de l'Institut. **Le Socialisme contemporain.** 1 vol. in-12. 10ᵉ édit. augmentée. 3 fr. 50

LICHTENBERGER (A.). * **Le Socialisme utopique**, *étude sur quelques précurseurs du Socialisme.* 1 vol. in-12. 1898. 3 fr. 50

— * **Le Socialisme et la Révolution française.** 1 vol. in-8. 5 fr.

MATTER (P.). **La dissolution des assemblées parlementaires**, étude de droit public et d'histoire. 1 vol. in-8. 1898. 5 fr.

REINACH (Joseph). **Pages républicaines.** 1894. 1 vol. in-12. 3 fr. 50

SCHEFER (C.). * **Bernadotte roi** (1810-1818-1844). 1 vol. in-8. 1899. 5 fr.

SPULLER (E.).* **Éducation de la démocratie.** 1 vol. in-12. 1892. 3 fr. 50

— **L'Évolution politique et sociale de l'Église.** 1 vol. in-12. 1893. 3 fr. 50

BONET-MAURY. **Histoire de la liberté de conscience** depuis l'édit de Nantes jusqu'à juillet 1870. 1 vol. in-8. 1900. 5 fr.

BIBLIOTHÈQUE HISTORIQUE ET POLITIQUE

DESCHANEL (E.), sénateur, professeur au Collège de France. * **Le Peuple et la Bourgeoisie.** 1 vol. in-8. 2ᵉ édit. 5 fr.

DU CASSE. **Les Rois frères de Napoléon Iᵉʳ.** 1 vol, in-8. 10 fr.

LOUIS BLANC. **Discours politiques** (1848-1881). 1 vol. in-8. 7 fr. 50

PHILIPPSON. **La Contre-révolution religieuse au XVIᵉ siècle** 1 vol. in-8. 10 fr.

HENRARD (P.). **Henri IV et la princesse de Condé.** 1 vol. in-8. 6 fr.

NOVICOW. **La Politique internationale.** 1 fort vol. in-8. 7 fr.

REINACH (Joseph). * **La France et l'Italie devant l'histoire** 1 vol. in-8. 1893. 5 fr.

LORIA (A.). **Les Bases économiques de la constitution sociale.** 1 vol. in-8. 1893. 7 fr. 50

BIBLIOTHÈQUE DE LA FACULTÉ DES LETTRES DE L'UNIVERSITÉ DE PARIS

***De l'authenticité des épigrammes de Simonide**, par AM. HAUVETTE, professeur adjoint. 1 vol. in-8. 5 fr.

***Antinomies linguistiques**, par M. le Prof. VICTOR HENRY, 1 v. in-8. 2 fr.

***Mélanges d'histoire du moyen âge**, par MM. le Prof. A. LUCHAIRE, DUPONT, FERRIER et POUPARDIN. 1 vol. in-8. 3 fr. 50

***Études linguistiques sur la Basse-Auvergne, phonétique historique du patois de Vinzelles (Puy-de-Dôme)**, par ALBERT DAUZAT, préface de M. le Prof. ANT. THOMAS. 1 vol. in-8. 6 fr.

***De la flexion dans Lucrèce**, par M. le Prof. A. CARTAULT, 1 v. in-8. 4 fr.

***Le treize vendémiaire an IV**, par HENRY ZIVY. 1 vol. in-8. 4 fr.

Essai de restitution des plus anciens Mémoriaux de la Chambre des Comptes de Paris, par MM. J. PETIT, GAVRILOVITCH, MAURY et TÉODORU, préface de M. CH.-V. LANGLOIS, chargé de cours. 1 vol. in-8. 9 fr.

Étude sur quelques manuscrits de Rome et de Paris, par M. le Prof. A. LUCHAIRE, membre de l'Institut. 1 vol. in-8. 6 fr.

Etudes sur les Satires d'Horace, par M. le Prof. A. CARTAULT. 1 vol. in-8. 11 fr.

L'imagination et les mathématiques selon Descartes, par P. BOUTROUX, licencié ès lettres. 1 vol. in-8. 2 fr.

***Le dialecte alaman de Colmar (Haute-Alsace) en 1870**, grammaire et lexique, par M. le prof VICTOR HENRY. 1 vol. in-8. 8 fr.

La main-d'œuvre industrielle dans l'ancienne Grèce, par M. le Prof. GUIRAUD. 1 vol. in-8. 7 fr.

Mélanges d'histoire du Moyen-Âge, publiés sous la direction de M. le Prof. A. LUCHAIRE, par MM LUCHAIRE, HALPHEN et HUCKEL. 1 vol. in-8. 6 fr.

TRAVAUX DE L'UNIVERSITÉ DE LILLE

PAUL FABRE. **La polyptyque du chanoine Benoit — Etude sur un manuscrit de la bibliothèque de Cambrai.** 3 fr. 50

MÉDÉRIC DUFOUR. **Sur la constitution rythmique et métrique du drame grec.** 1re série, 4 fr.; 2e série, 2 fr. 50; 3e série, 2 fr. 50.

A. PINLOCHE. *** Principales œuvres de Herbart.** 7 fr. 50

A. PENJON. **Pensée et réalité**, de A. SPIR, trad. de l'allem. in-8. 10 fr.

G. LEFÈVRE. **Les variations de Guillaume de Champeaux et la question des Universaux.** Etude suivie de documents originaux. 1898. 3 fr.

ANNALES DE L'UNIVERSITÉ DE LYON

Lettres intimes de J.-M. Alberoni adressées au comte J. Rocca, ministre des finances du duc de Parme, par Emile BOURGEOIS, maître de conférences à l'École normale. 1 vol. in-8. 10 fr.

Saint Ambroise et la morale chrétienne au IVe siècle, par Raymond THAMIN, recteur de l'Académie de Rennes. 1 vol. in-8. 7 fr. 50

La république des Provinces-Unies, la France et les Pays-Bas espagnols, de 1630 à 1650, par M. le Prof. A. WADDINGTON. TOME I (1630-42). 1 vol. in-8. 6 fr. — TOME II (1642-50). 1 vol. in-8. 6 fr.

Le Vivarais, essai de géographie régionale, par BURDIN. 1 vol. in-8. 6 fr.

PUBLICATIONS HISTORIQUES ILLUSTRÉES

***DE SAINT-LOUIS A TRIPOLI PAR LE LAC TCHAD**, par le lieutenant-colonel MONTEIL. 1 beau vol. in-8 colombier, précédé d'une préface de M. DE VOGÜÉ, de l'Académie française, illustrations de RIOU. 1895. *Ouvrage couronné par l'Académie française (Prix Montyon).* 20 fr.

***HISTOIRE ILLUSTRÉE DU SECOND EMPIRE**, par Taxile DELORD. 6 vol. in-8, avec 500 gravures. Chaque vol. broché, 8 fr.

HISTOIRE POPULAIRE DE LA FRANCE, depuis les origines jusqu'en 1815. — 4 vol. in-8, avec 1323 gravures. Chacun, 7 fr. 50

*RECUEIL DES INSTRUCTIONS

DONNÉES

AUX AMBASSADEURS ET MINISTRES DE FRANCE

DEPUIS LES TRAITÉS DE WESTPHALIE JUSQU'A LA RÉVOLUTION FRANÇAISE

Publié sous les auspices de la Commission des archives diplomatiques au Ministère des Affaires étrangères.

Beaux vol. in-8 rais., imprimés sur pap. de Hollande, avec *Introduction et notes.*

I. — **AUTRICHE**, par M. Albert SOREL, de l'Académie française. *Épuisé.*
II. — **SUÈDE**, par M. A. GEFFROY, de l'Institut.................. 20 fr.
III. — **PORTUGAL**, par le vicomte DE CAIX DE SAINT-AYMOUR..... 20 fr.
IV et V. — **POLOGNE**, par M. LOUIS FARGES, 2 vol.............. 30 fr.
VI. — **ROME**, par M. G. HANOTAUX, de l'Académie française..... 20 fr.
VII. — **BAVIÈRE, PALATINAT ET DEUX-PONTS**, par M. André LEBON. 25 fr.
VIII et IX. — **RUSSIE**, par M. Alfred RAMBAUD, de l'Institut. 2 vol. Le 1er vol. 20 fr. Le second vol......................... 25 fr.
X. — **NAPLES ET PARME**, par M. Joseph REINACH............. 20 fr.
XI. — **ESPAGNE** (1649-1750), par MM. MOREL-FATIO et LÉONARDON (tome I) .... 20 fr.
XII et XII *bis*. — **ESPAGNE** (1750-1789) (t. II et III), par les mêmes.... 40 fr.
XIII. — **DANEMARK**, par M. A. GEFFROY, de l'Institut............ 14 fr.
XIV et XV. — **SAVOIE-MANTOUE**, par M. HORRIC de BEAUCAIRE. 2 vol. 40 fr.
XVI. — **PRUSSE**, par M WADDINGTON. 1 vol. 28 fr.

---

*INVENTAIRE ANALYTIQUE

DES

ARCHIVES DU MINISTÈRE DES AFFAIRES ÉTRANGÈRES

PUBLIÉ

Sous les auspices de la Commission des archives diplomatiques

I. — **Correspondance politique de MM. de CASTILLON et de MARILLAC, ambassadeurs de France en Angleterre (1537-1542)**, par M. JEAN KAULEK, avec la collaboration de MM. Louis Farges et Germain Lefèvre-Pontalis. 1 vol. in-8 raisin............... 15 fr.

II. — **Papiers de BARTHÉLEMY, ambassadeur de France en Suisse, de 1792 à 1797** (année 1792), par M. Jean KAULEK. 1 vol. in-8 raisin... 15 fr.

III. — **Papiers de BARTHÉLEMY** (janvier-août 1793), par M. JEAN KAULEK. 1 vol. in-8 raisin.................................. 15 fr.

IV. — **Correspondance politique de ODET DE SELVE, ambassadeur de France en Angleterre (1546-1549)**, par M. G. LEFÈVRE-PONTALIS. 1 vol. in-8 raisin.............................. 15 fr.

V. — **Papiers de BARTHÉLEMY** (septembre 1793 à mars 1794), par M. Jean KAULEK. 1 vol. in-8 raisin.......................... 18 fr.

VI. — **Papiers de BARTHÉLEMY** (avril 1794 à février 1795), par M. JEAN KAULEK. 1 vol. in-8 raisin.......................... 20 fr.

VII. — **Papiers de BARTHÉLEMY** (mars 1795 à septembre 1796). *Négociations de la paix de Bâle*, par M. Jean KAULEK. 1 v. in-8 raisin. 20 fr.

VIII. — **Correspondance politique de GUILLAUME PELLICIER, ambassadeur de France à Venise (1540-1542)**, par M. Alexandre TAUSSERAT-RADEL. 1 fort vol. in-8 raisin .... 40 fr.

Correspondance des Deys d'Alger avec la Cour de France (1759-1833), recueillie par Eug. PLANTET, attaché au Ministère des Affaires étrangères. 2 vol. in-8 raisin avec 2 planches en taille-douce hors texte. 30 fr.

Correspondance des Beys de Tunis et des Consuls de France avec la Cour (1577-1830), recueillie par Eug. PLANTET, publiée sous les auspices du Ministère des Affaires étrangères. 3 vol. in-8 raisin. TOME I (1577-1700). *Épuisé.* — TOME II (1700-1770). 20 fr. — TOME III (1770-1830). 20 fr.

*REVUE PHILOSOPHIQUE

DE LA FRANCE ET DE L'ÉTRANGER

Dirigée par Th. RIBOT, Membre de l'Institut, Professeur au Collège de France.

(26e année, 1901.)

Paraît tous les mois, par livraisons de 7 feuilles grand in-8, et forme chaque année deux volumes de 680 pages chacun.

Prix d'abonnement : Un an, pour Paris, **30** fr. — Pour les départements et l'étranger, **33** fr. — La livraison, **3** fr.

Les années écoulées, chacune **30** francs, et la livraison, **3** fr.

Tables des matières (1876-1887), in-8...... **3** fr. — (1888-1895), in-8...... **3** fr.

*REVUE HISTORIQUE

Dirigée par G. MONOD

Membre de l'Institut, Maître de conférences à l'École normale, Président de la section historique et philologique à l'École des hautes études.

(26e année, 1901.)

Paraît tous les deux mois, par livraisons grand in-8 de 15 feuilles et forme par an trois volumes de 500 pages chacun.

Prix d'abonnement : Un an, pour Paris, **30** fr. — Pour les départements et l'étranger, **33** fr. — La livraison, **6** fr.

Les années écoulées, chacune **30** fr.; le fascicule, **6** fr. Les fascicules de la 1re année, **9** fr.

TABLES GÉNÉRALES DES MATIÈRES

I. 1876 à 1880. 3 fr.; pour les abonnés, 1 fr. 50 | III. 1886 à 1890. 5 fr.; pour les abonnés, 2 fr. 50
II. 1881 à 1885. 3 fr.; — 1 fr. 50 | IV. 1891 à 1895. 3 fr.; — 1 fr. 50

ANNALES DES SCIENCES POLITIQUES

RECUEIL BIMESTRIEL

Publié avec la collaboration des professeurs et des anciens élèves de l'Ecole libre des Sciences politiques

(*Seizième année*, 1901.)

COMITÉ DE RÉDACTION : M. Émile BOUTMY, de l'Institut, directeur de l'Ecole; M. ALF. DE FOVILLE, de l'Institut, conseiller maître à la Cour des comptes; M. R. STOURM, ancien inspecteur des finances et administrateur des Contributions indirectes; M. Alexandre RIBOT, député, ancien ministre; M. Gabriel ALIX; M. L. RENAULT, professeur à la Faculté de droit; M. Albert SOREL, de l'Académie française; M. A. VANDAL, de l'Académie française; M. Aug. ARNAUNÉ, Directeur de la Monnaie; M. Emile BOURGEOIS, maître de conférences à l'Ecole normale supérieure; Directeurs des groupes de travail, professeurs à l'Ecole.

Rédacteur en chef : M. A. VIALLATE.

Conditions d'abonnement. — Un an (du 15 janvier) : Paris, **18** fr.; départements et étranger, **19** fr. — La livraison, **3** fr. **50**.

Les trois premières années (1886-1887-1888) *se vendent chacune* **16** *francs, les livraisons, chacune* **5** *francs, la quatrième année* (1889) *et les suivantes se vendent chacune* **18** *francs, et les livraisons, chacune* **3** *fr.* **50**.

Revue de l'École d'Anthropologie de Paris

(11e année, 1901)

Recueil mensuel publié par les professeurs :

MM. CAPITAN (Anthropologie pathologique), Mathias DUVAL (Anthropogénie et Embryologie), Georges HERVÉ (Ethnologie), J.-V. LABORDE (Anthropologie biologique), André LEFÈVRE (Ethnographie et Linguistique), Ch. LETOURNEAU (Histoire des civilisations), MANOUVRIER (Anthropologie physiologique), MAHOUDEAU (Anthropologie zoologique), SCHRADER (Anthropologie géographique), H. THULIÉ, directeur de l'Ecole.

Abonnement : France et Étranger, **10** fr. — Le numéro, **1** fr.

ANNALES DES SCIENCES PSYCHIQUES

Dirigées par le Dr DARIEX

(11e année, 1901)

Les **ANNALES DES SCIENCES PSYCHIQUES** paraissent tous les deux mois par numéros de quatre feuilles in-8 carré (64 pages), *depuis le* 15 *janvier* 1891.

Abonnement : Pour tous pays, **12** fr. — Le numéro, **2** fr. **50**.

REVUE DE MORALE SOCIALE

(3e année, 1901)

Directeur : **Louis BRIDEL**, professeur à l'Université de Genève.

La *Revue de Morale sociale* paraît tous les 3 mois par livraisons de 8 feuilles au moins.

Abonnement : Un an, **10** fr. — Le numéro, **2** fr. **75**

L'année commence le 1er avril

BIBLIOTHÈQUE SCIENTIFIQUE INTERNATIONALE

Publiée sous la direction de M. Émile ALGLAVE

La *Bibliothèque scientifique internationale* est une œuvre dirigée par les auteurs mêmes, en vue des intérêts de la science, pour la populariser sous toutes ses formes, et faire connaître immédiatement dans le monde entier les idées originales, les directions nouvelles, les découvertes importantes qui se font chaque jour dans tous les pays. Chaque savant expose les idées qu'il a introduites dans la science et condense pour ainsi dire ses doctrines les plus originales.

La *Bibliothèque scientifique internationale* ne comprend pas seulement des ouvrages consacrés aux sciences physiques et naturelles; elle aborde aussi les sciences morales, comme la philosophie, l'histoire, la politique et l'économie sociale, la haute législation, etc.; mais les livres traitant des sujets de ce genre se rattachent encore aux sciences naturelles, en leur empruntant les méthodes d'observation et d'expérience qui les ont rendues si fécondes depuis deux siècles.

Cette collection paraît à la fois en français et en anglais : à Paris, chez Félix Alcan; à Londres, chez C. Kegan, Paul et Cie; à New-York, chez Appleton.

Les titres marqués d'un astérisque* sont adoptés par le *Ministère de l'Instruction publique de France* pour les bibliothèques des lycées et des collèges.

LISTE DES OUVRAGES PAR ORDRE D'APPARITION

93 VOLUMES IN-8, CARTONNÉS A L'ANGLAISE. CHAQUE VOLUME : 6 FRANCS.

1. J. TYNDALL. * **Les Glaciers et les Transformations de l'eau**, avec figures. 1 vol. in-8. 7e édition. 6 fr.
2. BAGEHOT. * **Lois scientifiques du développement des nations** dans leurs rapports avec les principes de la sélection naturelle et de l'hérédité. 1 vol. in-8. 6e édition. 6 fr.
3. MAREY. * **La Machine animale**, locomotion terrestre et aérienne, avec de nombreuses fig. 1 vol. in-8. 6e édit. augmentée. 6 fr.
4. BAIN. * **L'Esprit et le Corps.** 1 vol. in-8. 6e édition. 6 fr.
5. PETTIGREW. * **La Locomotion chez les animaux**, marche, natation. 1 vol. in-8, avec figures. 2e édit. 6 fr.
6. HERBERT SPENCER. * **La Science sociale.** 1 v. in-8. 12e édit. 6 fr.
7. SCHMIDT (O.). * **La Descendance de l'homme et le Darwinisme.** 1 vol. in-8, avec fig. 6e édition. 6 fr.
8. MAUDSLEY. * **Le Crime et la Folie.** 1 vol. in-8. 7e édit. 6 fr.
9. VAN BENEDEN. * **Les Commensaux et les Parasites dans le règne animal.** 1 vol. in-8, avec figures. 4e édit. 6 fr.
10. BALFOUR STEWART. * **La Conservation de l'énergie**, suivi d'une Étude sur la *nature de la force*, par M. P. de SAINT-ROBERT, avec figures. 1 vol. in-8. 6e édition. 6 fr.
11. DRAPER. **Les Conflits de la science et de la religion.** 1 vol. in-8. 10e édition. 6 fr.
12. L. DUMONT. * **Théorie scientifique de la sensibilité.** 1 vol. in-8. 4e édition. 6 fr.
13. SCHUTZENBERGER. * **Les Fermentations.** 1 vol. in-8, avec fig. 6e édit. 6 fr.
14. WHITNEY. * **La Vie du langage.** 1 vol. in-8. 4e édit. 6 fr.
15. COOKE et BERKELEY. * **Les Champignons.** 1 vol. in-8, avec figures. 4e édition. 6 fr.
16. BERNSTEIN. * **Les Sens.** 1 vol. in-8, avec 91 fig. 5e édit. 6 fr.
17. BERTHELOT. * **La Synthèse chimique.** 1 vol. in-8. 8e édit. 6 fr.

18. NIEWENGLOWSKI (H.). ***La photographie et la photochimie.** 1 vol. in-8, avec gravures et une planche hors texte. 6 fr.

19. LUYS.* **Le Cerveau et ses fonctions**, avec fig. 1 v. in-8. 7e édit. 6 fr.

20. STANLEY JEVONS.* **La Monnaie et le Mécanisme de l'échange.** 1 vol. in-8. 5e édition. 6 fr.

21. FUCHS. * **Les Volcans et les Tremblements de terre.** 1 vol. in-8, avec figures et une carte en couleur. 5e édition. 6 fr.

22. GÉNÉRAL BRIALMONT. * **Les Camps retranchés et leur rôle dans la défense des États**, avec fig. dans le texte et 2 planches hors texte. 3e édit. *Épuisé.*

23. DE QUATREFAGES.* **L'Espèce humaine.** 1 v. in-8. 13e édit. 6 fr.

24. BLASERNA et HELMHOLTZ. * **Le Son et la Musique.** 1 vol. in-8, avec figures. 5e édition. 6 fr.

25. ROSENTHAL.* **Les Nerfs et les Muscles.** 1 vol. in-8, avec 75 figures. 3e édition. *Epuisé.*

26. BRUCKE et HELMHOLTZ. * **Principes scientifiques des beaux-arts.** 1 vol. in-8, avec 39 figures. 4e édition. 6 fr.

27. WURTZ. * **La Théorie atomique.** 1 vol. in-8. 8e édition. 6 fr.

28-29. SECCHI (le père).* **Les Étoiles.** 2 vol. in-8, avec 63 figures dans le texte et 17 pl. en noir et en couleur hors texte. 3e édit. 12 fr.

30. JOLY.* **L'Homme avant les métaux.** 1 v. in-8, avec fig. 4e éd. *Épuisé.*

31. A. BAIN.* **La Science de l'éducation.** 1 vol. in-8. 9e édit. 6 fr.

32-33. THURSTON (R.).* **Histoire de la machine à vapeur**, précédée d'une Introduction par M. HIRSCH. 2 vol. in-8, avec 140 figures dans le texte et 16 planches hors texte. 3e édition. 12 fr.

34. HARTMANN (R.). * **Les Peuples de l'Afrique.** 1 vol. in-8, avec figures. 2e édition. *Épuisé.*

35. HERBERT SPENCER. * **Les Bases de la morale évolutionniste.** 1 vol. in-8. 6e édition. 6 fr.

36. HUXLEY. * **L'Écrevisse**, introduction à l'étude de la zoologie. 1 vol. in-8, avec figures. 2e édition. 6 fr.

37. DE ROBERTY. * **De la Sociologie.** 1 vol. in-8. 3e édition. 6 fr.

38. ROOD. * **Théorie scientifique des couleurs.** 1 vol. in-8, avec figures et une planche en couleur hors texte. 2e édition. 6 fr.

39. DE SAPORTA et MARION. * **L'Évolution du règne végétal** (les Cryptogames). 1 vol. in-8, avec figures. 6 fr.

40-41. CHARLTON BASTIAN. * **Le Cerveau, organe de la pensée chez l'homme et chez les animaux.** 2 vol. in-8, avec figures. 2e éd. 12 fr.

42. JAMES SULLY. * **Les Illusions des sens et de l'esprit.** 1 vol. in-8, avec figures. 3e édit. 6 fr.

43. YOUNG. * **Le Soleil.** 1 vol. in-8, avec figures. *Épuisé.*

44. DE CANDOLLE.* **L'Origine des plantes cultivées.** 4e éd. 1 v in-8. 6 fr.

45-46. SIR JOHN LUBBOCK. * **Fourmis, abeilles et guêpes.** Études expérimentales sur l'organisation et les mœurs des sociétés d'insectes hyménoptères. 2 vol. in-8, avec 65 figures dans le texte et 13 planches hors texte, dont 5 coloriées. *Épuisé.*

47. PERRIER (Edm.). **La Philosophie zoologique avant Darwin.** 1 vol. in-8. 3e édition. 6 fr.

48. STALLO. * **La Matière et la Physique moderne.** 1 vol. in-8. 3e éd., précédé d'une Introduction par CH. FRIEDEL. 6 fr.

49. MANTEGAZZA. **La Physionomie et l'Expression des sentiments.** 1 vol. in-8. 3e édit., avec huit planches hors texte. 6 fr.

50. DE MEYER. * **Les Organes de la parole et leur emploi pour la formation des sons du langage.** 1 vol. in-8, avec 51 figures, précédé d'une Introd. par M. O. CLAVEAU. 6 fr.

51. DE LANESSAN.* **Introduction à l'Étude de la botanique** (le Sapin.) 1 vol. in-8. 2e édit., avec 143 figures dans le texte. 6 fr.

52-53. DE SAPORTA et MARION. * **L'Évolution du règne végétal** (les Phanérogames). 2 vol. in-8, avec 136 figures. 12 fr.

54 TROUESSART. ***Les Microbes, les Ferments et les Moisissures.** 1 vol. in-8. 2e édit., avec 107 figures dans le texte. 6 fr.
55. HARTMANN (R.).***Les Singes anthropoïdes, et leur organisation comparée à celle de l'homme.** 1 vol. in-8, avec figures. 6 fr.
56. SCHMIDT (O.).***Les Mammifères dans leurs rapports avec leurs ancêtres géologiques.** 1 vol. in-8, avec 51 figures, 6 fr.
57. BINET et FÉRÉ. **Le Magnétisme animal.** 1 vol. in-8. 4e édit 6 fr.
58-59. ROMANES.* **L'intelligence des animaux.** 2 v. in-8. 3e édit. 12 fr.
60. F. LAGRANGE. **Physiol. des exerc. du corps.** 1 v. in-8 7e édit. 6 fr.
61 DREYFUS.* **Évol. des mondes et des sociétés.** 1 v. in-8 3e édit. 6 fr.
62. DAUBRÉE. * **Les Régions invisibles du globe et des espaces célestes.** 1 vol. in-8, avec 85 fig. dans le texte. 2e édit. 6 fr.
63-64. SIR JOHN LUBBOCK. * **L'Homme préhistorique.** 2 vol. in-8, avec 228 figures dans le texte. 4e édit. 12 fr.
65. RICHET (Ch.). **La Chaleur animale.** 1 vol. in-8, avec figures. 6 fr.
66. FALSAN (A.). ***La Période glaciaire principalement en France et en Suisse.** 1 vol. in-8, avec 105 figures et 2 cartes. *Épuisé.*
67. BEAUNIS (H.). **Les Sensations internes.** 1 vol. in-8. 6 fr.
68. CARTAILHAC (E.). **La France préhistorique**, d'après les sépultures et les monuments. 1 vol. in-8, avec 162 figures. 2e édit. 6 fr.
69. BERTHELOT.***La Révolution chimique, Lavoisier.** 1 vol. in-8. 6 fr.
70. SIR JOHN LUBBOCK. * **Les Sens et l'instinct chez les animaux,** principalement chez les insectes. 1 vol. in-8, avec 150 figures. 6 fr.
71. STARCKE. ***La Famille primitive.** 1 vol. in-8. 6 fr.
72. ARLOING. * **Les Virus.** 1 vol. in-8, avec figures. 6 fr.
73. TOPINARD. * **L'Homme dans la Nature.** 1 vol. in-8, avec fig. 6 fr.
74. BINET (Alf.).***Les Altérations de la personnalité.** 1 vol. in-8, avec figures. 6 fr.
75. DE QUATREFAGES (A.).***Darwin et ses précurseurs français.** 1 vol. in-8. 2e édition refondue. 6 fr.
76. LEFÈVRE (A.). * **Les Races et les langues.** 1 vol. in-8. 6 fr.
77-78. DE QUATREFAGES. * **Les Émules de Darwin.** 2 vol. in-8, avec préfaces de MM. E. Perrier et Hamy. 12 fr.
79. BRUNACHE (P.).***Le Centre de l'Afrique. Autour du Tchad.** 1 vol. in-8, avec figures. 6 fr.
80. ANGOT (A.). ***Les Aurores polaires.** 1 vol. in-8, avec figures. 6 fr.
81. JACCARD. ***Le pétrole, le bitume et l'asphalte** au point de vue géologique. 1 vol. in-8, avec figures. 6 fr.
82. MEUNIER (Stan.).***La Géologie comparée.** 1 vol. in-8, avec fig. 6 fr.
83. LE DANTEC. ***Théorie nouvelle de la vie.** 1 vol. in-8. 2e éd. 6 fr.
84. DE LANESSAN.* **Principes de colonisation.** 1 vol. in-8. 6 fr.
85. DEMOOR, MASSART et VANDERVELDE. ***L'évolution régressive en biologie et en sociologie.** 1 vol. in-8, avec gravures. 6 fr.
86. MORTILLET (G. de). ***Formation de la Nation française.** 1 vol. in-8, avec 150 gravures et 18 cartes. 2e édit. 6 fr.
87. ROCHÉ (G.).***La Culture des Mers** (piscifacture, pisciculture, ostréiculture). 1 vol. in-8, avec 81 gravures. 6 fr.
88. COSTANTIN (J.).***Les Végétaux et les Milieux cosmiques** (adaptation, évolution). 1 vol. in-8, avec 171 gravures. 6 fr.
89. LE DANTEC. **L'évolution individuelle et l'hérédité.** 1 vol. in-8. 6 fr.
90. GUIGNET et GARNIER.***La Céramique ancienne et moderne.** 1 vol. avec grav. 6 fr.
91. GELLÉ (E.-M.). * **L'audition et ses organes.** 1 v. in-8, avec gr. 6 fr.
92. MEUNIER (St.). **La Géologie expérimentale.** 1 v. in-8, avec grav. 6 fr.
93. COSTANTIN (J.). ***La Nature tropicale.** 1 vol. in-8, avec grav. 6 fr.
94 GROSSE (E.). **Les débuts de l'art.** 1 vol. in-8, préface de M. Marillier, avec gravures. 6 fr.
95. GRASSET (J.). **Les Maladies de l'orientation et de l'équilibre.** 1 vol. in-8 avec gravures. 6 fr

LISTE PAR ORDRE DE MATIÈRES
DES 93 VOLUMES PUBLIÉS

DE LA BIBLIOTHÈQUE SCIENTIFIQUE INTERNATIONALE

Chaque volume in-8, cartonné à l'anglaise..... 6 francs.

SCIENCES SOCIALES

* **Introduction à la science sociale**, par HERBERT SPENCER. 1 vol. in-8. 12e édit. 6 fr.
* **Les Bases de la morale évolutionniste**, par HERBERT SPENCER. 1 vol. in-8. 4e édit. 6 fr.

Les Conflits de la science et de la religion, par DRAPER, professeur à l'Université de New-York. 1 vol. in-8. 10e édit. 6 fr.
* **Le Crime et la Folie**, par H. MAUDSLEY, professeur de médecine légale à l'Université de Londres. 1 vol. in-8. 7e édit. 6 fr.
* **La Monnaie et le Mécanisme de l'échange**, par W. STANLEY JEVONS, professeur à l'Université de Londres. 1 vol. in-8. 5e édit. 6 fr.
* **La Sociologie**, par DE ROBERTY. 1 vol. in-8. 3e édit. 6 fr.
* **La Science de l'éducation**, par Alex. BAIN, professeur à l'Université d'Aberdeen (Écosse). 1 vol. in-8. 9e édit. 6 fr.
* **Lois scientifiques du développement des nations dans leurs rapports** avec les principes de l'hérédité et de la sélection naturelle, par W. BAGEHOT. 1 vol. in-8. 6e édit. 6 fr.
* **La Vie du langage**, par D. WHITNEY, professeur de philologie comparée à Yale-College de Boston (États-Unis). 1 vol. in-8. 3e édit. 6 fr.
* **La Famille primitive**, par J. STARCKE, professeur à l'Université de Copenhague. 1 vol. in-8. 6 fr.
* Principes de colonisation, par J.-L. de LANESSAN, prof. à la Faculté de médecine de Paris, ancien gouverneur de l'Indo-Chine, 1 vol. in-8. 6 fr.

PHYSIOLOGIE

* **Les Illusions des sens et de l'esprit**, par James SULLY. 1 v. in-8. 2e édit. 6 fr.
* **La Locomotion chez les animaux** (marche, natation et vol), par J.-B. PETTIGREW, professeur au Collège royal de chirurgie d'Édimbourg (Écosse). 1 vol. in-8, avec 140 figures dans le texte. 2e édit. 6 fr.
* **La Machine animale**, par E.-J. MAREY, membre de l'Institut, prof. au Collège de France. 1 vol. in-8, avec 117 figures. 6e édit. 6 fr.
* **Les Sens**, par BERNSTEIN, professeur de physiologie à l'Université de Halle (Prusse). 1 vol. in-8, avec 91 figures dans le texte. 4e édit. 6 fr.
* **Les Organes de la parole**, par H. DE MEYER, professeur à l'Université de Zurich, traduit de l'allemand et précédé d'une introduction sur l'*Enseignement de la parole aux sourds-muets*, par O. CLAVEAU, inspecteur général des établissements de bienfaisance. 1 vol. in-8, avec 51 grav. 6 fr.

La Physionomie et l'Expression des sentiments, par P. MANTEGAZZA, professeur au Muséum d'histoire naturelle de Florence. 1 vol. in-8, avec figures et 8 planches hors texte. 3e édit. 6 fr.
* **Physiologie des exercices du corps**, par le docteur F. LAGRANGE. 1 vol. in-8. 7e édit. (Ouvrage couronné par l'Institut.) 6 fr.

La Chaleur animale, par CH. RICHET, professeur de physiologie à la Faculté de médecine de Paris. 1 vol. in-8, avec figures dans le texte. 6 fr.

Les Sensations internes, par H. BEAUNIS. 1 vol. in-8. 6 fr.
* **Les Virus**, par M. ARLOING, professeur à la Faculté de médecine de Lyon, directeur de l'école vétérinaire. 1 vol. in-8, avec fig. 6 fr.
* **Théorie nouvelle de la vie**, par F. LE DANTEC, docteur ès sciences, 1 vol. in-8, avec figures. 6 fr.

L'évolution individuelle et l'hérédité, par *le même*. 1 vol. in-8. 6 fr.
* **L'audition et ses organes**, par le Doctr E.-M. GELLÉ, membre de la Société de biologie. 1 vol. in-8 avec grav. 6 fr.

PHILOSOPHIE SCIENTIFIQUE

* **Le Cerveau et ses fonctions**, par J. LUYS, membre de l'Académie de médecine, médecin de la Charité. 1 vol. in-8, avec fig. 7e édit. 6 fr.
* **Le Cerveau et la Pensée chez l'homme et les animaux**, par CHARLTON BASTIAN, professeur à l'Université de Londres. 2 vol. in-8, avec 184 fig. dans le texte. 2e édit. 12 fr.

Les Maladies de l'orientation et de l'équilibre, par J. GRASSET, professeur à la Faculté de médecine de Montpellier. 1 vol. in-8 avec gravures. 6 fr.

* **Le Crime et la Folie**, par H. MAUDSLEY, professeur à l'Université de Londres. 1 vol. in-8. 6e édit. 6 fr.

***L'Esprit et le Corps**, considérés au point de vue de leurs relations, suivi d'études sur les *Erreurs généralement répandues au sujet de l'esprit*, par Alex. BAIN, prof. à l'Université d'Aberdeen (Écosse). 1 v. in-8. 6e éd. 6 fr.

* **Théorie scientifique de la sensibilité** : *le Plaisir et la Peine*, par Léon DUMONT. 1 vol. in-8. 3e édit. 6 fr.

* **La Matière et la Physique moderne**, par STALLO, précédé d'une préface par M. Ch. FRIEDEL, de l'Institut. 1 vol. in-8. 2e édit. 6 fr.

Le Magnétisme animal, par Alf. BINET et Ch. FÉRÉ. 1 vol. in-8, avec figures dans le texte. 4e édit. 6 fr.

* **L'Intelligence des animaux**, par ROMANES. 2 v. in-8. 2e éd. précédée d'une préface de M. E. PERRIER, prof. au Muséum d'histoire naturelle. 12 fr.

* **L'Évolution des mondes et des sociétés**, par C. DREYFUS. In-8. 6 fr.

* **L'évolution régressive en biologie et en sociologie**, par DEMOOR, MASSART et VANDERVELDE, prof. des Univ. de Bruxelles. 1 v. in-8, avec grav. 6 fr.

* **Les Altérations de la personnalité**, par Alf. BINET, directeur du laboratoire de psychologie à la Sorbonne. In-8, avec gravures. 6 fr.

ANTHROPOLOGIE

* **L'Espèce humaine**, par A. DE QUATREFAGES, de l'Institut, professeur au Muséum d'histoire naturelle de Paris. 1 vol. in-8. 12e édit. 6 fr.

* **Ch. Darwin et ses précurseurs français**, par A. DE QUATREFAGES. 1 v. in-8. 2e édition. 6 fr.

* **Les Émules de Darwin**, par A. DE QUATREFAGES, avec une préface de M. EDM. PERRIER, de l'Institut, et une notice sur la vie et les travaux de l'auteur par E.-T. HAMY, de l'Institut. 2 vol. in-8. 12 fr.

* **Les Singes anthropoïdes** et leur organisation comparée à celle de l'homme, par R. HARTMANN, prof. à l'Univ. de Berlin. 1 vol. in-8, avec 63 fig. 6 fr.

* **L'Homme préhistorique**, par SIR JOHN LUBBOCK, membre de la Société royale de Londres. 2 vol. in-8, avec 228 gravures dans le texte. 3e édit. 12 fr.

La France préhistorique, par E. CARTAILHAC. In-8, avec 150 gr. 2e édit. 6 fr.

* **L'Homme dans la Nature**, par TOPINARD, ancien secrétaire général de la Société d'anthropologie de Paris. 1 vol. in-8, avec 101 gravures. 6 fr.

* **Les Races et les Langues**, par André LEFÈVRE, professeur à l'École d'anthropologie de Paris. 1 vol. in-8. 6 fr.

* **Le centre de l'Afrique. Autour du Tchad**, par P. BRUNACHE, administrateur à Aïn-Fezza (Algérie). 1 vol. in-8, avec gravures. 6 fr.

* **Formation de la Nation française**, par G. de MORTILLET, professeur à l'École d'anthropologie. In-8, avec 150 grav. et 18 cartes. 2e édit. 6 fr.

ZOOLOGIE

* **La Descendance de l'homme et le Darwinisme**, par O. SCHMIDT, professeur à l'Université de Strasbourg. 1 vol. in-8, avec figures. 6e édit. 6 fr.

* **Les Mammifères dans leurs rapports avec leurs ancêtres géologiques**, par O. SCHMIDT. 1 vol. in-8, avec 51 figures dans le texte. 6 fr.

* **Les Sens et l'instinct chez les animaux**, et principalement chez les insectes, par Sir JOHN LUBBOCK. 1 vol. in-8 avec grav. 6 fr.

***L'Écrevisse**, introduction à l'étude de la zoologie, par Th.-H. HUXLEY, membre de la Société royale de Londres. 1 vol. in-8, avec 82 grav. 6 fr.

* **Les Commensaux et les Parasites** dans le règne animal, par P.-J. VAN BENEDEN, professeur à l'Université de Louvain (Belgique). 1 vol. in-8, avec 82 figures dans le texte. 3e édit. 6 fr.

* **La Philosophie zoologique avant Darwin**, par EDMOND PERRIER, de l'Institut, prof. au Muséum. 1 vol. in-8. 2e édit. 6 fr.

* **Darwin et ses précurseurs français**, par A. de QUATREFAGES, de l'Institut. 1 vol. in-8. 2e édit. 6 fr.

* **La Culture des mers en Europe** (Pisciculture, piscifacture, ostréiculture), par G. ROCHÉ, insp. gén. des pêches maritimes. In-8, avec 81 grav. 6 fr.

BOTANIQUE — GÉOLOGIE

* **Les Champignons**, par COOKE et BERKELEY. 1 v. in-8, avec 110 fig. 4e éd. 6 fr.

* **L'Évolution du règne végétal**, par G. DE SAPORTA et MARION, prof. à la Faculté des sciences de Marseille :

* I. *Les Cryptogames*. 1 vol. in-8, avec 85 figures dans le texte. 6 fr.

* II. *Les Phanérogames*. 2 vol. in-8, avec 136 fig. dans le texte. 12 fr.

* **Les Volcans et les Tremblements de terre**, par FUCHS, prof. à l'Univ. de Heidelberg. 1 vol. in-8, avec 36 fig. 5e éd. et une carte en couleurs. 6 fr.

• **La Période glaciaire**, principalement en France et en Suisse, par A. FALSAN. 1 vol. in-8, avec 105 gravures et 2 cartes hors texte. *Epuisé.*

• **Les Régions invisibles du globe et des espaces célestes**, par A. DAUBRÉE, de l'Institut. 1 vol. in-8, 2e édit., avec 89 gravures. 6 fr.

• **Le Pétrole, le Bitume et l'Asphalte**, par M. JACCARD, professeur à l'Académie de Neuchâtel (Suisse). 1 vol. in-8, avec figures. 6 fr.

• **L'Origine des plantes cultivées**, par A. DE CANDOLLE, correspondant de l'Institut. 1 vol. in-8. 4e édit. 6 fr.

• **Introduction à l'étude de la botanique** (*le Sapin*), par J. DE LANESSAN, professeur agrégé à la Faculté de médecine de Paris. 1 vol. in-8. 2e édit., avec figures dans le texte. 6 fr.

• **Microbes, Ferments et Moisissures**, par le docteur L. TROUESSART. 1 vol. in-8, avec 108 figures dans le texte. 2e édit. 6 fr.

• **La Géologie comparée**, par STANISLAS MEUNIER, professeur au Muséum. 1 vol. in-8, avec figures. 6 fr.

• **Les Végétaux et les milieux cosmiques** (adaptation, évolution), par J. COSTANTIN, maître de conférences à l'Ecole normale supérieure. 1 vol. in-8, avec 171 gravures. 6 fr.

La Géologie expérimentale, par STANISLAS MEUNIER, professeur au Muséum. 1 vol. in-8, avec fig. 6 fr.

• **La Nature tropicale**, par J. COSTANTIN, maître de conférences à l'École normale supérieure. 1 vol. in-8, avec fig. 6 fr.

CHIMIE

• **Les Fermentations**, par P. SCHUTZENBERGER, memb. de l'Institut. 1 v. in-8, avec fig. 6e édit. 6 fr.

• **La Synthèse chimique**, par M. BERTHELOT, secrétaire perpétuel de l'Académie des sciences. 1 vol. in-8. 8e édit. 6 fr.

• **La Théorie atomique**, par Ad. WURTZ, membre de l'Institut. 1 vol. in-8. 8e édit., précédée d'une introduction sur *la Vie et les Travaux* de l'auteur, par M. Ch. FRIEDEL, de l'Institut. 6 fr.

La Révolution chimique (*Lavoisier*), par M. BERTHELOT. 1 vol. in-8. 6 fr.

• **La Photographie et la Photochimie**, par H. NIEWENGLOWSKI. 1 vol. avec gravures et une planche hors texte. 6 fr.

ASTRONOMIE — MÉCANIQUE

• **Histoire de la Machine à vapeur, de la Locomotive et des Bateaux à vapeur**, par R. THURSTON, professeur à l'Institut technique de Hoboken, près de New-York, revue, annotée et augmentée d'une introduction par M. HIRSCH, professeur à l'École des ponts et chaussées de Paris. 2 vol. in-8, avec 160 figures et 16 planches hors texte. 3e édit. 12 fr.

• **Les Etoiles**, notions d'astronomie sidérale, par le P. A. SECCHI, directeur de l'Observatoire du Collège romain. 2 vol. in-8, avec 68 figures dans le texte et 16 planches en noir et en couleurs. 2e édit. 12 fr.

• **Les Aurores polaires**, par A. ANGOT, membre du Bureau central météorologique de France. 1 vol. in-8 avec figures. 6 fr.

PHYSIQUE

La Conservation de l'énergie, par BALFOUR STEWART, prof. de physique au collège Owens de Manchester (Angleterre). 1 vol. in-8 avec fig. 6e édit. 6 fr.

• **Les Glaciers et les Transformations de l'eau**, par J. TYNDALL, suiv. d'une étude sur le même sujet, par HELMHOLTZ, professeur à l'Université de Berlin. 1 vol. in-8, avec fig. et 8 planches hors texte. 5e édit. 6 fr.

• **La Matière et la Physique moderne**, par STALLO, précédé d'une préface par Ch. FRIEDEL, membre de l'Institut. 1 vol. in-8. 3e édit. 6 fr.

THÉORIE DES BEAUX-ARTS

Les Débuts de l'art, par E. GROSSE. Traduit de l'allemand par A. DIRR. Préface de M. MARILLIER, 1 vol, in-8 avec gravures. 6 fr.

• **Le Son et la Musique**, par P. BLASERNA, prof. à l'Université de Rome, prof. à l'Université de Berlin. 1 vol. in-8, avec 41 fig. 5e édit. 6 fr.

• **Principes scientifiques des Beaux-Arts**, par E. BRUCKE, professeur à l'Université de Vienne. 1 vol. in-8, avec fig. 4e édit. 6 fr.

• **Théorie scientifique des couleurs** et leurs applications aux arts et à l'industrie, par O. N. ROOD, professeur à Colombia-College de New-York. 1 vol. in-8, avec 130 figures et une planche en couleurs. 6 fr.

• **La Céramique ancienne et moderne**, par MM. GUIGNET, directeur des teintures à la Manufacture des Gobelins, et GARNIER, directeur du Musée de la Manufacture de Sèvres. 1 vol. in-8, avec grav. 6 fr.

RÉCENTES PUBLICATIONS

HISTORIQUES, PHILOSOPHIQUES ET SCIENTIFIQUES qui ne se trouvent pas dans les collections précédentes.

ALAUX. **Esquisse d'une philosophie de l'être.** In-8. 1 fr.
— **Les Problèmes religieux au XIXe siècle.** 1 vol in-8. 7 fr. 50
— **Philosophie morale et politique,** in-8. 1893. 7 fr. 50
— **Théorie de l'âme humaine.** 1 vol. in-8. 1895. 10 fr. (Voy. p. 2.)
— **Dieu et le Monde.** *Essai de phil. première.* 1901. 1 vol. in-12. 2 fr. 50
ALTMEYER (J.-J.). **Les Précurseurs de la réforme aux Pays-Bas.** 2 forts volumes in-8. 12 fr.
AMIABLE (Louis). **Une loge maçonnique d'avant 1789.** 1 v. in-8. 6 fr.
ANSIAUX (M.). **Heures de travail et salaires,** in-8. 1896. 5 fr.
ARRÉAT. **Une Éducation intellectuelle.** 1 vol. in-18. 2 fr. 50
— **Journal d'un philosophe.** 1 vol. in-18. 3 fr. 50 (Voy. p. 2 et 5.)
AZAM. **Hypnotisme et double conscience.** 1 vol. in-8. 9 fr.
BAISSAC (J.). **Les Origines de la religion.** 2 vol. in-8. 12 fr.
BALFOUR STEWART et TAIT. **L'Univers invisible.** 1 vol. in-8. 7 fr.
BARTHÉLEMY-SAINT-HILAIRE. (Voy. pages 5 et 10, ARISTOTE.)
— ***Victor Cousin,** sa vie, sa correspondance. 3 vol. in-8. 1895. 30 fr.
BEAUMONT (G. de). **Paroles d'un vivant,** in-8 1900. 5 fr.
BEAUNIS (H.). **Impressions de campagne** (1870-1871). In-18. 3 fr. 50
BERTAULD (P.-A.). **Positivisme et philos. scientif.** in-12. 1899. 3 fr. 50
BERTON (H.), docteur en droit. **L'évolution constitutionnelle du second empire.** Doctrines, textes, histoire. 1 fort vol. in-8. 1900. 12 fr.
BLONDEAU (C.). **L'absolu et sa loi constitutive.** 1 vol. in-8. 1897. 6 fr.
BOILLEY (P.). **La Législation internationale du travail.** In-12. 3 fr.
— **Les trois socialismes** : anarchisme, collectivisme, réformisme. 3 fr. 50
— **De la production industrielle, association du capital, du travail et du talent.** 1 vol. in-12. 1899. 2 fr. 50
BOURDEAU (Louis). **Théorie des sciences.** 2 vol. in-8. 20 fr.
— **La Conquête du monde animal.** In-8. 5 fr.
— **La Conquête du monde végétal.** In-8. 1893. 5 fr.
— **L'Histoire et les historiens.** 1 vol. in-8. 7 fr. 50
— * **Histoire de l'alimentation.** 1894. 1 vol. in-8. 5 fr. (V. p. 5.)
BOUSREZ (L.). **L'Anjou aux âges de la Pierre et du Bronze.** 1 vol. gr. in-8, avec pl. h. texte. 1897. 3 fr. 50
BOUTROUX (Em.). ***De l'idée de loi naturelle dans la science et la philosophie.** 1 vol. in-8. 1895. 2 fr. 50. (V. p. 2 et 6.)
BRASSEUR. **La question sociale.** 1 vol. in-8. 1900. 7 fr. 50
BROOKS ADAMS. **La loi de la civilisation et de la décadence,** *essai historique.* 1 vol. in-8, trad. Aug. DIETRICH. 1899. 7 fr. 50
BUCHER (Karl). **Études d'histoire et d'économie polit.,** 1901, in-8. 6 fr.
BUNGE (N.-Ch.). **Littérature poli-économique.** 1 vol. in-8. 1898. 7 fr. 50
CARDON (G.). ***Les Fondateurs de l'Université de Douai.** In-8. 10 fr.
CLAMAGERAN. **La Réaction économique et la démocratie.** In-18. 1 fr. 25
— **La lutte contre le mal.** 1 vol. in-18. 1897. 3 fr. 50
COLLIGNON (A.). ***Diderot,** sa vie et sa correspondance. In-12. 1895. 3 fr. 50
COMBARIEU (J.). ***Les rapports de la musique et de la poésie** considérés au point de vue de l'expression. 1893. 1 vol. in-8. 7 fr. 50
COSTE (Ad.). **Hygiène sociale contre le paupérisme.** In-8. 6 fr.
— **Nouvel exposé d'économie politique et de physiologie sociale.** In-18. 3 fr. 50 (Voy. p. 2, 6 et 32.)
COUTURAT (Louis). ***De l'infini mathématique.** In-8. 1896. 12 fr.
DANY (G.), docteur en droit. ***Les Idées politiques en Pologne à la fin du XVIIIe siècle.** *La Constit. du 3 mai 1793,* in-8 1901. 6 fr.

DAREL (Dr). **La Folie.** *Ses causes. Sa thérapeutique.* 1901, in-12. 4 fr.
DAURIAC. **Croyance et réalité.** 1 vol. in-18. 1889. 3 fr. 50
— **Le Réalisme de Reid.** In-8. 1 fr. (V. p. 2.)
DAUZAT (A.), docteur en droit. **Du Rôle des chambres en matière de traités internationaux.** 1 vol. grand in-8. 1899. 5 fr. (V. p. 17.)
DENIS (Abbé Ch.). **Esquisse d'une apologie du Christianisme dans les limites de la nature et de la révélation.** 1 vol. in-12. 1898. 4 fr.
DERAISMES (Mlle Maria). **Œuvres complètes**: Tome I. **France et progrès.** — **Sur la noblesse.** — Tome II. **Eve dans l'humanité.** — **Les droits de l'enfant.** — Tome III. **Nos principes et nos mœurs.** — **L'ancien devant le nouveau.** — Tome IV. **Lettre au clergé français. Polémique religieuse.** Chaque volume 3 fr. 50
DESPAUX. **Genèse de la matière et de l'énergie.** In-8. 1900. 4 fr.
DOUHÈRET. **Idéologie**, discours sur la philos. prem. In-18. 1900. 1 fr. 25
DROZ (Numa). **Etudes et portraits politiques.** 1 vol. in-8. 1895. 7 fr. 50
— **Essais économiques.** 1 vol. in-8. 1896. 7 fr. 50
— **La démocratie fédérative et le socialisme d'État.** In-12. 1 fr.
DUBUC (P.). ***Essai sur la méthode en métaphysique.** 1 vol. in-8. 5 fr.
DUGAS (L.). ***L'amitié antique.** 1 vol. in-8. 1895. 7 fr. 50 (V. p. 2.)
DUNAN. ***Sur les formes à priori de la sensibilité.** 1 vol. in-8. 5 fr.
— **Zénon d'Élée et le mouvement.** In-8. 1 fr. 50 (V. p. 2.)
DUPUY (Paul). **Les fondements de la morale.** In-8. 1900. 5 fr.
DUVERGIER DE HAURANNE (Mme E.). **Histoire populaire de la Révolution française.** 1 vol. in-18. 5e édit. 3 fr. 50
Entre Camarades. Ouvr. publié par la Soc. des anciens élèves de la Faculté des lettres de l'Univ. de Paris. *Histoire, littérature ancienne, française, étrangères; philologie, philosophie, journalisme.* 1901, in-8. 10 fr.
ESPINAS (A.). ***Les Origines de la technologie.** 1 vol. in-8. 1897. 5 fr.
FEDERICI. **Les Lois du progrès.** 2 vol. in-8. Chacun. 6 fr.
FERRÈRE (F.). **La situation religieuse de l'Afrique romaine** depuis la fin du IVe siècle jusqu'à l'invasion des Vandales. 1 v. in-8. 1898. 7 fr. 50
FERRIÈRE (Em.). **Les Apôtres**, essai d'histoire religieuse. 1 vol. in-12. 4 fr. 50
— **L'Ame est la fonction du cerveau.** 2 volumes in-18. 7 fr.
— **Le Paganisme des Hébreux jusqu'à la captivité de Babylone.** 1 vol. in-18. 3 fr. 50
— **La Matière et l'Énergie.** 1 vol. in-18. 4 fr. 50
— **L'Ame et la Vie.** 1 vol. in-18. 4 fr. 50
— **Les Mythes de la Bible.** 1 vol. in-18. 1893. 3 fr. 50
— **La Cause première d'après les données expérim.** In-18. 1896. 3 fr. 50
— **Étymologie de 400 prénoms usités en France.** 1 vol. in-18. 1898. 1 fr. 50 (Voy. p. 10 et 32).
FLEURY (Maurice de). **Introduction à la médecine de l'Esprit.** 1 vol. in-8. 6e éd. 1900. 7 fr. 50 (V. p. 3.)
FLOURNOY. **Des phénomènes de synopsie.** In-8. 1893. 6 fr.
— **Des Indes à la planète Mars.** Etude sur un cas de somnambulisme avec glossolalie. 1 vol. in-8, avec grav. 3e éd. 1900. 8 fr.
Fondation universitaire de Belleville (La). Ch. GIDE. *Travail intellectuel et travail manuel.* — J. BARDOUX. *Premiers efforts et première année.* 1901. 1 vol. in-16. 1 fr. 50
FRÉDERICQ (P.). **L'Enseignement supérieur de l'histoire.** Allemagne, France, Ecosse, Angleterre, Hollande, Belgique. In-8. 1899. 7 fr.
GOBLET D'ALVIELLA. **L'Idée de Dieu**, d'après l'anthr. et l'histoire. In-8. 6 fr.
— **La représentation proportionnelle en Belgique**, 1900. 4 fr. 50
GOURD. **Le Phénomène.** 1 vol. in-8. 7 fr. 50
GREEF (Guillaume de). **Introduction à la Sociologie.** 2 vol. in-8. 10 fr.
— **L'évolution des croyances et des doctrines politiques.** 1 vol. in-12. 1895. 4 fr. (V. p. 7.)
GRIMAUX (Ed.). ***Lavoisier (1748-1794)**, d'après sa correspondance et divers documents inédits. 1 vol. gr. in-8, avec gravures 3e éd. 1898. 15 fr.

GRIVEAU (M.). **Les Éléments du beau.** In-18. 4 fr. 50
— **La Sphère de beauté,** 1901. 1 vol. in-8. 10 fr.
GUYAU. **Vers d'un philosophe.** In-18. 3e édit. 3 fr. 50 (Voy. p. 3, 7 et 10.)
GYEL (le Dr E.). **L'être subconscient.** 1 vol. in-8. 1899. 4 fr.
HALLEUX (J.). **Les principes du positivisme contemporain,** exposé et critique. (Ouvrage récompensé par l'Institut). 1 vol. in-12. 1895. 3 fr. 50
HARRACA (J.-M.). **Contributions à l'étude de l'Hérédité et des principes de la formation des races.** 1 vol. in-18. 1898. 2 fr.
HENNEGUY (Félix). **Le Sphinx.** Poèmes dramatiques. 1 v. in-18. 1899. 3 fr. 50
— **Les Aïeux.** Poèmes dramatiques. 1 vol. in-18. 1901. 3 fr. 50
HIRTH (G.). **La Vue plastique, fonction de l'écorce cérébrale.** In-8. Trad. de l'allem. par L. ARRÉAT, avec grav. et 34 pl. 8 fr. (Voy. p. 7.)
— **Pourquoi sommes nous distraits?** 1 vol. in-8. 1895. 2 fr.
HOCQUART (E.). **L'Art de juger le caractère des hommes sur leur écriture,** préface de J. CRÉPIEUX-JAMIN. Br. in-8. 1898. 1 fr.
HORION. **Essai de Synthèse évolutionniste,** in-8. 1899. 7 fr.
HORVATH, KARDOS ET ENDRODI. **Histoire de la littérature hongroise,** adapté du hongrois par J. KONT. Gr. in-8, avec gr. 1900. Br. 10 fr. Rel. 15 fr.
JOYAU. **De l'invention dans les arts et dans les sciences.** 1 v. in-8. 5 fr.
— **Essai sur la liberté morale.** 1 vol. in-18. 3 fr. 50
KARPPE (S.), docteur ès lettres. **Les origines et la nature du Zohar,** précédé d'une *Étude sur l'histoire de la Kabbale.* 1901. in 8. 7 fr. 50
KAUFMAN. **La cause finale et son importance au temps présent.** Traduit de l'allemand par A. DEIBER. In-12. 2 fr. 50
KINGSFORD (A.) et MAITLAND (E.). **La Voie parfaite ou le Christ ésotérique,** précédé d'une préface d'Edouard SCHURÉ. 1 vol. in-8. 1892. 6 fr.
KUFFERATH (Maurice). **Musiciens et philosophes.** (Tolstoï, Schopenhauer, Nietzsche, Richard Wagner). 1 vol. in-12. 1899. 3 fr. 50
KUMS (A.). ***Les choses naturelles dans Homère.** 1 vol. in-8. 1897. 5 fr.
— Supplément au précédent. 1 fr. 25
LAVELEYE (Em. de). **De l'avenir des peuples catholiques.** In-8. 25 c.
— **Essais et Études.** Première série (1861-1875). — Deuxième série (1875-1882). — Troisième série (1892-1894). Chaque vol. in-8. 7 fr. 50
LÉGER (C.). **La liberté intégrale.** 1 vol. in-12. 1896. 1 fr. 50
LEMAITRE (J.), professeur au Collège de Genève. — **Audition colorée et Phénomènes connexes observés chez des écoliers.** 1900, in-12. 4 fr.
LETAINTURIER (J.). **Le socialisme devant le bon sens.** in-18. 1 fr. 50
LÉVY (Albert). ***Psychologie du caractère.** In-8. 1896. 5 fr.
LÉVY-SCHNEIDER (L.), docteur ès lettres. — **Le conventionnel Jeanbon Saint-André,** (1749-1813). 1901. 2 vol. in 8. 15 fr.
LICHTENBERGER (A.). **Le socialisme au XVIIIe siècle.** Les idées socialistes dans les écrivains français au XVIIIe siècle. In-8. 1895. 7 fr. 50
LUBBOCK (Sir J.). **Les origines de la civilisation.** in-8. 15 fr.
MABILLEAU (L.). ***Histoire de la philosophie atomistique.** 1 vol. in-8. 1895. (Ouvrage couronné par l'Institut.) 12 fr.
MAINDRON (Ernest). ***L'Académie des sciences** (Histoire de l'Académie; fondation de l'Institut national; Bonaparte, membre de l'Institut). In-8 cavalier, 53 grav., portraits, plans. 8 pl. hors texte et 2 autographes. 12 fr.
MALCOLM MAC COLL. **Le Sultan et les grandes puissances,** essai historique, traduct. de Jean LONGUET. 1 vol. in-8. 1899. 5 fr.
MANACÉINE (Marie de). **L'anarchie passive et Tolstoï.** In-18. 2 fr.
MANDOUL (J.) **Un homme d'État italien : Joseph de Maistre et la politique de la maison de Savoie,** 1 vol. in-8. 8 fr.
MARSAUCHE (L.). **La Confédération helvétique d'après la constitution,** préface de M. Frédéric Passy. 1 vol. in-18. 1891. 3 fr. 50
MATAGRIN. **L'esthétique de Lotze.** 1 vol. in-12. 1900. 2 fr.
MATTEUZZI. **Les facteurs de l'évolution des peuples,** in-8. 1900. 6 fr.
MERCIER (Mgr). **Les origines de la psych. contemp.** In-12. 1898. 5 fr.
— **La Définition philosophique de la vie.** Broch. in-8. 1899. 1 fr. 50

MISMER (Ch.). **Principes sociologiques.** 1 vol. in-8. 2e éd. 1897. 5 fr.
MONCALM. **Origine de la pensée et de la parole.** In-8. 1899. 5 fr.
MONNIER (Marcel). **Le drame chinois.** 1 vol. in-16. 1900. 2 fr. 50
MONTIER (Amand). **Robert Lindet**, grand in-8. 1899. 10 fr.
MORIAUD (P.). **La question de la liberté et la conduite humaine.** 1 vol. in-12. 1897. 3 fr. 50
NAUDIER (F.). **Le socialisme et la révolution sociale.** In-18. 3 fr. 50
NEPLUYEFF (N. de). **La confrérie ouvrière et ses écoles**, in-12. 2 fr.
NIZET. **L'Hypnotisme**, étude critique. 1 vol. in-12. 1892. 2 fr. 50
NODET (V.). **Les agnoscies, la cécité psychique.** In-8. 1899. 4 fr.
NOVICOW (J.). **La Question d'Alsace-Lorraine.** In-8. 1 fr. (V. p. 4, 8 et 16.)
— **La Fédération de l'Europe.** 1 vol. in-18. 2e édit. 1901. 3 fr. 50
NYS (Ernest). **Les Théories politiques et le droit intern.** In-8. 4 fr.
PARIS (comte de). **Les Associations ouvrières en Angleterre** (Trades-unions). 1 vol. in-18. 7e édit. 1 fr. — Édition sur papier fort. 2 fr 50
PAUL-BONCOUR (J.). **Le fédéralisme économique**, préf. de M. Waldeck-Rousseau. 1 vol. in-8. 2e édition. 1901. 6 fr.
PAULHAN (Fr.). **Le Nouveau mysticisme.** 1 vol. in-18. 1891. 2 fr. 50
PELLETAN (Eugène). ***La Naissance d'une ville** (Royan). In-18. 2 fr.
— ***Jarousseau, le pasteur du désert.** 1 vol. in-18. 2 fr.
PELLETAN (Eugène). ***Un Roi philosophe**, *Frédéric le Grand*, in-18. 3 fr. 50
— **Droits de l'homme.** 1 vol. in-12. 3 fr. 50
— **Profession de foi du XIXe siècle.** In-12. 3 fr. 50 (V. p. 31.)
PEREZ (Bernard). **Mes deux chats.** In-12, 2e édition. 1 fr. 50
— **Jacotot et sa Méthode d'émancipation intellect.** In-18. 3 fr.
— **Dictionnaire abrégé de philosophie.** 1893. in-12. 1 fr. 50 (V. p. 8.)
PHILBERT (Louis). **Le Rire.** In-8. (Cour. par l'Académie française.) 7 fr. 50
PHILIPPE (J.). **Lucrèce dans la théologie chrétienne** du IIIe au XIIIe siècle. 1 vol. in-8. 1896. 2 fr. 50
PIAT (C.). **L'Intellect actif** 1 vol. in-8. 4 fr. (V. p. 8, 11, 12.)
— **L'Idée ou critique du Kantisme.** 2e édition 1901. 1 vol. in-8. 6 fr.
PICARD (Ch.). **Sémites et Aryens** (1893). In-18. 1 fr. 50
PICARD (E.). **Le Droit pur, les permanences juridiques abstraites.** 1 vol. in-8. 1899. 7 fr. 50
PICAVET (F.). **La Mettrie et la crit. allem.** 1889. In-8. 1 fr. (V. p. 8.)
PICTET (Raoul). **Étude critique du matérialisme et du spiritualisme par la physique expérimentale.** 1 vol. gr. in-8. 1896. 10 fr.
POEY. **Le Positivisme.** 1 fort vol. in-12. 4 fr. 50
— **M. Littré et Auguste Comte.** 1 vol. in-18. 3 fr. 50
PORT. **La Légende de Cathelineau.** In-8. 5 fr.
POULLET. **La Campagne de l'Est** (1870-1871). In-8, avec cartes. 7 fr.
***Pour et contre l'enseignement philosophique**, par MM. Vandérem (Fernand), Ribot (Th.), Boutroux (F.), Marion (H.), Janet (P.) et Fouillée (A.) ; Monod (G.), Lyon (Georges), Marillier (L.), Clamadieu (abbé), Bourdeau (J.), Lacaze (G.), Taine (H.). 1894. In-18. 2 fr.
PRAT (Louis). **Le mystère de Platon (Aglaophamos).** 1 v. in-8. 1900. 4 fr.
PRÉAUBERT. **La vie, mode de mouvement.** In-8, 1897. 5 fr.
PRINS (Ad.). **L'organisation de la liberté et le devoir social.** 1 vol. in-8. 1895. 4 fr.
PUJO (Maurice). ***Le règne de la grâce.** 1 vol. in-18. 3 fr 50
RATAZZI (Mme). **Emilio Castelar.** In-8, avec illustr., portr. 1899. 3 fr. 50
RAYMOND (P.). **L'arrondissement d'Uzès avant l'Histoire.** In-8, avec gravures. 1900. 6 fr.
RENOUVIER (Ch.), de l'Institut. **Uchronie** *L'Utopie dans l'Histoire*. 2e édit. 1901. 1 vol. in-8. 7 fr. 50
RIBOT (Paul) **Spiritualisme et Matérialisme.** 2e éd. 1 vol. in-8. 6 fr.
ROBERTY (J.-E.) **Auguste Bouvier**, pasteur et théologien protestant. 1826-1893. 1901. 1 fort vol. in-12. 3 fr. 50
ROISEL. **Chronologie des temps préhistoriques.** In-12. 1900. 1 fr.

ROTT (Ed.). **Histoire de la représentation diplomatique de la France auprès des cantons suisses, de leurs alliés et de leurs confédérés**, tome I. 1 fort vol. gr. in-8. 1900. 12 fr.

RUTE (Marie-Letizia de). **Lettres d'une voyageuse.** Vienne, Budapest, Constantinople. 1 vol. in-8. 1896. 3 fr.

SANDERVAL (O. de). **De l'Absolu.** La loi de vie. 1 vol. in-8. 2e éd. 5 fr.

— **Kahel. Le Soudan français.** In-8, avec gravures et cartes. 8 fr.

SAUSSURE (L. de). **Psychol. de la colonisation franç.**, in-12. 3 fr. 50

SAYOUS (E.), professeur à l'Université de Besançon. **Histoire générale des Hongrois.** 2e éd. revisée par ANDRÉ SAYOUS et J. DOLENECZ. 1 vol. grand in-8, avec grav. et pl. hors texte. 1900. Br. 15 fr. Relié. 20 fr.

SECRÉTAN (Ch.). **Études sociales.** 1889. 1 vol. in-18. 3 fr. 50

— **Les Droits de l'humanité.** 1 vol. in-18. 1891. 3 fr. 50

— **La Croyance et la civilisation.** 1 vol. in-18. 2e édit. 1891. 3 fr. 50

— **Mon Utopie.** 1 vol. in-18. 3 fr. 50

— **Le Principe de la morale.** 1 vol. in-8. 2e éd. 7 fr. 50

— **Essais de philosophie et de littérature.** 1 vol. in-12. 1896. 3 fr. 50

SECRÉTAN (H.). **La Société et la morale.** 1 vol. in-12. 1897. 3 fr. 50

SKARZYNSKI (L.). **Le progrès social à la fin du XIXe siècle.** Préface de M. LÉON BOURGEOIS. 1901. 1 vol. in-12. 4 fr. 50

SOLOWEITSCHEK (Leonty). **Un prolétariat méconnu**, étude sur la situation sociale et économique des juifs. 1 vol. in-8. 1898. 2 fr. 50

SOREL (Albert). **Le Traité de Paris du 20 novembre 1815.** In-8. 4 fr. 50

SPIR (A.). **Esquisses de philosophie critique.** 1 vol. in-18. 2 fr. 50

— **Nouvelles études de philosophie critique.** In-8. 1899. 3 fr. 50

STOCQUART (Emile). **Le contrat de travail.** In-12. 1895. 3 fr.

STRADA (J.). **La loi de l'histoire.** 1 vol. in-8. 1894. 5 fr.

— **Jésus et l'ère de la science.** 1 vol. in-8. 1896. 5 fr.

— **Ultimum organum**, constit. scient. de la mét. générale. 2 v. in-12. 7 fr.

— **La Méthode générale.** 1 vol. in-12. 2 fr.

— **La religion de la science et de l'esprit pur**, constitution scientifique de la religion. 2 vol. in-8. 1897. Chacun séparément. 7 fr.

TERQUEM (A.). **Science romaine à l'époque d'Auguste.** in-8. 3 fr.

TISSOT. **Principes de morale.** 1 vol. in-8. 6 fr. (Voy. KANT, p. 11.)

VACHEROT. **La Science et la Métaphysique.** 3 vol. in-18. 10 fr. 50

VAN BIERVLIET (J.-J.). **Psychologie humaine.** 1 vol. in-8. 8 fr.

— **La Mémoire.** Br. in-8. 1893. 2 fr.

— **Etudes de psychologie**, 1 vol. in-8°. 1901. 4 fr.

VIALLATE (A.). **Chamberlain.** in-12, préface de E. BOUTMY. 2 fr. 50

VIALLET (C.-Paul). **Je pense, donc je suis.** Introduction à la méthode cartésienne. 1 vol. in-12. 1896. 2 fr. 50

VIGOUREUX (Ch.). **L'Avenir de l'Europe** au double point de vue de la politique de sentiment et de la politique d'intérêt. 1892. 1 vol. in-18. 3 fr. 50

WEIL (Denis). **Le Droit d'association et le Droit de réunion** devant les chambres et les tribunaux. 1893. 1 vol. in-12. 3 fr. 50

— **Les Élections législatives.** Histoire de la législation et des mœurs. 1 vol. in-18. 1895. 3 fr. 50

WUARIN (L.). **Le Contribuable.** 1 vol. in-16. 3 fr. 50

WULF (M. de). **Histoire de la philosophie scolastique dans les Pays-Bas et la principauté de Liège jusqu'à la Révol. franç.** In-8. 5 fr.

— **Sur l'esthétique de saint Thomas d'Aquin.** In-8. 1 fr. 50

— **La Philosophie médiévale**, 1 vol. in-8. 1899. 7 fr. 50

ZIESING (Th.). **Érasme ou Salignac.** Étude sur la lettre de François Rabelais. 1 vol. gr. in-8. 4 fr.

ZOLLA (D.). **Les questions agricoles d'hier et d'aujourd'hui.** 1894, 1895. 2 vol. in-12. Chacun. 3 fr. 50

Médecine populaire, par le Dr TURCK. 7e édit., revue par le Dr L. LARRIVÉ.

La Médecine des accidents, par le Dr BROQUÈRE.

Les Maladies épidémiques (Hygiène et Prévention), par le Dr L. MONIN.

Hygiène générale, par le Dr CRUVEILHIER.

La tuberculose, son traitement hygiénique, par P. MERKLEN, interne des hôpitaux.

Petit Dictionnaire des falsifications, par DUFOUR, pharmacien de 1re classe.

L'Hygiène de la cuisine, par le Dr LAUMONIER.

Les Mines de la France et de ses colonies, par P. MAIGNE.

Les Matières premières et leur emploi, par le Dr H. GENEVOIX, pharmacien de 1re cl.

Les Procédés industriels, du même.

La Photographie, par H. GOSSIN

La Machine à vapeur, du même (avec figures).

La Navigation aérienne, par G. DALLET.

L'Agriculture française, par A. LARBALÉTRIER, prof. d'agriculture (avec figures).

La Culture des plantes d'appartement, par A. LARBALÉTRIER (avec figures).

* **La Viticulture nouvelle**, par A. BERGET.

Les Chemins de fer, p. G. MAYER (av. fig.).

Les grands ports maritimes de commerce, par D. BELLET (avec figures).

SCIENCES PHYSIQUES ET NATURELLES

Télescope et Microscope, par ZURCHER et MARGOLLÉ.

Les Phénomènes de l'atmosphère, par ZURCHER. 7e édit.

Histoire de l'air, par ALBERT-LÉVY.

Histoire de la terre, par BROTHIER.

Principaux faits de la chimie, par BOUANT, prof. au lycée Charlemagne.

Les Phénomènes de la mer, par E. MARGOLLÉ. 5e édit.

L'Homme préhistorique, par ZABOROWSKI. 2e édit.

Les Mondes disparus, du même.

Les grands Singes, du même.

Histoire de l'eau, par BOUANT, prof. au lycée Charlemagne (avec grav.).

Petite chimie de l'agriculteur, par V. VAILLANT, pr à l'Institut industriel du Nord.

Introduction à l'étude des sciences physiques, par MORAND. 5e édit.

Le Darwinisme, par E. FERRIÈRE.

Géologie, par GEIKIE (avec figures).

Les Migrations des animaux et le pigeon voyageur, par ZABOROWSKI. 4e éd.

Premières Notions sur les sciences, par Th. HUXLEY.

La Chasse et la Pêche des animaux marins, par JOUAN.

Zoologie générale, par H. BEAUREGARD.

Botanique générale, par E. GÉRARDIN, (avec figures).

La Vie dans les mers, par H. COUPIN.

Les Insectes nuisibles, par A. ACLOQUE.

PHILOSOPHIE

La Vie éternelle, par ENFANTIN. 2e éd.

Voltaire et Rousseau, par E. NOEL. 3e éd.

La Philosophie zoologique, par Victor MEUNIER. 3e édit.

L'Origine du langage, par ZABOROWSKI.

Physiologie de l'esprit, par PAULHAN (avec figures).

L'Homme est-il libre? par G. RENARD.

La Philosophie positive, par le docteur ROBINET. 2e édition.

ENSEIGNEMENT. — ÉCONOMIE DOMESTIQUE

De l'Éducation, par H. SPENCER. 8e édit.

La Statistique humaine de la France, par Jacques BERTILLON.

Le Journal, par HATIN.

De l'Enseignement professionnel, par CORBON. 3e édit.

Les Délassements du travail, par Maurice CRISTAL. 2e édit.

Le Budget du foyer, par H. LENEVEUX.

Paris municipal, par H. LENEVEUX.

Histoire du travail manuel en France, par H. LENEVEUX.

L'Art et les Artistes en France, par Laurent PICHAT, sénateur. 4e édit.

Premiers principes des beaux-arts, par J. COLLIER (avec gravures).

Économie politique, par STANLEY JEVONS.

Le Patriotisme à l'école, par le général JOURDY.

Histoire du libre-échange en Angleterre, par MONGREDIEN.

Économie rurale et agricole, par PETIT.

La Richesse et le Bonheur, par Ad. COSTE.

Alcoolisme ou épargne, le dile social, par Ad. COSTE.

* **L'Alcool et la lutte contre l'alcoolisme**, par les Drs SÉRIEUX et MATHIEU.

Les plantes d'appartement, de fenêtres et de balcons, par A. LARBALÉTRIER.

L'Assistance publique en France, par le Dr L. LARRIVÉ.

La pratique des vins, par A. BERGET.

Les vins de France, par A. BERGET.

DROIT

La Loi civile en France, par MORIN, 3e édit.

La Justice criminelle en France, par G. JOURDAN. 3e édit.

L.-Imprimeries réunies, rue Saint-Benoît, 7, Paris. — 4292.

Documents manquants (pages, cahiers...)

NF Z 43-120-13